高等院校法学专业民商法系列教材

张民安　主编

民 法 总 论

（第五版）

主　编　张民安　丘志乔
副主编　侯　巍　铁木尔高力套

·广州·

版权所有　翻印必究

图书在版编目（CIP）数据

民法总论/张民安，丘志乔主编；侯巍，铁木尔高力套副主编. —5 版. —广州：中山大学出版社，2017.8
（高等院校法学专业民商法系列教材/张民安 主编）
ISBN 978-7-306-06109-6

Ⅰ.①民… Ⅱ.①张… ②丘… ③侯… ④铁… Ⅲ.①民法—中国—高等学校—教材 Ⅳ.①D923

中国版本图书馆 CIP 数据核字（2017）第 174215 号

出 版 人：徐　劲
策划编辑：蔡浩然
责任编辑：蔡浩然
封面设计：方楚娟
责任校对：杨文泉
责任技编：何雅涛
出版发行：中山大学出版社
电　　话：编辑部 020-84111996，84113349，84111997，84110779
　　　　　发行部 020-84111998，84111981，84111160
地　　址：广州市新港西路 135 号
邮　　编：510275　　　　　传　真：020-84036565
网　　址：http://www.zsup.com.cn　　E-mail：zdcbs@mail.sysu.edu.cn
印 刷 者：广东省农垦总局印刷厂
规　　格：787mm×960mm　1/16　37.375 印张　770 千字
版次印次：2002 年 8 月第 1 版　2017 年 8 月第 5 版　2017 年 8 月第 5 次印刷
印　　数：15001～17000 册　　定　价：69.00 元

如发现本书因印装质量影响阅读，请与出版社发行部联系调换

内 容 提 要

本书以 2017 年 3 月 15 日第十二届全国人民代表大会第五次会议通过的《中华人民共和国民法总则》（下称《民法总则》）为主线，贯彻《民法总则》的精神，共六编计 17 章。其内容包括民法的基本原理、主观权利的主体、主观权利的客体、主观权利的内容、作为主观权利渊源的民事法律行为、时效、期间与民法的适用等，对民法知识和民法理论进行了系统阐析。

本书援引了《民法总则》的大量法律条款，还援引了两大法系国家有关民法的最新理论；全书内容全面，资料新颖，案例丰富，体现了科学性、理论性与实践性的统一，既适合高等院校法学专业的学生做教材，也适合司法界人士使用。

作 者 简 介

（按撰写章节先后排序）

张民安 男，湖北黄冈人。1987年毕业于湖北黄冈师范学院英语系，之后从事教学工作。1991年9月考入吉林大学法学院，师从李忠芳教授攻读民商法专业硕士研究生，1994年7月获法学硕士学位。1999年9月考入中国社会科学院研究生院，师从梁慧星教授攻读民商法专业博士研究生，2002年7月获法学博士学位。现为中山大学法学院教授，民商法专业博士生导师，是中国民商法学界为数不多的能够同时对中国的民商事立法、民商事司法和民商事学说产生重要影响的学者，精通英文，熟悉法文。

先后在《法学研究》《中国法学》《民商法论丛》《民商法学家》《侵权法报告》《中外法学》《当代法学》《法学评论》《法制与社会发展》《现代法学》等期刊发表学术论文90多篇；先后在法律出版社、北京大学出版社、中山大学出版社和清华大学出版社等主流出版社出版了《现代英美董事法律地位研究》《公司法上的利益平衡》《过错侵权责任制度研究》《现代法国侵权责任制度研究》《公司法的现代化》《商法总则制度研究》《侵权法上的作为义务》《侵权法上的替代责任》《无形人格侵权责任研究》《法国民法》《法国人格权法（上）》和《法国民法总论（上）》等专著。先后主编出版了《高等院校法学专业民商法系列教材之一、之二、之三》以及《高等院校法学专业民商法系列教材》。主编系列出版物《民商法学家》《侵权法报告》和《21世纪民商法文丛》。这些论文、专著和系列出版物均得到中国民商法学界的广泛援引。

当今民商法学界耳熟能详的诸多民商法理论均直接源于张民安教授，包括但是不限于以下理论：非婚同居、小股东的法律保护、股东的派生诉讼、司法强制公司解散、商事营业资产、纯经济损失、侵权法上的注意义务、侵权法上的作为义务、隐私的合理期待、自治性隐私权、连带民事协约家庭、独立担保或者意向函，等等。

除了进行民商法的教学和科研活动之外，也多次直接参与过全国性的立法活动。2008年8月，应全国人大常委会法制工作委员会之邀参与了《中华人民共和国侵权责任法（草案）》的专家讨论会，所提出的众多侵权法理论被全国人大常委会所采纳并被规定在2009年12月通过的《中华人民共和国侵权责任法》当中，其中的《中华人民共和国侵权责任法》第49条即直接来源于张民安教授的意见。张民安教授还直接负责和起草了中国商法研究会主持的《中华人民共和国商事通则》第一编即商法基本原则的内容。2016年5月23日，应全国人大常委会法制工作委员会之邀参与了《中华人民共和国民法总则（草案）》的专家讨论会，所提出的众多意见均被采纳。

丘志乔 女，广东韶关人。法学博士，教授。主要研究方向为民商法学。主持省部级、厅局级等纵向课题9项，横向委托课题3项，校级高教、教研课题5项。公开发表专业学术论文45篇，出版专著1部，主编教材2部。主持完成国家教育部人文社科基金项目研究成果为广东省、广州市政府部门采纳共2次。主持完成广东省省级教改课题的研究成果"基于期望和任务教学模式的民法教学改革与实践"获广东省151工程项目优秀奖二等奖、广东工业大学优秀教学成果奖一等奖。荣获省级以上行业学（协）会奖励6项，校级奖励12项。兼任广东省知识产权局专家、广东省知识产权保护协会专家等社会职务。

侯巍 女，河北保定人。法学博士，华南师范大学法学院党委委员，院长助理，副教授，硕士生导师，民商法教研室主任；兼任广州市仲裁委仲裁员、广州市人大监督司法专家、云浮市人大立法咨询顾问、广州市法学会民商法学研究会副秘书长、广东省法学会社会法学研究会常务理事和广东省"七五"普法讲师团讲师。出版专著1部，主编、参编教材8部，发表科研、教学论文20余篇，主持、参加科研课题20余项；获省部级社科优秀成果奖一项；获省部级以上教学奖励一项。

铁木尔高力套 男，1962年2月生，内蒙古科尔沁人。1986年毕业于内蒙古大学法律系获法学学士学位，并留校任教；2002年7月毕业于内蒙古大学法学院，获法学硕士学位；2004考入日本东北大学大学院法学研究科，师从著名法学家水野纪子教授学习民法·婚姻家庭法，2007年3月获得法学博士学位；2007年4月至2008年8月在日本东北大学从事博士后研究工作；2008年9月受聘担任汕头大学法学院副教授。主要从事民法总论、物权法、债权法和婚姻家庭法的研究和教学工作。

于海涌 男，安徽淮北人。中山大学法学院教授，博士生导师（立法学和民商法学），中山大学立法研究中心主任；兼任广东省民商法学研究会常务副会长。1991年获中国政法大学法学学士学位，1997年获北京大学民商法硕士学位，2003年获中国社会科学院民商法博士学位（师从著名法学家梁慧星教授），2004年在中国政法大学从事民商法博士后研究工作（师从著名法学家江平教授）。曾先后作为高级访问学者到瑞士比较法研究所、纽约大学、美国天普大学、台湾大学、香港城市大学、澳门大学、澳门科技大学进行学术访问。主持研究国家级社会科学基金项目5项，研究成果曾经先后获得过中国法学会优秀科研成果一等奖、教育部和中央党校全国科研骨干班优秀论文一等奖、广东省人民政府哲学社会科学优秀科研成果二等奖、司法部优秀科研成果奖和钱端升优秀科研成果奖。

目前，于海涌教授正在进行中国民法典编纂的立法研究，现为中山大学"中国立法研究大平台"执行主任，"中国民法典编纂立法研究"项目主持人。2016年4月出版的《中国民法典草案立法建议（提交稿）》为国内第一部个人独立编纂完成的民法典草案，被全国人民代表大会法律工作委员会收录。

目　　录

第五版总序 ···（Ⅰ）
第五版序 ···（Ⅲ）

第一编　民法的基本原理

第一章　民法概述 ···（1）
第一节　民法有关词语的界定 ··（1）
一、民法的界定 ···（1）
二、民法总论和民法总则的界定 ··（3）
三、民法分论和民法分则的界定 ··（6）
四、民法的功能 ···（8）
五、民法的调整对象 ··（12）
六、民法的类型 ··（18）
第二节　民法的渊源 ···（23）
一、民法渊源的一般理论 ··（23）
二、民法渊源的分类 ··（28）
三、作为民法渊源的制定法 ···（32）
四、作为民法渊源的司法解释 ··（37）
五、作为民法渊源的司法判例 ··（39）
六、作为民法渊源的习惯 ··（41）
七、作为民法渊源的学说 ··（43）
八、作为民法渊源的法律的一般原则 ···（45）
第三节　法律规范 ···（47）
一、法律规范在民法当中的地位 ···（47）
二、法律规范的特征 ··（50）
三、法律规范的三种规范功能 ··（52）
四、法律规范的类型 ··（54）
第四节　民法的性质 ···（60）

一、私法、公法和混合法的界定 …………………………………………（61）
　　二、法律部门三分法理论的产生和发展历程 …………………………（61）
　　三、区分私法、公法和混合法的标准 …………………………………（62）
　　四、私法、公法和混合法包含的内容 …………………………………（63）
　　五、民法和商法之间的关系 ……………………………………………（66）
　第五节　民法的历史演变 …………………………………………………（69）
　　一、罗马法 ………………………………………………………………（69）
　　二、近代民法 ……………………………………………………………（72）
　　三、现代民法 ……………………………………………………………（74）
　　四、我国的民法 …………………………………………………………（78）

第二章　民法的基本原则 ……………………………………………………（81）
　第一节　民法基本原则的性质 ……………………………………………（81）
　　一、民法基本原则的界定 ………………………………………………（81）
　　二、民法基本原则的特征 ………………………………………………（82）
　　三、民法基本原则的历史 ………………………………………………（85）
　　四、民法基本原则的类型 ………………………………………………（87）
　　五、民法基本原则的主要功能 …………………………………………（89）
　第二节　意思自治原则 ……………………………………………………（94）
　　一、意思自治原则的界定 ………………………………………………（94）
　　二、意思自治原则的理论基础 …………………………………………（95）
　　三、意思自治原则的适用领域 …………………………………………（96）
　　四、意思自治原则的主要内容 …………………………………………（98）
　　五、意思自治原则的衰败与复兴 ………………………………………（99）
　第三节　公平原则 …………………………………………………………（101）
　　一、公平原则的界定 ……………………………………………………（101）
　　二、公平原则的法律根据 ………………………………………………（102）
　　三、公平原则的性质 ……………………………………………………（103）
　　四、违反公平原则的法律后果 …………………………………………（104）
　第四节　诚实信用原则 ……………………………………………………（104）
　　一、诚实信用原则的界定 ………………………………………………（104）
　　二、诚实信用原则的法律根据 …………………………………………（105）
　　三、诚实信用原则的性质 ………………………………………………（108）
　　四、违反诚实信用原则所导致的后果 …………………………………（109）
　第五节　公共秩序原则与良好道德原则 …………………………………（110）

一、公共秩序原则与良好道德原则的界定 …………………… (110)
　　二、公共秩序原则与良好道德原则的法律根据 ………………… (111)
　　三、公共秩序原则或者良好道德原则的历史发展 ……………… (112)
　　四、公共秩序原则当中的公共秩序 ……………………………… (114)
　　五、违反公共秩序原则或者良好道德原则所产生的法律后果 … (115)
　第六节　民法的其他基本原则 ……………………………………… (115)
　　一、平等原则 ……………………………………………………… (115)
　　二、民事权益受法律保护的原则 ………………………………… (118)
　　三、权利滥用的禁止原则 ………………………………………… (120)
　　四、节约资源、保护生态环境的原则 …………………………… (124)
第三章　主观权利的一般理论 ………………………………………… (127)
　第一节　主观权利理论的产生和发展 ……………………………… (127)
　　一、法国民法学者在20世纪20年代对主观权利理论的主张 … (127)
　　二、法国当今民法学者对主观权利理论的承认 ………………… (127)
　　三、我国《民法通则》采取了主观权利理论 …………………… (128)
　　四、我国《民法总则》也采取了主观权利理论 ………………… (129)
　　五、主观权利理论涉及的主要内容 ……………………………… (130)
　第二节　主观权利的一般构成要素 ………………………………… (131)
　　一、主观权利的主体 ……………………………………………… (132)
　　二、主观权利的内容 ……………………………………………… (134)
　　三、主观权利的客体 ……………………………………………… (138)
　　四、主观权利的变动 ……………………………………………… (140)
　第三节　主观权利的渊源 …………………………………………… (142)
　　一、主观权利渊源的三分法理论 ………………………………… (143)
　　二、民事法律行为 ………………………………………………… (144)
　　三、民事法律事件 ………………………………………………… (145)
　　四、制定法的规定 ………………………………………………… (150)
　　五、几种主观权利的渊源 ………………………………………… (150)

第二编　主观权利的主体

第四章　自然人 ………………………………………………………… (153)
　第一节　自然人的法人格与法能力 ………………………………… (153)

一、法人格的界定 …………………………………………………………（153）
　　二、自然人的法人格与权利能力之间的关系 …………………………（154）
　　三、自然人的法人格不同于自然人的人格权 …………………………（154）
　　四、自然人的法人格同时包括权利能力、行为能力和责任能力 ……（155）
第二节　自然人的民事权利能力 …………………………………………（155）
　　一、自然人的概念 ………………………………………………………（155）
　　二、自然人的民事权利能力 ……………………………………………（156）
　　三、自然人的民事权利能力的开始和终止 ……………………………（157）
　　四、自然人的民事权利能力所面临的主要难题（一）：胎儿利益的保护 ……（158）
　　五、自然人的民事权利能力所面临的主要难题（二）：死者的民事权利能力
　　　　………………………………………………………………………（160）
　　六、自然人的民事权利能力所面临的主要难题（三）：动物究竟是人还是物
　　　　………………………………………………………………………（163）
第三节　自然人的民事行为能力 …………………………………………（165）
　　一、自然人的民事行为能力的概念 ……………………………………（165）
　　二、自然人的民事行为能力的种类 ……………………………………（165）
　　三、无民事行为能力和限制民事行为能力的宣告 ……………………（169）
　　四、自然人的民事行为能力的终止 ……………………………………（170）
第四节　监护 ………………………………………………………………（170）
　　一、监护的概念和特征 …………………………………………………（170）
　　二、监护人的职责 ………………………………………………………（172）
　　三、监护的设立 …………………………………………………………（173）
　　四、监护的变更和终止 …………………………………………………（177）
第五节　宣告失踪和宣告死亡 ……………………………………………（178）
　　一、宣告失踪 ……………………………………………………………（178）
　　二、宣告死亡 ……………………………………………………………（180）
第六节　自然人的住所 ……………………………………………………（183）
　　一、自然人住所的概念 …………………………………………………（183）
　　二、自然人住所的法律意义 ……………………………………………（184）
　　三、确定自然人住所的标准 ……………………………………………（185）
　　四、自然人住所的种类 …………………………………………………（185）
第七节　个体工商户和农村承包经营户 …………………………………（186）
　　一、个体工商户 …………………………………………………………（186）
　　二、农村承包经营户 ……………………………………………………（188）

第五章 法人 (190)

第一节 法人概述 (190)
一、法人的概念 (190)
二、法人的两种不同判断标准 (191)
三、法人的本质 (192)
四、法人的人格独立 (195)
五、法人的人格否认 (196)

第二节 法人的分类 (199)
一、传统民法对法人的分类 (199)
二、我国《民法总则》中法人的分类 (201)

第三节 法人的民事能力 (207)
一、法人的民事权利能力 (207)
二、法人的民事行为能力 (209)
三、法人的民事责任能力 (210)

第四节 法人机关概述 (212)
一、法人机关的概念与特征 (212)
二、法人机关的构成 (213)
三、法定代表人 (214)
四、法人机关与法人的关系 (216)
五、法人治理结构 (216)

第五节 法人的设立、变更、终止 (218)
一、法人设立 (218)
二、法人的变更 (221)
三、法人的终止 (223)

第六节 法人的登记 (225)
一、法人登记的概念 (225)
二、法人登记的类型 (225)
三、法人登记的效力 (226)

第七节 法人的住所 (227)
一、法人住所的概念 (227)
二、学界对法人的住所的理解 (228)

第六章 非法人组织 (229)

第一节 非法人组织概述 (229)
一、非法人组织的概念与特征 (229)

二、非法人组织应具备的要件 …………………………………… (230)
第二节　合伙 ……………………………………………………………… (231)
　　一、合伙概述 ……………………………………………………… (231)
　　二、普通合伙 ……………………………………………………… (233)
　　三、特殊的普通合伙 ……………………………………………… (235)
　　四、有限合伙 ……………………………………………………… (236)
　　五、合伙的解散与清算 …………………………………………… (237)
第三节　其他非法人组织 ………………………………………………… (239)
　　一、个人独资企业 ………………………………………………… (239)
　　二、企业法人的分支机构 ………………………………………… (240)
　　三、筹建中的法人 ………………………………………………… (241)
　　四、其他 …………………………………………………………… (242)

第三编　主观权利的客体

第七章　权利客体与物 …………………………………………… (243)
第一节　权利客体 ………………………………………………………… (243)
　　一、权利客体的概念 ……………………………………………… (243)
　　二、权利客体的法律特征 ………………………………………… (243)
　　三、权利客体的范围 ……………………………………………… (244)
　　四、财产、物与权利客体 ………………………………………… (245)
第二节　物的要素 ………………………………………………………… (246)
　　一、物的四个要素 ………………………………………………… (246)
　　二、须存在于人体之外 …………………………………………… (247)
　　三、能够独立满足人类的生活需要 ……………………………… (248)
　　四、能够为人力所支配 …………………………………………… (248)
　　五、须为有体物 …………………………………………………… (249)
第三节　不动产与动产 …………………………………………………… (250)
　　一、不动产 ………………………………………………………… (250)
　　二、动产 …………………………………………………………… (252)
　　三、区分不动产与动产的法律意义 ……………………………… (255)
第四节　物的其他分类 …………………………………………………… (256)
　　一、主物与从物 …………………………………………………… (256)

二、原物与孳息 (258)
　　三、单一物与聚合物 (259)
　　四、流通物、限制流通物和禁止流通物 (259)
　　五、融通物与不融通物 (260)
　　六、可分物与不可分物 (260)
　　七、消费物与非消费物 (261)
　　八、特定物与不特定物 (261)
　　九、代替物与非代替物 (261)
第八章　其他权利客体 (263)
　第一节　人身利益 (263)
　　一、人身利益的概念与特征 (263)
　　二、人格利益 (265)
　　三、身份利益 (267)
　第二节　给付 (268)
　　一、给付的概念与特征 (268)
　　二、给付的分类 (269)
　第三节　智力成果 (273)
　　一、智力成果的概念与特征 (273)
　　二、作品 (275)
　　三、发明、实用新型和外观设计 (277)
　　四、商标 (279)

第四编　主观权利的内容

第九章　主观权利的类型 (281)
　第一节　民事权利的概念 (282)
　　一、民事权利的四种经典界定方式 (282)
　　二、我们对民事权利的界定 (285)
　　三、民事权利和利益之间的关系 (285)
　第二节　财产权、非财产权和复合权 (287)
　　一、财产权 (287)
　　二、非财产权 (290)
　　三、复合权 (292)

四、区分财产权、非财产权和复合权的主要原因 …………………… (292)
第三节　财产权的分类 ………………………………………………………… (293)
　　一、物权 …………………………………………………………………… (294)
　　二、债权 …………………………………………………………………… (296)
　　三、知识产权 ……………………………………………………………… (297)
　　四、公开权 ………………………………………………………………… (299)
　　五、民法区分物权、债权、知识产权和公开权的主要原因 …………… (300)
第四节　非财产权的分类 ……………………………………………………… (301)
　　一、人格权的性质 ………………………………………………………… (301)
　　二、人格权的类型 ………………………………………………………… (307)
　　三、有形人格权 …………………………………………………………… (310)
　　四、无形人格权 …………………………………………………………… (315)
第五节　复　合　权 …………………………………………………………… (330)
　　一、著作权人享有的著作权 ……………………………………………… (330)
　　二、家庭成员之间的身份权 ……………………………………………… (331)
　　三、社员权 ………………………………………………………………… (333)

第十章　主观权利的保障一：民事义务 ………………………………………… (334)
第一节　民事义务概述 ………………………………………………………… (335)
　　一、民事义务的界定 ……………………………………………………… (335)
　　二、民事义务的必要构成要件 …………………………………………… (335)
　　三、民事义务的性质 ……………………………………………………… (336)
第二节　民事义务的分类 ……………………………………………………… (339)
　　一、区分民事义务的四种标准 …………………………………………… (339)
　　二、制定法上的民事义务和非制定法上的民事义务 …………………… (339)
　　三、作为义务与不作为义务 ……………………………………………… (341)
　　四、合同性质的民事义务、侵权性质的民事义务、复合性质的民事义务
　　　　以及其他性质的民事义务 …………………………………………… (344)
　　五、注意义务和忠实义务 ………………………………………………… (349)
第三节　民事义务的渊源 ……………………………………………………… (351)
　　一、民事义务产生渊源的特殊性 ………………………………………… (351)
　　二、因为民事法律行为所产生的民事义务 ……………………………… (352)
　　三、因为成文法、制定法的规定所产生的民事义务 …………………… (353)
　　四、因为公平原则、诚实信用原则所产生的民事义务 ………………… (356)
　　五、习惯、惯例、可预见性、特殊关系等所产生的民事义务 ………… (356)

第十一章　主观权利的保障二：民事责任 (358)

第一节　民事责任概述 (359)
一、责任、法律责任的界定 (359)
二、狭义的民事责任和广义的民事责任 (362)
三、民事责任的性质 (364)
四、民事责任的目的 (365)
五、民事责任的承担方式 (367)

第二节　民事责任与民事义务的关系 (370)
一、民事责任与民事义务在大陆法系国家的独立性 (371)
二、民事责任与民事义务在英美法系国家的独立性 (372)
三、民事责任与民事义务在我国民法当中的独立地位 (373)
四、民事责任与民事义务之间的联系 (374)
五、民事责任与民事义务之间的差异 (375)

第三节　民事责任的类型 (377)
一、我们对民事责任作出的具体分类 (377)
二、违约责任、侵权责任和返还责任 (377)
三、过错责任、严格责任和公平责任 (384)
四、按份责任、连带责任、平均责任和补充责任 (388)
五、独立责任、有限责任和无限责任 (390)

第四节　我国《民法总则》规定的免责途径 (391)
一、《民法总则》规定的四种免责途径 (391)
二、不可抗力的免责途径 (392)
三、正当防卫的免责途径 (395)
四、紧急避险的免责途径 (398)
五、见义勇为的免责途径 (400)

第五编　作为主观权利渊源的民事法律行为

第十二章　民事法律行为的基本理论 (403)

第一节　民事法律行为的界定 (403)
一、法国立法者对民事法律行为作出的界定 (403)
二、我国立法者对民事法律行为作出的界定 (404)
三、民法学者对民事法律行为作出的界定 (405)

四、我们对民事法律行为作出的界定 …………………………………… (406)
　　五、区分行为人实施的行为是不是民事法律行为的根本标准 ………… (408)
　第二节　民事法律行为的发展简史 …………………………………………… (412)
　　一、法国旧法时代的民法学者和1804年的《法国民法典》均没有建立
　　　　民事法律行为的一般理论 ……………………………………………… (412)
　　二、德国历史法学派的核心人物萨维尼对民事法律行为作出的说明 … (413)
　　三、19世纪中后期和20世纪初期的民法学者对民事法律行为理论的
　　　　普遍承认 ………………………………………………………………… (416)
　　四、1896年的《德国民法典》对民事法律行为作出的规定 …………… (417)
　　五、我国《民法总则》对民事法律行为作出的规定 …………………… (418)
　第三节　民事法律行为的种类 ………………………………………………… (420)
　　一、单方行为、双方行为与多方行为 …………………………………… (420)
　　二、管理行为、保全行为与处分行为 …………………………………… (422)
　　三、债权行为与物权行为 ………………………………………………… (423)
　　四、民事法律行为的其他分类 …………………………………………… (426)
　第四节　民事法律行为的构成要件：意思表示 ……………………………… (430)
　　一、意思表示的概念和构成因素 ………………………………………… (431)
　　二、意思表示的分类 ……………………………………………………… (432)
　　三、意思与表示的关系 …………………………………………………… (435)
　　四、意思表示效力的发生 ………………………………………………… (436)
　第五节　民事法律行为的解释 ………………………………………………… (438)
　　一、民事法律行为解释的界定 …………………………………………… (438)
　　二、民事法律行为解释的必要性 ………………………………………… (439)
　　三、民事法律行为解释的原则 …………………………………………… (441)
　　四、民事法律行为的解释方法 …………………………………………… (443)

第十三章　民事法律行为的效力 ……………………………………………… (449)
　第一节　民事法律行为的有效 ………………………………………………… (449)
　　一、行为人应当具有权利能力 …………………………………………… (449)
　　二、行为人具有相应的民事行为能力 …………………………………… (450)
　　三、行为人有健全的意思表示 …………………………………………… (451)
　　四、民事法律行为的内容应当是合法的、确定的和可能的 …………… (451)
　第二节　民事法律行为的无效 ………………………………………………… (454)
　　一、民事法律行为无效的概念与特征 …………………………………… (454)
　　二、民事法律行为无效的分类 …………………………………………… (455)

三、民事法律行为无效的转换 …………………………………… (457)
　　四、我国《民法总则》规定的几种无效民事法律行为 ………… (457)
　　五、无效民事法律行为的后果 …………………………………… (466)
　第三节　民事法律行为的可撤销 ………………………………………… (467)
　　一、可撤销民事法律行为的概念 ………………………………… (467)
　　二、可撤销民事法律行为的特征 ………………………………… (468)
　　三、可撤销民事法律行为的类型 ………………………………… (468)
　　四、可撤销权 ……………………………………………………… (476)
　　五、撤销权行使的效果 …………………………………………… (476)
　第四节　效力待定的民事法律行为 ……………………………………… (477)
　　一、效力待定的民事法律行为的概念与特点 …………………… (477)
　　二、效力待定的民事法律行为的种类 …………………………… (478)
　　三、效力待定的民事法律行为效力的确定 ……………………… (479)

第十四章　附条件的民事法律行为和附期限的民事法律行为 …………… (481)
　第一节　民事法律行为的附款 …………………………………………… (481)
　　一、民事法律行为附款的概念 …………………………………… (481)
　　二、民事法律行为附款的功能与限制 …………………………… (481)
　第二节　附条件的民事法律行为 ………………………………………… (482)
　　一、附条件的民事法律行为的概念 ……………………………… (482)
　　二、民事法律行为所附条件的构成要件 ………………………… (483)
　　三、民事法律行为所附条件的分类 ……………………………… (484)
　　四、附条件的民事法律行为的效力 ……………………………… (485)
　第三节　附期限的民事法律行为 ………………………………………… (486)
　　一、附期限的民事法律行为概述 ………………………………… (486)
　　二、民事法律行为所附期限的分类 ……………………………… (486)
　　三、附期限的民事法律行为的效力 ……………………………… (487)

第十五章　民事法律行为的代理 …………………………………………… (489)
　第一节　代理制度概述 …………………………………………………… (489)
　　一、代理的界定 …………………………………………………… (489)
　　二、代理制度的历史发展 ………………………………………… (489)
　　三、代理的属性 …………………………………………………… (490)
　　四、代理的作用 …………………………………………………… (491)
　　五、代理及其相类似制度 ………………………………………… (492)
　第二节　代理的分类 ……………………………………………………… (493)

一、完全代理和不完全代理 …………………………………… (493)
　　二、法定代理、指定代理和约定代理 …………………………… (494)
　　三、一般代理和限定代理 ………………………………………… (496)
　　四、自我代理和双方代理 ………………………………………… (497)
　　五、复代理 ………………………………………………………… (498)
　　六、积极代理和消极代理 ………………………………………… (500)
　第三节　有权代理 …………………………………………………… (500)
　　一、有权代理的必要构成要件 …………………………………… (500)
　　二、代理权 ………………………………………………………… (501)
　　三、代理人有为被代理人为代理的意思表示 …………………… (507)
　　四、代理人的资格 ………………………………………………… (509)
　　五、代理行为的有效性 …………………………………………… (510)
　　六、有权代理的法律效果 ………………………………………… (511)
　第四节　无权代理 …………………………………………………… (512)
　　一、无权代理的意义 ……………………………………………… (512)
　　二、无权代理的追认权、催告权和撤销权 ……………………… (513)
　　三、无权代理人的责任 …………………………………………… (515)
　第五节　表见代理 …………………………………………………… (516)
　　一、表见代理概述 ………………………………………………… (516)
　　二、代理权授予表示的表见代理 ………………………………… (518)
　　三、越权的表见代理 ……………………………………………… (519)
　　四、代理权消灭后的表见代理 …………………………………… (520)
　　五、表见代理的效力 ……………………………………………… (521)

第六编　时效、期间与民法的适用

第十六章　时效与期间 ……………………………………………… (522)
　第一节　时效概述 …………………………………………………… (522)
　　一、时效的构成要件 ……………………………………………… (522)
　　二、时效的类型 …………………………………………………… (523)
　　三、时效的性质 …………………………………………………… (524)
　　四、时效存在的理由 ……………………………………………… (525)
　　五、时效与除斥期间 ……………………………………………… (526)

第二节 取得时效 ··· (527)
一、取得时效的界定 ··· (527)
二、取得时效在民法上的地位 ·· (528)
三、取得时效的适用对象 ·· (529)
四、取得时效的构成要件 ·· (531)
五、取得时效的效果 ·· (533)

第三节 消灭时效 ··· (534)
一、消灭时效与我国民法当中的诉讼时效 ·· (534)
二、消灭时效的适用对象 ·· (535)
三、消灭时效的期间 ·· (537)
四、消灭时效的起算 ·· (538)
五、消灭时效的效力 ·· (540)

第四节 时效的共同问题 ·· (541)
一、时效的溯及效力 ·· (541)
二、时效的援用 ·· (541)
三、时效的中断 ·· (544)
四、时效的中止 ·· (546)
五、时效中止和时效中断的区别 ··· (547)

第五节 期　　间 ··· (547)
一、期间的含义 ·· (547)
二、期间的法律根据 ·· (548)
三、期间的计算方法 ·· (548)

第十七章 民法的适用 ··· (550)
第一节 民法的适用范围 ·· (550)
一、民法在时间上的适用范围 ·· (550)
二、民法在空间上的适用范围 ·· (551)
三、民法对人的适用范围 ·· (551)

第二节 民法适用的基本原则 ·· (552)
一、优位法优于劣位法原则 ··· (552)
二、特别法优于普通法原则 ··· (553)
三、新法优于旧法原则 ··· (553)
四、强行法优于任意法原则 ··· (553)
五、例外规定排除一般规定原则 ··· (554)

第三节 民法的适用方法 ·· (554)

一、民法的直接适用与民法的解释适用 …………………………… (554)
　　二、文义解释方法 ………………………………………………… (555)
　　三、体系解释方法 ………………………………………………… (555)
　　四、法意解释方法 ………………………………………………… (555)
　　五、扩张解释方法 ………………………………………………… (556)
　　六、限缩解释方法 ………………………………………………… (556)
　　七、当然解释方法 ………………………………………………… (556)
　　八、目的解释方法 ………………………………………………… (557)
　　九、合宪性解释方法 ……………………………………………… (557)
　　十、比较法解释方法 ……………………………………………… (557)
第四节　民法的漏洞补充与适用 ……………………………………… (558)
　　一、依习惯补充 …………………………………………………… (558)
　　二、依判例补充 …………………………………………………… (559)
　　三、依法理补充 …………………………………………………… (559)
第五节　民法适用中的不确定性与价值缺失 ………………………… (559)
　　一、对法律适用中法律规范之检讨 ……………………………… (559)
　　二、对法律适用中事实认定之检讨 ……………………………… (561)
　　三、对法官在适用法律过程中的能动性之检讨 ………………… (563)

第五版总序

　　2002年，在中山大学出版社领导的关心和支持下，在中山大学法学院和其他高等院校教师的共同参与下，《高等院校法学专业民商法系列教材》之一、之二、之三顺利出版并受到读者欢迎。为及时反映立法的最新要求和司法的最新原则，我们分别在2004年、2008年和2013年对《高等院校法学专业民商法系列教材》进行了修订。2016年2月10日，法国政府对《法国民法典》进行了大刀阔斧的改革，对其中的债法总则和契约作出了有史以来最重大的改革，使《法国民法典》中关于债法总则和契约的规定发生了质的变化。2017年3月15日，第十二届全国人民代表大会第五次会议通过了《中华人民共和国民法总则》（以下简称《民法总则》），为人们期待已久的"中华人民共和国民法典"的最终编纂和问世扫除了最后的障碍。为了把最新的立法精神融入教材当中，有必要对《高等院校法学专业民商法系列教材》进行再次修订。

　　自1980年9月10日第五届全国人民代表大会第三次会议通过了新的《中华人民共和国婚姻法》以来，我国立法者在民事单行法领域可谓快马加鞭，分别制定了众多的民事单行法，诸如《中华人民共和国民法通则》《中华人民共和国合同法》《中华人民共和国侵权责任法》《中华人民共和国物权法》，等等。在"中华人民共和国民法典"最终出台之前，这些民事单行法分别在各自的领域内发挥着规范和调整社会生活的作用。

　　不过，人们不要以为只有我国立法者所制定的民事单行法才是我国民事法律的渊源。事实上，在《民法总则》生效之前，除了立法者颁布的各种各样的民事单行法之外，最高人民法院自1988年以来所颁布的一系列司法解释也成为我国民事法律的渊源，它们在民事法律渊源当中的地位甚至完全盖过了我国立法者颁布的民事单行法。因为，无论是在处理民事纠纷时还是在司法考试当中甚至大学的民法教学当中，最高人民法院的司法解释均占据重要的地位。随着《民法总则》的颁布和实行，最高人民法院的司法解释将会正式退出历史舞台，因为《民法总则》第10条明确规定，除了立法者制定的法律和习惯能够成为民法渊源之外，其他任何东西均不得再成为民法渊源，包括最高人民法院的司法解释、国务院的行政法规和地方立法者的地方性法规。

《高等院校法学专业民商法系列教材》的主要特点有二：

其一，广泛介绍当今两大法系国家的最新民法理论和最新民法制度，广泛援引两大法系国家民法学者的最新民法学说和法官作出的最新司法判例，为我国学生了解和掌握最新的民法理论和民法制度提供途径。应该指出的是，人们不要因此认为这些理论仅仅是其他国家的民法理论或者其他国家的民法制度，它们实际上也应该是我国的民法理论和民法制度，因为，当代各国民法理论和民法制度基本上表现为统一化、现代化和趋同化的趋势。

其二，频繁地修改教材，以体现最新的法律精神。当国家立法机关修改或制定新的法律或者当司法机关作出新的司法解释时，《高等院校法学专业民商法系列教材》的作者们也对其教材进行修改，以体现立法的最新要求和司法的最新精神，保持教材与社会当前法律制度的协调。

我们希望内容新颖、实用的《高等院校法学专业民商法系列教材》能够得到广大读者的喜爱。

张民安教授
2017 年 3 月 30 日于
广州中山大学法学院

第 五 版 序

一、《中华人民共和国民法总则》的创新与不足

2017年3月15日，第十二届全国人民代表大会第五次会议通过了《中华人民共和国民法总则》（以下简称为《民法总则》），《民法总则》共11章计206条，所规定的内容多种多样。其内容主要包括：基本规定，三种权利主体即自然人，法人和非法人组织，权利主体所享有的民事权利和所承担的民事责任，民事法律行为和代理，诉讼时效和除斥期间，期间的计算和附则。笔者认为，虽然相对于世界上最具有影响力的《法国民法典》和《德国民法典》而言，我国的《民法总则》具有极大的创新性，但是，它仍然存在不足。

笔者认为，《民法总则》的创新性，主要体现在两个方面：一方面，《民法总则》第五章对权利主体享有的各种各样的主观权利作出了详细的列举，包括人们所耳熟能详的人格权、物权、债权、家庭权、知识产权等。这一点同《法国民法典》和《德国民法典》形成强烈的对比，也成为《民法总则》最具有创新性的具体体现之一。另一方面，《民法总则》第八章对行为人承担的民事责任作出了原则性的规定。这一点同《法国民法典》和《德国民法典》形成强烈的对比，也成为《民法总则》最具有创新性的具体体现之一。

在我国，《民法总则》也存在不足，因为，某些原本应当规定在《民法总则》当中的内容没有被规定在该总则当中，导致《民法总则》所规定的民法理论和民法制度不足。因为这些内容在性质上均属于民法的一般理论和一般制度，能够在民法的所有领域均得到适用，主要包括物和财产、民事义务以及法律规范的一般理论三方面的内容。

二、《民法总则》将民事权利规定为独立一章的正当性

在《民法总则》的制定过程当中，我国很多民法学者对立法者在《民法总则》当中将民事权利规定为独立的一章不理解。他们认为，鉴于未来的"民法典"会在分则编当中规定各种各样的民事权利，因此，立法者没有必

要再在《民法总则》当中对民事权利单独作出规定,比如未来的"民法典"会在物权编当中会对物权和担保物权作出规定,未来的"民法典"会在侵权责任编当中对侵权债权作出规定,未来的"民法典"会在亲属编当中对身份权作出规定,等等。在所有的分则编均对民事权利作出规定的情况下,立法者再在《民法总则》当中对民事权利作出单独规定,他们的做法实在是画蛇添足、多此一举。

实际上,在《民法总则》当中对民事权利作出规定是适当的、必要的,同立法者在未来的"民法典"分则编当中对各种民事权利作出的规定是不矛盾的。因为,未来"民法典"的分则编所规定的民事权利在性质上属于具体权利、特殊权利。比如物权是一种具体的民事权利、特殊的民事权利,它有其自身的特性,既不同于人格权,也不同于债权,立法者当然要在民法典的分则编当中对物权作出具体规定;再如债权,它也是一种具体的民事权利、特殊的民事权利,立法者当然要在民法典的分则编当中对其作出规定;基于同样的理由,家庭权即亲属权、继承权也属于具体权利、特殊权利。

而《民法总则》所规定的民事权利在性质上属于一般权利,或者是民事权利的一般规则。从罗马时代开始,民法当中就存在着各种各样的民事权利,但这些民事权利都只是具体的民事权利。这就需要总则将具体权利的一般规则抽象化,形成民事权利的一般规则,即一般性民事权利。如果不在总则中将民事权利独立成章,那么就等于那些在分则当中规定的具体民事权利在总则中没有对应的地方。换而言之,《民法总则》规定的都是一般理论和一般制度,它是从具体理论和具体制度中提炼出来的。因此,在《民法总则》中将民事权利独立成章,就是要在体系上,让具体权利在总则中找到自己的位置。总之,在总则中将民事权利独立成章,是民法典在体系上的需要,是具体权利一般化的产物。

在《法国民法典》第一卷"人"第一编"民事权利"(Des droits civils)当中,虽然法国立法者对民事权利作出了明确规定,但是,该编所规定的"民事权利"仅仅是最狭义的民事权利,除了人格权之外,该编并没有对其他类型的民事权利作出规定。[①] 因此,相对于《法国民法典》而言,《民法总则》第五章所规定的民事权利要丰富得多,因为在该章当中,除了对人格

---

① 张民安:《法国人格权法》,清华大学出版社2016年版,第450—452页。

权作出了明确规定之外，立法者也对其他的民事权利作出了简要的规定。

在《德国民法典》第一编总则编当中，除了在第12条当中对自然人享有的姓名权作出了明确规定之外，① 德国立法者没有对民事权利作出任何规定。因此，虽然《德国民法典》在世界上首次规定了民法总则编，但是，它的民法总则编极端轻视民事权利在民法当中的地位，既没有对众多的、重要的民事权利作出明确规定，更没有将所有类型的民事权利作为单独的一章加以规定。

在德国，民事权利属于过错侵权责任制度的组成部分，它们并没有从侵权责任制度当中解放出来并因此成为侵权责任制度之外的独立制度，这一点同罗马法对待生命权、身体权、健康权和自由权的态度完全一致，因为在罗马法当中，生命权、身体权、健康权、自由权和名誉权依附于过错侵权责任制度。②《德国民法典》第823（1）条对此种规则作出了说明，它规定，如果行为人非法侵犯他人的生命权、身体权、健康权、自由权、财产所有权或者其他权利，他们应当对他人因此遭受的损害承担赔偿责任。③

相对于《德国民法典》对待民事权利的消极态度而言，《民法总则》对待民事权利的态度积极多了。一方面，《民法总则》将民事权利看作侵权责任制度之外的独立制度，没有像《德国民法典》那样将其看作侵权责任制度的组成部分，因为它认为，虽然民事权利受到侵权责任法的保护，但是，民事权利独立于侵权责任制度，属于侵权责任制度之外的制度，就像物权虽然受到侵权责任法的保护但其仍然独立于侵权责任制度一样。另一方面，《民法总则》高度重视民事权利在民法当中的地位，除了将其规定在《民法总则》当中之外，还对包括姓名权在内的几乎所有民事权利均作出了明确的列举，使民事权利的类型空前丰富。

《民法总则》所作出的此种创新具有相当的合理性，因为，虽然民法典所规定的内容多种多样，但是，民法典所规定的所有内容均以权利主体享有

---

① 张民安：《无形人格侵权责任研究》，北京大学出版社2012年版，第48页；张民安：《法国人格权法》，清华大学出版社2016年版，第193—194页。

② 张民安：《法国人格权法（上）》，清华大学出版社2016年版，第64—67页。

③ 张民安：《法国人格权法》，清华大学出版社2016年版，第47—48页；张民安：《一般人格权理论在法国民法当中的地位》，《法治研究》，2016年第1期，第124—126页；张民安：《法国人格权法》，清华大学出版社2016年版，第201—205页。

民事权利作为出发点和终点。换言之，民事权利在性质上属于民法的一般理论和一般制度，是民法总论和民法总则的最主要的、最重要的内容，是民法典当中所有民法分则均会涉及的共同内容。①

《民法总则》第五章的规定还有另外一个意义，这就是，虽然在制定《民法总则》时，我们受到了《德国民法典》的影响，但是，我们的《民法总则》并没有机械地照搬《德国民法典》的规定，而是根据社会发展的需要，在《德国民法典》的基础上，作出了极大的创新，让我们的《民法总则》在实质上不同于《德国民法典》当中的民法总则编。

三、《民法总则》将民事责任规定为独立一章的正当性

在当今大陆法系国家，无论是《法国民法典》还是《德国民法典》，它们均没有对民事责任作出单独的、统一的规定，而是分别在不同的法律制度当中对违约责任、侵权责任或者准契约责任作出规定。因此，除了几种具体的民事责任之外，大陆法系国家的民法典当中不存在民事责任的一般规定、共同规定。

而我国，《民法总则》则采取了不同的处理方法，因为，除了《中华人民共和国合同法》和《中华人民共和国侵权责任法》分别对违约责任和侵权责任作出了具体规定之外，《民法总则》第八章也对民事责任的一般规则、共同规定作出了规定。《民法总则》的此种做法恐怕是世界上独一无二的，因此，具有极大的创新性，成为《民法总则》最具有创新性的内容之一。《民法总则》所作出的此种创新也具有相当的合理性，因为民事责任的一般规则、共同规定属于民法的一般理论和一般制度，是所有民法分则均会涉及的共同内容，因此，应当规定在《民法总则》当中。

四、《民法总则》应当规定而没有规定的物和财产

在我国，《民法总则》应当规定而没有规定的第一个内容是，物和财产的一般理论和一般制度。在民法上，除了存在物和财产的具体理论和具体制度之外，民法当中也存在物和财产的一般理论和一般制度。

在 17 世纪，法国最著名的民法学家、被誉为法国民法典之祖父的 Jean

---

① 张民安：《法国人格权法》，清华大学出版社 2016 年版，第 4—8 页。

Domat 就承认此种观点,在其《自然秩序当中的民法》当中,他认为物和财产理论在性质上属于民法的一般理论和一般制度,因为在该著作当中,他认为,法律规范、人和物属于"法律最重要的构成要素"(les premiers éléments du droit),是"债"和"继承"的共同构成要素(communes à toutes les autres),是人们准确理解"债"和"继承"所必要的(nécessaires pour les bien entendre)。①因为这样的原因,他对物作出了详细的分类,认为物可以分为流通物和非流通物、有体物和无体物、动产和不动产等。②

在 18 世纪,法国最著名的民法学家、被誉为法国民法典之父的 Robert-Joseph Pothier 也承认此种观点,在其《奥尔良习惯》和《人与物专论》当中,他也认为,物和财产属于民法的一般理论和一般制度,能够在民法的所有领域均获得适用。③ 因为这样的原因,他也对物作出了分类,尤其是将物分为有体物和无体物、动产和不动产等。④

在我国,在物和财产的地位问题上,民法学者之间有三种不同的意见:

其一,某些民法学者根本就不将物和财产看作民法总论的内容,因为在他们的民法著作当中,他们根本就不对物和财产作出说明。⑤ 这些民法学者之所以不在民法总论当中对物和财产作出讨论,是因为他们认为,物和财产的理论在性质上属于物权法的内容,应当在物权法当中作出讨论。⑥

其二,某些民法学者虽然在其民法总论当中对物和财产作出了讨论,但是,他们也仅仅是权利客体即物权客体的角度对物和财产作出分析。⑦

其三,虽然认为物和财产是能够在民法当中获得广泛适用的,但是,除了对有体物即物权客体意义上的物作出了讨论之外,并没有对能够普遍适用

---

① Jean Domat, Œuvres complètes de J. Domat, Nouvelle édition par Joseph Rémy, tome I, Paris, Firmin Didot Père et fils, 1828, p. 75;张民安:《法国民法总论(上)》,清华大学出版社 2017 年版,第 130—131 页。
② 张民安:《法国民法总论(上)》,清华大学出版社 2017 年版,第 153—156 页。
③ 张民安:《法国民法总论(上)》,清华大学出版社 2017 年版,第 168—175 页。
④ 张民安:《法国民法总论(上)》,清华大学出版社 2017 年版,第 267—279 页。
⑤ 王卫国主编:《民法》,中国政法大学出版社 2007 年版;李永军:《民法总论》,中国政法大学出版社 2008 年版;江平主编:《民法学》(第 2 版),中国政法大学出版社 2011 年版。
⑥ 王卫国主编:《民法》,中国政法大学出版社 2007 年版,第 182—190 页;江平主编:《民法学》(第 2 版),中国政法大学出版社 2011 年版,第 221—226 页。
⑦ 傅静坤主编:《民法总论》(第 3 版),中山大学出版社 2007 年版,第 51—60 页;魏振瀛主编:《民法》(第 4 版),北京大学出版社 2010 年版,第 121—130 页。

的物作出分析。①

因此，总的说来，我国民法学者并没有建立起物和财产方面的一般理论和一般制度，他们也仅仅建立起物权领域的物的具体理论和具体制度。这也许就是我国立法者在《民法总则》当中忽视物和财产在民法总则当中地位的缘故吧！

不过，笔者认为，物和财产的理论绝对不仅仅是权利客体方面的理论，绝对不仅仅是物权领域的理论，而是整个民法领域的理论。因为，除了物权领域存在物和财产之外，所有民法领域均存在物和财产的内容：债权法当中存在物和财产，担保法当中存在物和财产，知识产权法当中存在物和财产，继承法当中存在物和财产，婚姻家庭法当中存在物和财产，人格权法当中也存在物和财产，已如前述。虽然这些领域的物和财产理论在性质上属于具体的物和财产理论，但是，它们之间也存在一般规则、共同规定。因此，除了我国民法学者应当将这些领域的物和财产的一般规则、共同规定提炼出来之外，我国立法者也应当在《民法总则》对这些一般规则、共同规定作出明确规定。

五、《民法总则》应当规定而没有规定的民事义务

在我国，《民法总则》应当规定而没有规定的第二个内容是，民事义务的一般理论和一般制度。在民法上，除了存在民事义务的具体理论和具体制度之外，民法当中也存在民事义务的一般理论和一般制度。

在 17 世纪或者 18 世纪，无论是 Domat 还是 Pothier 均没有对民事义务的一般理论或者一般制度作出说明，因此，他们并没有将民事义务看作民法的核心内容，因为他们认为，除了人、物和法律规范属于民法的一般理论和一般制度之外，其他的民法理论和民法制度在性质上均属于民法的具体理论和具体制度。换言之，他们认为，民事义务理论和制度在性质上属于民法的具体理论和具体制度，已如前述。

到了 19 世纪中后期，民事义务开始成为法律关系理论当中的必要构成要素，因为在讨论法律关系时，民法学者开始认为，除了权利主体享有的民事权利属于法律关系的构成要素之外，义务主体对权利主体承担的民事义务

---

① 梁慧星：《民法总论》（第 2 版），法律出版社 2004 年版，第 86—96 页。

也属于法律关系的构成要素。民事权利和民事义务相对应、相对立,没有民事权利就没有民事义务,反之亦然,没有民事义务也就没有民事权利。消极主体对积极主体承担的民事义务或者是作为义务,或者是不作为义务。[①]

在20世纪60年代之前,大陆法系国家的一般民事义务理论根本就无法形成。因为除了婚姻领域、契约领域和准契约领域等少数民法领域存在民事义务的具体理论和具体制度之外,物权领域尤其是侵权责任领域很少或者根本就不存在民事义务理论或者民事义务制度。[②] 人们无法在这些具体理论和具体制度的基础上形成民事义务的一般理论和一般制度。

虽然大陆法系国家的民法典并没有将民事义务作为民法的一般理论和一般制度规定在民法典当中,但是,这并不意味着我国立法者也不应当将民事义务作为一般理论和一般制度规定在我国的《民法总则》当中。

在我国,无论是立法者制定的婚姻法、继承法,还是他们制定的物权法、合同法、侵权责任法、担保法,它们均对各自领域的具体民事义务理论和制度作出了明确规定。我们应当在这些法律所规定的各种具体民事义务的基础上抽象出、归纳出民事义务的一般理论、共同规则并且将其规定在《民法总则》当中,以便作为这些具体民事义务理论和制度的一般理论和一般制度。

当然,在将民事义务的一般理论和一般制度规定在《民法总则》当中时,我们也应当明确民事义务和民事权利之间的关系。这就是,民事义务仅仅是民事权利实现的一种手段和保障,民事权利是目的,两种的地位不能够平起平坐,也无所谓民事权利与民事义务之间存在对应、对立的地位,否则,民事义务可能被异化。

六、《民法总则》应当规定而没有规定的一般法律规范理论

在我国,《民法总则》应当规定而没有规定的第三个内容是,法律规范的一般理论和一般制度。在民法上,除了存在法律规范的具体理论和具体制

[①] Ernest Roguin, La Règle de Droit, Lausanne, F. Rouge, Libraire-éditeur, 1889, p. 76; N. M. Korkounov, Cours de théorie générale du droit, traduit par M. J. Tchernoff, Paris, V. Giard & E. Briere, 1903, p. 218; M. Raoul Brugeilles, Le Droit et l'obligation, ou le rapport juridique, Revue trimestrielle de droit civil, Librairie de la société du Recueil J. – B. Sirey et du Journal du Palais, 1909, p. 6.
[②] 张民安:《作为过错侵权责任构成要件的非法性与过错——我国过错侵权责任制度应当采取的规则》,《甘肃政法学院学报》2007年第4期,第1—10页。

度之外，民法当中也存在法律规范的一般理论和一般制度。

《民法总则》第 132 条明确规定：违反法律、行政法规的效力性强制性规定或者违背公序良俗的民事法律行为无效。请问：该条规定的"效力性强制性规定"是什么意思？哪些规定属于立法者没有规定的"管理性强制性规定"？当 A 说某一个规定是"效力性强制性规定"而 B 则说是"管理性强制性规定"时，人们如何对此作出判断？在引起纠纷时，法官如何判断应当适用的法律、行政法规的规定在性质上属于"效力性强制性规定"还是"管理性强制性规定"？

在中国，哪怕民法学家对中国的制定法比较清楚，他们也无法在中国的法律当中找到这些问题的答案。因此，在立法者不对这些问题作出明确回答的情况下，民法学者只能够公说公有理婆说婆有理，法官也只能够自说自有理。为了防止法官在这些问题上擅自独断，唯有最高法院进行司法解释了！

在民法上，哪些法律的规定属于效力性强制性规定，哪些法律的规定属于管理性强制性规定，这并不是一个小问题，而是一个大问题，因此这些问题属于法律规范的一般理论和一般制度的范畴，应当在《民法总则》当中作出明确、清楚的规定。在民法上，法律规范的一般理论和一般制度之所以属于民法总则的内容，是因为作为客观法律的表现形式，法律规范虽然在民法的各个领域均存在，但是，人们应当对不同领域的法律规范进行归纳、总结，并因此形成能够在民法的所有领域均适用的一般规则、共同规定。

事实上，早在 17 世纪，法国著名学者 Domat 就已经明确指出，法律规范总论属于民法的一般理论和一般制度，因此，在其《自然秩序当中的民法》当中，他对法律规范的一般理论作出了详细的阐述，已如前述。在 18 世纪，法国著名学者 Pothier 也将法律规范看作民法的一般理论和一般制度。[①] 在 1804 年的《法国民法典》当中，法国立法者对法律规范的一般理论和一般制度作出了简要的规定，这就是该法典的序编。法国立法者的此种做法被意大利、智利等国的立法者所采取，他们均在各自制定的意大利民法典和智利民法典当中对法律规范的一般理论和一般制度作出了或者简要或者详尽的规定。

[①] M. Dupin, Œuvres de R. J. Pothier, contenant les traités du droit français, Nouvelle édition, Tome VII, Bruxelles, chez les éditeurs, Jonker, Ode et Wodon, H. Tarlier, Amsterdam, Chez Les Fréres Diederichs, 1823, pp. 2—5.

在1855年的《智利民法典》当中，智利立法者对法律规范的一般理论和一般制度作出了规定，这就是该法典的序编，《智利民法典》的序编共6章53条。在对制定法作出了明确界定之后，《智利民法典》的序编对能够产生法律效力的制定法的适用情形作出了规定，这就是《智利民法典》的第一章；在对制定法的适用作出了规定之后，《智利民法典》的序编接着对制定法的公布、制定法的解释和制定法的废除作出了规定，这就是《智利民法典》的第二章、第四章和第六章。在对制定法所适用的人和地点作出了规定之后，《智利民法典》对民法典当中所涉及的各种各样的法律术语作出了具体的定义，这就是《智利民法典》的第三章和第五章。[①] 在1865年的《意大利民法典》当中，意大利立法者对法律规范的一般理论和一般制度作出了规定，这就是该法典的序编，该编共计12条。[②]

在德国，立法者虽然在其制定的《德国民法典》当中对民法总则所涉及的大量内容作出了规定，但是，它基本上忽视了作为客观法律表现形式的法律规范，没有对法律规范的一般理论和一般制度作出规定，这是《德国民法典》的最大败笔之一。

七、《民法总论》（第五版）的主要内容与分工

《民法总论》（第五版）以2017年3月15日第十二届全国人民代表大会第五次会议通过的《中华人民共和国民法总则》为主线，共六编计17章，主要内容包括以下方面：

其一，民法的基本问题，包括民法的界定、民法的功能、民法的渊源、民事法律规范、民法的性质、民法的历史发展等。

其二，民法的基本原则，包括意思自治原则和合同自由原则、公平原则、公共秩序与良好道德原则、诚实信用原则以及其他原则。

其三，主观权利主体，包括自然人、法人和非法人组织。

其四，主观权利客体，包括作为物权关系客体的物、作为人身关系客体的人身利益、作为债权关系客体的给付行为和作为知识产权客体的智力成果。

---

① Henri Prudhomme, Code Civil Chilien, Paris, A. Pedone, 1904, pp. 1—10.
② Henri Prudhomme, Code civil Italien, Paris, A. Pedone, 1896, pp. 3—6.

其五，主观权利的内容，包括民事权利和民事权利的两种保障即民事义务和民事责任。

其六，民事法律行为，包括民事法律行为的类型、民事法律行为的构成、民事法律行为的效力、附条件的民事法律行为、附期限的民事法律行为以及民事法律行为的代理等。

其七，时效、期间和民法的适用，包括时效的类型、取得时效的构成要件、消灭时效的构成要件以及它们的法律效力，等等。

《民法总论》（第五版）的分工如下：张民安教授撰写第一章、第二章、第三章、第九章、第十章、第十一章和第十二章；丘志乔教授撰写第四章、第五章和第六章；侯巍副教授撰写第七章、第八章和第十四章；铁木尔高力套副教授撰写第十三章、第十五章和第十六章；于海涌教授撰写第十七章。

《民法总论》（第五版）的结构紧凑，内容全面，资料新颖，观念创新，体现了理论性、科学性与实践性的有机统一，既适合高等院校法学专业的本科生作为教科书使用，也适合法官、律师或者社会公众使用。

张民安教授
2017 年 5 月 15 日于
广州中山大学法学院

第一编　民法的基本原理

第一章　民法概述

第一节　民法有关词语的界定

在我国，虽然民法学者普遍使用"民法""民法总论""民法总则""民法分论"和"民法分则"等术语，但是，除了对其中的"民法"作出了简要的界定之外，他们大都没有对其他几个重要术语作出界定。[①] 因此，即便人们学习过民法，他们既无法知悉民法总论的概念，也无法知悉民法分论的概念；既无法将民法总论与民法总则区分开来，也无法将民法分论与民法分则区分开来。为了弥补此种缺憾，除了对民法作出界定之外，我们也对民法有关其他几个重要概念作出界定。[②]

一、民法的界定

（一）民法含义的演变

在历史上，"民法"（le droit civil）这一术语源自罗马法，它是从古罗马时期的"le jus civile"一词直译（la traduction littérale）过来的，该词在古罗马时期的含义是"市民法""公民法"（le droit des citoyens），是指仅仅对罗马城邦、罗马帝国的市民和公民加以适用的法律。与该词相对应的一个词语是"万民法"（jus gentium droit des gens），该词在古罗马时期的含义是指对所有城市、所有民族和所有国家的公民均予以适用

[①] 傅静坤主编：《民法总论》（第3版），中山大学出版社2007年版；张民安主编：《民法总论》（第4版），中山大学出版社2013年版；梁慧星：《民法总论》（第2版），法律出版社2001年版；江平主编：《民法学》，中国政法大学出版社2007年版；王卫国主编：《民法》，中国政法大学出版社2007年版；李永军：《民法总论》，中国政法大学出版社2008年版；魏振瀛主编：《民法》（第4版），北京大学出版社2010年版。
[②] 张民安：《法国民法总论（上）》，清华大学出版社2017年版，第5—54页。

的法律。① 到了中世纪，"民法"这一术语不再与"万民法"相对应，而是与"教会法"（le jus canonicum）相对应，该法对教徒、教会组织与神职人员之间的法律关系进行规范和调整。②

（二）我国民法学者对民法作出的界定

在《中华人民共和国民法总则》（以下简称《民生总则》）通过之后，我国民法学者将如何界定民法？答案是肯定的，这就是，他们一定会按照《民法总则》第2条的规定对民法作出界定，根据此种界定，所谓民法，是指调整平等主体的自然人、法人和非法人组织之间的人身关系和财产关系的法律规范的总和。我国民法学者之所以会根据《民法总则》第2条的规定对民法作出界定，是因为《民法总则》第2条的规定源自《民法通则》第2条的规定，所不同的是，《民法通则》仅仅规范和调整两种民事主体之间的法律关系，即自然人和法人之间的法律关系，而《民法总则》则规范和调整三种民事主体之间的法律关系，即自然人、法人和非法人组织之间的关系。

（三）我们对民法作出的界定

我们认为，在对民法作出界定时，我们既要突出主观权利在民法当中的核心地位，也要强化民法在私法当中的核心地位，还要强调民法的构成要素即法律规范所具有的有机整体的特征。基于此种考虑，我们对民法作出如下界定：所谓民法，是指对私人享有的主观权利进行规范和调整的、具有一般法、基本法和共同法性质的所有法律规范的有机整体。

---

① 在罗马法时期，除了最狭义的民法之外，私法还包括自然法和万民法。在罗马法当中，所谓自然法（droit naturel），是指对人（hommes）和动物（bêtes）均共同（commun）适用的所有法律。当某种法律对人和动物共同适用时，则该法律就是自然法。在其《法学阶梯》当中，查士丁尼皇帝对自然法作出了明确界定，他指出：所谓自然法，是指其性质源自所有动物（les animaux）的法律。实际上，自然法并不是人类所特有的法律。自然法的适用范围广泛，能够对海陆空当中的所有生物（les habitants）加以适用。自然法要求雌性和雄性相互交配，要求他们从事生物的再生产活动，要求他们对其生育的后代进行教育。除了人之外，所有的动物均遵循此种法律。参见张民安《法国民法总论（上）》，清华大学出版社2017年版，第17页。

所谓万民法，是指对所有民族（tous les peuples）、所有国家（toutes les nations）均共同适用的所有法律（toutes les lois）。当某种法律为所有国家、所有民族共同适用时，则该种法律就是万民法。在罗马法当中，人们认为，有关契约方面的法律就属于万民法，因为所有国家均承认契约方面的法律，换言之，契约法在所有国家、所有民族均能够共同适用。因此，在罗马法当中，有关买卖契约、租赁契约、公司契约、保管契约和其他契约方面的法律均为万民法，因为这些契约方面的法律在所有国家均得到适用。参见张民安《法国民法总论（上）》，清华大学出版社2017年版，第17—18页。

② Henri et Leon Mazeaud Jean Mazeaud Francois Chabas, Lecons de DROIT CIVIL, Tome Premier, Introduction à l'étude du droit, septième édition, éDITIONS, MONTCHRESTIEN, p. 53; Henri Roland Laurent Boyer, Introduction au droit, Litec, p. 194; 张民安：《法国民法》，清华大学出版社2015年版，第3页；张民安：《法国民法总论（上）》，清华大学出版社2017年版，第16页。

根据此种界定，民法所规范和调整的对象为民事主体所享有的民事权利，这就是所谓的主观权利。对主观权利进行规范和调整的法律被称为民法，民法不仅由法律规范所构成，而且还是由所有的法律规范结合在一起所形成的有机整体；民法虽然在性质上属于私法，但是，它是最主要的、最重要的私法，构成私法的普通法、一般法、基本法和共同法，而其他私法则仅仅构成私法的特别法、特殊法、具体法。① 关于这一点，我们将在下面的内容当中作出详尽的说明，此处从略。

二、民法总论和民法总则的界定

在我国，除了"民法"属于"民法总论"当中的核心概念之外，"民法总论"和"民法总则"也属于"民法总论"当中的两个核心概念，虽然如此，我国民法学者普遍没有在其民法总则当中对这两个核心概念作出界定，即便他们经常使用这两个法律术语，也是如此。

（一）民法总论的界定

所谓民法总论（introduction général au droit civil），是指基于教义学或者其他目的的需要，民法学者在其民法著作当中以普遍的、一般的方式对民法理论和民法制度所作出的、能够对民法的所有构成要素均共同适用的介绍、说明、阐述。换言之，所谓民法总论，是指基于教义学或者其他目的的需要，民法学者在其民法著作当中对民法的一般理论和一般制度所作出的介绍、说明、阐述。②

在民法上，如果民法学者以普遍的、一般的方式对民法理论和民法制度作出介绍、说明、阐述，在他们所介绍、说明和阐述的民法理论和民法制度能够在民法的所有构成要素当中均获得适用的情况下，换言之，在他们所介绍、说明和阐述的民法理论和民法制度能够在所有民法分论当中获得适用的情况下，他们的介绍、说明和阐述才构成民法总论。因为在此时，他们所介绍、说明和阐述的民法理论和民法制度属于民法有机整体共同适用的理论和制度。③

（二）民法总则的界定

所谓"民法总则"（partie générale du code civil），也称为民法典的普通部分、民法典的一般部分、民法典的共同部分，是指立法者在其制定的民法典当中所规定的普通部分、一般部分，能够对民法典当中的具体部分、特殊部分予以适用的共同部分。在民法

---

① 张民安：《法国民法总论（上）》，清华大学出版社2017年版，第30—31页。
② 张民安：《法国民法总论（上）》，清华大学出版社2017年版，第37页。
③ 张民安：《法国民法总论（上）》，清华大学出版社2017年版，第38—39页。

典既规定了普通部分、一般部分、共同部分也规定了具体部分、特殊部分的情况下，民法典当中的普通部分、一般部分、共同部分被称为总则编，也就是被称为民法总则，而民法典当中的具体部分、特殊部分则被称为分则编，也就是民法分则。除了能够独立存在和适用之外，民法典当中的普通部分、一般部分、共同部分也能够在民法典的所有具体部分、特殊部分得到适用，换言之，除了能够独立存在和适用之外，民法典的总则编也能够在民法典的所有分则编当中得到适用。①

（三）民法总论和民法总则之间的差异

在民法上，民法总论和民法总则当然是两个不同的术语，因此，它们之间存在差异是不足为奇的。总的说来，民法总论和民法总则的主要区别表现为三个方面：它们的发明者和创造者不同，它们的性质不同和它们的目的不同。

1. 民法总论和民法总则的发明者和创造者不同

在民法上，民法总论是民法学者的杰作，是民法学者通过他们的民法著作发明和创造出来的，因为，当民法学者在其民法著作当中对能够在民法的所有构成要素当中均适用的一般理论和一般制度作出介绍、说明和阐述时，他们就发明和创造出了民法总论，已如前述。而在民法上，民法总则并不是民法学者的杰作，而是立法者的杰作，是一个国家的立法者通过他们制定的民法典发明和创造出来的，因为，当立法者在他们的制定法当中将民法典所规定的所有内容分为总则编和分则编时，他们就发明和创造出了民法总则，已如前述。②

2. 民法总论和民法总则的性质不同

在民法上，民法总论是民法学者在其民法著作当中对民法理论和民法制度作出的介绍、说明和阐述，它在性质上属于民法学说，其是否构成民法渊源，不同的民法学者有不同的意见。关于这一点，我们将在下面的内容当中作出说明，此处从略。而在民法上，民法总则则不同，作为民法典这一形式渊源的组成部分，民法总则在性质上当然属于民法的形式渊源，它凭借其本身的存在就能够产生法律上的强制力，除了社会公众应当遵守之外，法官也应当适用民法总则的规定。③

3. 民法总论和民法总则的目的不同

在民法领域，民法学者之所以发明和创造民法总论，或者是为了满足教义学的要求，也就是为了满足大学法学院的新生更好地理解和学习法律的需要，或者是为了满足民法理论和民法制度建构的需要，也就是为了满足法律学科发展和繁荣的需要。而在民

---

① 张民安：《法国民法总论（上）》，清华大学出版社2017年版，第41—42页。
② 张民安：《法国民法总论（上）》，清华大学出版社2017年版，第42—43页。
③ 张民安：《法国民法总论（上）》，清华大学出版社2017年版，第43页。

法上，立法者之所以发明和创造民法总则，既不是为了满足教义学的需要，也不是为了满足法律科学发展的需要，而主要是为了适用的方便：作为民法分则的共同规则、一般规则，民法总则被集中规定在一起，能够方便法官、律师和诉讼当事人适用。①

（四）民法总论与民法总则之间差异的相对性

在民法上，虽然民法总论与民法总则之间存在上述差异，但是，它们之间的差异仅仅是形式上的、非实质性的，因为，它们之间的共同点要远远大于它们之间的差异，主要表现在三个方面：民法总则源自民法总论；民法总则与民法总论所规定的内容性质相同；民法总论具有民法总则的效力。

1. 民法总则源自民法总论

从形式上看，民法总论的发明者和创造者不同于民法总则的发明者、创造者，因为民法总论的发明者和创造者是民法学者，而民法典的发明者和创造者则是立法者，已如前述。不过，此种形式上的差异掩盖了民法总论与民法总则之间的真实关系。因为，在当今大陆法系国家，无论是法国民法典还是德国民法典，它们均不是立法者闭门造车的结果，而均是立法者将民法学者在其民法著作当中所阐述的理论和制度规定在他们制定的民法典当中的结果。②

2. 民法总则与民法总论所规定的内容性质相同

在民法上，虽然民法总论是民法学者的杰作，民法总则是立法者的杰作，但是，如果人们抛开发明者、创造者的身份而直接关注这两个杰作的内容，他们就会发现，民法学者在其民法总则当中所讨论的民法总论的内容与立法者在其民法典的总则编当中所规定的内容几乎是完全相同的，因为，无论是民法学者的民法学说，还是立法者的民法总则，它们所规定的内容均为民法的一般理论和民法的一般制度，均是能够在民法分论或者民法分则当中共同适用的一般规则、共同规则。民法总论的内容之所以等同于民法总则的内容，当然是因为上述第一个原因引起的：民法总则是民法总论的制定法化、法典化。③

3. 民法总论具有民法总则的效力

在当今社会，无论民法学者是否将民法学说看作民法的渊源，他们均承认，民法学者的民法学说在事实上影响巨大，即便他们的民法学说没有法律上的权威性，他们的民法学说也具有事实上的权威性和道德上的权威性，除了法国立法者会经常将民法学者的民法理论规定在他们所制定的法律当中之外，法国的法官也会经常援引民法学者的民法

---

① 张民安：《法国民法总论（上）》，清华大学出版社2017年版，第43—44页。
② 张民安：《法国民法总论（上）》，清华大学出版社2017年版，第44页。
③ 张民安：《法国民法总论（上）》，清华大学出版社2017年版，第45页。

学说,将民法学者的民法理论作为他们作出裁判的理论根据。①

三、民法分论和民法分则的界定

在我国,除了民法、民法总论和民法总则属于民法的核心概念之外,民法分论和民法分则也属于民法的核心概念。遗憾的是,迄今为止,几乎没有任何人对这两个核心概念作出界定。

(一) 民法分论的界定

所谓"民法分论"(partie spécial du droit civil),是指民法学者在其民法著作当中对属于民法有机整体构成要素、组成部分的某种特殊的、具体的民法理论和民法制度作出的介绍、说明、阐述。当民法学者在其民法著作当中对某种特殊的、具体的民法理论和民法制度作出介绍、说明、阐述时,如果他们是将该种特殊的、具体的民法理论和民法制度作为民法有机整体的构成要素、组成部分来介绍、说明、阐述,则他们所介绍、说明、阐述的该种特殊的、具体的民法理论和民法制度就是民法分论。②

要构成民法分论,应当同时具备两个条件,这就是客观条件和主观条件。所谓客观条件,是指民法学者在其民法著作当中所介绍、说明、阐述的民法理论和民法制度在性质上必须是民法的具体理论和具体制度,包括物权法的理论、债法的理论、家庭法的理论,等等。所谓主观条件,则是指在对民法的具体理论和具体制度作出介绍、说明、阐述时,民法学者在主观上将所介绍、说明、阐述的具体理论和具体制度看作民法有机整体的必要构成要素、必要组成部分,否则,他们的介绍、说明、阐述就不构成民法分论。③

(二) 民法分则的界定

所谓"民法分则"(partie spécial du code civil),也称为民法典的特殊部分、民法典的具体部分,是指立法者在其制定的民法典当中对作为整个民法典有机组成部分的特殊、具体民法理论和民法制度作出的规定。当立法者在其制定的民法典当中对特殊的、具体的民法理论和民法制度作出明确规定时,如果他们将这些特殊的、具体的民法理论和民法制度看作民法典有机整体当中的构成要素、组成部分,则他们所规定的特殊、具体民法理论和民法制度就是民法分论。④

---

① 张民安:《法国民法总论(上)》,清华大学出版社2017年版,第45—46页。
② 张民安:《法国民法总论(上)》,清华大学出版社2017年版,第49页。
③ 张民安:《法国民法总论(上)》,清华大学出版社2017年版,第50—51页。
④ 张民安:《法国民法总论(上)》,清华大学出版社2017年版,第52页。

作为民法典的重要组成部分,民法分则不可能被立法者规定在民法典的第一卷或者第一编当中,它只会被立法者规定在民法典的第二卷或者第二编和之后的其他卷编当中。因为在民法典的第一卷或者第一编当中,立法者会规定民法总则,已如前述。

(三) 民法分论与民法分则之间的差异

1. 民法分论和民法分则的发明者和创造者不同

在民法上,民法分论的发明者和创造者是民法学者,当民法学者在其民法著作当中对各种各样的具体理论和具体制度作出介绍、说明、阐述时,如果他们将这些具体理论和具体制度与民法总论相对应、相对立,则他们所介绍、说明和阐述的具体理论和具体制度就成为民法分论,已如前述。而民法分则则不同,它的发明者和创造者并不是民法学者而是立法者,当立法者在其制定的民法典当中将民法的具体理论和具体制度与民法的一般理论和一般制度相对应、相对立时,则他们所规定的具体理论和具体制度就成为民法分论,已如前述。①

2. 民法分论与民法分则的性质不同

在民法上,民法分论在性质上属于民法学者的民法学说,它们是否属于民法渊源、是否具有法律效力,民法学者之间见仁见智,不同的民法学者有不同的意见,这一点同民法总论的情况是完全一样的,我们关于民法总论性质的上述论断同样适用于民法分论。而在民法上,民法分则在性质上属于民法典、制定法的组成部分,属于民法的形式渊源,本身就具有法律效力,除了社会公众应当遵守之外,法官也应当适用民法分则的规定,这一点同民法总则的情况是完全一样的,我们关于民法总则性质的上述论断同样适用于民法分则。②

3. 民法分论与民法分则的目的不同

在民法上,民法分论与民法分则之间的第三个主要区别是,它们的目的不同。民法学者主要是为了教义学或者法学研究的目的而在他们的民法著作当中对民法的具体理论和具体制度作出规定,而立法者则主要是基于法律适用的目的对民法分则作出规定。③

(四) 民法分论与民法分则的共同点

虽然民法分论与民法分则之间存在上述差异,但是,它们之间的差异属于形式上的、非实质性的。实际上,民法分论与民法分则之间的本质是相同的,表现在三个方面:①它们的形式内容相同;②它们的实质内容相同;③它们的效力相同。

---

① 张民安:《法国民法总论(上)》,清华大学出版社2017年版,第53页。
② 张民安:《法国民法总论(上)》,清华大学出版社2017年版,第53页。
③ 张民安:《法国民法总论(上)》,清华大学出版社2017年版,第53页。

1. 民法分论和民法分则的形式内容相同

在民法上，虽然民法学者在其民法著作当中所讨论的内容多种多样，但是，他们普遍将其所讨论的内容分为家庭法、继承法、物权法、债权法和担保法等几种类型。在民法上，虽然立法者在其民法典当中所规定的内容众多，但是，他们普遍都对家庭法、继承法、物权法、债权法和担保法作出了规定。因此，民法分论也罢，民法分则也罢，它们所规定的形式内容基本上是相同的。①

2. 民法分论和民法分则的实质内容相同

在民法上，虽然民法学者在其民法著作当中所讨论的具体内容存在差异，但是，他们所讨论的所有内容均为民法的具体理论和民法的具体制度。在民法上，虽然立法者在其民法典当中所规定的具体内容可能存在这样或者那样的差异，但是，他们所规定的所有内容均为民法的具体理论和民法的具体制度。因此，民法分论也罢，民法分则也罢，它们所讨论和规定的实质内容均为民法的具体理论和具体制度。②

3. 民法分论和民法分则的效力相同

作为民法典的重要组成部分，民法分则当然具有法律上的权威性，这一点毫无疑问，已如前述。同样毋庸置疑的是，民法分论也具有像民法分则一样的权威性，因为，即便民法分论在性质上属于民法学说，即便民法学者对民法学说是否能够成为民法渊源存在这样或者那样的意见，但是，作为民法学说的组成部分，民法分论具有事实上的、道德上的权威性。③

四、民法的功能

(一) 民法的功能的界定

所谓民法的功能（fonctions），也称民法或者法律规范的目的（buts de la règle de droit），是指作为法律规范的有机整体，民法所实现的目的、所追求的目标、所起到的作用、所发挥的效用或者所肩负的任务。民法的功能有两个，这就是民法的微观功能和宏观功能。

所谓民法的微观功能，是指民法自身的功能，尤其是指立法者制定民法典或者民事单行法本身所希望实现的目的。在任何国家，立法者制定民法均是为了保护民事主体享有的民事权利，防止他人享有的主观权利遭受行为人的不当侵犯。这就是民法的保护功能。

---

① 张民安：《法国民法总论（上）》，清华大学出版社2017年版，第54页。
② 张民安：《法国民法总论（上）》，清华大学出版社2017年版，第54页。
③ 张民安：《法国民法总论（上）》，清华大学出版社2017年版，第54页。

所谓民法的宏观功能,是指民法自身目的之外的功能,尤其是指立法者制定民法典或者民事单行法所希望实现的比微观功能更宏大、更宏伟的功能。在任何国家,除了实现民法自身的外观功能之外,立法者制定民法典或者民事单行法还有更宏大的功能。

(二) 民法的微观功能

在《民法总则》当中,我国立法者对他们制定《民法总则》的目的作出了说明,这就是《民法总则》第1条,该条规定:为了保护民事主体的合法权益,调整民事关系,维护社会和经济秩序,适应中国特色社会主义发展要求,弘扬社会主义核心价值观,根据宪法,制定本法。

1. **主观权利的保护**

根据《民法总则》第1条的规定,民法的第一个微观目的是,保护民事主体所享有的民事权利免受行为人的侵犯,这就是主观权利的保护功能。所谓主观权利,是指民事主体所享有的民事权益。根据此种功能,如果他人享有某种民事权利,则他人所享有的此种民事权利受到民法的保护,行为人应当尊重他人享有的此种权利,不得侵犯他人享有的此种权利,否则,他们应当就其侵犯他人此种权利的行为对他人承担法律责任,包括违约责任、侵权责任和返还责任,除非他人存在某种正当理由、具有某种正当的抗辩事由。

2. **调整民事关系**

根据《民法总则》第1条的规定,民法的第二个微观目的是,调整法律关系当事人之间的法律关系。在民法当中,一方当事人可能会基于此种或者彼种原因而与另外一方当事人之间建立起法律关系,在该种法律关系当中,一方当事人对另外一方当事人享有权利或者承担义务,另外一方当事人则对对方当事人承担义务或者享有权利,其中,享有权利的一方当事人被称为权利主体,而承担义务的一方当事人则被称为义务主体。在权利主体和义务主体之间的法律关系当中,权利主体有权要求义务主体对其履行义务,而义务主体则应当对权利主体履行所承担的义务。

在民法当中,虽然法律关系多种多样,但是,最主要的法律关系是家庭成员之间的关系和债权人与债务人之间的法律关系。

3. **维护社会秩序**

根据《民法总则》第1条的规定,民法的第三个微观目的是维护社会秩序(l'ordre social)。所谓社会秩序,是指人们在社会生活当中所建立和维护的秩序。人们之所以会建立和维护社会秩序,是因为他们必须生活在社会中,与其他人之间建立这样或者那样的关系,无法像罗宾逊(Robinson)那样完全生活在一个与世隔绝、荒无人烟的孤岛上。因为人是社会的,人必须生活在社会中。而当人生活在社会中时,他们之间难免因为这样或者那样的原因而发生争执、冲突。如果不通过法律规范对人们之间的争执、冲突加以管控，则社会秩序将会因此陷入混乱，除了危及社会公共利益之外，也会危及私人利益。换言之，"法律之所以必要，是因为人们生活在群体当中"①。

在民法上，法律秩序属于社会秩序当中的一种，因为除了法律秩序之外，社会秩序还包括其他秩序。所谓法律秩序，是指法律所建立和维持的社会秩序。法律秩序既包括私人秩序，也包括公共秩序。所谓私人秩序，是指法律在私人领域所建立和维持的法律秩序。所谓公共秩序，则是指法律在公共领域所建立和维持的法律秩序。虽然民法领域所存在的社会秩序主要是私人秩序，但是，民法领域也存在公共秩序。

无论是私人秩序还是公共秩序，民法均加以建立和维护，以避免法律秩序陷入混乱而影响社会秩序的稳定。"法律规范的另一个目的是，确保某些法律状况的稳定。为了确保社会秩序，我们没有必要对已经建立的法律状况进行轻易的破坏，例如，我们应当确保契约的稳定。这就是，一旦契约缔结了，则法律应当禁止契约当事人宣称其契约无效，或者宣称他们没有义务要加以履行。"②

4. 维护经济秩序

根据《民法总则》第 1 条的规定，民法的第四个微观目的是维护经济秩序。所谓经济秩序，是指人们在经济活动当中所建立和维持的一种社会秩序。因此，经济秩序属于社会秩序的组成部分，是人们在社会的经济领域所建立和维持的一种社会秩序。民法的一个主要目的是要建立和维持民事主体之间的经济秩序，防止他们之间的经济秩序因为各种各样的原因而受到破坏。例如，民法要建立和维持夫妻之间的经济秩序，因为，在共同生活期间，夫妻之间会建立约定财产制或者法定财产制。再例如，民法要维持商人之间的正当竞争，防止他们通过不正当竞争破坏社会的经济秩序。

（三）民法的宏观功能

除了基于微观目的制定民法典或者民事单行法之外，立法者也基于某种宏观目的制定民法典或者民事单行法。

我们认为，民法除了能够实现民法自身所具有的微观功能之外，还能够实现更宏大的功能，这就是，民法对市民社会提供强有力的保护，防止政治社会对市民社会的侵入；民法为社会的持久发展和经济的恒久繁荣提供源源不绝的动力；等等。

法国民法典的起草者 Portalis 对民法所具有的这些宏观功能作出了明确说明，他指出："良好的民事法律（bonnes lois civiles）是人类所能够给予的和所能够获得的最伟大利益。民事法律是人类道德的源泉（la source des moeurs），是社会繁荣昌盛的守护神（le palladium de la prospérité），是所有公共和平尤其是私人和平的保障：它们维护和平，

---

① Francois Terré, Introduction générale au droit, 10e édition, Dalloz, pp. 7—8.
② Boris Starck, Droit Civil, Introdction, Libraries techniques, pp. 15—16.

减缓权力的强度,并且让人们尊重和平,就像和平是同样的正义一样;民事法律涉及我们每一个人,介入我们每一个人在有生之年所采取的主要行为当中,它们尤其是会伴随着我们每一个人的始终;民事法律往往是民族的唯一道德,并且它们总是会成为这个民族自由的组成部分。"①

具体来说,民法的宏观功能主要有以下方面:

1. 民法对市民社会提供强力保护

民法可以确保人民的民主和自由权利的实现,确保政治国家不随意侵犯人民的权利。民法的基础在于市民社会。所谓市民社会,是指自然人之间在自由、平等、意思自治和合同自由的基础上所建立的社会,在市民社会当中,民事主体是自由的,他们之间的地位是平等的,他们能够按照自己的意愿从事他们希望从事的活动,这就是所谓的自由原则、平等原则、意思自治原则和契约自由原则。

在民法上,市民社会不同于政治社会。所谓政治社会,是指国家或者国家公权力机关通过公法所建立起来的社会。在政治社会当中,国家或者公权力机关通过所颁布的公法来规范社会生活,要求民众服从它们所颁布的公法,当民众违反它们所颁布的公法时,国家或者公权力机关就会运用强制手段对民众予以制裁。

在当今世界,市民社会与政治社会的关系是此消彼长、此进彼退的关系。如果市民社会发达,则政治社会一定会萎缩;反之,如果市民社会萎缩,则政治社会一定会发达。在一个正常的社会,市民社会应当优先于、优越于政治社会,因为人们之所以建立政治社会,其目的不在于限制市民社会,而是要维护市民社会,让民众在免受公权力机关打扰的情况下过着怡然自得、安宁无惧的私人生活。

事实上,由于民法对民事主体所建立起来的市民社会提供强有力的保护,使得市民社会在与政治社会较量时能够形成一道无形的、天然的保护屏障,能够让民众凭借这一道屏障抵挡政治社会的大肆入侵或者侵袭,确保了市民社会与政治社会之间的平衡,让民事主体在民事活动领域享有广泛的自由权,使他们能够在民事生活领域为所欲为而又免受国家或者公权力机关的干预。

英国政治家 William Pitt 对此发表了摄人心魄、振聋发聩的意见,他宣称:"即使是最贫困的公民,他们也可以在其寒舍当中抵挡英国国王的淫威,即使他们的房屋是破败不堪的,即便他们的房屋根基是摇摇欲坠的,即便狂风会吹垮他们的房屋,即便暴雨会

---

① Jean-Étienne-Marie Portalis, Discours préliminaire du premier projet de Code civil (1801), Préface de Michel Massenet, Bordeaux:éditions Confluences, 2004, p. 13.

淹没他们的房屋，国王也不得擅自侵入他们的房屋。"[1]

2. 民法为社会的持久发展和恒久繁荣提供动力

社会经济的发展和文明的昌盛同民法关系密切。物权法确保人对财富占有的愿望得以实现，使人对财富的进取心得到恒久的维持；法人制度所践行的法人准则设立主义使人对财富所持有的进取心在时间和空间方面以及在广度和深度方面得到实现，使人对财富的占有以加速度的方式得到实现；债法所践行的契约自由和过错侵权责任的原则从积极方面和消极方面确保了人对财富的积极增加和消极的不减少，确保了社会经济的持久发展。可见，民法为社会的持久发展和经济的恒久繁荣提供了保障。

五、民法的调整对象

（一）民法调整对象的界定

所谓民法的调整对象，是指民法所规范和调整的内容。在我国，立法者对民法所规范和调整的对象作出了明确说明，认为民法的调整对象是平等主体之间的财产关系和人身关系，这就是我国《民法通则》第2条和《民法总则》第2条。《民法通则》第2条规定：中华人民共和国民法调整平等主体的公民之间、法人之间、公民和法人之间的财产关系和人身关系。《民法总则》第2条规定：民法调整平等主体的自然人、法人和非法人组织之间的人身关系和财产关系。

在我国，由于受到苏俄民法学家的影响，民法学者普遍将这两个法律条款所规定的财产关系和人身关系称为民事法律关系。所谓民事法律关系，是指民事主体之间因为某种原因而产生的权利和义务关系。根据《民法通则》第2条和《民法总则》第2条的规定，民法所调整的民事法律关系包括两类，即人身关系和财产关系。

（二）民法所调整的财产关系和人身关系

1. 人身关系

所谓人身关系，指民事主体之间所形成的具有精神内容、心理内容或者情感内容，

---

[1] Frank v. Maryland, 359 U. S. 360, 378—379 (1959) (Douglas, J., dissenting) (quoting William Pitt); David M. O'Brien, Reasonable Expectations of Privacy: Principles and Policies of Fourth Amendment-Protected Privacy, (1977—1978) 13 New Eng. L. Rev. 662, p. 674; Richard G. Wilkins, Defining the "Reasonable Expectation of Privacy"; An Emerging Tripartite Analysis, (1987) 40 Vand. L. Rev. 1077, p. 1082; 大卫·M. 奥布赖恩：《隐私的合理期待理论研究》，张雨译，载张民安主编《隐私合理期待总论》，中山大学出版社2015年版，第10页；理查德·威尔金斯：《隐私的合理期待的三步分析法》，南方译，载张民安主编《美国当代隐私权研究》，第415—416页；张民安：《隐私合理期待理论研究》，张民安主编：《隐私合理期待总论》，中山大学出版社2015年版，第5页。

人们无法通过客观的金钱方式确定其价值大小的民事法律关系。传统民法理论认为，人事关系分为两类：人格权关系和身份关系。

所谓人格权关系，是指他人基于其享有的某种人格权而与别人之间所建立的法律关系。例如，他人基于其享有的生命权而与别人之间所建立的法律关系。又如，他人基于其享有的隐私权而与别人之间所建立的法律关系。

所谓身份关系，则是指他人基于其享有的某种身份而与别人之间所建立的法律关系，尤其是指他人基于其家庭身份与其他家庭成员之间所建立的法律关系。例如，父母子女之间的关系就是身份关系，再例如，夫妻关系也属于身份关系。

2. **财产关系**

所谓财产关系，是指民事主体之间所形成的具有财产内容、物质内容、经济内容或者商事内容，人们能够通过客观的金钱方式确定其价值大小的民事法律关系。传统民法理论认为，财产关系分为物权关系、债权关系和知识产权关系三类。

所谓物权关系，是指物权人基于其享有的某种物权而与别人之间所建立的法律关系。例如，甲方基于自己对某一栋房屋享有的所有权而与别人之间所形成的法律关系。所谓债权关系，是指债权人与其债务人之间所建立的法律关系。例如，出卖人与买受人之间所建立的买卖关系。所谓知识产权关系，是指知识产权人基于其享有的某一种知识产权而与别人之间所建立的法律关系。例如，作家基于其公开出版的著作而与别人之间建立的法律关系。

3. **人身关系和财产关系之间的差异**

从理论上讲，人身关系和财产关系之间的差异是明显的，表现在两个方面：

其一，它们的内容不同。财产关系仅仅具有财产内容、物质内容、经济内容或者商事内容，它们没有精神内容、心理内容或者情感。相反，人身关系仅仅具有精神内容、心理内容或者情感内容，它们没有财产内容、物质内容、经济内容或者商事内容。

其二，它们的价值性质不同。虽然人身关系和财产关系均具有法律上的价值并且均受到法律的保护，但是，人身关系仅仅具有主观价值而没有客观价值，人们无法通过客观的金钱方式评估其价值大小。而财产关系则不同，它们仅仅具有客观价值而没有主观价值，人们能够通过客观的金钱方式确定其价值大小。

4. **人身关系和财产关系二分法理论所存在的问题**

在我国，虽然立法者已经在《民法通则》第2条和《民法总则》第2条当中将民法调整的对象分为人身关系和财产关系两种，虽然我国民法学者普遍承认民法调整对象的二分法理论，但是，人身关系和财产关系之间的非此即彼的二分法理论是存在问题的。

一方面，除了具有精神内容、心理内容或者情感内容之外，传统上被视为人身关系的某些法律关系也具有财产内容、物质内容、经济内容或者商事内容。例如，夫妻关系除了具有财产内容之外也具有精神内容。因此，夫妻关系很难被视为单纯的人身关系。

再例如，影视明星、体育明星基于其享有的姓名权、肖像权、声音权而与别人之间所形成的法律关系虽然被视为人身关系，但是，这些法律规范也具有经济内容、商事内容，因为他们能够同别人签订契约，授权别人使用其姓名、肖像或者声音并因此获得别人支付的使用费、广告费。因为这样的原因，从20世纪60年代开始，人们不再将此种法律关系看作单纯的人身关系。

另一方面，除了具有财产内容、物质内容、经济内容或者商事内容之外，传统上被视为财产关系的某些法律关系也具有精神内容、心理内容或者情感内容。例如，当他人基于其拥有的家庭纪念物而与其他家庭成员之间建立法律关系时，除了具有财产内容、物质内容之外，该种法律关系就具有精神内容、心理内容或者情感内容。所谓家庭纪念物（souvenirs de famille），是指作为家庭成员的继承人，他人从其被继承人那里继承的家庭徽章（armes）、家庭勋章（décorations）、家庭文书（papiers）和家庭画像（portrait）等。①

在《关于确定民事侵权精神损害赔偿责任若干问题的解释》当中，最高人民法院也承认这一点，这就是该解释当中的第4条，该条规定：具有人格象征意义的特定纪念物品，因侵权行为而永久性灭失或者毁损，物品所有人以侵权为由，向人民法院起诉请求赔偿精神损害的，人民法院应当依法予以受理。

（三）民法仅仅调整平等主体之间的财产关系和人身关系

根据《民法通则》第2条和《民法总则》第2条的规定，民法虽然会对人身关系和财产关系进行规范和调整，但是，它也仅仅对私人领域的人身关系和财产关系进行规范和调整，不会对公法领域的人身关系或者财产关系进行规范和调整。

所谓公法领域的人身关系和财产关系，是指公民等民事主体与国家公权力机关之间以及国家公权力机关彼此之间所存在的人身关系和财产关系。例如，税务机关与纳税人之间的税收征收关系就属于公法领域的财产关系。而当国家执法机构对实施犯罪的嫌疑人实施逮捕、审判或者监禁时，它们与犯罪嫌疑人之间的法律关系就属于公法领域的人身关系。公法领域的人身关系和财产关系所具有的特点是，法律关系主体之间的不平等性，因为其中的一方是享有公权力的国家机关，另外一方则是公民和私法上的法人、非法人组织。即便法律关系的两方当事人均为国家公权力机构，它们之间也存在公法上的不平等。

所谓私人领域的人身关系和财产关系，是指民事主体之间的人身关系和财产关系。包括：自然人与自然人之间的人身关系和财产关系，法人与法人之间的人身关系和财产关系，非法人组织与非法人组织之间的人身关系和财产关系，自然人、法人和非法人组

---

① 张民安：《法国人格权法（上）》，清华大学出版社2016年版，第430—431页。

织之间的人身关系和财产关系。因为这些人身关系和财产关系发生在民事主体之间，而民事主体之间在法律上的地位是平等的，因此，《民法通则》第2条和《民法总则》第2条均规定，民法仅仅调整平等主体之间的人身关系和财产关系。

在民法上，自然人之间既能够建立财产关系，也能够建立人身关系，这一点毫无疑问，因为，除了享有诸如所有权、债权和继承权等财产权之外，自然人也享有人格权和身份权。基于财产权的享有，自然人能够与别人之间建立财产关系，而基于人格权和身份权的享有，自然人能够与别人之间建立人身关系。在民法上，法人之间、非法人组织之间以及它们相互之间当然能够建立财产关系，这一点同样毫无疑问，因为，这些组织之间能够签订契约，转让或者出让自己的财产。

问题在于，这些组织之间是否能够建立人身关系？从《民法通则》第2条和《民法总则》第2条的规定当中，我们当然能够作出肯定的回答，这就是，法人和非法人组织也能够与别人之间建立人身关系。此外，我们还能够从《民法通则》和《民法总则》的其他法律条款当中找到承认此种人身关系的根据。《民法通则》第101条和第102条对法人享有的名誉权和荣誉权作出了规定，根据这两个法律条款的规定，法人能够凭借所享有的这两个人格权与别人之间建立人格关系。

《民法通则》第101条规定：公民、法人享有名誉权，公民的人格尊严受法律保护，禁止用侮辱、诽谤等方式损害公民、法人的名誉。《民法通则》第102条规定：公民、法人享有荣誉权，禁止非法剥夺公民、法人的荣誉称号。《民法总则》第110条规定：自然人享有生命权、身体权、健康权、姓名权、肖像权、名誉权、荣誉权、隐私权、婚姻自主权等权利。法人、非法人组织享有名称权、名誉权、荣誉权等权利。既然法人、非法人组织享有名称权、名誉权、荣誉权，则它们当然能够凭借所享有的这三种民事权利与别人之间建立人身关系。

不过，虽然《民法通则》第2条和《民法总则》第2条均明确规定法人和非法人组织能够建立人身关系，虽然《民法通则》第101条和第102条承认法人享有的名誉权和荣誉权，虽然《民法总则》第110条承认法人和非法人组织享有名称权、名誉权、荣誉权，但是，法人和非法人组织所享有的这些权利在性质上并不是人格权，而是财产权。

首先，所有法人和非法人组织均不得享有人格权，因为人格权在性质上具有精神内容、心理内容或者情感内容，除了自然人具有这些方面的内容之外，其他民事主体一律没有这些方面的内容。

其次，某些法人虽然享有名称权、名誉权、荣誉权，但是，它们享有的这些权利既不是人格权，也不是财产权，因为，当行为人侵犯这些法人组织的这些权利时，它们既不会遭受财产损害，也不会遭受非财产损害。

例如，机关法人就是如此。因为机关法人是靠国家财政支撑的，无论行为人是否侵犯它们的姓名权、名誉权、荣誉权，它们仍然会正常运行，没有任何机构会替换它们。如果让行为人对它们承担赔偿责任，则它们将会获得损害赔偿，除了让它们因此产生了动不动就起诉公民的积极性之外，它们获得的损害赔偿也是与其机关法人的身份冲突的。

最后，在民法上，虽然营利法人和营利性质的非法人组织享有名称权、名誉权、荣誉权，它们所享有的这些权利在性质上仅仅是财产权，不是也不可能是人格权。因为，如果行为人侵犯它们所享有的这些权利，它们也仅仅会遭受财产损害，不会也不可能会遭受非财产损害。①

（四）民法调整对象的新界定：新的法律关系理论或者主观权利理论

在我国，作为民法规范和调整对象的法律关系是否一定是人与人之间的关系？对此问题，我国立法者并没有作出明确的回答，而我国民法学者则作出了非常肯定的回答，他们认为，作为民法的调整对象，民事法律关系不仅是而且也只能够是人与人之间的关系，它们不是也不可能是人与物之间的关系，不是也不可能是权利主体与其权利客体之间的关系。②

在民法上，将民法调整的某些对象称为法律关系的确具有合理性，因为它反映了真实的社会生活，是真实的社会生活在民法领域的自然体现。例如，债权人与债务人之间的确存在民事法律关系，因为债权人与其债务人之间存在债权债务关系。同样，家庭成员之间也的确存在民事法律关系，因为丈夫与其妻子之间存在人身关系和财产关系。

不过，在民法上，将民法调整的某些对象称为法律关系则不具有合理性，因为它违反了真实的社会生活，是对真实社会生活的强奸。例如，将所有权人享有的所有权看作一种人与人之间的法律关系就违反了真实的社会生活，因为真实的社会生活中，当他人对其财产享有所有权时，在正常情况下，他人仅仅在与别人没有任何关系的情况下对其财产行使所有权，即便别人要承担不侵犯他人享有的所有权的义务，别人所承担的不作为义务在性质上仅仅是侵权法的义务，因此，如果他人一定会基于所享有的所有权而与别人之间建立法律关系，他们所建立的此种法律关系仅仅是债权关系，并不是我国民法学者所谓的物权关系。③

再例如，将他人享有的人格权看作一种他人与别人之间的法律关系也违反了真实的社会生活，因为真实的社会生活中，当他人享有人格权时，他人在正常情况下也不会与

---

① 张民安：《无形人格侵权责任制度研究》，北京大学出版社 2012 年版，第 241 页。
② 江平主编：《民法学》，中国政法大学出版社 2007 年版，第 17 页；王卫国主编：《民法》，中国政法大学出版社 2007 年版，第 24 页；李永军：《民法总论》，中国政法大学出版社 2008 年版，第 21 页。
③ Christian Larroumet, Les Biens, Droits réels principaux, Tome II, 5e édition, Economica, pp. 12—13；张民安：《法国民法总论（上）》，清华大学出版社 2017 年版，第 465 页。

别人之间建立任何法律关系，无论是自愿的还是非自愿的，即便他人享有要求别人尊重其人格权的权利，他人与别人之间所建立的此种关系也不是一种人格权关系，而是一种侵权法的关系即债权关系，因为，如果别人违反了所承担的尊重他人人格权的义务，则他们违反义务的行为将构成侵权行为，在符合侵权责任构成要件的情况下，他们应当对他人遭受的损害承担赔偿责任。[1]

既然《民法通则》第 2 条和《民法总则》第 2 条所规定的法律关系理论无法解决物权和人格权领域所存在的上述问题，我们就应当采取措施解决所面临的这些问题。问题在于，这样的问题应当如何加以解决？我们认为，有两种可供解决的方法：

其一，完全抛弃一般法律关系理论，不再将法律关系看作民法的调整对象，代之以主观权利理论，这就是，民法规范和调整的对象是民事主体所享有的民事权利，这就是法国民法学者所谓的主观权利。这样做的好处在于，一方面，民法的目的并不是确认和保护当事人之间的法律关系，而是为了确认和保护民事主体所享有的民事权利，主观权利是民法的核心；另一方面，无论是债法、家庭法、物权法还是人格权法，它们均规范和调整民事主体所享有的某一种或者某几种主观权利。债法规范和调整债权人对债务人享有的权利，物权法规范和调整物权人对其物所享有的权利，家庭法规范和调整家庭成员彼此之间所享有的权利，人格权法则规范和调整权利主体尤其是自然人对其人格特征享有的权利，等等。

其二，重构法律关系理论。所谓重构法律关系理论，是指除了应当承认人与人之间的法律关系之外，我们也应当承认人与物之间所存在的法律关系，也应当承认权利主体与权利客体之间所存在的法律关系。在这两类法律关系理论当中，第一类法律关系理论用来解释债权和家庭权等主观权利，因为债权和家庭权在性质上属于人与人之间的法律关系，而第二类法律关系理论则用来解释物权、人格权、知识产权等主观权利，因为这些主观权利并不是发生在人与人之间，而是发生在人与物、权利主体与权利客体之间。

问题在于，法律关系是否能够建立在人与物、权利主体与权利客体之间？对此问题，我国民法学者是完全加以否定的，因为他们均认为，作为一种社会关系，法律关系仅仅发生在人与人之间，不可能发生在人与物、权利主体与权利客体之间，已如前述。不过，在当今社会，除了人与人之间能够建立法律关系之外，人与物、权利主体与权利客体之间也能够建立法律关系。

一方面，在当今社会，民法学者普遍认为，在物权领域，物权并不是人与人之间的一种法律关系，而是人与物即权利主体与权利客体之间的关系，因为，当物权人对某一种有体物、有形物享有物权时，他们就与该物之间建立起法律关系。也因为这样的原因，法国民法学者普遍认为，所谓物权，是指人对受其支配和控制的有体物、有形物所

---

[1] 张民安：《法国民法总论（上）》，清华大学出版社 2017 年版，第 465 页。

享有的使用和收益权。①

另一方面，在人格权领域，某些民法学者认为，人格权并不是人与人之间的法律关系，而是权利主体与其权利客体之间的关系，因为他们认为，所谓人格权，是指权利主体对其自身、对其本人享有的主观权利，包括对其自身的生命、身体、健康、名誉、隐私、肖像等享有的权利。②

六、民法的类型

（一）形式民法与实质民法

根据民法的表现形式和法律权威性产生的原因不同，民法学者将民法分为形式民法和实质民法。所谓民法的表现形式，是指民法所采取的形式。所谓民法的法律权威性，是指民法所具有的约束当事人、行为人的效力，也就是，当事人、行为人在行为时应当尊重、遵守民法的规定；否则，他们将会因此遭受民事制裁。

1. 形式民法

所谓形式民法（droit civil formelles），也称民法的形式渊源（les sources formelles），是指单凭法律规范的形式就能够产生法律上的权威性的民法。③

在现代社会，民法的表现形式多种多样，诸如习惯、制定法、司法判例甚至民法学说等，但是，并非所有的民法均能够成为形式民法，仅其中的制定法能够成为形式民法，因为，制定法是由具有立法权的立法者制定的，一旦立法者通过法定程序制定出某种法律，则他们所制定的此种法律就被称为制定法、成文法，它们本身就具有法律效力，这就是所谓的形式民法。

例如，法国立法者和德国立法者制定的《法国民法典》和《德国民法典》就属于形式民法。再例如，我国立法者制定的《中华人民共和国民法总则》《中华人民共和国侵权责任法》等民事单行法也属于形式民法。这些民法典和民事单行法之所以属于形式民法，是因为它们的法律权威性来自立法者所采取的制定法形式。

---

① Jean Carbonnier, Droit civil, Volume II, Les biens les obligations, puf, p. 1580; Christian Larroumet, Les Biens, Droits réels principaux, Tome II, 5e édition, Economica, pp. 20—22; Philippe Malaurie Patrick Morvan, LesBiens, 6e édition, LGDJ, pp. 108—109.

② Henri Roland Laurent Boyer, Introuduction au droit, Litec, p. 430; Pierre Voirin Gilles Goubeaux, Droit civil, tome 1, Introduction au droit, personnes-famille, personnes protégées, biens-obligations, sûretés, 33e édition, L. G. D. J, p. 49; FrancoisTerré Dominique Fenouillet, Droit civil les personnes, 8e édition, Dalloz, pp. 59—60; 张民安：《法国人格权法（上）》，清华大学出版社2016年版，第15—17页。

③ Yvaine Buffelant-Lanore Virginie Larribau-Terneyre, Droit civil, Introduction, Biens, Personne, Famille, 17e édition, Dalloz, p. 27; Michel de Juglart Alain Piedeevre Stephane Piedeevre, Cours de droit civil, introduction, personnes, famille, Seizième édition, Montchrestien, p. 39.

2. 实质民法

所谓实质民法（droit civil réelles），也称民法的实质渊源（les sources réelles）、民法的非形式渊源（les sources non formelles），是指其法律上的权威性不是源自其制定法形式的民法。①

在现代社会，除了立法者制定的民法典和民事单行法具有法律上的权威性之外，习惯、司法判例甚至民法学说也均具有法律上的权威性，在处理当事人之间的民事纠纷时，如果没有制定法可供适用，则法官也能够适用习惯、司法判例甚至民法学说解决当事人之间的纠纷，因此，习惯、司法判例甚至民法学说也能够成为民法渊源，这就是所谓的实质民法。

3. 区分形式民法与实质民法的原因

民法学者之所以区分形式民法与实质民法，其主要原因有二：

其一，民法的表现形式不同。形式民法通过制定法表现出来，而实质民法则不会通过制定法表示出来，它们仅仅会通过习惯、司法判例甚至民法学说表示出来。在民法上，习惯往往通过口耳相传的非成文方式表现出来，司法判例往往通过法官的判决表现出来，而民法学说则通过民法学者的民法著作表现出来。

其二，法律权威性的来源不同。形式民法的法律权威性源自立法者的意图，是立法者的意图赋予形式民法以法律上的权威性，而实质民法的法律权威性源自何处，民法学者之间存在不同意见。例如，习惯当然具有法律上的权威性，但是，在习惯所具有的此种权威性源自何处的问题上，民法学者之间存在不同的意见。某些民法学者认为，习惯的法律权威性源自立法者的默示意图。而某些民法学者则认为，习惯的法律权威性源自社会公众对习惯的普遍遵循。还有某些民法学者则认为，习惯的法律权威性源自历史传统，等等。

（二）普通民法与特别民法

根据民法适用范围的不同，民法学者将民法分为普通民法与特别民法。

1. 普通民法

所谓普通民法，也称民法的普通法、民法的一般法，是指适用于所有的人、所有的法律行为、所有的法律事件并且仅仅在没有特别民法规定的情况下才予以适用的民法。例如，《法国民法典》在性质上属于普通民法、一般民法，因为它适用于所有的自然人、所有的夫妻、所有的父母子女，等等。同样，我国《民法总则》在性质上也属于

---

① Yvaine Buffelan-Lanore et Virginie Larribau-Terneyre, Droit civil, Introduction, Biens, Personne, Famille, 17e édition, Dalloz, p. 30; Michel de Juglart Alain Piedeevre Stephane Piedeevre, Cours de droit civil, introduction, personnes, famille, Seizième édition, Montchrestien, p. 69.

普通民法，因为它适用于所有的自然人、法人和非法人组织。

2. 特别民法

所谓特别民法，也称民法的特别法、民法的具体法，是指仅适用于特殊的人、特殊的法律行为、特殊的法律事件并且在同普通民法相冲突的时候应当优先适用的民法。例如，商法属于特别民法，因为商法仅仅规范和调整商人、商人所实施的商行为，虽然商人也属于自然人、法人，虽然商行为也属于法律行为，但是，商人和商行为并不由普通民法所规范和调整。

民法学者之所以区分普通民法与特别民法，其主要原因有三：

其一，普通民法与特别民法的适用范围存在差异。在民法上，普通民法适用于所有的人、所有的法律行为和所有的法律事件，而特别民法仅仅适用于某些特殊的人、某些特殊的法律行为和某些特殊的法律事件。

其二，普通民法与特别民法的适用顺序存在差异。对于同样的事项，如果普通民法同特别民法的规定存在冲突，人们应当适用特别民法的规定，不应当适用普通民法的规定。

其三，在特别民法没有作出规定的情况下，普通民法的规定自动适用于当事人。

3. 判断普通民法与特别民法的标准

在民法上，普通民法与特别民法的区分是相对的，而非绝对的。一种民法与另外一种民法之间是否存在普通法与特别法之间的关系，要看它们之间是否存在派生与被派生的关系，当一种民法能够派生出另外一种民法时，能够派生出另外一种民法的民法就是所谓的普通民法，被普通民法所派生出的民法就是特别民法。

例如，在大陆法系国家，民法典属于普通民法，商法典属于特别民法，因为商法典是从民法典当中派生出来的。民法典属于普通民法，而民事单行法则属于特别民法，因为民事单行法是从民法典当中派生出来的。同样，在大陆法系国家，商法典属于普通民法，而商事单行法则属于特别民法，因为商事单行法是从商法典当中派生出来的。

在我国，《民法总则》属于普通民法，而《合同法》《物权法》或者《侵权责任法》等民事单行法则属于特别民法，因为《合同法》《物权法》或者《侵权责任法》是从《民法总则》当中派生出来的。在我国，《合同法》属于普通法，而《保险法》《海商法》和《公司法》则特别民法，因为《保险法》《海商法》和《公司法》是从《合同法》当中派生出来的。

（三）法式民法、德式民法和我国民法

1. 法式民法和德式民法的界定

根据民法典所受到的影响和所采取的编制体例的不同，民法可以分为法式民法和德式民法。所谓法式民法，是指以1804年的《法国民法典》为范本制定本国民法典的国

家的民法。例如，比利时民法、智利民法、意大利民法和瑞士民法等属于法式民法，因为在制定《比利时民法典》《智利民法典》《意大利民法典》和《瑞士民法典》时，这些国家的立法者均以1804年的《法国民法典》为范本，并因此形成法式民法典。①

所谓德式民法，则是指以1896年的《德国民法典》为范本制定本国民法典的国家的民法。例如，日本民法、俄罗斯民法、奥地利民法和希腊民法等就属于德式民法，因为在制定《日本民法典》《俄罗斯民法典》《奥地利民法典》和《希腊民法典》时，这些国家的立法者均以1896年的《德国民法典》为范本并因此形成德式民法典。②

在我国，民法在性质上属于德式民法而不属于法式民法，因为，一方面，在1929年制定《中华民国民法》时，中华民国政府以1896年的《德国民法典》为范本，另一方面，在今时今日，我国立法者在拟定"民法典"时也以《德国民法典》为范本，使我国立法者所制定的"民法典"属于德式民法典。

2. 法式民法和德式民法的共同点

其一，民法主要表现为制定法即立法者颁布的"民法典"。在大陆法系国家，虽然民法的渊源多种多样，但是，制定法即"民法典"属于最主要、最重要的法律渊源，诸如习惯、司法判例和民法学说等其他民法渊源仅仅属于次要的法律渊源。③

其二，它们的血统一致，因为，无论是法式民法典还是德式民法典，它们均源自罗马法，均是罗马法的子法，罗马法均是它们的父法，它们均带有罗马法的高贵血统。④

其三，它们所规定的内容大同小异，因为，无论是法式民法典还是德式民法典，它们均对人、物、债权、物权、家庭权和继承权作出了明确规定。⑤

其四，民法的判例法趋向明显。虽然大陆法系国家的民法主要表现为制定法，但是，司法判例也在大陆法系国家的民法当中占据非常重要的地位，既使大陆法系国家的民法同时具有制定法与判例法的性质，也让大陆法系国家的民法同英美法系国家的普通法之间的差异日渐缩小。⑥

3. 法式民法与德式民法之间的差异

其一，受到不同时期罗马法的影响。总的说来，法式民法典仅仅受到罗马旧法时期罗马法的影响，也就是仅仅受到了盖尤斯的《法学阶梯》的影响，而德式民法典则不同，它受到了罗马后经典法时期查士丁尼皇帝的《学说汇纂》即《潘德克吞》的影响。

---

① 张民安:《法国民法总论（上）》，清华大学出版社2017年版，第283—289页。
② 张民安:《法国民法总论（上）》，清华大学出版社2017年版，第408—413页。
③ 张民安:《法国民法总论（上）》，清华大学出版社2017年版，第283—289页。
④ 张民安:《法国民法总论（上）》，清华大学出版社2017年版，第297页。
⑤ 张民安:《法国民法总论（上）》，清华大学出版社2017年版，第297页。
⑥ Jacques Ghestin et Gilles Goubeaux, Traité de droit civil, Introduction générale, Librairie générale de droit et de jurisprudence, pp. 324—330.

关于这一点，我们将在后面的内容中作出阐述，此处从略。

其二，法式民法典的编制体例不同于德式民法典的编制体例。总的说来，法式民法典仅仅在民法典当中规定了"序编"，没有规定"总则编"，而德式民法典则不同，它仅仅在民法典当中规定了"总则编"而没有规定"序编"。这是法式民法典和德式民法典之间的最重要差异、根本差异。因为，在判断一个国家的民法典究竟是属于法式民法典还是德式民法典时，序编制和总则制是标准、试金石：当一个国家的民法典当中规定了序编时，该国的民法典就属于法式民法典；当一个国家的民法典当中规定了总则编时，则该国的民法典就属于德式民法典。①

其三，法式民法典将人置于核心地位，而德式民法典则忽视人的地位。虽然法式民法典和德式民法典均规范和调整人，但是，它们对待人的态度是不同的。总的说来，法式民法典将人看作民法典的核心，因为法式民法典普遍将人作为民法典当中的独立一编即第一编，而德式民法典则没有将人视为民法典的核心，因为德式民法典并没有将人作为民法典当中的独立一编，而仅仅将其看作第一编即总则编当中的内容之一。

在民法典的编制体例方面，法式民法典的此种做法备受后人的赞誉，而德式民法典的此种做法则备受后人的诟病。因为他们认为，法式民法典将人置于民法典当中的突出地位，强调了人所具有的至尊无上的价值和独一无二的重要性，是以人为本、以人为尊的人文主义的体现；而德式民法典则不同，它轻视人的地位，将人与总则编当中所规定的五花八门的东西放在一起，既完全淹没了人的地位，也让人的价值和重要性无法得到彰显。②

其四，法式民法典的影响要远远大于德式民法典。在我国，虽然民法学者普遍推崇《德国民法典》，虽然我国立法者在未来会采取德式民法典的编制体例，但是，德式民法典的编制体例也绝对不是像我国民法学者所假想的那样是十全十美、完美无缺的。实际上，德式民法典的编制体例也存在众多的问题，尤其是其中的第一编即总则编更是如此。③ 因为这样的原因，在1907年制定《瑞士民法典》时，瑞士立法者放弃了德式民法典的编制体例而采取了法式民法典的编制体例。④

此外，就法式民法典的影响而言，德式民法典要比法式民法典的影响小很多，因为，迄今为止，大多数的民法国家均采取了法国民法典的编制体例，仅少数国家采取了《德国民法典》的编制体例。⑤

---

① 张民安：《法国民法总论（上）》，清华大学出版社2017年版，第299—301页。
② 张民安：《法国民法总论（上）》，清华大学出版社2017年版，第298页。
③ 张民安：《法国民法总论（上）》，清华大学出版社2017年版，第414—418页。
④ 张民安：《法国民法总论（上）》，清华大学出版社2017年版，第292—296页。
⑤ 张民安：《法国民法》，清华大学出版社2015年版。

  三、民事法律行为无效的转换 …………………………………… (457)
  四、我国《民法总则》规定的几种无效民事法律行为 ………… (457)
  五、无效民事法律行为的后果 …………………………………… (466)
 第三节 民事法律行为的可撤销 ………………………………… (467)
  一、可撤销民事法律行为的概念 ………………………………… (467)
  二、可撤销民事法律行为的特征 ………………………………… (468)
  三、可撤销民事法律行为的类型 ………………………………… (468)
  四、可撤销权 ……………………………………………………… (476)
  五、撤销权行使的效果 …………………………………………… (476)
 第四节 效力待定的民事法律行为 ……………………………… (477)
  一、效力待定的民事法律行为的概念与特点 …………………… (477)
  二、效力待定的民事法律行为的种类 …………………………… (478)
  三、效力待定的民事法律行为效力的确定 ……………………… (479)

第十四章 附条件的民事法律行为和附期限的民事法律行为 …… (481)
 第一节 民事法律行为的附款 …………………………………… (481)
  一、民事法律行为附款的概念 …………………………………… (481)
  二、民事法律行为附款的功能与限制 …………………………… (481)
 第二节 附条件的民事法律行为 ………………………………… (482)
  一、附条件的民事法律行为的概念 ……………………………… (482)
  二、民事法律行为所附条件的构成要件 ………………………… (483)
  三、民事法律行为所附条件的分类 ……………………………… (484)
  四、附条件的民事法律行为的效力 ……………………………… (485)
 第三节 附期限的民事法律行为 ………………………………… (486)
  一、附期限的民事法律行为概述 ………………………………… (486)
  二、民事法律行为所附期限的分类 ……………………………… (486)
  三、附期限的民事法律行为的效力 ……………………………… (487)

第十五章 民事法律行为的代理 ……………………………………… (489)
 第一节 代理制度概述 …………………………………………… (489)
  一、代理的界定 …………………………………………………… (489)
  二、代理制度的历史发展 ………………………………………… (489)
  三、代理的属性 …………………………………………………… (490)
  四、代理的作用 …………………………………………………… (491)
  五、代理及其相类似制度 ………………………………………… (492)
 第二节 代理的分类 ……………………………………………… (493)

一、完全代理和不完全代理 ……………………………… (493)
　　二、法定代理、指定代理和约定代理 …………………… (494)
　　三、一般代理和限定代理 ………………………………… (496)
　　四、自我代理和双方代理 ………………………………… (497)
　　五、复代理 ………………………………………………… (498)
　　六、积极代理和消极代理 ………………………………… (500)
　第三节　有权代理 …………………………………………… (500)
　　一、有权代理的必要构成要件 …………………………… (500)
　　二、代理权 ………………………………………………… (501)
　　三、代理人有为被代理人为代理的意思表示 …………… (507)
　　四、代理人的资格 ………………………………………… (509)
　　五、代理行为的有效性 …………………………………… (510)
　　六、有权代理的法律效果 ………………………………… (511)
　第四节　无权代理 …………………………………………… (512)
　　一、无权代理的意义 ……………………………………… (512)
　　二、无权代理的追认权、催告权和撤销权 ……………… (513)
　　三、无权代理人的责任 …………………………………… (515)
　第五节　表见代理 …………………………………………… (516)
　　一、表见代理概述 ………………………………………… (516)
　　二、代理权授予表示的表见代理 ………………………… (518)
　　三、越权的表见代理 ……………………………………… (519)
　　四、代理权消灭后的表见代理 …………………………… (520)
　　五、表见代理的效力 ……………………………………… (521)

第六编　时效、期间与民法的适用

第十六章　时效与期间 ………………………………………… (522)
　第一节　时效概述 …………………………………………… (522)
　　一、时效的构成要件 ……………………………………… (522)
　　二、时效的类型 …………………………………………… (523)
　　三、时效的性质 …………………………………………… (524)
　　四、时效存在的理由 ……………………………………… (525)
　　五、时效与除斥期间 ……………………………………… (526)

第二节 取得时效 (527)
一、取得时效的界定 (527)
二、取得时效在民法上的地位 (528)
三、取得时效的适用对象 (529)
四、取得时效的构成要件 (531)
五、取得时效的效果 (533)

第三节 消灭时效 (534)
一、消灭时效与我国民法当中的诉讼时效 (534)
二、消灭时效的适用对象 (535)
三、消灭时效的期间 (537)
四、消灭时效的起算 (538)
五、消灭时效的效力 (540)

第四节 时效的共同问题 (541)
一、时效的溯及效力 (541)
二、时效的援用 (541)
三、时效的中断 (544)
四、时效的中止 (546)
五、时效中止和时效中断的区别 (547)

第五节 期 间 (547)
一、期间的含义 (547)
二、期间的法律根据 (548)
三、期间的计算方法 (548)

第十七章 民法的适用 (550)
第一节 民法的适用范围 (550)
一、民法在时间上的适用范围 (550)
二、民法在空间上的适用范围 (551)
三、民法对人的适用范围 (551)

第二节 民法适用的基本原则 (552)
一、优位法优于劣位法原则 (552)
二、特别法优于普通法原则 (553)
三、新法优于旧法原则 (553)
四、强行法优于任意法原则 (553)
五、例外规定排除一般规定原则 (554)

第三节 民法的适用方法 (554)

  一、民法的直接适用与民法的解释适用 …………………………………（554）
  二、文义解释方法 …………………………………………………………（555）
  三、体系解释方法 …………………………………………………………（555）
  四、法意解释方法 …………………………………………………………（555）
  五、扩张解释方法 …………………………………………………………（556）
  六、限缩解释方法 …………………………………………………………（556）
  七、当然解释方法 …………………………………………………………（556）
  八、目的解释方法 …………………………………………………………（557）
  九、合宪性解释方法 ………………………………………………………（557）
  十、比较法解释方法 ………………………………………………………（557）
 第四节 民法的漏洞补充与适用 ……………………………………………（558）
  一、依习惯补充 ……………………………………………………………（558）
  二、依判例补充 ……………………………………………………………（559）
  三、依法理补充 ……………………………………………………………（559）
 第五节 民法适用中的不确定性与价值缺失 ……………………………（559）
  一、对法律适用中法律规范之检讨 ……………………………………（559）
  二、对法律适用中事实认定之检讨 ……………………………………（561）
  三、对法官在适用法律过程中的能动性之检讨 ………………………（563）

第五版总序

　　2002年，在中山大学出版社领导的关心和支持下，在中山大学法学院和其他高等院校教师的共同参与下，《高等院校法学专业民商法系列教材》之一、之二、之三顺利出版并受到读者欢迎。为及时反映立法的最新要求和司法的最新原则，我们分别在2004年、2008年和2013年对《高等院校法学专业民商法系列教材》进行了修订。2016年2月10日，法国政府对《法国民法典》进行了大刀阔斧的改革，对其中的债法总则和契约作出了有史以来最重大的改革，使《法国民法典》中关于债法总则和契约的规定发生了质的变化。2017年3月15日，第十二届全国人民代表大会第五次会议通过了《中华人民共和国民法总则》（以下简称《民法总则》），为人们期待已久的"中华人民共和国民法典"的最终编纂和问世扫除了最后的障碍。为了把最新的立法精神融入教材当中，有必要对《高等院校法学专业民商法系列教材》进行再次修订。

　　自1980年9月10日第五届全国人民代表大会第三次会议通过了新的《中华人民共和国婚姻法》以来，我国立法者在民事单行法领域可谓快马加鞭，分别制定了众多的民事单行法，诸如《中华人民共和国民法通则》《中华人民共和国合同法》《中华人民共和国侵权责任法》《中华人民共和国物权法》，等等。在"中华人民共和国民法典"最终出台之前，这些民事单行法分别在各自的领域内发挥着规范和调整社会生活的作用。

　　不过，人们不要以为只有我国立法者所制定的民事单行法才是我国民事法律的渊源。事实上，在《民法总则》生效之前，除了立法者颁布的各种各样的民事单行法之外，最高人民法院自1988年以来所颁布的一系列司法解释也成为我国民事法律的渊源，它们在民事法律渊源当中的地位甚至完全盖过了我国立法者颁布的民事单行法。因为，无论是在处理民事纠纷时还是在司法考试当中甚至大学的民法教学当中，最高人民法院的司法解释均占据重要的地位。随着《民法总则》的颁布和实行，最高人民法院的司法解释将会正式退出历史舞台，因为《民法总则》第10条明确规定，除了立法者制定的法律和习惯能够成为民法渊源之外，其他任何东西均不得再成为民法渊源，包括最高人民法院的司法解释、国务院的行政法规和地方立法者的地方性法规。

《高等院校法学专业民商法系列教材》的主要特点有二：

其一，广泛介绍当今两大法系国家的最新民法理论和最新民法制度，广泛援引两大法系国家民法学者的最新民法学说和法官作出的最新司法判例，为我国学生了解和掌握最新的民法理论和民法制度提供途径。应该指出的是，人们不要因此认为这些理论仅仅是其他国家的民法理论或者其他国家的民法制度，它们实际上也应该是我国的民法理论和民法制度，因为，当代各国民法理论和民法制度基本上表现为统一化、现代化和趋同化的趋势。

其二，频繁地修改教材，以体现最新的法律精神。当国家立法机关修改或制定新的法律或者当司法机关作出新的司法解释时，《高等院校法学专业民商法系列教材》的作者们也对其教材进行修改，以体现立法的最新要求和司法的最新精神，保持教材与社会当前法律制度的协调。

我们希望内容新颖、实用的《高等院校法学专业民商法系列教材》能够得到广大读者的喜爱。

张民安教授
2017年3月30日于
广州中山大学法学院

第五版序

一、《中华人民共和国民法总则》的创新与不足

2017年3月15日,第十二届全国人民代表大会第五次会议通过了《中华人民共和国民法总则》(以下简称为《民法总则》),《民法总则》共11章计206条,所规定的内容多种多样。其内容主要包括:基本规定,三种权利主体即自然人,法人和非法人组织,权利主体所享有的民事权利和所承担的民事责任,民事法律行为和代理,诉讼时效和除斥期间,期间的计算和附则。笔者认为,虽然相对于世界上最具有影响力的《法国民法典》和《德国民法典》而言,我国的《民法总则》具有极大的创新性,但是,它仍然存在不足。

笔者认为,《民法总则》的创新性,主要体现在两个方面:一方面,《民法总则》第五章对权利主体享有的各种各样的主观权利作出了详细的列举,包括人们所耳熟能详的人格权、物权、债权、家庭权、知识产权等。这一点同《法国民法典》和《德国民法典》形成强烈的对比,也成为《民法总则》最具有创新性的具体体现之一。另一方面,《民法总则》第八章对行为人承担的民事责任作出了原则性的规定。这一点同《法国民法典》和《德国民法典》形成强烈的对比,也成为《民法总则》最具有创新性的具体体现之一。

在我国,《民法总则》也存在不足,因为,某些原本应当规定在《民法总则》当中的内容没有被规定在该总则当中,导致《民法总则》所规定的民法理论和民法制度不足。因为这些内容在性质上均属于民法的一般理论和一般制度,能够在民法的所有领域均得到适用,主要包括物和财产、民事义务以及法律规范的一般理论三方面的内容。

二、《民法总则》将民事权利规定为独立一章的正当性

在《民法总则》的制定过程当中,我国很多民法学者对立法者在《民法总则》当中将民事权利规定为独立的一章不理解。他们认为,鉴于未来的"民法典"会在分则编当中规定各种各样的民事权利,因此,立法者没有必

要再在《民法总则》当中对民事权利单独作出规定,比如未来的"民法典"会在物权编当中会对物权和担保物权作出规定,未来的"民法典"会在侵权责任编当中对侵权债权作出规定,未来的"民法典"会在亲属编当中对身份权作出规定,等等。在所有的分则编均对民事权利作出规定的情况下,立法者再在《民法总则》当中对民事权利作出单独规定,他们的做法实在是画蛇添足、多此一举。

实际上,在《民法总则》当中对民事权利作出规定是适当的、必要的,同立法者在未来的"民法典"分则编当中对各种民事权利作出的规定是不矛盾的。因为,未来"民法典"的分则编所规定的民事权利在性质上属于具体权利、特殊权利。比如物权是一种具体的民事权利、特殊的民事权利,它有其自身的特性,既不同于人格权,也不同于债权,立法者当然要在民法典的分则编当中对物权作出具体规定;再如债权,它也是一种具体的民事权利、特殊的民事权利,立法者当然要在民法典的分则编当中对其作出规定;基于同样的理由,家庭权即亲属权、继承权也属于具体权利、特殊权利。

而《民法总则》所规定的民事权利在性质上属于一般权利,或者是民事权利的一般规则。从罗马时代开始,民法当中就存在着各种各样的民事权利,但这些民事权利都只是具体的民事权利。这就需要总则将具体权利的一般规则抽象化,形成民事权利的一般规则,即一般性民事权利。如果不在总则中将民事权利独立成章,那么就等于那些在分则当中规定的具体民事权利在总则中没有对应的地方。换而言之,《民法总则》规定的都是一般理论和一般制度,它是从具体理论和具体制度中提炼出来的。因此,在《民法总则》中将民事权利独立成章,就是要在体系上,让具体权利在总则中找到自己的位置。总之,在总则中将民事权利独立成章,是民法典在体系上的需要,是具体权利一般化的产物。

在《法国民法典》第一卷"人"第一编"民事权利"(Des droits civils)当中,虽然法国立法者对民事权利作出了明确规定,但是,该编所规定的"民事权利"仅仅是最狭义的民事权利,除了人格权之外,该编并没有对其他类型的民事权利作出规定。① 因此,相对于《法国民法典》而言,《民法总则》第五章所规定的民事权利要丰富得多,因为在该章当中,除了对人格

---

① 张民安:《法国人格权法》,清华大学出版社2016年版,第450—452页。

权作出了明确规定之外，立法者也对其他的民事权利作出了简要的规定。

在《德国民法典》第一编总则编当中，除了在第12条当中对自然人享有的姓名权作出了明确规定之外，①德国立法者没有对民事权利作出任何规定。因此，虽然《德国民法典》在世界上首次规定了民法总则编，但是，它的民法总则编极端轻视民事权利在民法当中的地位，既没有对众多的、重要的民事权利作出明确规定，更没有将所有类型的民事权利作为单独的一章加以规定。

在德国，民事权利属于过错侵权责任制度的组成部分，它们并没有从侵权责任制度当中解放出来并因此成为侵权责任制度之外的独立制度，这一点同罗马法对待生命权、身体权、健康权和自由权的态度完全一致，因为在罗马法当中，生命权、身体权、健康权、自由权和名誉权依附于过错侵权责任制度。②《德国民法典》第823（1）条对此种规则作出了说明，它规定，如果行为人非法侵犯他人的生命权、身体权、健康权、自由权、财产所有权或者其他权利，他们应当对他人因此遭受的损害承担赔偿责任。③

相对于《德国民法典》对待民事权利的消极态度而言，《民法总则》对待民事权利的态度积极多了。一方面，《民法总则》将民事权利看作侵权责任制度之外的独立制度，没有像《德国民法典》那样将其看作侵权责任制度的组成部分，因为它认为，虽然民事权利受到侵权责任法的保护，但是，民事权利独立于侵权责任制度，属于侵权责任制度之外的制度，就像物权虽然受到侵权责任法的保护但其仍然独立于侵权责任制度一样。另一方面，《民法总则》高度重视民事权利在民法当中的地位，除了将其规定在《民法总则》当中之外，还对包括姓名权在内的几乎所有民事权利均作出了明确的列举，使民事权利的类型空前丰富。

《民法总则》所作出的此种创新具有相当的合理性，因为，虽然民法典所规定的内容多种多样，但是，民法典所规定的所有内容均以权利主体享有

---

① 张民安：《无形人格侵权责任研究》，北京大学出版社2012年版，第48页；张民安：《法国人格权法》，清华大学出版社2016年版，第193—194页。

② 张民安：《法国人格权法（上）》，清华大学出版社2016年版，第64—67页。

③ 张民安：《法国人格权法》，清华大学出版社2016年版，第47—48页；张民安：《一般人格权理论在法国民法当中的地位》，《法治研究》，2016年第1期，第124—126页；张民安：《法国人格权法》，清华大学出版社2016年版，第201—205页。

民事权利作为出发点和终点。换言之，民事权利在性质上属于民法的一般理论和一般制度，是民法总论和民法总则的最主要的、最重要的内容，是民法典当中所有民法分则均会涉及的共同内容。[①]

《民法总则》第五章的规定还有另外一个意义，这就是，虽然在制定《民法总则》时，我们受到了《德国民法典》的影响，但是，我们的《民法总则》并没有机械地照搬《德国民法典》的规定，而是根据社会发展的需要，在《德国民法典》的基础上，作出了极大的创新，让我们的《民法总则》在实质上不同于《德国民法典》当中的民法总则编。

三、《民法总则》将民事责任规定为独立一章的正当性

在当今大陆法系国家，无论是《法国民法典》还是《德国民法典》，它们均没有对民事责任作出单独的、统一的规定，而是分别在不同的法律制度当中对违约责任、侵权责任或者准契约责任作出规定。因此，除了几种具体的民事责任之外，大陆法系国家的民法典当中不存在民事责任的一般规定、共同规定。

而我国，《民法总则》则采取了不同的处理方法，因为，除了《中华人民共和国合同法》和《中华人民共和国侵权责任法》分别对违约责任和侵权责任作出了具体规定之外，《民法总则》第八章也对民事责任的一般规则、共同规定作出了规定。《民法总则》的此种做法恐怕是世界上独一无二的，因此，具有极大的创新性，成为《民法总则》最具有创新性的内容之一。《民法总则》所作出的此种创新也具有相当的合理性，因为民事责任的一般规则、共同规定属于民法的一般理论和一般制度，是所有民法分则均会涉及的共同内容，因此，应当规定在《民法总则》当中。

四、《民法总则》应当规定而没有规定的物和财产

在我国，《民法总则》应当规定而没有规定的第一个内容是，物和财产的一般理论和一般制度。在民法上，除了存在物和财产的具体理论和具体制度之外，民法当中也存在物和财产的一般理论和一般制度。

在17世纪，法国最著名的民法学家、被誉为法国民法典之祖父的Jean

[①] 张民安：《法国人格权法》，清华大学出版社2016年版，第4—8页。

Domat 就承认此种观点,在其《自然秩序当中的民法》当中,他认为物和财产理论在性质上属于民法的一般理论和一般制度,因为在该著作当中,他认为,法律规范、人和物属于"法律最重要的构成要素"(les premiers éléments du droit),是"债"和"继承"的共同构成要素(communes à toutes les autres),是人们准确理解"债"和"继承"所必要的(nécessaires pour les bien entendre)。① 因为这样的原因,他对物作出了详细的分类,认为物可以分为流通物和非流通物、有体物和无体物、动产和不动产等。②

在18世纪,法国最著名的民法学家、被誉为法国民法典之父的 Robert-Joseph Pothier 也承认此种观点,在其《奥尔良习惯》和《人与物专论》当中,他也认为,物和财产属于民法的一般理论和一般制度,能够在民法的所有领域均获得适用。③ 因为这样的原因,他也对物作出了分类,尤其是将物分为有体物和无体物、动产和不动产等。④

在我国,在物和财产的地位问题上,民法学者之间有三种不同的意见:

其一,某些民法学者根本就不将物和财产看作民法总论的内容,因为在他们的民法著作当中,他们根本就不对物和财产作出说明。⑤ 这些民法学者之所以不在民法总论当中对物和财产作出讨论,是因为他们认为,物和财产的理论在性质上属于物权法的内容,应当在物权法当中作出讨论。⑥

其二,某些民法学者虽然在其民法总论当中对物和财产作出了讨论,但是,他们也仅仅是权利客体即物权客体的角度对物和财产作出分析。⑦

其三,虽然认为物和财产是能够在民法当中获得广泛适用的,但是,除了对有体物即物权客体意义上的物作出了讨论之外,并没有对能够普遍适用

---

① Jean Domat, Œuvres complètes de J. Domat, Nouvelle édition par Joseph Rémy, tome I, Paris, Firmin Didot Père et fils, 1828, p. 75; 张民安:《法国民法总论(上)》,清华大学出版社2017年版,第130—131页。
② 张民安:《法国民法总论(上)》,清华大学出版社2017年版,第153—156页。
③ 张民安:《法国民法总论(上)》,清华大学出版社2017年版,第168—175页。
④ 张民安:《法国民法总论(上)》,清华大学出版社2017年版,第267—279页。
⑤ 王卫国主编:《民法》,中国政法大学出版社2007年版;李永军:《民法总论》,中国政法大学出版社2008年版;江平主编:《民法学》(第2版),中国政法大学出版社2011年版。
⑥ 王卫国主编:《民法》,中国政法大学出版社2007年版,第182—190;江平主编:《民法学》(第2版),中国政法大学出版社2011年版,第221—226页。
⑦ 傅静坤主编:《民法总论》(第3版),中山大学出版社2007年版,第51—60页;魏振瀛主编:《民法》(第4版),北京大学出版社2010年版,第121—130页。

的物作出分析。①

因此，总的说来，我国民法学者并没有建立起物和财产方面的一般理论和一般制度，他们也仅仅建立起物权领域的物的具体理论和具体制度。这也许就是我国立法者在《民法总则》当中忽视物和财产在民法总则当中地位的缘故吧！

不过，笔者认为，物和财产的理论绝对不仅仅是权利客体方面的理论，绝对不仅仅是物权领域的理论，而是整个民法领域的理论。因为，除了物权领域存在物和财产之外，所有民法领域均存在物和财产的内容：债权法当中存在物和财产，担保法当中存在物和财产，知识产权法当中存在物和财产，继承法当中存在物和财产，婚姻家庭法当中存在物和财产，人格权法当中也存在物和财产，已如前述。虽然这些领域的物和财产理论在性质上属于具体的物和财产理论，但是，它们之间也存在一般规则、共同规定。因此，除了我国民法学者应当将这些领域的物和财产的一般规则、共同规定提炼出来之外，我国立法者也应当在《民法总则》对这些一般规则、共同规定作出明确规定。

五、《民法总则》应当规定而没有规定的民事义务

在我国，《民法总则》应当规定而没有规定的第二个内容是，民事义务的一般理论和一般制度。在民法上，除了存在民事义务的具体理论和具体制度之外，民法当中也存在民事义务的一般理论和一般制度。

在17世纪或者18世纪，无论是Domat还是Pothier均没有对民事义务的一般理论或者一般制度作出说明，因此，他们并没有将民事义务看作民法的核心内容，因为他们认为，除了人、物和法律规范属于民法的一般理论和一般制度之外，其他的民法理论和民法制度在性质上均属于民法的具体理论和具体制度。换言之，他们认为，民事义务理论和制度在性质上属于民法的具体理论和具体制度，已如前述。

到了19世纪中后期，民事义务开始成为法律关系理论当中的必要构成要素，因为在讨论法律关系时，民法学者开始认为，除了权利主体享有的民事权利属于法律关系的构成要素之外，义务主体对权利主体承担的民事义务

---

① 梁慧星：《民法总论》（第2版），法律出版社2004年版，第86—96页。

也属于法律关系的构成要素。民事权利和民事义务相对应、相对立,没有民事权利就没有民事义务,反之亦然,没有民事义务也就没有民事权利。消极主体对积极主体承担的民事义务或者是作为义务,或者是不作为义务。[①]

在20世纪60年代之前,大陆法系国家的一般民事义务理论根本就无法形成。因为除了婚姻领域、契约领域和准契约领域等少数民法领域存在民事义务的具体理论和具体制度之外,物权领域尤其是侵权责任领域很少或者根本就不存在民事义务理论或者民事义务制度。[②]人们无法在这些具体理论和具体制度的基础上形成民事义务的一般理论和一般制度。

虽然大陆法系国家的民法典并没有将民事义务作为民法的一般理论和一般制度规定在民法典当中,但是,这并不意味着我国立法者也不应当将民事义务作为一般理论和一般制度规定在我国的《民法总则》当中。

在我国,无论是立法者制定的婚姻法、继承法,还是他们制定的物权法、合同法、侵权责任法、担保法,它们均对各自领域的具体民事义务理论和制度作出了明确规定。我们应当在这些法律所规定的各种具体民事义务的基础上抽象出、归纳出民事义务的一般理论、共同规则并且将其规定在《民法总则》当中,以便作为这些具体民事义务理论和制度的一般理论和一般制度。

当然,在将民事义务的一般理论和一般制度规定在《民法总则》当中时,我们也应当明确民事义务和民事权利之间的关系。这就是,民事义务仅仅是民事权利实现的一种手段和保障,民事权利是目的,两种的地位不能够平起平坐,也无所谓民事权利与民事义务之间存在对应、对立的地位,否则,民事义务可能被异化。

六、《民法总则》应当规定而没有规定的一般法律规范理论

在我国,《民法总则》应当规定而没有规定的第三个内容是,法律规范的一般理论和一般制度。在民法上,除了存在法律规范的具体理论和具体制

[①] Ernest Roguin, La Règle de Droit, Lausanne, F. Rouge, Libraire-éditeur, 1889, p.76; N. M. Korkounov, Cours de théorie générale du droit, traduit par M. J. Tchernoff, Paris, V. Giard & E. Briere, 1903, p.218; M. Raoul Brugeilles, Le Droit et l'obligation, ou le rapport juridique, Revue trimestrielle de droit civil, Librairie de la société du Recueil J. – B. Sirey et du Journal du Palais, 1909, p.6.

[②] 张民安:《作为过错侵权责任构成要件的非法性与过错——我国过错侵权责任制度应当采取的规则》,《甘肃政法学院学报》2007年第4期,第1—10页。

度之外，民法当中也存在法律规范的一般理论和一般制度。

《民法总则》第 132 条明确规定：违反法律、行政法规的效力性强制性规定或者违背公序良俗的民事法律行为无效。请问：该条规定的"效力性强制性规定"是什么意思？哪些规定属于立法者没有规定的"管理性强制性规定"？当 A 说某一个规定是"效力性强制性规定"而 B 则说是"管理性强制性规定"时，人们如何对此作出判断？在引起纠纷时，法官如何判断应当适用的法律、行政法规的规定在性质上属于"效力性强制性规定"还是"管理性强制性规定"？

在中国，哪怕民法学家对中国的制定法比较清楚，他们也无法在中国的法律当中找到这些问题的答案。因此，在立法者不对这些问题作出明确回答的情况下，民法学者只能够公说公有理婆说婆有理，法官也只能够自说自有理。为了防止法官在这些问题上擅自独断，唯有最高法院进行司法解释了！

在民法上，哪些法律的规定属于效力性强制性规定，哪些法律的规定属于管理性强制性规定，这并不是一个小问题，而是一个大问题，因此这些问题属于法律规范的一般理论和一般制度的范畴，应当在《民法总则》当中作出明确、清楚的规定。在民法上，法律规范的一般理论和一般制度之所以属于民法总则的内容，是因为作为客观法律的表现形式，法律规范虽然在民法的各个领域均存在，但是，人们应当对不同领域的法律规范进行归纳、总结，并因此形成能够在民法的所有领域均适用的一般规则、共同规定。

事实上，早在 17 世纪，法国著名学者 Domat 就已经明确指出，法律规范总论属于民法的一般理论和一般制度，因此，在其《自然秩序当中的民法》当中，他对法律规范的一般理论作出了详细的阐述，已如前述。在 18 世纪，法国著名学者 Pothier 也将法律规范看作民法的一般理论和一般制度。[①] 在 1804 年的《法国民法典》当中，法国立法者对法律规范的一般理论和一般制度作出了简要的规定，这就是该法典的序编。法国立法者的此种做法被意大利、智利等国的立法者所采取，他们均在各自制定的意大利民法典和智利民法典当中对法律规范的一般理论和一般制度作出了或者简要或者详尽的规定。

[①] M. Dupin, Œuvres de R. J. Pothier, contenant les traités du droit français, Nouvelle édition, Tome VII, Bruxelles, chez les éditeurs, Jonker, Ode et Wodon, H. Tarlier, Amsterdam, Chez Les Fréres Diederichs, 1823, pp. 2—5.

在 1855 年的《智利民法典》当中,智利立法者对法律规范的一般理论和一般制度作出了规定,这就是该法典的序编,《智利民法典》的序编共 6 章 53 条。在对制定法作出了明确界定之后,《智利民法典》的序编对能够产生法律效力的制定法的适用情形作出了规定,这就是《智利民法典》的第一章;在对制定法的适用作出了规定之后,《智利民法典》的序编接着对制定法的公布、制定法的解释和制定法的废除作出了规定,这就是《智利民法典》的第二章、第四章和第六章。在对制定法所适用的人和地点作出了规定之后,《智利民法典》对民法典当中所涉及的各种各样的法律术语作出了具体的定义,这就是《智利民法典》的第三章和第五章。[①] 在 1865 年的《意大利民法典》当中,意大利立法者对法律规范的一般理论和一般制度作出了规定,这就是该法典的序编,该编共计 12 条。[②]

在德国,立法者虽然在其制定的《德国民法典》当中对民法总则所涉及的大量内容作出了规定,但是,它基本上忽视了作为客观法律表现形式的法律规范,没有对法律规范的一般理论和一般制度作出规定,这是《德国民法典》的最大败笔之一。

七、《民法总论》(第五版)的主要内容与分工

《民法总论》(第五版)以 2017 年 3 月 15 日第十二届全国人民代表大会第五次会议通过的《中华人民共和国民法总则》为主线,共六编计 17 章,主要内容包括以下方面:

其一,民法的基本问题,包括民法的界定、民法的功能、民法的渊源、民事法律规范、民法的性质、民法的历史发展等。

其二,民法的基本原则,包括意思自治原则和合同自由原则、公平原则、公共秩序与良好道德原则、诚实信用原则以及其他原则。

其三,主观权利主体,包括自然人、法人和非法人组织。

其四,主观权利客体,包括作为物权关系客体的物、作为人身关系客体的人身利益、作为债权关系客体的给付行为和作为知识产权客体的智力成果。

[①] Henri Prudhomme, Code Civil Chilien, Paris, A. Pedone, 1904, pp. 1—10.
[②] Henri Prudhomme, Code civil Italien, Paris, A. Pedone, 1896, pp. 3—6.

其五，主观权利的内容，包括民事权利和民事权利的两种保障即民事义务和民事责任。

其六，民事法律行为，包括民事法律行为的类型、民事法律行为的构成、民事法律行为的效力、附条件的民事法律行为、附期限的民事法律行为以及民事法律行为的代理等。

其七，时效、期间和民法的适用，包括时效的类型、取得时效的构成要件、消灭时效的构成要件以及它们的法律效力，等等。

《民法总论》（第五版）的分工如下：张民安教授撰写第一章、第二章、第三章、第九章、第十章、第十一章和第十二章；丘志乔教授撰写第四章、第五章和第六章；侯巍副教授撰写第七章、第八章和第十四章；铁木尔高力套副教授撰写第十三章、第十五章和第十六章；于海涌教授撰写第十七章。

《民法总论》（第五版）的结构紧凑，内容全面，资料新颖，观念创新，体现了理论性、科学性与实践性的有机统一，既适合高等院校法学专业的本科生作为教科书使用，也适合法官、律师或者社会公众使用。

张民安教授

2017年5月15日于

广州中山大学法学院

司法解释应当从民法渊源当中消退,不得继续成为民法渊源,其主要原因有四:

首先,司法解释的存在使我国的立法机关同司法机关之间的职责混淆,让原本仅担负审判职能的最高人民法院担负起了立法机关的职责,削弱了最高人民法院的审判职能。

其次,司法解释的存在使我国的立法机关形同虚设,导致我国的立法机关在履行民事立法的职责时碌碌无为,没有有效行使宪法或者立法法赋予给立法机关的职权。

再次,司法解释导致了地方法院的法官所享有的自由裁量权被剥夺,除了让民法因此僵化之外,也影响到了民法的发展,因为民法的发展意味着地方法官也能够提出不同于最高人民法院的意见。

最后,司法解释导致司法权的专断,影响法律的安全性和稳定性,已如前述。

(四) 司法解释的废除

在《民法总则》通过之后,最高人民法院不应当继续享有司法解释权,除了不得再通过司法解释对立法者颁布的法律作出解释之外,已经颁布的司法解释也因此作废,包括最高人民法院在内的所有法院的法官均不得在民事领域援引最高人民法院的司法解释。否则,他们的判决存在法律适用的错误,应当构成无效判决。

五、作为民法渊源的司法判例

(一) 司法判例的界定

所谓司法判例,是指法官在就民事主体之间的同类法律纠纷作出判决时所形成的稳定或者习惯做法。当一个法官就某种法律纠纷作出某种判决时,如果该种判决为其他法官在处理同样或者类似的法律纠纷所遵循时,则该种判决就成为司法判例。[1]

(二) 司法判例属于民法的渊源

在英美法系国家,司法判例当然属于民法的渊源,因为英美法系国家的民法主要表现为普通法、判例法,上级法院的法官作出的判决对下级法院的法官具有法律的约束力。

---

[1] Yvaine Buffelant-Lanore Virginie Larribau-Terneyre, Droit civil, Introduction, Biens, Personne, Famille, 17e édition, Dalloz, p. 28; Michel de Juglart Alain Piedeevre Stephane Piedeevre, Cours de droit civil, introduction, personnes, famille, Seizième édition, Montchrestien, p. 50; Michele Muller, Droit civil, 5e édition, Sup'Foucher, p. 12; Philipp Bihr, Droit Civil general, 13e édition, Dalloz, p. 12.

在法国，大多数民法学者持肯定意见，认为司法判例是大陆法系国家民法的渊源。① 而少数民法学者对此持有否定的态度，认为司法判例并不是民法的渊源。②

在我国，司法判例是不是民法渊源？对此问题，民法学者作出的回答并不完全相同。有两种不同的意见。少数民法学者持肯定意见，他们认为，最高人民法院在其批复、解答和判例当中形成的许多判例规则属于民法渊源的组成部分。③ 而主流意见则持否定态度，他们不将司法判例视为我国民法的渊源。④

我们认为，司法判例应当是我国民法的渊源，尤其是在《民法总则》第10条通过之后，我国最高人民法院更应当作出努力，通过司法判例制度而不是司法解释制度来行使其享有的规范和指导下级法院的权力。司法判例之所以是民法的渊源，最主要的原因是，司法机关享有法律规范的创设权，⑤ 就像立法者享有法律规范的创设权一样，所不同的是，司法机关的创设权是通过法律解释的方式实现的，而立法机构的创设权则是通过立法方式实现的。

（三）司法判例的构成

在民法上，作为一种民法渊源，司法判例应当同时具备三个必要构成要件：

其一，司法判例是法官就某种法律问题作出的判决。仅有法官作出的判决才能够成为司法判例。

其二，司法判例是法官所作出的习惯性或者稳定性的判决。仅有法官的判决成为习惯性或者稳定性的判决时，法官的判决才能够成为司法判例，才能够成为民法的渊源。

其三，其他法官在处理同样或者类似的民事案件时采纳了法官的习惯性或者稳定性的做法。如果其他法官在处理同样或者类似的民事案件时不遵循法官的习惯性或者稳定性的判决，则法官的判决不构成司法判例或者民法的渊源。

（四）最高人民法院通过多种途径建立司法判例

在我国，在最高人民法院的司法解释被排除之后，最高人民法院应当刻意通过自己

---

① Yvaine Buffelant-Lanore Virginie Larribau-Terneyre, Droit civil, Introduction, Biens, Personne, Famille, 17e édition, Dalloz, p. 28; Michel de Juglart Alain Piedeevre Stephane Piedeevre, Cours de droit civil, introduction, personnes, famille, Seizième édition, Montchrestien, p. 50. Guy Raymond, Droit Civil, 2e édition, Litec, p. 38; Michele Muller, Droit civil, 5e édition, Sup'Foucher, p. 13; Philipp Bihr, Droit Civil general, 13e édition, Dalloz, p. 8.

② Jean Carbonnier, Droit Civil, 1/Introduction, Les Personnes, Presses Universitaires De France, p. 111.

③ 梁慧星：《民法总论》（第2版），法律出版社2001年版，第25页。

④ 江平主编：《民法学》，中国政法大学出版社2007年版，第15—17页；李永军：《民法总论》，中国政法大学出版社2008年版，第18—20页；魏振瀛主编：《民法》（第4版），北京大学出版社2010年版，第16页。

⑤ Jacques Ghestin et Gilles Goubeaux, Traité de droit civil, Introduction générale, Librairie générale de droit et de jurisprudence, pp. 328—340.

的判决建立作为民法渊源的司法判例。一方面,为了让我国最高人民法院能够有机会在像侵权、家庭纠纷这样的小案件当中建立司法判例,我国应当放弃民事诉讼法所实行的二审终审制,并且改采三审终审制,让这些所谓的小案件能够进入最高人民法院的视野。① 另一方面,建立最高人民法院的提审制度,这就是,无论是地方一审法院的案件还是地方二审法院的案件,只要最高人民法院认为能够通过这些案件建立某一种司法判例,则最高人民法院就能够直接将这些案件从地方法院拿到最高人民法院审理,以便通过自己的审判建立供地方各级法院共同遵循的司法判例。②

六、作为民法渊源的习惯

(一) 习惯的界定

所谓习惯,是指民事主体在从事民事活动时所普遍遵循的、具有法律上的强制性的惯常做法或者惯例。③

无论是在古代社会、近代社会还是现代社会,习惯均被看作民法的渊源。不同的是,在不同的历史时期,习惯在民法当中的地位是不同的。总的说来,在古代社会,习惯是民法最主要、最重要的渊源,因为在古代社会,立法者很少会像今天的立法者那样制定大量的成文法对民事法律关系进行规范和调整,民事主体之间的民事法律关系往往是通过民事主体之间所长期形成的习惯来调整的。

在16世纪至18世纪,习惯在民法当中仍然占有重要地位,因为,在当时,除了官方通过自己的方式将习惯收集、整理并因此形成法典化的习惯法之外,习惯法学家也不遗余力地对习惯法进行研究并因此形成了著名的法学流派即习惯法学派。例如,法国旧法时期的《巴黎习惯》《布列塔尼习惯》和《奥尔良习惯》等等。④

在近代社会和现代社会,随着大量制定法、成文法的制定,习惯在民法渊源当中的核心地位已经被成文法所取代,习惯已经成为民法的次要渊源。在当今法国,民法学者

---

① 陈栋、邓晶晶:《民法渊源的比较研究报告》,第 29—31 页,https://wenku.baidu.com/view/a0200e8fd1d233d4b14e852458fb770bf78a3bed.html;陈栋、邓晶晶:《最高人民法院的司法解释在我国民法渊源中的地位》,第 39—41 页。

② 陈栋、邓晶晶:《民法渊源的比较研究报告》,第 31 页,https://wenku.baidu.com/view/a0200e8fd1d233d4b14e852458fb770bf78a3bed.html;陈栋、邓晶晶:《最高人民法院的司法解释在我国民法渊源中的地位》,第 41—44 页,http://www.360doc.com/document/17/0111/14/39194308_621761432.shtml。

③ Goubeaux, Droit Civil Tome 1, 24e édition LGDJ, p. 18; Yvaine Buffelant-Lanore Virginie Larribau-Terneyre, Droit civil, Introduction, Biens, Personne, Famille, 17e édition, Dalloz, p. 30; Michel de Juglart Alain Piedeevre Stephane Piedeevre, Cours de droit civil, introduction, personnes, famille, Seizième édition, Montchrestien, p. 70; 张民安:《法国民法总论 (上)》,清华大学出版社 2017 年版,第 86 页。

④ 张民安:《法国民法总论 (上)》,清华大学出版社 2017 年版,第 85—105 页。

普遍承认,习惯属于民法的渊源,即便它们仅仅是民法的次要渊源。① 在《民法总则》第 10 条当中,立法者明确将习惯看作民法的两大渊源之一,已如前述。

习惯为何能够成为民法渊源?对此问题,民法学者的回答各不相同,某些学者认为,习惯之所以是民法的渊源,是因为习惯是立法者默示意图的体现。而某些学者则认为,习惯之所以是民法的渊源,是因为习惯是历史传统、民族共同意识的体现。还有某些学者认为,习惯之所以是民法的渊源,是因为习惯是社会公众的自发行为,等等。②

(二) 习惯的构成要件

民法学者普遍认为,要成为民法的渊源,惯例应当具备一定的构成要件,如果不具备所要求具备的构成要件,则惯例无法成为民法的渊源。总的说来,要构成民法的渊源,惯例应当具备两个构成要件,这就是物质要件(élément matériel)和心理要件(élément psychologique)。

所谓惯例的物质要件,是指构成民法渊源的惯例不仅应当被社会公众在其日常生活或者职业活动当中广泛遵循、多次适用,而且该种惯例还应当持续相当长的一段时期。换言之,所谓惯例的物质要件,是指惯例应当具有空间方面的扩散性和时间方面的延续性,如果一种做法并没有空间方面的扩散性,或者虽然有空间方面的扩散性但是没有时间方面的延续性,则该种做法不能够构成惯例。③

所谓惯例的心理要件,是指构成民法渊源的惯例应当被社会公众普遍看作一种具有强制性的行为规范,社会公众在日常生活或者职业活动当中普遍相信,他们有义务遵循此种行为规范。换言之,所谓惯例的心理要件,是指惯例应当被社会公众在其日常生活或者职业活动当中看作一种具有强制性的法律规范。④

(三) 习惯的法律效力

1. 习惯具有补充民事主体意思表示不足的功能

大陆法系国家和我国的民法明确规定,合同当事人之间的习惯具有补充当事人意思表示不足的功能。⑤ 例如,《法国民法典》第 1135 条对此作出了规定,同样,我国《合同法》第 60 (2) 条也对此作出了规定。

---

① Jean Carbonnier, Droit Civil, 1/Introduction, Les Personnes, Presses Universitaires De France, p. 111; Yvaine Buffelant-Lanore Virginie Larribau-Terneyre, Droit civil, Introduction, Biens, Personne, Famille, 17e édition, Dalloz, p. 32.
② 张民安:《法国民法总论(上)》,清华大学出版社 2017 年版,第 392—393 页。
③ 张民安:《法国民法》,清华大学出版社 2015 年版,第 51 页。
④ 张民安:《法国民法》,清华大学出版社 2015 年版,第 51 页。
⑤ Guy Raymond, Droit Civil, 2e édition, Litec, p. 46.

2. 习惯具有补充成文法不足的功能

习惯对民事主体产生法律上的强制力，在从事民事活动时，民事主体应当遵循其他人在从事此种民事活动时所遵循的习惯。否则，他们或者应当对其他人承担违约责任，或者应当对其他人承担侵权责任。

3. 习惯不得违反成文法的明确规定

在民法上，习惯不得违反成文法的明确规定，包括强制性的规定和任意性、补充性的规定，因为成文法的任意性、补充性规定往往也被认为是习惯、惯例在成文法上的表现。

七、作为民法渊源的学说

（一）学说的界定

在民法上，民法学者关于学说的界定有两种不同的意见。某些民法学者认为，所谓学说，是指学者的著作本身。[①] 某些民法学者则认为，所谓学说，或者是指学者在他们的著作当中就法律问题所发表的观点，或者是指学者的著作的总和。[②]

我们认为，所谓学说，是指民法学者在他们出版的有关民法方面的著作或者发表的有关民法方面的论文当中就民法问题发表的意见、看法、观点或者建议。所谓民法学者，是指从事民法教学、民法研究、民事审判活动的教授、法官或者律师等，当他们在所出版的著作或者所发表的论文当中对民法问题发表意见、看法、观点或者建议时，他们所发表的意见、看法、观点或者建议就是民法学说。

（二）学说构成民法的渊源

在学说是不是民法渊源的问题上，民法学者之间分歧严重，不同的学者作出的回答不同。在法国，某些民法学者持否定意见，认为民法学说不是民法渊源，即便它们具有事实上的权威性，它们也没有法律上的权威性。所谓事实上的权威性，是指法官在处理民事纠纷时会在事实上采用民法学者的意见。而某些民法学者则持肯定的意见，认为民法学说是民法渊源，即便它们仅仅通过间接方式对法官产生影响。[③]

在我国，在民法学说是否属于民法渊源的问题，民法学者之间也存在不同意见。大

[①] Yvaine Buffelant-Lanore Virginie Larribau-Terneyre, Droit civil, Introduction, Biens, Personne, Famille, 17e édition, Dalloz, p. 30; Michele Muller, Droit civil, 5e édition, Sup'Foucher, p. 14.
[②] Jean Carbonnier, Droit Civil, 1/Introduction, Les Personnes, Presses Universitaires De France, p. 162.
[③] 张民安：《法国民法》，清华大学出版社2015年版，第57页。

多数民法学者持否定意见,认为民法学说不属于民法渊源。① 而少数民法学者则有条件地承认,他们认为,虽然学说仅仅代表个人意见,无法发生任何直接的约束力,但是,在成文法国家,学说居于领导地位,可以作为间接的民法渊源。②

我们认为,在《民法总则》通过之后,民法学说应当成为民法的渊源,因为,在《民法总则》第 10 条对民法渊源作出严格限定的情况下,在司法解释从民法渊源当中消退之后,法官会遭遇大量的悬而未决的案件。此时,他们除了适用民法的其他渊源之外,也能够适用民法学者的意见,尤其是民法学者的最新意见。

民法学说之所以是民法的渊源,是因为民法学者在民法当中起着无可替代的重要作用,他们凭借自己的丰厚学识、敏锐的洞察力和敢为天下先的精神,能够及时发现制定法的不足并因此提出改进、完善的建议。当然,我国大多数民法学者还没有达到这样的境界,因为在从事学术研究时,他们欠缺创造性、前瞻性,除了跟在我国台湾地区民法学者后面鹦鹉学舌之外,他们很少提出新的民法理论。③

(三) 民法学说的影响力

即便民法学说不能够成为民法的渊源,民法学说在民法当中仍然占据着非常重要的地位,表现在三个方面:其一,民法学说会直接对法官解释法律产生影响力;其二,法官在审判案件的时候有时候会直接援引学者的学说;其三,民法学说会直接对立法者产生影响。

1. 民法学说会直接对法官解释法律产生影响力

如果民事主体之间就成文法当中的某一个法律规范的含义发生争议,在对此种法律规范作出解释时,法官可能会参考民法学者的意见,甚至直接根据民法学者的意见对其作出解释。

2. 民法学说有时会直接作为法官裁判的理论根据

在大陆法系国家和英美法系国家,法官在处理民事纠纷时甚至会直接援引民法学说作为其裁判的理论根据。

例如,在法国,民法学者 Savatier 在其 1954 年出版的《法国民事责任研究》当中提出,责令行为人对其受害人承担侵权责任的唯一目的是"尽可能准确地恢复被损害所破坏的平衡状态,使受害人恢复到侵权行为发生之前的状态。"④ Savatier 的此种理论提出之后一直得到法国最高法院的援引,成为最高法院法官责令被告承担侵权责任的唯

---

① 江平主编:《民法学》,中国政法大学出版社 2007 年版,第 15—16 页;李永军:《民法总论》,中国政法大学出版社 2008 年版,第 18—20 页;魏振瀛主编:《民法》(第 4 版),北京大学出版社 2010 年版,第 14—16 页。
② 梁慧星:《民法总论》(第 2 版),法律出版社 2001 年版,第 27 页。
③ 张民安:《美国当代隐私权研究》,中山大学出版社 2013 年版,序言,第 23 页。
④ René Savatier, Traité de la responsabilité civil en droit francais civil, tome 2e édition, L. G. D. J, 1951, no601.

一理论根据。①

同样，在美国，Warren 和 Brandeis 在 1890 年第 4 期的《哈佛大学法律评论》上发表了著名的《隐私权》一文，明确要求英美法系国家承认隐私权的独立性和隐私侵权责任的独立性。② Warren 和 Brandeis 的此种意见得到了美国法官的大量援引，成为 19 世纪末期和 20 世纪初期大量法官责令被告对原告承担隐私侵权责任的直接理论根据。③

3. 民法学说会对立法者进行民事立法产生重要的影响

在制定民法典或者民事单行法时，或者在对民法典或者民事单行法进行修改时，立法者可能会将民法学说规定在他们制定的法律当中。例如，在美国，许多州的立法者将 Warren 和 Brandeis 所主张的隐私权理论上升为它们州的制定法，认为当行为人侵害他人享有的隐私权时，他们应当根据这些州的制定法的规定对他人承担隐私侵权责任。④

不过，在此问题上，最著名的范例是，在制定 1804 年的《法国民法典》时，法国立法者将《法国民法典》之父 Pothier 的理论规定在民法典当中。实际上，《法国民法典》当中超过 3/4 的法律条款均原封不动地摘抄于 Pothier 的民法著作，是法国立法者将 Pothier 在其一系列民法专论和《奥尔良习惯》当中所作出的论断规定在《法国民法典》当中的结果（littéralement extraits de ses Traités）。⑤

八、作为民法渊源的法律的一般原则

（一）法律的一般原则对"法理"的替代

在我国，在讨论民法渊源时，民法学者普遍承认"法理"在民法渊源当中的地位。根据这些民法学者的意见，所谓"法理"，或者是指根据民法的基本原则所应当具有的原则，或者是指法律的基本精神与原则。⑥ 无可否认，我国民法学者之所以将"法理"看作民法渊源，当然是因为他们在民法渊源的问题上受到了我国台湾地区民法学者的影响。然而，"法理"的概念含含糊糊，同我国《现代汉语词典》的界定相差甚远，因为，根据《现代汉语词典》，"法理"的含义多种多样，包括：法律的理论根据，法则，佛法的义理，法律和情理。⑦ 另一方面，"法理"这一术语也同大陆法系国家的民法学

---

① René Savatier, Traité de la responsabilité civil en droit francais civil, tome 2e édition, L. G. D. J, 1951, no601.
② Louis D. Brandeis Samuel D. Warren, Right to Privacy, (1890) 4 Harv. L. Rev. 193.
③ 张民安：《无形人格侵权责任研究》，北京大学出版社 2012 年版，第 442—443 页。
④ 张民安：《无形人格侵权责任研究》，北京大学出版社 2012 年版，第 446 页。
⑤ 张民安：《法国民法总论（上）》，清华大学出版社 2017 年版，第 166 页。
⑥ 梁慧星：《民法总论》（第 2 版），法律出版社 2001 年版，第 25—27 页；江平主编：《民法学》，中国政法大学出版社 2007 年版，第 14 页；李永军：《民法总论》，中国政法大学出版社 2008 年版，第 17—18 页；魏振瀛主编：《民法》（第 4 版），北京大学出版社 2010 年版，第 16 页。
⑦ 《现代汉语词典》（第 5 版），商务印书馆 2008 年版，第 30—371 页。

者所使用的法律术语不同,因为在大陆法系国家,民法学者普遍不适用这一术语,而使用另外一个法律术语,这就是"法律的一般原则"(les principes généraux du droit 简称为 PGD)。①

(二) 法式民法典对法律的一般原则的承认

在民法上,将法律的一般原则视为民法渊源的做法始于1811年的《奥地利民典》,其第7条明确规定:在案件仍然存在疑问时,在考虑案件所面临的不同情况下,法官应当根据自然法的原则作出判决。② 在1865年的《意大利民法典》第3条当中,意大利的立法者也对此种渊源作出了规定,因为该条规定,在欠缺制定法的情况下,法官应当根据法律的一般原则作出判决,已如前述。

在1935年的著名文章《法律的一般原则》当中,意大利著名学者 G. Del Vecchio 对法律的一般原则作出了详细的讨论,认为《意大利民法典》第3条所规定的法律的一般原则不等于意大利法律的一般原则,而是等同于《奥地利民法典》第7条所规定的自然法的一般原则。因为他认为,作为民法的一种渊源,法律的一般原则是法律的最高真理,是指法律的逻辑和道德因素,也就是指人的理性。因此,它们属于全人类的公共财富,而不是每一个民族、国家的私物。③

(三) 法律的一般原则的发现方式

问题在于,无论是意大利民法典、法国民法典还是其他大陆法系国家的民法典,它们均没有对这些被视为人类最高真理和人的理性的一般原则作出明确规定。在处理当事人之间的民事纠纷时,法官必须首先通过某种方法找到它们,之后才能够将它们作为民法规范予以适用并因此解决当事人之间的民事纠纷。因为民法典没有对法律的一般原则作出明确规定,所以,即便它们属于民法渊源,它们也仅仅是非制定法上的民法渊源,这就是大陆法系国家的民法学者普遍将它们称为非制定法的一般原则的原因。

大陆法系国家的此种状况同我国的法律状况形成鲜明的对比,因为,无论是在我国

---

① Jacques Ghestin et Gilles Goubeaux, Traité de droit civil, Introduction générale, Librairie générale de droit et de jurisprudence, pp. 333—340; Jean Carbonnier, Droit civil, Volume I, Introduction Les personnes la famille, l'enfant, le couple, puf, p. 251—254; Philippe Malinvaud, Introuduction à l'étude du droit, 15e édition, LexisNexis, pp. 166—170; Rémy Cabrillac, Introduction générale au droit, 10e édition, Dalloz, pp. 156—158; Bernard Beignier Corinne Bléry Anne-Laure Thomat-Raynaud, Introduction au droit, LGDJ, pp. 162—168; Francois Terré, Introuduction générale au droit, 10e édition, Dalloz, pp. 272—277.
② G. Del Vecchio, Les Principes généraux du droit, Recueil d'études sur les sources du droit en l'honneur de François Gény, Sirey, 1935, t. II, p. 10.
③ G. Del Vecchio, Les Principes généraux du droit, Recueil d'études sur les sources du droit en l'honneur de François Gény, Sirey, 1935, t. II, p. 12.

的《民法通则》当中还是在我国的《民法总则》当中，立法者均对民法的一般原则作出了规定。当然，在立法者对民法的一般原则作出规定的情况下，它们也仅仅是此种非制定法上的一般原则，因为立法者没有对民法的某些一般原则作出规定，例如，法律安全原则（principe de sécurité juridique）①、自然人的受尊重原则（le principe du respect de la personne humaine）② 以及最有利于劳动者的原则（le principe de faveur）。③

在制定法没有对法律的一般原则作出明确规定的情况下，在判断法律的一般原则是否存在时，虽然人们所采取的理论并不完全相同，但是人们普遍认为，法官应当采取多种多样的方式发现一般原则，因为，法律的一般原则并不是由某种单一的事件产生的，而是多种多样的事件（multiplication des faits）和因素（facteurs）共同作用的产物（produit），如果没有这些事件或者因素的共同影响和相互作用，则法律的一般原则将无法产生。这些事件和因素多种多样，不一而足，包括但是不限于以下事件："事物的性质"、宗教道德、历史传统、法律经验、法律科学、潜在的法律意识（conscience juridique latente）、立法者的默示意图、法律的精神、公平正义的自然法理念、人与人之间的相互依赖、经济和社会的发展，等等，它们结合在一起，共同促成了法律的一般原则的产生、发展和确立，这就是多因素理论。

第三节　法律规范

一、法律规范在民法当中的地位

（一）法律规范的界定

所谓法律规范（la règle de droit），是指对民事主体之间的法律关系或者主观权利进行规范和调整的、所有具有法律上的约束力并且通常会受国家强制力保障的一种行为规

---

① 所谓法律安全原则，是指公民在不需要付出难以逾越的努力的情况下就能够知道什么行为是可供适用的法律所允许的和什么行为是可供适用的法律所禁止的。为了实现此种结果，所制定的法律规范应当是清晰的、易懂的，并且一旦制定，法律规范不应当做频繁的修改、变更，尤其是不能够让公民没有可以预见性。Rapport public du Conseil d'état 2006, II. Sécurité juridique et complexité du droit, études et documents du Conseil d'état, La Documentation francise, Paris 2006, p. 281.
② 所谓自然人的受尊重原则，是指作为生物人，自然人应当受到人们的尊重，人们不得通过各种各样的方式侵犯自然人的人格尊严。
③ 最有利于劳动者的原则，是指当一个劳动者同时受到多种规范的约束时，人们应当选择适用其中对劳动者最有利的规范。

范（la règle de conduite），无论它们的渊源是制定法、习惯、司法判例还是民法学说。①

所谓行为规范，是指人们在社会生活当中应当遵守和尊重的规则、准则。行为规范多种多样，除了法律规范之外，道德规范、宗教规范、礼仪规范等也属于行为规范。所谓道德规范，是指人们在道德领域所应当遵守的行为规范。所谓宗教规范，是指人们在宗教领域所应当遵守的行为规范。所谓礼仪规范，是指人们在日常交往当中所应当遵守的行为规范。

一方面，法律规范是一种行为规范，因为它像其他行为规范一样对人们在个人生活当中所应当遵守的行为准则作出了规定。另一方面，法律规范并不是一般的行为规范，因为国家在大多数情况下均会通过强制性确保人们对其加以遵守和尊重。② 而其他行为规范则不同，人们对它们的遵守和尊重不是源自国家的强制力，而是源自其他的力量：道德规范源自人们内心的信仰和坚守，宗教规范源自宗教教规的约束，而礼仪规范则源自交往对象的评价，等等。③

（二）法律规范在民法当中的核心地位

在民法上，法律规范的一般理论是民法最重要的理论之一，因为民法是由形形色色的法律规范组成的，如果没有法律规范，则民法无法形成。换言之，客观法律、法律制度和法律秩序均是由法律规范构成的，如果没有法律规范，则客观法律、法律制度和法律秩序均不复存在。④

所谓客观法律（droit objectif），是指由所有法律规范结合在一起之后所形成的一个有机整体即民法。作为法律的一个部门，民法虽然由众多的法律规范所组成，但是这些法律规范之间能够紧密地结合在一起，并因此形成内部结构协调统一、和谐运行的有机整体，不会产生法律规范之间的矛盾、冲突，换言之，作为一个有机整体，民法不存在

---

① Gérard Cornu, Vocabulaire juridique, 10e édition, puf, p. 880.
② 在大多数情况下，行为人违反法律规范的行为均会遭受国家制裁，但是，在某些情况下，即便行为人违反了法律规范，它们的行为也不会遭受国家制裁。例如，当债务人不履行他们对债权人承担的自然债时，国家不会对他们施加制裁。参见张民安、铁木尔高力«《债权法》（第 4 版），中山大学出版社 2013 年版，第 62—65 页。
③ Boris Starck, Droit Civil, Introdction, Libraries techniques, p. 9; Guy Raymond, Droit Civil, 2e édition, Litec, p. 14; Henri et Leon Mazeaud Jean Mazeaud Francoisn Chabas, Lecons de DROIT CIVIL, Tome Premier, Introduction à l'étude du droit, septième édition, éDITIONS MONTCHRESTIEN, p. 14; Jean Carbonnier, Droit Civil, 1/Introduction, Les Personnes, Presses Universitaires De France, p. 14; Yvaine Buffelant-Lanore Virginie Larribau-Terneyre, Droit civil, Introduction, Biens, Personne, Famille, 17e édition, Dalloz, p. 5; Michèle Muller, Droit civil, 5e édition, Sup'Foucher, p. 9; Rémy Cabrillac, Introduction générale au droit, 10e édition, Dalloz, p. 6; 张民安:《法国民法》，清华大学出版社 2015 年版，第 8 页；张民安:《法国民法总论（上）》，清华大学出版社 2017 年版，第 538 页。
④ 张民安:《法国民法》，清华大学出版社 2015 年版，第 8—12 页；张民安:《法国民法总论（上）》，清华大学出版社 2017 年版，第 538—541 页。

二律背反的问题（antinomie）。① 如果没有法律规范，则民法之间无法形成一个浑然天成的有机整体。

所谓法律制度（système juridiques），是指由一定数量的法律规范结合在一起所形成的民事制度，② 诸如监护制度、收养制度、结婚制度、离婚制度等等。例如，我国《民法总则》第 26 条至第 39 条结合在一起就形成了民法当中的监护制度。再例如，我国《婚姻法》第 31 条至第 42 条结合在一起就形成了婚姻法当中的离婚制度。如果没有这些法律规范，则监护制度和离婚制度均无法建立。如果没有这些法律规范，则监护制度和离婚制度均无法建立。

所谓法律秩序（ordre juridique），是指由一定数量的法律规范结合在一起所形成的社会秩序。虽然人们普遍将法律制度等同于法律秩序，但是，法律秩序与法律制度之间仍然存在一定的差异，这就是，法律制度是手段，而法律秩序则是目的，法律制度的目的在于建立法律秩序。例如，我国《民法总则》第 26 条至第 39 条之所以结合在一起形成监护制度，其目的在于在监护领域建立起法律秩序。再例如，我国《婚姻法》第 31 条至第 42 条之所以结合在一起形成离婚制度，其目的在于在离婚领域建立法律秩序。如果没有这些法律规范，则人们无法在监护领域和离婚领域建立起法律秩序。

（三）我国民法学者和立法者对法律规范一般理论的忽视

在法国，民法学者普遍都对法律规范的一般理论作出了明确说明，包括：法律规范的界定、法律规范的类型、法律规范的特征以及法律规范的理论根据。③ 在我国，情况则完全相反，除了少数民法学者对法律规范的一般理论作出了阐述之外，④ 大多数民法学者均没有对法律规范的一般理论作出说明。⑤

在我国，民法学者为何普遍忽视法律规范的存在？答案在于，在讨论民法总论的内容时，他们均受到了德国民法典、德国尤其是我国台湾地区民法学者的影响。在德式民

---

① 张民安：《法国民法》，清华大学出版社 2015 年版，第 5 页；张民安：《法国民法总论（上）》，清华大学出版社 2017 年版，第 529—537 页。
② Jean Carbonnier, Droit civil, Volume I, Introduction Les personnes la famille, l'enfant, le couple, puf, p. 12.
③ 张民安：《法国民法》，清华大学出版社 2015 年版，第 8—12 页；张民安：《法国民法总论（上）》，清华大学出版社 2017 年版，第 538—541 页。
④ 张民安主编：《民法总论》（第 4 版），中山大学出版社 2013 年版，第 27—35 页：朱庆育：《民法总论》（第 2 版），北京大学出版社 2016 年版，第 43—71 页。
⑤ 傅静坤主编：《民法总论》（第 3 版），中山大学出版社 2007 年版；梁慧星：《民法总论》（第 2 版），法律出版社 2001 年版；江平主编：《民法学》，中国政法大学出版社 2007 年版；王卫国主编：《民法》，中国政法大学出版社 2007 年版；李永军：《民法总论》，中国政法大学出版社 2008 年版；魏振瀛主编：《民法》（第 4 版），北京大学出版社 2010 年版。

法典当中，立法者几乎完全忽视了法律规范的一般理论。① 民法学者也几乎忘记了法律规范的存在。而法式民法典则不同，立法者在民法典的序编当中对法律规范作出了或者详尽或者简略的规定。②

在我国，《民法总则》最大的败笔之一是，它没有对法律规范的一般理论作出规定。我国《民法总则》第153条规定：违反法律、行政法规的强制性规定的民事法律行为无效，但是该强制性规定不导致该民事法律行为无效的除外。问题在于，什么样的法律规定属于该条规定的"强制性规定"？在民法上，法律的"强制性规定"是相对于法律的"任意性规定"而言的，它们均是法律规范的组成部分，因为法律的"强制性规定"就是强制性法律规范，而法律的"任意性规定"则是指任意性法律规范。在使用了"强制性规定"的同时，我国立法者既没有对"强制性规定"作出界定，也没有对"任意性规定"作出界定，更没有对法律规范的一般理论作出说明。③

二、法律规范的特征

（一）民法学者关于法律规范特征的争论

所谓法律规范的特征（caractères de la règle de droit），是指能够将法律规范与其他行为规范区分开来的标准、特点、特性。作为一种行为规范，法律规范的特征能够将法律规范与其他行为规范区分开来，包括将法律规范与道德规范、宗教规范和礼仪规范等行为规范区分开来。

在法律规范的特征问题上，民法学者之间存在不同的意见。④ 例如，Boris Starck 认为，一般法律规范的特征有两个，这就是一般性和约束性。⑤ Raymond 认为，一般法律规范的特征有三个：①法律规范是一种社会现象，这就是法律规范的社会性；②法律规范是一种抽象现象，这就是法律规范的一般性；③法律规范是一种相对现象，这就是法律规范的相对性。⑥ 而 Henri Mazeaud 和 Leon Mazeaud 等人则认为，法律规范的特征有四个：法律规范的约束性，法律规范的一般性，法律规范的持续性以及法律规范的国家制

---

① 张民安：《法国民法总论（上）》，清华大学出版社2017年版，第417—418页。
② 张民安：《〈中华人民共和国民法总则（草案）〉的创新与不足》，《法治研究》2016年第2期，第17—18页；张民安：《法国民法总论（上）》，清华大学出版社2017年版，第417—418页。
③ 张民安：《〈中华人民共和国民法总则（草案）〉的创新与不足》，《法治研究》2016年第2期，第17—18页。
④ 张民安：《法国民法总论（上）》，清华大学出版社2017年版，第540页。
⑤ Boris Starck, Droit Civil, Introdction, Librairies techniques, pp. 21—25.
⑥ Guy Raymond, Droit Civil, 2e édition, Litec, pp. 14—17..

裁性。①

我们认为，虽然法律规范的特征多种多样，但是，最主要的特征有三个：这就是法律规范的一般性（caractère général）、法律规范的约束性（caractère obligatoire）和法律规范的强制性（caractère coercitif）。②

（二）法律规范的一般性

所谓法律规范的一般性，是指作为一种行为规范，法律规范能够适用于相同的人、行为或者事件。实际上，法律规范的一般性也就是指法律规范的平等性，这就是，法律规范平等地、不加区别地适用于所有人、所有事物或者部分人、部分事物。

例如，我国《民法总则》第 14 条规定的法律规范就具有一般性的特征，因为该条的规定适用于所有自然人，该条规定：自然人的民事权利能力一律平等。

同样，我国《民法总则》第 16 条所规定的法律规范也具有一般性的特征，因为该条的规定适用于所有的胎儿，该条规定：涉及遗产继承、接受赠与等胎儿利益保护的，胎儿视为具有民事权利能力。但是胎儿娩出时为死体的，其民事权利能力自始不存在。

（三）法律规范的约束性

所谓法律规范的约束性，是指作为一种行为规范，法律规范应当受到社会公众的尊重和遵守，在行为时，社会公众不得违反法律规范的规定。

在民法上，并非所有的法律规范均没有约束性，是否具有约束性，取决于法律规范的性质。总的说来，强制性的法律规范具有约束性，任意性的法律规范则不具有约束性，因为，在行为时，人们应当尊重和遵守强制性的法律规范，不得违反这些性质的法律规范，但是，在行为时，他们能够不尊重、不遵守补充性的法律规范。

例如，我国《民法总则》第 25 条所规定的法律规范就具有约束性，该条规定：监护人应当按照最有利于被监护人的原则履行监护职责。监护人除为维护被监护人利益外，不得处分被监护人的财产。该条的规定之所以具有约束力，是因为该条的规定属于强制性的规定。

再例如，我国《民法总则》第 111 条所规定的法律规范具有约束性，该条规定：自然人的个人信息受法律保护。任何组织和个人需要获取他人个人信息的，应当依法取得并确保信息安全，不得非法收集、使用、加工、传输他人个人信息，不得非法买卖、提供或者公开他人个人信息。该条的规定之所以具有约束性，是因为该条的规定属于强

---

① Henri et Leon Mazeaud Jean Mazeaud Francois Chabas, Lecons de DROIT CIVIL, Tome Premier, Introuduction à l'étude du droit, septième édition, éDITIONS, MONTCHRESTIEN, pp. 16—19.
② 张民安：《法国民法总论（上）》，清华大学出版社 2017 年版，第 539—540 页。

制性的规定。

（四）法律规范的强制性

所谓法律规范的强制性，也称为法律规范的国家制裁性，是指作为一种行为规范，如果社会公众不尊重、不遵守强制性的法律规范，则国家公权力机关会采取相应的法律措施制裁他们，以便让他们就其违反法律规范的行为付出代价。根据我国《民法总则》的规定，如果民事主体不遵守和尊重法律规范的规定，则他们将会遭受多种多样的法律制裁，诸如：法律行为无效，法律行为被撤销，承担违约责任，侵权责任，等等。

三、法律规范的三种规范功能

（一）民法学者对法律规范的规范功能的承认

所谓法律规范的规范功能，是指法律规范所具有的规范和调整民事主体行为的功能。法律规范之所以能够对民事主体的行为起到规范和调整作用，是因为通过命令、禁止、许可、奖罚等方式，法律规范能够起到指导作用。

早在19世纪初期，《法国民法典》的起草者Portalis就已经对制定法所具有的规范功能作出了说明。他认为，制定法或者是允许民事主体实施某种行为，或者是禁止民事主体实施某种行为；制定法或者命令民事主体实施某种行为，或者建立某种行为方式，或者矫正民事主体实施的某种行为；制定法或者惩罚民事主体实施的某种行为，或者要求民事主体就其行为引起的损害赔偿他人的损害。在制定法所规范和调整的范围内，它不加区别地约束所有民事主体，即便是外国人，当他们居住在一个国家的土地上时，他们同样应当受到该国制定法的约束。

在今时今日，民法学者普遍承认法律规范所具有的这些规范功能。① 法律规范的规范功能主要通过三种方式表现出来，这就是：命令民事主体实施某种行为、禁止民事主体实施某种行为和许可民事主体实施某种行为。当法律规范要求民事主体积极实施某种行为时，它们就是命令性的法律规范；当法律规范禁止民事主体实施某种行为时，它们就是禁止性的法律规范；当法律行为许可民事主体实施某种行为时，它们就是许可性的法律规范。

（二）命令性的法律规范所具有的命令功能

所谓命令性的法律规范（la règle de droit prescriptifs），是指要求民事主体积极实施

---

① Henri et Leon Mazeaud Jean Mazeaud Francois Chabas, Lecons de DROIT CIVIL, Tome Premier, Introduction à l'étude du droit, septième édition, ÉDITIONS, MONTCHRESTIEN, p. 16; Gérard Cornu, Droit civil, Introuduction au droit, 13e édition, Montchrestien, p. 18.

某种行为的法律规范。所谓命令性法律规范的命令功能，是指命令性的法律规范所具有的要求民事主体积极实施某种行为的功能。一旦法律规范要求民事主体积极实施某种行为，则他们应当按照法律规范的要求实施此种行为。[1]

例如，我国《民法总则》第26条的规定就是命令性的法律规范，因为它具有命令功能：它要求父母之间要承担各种各样的义务。该条规定：父母对未成年子女负有抚养、教育和保护的义务。成年子女对父母负有赡养、扶助和保护的义务。再例如，我国《民法总则》第46条的规定也是命令性的法律规范，因为它具有命令功能：它要求法人进行变更登记。该条规定：法人存续期间登记事项发生变化的，应当依法向登记机关申请变更登记。

（三）禁止性的法律规范所具有的禁止功能

所谓禁止性的法律规范（la règle de droit prohibitives），是指禁止民事主体积极实施某种行为的法律规范。所谓禁止性法律规范的禁止功能，是指法律规范所具有的禁止、抑制民事主体积极实施某种行为的功能。一旦法律规范禁止、抑制民事主体实施某种行为，则民事主体应当抑制自己的行为，不积极实施该种行为。[2]

例如，我国《民法总则》第8条的规定就属于禁止性的法律规范，因为它具有禁止功能：它禁止民事主体在行为时违反公共秩序或者良好道德。该条规定：民事主体从事民事活动，不得违反法律，不得违背公序良俗。再例如，我国《民法总则》第132条的规定也属于禁止性的法律规范，因为它具有禁止功能：它禁止民事主体滥用自己享有的主观权利。该条规定：民事主体不得滥用民事权利损害国家利益、社会公共利益或者他人合法权益。

（四）许可性的法律规范所具有的许可功能

所谓许可性的法律规范（la règle de droit permissives），是指允许民事主体实施或者不实施某种行为的法律规范。所谓可行性法律规范的许可功能，是指法律规范所具有的

---

[1] Henri et Leon Mazeaud Jean Mazeaud Francois Chabas, Lecons de DROIT CIVIL, Tome Premier, Introduction à l'étude du droit, septième édition, éDITIONS, MONTCHRESTIEN, p. 16; Gérard Cornu, Droit civil, Introduction au droit, 13e édition, Montchrestien, pp. 18—19; Pascale Deumier, Introduction générale au droit, 2e édition, LGDJ, pp. 26—27; Rémy Cabrillac, Introduction générale au droit, 10e édition, Dalloz, p. 11; Philippe Malinvaud, Introduction à l'étude du droit, 15e édition, LexisNexis, pp. 37—38.

[2] Henri et Leon Mazeaud Jean Mazeaud Francois Chabas, Lecons de DROIT CIVIL, Tome Premier, Introduction à l'étude du droit, septième édition, éDITIONS, MONTCHRESTIEN, p. 16; Gérard Cornu, Droit civil, Introduction au droit, 13e édition, Montchrestien, pp. 18—19; Pascale Deumier, Introduction générale au droit, 2e édition, LGDJ, pp. 26—27; Rémy Cabrillac, Introduction générale au droit, 10e édition, Dalloz, p. 11; Philippe Malinvaud, Introduction à l'étude du droit, 15e édition, LexisNexis, pp. 37—38.

允许民事主体实施某种行为或者不实施某种行为、选择实施此种行为或者选择实施此种行为的功能。当法律规范许可民事主体实施或者选择实施某种行为时，民事主体有权按照自己的个人意愿决定是否实施该种行为。①

例如，我国《民法总则》第33条的规定就属于许可性的法律规范，因为它具有许可功能：它允许正常的成年人预先与别人达成监护协议。该条规定：具有完全民事行为能力的成年人，可以与其近亲属、其他愿意担任监护人的个人或者组织事先协商，以书面形式确定自己的监护人。协商确定的监护人在该成年人丧失或者部分丧失民事行为能力时，履行监护职责。再例如，我国《民法总则》第134条的规定也属于许可性的法律规范，因为它也具有许可功能：它允许民事主体通过多种多样的法律行为进行意思表示。该条规定：民事法律行为可以基于双方或者多方的意思表示一致成立，也可以基于单方的意思表示成立。

四、法律规范的类型

除了按照规范功能的不同将法律规范分为命令性的法律规范、禁止性的法律规范和许可性的法律规范之外，我们还能够根据不同的标准对法律规范作出不同的分类。

（一）制定法规范、习惯规范、司法判例规范和学说规范

根据法律规范产生的渊源不同，法律规范可以分为制定法规范（la règle législative）、习惯规范（la règle coutumière）、司法判例规范（la règle jurisprudentielle）和学说规范（la règle doctrnale）。②

所谓制定法规范，是指广义或者狭义的立法者通过其制定法所规定的法律规范，实际上就是制定法所规定的法律条款、法律文本。所谓习惯规范，是指习惯所确立的法律规范。所谓司法判例规范，是指法官通过其司法判例所确立的法律规范。在当今大陆法系国家，法官也会大量通过司法判例建立法律规范，这就是所谓的司法判例规范。所谓学说规范，是指学者尤其是民法学者通过自己的学术专著尤其是民法著作所建立的法律规范。

（二）补充性的法律规范与强制性的法律规范

按照民事主体在行为时是否有权通过明示相反的意思表示排斥、规避法律规范的不

---

① Henri et Leon Mazeaud Jean Mazeaud Francois Chabas, Lecons de DROIT CIVIL, Tome Premier, Introduction à l'étude du droit, septième édition, éDITIONS, MONTCHRESTIEN, p. 16; Gérard Cornu, Droit civil, Introuduction au droit, 13e édition, Montchrestien, pp. 18—19; Pascale Deumier, Introduction générale au droit, 2e édition, LGDJ, pp. 26—27; Rémy Cabrillac, Introduction générale au droit, 10e édition, Dalloz, p. 11; Philippe Malinvaud, Introduction à l'étude du droit, 15e édition, LexisNexis, pp. 37—38.

② Paul Roubier, Théorie générale du droit, 2e édition, Librairie du Recueil Sirey, 1951, pp. 8—15.

同，法律规范可以分为补充性的法律规范（la règle de droit suplétives）和强制性的法律规范（la règle de droit impératives）。

1. 补充性的法律规范

所谓补充性的法律规范，也称为解释性的法律规范（la règle de droit interprétatives）、宣示性的法律规范（la règle de droit déclaratives）、处置性的法律规范（la règle de droit dispositives）或者任意性的规定，是指民事主体在行为时虽然能够通过自己的意思表示加以规避、排斥但是如果他们没有通过自己的意思表示加以规避、排斥则自动适用于他们的法律规范。①

在我国，民法学者或者立法者很少使用"补充性的法律规范"这一术语，而是使用"补充规定"这一术语。因此，补充规定等同于补充性的法律规范。

例如，我国《民法总则》第 136 条的规定即属于补充性的法律规范，因为该条虽然允许当事人对法律行为生效的时间作出约定，但是，如果他们没有作出约定，则适用该条所规定的生效时间。该条规定：民事法律行为自成立时生效，但是法律另有规定或者当事人另有约定的除外。

再例如，我国《婚姻法》第 19 条的规定也属于补充性的法律规范，因为该条规定，除非婚姻当事人之间通过书面形式约定了财产制，否则，他们之间将适用法定财产制。该条规定：夫妻可以约定婚姻关系存续期间所得的财产以及婚前财产归各自所有、共同所有或部分各自所有、部分共同所有。约定应当采用书面形式。没有约定或约定不明确的，适用本法第 17 条、第 18 条的规定。

2. 强制性的法律规范

所谓强制性的法律规范，是指民事主体在行为时不得通过自己明示的相反意思表示加以排斥、规避的法律规范。在民法上，强制性的法律规范包括命令性的法律规范和禁止性的法律规范。因此，除了我国《民法总则》第 26 条的规定和第 46 条的规定属于强制性的法律规范之外，我国《民法总则》第 8 条的规定和第 132 条的规定也属于强制性的法律规范。

在我国，立法者并没有使用"强制性的法律规范"这一术语，而是使用了"强制性规定"这一术语，这就是我国《民法总则》第 153 条的规定的"强制性规定"，已如前述。因此，强制性的法律规范等同于强制性规定。

---

① Jean Carbonnier, Droit civil, Volume I, Introduction Les personnes la famille, l'enfant, le couple, puf, pp. 224—226; Gérard Cornu, Droit civil, Introuduction au droit, 13e édition, Montchrestien, pp. 184—186; Christian Larroumet Augustin Aynès, Introuduction à l'étude du droit, 6e édition, Economica, pp. 23—24; Philippe Malinvaud, Introduction à l'étude du droit, 15e édition, LexisNexis, pp. 37—38; 张民安：《法国民法》，清华大学出版社 2015 年版，第 11—12 页。

3. 补充性的法律规范与强制性的法律规范之间的差异

在民法上，人们之所以将法律规范分为补充性的法律规范和强制性的法律规范，其主要原因有二：

其一，民事主体在行为时能够违反补充性的法律规范，如果他们实施的民事法律行为违反了补充性的法律规范，他们的行为有效，这是意思自治原则和契约自由原则的体现。而在行为时，民事主体不得违反强制性的法律规范。不过，在实施民事法律行为时，如果他们真的违反了强制性的法律规范，他们实施的民事法律行为也未必一定无效，是否无效，取决于强制性法律规范的目的。关于这一点，我们将在下面的内容当中作出说明，此处从略。

其二，如果民事主体在行为时没有通过相反的明示意思表示排斥、规避补充性的法律规范，则补充性的法律规范自动适用于民事主体。而强制性的法律规范则没有此种特征。

（三）公共秩序性质的法律规范和私人秩序性质的法律规范

1. 公共秩序性质的法律规范和私人秩序性质的法律规范的界定

在承认强制性法律规范的情况下，我们应当根据强制性法律规范的目的的不同对它们作出更进一步的分类，这就是，根据强制性法律规范是为了维护公共秩序还是为了维护私人秩序的不同，强制性法律规范可以分为公共秩序性质的法律规范（la règle de droit d'ordre public）和私人秩序性质的法律规范（la règle de droit d'ordre privé）。

所谓公共秩序性质的法律规范，是指所有为了维护公共秩序、一般秩序的法律规范。换言之，所谓公共秩序性质的法律规范，是指所有为了维护公共利益、一般利益的法律规范。所谓私人秩序性质的法律规范，也被称为非公共秩序性质的法律规范，是指所有为了维护私人秩序、个人秩序的法律规范。换言之。所谓私人秩序性质的法律规范，是指所有为了维护私人利益、个人利益的法律规范。

2. 公共秩序性质的法律规范与强制性的法律规范之间的关系

在民法上，许可性的法律规范和补充性的法律规范当然均是为了维护私人秩序，因为它们的目的均是为了维护私人利益、个人利益，这一点毫无疑问。问题在于，强制性的法律规范即命令性的法律规范和禁止性的法律规范是否均属于公共秩序性质的法律规范？对此问题，法国民法学者之间存在两种截然相反的意见。

大多数民法学者认为，强制性的法律规范等同于公共秩序性质的法律规范。[1] 少数民法学者则认为，并非所有的强制性法律规范均属于公共秩序性质的法律规范，如果强

---

[1] Boris Starck, Droit Civil, Introdction, Librairies techniques, p. 23; Gérard Cornu, Droit civil, Introuduction au droit, 13e édition, Montchrestien, p. 187.

制性的法律规范的目的在于维护公共利益，则它们属于公共秩序性质的法律规范，而如果强制性的法律规范的目的仅仅是为了维护私人利益，则它们属于非公共秩序性质的法律规范。①

而在我国，民法学者很少对这样的问题作出说明。我们认为，在上述两种不同理论当中，第二种理论更加合理。因为这样的原因，我们应当将强制性的法律规范分为公共秩序性质的法律规范和私人秩序性质的法律规范。我们之所以应当采取此种分类，其主要原因有二：强制性法律规范的目的存在差异；民事主体违反强制性法律规范的后果存在差异。

3. 强制性的法律规定的目的不同

在我国，民法之所以应当将强制性的法律规范继续分为公共秩序性质的法律规范和私人秩序性质的法律规范，第一个主要原因是，强制性的法律规范的目的存在差异，这就是，某些强制性的法律规范是为了维护公共利益、公共秩序，而某些强制性的法律规范则仅仅是为了维护私人利益、私人秩序。

一方面，虽然同为命令性的法律规范，不同的法律规范的目的是不同的。例如，虽然我国《民法总则》第 26 条和第 64 条均为命令性的法律规范，但是，它们的目的完全不同：第 26 条的目的是为了维护公共利益、公共秩序，因为家庭关系属于公共利益、公共秩序的最重要组成部分之一；而第 64 条的目的仅仅是为了维护私人领域：法人存续期间之所以要进行变更登记，其目的在于通过变更登记对社会公众尤其是其中的潜在利害关系人进行公示，让他们能够凭借变更登记了解法人的状况。因为这样的原因，第 26 条的规定属于公共秩序性质的法律规范，而第 64 条的规定则属于私人秩序性质的法律规范。

另一方面，虽然同为禁止性的法律规范，不同的法律规范的目的也是不同的。例如，我国《婚姻法》第 7 条和《民法总则》第 148 条均为禁止性的法律规范，但是，它们的目的不同。《婚姻法》第 7 条之所以禁止直系血亲和三代以内的旁系血亲结婚，其目的在于保护民族的健康，防止近亲繁殖。而《民法总则》第 148 条之所以禁止行为人实施欺诈行为，其目的在于保护他人的利益，防止他人在与行为人实施法律行为时上当受骗。因为这样的原因，《婚姻法》第 7 条的规定属于公共秩序性质的法律规范，而《民法总则》第 148 条的规定则属于私人秩序性质的法律规范。

4. 违反强制性法律规范的效果不同

（1）《民法总则》第 153 条的效力区分理论。在我国，民法之所以应当将强制性的法律规范继续分为公共秩序性质的法律规范和私人秩序性质的法律规范，第二个主要原

---

① Henri et Leon Mazeaud Jean Mazeaud Francois Chabas, Lecons de DROIT CIVIL, Tome Premier, Introduction à l'étude du droit, septième édition, éDITIONS, MONTCHRESTIEN, p. 108.

因在于，同样违反了强制性的法律规范，行为人实施的民事法律行为引起的后果存在差异。总的说来，在行为时，如果行为人违反了公共秩序性质的法律规范，则他们实施的民事法律行为无效，而在行为时，如果他们仅仅违反了私人秩序性质的法律规范，则他们实施的民事法律行为并不因此无效。

在我国，立法者在《民法总则》当中对此种规则作出了明确说明，这就是第153条，该条规定：违反法律、行政法规的强制性规定的民事法律行为无效，但是该强制性规定不导致该民事法律行为无效的除外。违背公序良俗的民事法律行为无效。在第153（1）条当中，第一款的第一段即"违反法律、行政法规的强制性规定的民事法律行为无效"实际上是指公共秩序性质的法律规范，而第二段即"但是该强制性规定不导致该民事法律行为无效的除外"则是指私人秩序性质的法律规范。

（2）违反公共秩序性质的法律规范的行为无效。如果行为人在行为时违反了公共秩序性质的法律规范，则他们实施的任何民事法律行为均属无效。因此，如果直系血亲和三代以内的旁系血亲违反《婚姻法》第7条的规定而结婚，则他们之间的婚姻无效，这就是我国《婚姻法》第10条的规定。同样，如果代孕母与委托人之间签订代孕契约，则他们之间所签订的此种契约无效，因为此种契约违反了《民法总则》第8条规定的公共秩序和良好道德原则，这就是我国《民法总则》第153（2）条的规定。

（3）违反私人秩序性质的法律规范的行为效力。如果行为人在行为时违反了私人秩序性质的法律规范，则他们实施的民事法律行为不会因此无效。至于说他们实施的民事法律行为会产生什么样的法律效果，取决于立法者的不同规定。总的说来，当行为人违反了私人秩序性质的法律规范时，他们实施的某些民事法律行为可能是有效的，而他们实施的另外一些民事法律行为可能是可持续的或者所谓效力待定的行为。

第一，民事法律行为有效。在某些情况下，如果行为人违反了强制性的法律规范，他们实施的民事法律行为仍然有效。行为人实施的法律行为之所以仍然有效，是因为被他们违反的强制性法律规范仅仅是私人秩序性质的法律规范，而不是公共秩序性质的法律规范。

最典型的范例是我国《物权法》第15条的规定。在我国，虽然《物权法》要求不动产买卖或者转移要进行不动产的产权过户登记，但是，如果不动产买卖的当事人违反此种强制性的规定，他们之间签订的买卖契约仍然有效，这就是《物权法》第15条。该条规定：当事人之间订立有关设立、变更、转让和消灭不动产物权的合同，除法律另有规定或者合同另有约定外，自合同成立时生效；未办理物权登记的，不影响合同效力。

再例如，虽然我国《民法总则》第103条要求非法人组织按照法律的规定进行登记，但是，如果非法人组织违反该条的规定而没有进行登记，它们实施的民事法律行为并不会因此无效，因为无论它们是否登记，它们的成员仍然对它们的债务承担无限连带责任。

第二，民事法律行为可撤销。在某些情况下，如果行为人违反了强制性的法律规范，他们实施的民事法律行为构成可撤销的行为，享有可撤销权的人能够向法院或者仲裁机构主张撤销。行为人实施的这些民事法律行为之所以是可撤销的行为，是因为被他们违反的强制性法律规范仅仅是私人秩序性质的法律规范，而不是公共秩序性质的法律规范。我国《民法总则》对这些民事法律行为作出了大量的规定。例如，《民法总则》第 147 条、第 148 条、第 149 条均明确采取此种方法，因为它们均明确规定，基于重大误解的民事法律行为、欺诈行为、胁迫行为均是可以撤销的民事法律行为。

第三，效力待定的民事法律行为。在某些情况下，如果行为人违反了强制性的法律规范，他们实施的民事法律行为仅仅构成效力待定的民事法律行为。这些民事法律行为究竟是否有效，取决于享有同意权或者追认权的第三人是否同意、追认。行为人实施的这些民事法律行为之所以是效力待定的民事法律行为，是因为被他们违反的强制性法律规范仅仅是私人秩序性质的法律规范，而不是公共秩序性质的法律规范。

例如，我国《民法总则》第 145 条就采取此种规则，它认定，即便限制民事行为能力人实施的民事法律行为超越了他们正常的理解范围，经过法定代理人的同意或者追认，他们实施的法律行为也是有效的。

（四）确定性的法律规范和非确定性的法律规范

按照法律规范所规范和调整的对象是否明确、肯定和清楚的不同，法律规范可以分为确定性的法律规范和非确定性的法律规范。

1. 确定性的法律规范

所谓确定性的法律规范，也称为内容确定的法律规范，是指其规范和调整的对象是明确的、肯定的和清楚的法律规范。在民法上，大多数法律规范均属于确定性的法律规范。因此，确定性的法律规范多种多样，除了立法者在其制定法当中所规定的大多数法律文本、法律条款属于确定性的法律规范之外，习惯规范、司法判例规范和学说规范也均属于确定性的法律规范。

例如，我国《民法通则》第 124 条所规定的法律规范就属于确定性的法律规范，该条规定：违反国家保护环境防止污染的规定，污染环境造成他人损害的，应当依法承担民事责任。该条的规定之所以构成确定性的法律规范，是因为该条仅仅规范和调整环境污染所引起的侵权责任。再例如，我国《民法总则》第 60 条规定的法律规范也属于确定性的法律规范，该条规定：法人以其全部财产独立承担民事责任。该条的规定之所以属于确定性的法律规范，是因为该条仅仅规范和调整法人所承担的民事责任。

2. 非确定性的法律规范

所谓非确定性的法律规范，也称为内容不确定的法律规范，是指其规范和调整对象是不明确的、不肯定的、不清楚的法律规范。在民法上，仅少数法律规范在性质上属于非确定性的法律规范。在民法上，最主要的、最重要的非确定性的法律规范是法律的一般原则即我国《民法通则》和《民法总则》所规定的基本原则。民法的基本原则之所以是非确定性的法律规范，是因为它们规范和调整的对象是不明确的、不肯定的、不清楚的。

例如，我国《民法通则》第3条所规定的平等原则就是非确定性的法律规范。该条规定：当事人在民事活动中的地位平等。该条规定之所以是非确定性的法律规范，是因为该条当中的地位平等究竟是指什么含义的地位平等，当事人之间的地位是否平等，在立法者规定这个法律规范的时候还不明确、不肯定、不清楚，必须等到法官在具体案件当中对此作出裁判时才能够明确、肯定或者清楚。

同样，我国《民法通则》第7条所规定的公共秩序原则也是非确定性的法律规范，该条规定：民事活动应当尊重社会公德，不得损害社会公共利益，破坏国家经济计划，扰乱社会经济秩序。该条之所以是非确定性的法律规范，是因为其中所规定的"社会公德""社会公共利益"或者"社会经济秩序"究竟是指哪些内容，当事人的行为是否违反了这些内容，在立法者规定这个法律规范的时候还无法明确、肯定或者清楚，必须由法官在具体案件当中对这些规定的内容作出明确说明之后才能够明确、肯定或者清楚。

3. 民法区分确定性的法律规范和非确定性的法律规范的原因

其一，如果同时存在确定性的法律规范和非确定性的法律规范，在裁判案件的时候，法官必须首先适用确定性的法律规范，不得适用非确定性的法律规范。仅仅在欠缺确定性的法律规范的情况下，法官才能够适用非确定性的法律规范。

其二，确定性的法律规范的具体含义、适用范围明确、肯定和清楚，具有相当的稳定性、一致性，而非确定性的法律规范的适用范围、具体含义不明确、肯定或者清楚，不同时代或者不同时期的法官对其作出的说明的可能存在较大的差异。

第四节　民法的性质

在我国，正如在其他国家，除了狭义的法律多种多样之外，广义的法律更是多如牛毛。如何让这些杂乱无章的、混乱不堪的法律处于有序状态，就成为从罗马法时代到今天为止的法学家尤其是民法学家的重要任务，因为，从罗马法时代开始一直到今天，法学家尤其是民法学家基于各种各样的理由，尤其是基于教义学的需要（didactique）和法学方法论（méthodologique）的需要，根据各种各样的标准，尤其是法律所规范和调整的对象的不同，将现实社会当中的各种各样的法律进行分类，并因此形成了不同的法律部门。

一、私法、公法和混合法的界定

传统上,在讨论法律部门的划分时,人们将所有的法律分为两大部门,这就是私法和公法,其中的私法包含了民法,这就是法律部门的二分法理论。然而,在当今社会,法律部门二分法的理论无法完全满足社会的需要,因为除了私法和公法之外,当今法律领域出现了一种同时夹杂着私法因素和公法因素的法律部门。我们将传统民法所谓的私法称为单纯的私法(le droit privé pure),将传统民法所谓的公法称为单纯的公法(le droit public pure),而将同时夹杂着私法因素和公法因素的法律称为混合法(droits mixtes)

所谓单纯的私法,被简称为私法,是指仅仅对私人利益、私人关系、私人权利进行规范和调整的法律。所谓单纯的公法,被简称为公法,是指仅仅对公共利益、公共关系、公共权利进行规范和调整的法律。所谓混合法,是指同时对私人利益和公共利益、私人关系和公共关系以及私人权利和公共权利进行规范和调整的法律。

二、法律部门三分法理论的产生和发展历程

民法学说普遍认为,私法与公法的二分法理论源自古罗马时期,因为在《学说汇纂》当中,乌尔比安就已经对私法与公法的区分理论作出了说明,他指出:"此种探讨的目的有二:其一,公法;其二,私法。……所谓公法,是指与公共机构的组织和活动有关的法律。所谓私法,则是指同私人利益有关的法律。"[①]

不过,在古罗马法时期,私法与公法的区分理论仅仅处于雏形阶段,并没有形成完整的理论体系。在17世纪之前,私法与公法的区分理论基本上被民法学者所淡忘,几乎没有民法学者再主张此种理论。因为在中世纪,民法学者几乎完全忽视了罗马法当中的公法内容,而完全将精力放在罗马法当中的私法内容,也就是民法的内容。

在17世纪,《法国民法典》之祖父Domat开始重视私法与公法的区分理论,因为,除了对罗马法当中的民法进行系统研究之外,他也对罗马法当中的公法内容进行研究,以便同时让民法和公法系统化、体系化。[②] 在其《自然秩序当中的民法》当中,Domat将公法称为国家法(les lois de l'état),认为公法是指对一个国家政府的组织和运行秩序进行规范和调整的法律,诸如对政府继承、政府选举、公职机构、公职人员的职责等内容进行规范和调整的法律。[③]

[①] ULPIEN, Digeste, 1, 1, 2;张民安:《法国民法》,清华大学出版社2015年版,第13页。
[②] 张民安:《法国民法总论(上)》,清华大学出版社2017年版,第117—118页。
[③] Jean Domat, Œuvres complètes de J. Domat, Nouvelle édition par Joseph Rémy, tome I, Paris, Firmin Didot Père et fils, 1828, p. 56;张民安:《法国民法总论(上)》,清华大学出版社2017年版,第138页。

自此之后，民法学者开始主张私法与公法的区分理论，在对民法作出研究时，他们也承认公法的存在。在当今法国，民法学者普遍承认私法与公法的区分理论。不过，某些民法学者也承认，此种理论是不够的，因为，在今时今日，立法者制定的某些法律既不适宜于看作私法，也不适宜于看作公法，而应当视为私法和公法的混合物，这就是混合法。[①] 在我国，虽然民法学者普遍承认私法与公法的区分理论，但是，他们很少承认混合法的存在。[②]

在我国，私法和公法二分法的理论当然是不够的，因为像我国的《产品质量法》《道路交通安全法》和《消费者权益保护法》这样的法律既不属于私法也不属于公法的内容，因为除了规范和调整公权力机构与私人之间的关系之外，它们也规范和调整私人之间的法律关系。因为这样的原因，我国民法也应当承认法律部门的三分法理论，也应当将法律部门分为单纯的私法、单纯的公法和混合法三类。

三、区分私法、公法和混合法的标准

在民法上，我们应当根据何种标准对法律部门作出分类？对此问题，民法学者在不同时期作出了完全不同的回答，诸如约束强度理论（intensité de la contrainte）、平等理论（égalité de situation）和目的理论（but），等等。

（一）约束强度理论

某些经典民法理论认为，区分私法与公法的标准是法律规范的强制性与任意性，这就是约束强度理论。根据此种理论，虽然私法与公法均为法律规范，但是，私法与公法在强制程度或者强度方面是不同的。公法不仅具有强制性，而且其强制程度是最高的、强度是最强的，因为，无论行为人是否意愿遵守公法的规定，他们均应当无条件服从公法的要求，否则，会遭受严厉制裁。而私法则不同，私法则是建立在意思自治和契约自由原则的基础上，即便私法对法律规范作出了规定，行为人也有权通过其明确约定的方式规避这些法律规范，并且他们的规避行为不会遭受制裁。总之，公法是强制性的法律，而私法则是任意性的法律。[③]

[①] 张民安：《法国民法》，清华大学出版社 2015 年版，第 14—15 页。
[②] 梁慧星：《民法总论》（第 2 版），法律出版社 2001 年版，第 28—31 页；江平主编：《民法学》，中国政法大学出版社 2007 年版，第 3—5 页；王卫国主编：《民法》，中国政法大学出版社 2007 年版，第 3—4 页；李永军：《民法总论》，中国政法大学出版社 2008 年版，第 4—6 页；魏振瀛主编：《民法》（第 4 版），北京大学出版社 2010 年版，第 10—11 页。
[③] V. Henri Roland Laurent Boyer, Introduction au droit, Litec, p. 100; FrançoisTerré, Introduction générale au droit, 9e édition, Dalloz, p. 95.

（二）平等理论

某些经典民法理论认为，区分私法与公法的标准是法律关系当中的平等性与附属性，这就是平等理论，根据此种理论，虽然私法与公法均对法律关系进行规范和调整，但是，法律关系的当事人在法律上的地位是不同的。在私法关系当中，法律关系的当事人在地位上是平等的，任何一方当事人在人身或者财产方面均不享有比对方更多、更高的权利。因此，私法属于一种合作法（droit de coordination），正义对双方当事人而言是互换性的（commutative）。而公法则不同，公法关系是建立公权力机关与相对人之间的，其中的公权力机关是权利主体，而相对人则是义务主体，他们之间的地位是不平等的。因此，公法属于一种隶属法（droit de subordination），正义是分配性的（distributive）。[1]

（三）目的理论

某些经典民法理论认为，区分私法与公法的标准是法律的目的，这就是目的理论。根据此种理论，虽然私法与公法均是为了实现某种目的，但是，私法所实现的目的不同于公法所实现的目的，这就是，私法仅仅是为了满足私人利益的最大限度的实现，不是为了实现社会的公共利益。而公法则不同，它仅仅是为了实现国家的集体利益，不是为了满足个人利益。因为公法是关于国家和公权力机关的组织和管理的法律。[2]

虽然上述第三种理论受到民法学者的猛烈批判，但是，此种理论仍然具有合理性，至少在我国是如此。因为，私法的目的显然是为了维护私人利益，保护民事主体之间的法律关系，确保民事主体享有的民事权利受到别人的尊重，这一点从我国《民法总则》第1条的规定中可见一斑，已如前述。基于此种理论，当法律仅仅对私人利益、私人秩序进行规范和调整时，它们就属于单纯的私法。当法律仅仅对公共利益、公共秩序进行规范和调整时，它们就是单纯的公法。而当法律同时对这两种利益和这两种法律秩序进行规范和调整时，它们就是混合法，已如前述。

四、私法、公法和混合法包含的内容

（一）单纯的私法所包含的内容

根据法律部门的三分法理论，法律的第一个部门是单纯的私法。私法当然包括民法，问题在于，除了民法之外，私法还包括哪些内容？对此问题，法国民法学者作出了

---

[1] V. Henri Roland Laurent Boyer, Introduction au droit, Litec, pp. 100—101.
[2] V. FrancoisTerré, Introduction générale au droit, 9e édition, Dalloz, p. 95.

不同的回答。例如，Philippe Malaurie 和 Patrick Morvan 认为，除了民法之外，私法还包括民事诉讼法和国际私法。① Francois Terré 认为，除了民法之外，私法还包括商法、劳动法和农村法。②而 Henri Roland 和 Laurent Boyer 则认为，除了民法之外，私法所包括的内容有：商法、农村法、社会法（le droit social）、民事诉讼法、刑法、国际私法和消费者法。③

在我国，民法学者虽然普遍承认私法与公法的区分理论，但是，他们普遍没有对私法所包含的内容作出说明。我们认为，在我国，除了民法之外，私法还包括两类：其一，主要包括各种各样的商事单行法，诸如《公司法》《证券法》和《海商法》等；其二，国际私法。不过，虽然私法的内容众多，但是民法在私法当中占据核心地位，属于私法的基本法、普通法、一般法，而商法则仅仅是私法的特别法、具体法，已如前述。

（二）公法所包含的内容

根据法律部门的三分法理论，法律的第二个部门是单纯的公法。问题在于，公法包含哪些内容？对此问题，法国民法学者普遍作出了明确回答，他们认为，虽然公法所包含的范围多种多样，但是，最主要的公法包括：宪法，行政法，财政法，税务法和社会保障法。④

而在我国，公法包括哪些内容，民法学者普遍没有作出说明，虽然他们明确承认公法的存在，已如前述。我们认为，除了我国的宪法、行政法、财政法、税务法和社会保障法属于公法之外，国际公法也属于单纯的公法，除了国务院和所属部门颁布的行政法规、行政规章属于单纯的公法之外，地方立法机构颁布的地方法规也属于单纯的公法。

（三）混合法所包含的内容

根据法律部门的三分法理论，法律的第三个部门是混合法。问题在于，哪些法律属于混合法？在法国，不同的民法学者作出的回答并不相同。例如，Jean-Luc AUBERT 和 Eric SAVAUX AUBERT 认为，混合法主要包括：刑法，程序法（民事诉讼法、刑事诉

---

① V. Philippe Malaurie Patrick Morvan, Introuduction au droit, 4e édition, Defrénois, pp. 57—60.
② V. Francois Terré, Introduction générale au droit, 9e édition, Dalloz, pp. 92—95.
③ Henri Roland Laurent Boyer, Introuduction au droit, Litec, pp. 94—97.
④ V. Michel de Juglart Alain Piedeevre Stephane Piedeevre, Cours de droit civil, introduction, personnes, famille, Seizième édition, Montchrestien, p. 31; Henri Roland Laurent Boyer, Introuduction au droit, Litec, pp. 97—100; FrancoisTerré, Introduction générale au droit, 9e édition, Dalloz, p. 88; Christian Larroumet Augustin Aynès, Introuduction à l'étude du droit, 6e édition, Economica, pp. 47—48; Philippe Malaurie Patrick Morvan, Introduction au droit, 4e édition, Defrénois, p. 56; Jean-Luc AUBERT Eric SAVAUX, Introuduction au droit, 14e édition, Dalloz, pp. 37—28

讼法和行政诉讼法），社会法（劳动法和社会保障法）。① Philippe Malaurie 和 Patrick Morvan 认为，混合法包括两种：刑法和劳动法。② 而 Christian Larroumet 和 Augustin Aynès 则认为，混合法主要包括刑法。③

在我国，民法学者并不承认此种类型，因此，他们也没有对它所包含的内容作出说明。我们认为，混合法的内容众多，主要包括：刑法，诉讼法，道路交通安全法，产品质量法，消费者权益保护法，劳动法。这些法律之所以属于混合法，原因简单：它们所规定的内容既涉及公共利益、公共秩序，也涉及私人利益、私人秩序。

例如，刑法之所以是混合法，是因为刑法既涉及国家与罪犯之间的关系，也涉及犯罪分子与受害人之间的关系，前一种关系属于公法的内容，而后一种关系则涉及私法内容，实际上就是民法的内容。再例如，我国的劳动法当然也属于混合法，因为它既涉及政府监管部门与雇主之间的关系，也涉及雇主与雇员之间的关系，前一种关系属于公法的内容，而后一种关系则属于私法也就是民法的内容。

总之，混合法虽然涉及私法的内容，但是，所谓的私法往往是指民法，很少指民法之外的其他私法。因此，在今时今日，除了单纯私法当中的民法之外，民法也包含混合法当中的民法。这就是民法的私法性和混合法性。

私法、公法和混合法所包含的内容如下表所示。

私法、公法和混合法所包含的内容一览表

单纯的私法	单纯的公法	混合法
民法 商事单行法 国际私法	宪法 行政法 税法 公共财务法 社会保障法 国际公法 行政法规 地方法规	刑法 诉讼法 道路交通安全法 产品质量法 消费者权益保护法 劳动法

---

① Jean-Luc AUBERT Eric SAVAUX, Introuduction au droit, 14e édition, Dalloz, pp. 40—46.
② V. Philippe Malaurie Patrick Morvan, Introuduction au droit, 4e édition, Defrénois, pp. 61—62.
③ Christian Larroumet Augustin Aynès, Introuduction à l'étude du droit, 6e édition, Economica, pp. 55—56.

五、民法和商法之间的关系

除了包括民法之外，私法还包括商法，其中的民法独立于商法，而商法也独立于民法。我国的立法者之所以明确区分民法与商法，是因为民法同商法之间存在重大的、重要的差异，虽然它们之间也存在重要的联系。

（一）民法同商法之间的区别

1. 民法与商法的调整对象不同

无论是民法还是商法均会对一定的法律关系进行调整，但是，民法的调整对象不同于商法的调整对象。原则上讲，民法往往对民事主体之间的民事法律关系进行调整，尤其是对婚姻关系、家庭关系、收养或者继承关系等进行调整，这些民事法律关系往往仅具有民事性，很少会具有商事性。

而商法则不同，商法往往仅对商事行为或者商人之间的商事关系进行调整，[①] 很少会对民事行为或者民事主体之间的民事法律关系进行调整。例如，商法调整公司同其他公司之间的法律关系，调整保险人与被保险人之间的保险关系，等等。这些商事法律关系往往仅具有商事性，很少具有民事性。

2. 民法的基本原则不同于商法的基本原则

无论是民法还是商法均规定了基本原则，但是，民法的基本原则不同于商法的基本原则。在我国，民法的基本原则包括意思自治原则、合同自由原则、公平原则、诚实信用原则、公共秩序与良好道德原则等等。已如前述。

而在商法上，商法的基本原则包括从商自由原则、企业维持原则、商事交易的便捷性原则、商事交易的安全性原则等。[②]

3. 民事法律关系的主体不同于商事法律关系的主体

首先，民事法律关系虽然包括法人组织，但是也包括自然人，尤其是夫妻、父母子女或者其他家庭成员。而商事法律关系的主体则完全是商人。

其次，某些人虽然可以成为民事法律关系的主体，但不得成为商事法律关系的主

[①] 张民安：《商法总则制度研究》，法律出版社2007年版，第9页；张民安、龚赛红主编：《商法总则》（第2版），中山大学出版社2007年版，第7页；张民安主编：《商事法学》（第3版），中山大学出版社2007年版，第4页；Michele Muller, Droit civil, 5e édition, Sup'Foucher, p. 9; Michel de Juglart Alain Piedeevre Stephane Piedeevre, Cours de droit civil, introduction, personnes, famille, Seizième édition, Montchrestien, p. 30; Philipp Bihr, Droit Civil general, 13e édition, Dalloz, p. 6.

[②] 张民安：《商法总则制度研究》，法律出版社2007年版，第40—79页；张民安、龚赛红主编：《商法总则》（第2版），中山大学出版社2007年版，第29—45页；张民安主编：《商事法学》（第3版），中山大学出版社2007年版，第18—25页。

体,如未成年人。未成年人,即便已经被解除监护,亦不得成为商人。①

最后,民事法律关系主体资格的获得常常是自动的,基于出生的事实即可,但商事法律关系主体资格的获得往往不是自动的,甚至需要经过较为严格、复杂的程序,如公司或者其他企业要成为商事主体,一般需要经过注册登记程序。②

(二) 民法的性质不同于商法的性质

首先,商法虽然属于私法,但商法不仅受私法的调整,而且还受公法的影响,因为商法在很大程度上涉及社会的公共利益。③ 而民法则属于较纯粹意义上的私法,较少受公法的影响。

其次,民法具有稳定性,而商法则具有频繁的变动性。虽然民法和商法均会随着社会的发展与变化而发展与变化,但是,民法具有相当的稳定性。④ 而商法则不同,因为商法总是处于频繁的变动当中,当立法者认为商法无法满足商业的需要时,他们会迅速地对商法予以修改、补充或者废除。例如,英国立法者每隔20年左右就会对英国公司法作出修改,形成新的公司法。⑤

最后,即便民法与商法均会发生变动,但是,民法的变动方式也不同于商法的变动方式:在民法上,如果立法者制定的民法无法满足日益发展和变化的社会需要,法官往往会通过司法判例的方式来对立法者所规定的法律规范作出解释,使其产生新的含义,以便填补立法者所规定的法律规范所存在的法律漏洞,已如前述。

而商法则不同,当商法的规定无法满足社会发展和变化的需要时,法官很少会通过司法判例的方式来填补商法所存在的法律漏洞,立法者则会大量通过修改、废除或者增加新的法律条款的方式来填补商法所存在的法律漏洞。

---

① 张民安:《商法总则制度研究》,法律出版社2007年版,第10页;张民安、龚赛红主编:《商法总则》(第2版),中山大学出版社2007年版,第8页;张民安主编:《商事法学》(第3版),中山大学出版社2007年版,第5页。
② 张民安:《商法总则制度研究》,法律出版社2007年版,第10页;张民安、龚赛红主编:《商法总则》(第2版),中山大学出版社2007年版,第8页;张民安主编:《商事法学》(第3版),中山大学出版社2007年版,第5页。
③ 张民安:《商法总则制度研究》,法律出版社2007年版,第36页;张民安、龚赛红主编:《商法总则》(第2版),中山大学出版社2007年版,第25页;张民安主编:《商事法学》(第3版),中山大学出版社2007年版,第15页。
④ 张民安、铁木尔高力套:《债权法》(第4版),中山大学出版社2013年版,第15页。
⑤ 张民安:《商法总则制度研究》,法律出版社2007年版,第38页;张民安、龚赛红主编:《商法总则》(第2版),中山大学出版社2007年版,第27页;张民安主编:《商事法学》(第3版),中山大学出版社2007年版,第17页。

(三) 民法对商法的影响

1. 民法是商法产生的基础

民法是商法产生的基础。在近代社会,商法之产生依赖于民法,民法成为商法产生的渊源。例如,法国之所以在 1807 年制定商法典,主要原因在于法国 1804 年民法典对商人的地位规定较少,为弥补民法典的此种缺憾,法国制定了 1807 年商法典。①

2. 商法的适用有时依赖于民法

如果商法对某些具体问题欠缺规定,则民法关于此种问题的规定可以适用于商法。例如,当公司法没有对股东之间的纠纷作出规定时,有关合同强制性或者自愿性解除的一般理论即可适用于公司股东之间,这就是,当公司股东之间因为信任丧失而无法继续合作时,股东之间可以协商解除他们之间的协议,或者向法院起诉,要求法官强制解除他们之间的协议。

3. 民法解释学对商法解释所产生的影响

同民法解释学相当发达的程度相比,商法解释学仍然处于不发达的状态。由于商法解释学的欠发达,商法学者在解释商法条文的时候,不得不借助于民法解释学所提出的各种解释方法。

(四) 商法对民法的影响

商法对民法的影响主要表现为民法的商法化(le droit civil s'est commercialissé)趋势的加强。无论是在采取民商合一编制体例的国家还是在采取民商分立编制体例的国家,商法均在各种程度上对民法施加影响,商法的许多原则和理念被民法所借鉴,商法的许多制度已经渗透到民法领域,从而使民法的众多理念、原则和具体制度同商法的理念、原则和具体制度相同,这就是民法的商法化现象。

1. 民法原则和理念的商法化

民事主体在从事民事活动时开始遵循商人在从事商事活动所遵循的快捷性、简便性的原则,使民事活动更加快速、方便地进行。例如,当今谈对象的人遵循商事快捷性的原则,很少会再谈马拉松式的恋爱,他们往往在短暂地相见之后即决定结婚。

2. 民法制度的商法化

在大陆法系国家,传统法律区分商事公司和民事公司,认为商事公司适用商法的规定,而民事公司则适用有关特定法的规定。20 世纪 60 年代以来,由于商事交易的快捷发展,人们开始淡化民事公司和商事公司的区别,他们认为,无论是什么性质的公司,只要采取了商法所规定的公司形式,则该种公司即是商事公司,无论它们的目标是什

---

① Michel de Juglart et Benjamin Ippolito, Cours de droit commercial, p. 6.

么，均适用商法的规定。

3. 典型的商法制度已进入民法领域

在现代社会，由于民法的商法化，许多典型的商法制度已经大量进入民法领域，使商法的制度同民法的制度趋同，诸如银行账户（储户账户和往来账户）制度、票据制度（汇票、本票或支票）和有价证券制度（股票和债券）。①

4. 商法制度为民事纠纷提供了解决途径

在现代社会，虽然民法制度越来越精细化并且已经逐渐深入社会生活的方方面面，但民法制度仍然无法为所有的民事纠纷提供圆满的解决方法。为谋求民事纠纷的妥当解决，人们开始将商法的具体理论适用到民事领域。

例如，在两大法系国家，为了区分婚姻制度和非婚同居制度，司法在解决非婚同居当事人之间的财产纠纷时适用商法上的合伙制度（公司制度），根据双方当事人的同居协议处理财产的分配问题或适用商事合伙法解决此种问题。②

第五节 民法的历史演变

一、罗马法

（一）罗马法的界定

民法的第一个发展阶段是所谓的罗马法时代。所谓罗马法（droit romain），是指古代罗马对民事法律关系进行规范和调整的法律，主要是指从公元前 5 世纪罗马最古老的成文法《十二铜表法》开始一直持续至公元 6 世纪的《查士丁尼民法大全》为止的这一段历史时期的法律。罗马法除了包括成文法和习惯法之外，还包括皇帝的敕令、元老院的告示甚至法学家对法律作出的解释、法学家的著作等。

（二）不同历史时期的罗马法

罗马法的历史发展大致划分为三个不同的时期，因为不同时期的罗马法具有代表性的成就和标志。

罗马法的第一个时期（公元前 8 世纪至公元前 3 世纪），是从古罗马奴隶制国家逐步形成时期到奴隶制共和国初期，其代表性的法律是著名的《十二铜表法》，该法是罗

---

① Michel de Juglart et Benjamin Ippolito, cours de Droit Commercial, septième édition, Editions Montchrestien, p. 10.
② 卓冬青主编：《婚姻家庭法》，中山大学出版社 2002 年版，第 176 页。

马法当中的第一个成文法。《十二铜表法》除了包括债权债务、婚姻和继承等方面的内容之外,还包括民事诉讼程序方面的内容,基本上是对当时罗马人所遵循的各种习惯的汇编,是罗马共和时期罗马法律的主要渊源。

罗马法发展的第二个时期(公元前3世纪至公元3世纪初),是罗马积极向外扩张直至罗马帝国鼎盛时期。这一时期的罗马法有两个重要特点:其一,罗马法除了包括市民法(jus civile)① 之外还逐渐包括了万民法(jus gentium);② 其二,罗马法学家在罗马法当中的地位备受重视。③

罗马法发展的第三个时期(公元3世纪初至公元6世纪),是罗马帝国衰落直至查士丁尼编纂罗马法为止的时期。这一时期的最主要、最重大的法律事件,是以《查士丁尼民法大全》④ 为标志和象征的罗马法体系的最终建立。

(三) 罗马法的主要内容

罗马法的主要内容包括人法与物法。所谓人法,是指对从事民事活动的人或者民事主体进行规范和调整的罗马法。所谓物法,则是指对人或者民事主体之间的物权关系、债权关系或者继承关系进行规范和调整的罗马法。

在罗马法当中,人法包括三个方面的内容:自然人法、团体法或者法人法以及婚姻家庭法。

---

① 所谓市民法,也称为公民法,是指那些仅仅对罗马公民之间的法律关系进行规范和调整的法律,包括当时的民众大会或者元老院通过的决议以及习惯。市民法除了涉及国家行政管理、诉讼程序等公法方面的内容之外,还涉及财产、婚姻家庭和继承等私法方面的内容。
② 万民法主要是通过法官或者裁判官的判例或者告示确立的,因此,万民法也称为裁判官法或大官法。与市民法不同,万民法的主要内容是私法,尤其是有关财产所有权和债权方面的内容。在3世纪初,随着罗马境内罗马公民与非罗马公民身份区分的消灭,罗马法当中的市民法与万民法之间的区分也消灭,万民法被市民法所取代并最终被看作罗马法的总称。
③ 在罗马法的第二个阶段,罗马法学家在推动罗马法和罗马法学的发达方面起到了非常重要的作用,因为在这一阶段,罗马法学家们除了著书立说、参与诉讼、解释法律和参与立法活动之外还被当时的皇帝赋予了法律的解答权,他们就当时的法律作出的解答也具有法律上的效力,其中尤其以盖尤斯、伯比尼安、保罗、乌尔比安、莫迪斯蒂努斯等五大法学家最为著名,因为这五大法学家的法学著作和法律解释具有等同于法律的效力。
④ 在东罗马帝国皇帝查士丁尼当政时期(527—565年在位),查士丁尼皇帝下令设立专门委员会编纂罗马法,形成了包括《查士丁尼法典》《查士丁尼学说汇纂》《查士丁尼法学总论》《查士丁尼新律》在内的四种法律汇编,到了中世纪的时候它们被统称为《查士丁尼民法大全》,简称为《民法大全》,它是罗马法体系最终完成的标志。《查士丁尼法典》共计12册,内容汇集了罗马帝国时仍然生效的法律,并加以审订删改;《查士丁尼学说汇编》共计50册,内容是历代法学家的学说;《查士丁尼法学总论》,也就是民法学者所谓的《法学阶梯》,共计4册,是供当时学习法律之用的基本教材,与《查士丁尼学说汇编》同时完成。《查士丁尼新律》,为查士丁尼皇帝从535年后所颁布的法律的汇集。以上四部分,至中世纪时才被合称为《查士丁尼民法大全》或简称为《民法大全》。总的说来,《民法大全》完全反映出罗马帝国全盛时期的罗马法,因此,它也标志着罗马法发展的顶峰。实际上,民法学者所谓的罗马法往往就是指查士丁尼的《民法大全》。

所谓物权法，是指对物权人与其他人之间的物权关系进行规范和调整的罗马法。罗马法上的物权除了包括所有权之外还包括地役权、地上权、永佃权以及质权等。

所谓债权法，是指对债权人与债务人之间的债权债务关系进行规范和调整的罗马法。罗马法上的债权除了包括因为契约引起的债权之外，还包括因为不当得利、无因管理等准契约引起的债权以及因为侵权、准侵权引起的债权。①

所谓继承法，是指对继承人与被继承人之间的继承关系予以规范和调整的罗马法。罗马法所规定的继承既包括法定继承，也包括遗嘱继承。

（四）罗马法对近现代民法的影响

在民法上，罗马法具有至高无上的地位，因为罗马法除了对大陆法系国家的民法产生广泛而深远的影响之外，也对英美法系国家的普通法产生了广泛而深远的影响。此种影响既表现为近现代民法的理念同罗马法的理念的一脉相承，也表现为近现代大陆法系国家的民法典在结构上同罗马法的雷同，还表现为近现代民法的概念、术语、具体的民法制度同罗马法的相似性或者继承性。

1. 罗马法的理念对近现代民法的影响

罗马法对近现代民法的第一个广泛而深远的影响是，罗马法上的两个主要理念为近现代民法所采取：

其一，罗马法所规定的民事主体地位平等原则、契约自由原则直接被近现代民法所规定，因为罗马法规定，除了奴隶之外，所有的自由民均能够平等地、自由地签订商品买卖契约。

其二，罗马法上的私法区分于公法的理念也对近现代民法产生了重要的影响，因为近现代民法均认为民法独立于宪法、行政法等公法。在罗马法当中，《查士丁尼法学总论》明确规定，公法是有关罗马帝国政府的法律，私法是有关个人利益的法律。

2. 罗马法的编制体例对近现代民法的影响

罗马法对近现代民法的第二个广泛而深远的影响是，罗马法的编制体例完全被近现代大陆法系国家的民法典所借鉴，其中法国立法者在1804年制定的《法国民法典》继承了前述《查士丁尼法学总论》的编制体例，而德国立法者在1896年制定的《德国民法典》则继承了前述《查士丁尼学说汇纂》的编制体例。因此，仅仅说法国式的民法典属于罗马法式的民法典而德国式的民法典不属于罗马法式的民法典显然是名不副实的。

3. 罗马法的概念、术语或者民事法律制度对近现代民法的影响

罗马法对近现代民法的第二个广泛而深远的影响是，罗马法当中的许多概念、术

---

① 张民安、铁木尔高力套：《债权法》（第4版），中山大学出版社2013年版，第70—71页。

语、具体的民事法律制度均被近现代民法所借鉴。例如，罗马法关于债权法领域的契约、准契约、侵权与准侵权的概念除了为法国近现代民法学者所广泛使用之外，也为1804年《法国民法典》所明确规定。①

二、近代民法

所谓近代民法，是指整个19世纪的民法，它以1804年的《法国民法典》和1896年的《德国民法典》为标志。

（一）1804年的《法国民法典》

在1799年，随着拿破仑在法国发动的政变获得成功，拿破仑开始执掌法国政权，法国政局开始进入相对稳定的时期，拿破仑凭借其个人威信和人格魅力开始了民法典的制定活动。在1800年，拿破仑任命了由François Denis Tronchet, Jean-étienne-Marie Portalis, Félix-Julien-Jean Bigot de Préameneu和Jacques de Maleville四个人组成的民法典起草委员会，在Cambacérès的指导下开始了法国民法典的起草工作，其中的两个人属于习惯法学者，精通法国当时存在的这样或者那样的习惯法，而另外两个人则属于成文法学者，精通法国当时存在的各种成文法。②

在1804年，《法国民法典》正式出台。1804年的《法国民法典》共2281条，除了序编"法律公布、效力和适用总则"由第1条至第6条所规定之外，法国民法典共分三卷：第一卷"人"，为第7条至第515条所规定；第二卷"财产和财产权的不同限制方式"，由第516条至第710条所规定，第三卷"财产与人们获得财产的不同方式"，为第711条至第2281条所规定。③

1804年的《法国民法典》制定之后随即风靡世界，其他国家的立法者在制定本国民法典时纷纷采取《法国民法典》所采取的编制体例并因此形成法式民法典，使《法国民法典》成为世界上最具有影响力的两大民法典之一。在世界上，《智利民法典》《意大利民法典》《比利时民法典》《荷兰民法典》《瑞士民法典》等均为法式民法典。

（二）1896年的《德国民法典》

在1896年，德国立法者制定了世界上有重要影响力的一部民法典，这就是《德国民法典》。德国民法典共2385条，采取了德国历史法学派和潘德克吞学派所采取的编制

---

① 张民安、铁木尔高力套：《债权法》（第4版），中山大学出版社2013年版，第70—71页。
② 张民安：《法国民法》，清华大学出版社2015年版，第25页；张民安：《法国人格权法（上）》，清华大学出版社2016年版，第76页。
③ 张民安：《法国民法》，清华大学出版社2015年版，第26页；张民安：《法国人格权法（上）》，清华大学出版社2016年版，第76页；张民安：《法国民法总论（上）》，清华大学出版社2017年版，第283—284页。

体例,除了总则编之外还包括分则编,并因此形成了著名的五编制:第一编为总则编。对包括自然人、法人和法律行为在内的一系列内容作出了规定。第二编为债法编,对债法的具体理论和具体制度作出了规定。第三编为物权编,对物权的具体理论和具体制度作出了规定。第四编为家庭法编,对家庭的具体理论和具体制度作出了规定。第五编为继承编,对继承的具体理论和具体制度作出了规定。①

1896年的《德国民法典》制定之后也产生了重大影响,因为其他国家在制定本国民法典时也采取《德国民法典》的立法模式并因此形成德式民法典,使《德国民法典》成为世界上有重要影响的第二部民法典。在世界上,《日本民法典》《巴西民法典》《俄罗斯民法典》等均属于德式民法典。②

(三) 近代民法的主要特点

1896年的《德国民法典》与1804年的《法国民法典》并无实质性的差异,因为它们在性质上均属于近代民法的范畴,均具有近代民法所具有的性质或者特点:它们均认可民事主体在法律上的抽象平等原则;它们均贯彻意思自治原则和合同自由原则;它们均认可财产所有权的绝对行使原则;它们均认可单一的过错责任原则。

1. 近代民法的抽象平等原则

近代民法的第一个主要特点是,近代民法认可民事主体在法律上的抽象平等性。所谓民事主体在法律上的抽象平等性,主要包括三个方面的内容:

其一,任何民事主体,无论他们在事实上存在怎样的差异,他们在法律上的地位是完全平等的,法律不会因为民事主体在事实上的差异而对他们在法律上实行区别对待。因此,穷人与富人,老人、小孩与中青年,丈夫与其妻子,工厂主与其劳动者在法律上的地位均是平等的。

其二,任何自然人均能够平等地享有民事主体的资格,既包括平等地享有某种民事权利,也包括平等地承担某种民事义务或者民事责任。

其三,民事主体均能够平等地获得法律的保护。当民事主体的民事权利遭受侵害时,民法会一视同仁地给予他们保护,不会因为民事主体在事实上的差异而提供不同的保护。

2. 近代民法的绝对意思自治原则和合同自由原则

近代民法的第二个主要特点是,近代民法认可意思自治原则和合同自由原则的绝对

---

① Raoule De La Grasserie, Code Civil Allemande, 2e édition, PARIS A. PEDONE, éditeur, 1901, Introduction, pXVIII;张民安:《法国民法总论(上)》,清华大学出版社2017年版,第409—410页。

② Vallindas P. G, Considérations de science législative sur la codification, spécialement en droit privé, (1956) Revue internationale de droit comparé, Vol. 8 No. 1 p. 32;张民安:《法国民法总论(上)》,清华大学出版社2017年版,第410—411页。

性。所谓意思自治原则和合同自由原则的绝对性，主要包括三个方面的含义：

其一，民事主体完全能够按照他们的意思表示来从事任何民事法律行为，他们所从事的任何民事法律行为均会按照他们的意思表示来发生法律效力。

其二，立法者制定民法典的目的并不是为了限制、排除民事主体之间的意思自治或者合同自由，而仅仅是为了补充民事主体之间的意思表示不足；立法者不得制定强制性的规定，剥夺民事主体所享有的意思自治或者合同自由或者宣告民事主体的民事法律行为无效。①

其三，一旦民事主体之间就其民事法律行为发生纠纷，法官应当千方百计地维持民事主体之间的民事法律行为的有效性，不得动不动就借口公共秩序或者良好道德的维护而宣告民事主体之间的民事法律行为无效；在合同当事人就合同的内容发生争议时，法官应当探寻民事主体之间在签订合同时的真实意思表示，并按照该种真实的意思表示赋予其合同以法律效力。

3. 所有权的绝对行使原则

近代民法的第三个主要特点是，近代民法认可所有权的绝对行使原则。所谓所有权的绝对行使原则，是指财产所有权人有权按照自己的意愿来行使其所有权，包括基于他们所希望的目的或者手段来行使其所有权，法律不得对所有权人行使其所有权的目的或者手段施加任何限制。

4. 单一的过错责任原则

近代民法的第四个主要特点是，近代民法认可单一的过错责任原则。所谓单一的过错责任原则，是指近代民法认为，民事主体仅在其有过错的时候才就其实施的过错行为对他人承担民事责任，如果民事主体在行为的时候没有过错，则他们无需对他人承担民事责任。

（四）近代民法的个人主义理论

近代民法之所以形成这些特点，是因为近代民法实行个人主义哲学理论和个人主义经济理论。其中的个人主义哲学理论认为，人人生而平等，享有天赋人权，能够按照自己的意愿从事其他任何行为。而其中的个人主义经济理论则认为，国家不应当干预经济活动，而应当放手民事主体之间的自由竞争。

三、现代民法

所谓现代民法，是指19世纪末期以来尤其是20世纪60年代以来的民法。19世纪末期以来，随着工业革命的发展，新的社会问题大量产生，使近代民法无法满足社会发

---

① 张民安、铁木尔高力套：《债权法》（第4版），中山大学出版社2013年版，第332页。

展与变化的需要。

为了缓和工业革命、科技发明等引致的这些社会矛盾,为了对受害人提供更好的保护,从19世纪末期开始,大陆法系国家的民法学者、立法者和法官开始互相配合,共同开始对近代民法予以改造,让其能够适应20世纪以来社会情况发展与保护的需要,这样,近代民法就为现代民法所取代。

(一) 立法者在现代民法的确立当中所起的作用

在现代民法的确立过程当中,立法者所起到的作用非常显著,主要表现在两个方面:

一方面,立法者对近代民法当中无法适应20世纪以来社会发展和保护要求的内容予以删除、修改或者增加,使近代民法的蜕变为现代民法。

另一方面,立法者在民法典之外制定独立的民事单行法,对某些特殊领域的民事法律关系予以调整。例如,大陆法系国家的立法者在20世纪以来分别制定了劳动法、消费者保护法、不公平合同条款法等,使近代民法没有规定的内容得以规定。

(二) 法官在现代民法的确立当中所起的作用

除了立法者在现代民法的确立当中起到了重要作用之外,法官在现代民法的确立当中也起到了非常重要的作用。表现在三个方面:

其一,在保持近代民法条款基本不变的情况下,法官通过司法判例的方式赋予近代民法当中的条款以新的含义。例如,1804年《法国民法典》关于侵权责任的规定为第1382条至第1386条。在20世纪之前,法国的立法者、法官或者学者都认为,它们所规定的侵权责任均为过错责任。[①] 但是,到了19世纪末期[②]、20世纪30年代[③]以及1991年的时候,[④] 法国最高法院分别通过司法判例对其中的第1384条至第1386条作出解释,认为这些条款所规定的侵权责任不再是过错侵权责任,而是严格责任。

其二,当近代民法存在无法满足20世纪社会发展与保护要求的漏洞时,法官会通过其司法判例来填补民法所存在的此种法律漏洞,让民法能够满足20世纪以来社会发展与保护的要求。例如,20世纪50年代至60年代,德国联邦最高法院通过一系列的司法判例确立了"一般人格权"理论,以便填补《德国民法典》第823(1)条所存在的法律漏洞。[⑤]

[①] 张民安:《现代法国侵权责任制度研究》(第2版),法律出版社2007年版,第85—86页。
[②] 张民安:《现代法国侵权责任制度研究》(第2版),法律出版社2007年版,第90页。
[③] 张民安:《现代法国侵权责任制度研究》(第2版),法律出版社2007年版,第91页。
[④] 张民安:《现代法国侵权责任制度研究》(第2版),法律出版社2007年版,第203—204页。
[⑤] 张民安:《无形人格侵权责任研究》,北京大学出版社2012年版,第52—56页。

其三，当近代民法的立法者没有明确规定他们所规定的某一个民事法律条款是不是强制性的法律条款时，法官可能会借助于他们享有的法律解释权利将立法者的规定解释为强制性的法律条款，当民事主体之间的民事法律行为违反立法者所规定的此种条款时，法官就会认定民事主体之间的民事法律行为无效。

（三）民法学者对现代民法的确立所起到的作用

在近代民法嬗变为现代民法的过程当中，民法学者也起到了非常重要的作用。这种作用主要表现为：当民法学者对近代民法的规定予以批评并且提出新的理论取而代之时，他们的批评往往会得到立法者或者法官的响应，立法者可能会将民法学者的理论制定在民法典当中，法官可能会采纳民法学者的意见来建立新的司法判例。

例如，法国著名学者 Josserand 在 19 世纪末期开始批评《法国民法典》所规定的过错侵权责任制度，认为该法典所规定的过错侵权责任制度不公平，应当责令工厂主、雇主就其机器、锅炉爆炸引起的损害事故对其工人、劳动者承担危险责任，即便工厂主、雇主对于事故的发生没有过错，也是如此。[①] 此种理论提出之后即刻得到法国立法者和法国法官的认可，法国立法者和法国分别在 19 世纪末期制定或者确立了危险责任。

（四）现代民法的主要特点

1. 现代民法更加重视民事主体之间在事实上的平等

现代民法的第一个主要特点是，现代民法更加重视民事主体之间在事实上的平等。所谓民事主体在事实上的平等，是指民事主体在从事民事活动时在经济力量、社会影响力、智力、判断力甚至身体上的平等。

如果一个民事主体在同另外一个民事主体从事民事活动时在这些方面存在差异，则他们在事实上就处于不平等的地位，即便他们在法律上处于抽象平等的地位。此时，他们之间的民事法律行为将会因为他们在事实上的不平等而被撤销。

2. 意思自治原则和合同自由原则的相对性

现代民法的第二个主要特点是，意思自治原则和合同自由原则不是绝对的而是相对的。

所谓意思自治原则和合同自由原则的相对性，是指民事主体虽然能够按照自己的意愿从事民事法律行为或者签订合同，但是，他们不得滥用其享有的意思自治或者合同自由来损害社会公共利益，不得违反法律的强制性规定，否则，他们所实施的民事法律行为将会无效。民法学者将其称为意思自治原则和合同自由原则的衰败。当然，从 2000 年开始，被认为已经衰败的意思自治原则和契约自由原则再一次出现了复兴。

---

① 张民安：《现代法国侵权责任制度研究》（第 2 版），法律出版社 2007 年版，第 96 页。

3. 财产所有权的功能化、社会化

现代民法的第三个主要特点是，财产所有权的功能化、社会化。所谓传统意义上的财产所有权的功能化、社会化，是指在行使财产所有权时，除了应当考虑自己的个人利益之外，财产所有权人也应当考虑社会利益，他们不得以牺牲公共利益为代价来行使其财产所有权。①

在1946年4月19日的宪法草案第36（1）条当中，法国立法者就明确规定："财产所有权的行使不得侵犯社会利益。"在1982年1月16日的判决当中，虽然法国宪法委员会明确拒绝此种观念，但是，在1991年的判决当中，欧洲共同体法院（la Cour de justice des communautés européennes）则明确采取了此种观念，在其判决当中，它指出："作为一种基本权利和最具体的权利，财产所有权显然不是一种绝对性质的特权，在考虑此种权利的行使时，人们应当考虑该种权利在社会当中所发挥的作用。"②

4. 权利的功能化、社会化

现代民法的第四个主要特点是，权利主体享有的主观权利功能化、社会化了。所谓权利主体享有的主观权利的功能化、社会化，是指在行使主观权利时，权利主体不得滥用其享有的主观权利，否则，他们的权利行使行为将会构成过错侵权行为，他们应当对他人遭受的损害承担赔偿责任。③

在19世纪末期之前，民法采取的原则是，主观权利的任何行使行为均不构成非法行为，即便权利行使行为引起他人损害的发生，他们也不对他人遭受的损害承担赔偿责任，无论他们行使权利的目的是什么、手段如何，均是如此。不过，到了19世纪末期和20世纪初期，由于受到客观法律优位理论的影响，民法开始对此种原则施加限制，认为权利主体不得滥用他们享有的主观权利，否则，应当对他人遭受的损害承担赔偿责任。我国《民法总则》也承认权利滥用的禁止原则，这就是132条。广义权利滥用的禁止原则，我们将在民法的一般原则当中加以讨论，此处从略。

5. 民事责任的多元化与社会化

现代民法的第五个主要特点是，行为人对他人承担的民事责任从单一的过错责任转为多种多样的民事责任，责任人能够通过多种途径将其承担的民事责任转嫁给社会

---

① 张民安：《法国民法》，清华大学出版社2015年版，序言，第8页；张民安：《法国民法总论（上）》，清华大学出版社2017年版，第587页。
② Michel de JUGLART Alain PIEDEEVRE Stéphane PIEDEEVRE, Cours de droit civil, introduction, personnes, famille, Seizième édition, Montchrestien, p. 13; Henri et Leon Mazeaud Jean Mazeaud Francois Chabas, Lecons de DROIT CIVIL, Tome Premier, Introuduction à l'étude du droit, septième édition, éDITIONS, MONTCHRESTIEN, pp. 84—85; 张民安：《法国民法》，清华大学出版社2015年版，第34—35页。
③ 张民安：《法国民法》，清华大学出版社2015年版，序言，第9页；张民安：《法国民法总论（上）》，清华大学出版社2017年版，第589—590页。

公众。

在现代民法当中,合同债务人所承担的违约责任仍然在性质上属于过错责任。而在现代民法当中,行为人所承担的侵权责任则从单一的过错侵权责任转为包括过错侵权责任在内的多种多样的侵权责任,例如,危险责任、严格责任甚至公平责任等等。①

6. 人和物的区分理论的更加复杂性

在民法上,人与物的区分理论将人与物的区分看作民法的基本区分(une summa divisio)。此种理论的历史源远流长,它最早为罗马法时代的盖尤斯和查士丁尼所倡导,法国18世纪30年代的民法学者在他们的著作当中继受了此种理论。例如,Domat在《法律专论》当中对此种理论作出了说明,Demolombe也在其《民法教程》当中对此理论作出了说明。法国1804年民法典完全采纳了此种理论。②

人和物的区分理论所包含的主内容是:其一,人只能够是权利主体,不能够是权利客体,而物只能够是权利客体,不能够是权利主体。其二,人不具有可转让性,而物则具有可转让性。在历史上,在讨论人和物的区分理论时,人们所面临的主要问题是奴隶问题、自然人的民事死亡问题。③ 因为,奴隶虽然是自然人,但是他们并没有法人格,虽然某些自然人并不是奴隶,但是,如果他们实施某些严重的犯罪行为,在对他人判处严厉的刑事制裁时,法官也会剥夺他们的法人格,让他们成为不享有任何权利能力、行为能力或者责任能力的人,这就是民事死亡制度。④

不过,虽然奴隶究竟是人还是物的难题在现代社会已经解决了,现代社会又出现了让民法学者和法律为难的新问题,这就是,人的胚胎(l'embryon)究竟是人还是物,人的尸体(le cadavre)究竟是人还是物,动物(l'animal)究竟是人还是物,等等。⑤

四、我国的民法

(一)中华民国民法的制定与废除

在我国,中华民国政府首次在20世纪30年代引入大陆法系国家的民法制度,在1929年到1930年制定了《中华民国民法》。该法共计1225条,分为五编:总则编、债编、物权编、亲属编以及继承编。该法以1896年《德国民法典》为蓝本,除了采纳了1896年《德国民法典》的编制体例之外,也大面积移植1896年《德国民法典》当中的

---

① 张民安、铁木尔高力套:《债权法》(第4版),中山大学出版社2013年版,第332页;张民安:《法国民法》,清华大学出版社2015年版,序言,第8—9页。
② Irma Arnoux, Les Droits De L'être Humain Sur Son Corps, Presses Universitaires De Bordeaux, 35.
③ 张民安:《法国民法》,清华大学出版社2015年版,序言,第132页。
④ 张民安:《法国民法总论(上)》,清华大学出版社2017年版,第246—249页。
⑤ 张民安:《法国民法》,清华大学出版社2015年版,序言,第133页。

具体条款多达60%。目前,《中华民国民法》仍然在我国台湾地区得以实行,使我国台湾地区成为采纳德国式民法典的地区。

在1949年2月,随着中共政权的逐渐确立,中共中央颁布指令,明确废除包括《中华民国民法》在内的国民党的《六法全书》,使我国大陆地区成为没有民法的地区。根据当时中共中央的指令,在废除国民党的《六法全书》之后,人民的司法工作以人民的新的法律为依据,在人民的新的法律还没有系统地发布以前,则应该以共产党的政策以及人民政府与人民解放军已发布的各种纲领、法律、命令、条例、决议为依据。

(二) 中华人民共和国民法典的四次起草

为了对新中国成立以后的民事法律关系进行规范和调整,中华人民共和国中央人民政府在1950年颁布了新中国成立以后的第一部婚姻法,对当时的婚姻关系予以规范和调整。

1. 我国民法典的第一次起草

随着新中国成立初期经济和社会的发展,我国政府开始在1954年起草我国第一部民法典草案,直到1956年12月完成,这就是新中国历史上的第一部民法典草案。该民法典草案以1922年的苏联民法典为蓝本,分为总则、所有权、债和继承四编,共计525条。由于此后的"整风"和"反右"等政治运动的开展,该民法典的起草工作中断,导致新中国的第一次民法典没有成功制定。

2. 我国民法典的第二次起草

在1962年,为了发展商品生产和商品交换的需要,我国政府在这一年又开始了第二次民法典的起草工作,该次起草工作一直延续到1964年7月,这就是所谓的《民法草案(试拟稿)》。该民法草案共分为总则、财产的所有以及财产的流转三编。此后,由于我国相继在1964年和1966年发生了"四清"(也就是"社会主义教育运动")和"文化大革命"等政治运动,第二次民法典的起草工作再一次中断,导致新中国的第二次民法典没有成功制定。

3. 我国民法典的第三次起草

在1979年,为了拨乱反正和逐渐建立起社会主义的市场经济,我国政府又开始了民法典的第三次起草工作,该次起草工作一直持续到1982年5月,这就是所谓的《民法草案(第一至第四稿)》。《民法草案(第四稿)》主要以1964年的苏俄民法典和1978年修订的匈牙利民法典为蓝本,共计8编43章465条,内容涉及:民法的任务和基本原则,民事主体,财产所有权,合同,智力成果权,财产继承权,民事责任,等等。此后,由于经济发展水平、人们的认识以及民法学识等方面的原因,第三次民法典的起草工作再一次中断,导致新中国的第三次民法典没有成功制定。

4. 指日可待的中华人民共和国民法典

从 1998 年,我国政府开始了民法典的第四次起草工作。此种起草工作所采取的方式是,先将将来要编入中华人民共和国民法典当中的各编内容以民事单行法的方式制定出来,之后再进行统一的编纂,力争在 2020 年之前正式编纂完成。

我国未来民法典采取的编制体例是总则编加上分则编,其中的总则编就是在 2017 年 3 月 15 日通过的《民法总则》,而其中的分则编包括五编,这就是:物权编,亲属编,继承编,合同编,侵权责任编。

在未来的民法典当中,担保编是不存在的,因为担保法的内容将会一分为二,其中的保证被编入合同编当中,这就是保证契约,而担保法当中的物的担保则会被编入物权编当中。这是立法者准备采取的做法。换言之,我国未来民法典采取六编制。此种六编制的做法显然存在问题,最大的问题是否认了担保编的独立性,将作为一个有机整体的担保法进行了人为的肢解,让原本适用起来方便的担保法变得不方便。我们应当借鉴法国立法者的做法,将担保作为独立的一编规定在未来民法典当中。①

应当注意的是,在《民法总则》通过之后,我国的《民法通则》仍然有效,因为,虽然我国《民法总则》是《民法通则》的升级版,但是,《民法通则》当中的某些内容并没有被规定在《民法总则》当中。我国民法典生效之日即为《民法通则》失效之时。《民法通则》共 8 章 156 条,主要内容包括:基本原则,公民(自然人),法人,民事法律行为和代理,民事权利,民事责任,诉讼时效,以及涉外民事关系的法律适用,等等。

---

① 张民安:《法国民法》,清华大学出版社 2015 年版,第 494—497 页。

第二章 民法的基本原则

第一节 民法基本原则的性质

一、民法基本原则的界定

在我国,虽然立法者在《民法通则》和《民法总则》中对民法的基本原则作出了规定,但是,他们均没有对民法的基本原则作出界定。因此,界定民法基本原则的任务也成为我国民法学者的任务。

(一) 原则的界定

所谓原则(principe),是指一般的真理、基本的道理(vérité générale et fondamentale),是适用范围广泛的、基本的制定法(loi)、学说(doctrine)或者假设(hypothèse),其他的制定法、学说或者假设或者是建立在基本原则的基础上,或者是从基本原则当中派生出来的。因此,当某一个法律、学说或者假设能够产生其他法律、学说或者假设时,该种法律、学说或者假设就是原则。

在法律上,如果某一个法律规范能够派生出其他的法律规范并且如果该种法律规范能够得以广泛适用,则该种法律规范在性质上就属于法律原则。此种理论能够在所有的法律部门当中予以适用,包括民法、刑法、行政法以及民事诉讼法等。因此,在民法当中,如果某一个民事法律规范(la règle de droit)能够派生出其他的民法法律规范,并且如果该种民法法律规范能够得到广泛的适用,则该种民事法律规范就是民法的原则。

(二) 民法基本原则的界定

所谓民法的基本原则,也称为法律的一般原则(les principes généraux du droit,简称为PGD)、民法的一般原则,是指那些能够在整个民法领域予以适用并且能够派生出其他的民事法律规范的民事法律规范。任何民事法律规范,只要其适用范围极端广泛,能够在整个民法领域予以适用,能够从中派生出其他的民事法律规则,均为民法的基本原则。

因此,民法的基本原则在性质上不过是一种民事法律规范。该种民事法律规范或者由立法者在他们制定的民法当中作出明确规定,或者由法官在其司法判例当中所发现,当民法的基本原则被立法者所规定时,它们被称为制定法上的一般原则,而当民法的基本原则经由法官在其司法判例当中所发现时,它们被称为非制定法上的一般原则。

(三) 民法基本原则的构成要件

不过,并非任何民事法律规范均能够成为民法的基本原则,一种民事法律规范要构成民法的基本原则应当同时具备三个构成要件:适用范围非常广泛;能够在整个民法领域予以适用;能够派生出其他的民事法律规范。

1. 民法的基本原则的适用范围非常广泛

在民法上,某种民事法律规范成为民法基本原则所应当具备的第一个构成要件是,该种民事法律规范所适用的范围非常广泛,如果该种民事法律规范所适用的范围狭窄,则该种民事法律规范就不是民法的基本原则。

2. 民法的基本原则能够在所有的民法领域予以适用

在民法上,某种民事法律规范成为民法基本原则所应当具备的第二个构成要件是,某种民事法律规范能够在所有的民法领域予以适用,包括物权法领域、债权法领域、人格权领域和身份权领域。

3. 民法的基本原则能够派生出其他的民法法律规范

在民法上,某种民事法律规范成为民法基本原则所应当具备的第三个构成要件是,作为民法基本原则的民事法律规范能够派生出其他的民事法律规范,使作为民法基本原则的民事法律规范同其他的民事法律规范之间存在此种依赖和被依赖的关系。

二、民法基本原则的特征

(一) 民法的基本原则具有法律规范的一般特征

民法基本原则的第一个特征是,民法的基本原则是一种民事法律规范,它们能够像所有的民事法律规范那样对民事法律关系进行规范和调整。民法的基本原则之所以是一种法律规范,其理由有三:其一,民法的基本原则往往是由立法者在他们所制定的民法典或者民事单行法中作出规定的;其二,民法的基本原则也对民事法律关系或者主观权利进行规范和调整,就像一般的民事法律规范对民事法律关系或者主观权利进行规范和调整一样;其三,如果行为人违反民法的基本原则,他们也会遭受某种民事制裁,就像他们违反一般的民事法律规则会遭受民事制裁一样。

因为民法的基本原则在性质上属于一种法律规范,因此,它们也具有法律规范所具有的一般特征,诸如一般性、约束性和国家强制性,关于这些特征,我们已经在前面的内容当中作出了说明,这些说明均适用于民法的基本原则。

(二) 民法的基本原则是处于不断变动当中的法律规范

民法基本原则的第二个特征是,民法的基本原则是处于不断发展和变动当中的民事法律规范。表现在三个方面:其一,民法基本原则的数量越来越多,在19世纪,民法基本原则的数量较少,除了意思自治原则和公共秩序原则之外,民法很少规定其他的基本原则,而在20世纪和今天,民法基本原则的数量则越来越多,除了意思自治原则和公共秩序原则之外,还包括诸如公平原则、民事权利不得滥用原则等。其二,民法基本原则的重要性不同。例如,虽然19世纪的民法和20世纪的民法均承认了意思自治原则和公共秩序原则,但是,这两个基本原则在19世纪和20世纪民法当中的地位可谓冰火两重天。在19世纪,意思自治原则占据绝对的统治地位,而公共秩序原则则完全相反,它完全处于休眠当中,法官根本不会适用该种原则。[1] 而在20世纪,情况则刚好相反,意思自治原则的地位衰败,而公共秩序原则的地位则如日中天。其三,民法基本原则的内容越来越丰富。例如,同样是公共秩序原则,19世纪的民法所规定的公共秩序原则仅为政治性质的公共秩序,而20世纪民法所规定的公共秩序原则则不同,除了包括政治性质的公共秩序之外,公共秩序还包括经济性质的公共秩序和社会性质的公共秩序。关于这一点,我们将在下面的内容当中作出讨论,此处从略。

(三) 民法的基本原则只能够在确定的法律规范之外适用

民法基本原则的第三个特征是,虽然民法的基本原则在性质上是法律规范,但是,在确定性的法律规范存在时,法官不得援引民法的基本原则解决当事人之间的民事纠纷。仅仅在欠缺确定性的法律规范时,法官才能够借助于民法的基本原则解决当事人之间的民事纠纷。除了制定法当中的具体法律文本、具体法律规范属于确定性的法律规范之外,习惯规范、司法判例规范和学说规范也属于确定性的法律规范,已如前述。

因此,在处理民事纠纷时,法官应当首先适用制定法当中的具体法律文本、具体法律规范。在欠缺具体法律文本、具体法律规范时,法官应当适用习惯规范、司法判例规范和学说规范。仅仅在欠缺具体法律文本和习惯规范、司法判例规范和学说规范的情况下,法官才能够求助于民法的基本原则解决当事人之间的民事纠纷。

民法之所以采取这样的规则,其主要原因在于:

首先,确定性的法律规范被认为是民法基本原则的具体表现和反映,是从民法的基本原则当中派生出来的法律规范,当法官适用确定性的法律规范时,他们被认为已经适用了民法的一般原则。

其次,立法者之所以规定民法的基本原则,法官之所以发现非制定法上的一般原

---

[1] 张民安:《法国民法总论(上)》,清华大学出版社2017年版,第576—577页。

则，是为了通过所规定或者所发现的基本原则、一般原则填补法律漏洞，尤其是制定法所存在的法律漏洞，如果制定法没有漏洞，法官只需要适用制定法的规定就能够解决当事人之间的民事纠纷，他们根本无需求助于基本原则、一般原则。

最后，如果法官动不动就借口民法基本原则的存在而拒绝适用确定性的法律规范，则立法者规定确定性的法律规范的意图将会落空，除了会因此让法官享有不受限制的自由裁量权之外，也会造成司法专断、司法滥权，影响法律秩序的稳定。

（四）民法的基本原则能够在一系列不确定的法律状况当中得到适用

民法基本原则的第四个特征是，民法的基本原则是能够在一系列不确定的法律状况当中得到适用的法律规范。作为一种非确定性的法律规范，民法的一般原则、基本原则能够在一系列不确定的法律状况（la situation juridiquement indéfinie situations juridiquement indéterminées）当中得到一系列不确定的适用，而确定性的法律规范则只能够在确定的法律状况当中得到一系列不确定的适用。①

所谓能够在一系列不确定的法律状况当中得到适用，是指作为一种法律规范，民法的一般原则、基本原则的适用范围并没有受到其自身的限制，根据社会发展的不同和案件所面临的具体情况，它们既可能会在民法的某一个领域加以适用，也可能会在民法的两个或者两个以上的领域加以适用，还有可能会在民法的所有领域加以适用。②

所谓能够在一系列不确定的法律状况当中得到一系列不确定的适用，是指作为一种法律规范，在民法的所有领域、部分领域，民法的一般原则、基本原则能够适用于众多不确定的人。所谓能够适用于众多不确定的人，是指民法的一般原则能够适用于所有人或者部分人，任何人，不管其姓甚名谁、芳龄几何、仙居何处，均能够适用于民法的一般原则。这实际上就是民法基本原则所具有的一般性，该种一般性为民法的所有法律规范所具有，已如前述。

（五）并非所有的基本原则均为公共秩序性质的法律规范

民法基本原则的第五个特征是，并非所有的基本原则均属于强制性的法律规范、公

---

① Jean Boulanger, Principes généraux du droit et droit positif, in Le droit privé français au milieux du XXesiècle, Etudes offertes à G. Ripert, Paris Librairie ge? rale de droit et de jurisprudence, 1950, t. I, pp. 55—56; Georges Ripert, Les Forces Créatrices du Droit, Librairie Générale de Droit et de Jurisprudence, 1955, p. 330; Jacques Ghestin et Gilles Goubeaux, Traité de droit civil, Introduction générale, Librairie générale de droit et de jurisprudence, p. 336; Xavier Près, Les sources complémentaires du droit d'auteur français, Presses universitaires d'Aix-Marseille, http://books.openedition.org/puam/561, no. 101.

② Amaryllis Bossuyt Albert Fettweis Steve Gilson Paul Martens Christian Panier Marc Preumont, Jean-François Romain, Au-delà de la loi? Actualités et évolutions des principes généraux du droit, Louvain-la-Neuve, Anthemis, 2006, pp. 34—35.

共秩序性质的法律规范。①

民法的某些基本原则属于补充性的法律规范，而某些基本原则属于强制性的法律规范、公共秩序性质的法律规范。民法的某些基本原则之所以属于补充性的法律规范，是因为行为人能够通过相反的意思表示排斥、规避这些原则的适用，当他们实施的法律行为同这些原则冲突时，他们的法律行为并不因此无效。而民法的某些基本原则之所以属于强制性的、公共秩序性质的法律规范，是因为行为人不得通过相反的意思表示排斥、规避这些原则的适用，如果他们实施的法律行为违反了这些原则，则他们的法律行为无效。

在民法上，如果民法的基本原则仅仅是为了维护私人利益、私人秩序，则它们在性质上属于补充性的法律规范，反之，如果民法的基本原则是为了维护公共利益、公共秩序，则它们在性质上属于强制性的、公共秩序性质的法律规范。根据这样的判断标准，平等原则、民事权利受尊重原则、意思自治原则和契约自由②以及公共秩序和良好道德原则等属于公共秩序性质的法律规范，因为它们均是为了维护公共利益、公共秩序。

而根据这样的判断标准，诚实信用原则、公平原则仅仅是补充性的法律规范，因为它们仅仅是为了维护私人利益、私人秩序。当然，如果立法者明确规定，某一个原则在性质上属于公共秩序性质，则该种原则就属于公共秩序的法律规范。例如，《法国民法典》第1104条③明确规定，诚实信用原则在性质上属于公共秩序性质。因为此种规定，原本属于补充性的法律规范嬗变为公共秩序性质的法律规范。

三、民法基本原则的历史

（一）大陆法系国家的民法典很少对法律的一般原则作出规定

虽然法国早在1804年就已经制定了《法国民法典》，但是，除了在少数法律条款当中对某些基本原则的具体方面作出了规定之外，法国立法者并没有对民法的一般原则作出规定。例如，虽然法国立法者在《法国民法典》第6条当中对公共秩序和良好道

---

① Patrick Morvan, Le principe de droit privé, thèse, éditions Panthéon-Assas, 1999, p. 175; Amaryllis Bossuyt Albert Fettweis Steve Gilson Paul Martens Christian Panier Marc Preumont, Jean-François Romain, Au-delà de la loi? Actualités et évolutions des principes généraux du droit, Louvain-la-Neuve, Anthemis, 2006, p. 44; Jean-Pierre GRIDEL, Le rôle de la Cour de cassation française dans l'élaboration et la consécration des principes généraux du droit privé, p. 21; http://docplayer.fr/167040-Le-role-de-la-cour-de-cassation-francaise-dans-l-elaboration-et-la-consecration-des-principes-generaux-du-droit-prive-par-jean-pierre-gridel.html#show_full_text.

② 意思自治原则和契约自由原则在表面上似乎是为了维护私人利益、私人秩序，但是，它们真正维护的则是公共利益、公共秩序，因为没有此种原则，则社会不会发展、经济不会繁荣、文明不会进步。事实上，社会的发展、经济的繁荣和文明的进步均是建立在此种原则的基础上。

③ Article 1104 Les contrats doivent être négociés, formés et exécutés de bonne foi. Cette disposition est d'ordre public.

德原则作出了规定,但是,他们仅仅将此种原则限定在契约领域,因此,除了在契约领域适用之外,该条的规定无法在其他领域适用。再例如,虽然法国立法者在《法国民法典》旧的第 1134(3) 条当中对诚实信用原则作出了规定,但是,他们也仅仅将该种原则限定在契约义务的履行领域,既没有将其视为整个契约当中的原则,更没有将其视为整个民法领域的原则。

类似的情况在整个法式民法典和德式民法典当中均是存在的。因此,在大陆法系国家,立法者很少直接对民法的一般原则、基本原则作出规定。《法国民法典》是如此,《德国民法典》也是如此。

(二) 大陆法系国家的法官和民法学者通过多种方式发现法律的一般原则

为了满足社会发展的需要,在民法典存在法律漏洞的情况下,大陆法系国家的法官和民法学者不得不采取各种各样的方法发现法律的一般原则,以便通过所发现的这些原则解决当事人之间的民事纠纷。

其中最常用的一种方法是,通过逻辑推论的方式,从民法典所规定的一个或者几个分散的法律文本或者零碎的法律文本当中发现法律的一般原则的存在,也就是,从一个或者几个法律文本的精神当中发现法律的一般原则。[①] 此种方法被称为扩张解释(Induction amplifiante),实际上就是将一个或者几个法律文本、法律条款的规定一般化、泛化。

例如,从《法国民法典》第 6 条的规定当中,法官和民法学者发现了能够在所有民法领域加以适用的一个原则即公共秩序和良好道德原则。再例如,从《法国民法典》旧的第 1134(3) 条当中,法官和民法学者发现了能够在所有民法领域均加以适用的一个原则即诚实信用原则。同样,从法国民法典旧的第 1134 条和旧的第 1135 条的规定当中,法国最高法院发现和确认了契约自由的一般原则和契约有约束力的一般原则。[②]

通过上述方法,大陆法系国家的法官和民法学者发现了各种各样的一般原则:意思自治原则和契约自由原则,平等原则,公平原则,诚实信用原则,公共秩序和良好道德原则,法律安全原则[③],自然人的人格尊严受尊重原则,等等。这些原则均被视为非制

---

① Jacques Ghestin et Gilles Goubeaux, Traité de droit civil, Introduction générale, Librairie générale de droit et de jurisprudence, p. 336; Jean Carbonnier, Droit civil, Volume I, Introduction Les personnes la famille, l'enfant, le couple, puf, p. 252; Philippe Malaurie Patrick Morvan, Introuduction au droit, 4e édition, Defrénois, p. 330; Paleerat Sriwannapruek, Principes généraux du droit administratif francais et thalandais, THESE, Université d'Auvergne-Clermont-Ferrand I, 2010, pp. 216—217.

② François Chevallier, Les principes généraux du droit des contrats, Année universitaire 2014—2015, p. 1.

③ 所谓法律安全原则(le principe de sécurité juridique),是指要求社会公众所遵守的法律应当是协调一致的、清晰并且具有可理解性的,以及能够具有预见性、持续性和规范性。如果法律是相互矛盾的,模棱两可的,人们无法理解的,或者朝令夕改的,则法律的安全性将会受到破坏。

定法上的一般原则，也就是法律的一般原则，因为它们均不是立法者通过制定法所规定的，而是法官和民法学者通过各种各样的方法所发现的。

当然，在法官和民法学者发现了某种一般原则之后，立法者也可以采取措施，将他们发现的某种原则规定在制定法当中，并因此让该种原则从非制定法上的一般原则上升到制定法上的一般原则。例如，在2016年2月10日的法令当中，法国法官和民法学者所发现的契约自由原则就被规定在《法国民法典》当中，这就是新的第1102条。

（三）我国法律对待民法基本原则的态度

在我国，情况则完全不同，在制定任何法律时，立法者不仅不厌其烦地对法律的一般原则作出规定，而且还将法律的一般原则视为最重要的部分，因为他们均将法律的一般原则规定在制定法的第一部分即第一章当中。在公法当中是如此，在民法当中也是如此。

在1986年的《民法通则》当中，立法者在第一章即"基本原则"当中对民法的基本原则作出了规定。在1999年的《合同法》当中，立法者在第一章即"一般规定"当中对合同法的一般原则作出了规定。在2007年的《物权法》当中，立法者在第一编第一章即"基本原则"当中对物权法的基本原则作出了规定。在2017年的《民法总则》当中，立法者在第一章即"基本规定"当中对民法的基本原则作出了规定。因此，在我国，民法当中的基本原则在性质上均属于制定法上的一般原则。

不过，我们认为，除了《民法总则》所规定的基本原则之外，民法当中还承认非制定法上的一般原则。例如，自然人的受尊重原则（le principe du respect de la personne humaine）和法律安全原则。

（四）民法的基本原则等同于法律的一般原则

虽然法国民法学者普遍使用"法律的一般原则"这一术语，但是，他们所使用的这一术语等同于我国立法者所使用的"民法的基本原则"这一术语。它们之间的差异仅仅在于形式方面：法律的一般原则除了适用于民法之外也适用于其他法律，而民法的基本原则仅仅适用于民法；"法律的一般原则"不是立法者规定的，而是法官和学者通过各种各样的方法发现的，而民法的基本原则则是立法者明确规定的。换言之，法律的一般原则属于非制定法上的一般原则，而民法的一般原则则属于制定法上的一般原则。

四、民法基本原则的类型

在我国，《民法通则》和《民法总则》虽然对几种具体的基本原则作出了规定，但是，它们并没有对这些具体类型的基本原则作出分类。在我国，除了少数民法学者曾经对基本原则的分类作出过说明之外，① 大多数民法学者均没有作出说明。我们认为，我们可以从民法的基本原则与行为人的意思表示之间的关系的角度对民法的基本原则作出分类。

我们之所以应当采取此种分类标准，是因为民法的基本原则或者是为了保护行为人的意思表示，以便他们能够自由地实施任何行为，或者是为了拓展他们的意思表示，以便让他们超出意思表示的范围承担法律后果，或者是为了限制他们的意思表示，防止他们的意思表示超越了应有的限度。这就是民法基本原则的一个主要功能：维护、扩张或者限制意思表示的功能。所谓维护、扩张或者限制意思表示的功能，是指民法的基本原则所具有的捍卫、拓展或者抑制行为人进行意思表示的功能。

（一）具有意思表示维护功能的三个基本原则

所谓民法基本原则的维护功能，是指民法的基本原则所具有的捍卫当事人的意思表示的功能，依据该种功能，行为人不仅能够按照自己的意思表示实施任何法律行为，包括单方法律行为、双方法律行为和多方法律行为，而且他们所享有的此种意思表示完全受到法律的保护，包括政府在内的所有行为人均应当尊重他们的意思表示，如果行为人侵犯他人的意思表示，则他们应当对他人承担法律责任。

在民法上，有三种基本原则具有此种功能，这就是《民法通则》第3条和《民法总则》第4条所规定的平等原则，《民法通则》第5条和《民法总则》第3条所规定的民事权利受尊重原则，以及《民法通则》第4条和《民法总则》第5条所规定的意思自治原则和契约自由原则。关于这些基本原则，我们将在下面的内容当中作出详细的说明，此处从略。

（二）具有意思表示拓展功能的两个基本原则

所谓民法基本原则的拓展功能，是指民法的基本原则所具有的扩张当事人意思表示的功能，根据此种功能，即便当事人之间没有对某种民事义务作出规定，如果民法的某种基本原则要求当事人之间承担此种义务，则当事人也应当承担此种义务，这就是所谓的默示义务。

在民法上，当事人承担的默示义务可以因为民法的两种基本原则而产生，这就是公平原则和诚实信用原则。无论是公平原则产生的默示义务，还是诚实信用原则所产生的默示义务，民法的基本原则均已经将契约的法律效力拓展出契约当事人预先约定的范围，使契约在他们之间产生的法律效力不以其明确约定的效力为限，而是超越了、超出

---

① 梁慧星：《民法总论》（第2版），法律出版社2001年版，第41—42页；王卫国主编：《民法》，中国政法大学出版社2007年版，第13—20页。

了意思自治的范围。关于这两种不同的基本原则，我们将在下面的内容当中作出讨论，此处从略。

（三）具有意思表示限制功能的三个原则

所谓民法基本原则的限制功能，是指民法的基本原则所具有的抑制当事人意思表示的功能。根据意思自治原则和契约自由原则，行为人当然有权按照自己的意愿实施任何法律行为，并且他们所实施的所有法律行为均能够产生私法上的效果。不过，为了防止行为人走向极端，尤其是为了防止行为人滥用他们享有的自由或者权利，民法的基本原则也对他们享有的自由施加了限制。

在民法上，对行为人的意思表示施加限制的基本原则有三个，这就是《民法通则》第7条和《民法总则》第8条规定的公共秩序和良好道德原则，《民法总则》第132条所规定的权利滥用的禁止原则，以及《民法总则》第9条所规定的节约资源、保护生态环境的原则。关于这三种不同的基本原则，我们将在下面的内容当中作出讨论，此处从略。

五、民法基本原则的主要功能

所谓民法基本原则的功能，也称为民法一般原则的功能（fonctions des principes généraux du droit civil），是指作为一种特殊的法律规范，民法的基本原则所实现的目的、所追求的目标、所起到的作用、所发挥的效用或者所肩负的任务。我们认为，民法基本原则的主要功能包括：规范功能，解释功能，法律漏洞填补功能，以及意思表示的维护、拓展或者限制功能。由于我们已经在前面的内容当中对意思表示的维护、拓展或者限制功能作出了说明，因此，我们仅对其他几种功能作出简要的说明。

（一）民法基本原则的规范功能

民法基本原则的第一个主要功能是规范功能。所谓民法基本原则的规范功能，是指作为一种特殊的法律规范，民法的一般原则所具有的命令、禁止和许可行为人实施某种行为的功能。[1] 因为民法的基本原则在性质上属于一种法律规范，因此，它们也具有法律规范所具有的三种规范功能：

1. 基本原则的命令功能

所谓民法基本原则的命令功能，是指作为一种特殊的法律规范，民法的基本原则所具有的要求行为人积极实施某种行为的功能。在民法上，具有命令功能的基本原则数量

---

[1] Pierre de Montalivet, Principes généraux du droit, JurisClasseur Administratif, Fasc. 38, p. 46; Robert Kolb, La Bonne foi en droit international public, http://books.openedition.org/iheid/2263, no. 164.

稀缺。在 2016 年 2 月 10 日颁布的法令当中，法国政府在新的第 1104 条当中明确规定，诚实信用原则在性质上属于公共秩序性质，因此，它也具有命令功能。

2. 民法基本原则的禁止功能

所谓民法基本原则的禁止功能，是指作为一种特殊的法律规范，民法的基本原则所具有的禁止行为人积极实施某种行为的功能。在民法上，大多数基本原则所具有的功能均为禁止功能。例如，公共秩序原则、权利滥用的禁止原则、地位平等原则。①

3. 民法基本原则的许可功能

所谓民法基本原则的许可功能，是指作为一种特殊的法律规范，民法的基本原则所具有的允许行为人作出或者不作出某种行为、选择作出或者选择不作出某种行为的功能。在民法上，只有少数基本原则具有许可功能，就像只有少数基本原则具有命令功能一样，因为，民法的大多数基本原则均为禁止性的。在民法上，意思自治和契约自由原则具有许可功能，因为，它们许可行为人按照自己的意思实施所有的法律行为。

（二）民法基本原则的解释功能

1. 解释功能的界定

民法基本原则的第二个主要功能是解释功能。所谓民法基本原则的解释功能，是指在制定法的规定模棱两可、含糊不清（obscurité）时，或者在制定法的规定不充分、不充足时，为了解决当事人之间的民事纠纷，法官借助于民法的基本原则对其作出解释，以便让法律文本、法律条款的规定清楚、明白，或者让法律文本、法律条款的规定充分、充足。

在制定法尤其是法典化的国家，即便立法者字斟句酌、谨小慎微，他们制定的法律也不可能是百分之百准确无误的、没有歧义的、完全充分的。在处理民事纠纷时，法官不得因为所适用的法律文本、法律条款含糊不清或者不充分而拒绝作出判决，否则，他们将会因此遭受刑事制裁。《法国民法典》第 4 条对此种规则作出了说明，它规定：如果法官借口制定法的规定欠缺、制定法的规定含糊不清或者不充分而拒绝作出判决，则他们应当以拒绝裁判罪的名义受到追究。

2. 通过基本原则让含糊不清的法律文本、法律条款含义清晰、意义明白

在任何制定法尤其是法典化的国家，立法者的法律文本、法律条款均可能存在含糊不清、意义不明的地方。这一点在法国是如此，在我国则有过之而无不及。因为在制定法律时，我国立法者很少会字斟句酌，他们习惯于使用模棱两可的词语。在民事纠纷当中，如果当事人就这些法律文本、法律条款的含义发生争议，则法官必须借助于基本原则对这些法律文本、法律条款作出解释，以便让它们的含义清晰、意义明白。

---

① 地位平等原则之所以具有禁止功能，是因为它禁止人们实行歧视待遇，要求人们平等地、无差别地对待所有人。

例如，我国《侵权责任法》第 28 条明确规定，损害是因第三人造成的，第三人应当承担侵权责任。问题在于，此条规定的"第三人"究竟是指什么人，它包括未成年子女、公司的董事、雇主的雇员、国家的公职人员、进入中心小学实施犯罪的犯罪分子吗？对此问题，立法者没有作出任何说明，因此，该条的规定存在含糊不清的地方。在具体案件当中，法官必须借助于民法的公平原则对该条所规定的第三人作出解释，以便确定哪些人属于该条所规定的第三人。例如，通过公平原则将公司的董事、雇主的雇员和国家的公职人员等解释为该条规定的第三人并因此让他们根据该条的规定对他人承担赔偿责任。[1]

再例如，《侵权责任法》第 6（1）条规定：行为人因过错侵害他人民事权益，应当承担侵权责任。问题在于，这个法律条款所规定的"过错"如何理解？对此问题，大多数民法学者作出了回答，认为过错是指一种主观上的责难性。[2] 而少数民法学者则认为，过错仅仅是指行为人在行为时对所承担的某种注意义务的违反。[3] 为了责令无行为能力人或者限制行为能力人就其实施的致害行为对他人承担赔偿责任，法官能够借助于公平原则对该条规定的过错作出解释，认为过错是指行为人对某种注意义务的违反行为。[4]

3. 通过基本原则让不充分、不充足、不完全的法律文本和法律条款变得充分、充足、完全

在任何制定法尤其是法典化的国家，立法者的法律文本、法律条款均可能存在不充分、不充足、不完全的地方，导致立法者的规定无法涵盖法官正在处理的某种案件。为了解决所面临的民事纠纷，法官不得不借助于民法的基本原则对它们进行解释，以便让这些法律文本、法律条款的规定充分、充足和完全。

例如，在我国，《民法通则》第 106（2）条的规定就存在不充分、不充足、不完全的地方，[5] 因为它仅仅规定了"财产"和"人身"两种利益的侵犯，没有规定纯经

---

[1] 张民安：《侵权法上的替代责任》，北京大学出版社 2010 年版，第 22—40 页。
[2] 张民安：《过错侵权责任制度研究》，中国政法大学出版社 2002 年版，第 230—247 页。
[3] 张民安：《过错侵权责任制度研究》，中国政法大学出版社 2002 年版，第 252—259 页。
[4] 张民安、林泰松：《未成年人的过错侵权责任能力探究》，《法学评论》2011 年第 3 期，第 138—141 页。
[5] 《民法通则》第 106（2）条规定：公民、法人由于过错侵害国家的、集体的财产，侵害他人财产、人身的，应当承担民事责任。在这里，"财产"显然仅仅是指有形财产，诸如一般意义上动产、不动产，并不包括无形财产，尤其是不包括纯经济利益。因为在制定《民法通则》的 1986 年，我国还是一个计划经济的国家，无形财产、纯经济利益几乎是不存在的，即便存在，该种利益基本上是可以忽略不计的。从 1991 年开始，随着我国市场经济体制的建立，无形财产尤其是纯经济利益开始出现。到了今时今日，除了有形财产之外，他人尤其是营利法人拥有大量的无形财产尤其是纯经济利益。在立法者没有对纯经济利益的保护作出明确规定的情况下，如果行为人实施的侵犯行为引起他人纯经济损失的发生，法官可以借助于完全损害赔偿原则和公平原则对第 106（2）作出解释，认为该条所规定的财产既包括有形财产也包括无形财产尤其是其中的纯经济利益，以便消除该条规定的不足，让该条的规定充分、充足、完全。

济利益的侵犯。为了解决当事人之间就纯经济利益引起的损失即纯经济损失所发生的纠纷，法官必须借助于完全损害赔偿原则①和公平原则对该条的规定作出解释，认为其中的财产包括有形财产、无形财产和纯经济利益，以便让该条的规定充分、充足和完全。② 所谓纯经济损失，是指他人的纯经济利益被侵犯之后所遭受的损失，换言之，所谓纯经济损失，是指他人所遭受的同其有形的人身损害或者有形的财产损害无关的损失。③

再例如，在我国，《民法通则》119 条的规定也存在不充分、不充足、不完全的地方，因为该条仅仅对人身损害赔偿当中的财产损害赔偿作出了规定，没有对人身损害赔偿当中的非财产损害即我国学者所谓的精神损害赔偿作出规定。④ 为了对他人提供良好的保护，法官必须借助于完全损害赔偿原则和公平原则对该条作出解释，认为行为人应当赔偿他人遭受的非财产损害，以便让该条的规定充分、充足和完全。⑤

（三）民法基本原则的法律漏洞填补功能

民法基本原则的第三个主要功能是法律漏洞的填补功能。所谓民法基本原则的法律漏洞填补功能，是指当立法者没有在其法律文本、法律条款当中对某种法律途径作出明

---

① 所谓完全损害赔偿原则，也称为全部损害赔偿原则或者赔偿全部损害的原则，是指当行为人实施的致害行为引起他人损害发生时，他们应当赔偿他人遭受的所有损失，包括财产损害和非财产损害，如果他人遭受的损失是可予赔偿的损害的话。在决定行为人的赔偿范围时，法官仅仅考虑他人遭受损失的多少，完全不考虑任何其他因素，诸如过错、危险程度、行为人获得利益的多少以及他人对赔偿的需要程度。张民安：《过错侵权责任制度研究》，中国政法大学出版社 2002 年版，第 694—697 页；张民安：《现代法国侵权责任制度研究》（第 2 版），法律出版社 2007 年版，第 154—157 页；张民安：《法国民法》，清华大学出版社 2015 年版，第 418 页。
② 张民安：《过错侵权责任制度研究》，中国政法大学出版社 2002 年版，第 612 页。
③ 张民安：《过错侵权责任制度研究》，中国政法大学出版社 2002 年版，第 627 页。
④ 《民法通则》119 条规定：侵害公民身体造成伤害的，应当赔偿医疗费、因误工减少的收入、残废者生活补助费等费用；造成死亡的，并应当支付丧葬费、死者生前扶养的人必要的生活费等费用。该条的规定之所以不充分、不充足、不完全，其原因在于：一方面，除了对人身损害赔偿当中的财产损害赔偿作出了规定之外，该条没有对人身损害赔偿当中的非财产损害即我国民法学者所谓的精神损害赔偿作出规定；另一方面，即便是对人身损害赔偿当中的财产损害赔偿作出了规定，该条也没有对所有类型的财产损害赔偿作出规定，也就是没有对他人遭受的未来职业收入损失即我国民法学者所谓的死亡赔偿金、残疾赔偿金作出规定。
⑤ 为了让该条规定的人身损害赔偿范围充分、充足和完全，借助于完全损害赔偿原则和公平原则，最高人民法院在一系列的司法解释当中对该条规定的赔偿范围作出了司法解释，认为除了应当赔偿他人遭受的财产损害之外，行为人还应当赔偿他人遭受的非财产损害。在 2001 年的《关于确定民事侵权精神损害赔偿责任若干问题的解释》当中，最高人民法院就采取了此种方法，这就是该《解释》的第 1 条，该条规定：自然人因生命权、健康权、身体权遭受非法侵害，向人民法院起诉请求赔偿精神损害的，人民法院应当依法予以受理。在 2003 年的《关于审理人身损害赔偿案件适用法律若干问题的解释》当中，最高法院也采取同样的做法，这就是该《解释》第 1 条，该条规定：因生命、健康、身体遭受侵害，赔偿权利人起诉请求赔偿义务人赔偿财产损失和精神损害的，人民法院应予受理。通过这样的解释，《民法通则》119 条的规定充分化了、充足化了、完全化了。

确规定时，为了解决所面临的案件，法官借助于民法的基本原则发现或者确认某种新的法律规范。

所谓法律漏洞，是指立法者虽然制定了民法典或者民事单行法，对各种各样的法律途径作出了规定，但是，由于主观或者客观方面的原因，他们没有对某种法律途径作出规定，导致法官无法在法律文本、法律条款当中找到可供适用的法律文本、法律条款。[1] 除了对法律解释作出了规定之外，《法国民法典》第 4 条也对法律漏洞作出了规定，认为法官不得因为制定法的规定欠缺而拒绝作出判决，已如前述。

在民法上，某些法律漏洞是立法者故意留下的，这就是故意漏洞（Lacunes intentionnelles），而某些法律漏洞则不是立法者故意留下的，而是随着社会的变迁而开始出现的漏洞，这就是非故意漏洞（Lacunes non intentionnelles）。[2] 例如，《法国民法典》在不当得利方面所存在的法律漏洞就是故意漏洞，而我国《民法通则》没有规定隐私权的漏洞则是非故意漏洞，因为，在公共生活和私人生活合二为一的 1986 年，让立法者规定隐私权是无法想象的。

在法律存在漏洞的情况下，为了解决所面临的民事纠纷，法官必须借助于民法的基本原则找到可供适用的法律途径，以便通过所找到的法律途径消除制定法所存在的法律漏洞，这就是基本原则所具有的法律漏洞的填补功能。

例如，在法国，通过公平原则，法国最高法院填补了《法国民法典》在不当得利方面所存在的法律漏洞。[3] 再例如，在我国，通过民事权益受尊重的原则，最高人民法

---

[1] Luc Silance, Un moyen de combler les lacunes en droit: l'induction amplifiante, Communication présentée au Centre National de Recherches de Logique le 4 décembre 1965, pp. 117—140; Ulrich KLUG, Observations sur le problème des lacunes de droit, Communication présentée au Centre National de Recherches de Logique, à Bruxelles le 30 avril 1964, pp. 98—116.

[2] Ulrich KLUG, Observations sur le problème des lacunes de droit, Communication présentée au Centre National de Recherches de Logique, à Bruxelles le 30 avril 1964, p. 99.

[3] 张民安：《法国民法》，清华大学出版社 2015 年版，第 442—443 页。

院填补了《民法通则》在隐私权保护方面所存在的法律漏洞。①

当然,《民法通则》在隐私权保护方面的法律漏洞已经通过《侵权责任法》第2条和《民法总则》第110条所填补,无需再由法官通过司法解释加以填补,因为这两个条款均没有规定,隐私权受法律保护,当行为人侵犯他人隐私权时,他们应当对他人承担侵权责任。

第二节 意思自治原则

一、意思自治原则的界定

所谓意思自治原则(le principe de l'autonomie de la volonté),在我国也称为自愿原则,是指民事主体不仅能够按照自己的意思表示来实施对其具有法律约束力的任何民事法律行为,而且他们所实施的所有民事法律行为均会按照他们的意思表示来产生法律效力。②

在历史上,意思自治原则在中世纪的寺院法当中就具备了雏形,因为中世纪的寺院法尤其是基督教认为,一旦人们作出了某种诺言,他们就应当尊重其诺言,不得随意违反其诺言。即便契约当事人之间的契约没有采取某种正式的形式,他们之间的契约也是有效的,只要他们之间的契约是他们自由同意的。

由于受到法国学者Rousseau所主张的社会契约理论的影响,Kant首次提出了"意

---

① 在1986年的《民法通则》当中,虽然立法者对名誉权、肖像权等无形人格权作出了规定,但是,他们并没有对隐私权作出规定。因此,在隐私权的保护方面,《民法通则》是存在法律漏洞的。

在1988年的《关于贯彻执行〈中华人民共和国民法通则〉若干问题的意见(试行)》当中,最高人民法院通过司法解释的方法确认他人隐私利益的保护,这就是,通过扩张解释《民法通则》第101条所规定的名誉权的方式,将隐私利益的保护纳入到该条规定的名誉权保护当中,这就是该《意见》当中的第140条。该条规定:以书面、口头等形式宣扬他人的隐私,或者捏造事实公然丑化他人人格,以及用侮辱、诽谤等方式损害他人名誉,造成一定影响的,应当认定为侵害公民名誉权的行为。此种做法不属于法律漏洞的填补方法,而仅仅属于法律解释的方法,因为它将此种保护建立在法律文本、法律条款的基础上,已如前述。

在2001年的《关于确定民事侵权精神损害赔偿责任若干问题的解释》当中,最高人民法院放弃了上述法律解释的方法,借助于《民法通则》第5条所规定的民事权益受保护的原则,它最终采取了法律漏洞填补的方法,以便填补《民法通则》在隐私权保护方面所存在的漏洞,因为在该《解释》当中,它明确承认了隐私权的独立性,不再将隐私权看作名誉权的组成部分。这就是该《解释》当中的第1条,该条规定:违反社会公共利益、社会公德侵害他人隐私或者其他人格利益,受害人以侵权为由向人民法院起诉请求赔偿精神损害的,人民法院应当依法予以受理。

② Jean Carbonnier, Droit civil, 4/Les Obligations, Presses Universitaires De France, pp. 45—46; Gérard Légier, les obligations, 17e édition, 2001, Dalloz, p. 21.

思自治"这一概念,他认为,所谓"意思自治",是指个人的意思就是个人的法律,它构成债产生的唯一渊源。Kant 之所以强调个人的意思就是个人的法律,其目的在于让个人能够通过其自己的行为建立适用于自己的法律,以便反对统治者将其制定的法律强加在个人身上。

在法国,Kant 的意思自治理论对法国 1804 年民法典的起草者产生了重要的影响,并且被他们规定在 1804 年民法典当中。此外,意思自治原则也对 19 世纪的法国民法学者产生了重要影响,因为,法国 19 世纪的民法学者也按照此种理论对法国 1804 年民法典作出解释。在今天,虽然《法国民法典》并没有对此种原则作出明确规定,但是,从《法国民法典》所规定的一系列法律条款当中,法国民法学者抽象出此种原则的存在。

在我国,《民法通则》第 4 条、《合同法》第 4 条和《民法总则》第 5 条均对这一原则作出了规定。《民法通则》第 4 条规定:民事活动应当遵循自愿的原则。《合同法》第 4 条规定:当事人依法享有自愿订立合同的权利,任何单位或者个人不得非法干预。《民法总则》第 5 条规定:民事主体从事民事活动,应当遵循自愿原则,按照自己的意思设立、变更、终止民事法律关系。

因此,如果当事人实施了单方法律行为,该种法律行为对当事人产生约束力,因为该种单方法律行为是当事人基于意思自治原则实施的。如果当事人实施了双方法律行为,也就是实施了传统意义上的合同,该种合同也对合同当事人产生法律约束力,因为该种合同是合同当事人基于意思自治原则实施的;同样,如果当事人实施了多方法律行为,该种多方法律行为也对当事人产生法律约束力,因为该种多方法律行为是当事人根据意思自治原则实施的。

二、意思自治原则的理论基础

(一) 意思自治原则的两种理论根据

民法为什么将意思自治原则看作民法的基本原则?对此问题,民法学者作出的回答是完全相同的,他们认为,民法之所以将意思自治原则看作民法的基本原则,是因为此种原则是近代个人主义哲学理论和个人主义的经济理论在民法领域的体现和要求,它深刻地反映了 19 世纪的政治和经济面貌。[①]

(二) 个人主义的哲学理论

民法之所以实行意思自治原则,第一个主要原因在于,意思自治原则受到 19 世纪

[①] Gérard Légier, les obligations, 17e édition, 2001, Dalloz, p. 21; Rémy Cabrillac, Droit des Obligations, 9e édition, Dalloz, p. 19.

的个人主义哲学理论的影响,是该种哲学理论在民法领域的反映和体现。在19世纪,自然法学家极力鼓吹个人的自由和个人意思表示的重要性,他们认为个人生来是自由的,个人的意思表示不仅是国家和政府建立的基础,而且也是国家和政府运行的根据;法律本身是公众意志和意思(volonté générale)的表达,立法者制定法律的目的不是为了限制、约束或者取代个人的意思表示,而是为了保护、补充个人的意思表示;一旦个人就他们自己的事务作出了意思表示,该种意思表示对于个人而言就是法律,个人之所以要承担义务,是因为个人对其承担义务有意思表示。①

(三) 个人主义的经济理论

民法之所以实行意思自治原则,第二个主要原因在于,意思自治原则受到了19世纪的个人主义经济理论的影响,是该种经济理论民法上的反映和体现。在19世纪,自然法学家也极力鼓吹经济自由主义,他们认为,个人完全有权根据自己的意思表示从事任何经济和商事活动,国家不应当采取任何方式积极干预个人实施的任何经济或者商事活动,这是经济资源有效分配的源泉,是经济有活力的根本保障,否则,经济生活就会因为缺少个人之间的自由竞争而枯竭;经济活动和商事活动实际上是一种交换活动,合同是当事人从事经济活动和商事活动最好的手段;合同当事人有权通过讨价还价来决定合同的形式与内容;一旦合同当事人通过意思表示签订了合同,则该种合同就是公平正义的合同,国家所能够做的事情就是千方百计地保护此种公平正义合同的实现。

三、意思自治原则的适用领域

(一) 意思自治原则从合同法的基本原则上升为整个民法的基本原则

在历史上,意思自治原则最初仅适用于合同领域;之后,意思自治原则开始从合同领域拓展到其他的民法领域。在今天,意思自治原则除了在合同领域得到广泛适用之外,还在其他的民法领域得到广泛适用。这样,意思自治原则已经从合同法的基本原则上升为整个民法的基本原则。

(二) 意思自治原则在合同领域的适用

在历史上,意思自治原则主要在合同法领域得到适用,因为意思自治原则最初是在基督教教义和寺院法当中产生的。在今天,意思自治原则仍然在整个合同领域得到广泛适用,这就是所谓的合同自由。《法国民法典》第1102条(1)对契约自由原则作出了

---

① Gérard Légier, droit civil, les obligations, quatorziéme édition, dalloz, p. 16; Francois Terré Philippe Simler Yves Lequette, Droit civil, Les obligations, 10e édition, Dalloz, p. 30.

明确规定,该条规定:任何人均享有签订或者不签订契约的自由,享有选择契约当事人的自由,享有确定契约内容和形式的自由,只要他们在制定法所规定的限制范围内行为。①

因此,所谓合同自由,是指合同当事人所享有的是否缔结合同、与谁缔结合同、缔结什么性质或者缔结什么内容合同的自由。具体来说,合同自由主要有四个方面的内容:

其一,合同当事人享有缔结合同或者不缔结合同的自由。当合同当事人希望缔结合同时,他们就能够按照自己的意愿缔结合同,别人不能够阻止他们缔结合同,当合同当事人不希望缔结合同时,他们也有权按照自己的意愿不缔结合同,别人不能够强迫他们缔结合同。

其二,合同当事人有权决定同谁缔结合同。合同当事人有权按照自己意愿同他们喜好的人缔结合同,当他们不喜好同某一个人缔结合同时,别人不能够强迫他们与其缔结合同。

其三,合同形式的自由。合同当事人有权采取他们喜好采取的任何方式缔结合同,包括口头合同、书面合同或者其他合同形式,除非法律明确要求合同当事人采取某种特定形式。

其四,合同内容的自由。合同当事人有权在他们的合同当中规定任何内容,除非他们所规定的内容被认为违反了公平原则、公共秩序或者良好道德原则的要求,否则,他们的合同所规定的内容有效。

(三) 意思自治原则在合同之外的民法领域的适用

除了在合同领域得到广泛适用之外,意思自治原则还在其他的民法领域得到适用,诸如继承领域、婚姻领域、国际私法领域以及物权领域等。

在物权领域,意思自治原则得到广泛适用。例如,根据物权法的规定,物权人有权根据其意思表示自由处分其财产。再例如,根据物权法的规定,物权人有权根据其意思表示在其财产之上设定各种各样的担保。

在婚姻领域,意思自治原则也得到广泛的适用。例如,根据婚姻法的规定,男女双方有权按照自己的意思表示来决定是否结婚,是否离婚。再例如,根据婚姻法的规定,夫妻双方有权按照他们的意思表示来决定他们之间的财产制度。

在继承领域,意思自治原则也得到广泛适用。例如,根据继承法的规定,被继承人有权按照其意思表示立下遗嘱处分其财产。再例如,根据继承法的规定,被继承人有权

---

① Article 1102 Chacun est libre de contracter ou de ne pas contracter, de choisir son cocontractant et de déterminer le contenu et la forme du contrat dans les limites fixées par la loi.

按照自己的意思表示同别人签订遗赠抚养协议。

在公司或者合伙领域,意思自治原则也得到广泛的贯彻。例如,根据公司法或者合伙法,公司股东或者合伙组织的合伙人有权按照意思自治原则设立公司或者合伙组织。再例如,根据公司法或者合伙法,股东或者合伙人有权按照自己的意思表示来选举负责人。

四、意思自治原则的主要内容

(一) 当事人实施或者不实施某种民事法律行为的自由

在民法上,意思自治原则的第一个主要内容是,除非法律明确禁止,否则,当事人有权按照自己的意愿实施或者不实施任何民事法律行为,已如前述。

(二) 当事人的意思表示具有优先法律的效力

如果当事人的意思表示的内容同法律所规定的内容相冲突,则当事人的意思表示原则上具有优先于法律的效力,当事人的意思表示并不因为违反了法律的明确规定而无效,因为,根据意思自治原则,立法者制定法律的目的仅仅是在当事人欠缺意思表示或者意思表示不清晰时对当事人的意思表示予以补充,不是为了排除、限制或者取代当事人的意思表示。立法者基于此种目的所制定的法律被认为是任意性或者补充性的法律。

(三) 当事人的民事法律行为仅仅按照他们的意思表示发生法律效力

当事人所实施的任何民事法律行为仅按照他们的明示意思表示发生法律效力,他们仅在其明示的意思表示范围内享有权利或者承担义务、责任,不会超出其明示的意思表示的范围享有权利或者承担义务、责任。不过,20世纪以来,此种规则已经被大量稀释,当事人也要承担默示或者暗含的民事义务或者民事责任。

(四) 民事法律行为效力的严格性

一旦民事法律行为有效成立,当事人就应当严格履行民事法律行为所规定的义务,非有法定理由,当事人不得擅自变更或者解除。在法国,《法国民法典》第1134条对此规则作出了明确说明。在我国,《合同法》第8条也对此种规则作出了明确说明。

民事法律行为效力的严格性除了要求当事人严格履行他们的民事法律行为所规定的义务之外,也要求立法者或者法官尊重当事人的意思表示,不得动不动就改变当事人的民事法律行为所规定的义务。[1]

---

[1] Jean Carbonnier, Droit civil, les obligations, 17e édition, Presse Universitaires De France, pp. 46—47; Francois Terré Philippe Simler Yves Lequette, Droit civil, Les obligations, 10e édition, Dalloz, pp. 453—454

（五）法官在解释当事人的民事法律行为时应当探寻当事人的真实意思

如果当事人之间就民事法律行为的内容发生争议，法官在解释民事法律行为的含义时应当探寻当事人的真实意思，并且按照其真实意思赋予其民事法律行为以法律效果。[1]

（六）合同原则上仅具有相对性的法律效力

合同原则上仅对当事人产生法律效力，不对当事人之外的第三人产生法律效力，合同当事人之间的合同既不得损害第三人的利益，也不得为第三人带来好处，第三人既不承担合同当事人所规定的合同义务，也不享有合同当事人所规定的合同权利，这就是所谓的合同效力的相对性理论。[2] 20世纪以来，合同相对性规则被大量稀释，合同也在例外情况下会对第三人产生法律效力。

五、意思自治原则的衰败与复兴

（一）意思自治原则在20世纪以来的衰败与复兴

意思自治原则自确立以来一直被认为是私法尤其是合同法领域的重要原则。但是，20世纪以来，该种原则逐渐遭到了众多民法学者的批判。这些民法学者认为，意思自治原则将当事人的意思表示看作高于法律的东西，低估了法律在规范民事法律关系当中所起的作用；它忽视了公平原则、诚实信用原则在规范民事法律关系当中所起的作用，容易导致实际上的不平等、不公平现象的发生。

然而，20世纪90年代以来，随着个人主义理论的再一次抬头，意思自治原则再一次抬头并因此成为具有宪法价值的原则，这就是意思自治原则的复兴。

（二）立法者对意思自治原则的限制

20世纪以来，立法者开始了修改或者制定法律的运动，对当事人的意思表示予以限制，使意思表示的适用范围急剧萎缩。

首先，20世纪以来，为了适应社会发展和变化的需要，立法者开始对19世纪的立法者所制定的民法典予以修改，将大量的强制性法律条款规定在民法典当中，使民法典的条款不再是任意性或者补充性的条款。

其次，20世纪以来，为了对经济领域处于弱势地位的人提供保护，立法者纷纷颁

---

[1] Gérard Légier, les obligations, 17e édition, 2001, Dalloz, p. 23.
[2] 张民安、铁木尔高力套：《债权法》（第4版），中山大学出版社2013年版，第173页。

布各种各样的单行法,强制要求当事人在他们的合同当中规定某些保护性的条款,或者明确禁止他们在其合同当中规定某种不公平的条款,使合同当事人在这些领域的意思自治和合同自由受到严格限制。例如,立法者制定了劳动法、消费者保护法、保险法等,要求劳动合同、消费合同或者保险合同的当事人规定某些内容,或者明确禁止他们规定某些内容。否则,他们的合同将会无效。

最后,20世纪70年代以来,立法者纷纷制定不公平合同条款法,明确禁止合同当事人在他们的合同当中规定对一方当事人不公平的合同条款。如果合同当事人在他们的合同当中规定了这样的条款,则他们所规定的此种合同条款将会成为无效条款。

(三) 法官对意思自治原则的限制

除了立法者通过形形色色的制定法对意思自治原则予以限制之外,法官也通过他们作出的司法判例来限制意思自治原则,使意思自治原则的适用范围更进一步萎缩。

首先,在对合同当事人之间的合同纠纷予以裁判时,法官往往会借口合同当事人之间的地位不平等而认定他们之间的合同条款显失公平,并因此认定他们之间的合同或者合同条款无效。

其次,在合同当事人就他们之间所承担的合同义务范围发生纷争时,法官往往会借口公平原则、诚实信用原则的要求将合同当事人没有明确规定的某些合同义务强加给合同债务人,认为合同当事人除了应当承担合同所规定的民事合同义务之外,还应当承担"默示或者暗含的合同义务"。

最后,在合同当事人就他们之间的合同关系发生纠纷时,法官往往会基于职权主动对合同当事人之间的法律关系进行调整,对合同当事人之间的合同条款予以变更。①

(四) 意思自治原则在 2000 年之后的再次复兴

在法国,在 2000 年之后的众多案件当中,宪法法院认为,意思自治尤其是其中的契约自由具有宪法价值,因此,宪法法院应当采取措施保证民事主体享有的意思自治和契约自由。例如,在 2000 年 12 月 19 日的案件当中,法国宪法法院就承认,契约自由的宪法价值。同样,在 2006 年 11 月 30 日和 2012 年 1 月 27 日的案件当中,法国宪法法院也均强调这一点,认为鉴于契约自由具有宪法价值,法官应当采取措施保护社会公众享有的契约自由。②

---

① Décision 2000 – 437 DC – 19 décembre 2000; Ghestin Jacque Loiseau Grégoire Yves-Marie Serinet, La formation du contrat, Tome 1 : Le contrat-Le consentement, 4e édition, LGJ, 2013, pp. 398—399.
② Ghestin Jacque Loiseau Grégoire Yves-Marie Serinet, La formation du contrat, Tome 1 : Le contrat-Le consentement, 4e édition, LGJ, 2013, pp. 398—399.

在我国，意思自治原则尤其是其中的契约自由原则并没有衰败，当我国民法学者口口声声认定意思自治原则已经衰败时，他们只不过是在鹦鹉学舌而已，因为在西方社会，19世纪实现完全的、绝对不受限制的意思自治原则，而到了19世纪末期和20世纪初期，人们开始通过立法、司法和学说的方式对此种原则施加各种各样的限制。

而在我国，意思自治原则和契约自由原则开始的时间非常短暂，即便在1986年的《民法通则》当中，我们对契约作出了规定，但是，意思自治原则和契约自由原则并没有得到普遍的适用，因为在1986年，我国仍然实行计划经济，经济生活几乎完全被国家所覆盖，当事人几乎不享有任何自由，无法按照自己的意思表示签订契约。在我国，意思自治原则和契约自由原则始于1991年，因为从这一年开始，政府最终放弃了长久以来所坚持的计划经济体制，采取了市场经济的体制，让企业最终享有签订契约、不签订契约的自由。

在我国，正如在其他国家，意思自治原则和契约自由原则并不仅仅关乎私人秩序、私人利益或者个人利益，它也关乎公共秩序、公共利益和一般利益，因为，社会的发展、经济的发达和商事的繁荣均是建立在该种原则的基础上：因为民法实行意思自治原则和契约自由原则，人们就能够凭借此种原则积极作为、努力进取，除了借此实现个人的功成名就之外，也借此实现社会的发展、经济的发达和商事的繁荣。事实上，如果没有该种原则，人类的文明和社会的进步是不可能实现的。

第三节 公平原则

一、公平原则的界定

在历史上，公平（l'équité fairness）也称为合理，有两种不同含义，这就是形式公平和实质公平。《民法通则》并没有对公平究竟是形式公平还是实质公平作出说明。而《民法总则》则对公平的含义作出了说明，认为公平并不是指形式公平，而是指实质公平。

（一）形式公平原则的界定

所谓形式公平原则（le principe d'équité），也称为程序公平原则（procedural fairness），是指在实施任何行为时，行为人均应当遵循公平、合理的程序，如果他们在行为时遵循了被认为是公平、合理的程序，则他们所为的行为就是有效的。反之，如果他们在行为时没有遵循被认为是公平、合理的程序，则他们所为的行为或者是无效的，或者是被撤销的。

(二) 实质公平原则的界定

所谓实质公平原则（substantive fairness），是指在实施任何行为时，行为人均应当兼顾自己的利益和他人的利益，要保持自己的利益和他人利益之间的平衡，不得过分追求自身的利益而严重损害或者牺牲他人的利益；如果行为人在行为时仅考虑自己的利益而罔顾他人的利益，则法律就会认定他们所从事的行为构成不公平的行为、不合理的行为或者显失公平的行为，基于他人的请求，法官会采取措施矫正其不公平、不合理或者显失公平的行为，以便维持行为人和他人之间的利益趋于平衡。

(三) 从形式公平原则到实质公平原则的发展

民法经历了一个从形式公平原则到形式公平原则和实质公平原则并重的发展历程。总的说来，形式公平原则主要是 20 世纪之前民法所采取的原则，因为在 20 世纪之前，民法认为，只要合同当事人在行为时是自由的、自愿的，他们所签订的合同就是有效的，法官或者当事人均不得借口合同当事人之间所签订的合同会产生不公平、不合理的后果而认定他们的行为无效，无论他们之间的经济地位、社会地位、经验相差有多大，他们之间的契约均是有效的。

而实质公平原则则是 20 世纪的现代民法所采取的公平原则，根据此种公平原则，行为人在行为时仅仅符合形式公平原则的要求还不够，他们在行为时还应当符合实质公平原则的要求，这就是，行为人的行为给其本人带来的好处和给他人带来的好处应当相当，即便行为人尤其是合同当事人在行为时遵循了形式公平原则的要求，如果他们的行为所带来的最终结果是不公平的、不合理的，他们的行为也是无效的或者应当是可撤销的。

二、公平原则的法律根据

在 2016 年 2 月 10 日的法令颁布之前，《法国民法典》旧的第 1135 条对公平原则作出了说明，该条规定：除了合同当事人所明确规定的合同义务对合同债务人产生法律效力之外，根据公平（l'équité）、习惯（l'usage）或者制定法（la loi）所产生的合同义务也对合同债务人产生法律效力。在 2016 年 2 月 10 日的法令颁布之后，《法国民法典》新的第 1194 条也对公平原则作出了说明，该条规定：除了对契约当事人明示表示的内容产生约束力之外，契约也对公平、习惯或者制定法所给予的所有后果产生约束力。[①]除了《法国民法典》对契约领域的公平原则作出了规定之外，法国民法学者也承认契

---

① Article 1194 Les contrats obligent non seulement à ce qui y est exprimé, mais encore à toutes les suites que leur donnent l'équité, l'usage ou la loi.

约领域的公平原则。①

除了《法国民法典》承认公平原则之外,《瑞士民法典》也承认公平原则,这就是该法典的第 4 条,该条规定：在制定法赋予法官以自由裁量权的场合,或者在法官要考虑案件的具体情况的场合,法官能够使用法律原则和公平原则（les règles du droit et de l'équité）,如果他们是具有正当理由的话。②

在我国,无论是《民法通则》《合同法》还是《民法总则》均明确承认公平原则的存在。《民法通则》第 4 条规定：民事活动应当遵循公平原则。《合同法》第 5 条规定：当事人应当遵循公平原则确定各方的权利和义务。《民法总则》第 6 条规定：民事主体从事民事活动,应当遵循公平原则,合理确定各方的权利和义务。

在民法上,公平原则属于民法的一般原则,因为该种原则在整个民法领域均得到适用,包括合同法、物权法、婚姻家庭法、继承法以及侵权法等领域得到适用。在民法上,公平原则当然在合同领域得到最广泛的适用,因为两大法系国家和我国的合同法不仅对合同领域的形式公平原则作出了详细的规定,而且还对合同领域的实质公平原则也作出了详细的规定。

在民法上,公平原则也能够在物权领域得到适用。例如,《民法通则》第 83 条、《物权法》第 84 条和《物权法》第 86 条均对相邻关系当中的公平原则作出了规定。在民法上,公平原则能够在继承法当中得到适用。例如,我国《继承法》第 13 条对遗产分配的当中的公平原则作出了明确规定。在民法上,公平原则也能够在侵权法当中得到适用。在民法当中,无论是责令行为人就其实施的过错行为对他人承担侵权责任还是责令行为人就其实施的无过错行为对他人承担侵权责任均是基于公平原则的考虑。

三、公平原则的性质

（一）公平原则的道德性

说公平原则是一种道德性的原则,是因为自近代以来,公平正义的理念逐渐深入人心,已经成为现代社会道德观念的重要组成部分,它要求行为人在行为时应当权衡自己的利益和他人的利益,不要过分损害他人的利益,否则,他们的行为就违反了公平正义的道德规范,应当受到社会公众的谴责和制裁。

（二）公平原则的法律性

说公平原则属于一种法律性的原则,是因为当行为人在行为时违反了公平、合理的

---

① Henri et Leon Mazeaud Jean Mazeaud Francois Chabas, Obligations, 9e édition, Montchrestien, p. 336; Francois Terré Philippe Simler Yves Lequette, Droit civil, Les obligations, 10e édition, Dalloz, p. 470.

② Art. 4 Le juge applique les règles du droit et de l'équité, lorsque la loi reserve son pouvoir d'appréciation ou qu'elle le charge de prononcer en tenant compte soit des circonstances, soit de justes motifs.

要求时，他们的不公平、不合理的行为不仅仅会导致道德的谴责和制裁，而且还会导致法律的制裁，法律会让那些从事不公平、不合理行为的行为人为其实施的显失公平的行为付出代价，或者会对因为行为人所实施的不公平行为、不合理行为而遭受损害的人予以法律上的救济。

（三）法官对公平原则的自由裁量性

在民法上，行为人所为的行为是不是公平行为、合理行为，由法官自由裁量，法官在就这样的问题作出判断时，要考虑案件的各种具体情况，根据其内心的标准作出。因此，案件的情况不同，案件的审判法官不同，法官就这样的问题作出的判断也不同。

此外，虽然公平原则所具有的内涵和外延也具备可变性，在不同的时期或者不同的时代，法官有关公平的观念可能会存在重大的差异，在过去被认为是不公平的、不合理的现象，在今天则可能被认为是公平的、合理的，反之亦然。

四、违反公平原则的法律后果

当行为人违反公平原则的要求时，他们所遭受的法律后果多种多样，表现为：他们的行为或者是可撤销的或者是可变更的。

如果行为人所从事的行为是显失公平的行为，则基于受害人的请求，法官有权撤销行为人所为的显失公平的行为。在我国，《民法通则》第59条、《合同法》第54条和《民法总则》第151条均明确规定，一旦行为人所为的行为构成显失公平的行为或者显失公平的合同，则基于受害人的请求，法官有权撤销行为人所为的此种行为或者合同，也可以基于案件的具体情况，变更行为人所为的此种行为或者合同。

当然，行为人所实施的行为是不是构成显失公平的行为，完全由法官自由裁量，法官在就此问题作出判断时应当考虑具体案件当中所面临的各种特殊因素，尤其是合同当事人在订立合同时的身份、社会经验、经济实力、社会地位以及危困状态等等，因为这些因素往往会导致行为人所为的行为成为显失公平的行为。

第四节　诚实信用原则

一、诚实信用原则的界定

在民法上，诚实信用原则（les principes bonne foi et de loyauté）有三种不同的界定方式。

其一，所谓诚实信用原则，是指行为人应当本着善良、善意的主观态度来从事任何行为，不得本着恶意、蓄意的主观态度从事任何行为。① 在民法上，此种界定方式属于主观性质的界定方式。

根据此种主观界定方式，一旦行为人在行为时本着善良、善意的态度，他们就遵循了诚实信用原则的要求，他们所为的行为就应当被褒奖和维持；如果他们在行为时本着恶意、蓄意的态度，他们就违反了诚实信用原则的要求，他们所为的行为就应当被谴责和制裁。

其二，所谓诚实信用原则，是指行为人虽然实施了某种违法行为，但是他们在主观上并没有故意、蓄意实施此种违法行为的意愿，他们仅仅是基于无知或者错误理解而实施此种违约方行为。② 在民法上，此种界定方式同样属于主观性质的界定方式。

根据此种主观界定方式，一旦行为人在实施某种违法行为时不知道其行为是违法行为，他们就遵循了诚实信用原则的要求，他们所为的行为应当被褒奖和维持；一旦他们在行为时知道其实施的行为是违法行为，他们就违反了诚实信用原则的要求，他们所为的行为就应当被谴责和制裁。

其三，所谓诚实信用原则，是指行为人在行为时应当遵循一个诚实正直、善良忠厚或者光明正大的人在行为时所遵循的行为标准。③ 在民法上，此种界定方式属于客观性质的界定方式。

根据此种客观界定方式，一旦行为人在行为时符合一个诚实正直、善良忠厚、光明正大的人在同样或者类似的情况下所遵循的行为标准，则行为人遵循了诚实信用原则的要求，他们所为的行为就应当被褒奖和维持，否则，如果他们在行为时违反了此类人所遵循的行为标准，则他们就违反了诚实信用原则的要求，他们所为的行为就应当受到谴责和制裁。

当今大陆法系国家和我国，民法有时会采取上述第一种界定方式来规定诚实信用原则，有时则会采取上述第二种界定方式来规定诚实信用原则，有时则会采取上述第三种界定方式来规定诚实信用原则。因此，上述三种界定方式均是合理的、正当的、有其法律根据的。

二、诚实信用原则的法律根据

除了法式民法典和德式民法典对诚实信用原则作出了明确规定之外，包括《民法总则》在内的众多制定法也对诚实信用原则作出了规定。

---

① Pierre-Gabriel Jobin et Nathalie Vézina, Baudouin et Jobin, Les Obligations, 6e édition, Editions Yvon Blais, p. 143.
② Pierre-Gabriel Jobin et Nathalie Vézina, Baudouin et Jobin, Les Obligations, 6e édition, Editions Yvon Blais, p. 143.
③ Pierre-Gabriel Jobin et Nathalie Vézina, Baudouin et Jobin, Les Obligations, 6e édition, Editions Yvon Blais, pp. 143—144；Philippe Malaurie Laurent Aynès Philippe Stoffel-Munck, les, obligations, 4e édition DEFRENOIS, p. 383.

（一）法式民法典对诚实信用原则的规定

在法式民法典当中，《法国民法典》对诚实信用原则作出了规定。在 2016 年 2 月 10 日的法令颁布之前，虽然《法国民法典》承认了诚实信用原则，但是，它仅仅在狭小的范围内对该原则作出规定，因为它认为，该种原则仅仅在契约履行当中适用，不在其他领域适用，这就是《法国民法典》旧的第 1134（3）条，该条规定：合同应当善意履行之。

到了 2016 年 2 月 10 日之后，《法国民法典》不仅承认了诚实信用原则，而且还将适用范围从契约的履行延伸到契约的所有方面，包括契约的谈判方面、契约的成立方面和契约的履行方面，这就是《法国民法典》新的 1104 条，该条规定：无论是契约的谈判、契约的成立还是契约的履行均应当以善意的方式为之。此条的规定属于公共秩序性质的规定。①

加拿大《魁北克民法典》第 6 条和第 7 条承认了诚实信用原则。《魁北克民法典》第 6 条规定：任何人在行使权利的时候均应当遵循诚实信用原则的要求。《魁北克民法典》第 7 条规定：行为人既不得基于损害他人利益的目的行使其权利，也不得以极端的方式行使其权利，还不得以违反诚实信用原则的要求的方式行使其权利。

除了《法国民法典》和《魁北克民法典》承认诚实信用原则之外，《瑞士民法典》也承认诚实信用原则。《瑞士民法典》第 2（1）条规定：无论是行使权利还是履行义务，所有行为人均应当遵守善意规则（les règles de la bonne foi）②《瑞士民法典》第 3 条规定：当制定法明确规定善意能够产生某种权利或者某些效果时，善意是被推定的。如果善意无法同客观情况允许他人所主张的善意协调，则他人不得援引自己的善意。③

（二）诚实信用原则在德国和我国台湾地区"民法"当中的法律根据

在德式民法典当中，《德国民法典》第 242 条规定：债务人应当以诚实信用的方式，在兼顾交易习惯的情况下，履行他们所承担的债务。虽然《德国民法典》第 242 条仅适用于合同债，但是，德国的民法学者普遍认为，《德国民法典》第 242 条所规定的诚实信用原则是民法的一般原则，能够在所有的民法领域予以适用。

由于受到《德国民法典》第 242 条的影响，我国台湾地区的"民法"也在第 219 条当中仅将诚实信用原则看作合同法的规则，并且也仅仅看作合同当事人履行合同的规

---

① Article 1104 Les contrats doivent être négociés, formés et exécutés de bonne foi. Cette disposition est d'ordre public.
② Art. 21 Chacun est tenu d'exercer ses droits et d'exécuter ses obligationsselon les règles de la bonne foi. 2 L'abus manifeste d'un droit n'est pas protégé par la loi.
③ Art. 31 La bonne foi est présumée, lorsque la loi en fait dépendre la naissanceou les effets d'un droit. 2 Nul ne peut invoquer sa bonne foi, si elle est incompatible avec l'attentionque les circonstances permettaient d'exiger de lui.

则，该条规定：行使债权、履行债务，应依诚实及信用方法。受到民法学者理论的影响，我国台湾地区的立法机关在1982年修订民法总则的时候废除了第219条的规定，将诚实信用原则从债法当中的一般原则上升为整个民法当中的一般原则，这就是我国台湾地区"民法"第148（2）条，该条规定：行使权利，履行义务，应依诚实及信用方法。

在德国和我国台湾地区，民法学者高度重视诚实信用原则在民法当中的地位，极力人为地拔高诚实信用原则在民法当中的地位。在德国，民法学者Stammler将诚实信用原则称为"人类社会的最高理想"，Manikz则将诚实信用原则称为"道德理想"。[①] 而Hedemann则认为"诚信原则之作用力，世罕其匹，为一般条项之首位"[②]。因为这样的原因，德国民法学者将"诚实信用原则"称为"帝王条款"，认为其具有"君临法域"的效力。[③] 在我国台湾地区，王泽鉴将诚实信用原则称为"民法之最高基本规范"[④]，而蔡章麟先生则将诚实信用原则称为"最高法律原则"，是"实现社会的妥当性与公平"的法律规范[⑤]。

由于受到德国民法学者尤其是我国台湾地区民法学者有关诚实信用原则理论的影响，我国大陆地区的民法学者普遍将诚实信用原则的地位拔高到了无以复加的程度。某些民法学者认为，诚实信用原则或者是"现代民法的最高指导原则"[⑥]，或者是"现代民法重要的指导原则"[⑦]，或者是民法当中的"帝王条款"[⑧]，而某些民法学者认为，诚实信用原则是民法当中的"天使"，是实现"形式正义与实质正义的平衡器"，它能够"使民法之正义与善良之剑永远发光"[⑨]。还有一些民法学者认为，诚实信用原则是"合同法的首要原则"[⑩]。

在德国和我国台湾地区，民法学者对诚实信用原则所进行的无以复加的拔高是可以理解的，因为，无论是《德国民法典》还是我国台湾地区的"民法"，它们仅仅规定了诚实信用原则，没有再规定其他原则，因此，在欠缺可供适用的制定法时，除了适用此

---

① 史尚宽：《债法总论》，中国政法大学出版社2000年版，第330—331页；梁慧星：《民法解释学》，中国政法大学出版社1995年版，第304页。
② 转引自杨仁寿《法学方法论》，三民书局1995年版，第171页。
③ 王泽鉴：《民法学说与判例研究》（第一册），中国政法大学出版社1998年版，第302—303页。
④ 王泽鉴：《民法学说与判例研究》（第一册），中国政法大学出版社1998年版，第303页。
⑤ 蔡章麟：《论诚实信用的原则》，《台大社会学论丛》（第一辑），转引自王泽鉴《民法学说与判例研究》（第一册），中国政法大学出版社1998年版，第303页。
⑥ 梁慧星：《民法解释学》，中国政法大学出版社1995年版，第303页。
⑦ 梁慧星：《民法总论》（第2版），法律出版社2001年版，第46页。
⑧ 梁慧星：《民法解释学》，中国政法大学出版社1995年版，第303页；傅静坤主编：《民法总论》（第3版），中山大学出版社2007年版，第22页。
⑨ 江平：《民法学》，中国政法大学出版社2007年版，第44页。
⑩ 王卫国主编：《民法》，中国政法大学出版社2007年版，第18页。

种原则之外，法官无法适用其他原则。换言之，在存在法律漏洞时，德国法官和我国台湾地区的法官在所有案件当中均只能够借助于诚实信用原则解决当事人之间的法律纠纷。

而在我国，情况则完全不同，除了规定了诚实信用原则之外，我国的《民法通则》《合同法》和《民法总则》还规定了其他的原则，因此，在法律漏洞存在时，法官无需像德国和我国台湾地区的法官那样仅仅适用诚实信用原则，他们还可以适用其他的原则，尤其是能够适用公平原则。因为这样的原因，将诚实信用原则在我国民法当中的地位拔高到"帝王条款""君临法域"的高度，实在是抬举了该原则，同该原则的真实身份不符。在民法上，如果真的存在民法学者所谓的"帝王条款""君临法域"的原则，则该原则不是诚实信用原则，而是意思自治原则和契约自由原则。

（三）我国民法对诚实信用原则一般地位的认可

在我国，《民法通则》第4条、《合同法》第6条和《民法总则》第7条均对诚实信用原则作出了明确规定。《民法通则》第4条明确规定：民事活动应当遵循诚实信用的原则。《合同法》第6条规定：当事人行使权利、履行义务应当遵循诚实信用原则。《民法总则》第7条规定：民事主体从事民事活动，应当遵循诚信原则，秉持诚实，恪守承诺。

此外，我国立法者还在大量的其他法律条款当中对诚实信用原则作出了规定。例如，我国《合同法》第60条和第125条对诚实信用原则作出了明确规定。再例如，我国《物权法》第24条、第129条、第158条和第189条等分别对物权登记领域所遵循的诚实信用原则作出了说明。

三、诚实信用原则的性质

（一）诚实信用原则的道德性

诚实信用原则是一种道德性的原则，因为自古以来，社会道德规范都倡导社会公众在行为时要诚实、正直、善良、忠厚、光明磊落，如果行为人在行为时违反了这些道德规范的要求，则社会道德会对行为人进行道德上的谴责、制裁。

（二）诚实信用原则的法律性

自罗马法时代起一直到今天，诚实信用原则就一直是民法上的一个重要原则，法律认为，如果行为人在行为时违反了诚实信用原则，则他们要承担法律所强加的法律后果。

(三) 法官对诚实信用原则的自由裁量性

正如公平原则所具有的不确定性和自由裁量性一样,在民法上,诚实信用原则也具有不确定性和自由裁量性,这就是,行为人在行为时是否遵循了诚实信用原则的要求,诚实信用原则是否要求行为人在行为时对他人承担某种义务或者责任,取决于案件的不同情况,取决于法官的自由裁量权的行使。案件的情况不同,法官得出的结论也可能不同。

(四) 诚实信用原则的变动性

此外,正如公平原则在不同的时期、不同的时代具有不同的含义一种,诚实信用原则在不同的时期或者不同的时代也具有不同的含义。在过去不被认为是违反诚实信用原则的行为,在今天可能被认为是违反诚实信用原则的行为;反之亦然,在过去被认为是违反诚实信用原则的行为,在今天可能不被认为是违反诚实信用原则的行为。

四、违反诚实信用原则所导致的后果

在民法上,行为人违反诚实信用原则的要求所产生的法律后果虽然多种多样,但是,最主要的法律后果是,行为人就其实施的违反诚实信用原则的行为对他人承担违约责任或者承担侵权责任。[1]

如果合同债务人没有严格地、忠实地履行他们所承担的合同义务,他们应当就其违反诚实信用原则的行为对合同债权人承担违约责任。

根据我国《物权法》第106条的规定,如果动产、不动产的受让人在从无权处分人那儿受让真正所有人的动产、不动产时是恶意的,则基于真正的所有人的主张,受让人应当将其受让的动产、不动产返还给真正的所有人,这就是物权法上的财产返还责任。

如果受让人无法返还所受让的动产、不动产,他们应当与无权处分人一起对真正的所有人遭受的损害承担连带损害赔偿责任。

---

[1] Philippe Malaurie Laurent Aynès Philippe Stoffel-Munck, les, obligations, 4e édition Defrenois, p. 384.

第五节 公共秩序原则与良好道德原则

一、公共秩序原则与良好道德原则的界定

（一）公共秩序原则的界定

所谓公共秩序原则（Le principe de l'ordre public），在英美法系国家也被称为"法律政策"（the policy of the law）原则或者"公共政策"（public policy）原则，是指当事人在实施任何行为时均应当遵守法律的强制性规定，不得破坏国家或者社会的正常秩序；如果他们在行为时违反了法律的强制性规定，破坏了国家或者社会的正常秩序，法律就会对他们予以民事制裁。其中，所谓的国家或者社会的正常秩序，就是所谓的公共秩序。

（二）良好道德原则的界定

所谓良好道德原则（Le principe de bonnes moeurs），是指行为人在实施任何行为时均应当遵循社会的良好道德规范的要求，不得实施同良好道德规范要求相冲突的任何行为，否则，他们将会遭受民事制裁。

例如，如果甲方和乙方签订的"一夜情"合同规定，当乙方同甲方在特定的酒店发生性关系时，甲方将会支付3000元金钱给乙方。甲方同乙方签订的此种"一夜情"合同违反了良好道德原则，其合同无效。因为根据良好道德原则的要求，任何人均不得出卖其身体或者身体的性器官。

同样，如果甲方和乙方签订的"代孕合同"规定，当乙方为甲方代孕时，甲方将会支付10万元金钱给乙方，甲方合同乙方之间的此种"代孕合同"违反了良好道德原则，其合同无效，因为该种合同违反了社会所实行的良好道德规范。这就是，一方面，任何自然人均不得基于金钱出租自己的身体或者身体的某一个部位；另一方面，任何女人均应当通过其本人亲自怀孕的方式来生育后代。

（三）"良好道德"术语对"善良风俗"术语的取待

在我国，由于受到我国台湾地区民法学者有关理论的影响，我国民法学者普遍将行

为人在行为时对社会道德规范的遵循称为"善良风俗"原则。① 实际上,"善良风俗"的称谓是极端不准确的,因为它违反了现代汉语的基本规则。在现代汉语当中,"善良"是指"心地纯洁、没有恶意",诸如心地善良、善良的愿望。② 因此,"善意"主要用来形容人或者人的品行,很少会用来说明人或者人的品行之外的物。当我们要说明人物时,准确的汉语应当是"良好"。在我国,"良好"是指"令人满意",往往是指物,如养成讲卫生的良好习惯③等等。

基于这样的理由,我们认为,我国民法学者所使用的"善良风俗"一词应当为"良好道德"所取代,"善良风俗原则"也应当为"良好道德原则"所替换。

二、公共秩序原则与良好道德原则的法律根据

在法国,《法国民法典》第6条、《法国民法典》旧的第1133条和其他法律条款均对契约领域的公共秩序和良好道德原则作出了规定。《法国民法典》第6条规定:人们不得通过具体的契约(conventions particulières)违反同公共秩序和良好道德有利害关系的制定法。《法国民法典》旧的第1133条规定:当契约的原因被制定法所禁止时,或者当契约原因违反良好道德或者公共秩序时,则契约的原因无效。《法国民法典》新的第1102(1)条规定:契约自由不得违反同公共秩序有利害关系的规范。④

在加拿大,《加拿大北部地区民法典》第13条对合同领域的公共秩序原则和良好道德原则作出了说明,该条规定:人们不得通过特别协议的方式来违反有关公共秩序或者良好道德方面的法律。在加拿大,《魁北克民法典》第9条对公共秩序原则作出了说明,该条规定:在行使权利时,行为人能够违反法典当中有关补充性的规定,但是,他们不得违反法典当中同公共秩序有利害关系的规定。

在我国,无论是《民法通则》《合同法》还是《民法总则》均规定了公共秩序原则和良好道德原则。《民法通则》第6条规定:民事活动必须遵守法律,法律没有规定的,应当遵守国家政策。《民法通则》第7条规定:民事活动应当尊重社会公德,不得损害社会公共利益,破坏国家经济计划,扰乱社会经济秩序。《合同法》第7条规定:当事人订立、履行合同,应当遵守法律、行政法规,尊重社会公德,不得扰乱社会经济

---

① 梁慧星:《民法总论》(第2版),法律出版社2001年版,第47页;傅静坤主编:《民法总论》(第3版),中山大学出版社2007年版,第23页;王卫国主编:《民法》,中国政法大学出版社2007年版,第16页;魏振瀛主编:《民法》(第4版),北京大学出版社2010年版,第28页。
② 《现代汉语词典》(第5版),商务印书馆2008年版,第1190页。
③ 《现代汉语词典》(第5版),商务印书馆2008年版,第850页。
④ Article 1102 Chacun est libre de contracter ou de ne pas contracter, de choisir son cocontractant et de déterminer le contenu et la forme du contrat dans les limites fixées par la loi. La liberté contractuelle ne permet pas de déroger aux règles qui intéressent l'ordre public.

秩序，损害社会公共利益。《民法总则》第 8 条规定：民事主体从事民事活动，不得违反法律，不得违背公序良俗。

三、公共秩序原则或者良好道德原则的历史发展

（一）罗马法时代的公共秩序原则和良好道德原则

在历史上，良好道德原则始于罗马法，这就是罗马法上的 boni mores 理论，《查士丁尼民法典》当中的一个著名条文对罗马法上的公共秩序原则和良好道德原则作出了明确规定，根据该条的规定，违反制定法（les lois）或者良好道德规范的协议（pactes）无效。① 在罗马法当中，公共秩序原则当中的公共秩序有哪些，完全由立法者通过明示的制定法来确定，法官不得通过裁判来确定公共秩序的存在。②

（二）近代公共秩序原则或者良好道德原则

在大陆法系国家，罗马法上的公共秩序原则或者良好道德原则完全被法国 1804 年民法典所借鉴并且被法国 1804 年民法典所规定，这就是 1804 年《法国民法典》第 6 条，该条规定：禁止行为人通过特定合同违反有关公共秩序或者良好道德方面的制定法。1804 年《法国民法典》第 6 条通过之后得到其他大陆法系国家的遵循，其他大陆法系国家在 19 世纪中后期所通过的民法典当中均规定了类似的原则。例如，加拿大魁北克在 1865 年制定的《加拿大北部地区民法典》第 13 条也规定了类似于 1804 年《法国民法典》第 6 条的内容，该条规定：行为人不得通过特定合同违反有关公共秩序或者良好道德方面的制定法。

（三）现代公共秩序原则的勃兴

20 世纪以来，尤其是 20 世纪 50 年代以来，两大法系国家的立法者开始了真正意义上的复兴公共秩序原则的运动，他们或者开始制定大量的特别法，或者开始修改他们在 19 世纪所制定的制定法，或者明确地规定禁止行为人实施哪些行为，或者明确地规定行为人实施的哪些行为是无效的行为，使公共秩序原则开始在整个民法领域大行其道。这就是民法学者所谓的"立法者所规定的公共秩序""明示的公共秩序"（l'ordre public exprès）或者"文本性质的公共秩序"。

20 世纪以来，尤其是 20 世纪 50 年代以来，两大法系国家的法官也开始放弃他们

---

① C. Just. 2, 3, 6; Jean Carbonnier, Droit civil, les obligations, 17e édition, Presse Universitaires De France, p. 150; Henri Roland et Laurent Boyer, Droit Civil, Obligations, 2. Contrat, 3e édition, litec, p. 226.
② Jean Carbonnier, Droit civil, les obligations, 17e édition, Presse Universitaires De France, p. 150.

在 20 世纪之前所采取的消极不干预的政策，开始透过他们所裁判的案件加强对民事领域的干预活动，这就是，他们开始借口国家利益、公共利益维护的需要而大肆认定合同当事人之间的合同违反了强制性的法律规定，并由此认定合同当事人之间的合同无效。这就是民法学者所谓的"司法判例所确定的公共秩序""默示或者暗含的公共秩序"或者"潜在性质的公共秩序"。潜在性的公共秩序理论的出现使公共秩序原则的适用范围得到极大的扩张或者拓展，并因此使公共秩序原则真正成为现代民法所贯彻的一般原则。

（四）现代良好道德原则的衰败

同现代两大法系国家民法上的公共秩序原则的勃兴形成鲜明对比的是，在现代社会，良好道德原则的地位日渐下降甚至衰败，表现为：

一方面，就像近代法律很少对良好道德原则作出具体规定一样，20 世纪以来，虽然立法者在制定特别法或者修改民法典时规定了大量的强制性的法律规定，但是，他们很少在所制定的特别法或者所修改的民法典当中规定有关良好道德原则方面的内容。另一方面，20 世纪 60 年代以来，法官在司法判例当中逐渐放弃传统的良好道德理论，他们认为，即便行为人所实施的行为违反了大多数人所遵循的道德规范，他们所实施的行为也未必构成不道德的行为，法律不能够因为少数人在行为时没有遵循大多数人所遵循的传统道德规范就认定他们所为的行为无效。

法官之所以在 20 世纪 60 年代以来逐渐放弃了传统的良好道德理论，一个主要的原因在于，20 世纪 60 年代以来，随着妇女解放运动在两大法系国家的迅猛发展，随着性自由和性解放的要求越来越强烈，建立在宗教尤其是基督教教义基础上的婚姻观念、性道德观念以及整个的传统道德观念均分崩离析，使社会的道德观念从传统的单一的道德观念变为当代多元化的道德观念。

例如，在 1975 年之前，法国的司法判例认为，非婚同居的当事人应当是未婚人士，如果非婚同居的一方当事人甚至两方当事人在建立非婚同居关系时已经与第三人结了婚，则他们之间的非婚同居关系构成非法的非婚同居关系，不受法律保护。但是，到了 1975 年，法国的司法判例放弃了它对非婚同居所施加的此种条件限制，它认为，非婚同居分无所谓通奸性质的非婚同居和非通奸性质的非婚同居，即便非婚同居的一方当事人甚至两方当事人已经与别人结了婚，他们与别人之间所存在的婚姻关系并不会影响其非婚同居的合法性。在今天，法国的司法判例仍然采取此种规则，除了未婚的当事人所建立的非婚同居受法律保护之外，已婚的当事人之间所建立的非婚同居仍然受法律保护。[①]

---

① 张民安：《法国民法》，清华大学出版社 2015 年版，第 229 页。

四、公共秩序原则当中的公共秩序

(一) 文本性质的公共秩序与潜在性质的公共秩序

在民法上，民法学者根据公共秩序渊源的不同将公共秩序分为文本性质的公共秩序和潜在性质的公共秩序两种。

所谓文本性质的公共秩序，也称"立法者所规定的公共秩序"（l'ordre public législatives）、"制定法上的公共秩序""明示的公共秩序"（l'ordre public exprès），是指立法者或者行政机关通过其制定的法律或者行政法规所明确规定的公共秩序。

所谓潜在性质的公共秩序，也称"司法判例所确定的公共秩序"（l'ordre public jurisprudentielles）、"非制定法上的公共秩序""默示或者暗含的公共秩序"（l'ordre public implicite）或者"潜在性质的公共秩序"，是指法官通过司法判例所确定的公共秩序。

(二) 政治性质的公共秩序与经济性质的公共秩序

在民法上，民法学者普遍根据公共秩序原则所涉及的内容究竟是政治性质的还是经济性质的将公共秩序分为政治性质的公共秩序和经济性质的公共秩序。

1. 政治性质的公共秩序

所谓政治性质的公共秩序，是指那些以保护国家的支柱（les colonnes de la cité）或者社会的根基（des pillers de société）免受行为人所实施的行为动摇或者破坏为目的的公共秩序。当某种秩序涉及国家的支柱或者社会的根基时，该种秩序就是政治性质的公共秩序，而当某种秩序不会涉及国家的支柱或者社会的根基时，该种秩序就不属于政治性质的公共秩序。

2. 经济性质的公共秩序

所谓经济性质的公共秩序，是指那些以对行为人所从事的经济活动予以指导或者那些对从事经济活动时处于弱势地位的一方当事人予以保护为目的的公共秩序。经济性质的公共秩序分为指导性质的公共秩序和保护性质的公共秩序两种。无论是违反哪一种经济性质的公共秩序，当事人的行为均无效。

（1）指导性质的公共秩序。在民法上，如果立法者颁布某种法律的目的是为了对那些从事经济活动的人所从事的经济活动予以规范、调整或者指导，让行为人按照有利于实现社会功效的方式来活动，则立法者通过其制定法所建立的经济秩序就是所谓的指导性质的公共秩序。例如，两大法系国家和我国的立法机关为了保护商人之间的正当竞争而颁布的竞争法或者反不正当竞争法，就属于经济领域的指导性质的公共秩序。

（2）保护性质的公共秩序。在民法上，如果立法者颁布某种法律的目的是为了对从事经济活动当中的处于弱势地位的一方当事人通过法律保护，让他们免受处于强势地位的另外一方当事人的损害,则立法者通过此种法律的规定所建立起来的经济秩序就是所谓的保护性质的公共秩序。例如,劳动法、消费者保护法等法律所规定的公共秩序就属于保护性质的公共秩序,因为立法者制定劳动法或者消费者保护法的目的主要是为了对劳动者、消费者提供保护。

(三) 国内公共秩序与国际公共秩序

按照公共秩序所产生的渊源是国内法还是国际法,民法学者将公共秩序分为国内公共秩序和国际公共秩序。

所谓国内公共秩序,是根据一个国家的国内法所产生的公共秩序,当某种公共秩序是根据一个国家的国内法所产生时,该种公共秩序就是所谓的国内公共秩序。

所谓国际公共秩序,是指根据某一个国际组织所颁布的国际法所产生的公共秩序。当某种公共秩序是根据某一个国际组织所颁布的法律所产生时,该种公共秩序就是所谓的国际公共秩序。例如,联合国在1966年通过的《经济、社会及文化权利国际公约》以及《公民权利及政治权利国际公约》所规定的经济性质的公共秩序和政治性质的公共秩序就属于国际公共秩序。同样,欧盟有关机关所通过的行政规章、指令或者《保护人权与基本自由公约》所规定的公共秩序也属于国际公共秩序。

五、违反公共秩序原则或者良好道德原则所产生的法律后果

如果当事人在行为时违反了公共秩序原则或者良好道德原则的要求,他们除了可能会遭受刑事制裁、行政制裁之外,还会遭受民事制裁。

此种民事制裁包括两个方面:其一,他们所实施的行为因为违反法律的强制性规定或者良好道德规范而无效;其二,他们所实施的行为因为违反法律的强制性规定或者良好道德规范而构成过错侵权行为,要承担过错侵权责任。

第六节 民法的其他基本原则

一、平等原则

(一) 平等原则的界定

所谓平等原则 (le principe de l'égalité),是指所有人在制定法面前、在享受权利或者承担义务方面应当受到一视同仁、没有歧视、没有差异的对待,没有任何人能够享有制定法所担保的特权 (privilèges)。因此,平等原则也仅仅是指法律上的平等 (l'égalite de droit），并不是指事实上的平等（l'égalite de fait）。①

所谓法律上的平等，也就是指在法律面前人人平等（l'égalite devant la loi），是指任何人均应当受到制定法的同等对待，无论是享有权利方面、承担义务方面还是遭受惩罚方面，所有人均应当是一视同仁的，没有任何一个人能够享有制定法的不同对待，没有任何人能够在权利方面享有别人所不享有的权利，没有任何人能够承担别人不承担的义务或者责任，无论他们的出生、性别、年龄、信仰或者基因特征是什么，均是如此。

（二）平等原则的法律根据

法国1789年的《人权与公民权利宣言》第1条规定：在法律面前，所有人生来就是并且一直是自由的、平等的。1789年的《人权与公民权利宣言》第6条规定：制定法是一般意志的表示。所有公民均有权亲自或者通过自己选举出来的代表参与法律的制定活动。制定法对于所有人而言应当是相同的，无论是在保护方面还是在惩罚方面，均是如此。在制定法的眼中，所有公民均是平等的，无论是在尊严方面、地位方面还是担当公职方面，均是如此，此时，法律仅仅考虑他们的能力、美德和才干。为了贯彻《人权与公民权利宣言》所规定的平等原则，法国立法者在1804年的《法国民法典》当中对民事主体之间的平等原则作出了规定。②

在我国，《民法通则》《合同法》和《民法总则》均对平等原则作出了明确规定。《民法通则》第3条规定：当事人在民事活动中地位平等。《合同法》第3条规定：合同当事人的法律地位平等，一方不得将自己的意志强加给另一方。《民法总则》第4条规定：民事主体在民事活动中的法律地位一律平等。

除了国内法承认平等原则之外，国际法也承认平等原则。《世界人权宣言》第7条规定：在法律面前所有人均是平等的，所有人均享有不加区别地获得制定法平等保护的权利；所有人均享有免受所有歧视或者煽动此种歧视的平等保护权。《公民权利和政治权利国际公约》第26条规定：所有人在法律面前均是平等的，他们均有权获得法律的同样保护，无论是在法律面前还是在法律保护方面，他们之间没有任何歧视。

（三）平等原则的主要内容

1. 自然人民事主体资格的平等享有

在民法上，平等原则的第一个主要内容是，自然人民事主体资格的平等享有，这就是，任何自然人均能够平等地获得民事主体资格，不会因为他们的民族、种族、性别、年龄、宗教信仰、政治面貌、文化程度、财产状况等方面存在的差异而不同。在法国，

---

① Jean Carbonnier, Droit civil, Volume I, Introduction Les personnes la famille, l'enfant, le couple, puf, p. 537.
② 张民安：《法国民法》，清华大学出版社2015年版，第27—28页。

《法国民法典》第8条对此原则作出了明确规定：所有的法国人均享有民事权益。在我国，《民法通则》第10条也对此原则作出了明确规定：公民的民事权益能力一律平等。

2. 特定身份的人与其他非特定身份的人在法律上的平等

在民法上，平等原则的第二个主要内容是，某些具有特定身份的人同其他没有此种特定身份的人在法律上的地位相等，不会因为他们的特殊身份而处于不平等的地位。例如，夫妻在婚姻生活当中的地位平等，婚生子女和非婚生子女在法律上的地位平等，感染HIV病毒的人同没有感染HIV病毒的人在就业领域的平等，不会因为其妻子、非婚生子女或者HIV病毒感染者的身份而与其丈夫、婚生子女或者正常人处于不平等的地位。

3. 特定民事法律关系当中的主体地位平等

在民法上，平等原则的第三个主要内容是，在某种具体的民事法律关系当中，一方当事人和另外一方当事人在法律上的地位平等，他们并不会因为自己在事实上的差异而与另外一方当事人处于法律上的不平等地位。例如，在借贷关系当中，作为出借人的银行和作为借用人的小企业主在借贷关系当中的法律地位是平等的，银行并不因为其财大气粗而享有高于小企业主的法律地位。同样，在国家侵权责任当中，作为侵权行为的国家与作为受害人的自然人在侵权责任赔偿关系当中的法律地位是平等的，国家并不因为其享有公权力而享有高于受害人的法律地位。

4. 民事主体受法律保护的平等

在民法上，平等原则的第四个主要内容是，一旦民事主体的民事权益受到侵害，他们所享有的法律保护是相同的，既包括对民事主体提供保护的实体法是相同的，也包括对民事主体提供保护的程序法是相同的。

（四）平等原则的例外

在某些情况下，法律明确规定，民事主体在法律上的地位是不平等的，某些人所享有的民事权利不同于另外一些人所享有的民事权利。法律之所以规定平等原则的例外，是为了更好地实现社会的公共利益。

例如，为了防止名誉侵权责任可能会产生的寒蝉效应，侵权责任法认为，政府官员享有的名誉权要低于一般的社会公众享有的名誉权，使政府官员在名誉权领域同一般的社会公众处于不平等的地位。[1] 再例如，两大法系国家和我国的民法就规定，未成年人或者身体官能、精神官能有问题的成年人不享有或者仅享有有限的民事行为能力，导致他们享有的民事行为能力同一般成年人享有的民事行为能力不平等。

---

[1] 张民安：《无形人格侵权责任研究》，北京大学出版社2012年版，第363页，第572—574页。

二、民事权益受法律保护的原则

（一）民事权益受法律保护原则的界定

所谓民事权益受法律保护的原则，也称为主观权利的受尊重原则（Le principe du respect de la droits subjectif），或者主观权利的受保护原则（Le principe de protection des droits subjectif），是指民事主体享有的任何民事权益均应当受到行为人的尊重，如果行为人不尊重民事主体享有的民事权益，则法律会对行为人实施的侵犯行为施加制裁，会让他们承担民事责任，除非他们具有某种正当的免责事由。

例如，当他人对其私人信息享有隐私权，民法会保护他人享有的隐私权，当行为人侵犯他人享有的隐私权时，民法会对他人提供法律救济，包括由法官颁发禁制令，禁止行为人公开他人的私人信息，责令行为人对他人承担隐私侵权责任。同样，当他人享有言论自由权和出版自由权时，民法会保护他人享有的此种民事权益，防止行为人侵犯他人享有的此种民事权益。如果行为人侵犯他人享有的此种民事权益，则民法会对他人提供法律救济。

（二）民事权益受法律保护原则的法律根据

在任何国家，民法均会保护他人享有的民事权益，当行为人侵犯他人享有的民事权益时，民法均会对他人提供法律救济。[①] 在法国，除了《法国民法典》新的第1240条所规定的一般过错侵权责任会保护他人享有的各种财产权和人身权之外，《法国民法典》第16条和第9条还特别对他人享有的人格尊严权和隐私权作出了规定，认为行为人应当尊重他人享有的人格尊严权和隐私权，不得侵犯他人享有的人格尊严权和隐私权。

在我国，《民法通则》和《民法总则》均承认民事权益受法律保护的原则。《民法通则》第5条规定：公民、法人的合法的民事权益受法律保护，任何组织和个人不得侵犯。《民法总则》第3条规定：民事主体的人身权利、财产权利以及其他合法权益受法律保护，任何组织或者个人不得侵犯。如果行为人侵犯他人享有的民事权益，则他们应当对他人承担法律责任。

（三）民事权益受法律保护原则的具体内容

在民法上，民事权益受法律保护原则的主要内容包括法律所保护的民事权益范围、民事权益的法律保护方式、民事权利的法律保护程度。

[①] 张民安、林泰松：《我国侵权责任法对他人民事权益的保护》，《暨南学报》2010年第3期，第21页。

1. **法律所保护的民事权益范围**

在民法上,民事权益受法律保护原则的第一个主要内容是,法律所保护的民事权益有哪些?对此问题,我国《侵权责任法》和《民法总则》作出了明确说明。《侵权责任法》第2条规定:侵害民事权益,应当依照本法承担侵权责任。本法所称民事权益,包括生命权、健康权、姓名权、名誉权、荣誉权、肖像权、隐私权、婚姻自主权、监护权、所有权、用益物权、担保物权、著作权、专利权、商标专用权、发现权、股权、继承权等人身、财产权益。

除了对《侵权责任法》第2条所规定的18种民事权利提供保护之外,《民法总则》还增加了几种新的民事权利,包括:第109条新增加的民事权利即人身自由权、人格尊严权,第110条新增加的民事权利即身体权,以及第110条新增加的民事权利即个人信息受保护权。不过,除了上述民事权利之外,法律还保护他人享有的其他民事权益,诸如他人享有的合同债权、声音权,当行为人侵犯这些民事权益时,他们同样应当对他人承担侵权责任。[①]

2. **民事权益的法律保护方式**

在民法上,民事权益受法律保护原则的第二个主要内容是,民事权益的法律保护方式有哪些?在民法上,民事权益的法律保护方式有三种:合同法的保护、物权法的保护以及侵权责任法的保护,其中,合同法的保护方式仅仅保护合同债权人享有的合同债权,物权法的保护方式仅仅保护物权人享有的物权,而侵权责任法的保护方式除了保护合同债权人享有的债权和物权人享有的物权之外,还包括保护他人享有的人格权和身份权。换句话说,在民法上,侵权责任法对所有的民事权益均提供法律保护。

3. **他人民事权益保护的程度**

在民法上,民事权益受法律保护原则的第三个主要内容是,民法对他人民事权益保护的程度并不完全相同。总的来说,民事权益的价值越大、内容越确定、识别性越易、历史越长,民法对它们的保护越全面、周到;反之,民事权益的价值越小、内容越模糊、识别性越难、历史越短,则民法对它们的保护越片面、相对。

在民法上,物权、生命权、身体权、健康权以及人身自由权被认为是价值最高、内容最确定、最容易被人们识别的并且历史最悠久的民事权益,因此,民法对这些民事权益提供最全面、最周到的保护,这就是,在过错侵犯这些权利时,行为人应当对他人承担赔偿责任,在没有过错的情况下,他们仍然有可能要对他人遭受的损害承担赔偿责

[①] 张民安、林泰松:《我国侵权责任法对他人民事权益的保护》,《暨南学报》2010年第3期,第22页;张民安:《无形人格侵权责任研究》,北京大学出版社2012年版,第363页,第81—82页。

任。换言之，除了过错侵权责任保护这些权利之外，严格责任也保护这些民事权利。①

在民法上，债权、知识产权、名誉权、隐私权、肖像权等无形财产权和无形人格权被视为是价值较小、内容不确定、识别性不强或者历史短暂的民事权益，因此，民法仅仅对它们提供片面、相对的保护，这就是，如果行为人在侵犯这些民事权利时没有过错，则他们无需对他人遭受的损害承担赔偿责任。即便行为人有过错，他们也未必一定会对他人遭受的损害承担赔偿责任。

因为，一方面，在某些情况下，法律明确规定，仅在行为人有故意时，他们才对他人承担赔偿责任，另一方面，在判断行为人是否要对他人承担赔偿责任时，法官要考虑利益平衡，法官既要考虑对他人名誉权、隐私权等权利的保护，也要考虑行为人享有的自由权、言论自由权、出版自由权、批评自由权和社会公众的知情权，不能够借口对他人这些民事权利的保护而严重牺牲行为人的自由权。②

（四）违反民事权益受法律保护原则所遭受的民事制裁

如果行为人在行为时违反了民事权益受法律保护的原则，他们所遭受的民事制裁或者是违约责任的承担，或者是侵权责任的承担，实际上就是《民法通则》第134条、《侵权责任法》第15条和《民法总则》第179条所规定的各种民事责任，包括：停止侵害；排除妨碍；消除危险；返还财产；恢复原状；修理、重作、更换；赔偿损失；支付违约金；消除影响、恢复名誉；赔礼道歉等。如果立法者规定了惩罚性的损害赔偿，则行为人也应当赔偿他人的惩罚性损害赔偿。此外，这些民事责任既可以单独适用，也可以合并适用。

无论是承担哪一种民事责任，行为人均应当符合该种民事责任的必要构成条件，如果不符合所要求的构成要件，则他们不得被责令承担法律责任。即便符合民事责任的所有必要构成要件，如果行为人具备了某种正当理由，则他们也无需对他人承担民事责任。

三、权利滥用的禁止原则

（一）权利滥用禁止原则的界定

所谓权利滥用的禁止原则，是指民事主体不得通过过度行使自己享有的某种民事权

---

① 张民安、林泰松：《我国侵权责任法对他人民事权益的保护》，《暨南学报》2010年第3期，第28页；张民安：《无形人格侵权责任研究》，北京大学出版社2012年版，第13页。
② 张民安、林泰松：《我国侵权责任法对他人民事权益的保护》，《暨南学报》2010年第3期，第28页；张民安：《无形人格侵权责任研究》，北京大学出版社2012年版，第363页，第13页。

利的方式损害他人的利益,如果他们因为过度行使权利而引起他人损害的发生,他们应当对他人遭受的损害承担赔偿责任。所谓权利滥用,是指民事主体在行使民事权利时超过了应有的限度并因此引起他人损害发生的行为。

例如,虽然新闻媒体在民法上享有出版自由权、批评自由权,能够对包括政府官员在内的任何人予以批评,但是,他们不得基于毁损他人名誉的目的行使此种批评权,如果新闻媒体仅仅是基于毁损他人名誉的目的行使其批评权,则他们行使批评权的目的就构成权利的滥用行为,应当被民法所禁止。因为民法赋予新闻媒体以批评权,是为了让他们通过批评权的行使来维护社会的公共利益。①

再例如,虽然所有权人享有在自己的不动产之上从事包括唱歌或者跳舞在内的所有让他们喜好的活动的权利,但是,他们不得基于滋扰其邻居日常生活的目的行使此种权利,否则,他们行使物权的行为将构成权利滥用行为,应当被民法所禁止。因为民法之所以赋予所有权人以自由使用其不动产的权利,其目的是让所有权人物尽其用,不是让他们去滋扰其邻居。

(二) 权利滥用禁止原则的法律根据

在罗马法时代,民法学家并不承认权利滥用禁止原则,因为盖尤斯指出,权利的行使并不构成侵权行为,即便权利主体行使权利的行为引起他人损害的发生,他们也无需对他人承担侵权责任,因为他们行使权利的行为并不属于过错行为,这就是罗马法所实行的法律格言:"任何权利的行使均不构成非法(Neminem laedit qui jure suo utitur)。"② 到了19世纪末期,随着社会变革的来临,少数民法学者开始主张权利滥用的禁止理论,他们认为,如果行为人基于故意损害他人利益的目的行使其主观权利,则他们行使权利的行为将构成权利滥用行为、过错行为,应当根据《法国民法典》旧的第1382条对他人承担赔偿责任。

为了防止行为人故意滥用他们享有的民事权利,法国最高法院从19世纪末期开始适用权利滥用理论责令行为人对他人遭受的损害承担赔偿责任。③ 在今时今日,法国最高法院普遍承认此种理论。例如,在2005年3月30日的案件④当中,法国最高法院就承认此种原则的存在,因为它指出,即便雇员仍然处于试用期内,雇主也不得擅自中断

---

① 张民安:《无形人格侵权责任研究》,北京大学出版社2012年版,第363页、第351—357页。
② Ghislain Londers Sven Mosselmans Amarylis Bossuyt, Deux principes généraux du droit issus du droit national et du droit communautaire l'enrichissement sans cause ou l'enrichissement injustifié et l'interdiction de l'abus de droit, p. 112, https://biblio.ugent.be/publication/1180639/file/1188510.pdf.
③ 张民安:《法国民法》,清华大学出版社2015年版,第477—478页。
④ Cour de cassation, chambre sociale, Audience publique du mercredi 30 mars 2005, https://www.legifrance.gouv.fr/affichJuriJudi.do?idTexte=JURITEXT000007048831.

他们与其雇员之间的契约,否则,他们的中断行为构成权利的滥用行为。

同《法国民法典》没有对权利滥用的禁止原则作出明确规定相比,德式民法典的国家大都对该种原则作出了规定。例如,1896年的《德国民法典》就是如此,其第226条:如果行为人仅仅基于损害他人利益的目的行使其权利,则他们的权利行使行为是不被允许的。① 由于受到《德国民法典》的影响,其他国家的民法典普遍都对该种原则作出了规定。包括:《希腊民法典》第281条,《卢森堡民法典》第6(1)条,《荷兰民法典》第3条、13条,《西班牙民法典》第7条。②《瑞士民法典》第2(2)条规定:权利的明显滥用是不受法律保护的。

在我国,《民法通则》并不承认此种原则。不过,我国民法学者普遍承认此种原则。在《民法总则》当中,立法者当然承认了权利滥用的禁止,但是,他们并没有将其规定在第一章即"基本规定"当中,而是将其规定在第五章即"民事权利"当中,这就是第132条,该条规定:民事主体不得滥用民事权利损害国家利益、社会公共利益或者他人合法权益。问题在于,该条的规定在性质上是否属于民法的基本原则?我们认为,即便立法者没有将权利滥用的禁止放在第一章当中,第132条所规定的权利滥用的禁止仍然属于民法的基本原则。

一方面,是不是基本原则同它在民法典或者民事单行法当中的位置没有必然关系,即便我国立法者经常都会将基本原则置于第一章当中,已如前述。另一方面,立法者之所以将权利滥用的禁止放在第五章当中,主要目的在于消除我国民法学者的疑虑,因为他们认为,民事权利不应当在总则当中规定,即便要规定,也不能够仅仅列举几个民事权利,而应当对民事权利的一般理论作出规定。为了应付这样的声音,立法者不得不将原本应当规定在第一章当中的内容规定在第五章当中。

(三) 行为人就其权利滥用行为对他人承担侵权责任的条件

权利滥用的禁止原则禁止行为人实施权利滥用的行为,如果他们违反此种原则的规定而实施了权利滥用行为,在符合以下四个条件的情况下,他们应当对他人遭受的损害承担赔偿责任。在法国,行为人承担赔偿责任的法律根据是《法国民法典》新的第1240条而不再是旧的第1382条,该条对一般过错责任原则作出了规定。而在我国,行为人承担赔偿责任的法律根据是《侵权责任法》第6(1)条,该条对一般过错责任原则作出了规定。

---

① Raoule De La Grasserie, Code Civil Allemande, 2e édition, PARIS A. PEDONE, éditeur, 1901, Introduction, p. 51.
② Ghislain Londers Sven Mosselmans Amarylis Bossuyt, Deux principes généraux du droit issus du droit national et du droit communautairel'enrichissement sans cause ou l'enrichissement injustifié et l'interdiction de l'abus de droit, p. 115, https: //biblio. ugent. be/publication/1180639/file/1188510. pdf.

1. **民事主体享有某种民事权利**

行为人就其权利滥用行为对他人承担侵权责任的第一个构成要件是，民事主体在行为时享有某种民事权利。如果民事主体在行为时不享有某种民事权利，他们的行为将不构成民事权利的滥用行为。只有民事主体在行为时享有某种民事权利，他们的行为才有可能构成民事权利的滥用行为。

例如，当雇主享有开除雇员的开除权时，他们开除雇员的行为才有可能构成民事权利的滥用行为。同样，仅在新闻媒体享有批评权时，他们批评他人的行为才有可能构成民事权利的滥用行为。

在当今民法上，民事主体享有的任何民事权利均有可能被滥用。例如，民事主体享有的物权可能会被滥用，民事主体享有的诉讼权可能被滥用，民事主体享有的结婚自由权或者离婚自由权也可能被滥用，甚至民事主体享有的契约性债权也有可能被滥用。换言之，权利滥用的禁止原则能够在民法的所有领域适用。

2. **民事主体积极行使自己享有的此种民事权利**

行为人就其权利滥用行为对他人承担侵权责任的第二个构成要件是，民事主体积极行使其享有的民事权利。即便民事主体享有某种民事权利，如果他们根本就没有行使其权利，也同样无所谓民事权利的滥用。仅有民事主体在享有某种民事权利的情况下积极有效地行使其权利，他们行使该种民事权利的行为才有可能构成民事权利的滥用行为。例如，雇主在享有开除权的情况下行使了其享有的开除权，开除了其雇员。新闻媒体在享有批评权的情况下在它们出版的报纸杂志上发表文章，批评了某一个政府官员。

3. **民事主体基于故意损害他人利益的目的行使自己的民事权利**

行为人就其权利滥用行为对他人承担侵权责任的第三个构成要件是，民事主体在行使自己的民事权利时存在故意。所谓故意，是指行为人仅仅基于损害他人利益的目的行使其民事权利，他们既不是为了自己的利益而行使权利，也不是为了第三人的利益而行使权利。他们行使权利的唯一目的是损害他人的利益。

在民法上，如果民事主体在行使民事权利时没有尽到合理的注意义务，即便他们的过失行为引起他人损害的发生，他们也不对他人遭受的损害承担赔偿责任。因为一方面，过失行使权利的行为不构成权利滥用行为，无需对他人承担赔偿责任；另一方面，如果过失行使权利的行为要让行为人对他人承担赔偿责任，则行为人在行为时会谨小慎微，甚至放弃权利的行使，除了会影响民事主体的利益之外也会影响社会公共利益。

当然，某些民法学者对此持有异议，他们认为，过失行使权利的行为也构成权利滥用行为，至少在法国是如此。①

---

① 张民安：《法国民法》，清华大学出版社2015年版，第399—400页。

4. 民事主体的权利行使行为引起了他人损害的发生

行为人就其权利滥用行为对他人承担侵权责任的第四个构成要件是，民事主体故意行使权利的行为引起了他人损害的发生，其故意行为与他人遭受的损害之间存在因果关系。

（四）民事主体违反权利滥用禁止原则所遭受的民事制裁

一旦符合上述四个必要构成要件，行为人就应当赔偿他人所遭受的损害。通常情况下，行为人仅仅赔偿他人遭受的财产损害，无需赔偿他人遭受的非财产损害。在例外情况下，如果行为人滥用权利的行为引起了他人非财产损害的发生，他们也应当赔偿他人所遭受的非财产损害。

四、节约资源、保护生态环境的原则

（一）节约资源、保护生态环境原则的界定

所谓节约资源、保护生态环境的原则，是指民事主体尤其是营利法人在从事民事活动尤其是经营活动时要采取各种各样的措施，合理利用有限的自然资源，防止过度开发、利用自然资源并因此造成自然资源的短缺、浪费和环境污染、生态的破坏。

虽然资源的节约和生态环境的保护往往同公法关系密切，但是，它们同民法之间的关系不可忽视，因为人们的民事活动尤其是经营活动同自然资源、生态环境息息相关。

首先，为了创造更加美好的生活，人们必须利用各种各样的自然资源，如果没有可供依赖的自然资源，则人们往往无法生活。例如，人们的生活须臾不可离开水资源、海洋资源、矿产资源、能源资源等等。

其次，如果人们以粗暴的、野蛮的、简单的方式开发、利用自然资源，他们的所作所为将会让有限的自然资源在短期内消耗殆尽，除了会严重影响人们的生活和生计之外，也会严重影响人类可持续发展目标的实现。

最后，如果人们在日常生活或者经营活动当中不节约资源，而是以粗暴的、野蛮的、简单的方式开发、利用自然资源，除了会严重破坏自然生态之外，他们的行为也会严重污染环境，使人们无时无刻不生活在灰霾、雾霾当中，除了严重影响人们的生活之外也会严重影响人们的身心健康。

（二）工业革命与资源的使用和环境污染之间的关系

在西方社会，在工业革命之前，自然资源的开发和使用是很少的，因此，无论是环境污染还是生态破坏均不存在。换言之，在农业社会、乡村社会，环境污染、生态破坏是没有的。随着工业革命在19世纪末期的开始、发展，西方社会开始快速地进入了工

业社会。因为大规模地开发和利用自然资源,在快速地推动西方社会的经济发展和文明进步时,工业革命也给西方社会带来了资源的浪费、环境的污染和自然生态的破坏问题。

在我国,工业革命可谓姗姗来迟,因为我国的工业革命仅仅发生在中国20世纪的改革开放的初期,它以1980年的深圳经济特区的设立为标志和开端。在深圳经济特区的带动之下,全国其他地区也开始设立了经济特区。这些经济特区的设立开启了中国工业革命的序幕。此后,在经济特区的带动之下,尤其是随着国内其他地区的相继开放,从1991年之后,中国的工业革命在全国范围内如火如荼地展开了,自此之后,大工厂、高速公路、高楼大厦以及大工程等工业革命的标准开始大量出现。在今时今日,姗姗来迟的工业革命仍然在继续着,西方工业革命时代的所有元素均在我国当下重演。

就像西方社会的工业革命一样,在促进我国社会经济的快速发展时,我国的工业革命也带来了严重的资源浪费、环境污染和自然生态的破坏问题。因为,在中国的当下,虽然我们的GDP上升了,虽然我们的国力增强了,但是,我们曾经拥有的蓝天白云没有了,曾经拥有的青山绿水消失了,曾经能够自由呼吸的清新、干净、卫生的空气已经消失得无影无踪了。

(三) 节约资源、保护生态环境原则的法律根据

资源的节约、生态环境的保护问题并不仅仅是中国的问题,虽然这些问题在我国异常突出,因为它是一个全球化的问题,是一个国际问题。这一个问题所涉及的内容是,作为公民,他们享有生活在蓝天白云、山清水秀、空气清新、卫生和干净的环境当中的权利,政府应当采取切实措施,防止企业或者其他行为人滥用自然资源、破坏自然环境、生态环境,以便保护公民所享有的此种权利。

因为这样的原因,法国在2004年颁布了环境宪章,这就是《法国2004年环境宪章》(以下简称《环境宪章》)。《环境宪章》并不是一般性质的法律,而是宪法性质的法律。它将公民享有的生活在健康受尊重的环境当中的权利视为一种宪法性的权利。该《环境宪章》的序言对人类与自然环境之间的关系作出了说明,认为自然资源(ressources naturelles)和自然平衡(les équilibres naturels)不仅是人类产生的条件,而且还同人类的未来和存在密不可分;作为人类的共同财富(le patrimoine commun),人类不得通过过度消耗、过度生产和过度使用(l'exploitation excessive)自然资源的方式来达成自己的短期目标,而应当考虑人类现在的需要和未来一代需要之间的关系。[1]

《环境宪章》既对公民享有的权利也对公民承担的义务和责任作出了规定。第1条规定:任何人均享有生活在平衡环境和健康受尊重环境当中的权利。第2条规定:任何人均应当承担保护和改善环境的义务。第3条规定:所有人均应当根据制定法规定的条

---

[1] https://www.legifrance.gouv.fr/Droit-francais/Constitution/Charte-de-l-environnement-de-2004.

件阻止可能对环境造成的损害，或者如果无法预防对环境造成的损害，应当限制环境损害所引起的后果。第 4 条规定：任何人均应当根据制定法所规定的条件对其引起的环境损害承担赔偿责任。①

在我国，全国人大常委会在 1989 年 12 月 26 日通过了《中华人民共和国环境保护法》。此后，全国人大常委会在 2014 年 4 月 24 日对该法作出了修改。根据该法的规定，国家采取有利于节约和循环利用资源、保护和改善环境、促进人与自然和谐的经济、技术政策和措施，使经济社会发展与环境保护相协调；环境保护坚持保护优先、预防为主、综合治理、公众参与、损害担责的原则；一切单位和个人都有保护环境的义务。

在我国，立法者并不满足于在公法上对环境保护作出规定。在 2017 年的《民法总则》当中，立法者将环境保护的原则从公法上的原则上升为民法的基本原则，这就是第 9 条，该条规定：民事主体从事民事活动，应当有利于节约资源、保护生态环境。

(四) 违反节约资源、保护生态环境原则所引起的后果

如果行为人在从事民事活动时违反了《民法总则》第 9 条的规定，在他们的行为引起环境污染和他人损害的发生时，他们应当按照《民法通则》和《侵权责任法》的规定承担侵权责任。《民法通则》第 124 条规定：违反国家保护环境防止污染的规定，污染环境造成他人损害的，应当依法承担民事责任。

在我国，《侵权责任法》第八章专门对环境污染责任作出了规定，这就是第 65 条至第 68 条的规定。根据这些规定，因污染环境造成损害的，污染者应当承担侵权责任。因污染环境发生纠纷，污染者应当就法律规定的不承担责任或者减轻责任的情形及其行为与损害之间不存在因果关系承担举证责任。两个以上污染者污染环境，污染者承担责任的大小，根据污染物的种类、排放量等因素确定。因第三人的过错污染环境造成损害的，被侵权人可以向污染者请求赔偿，也可以向第三人请求赔偿。污染者赔偿后，有权向第三人追偿。

---

① https://www.legifrance.gouv.fr/Droit-francais/Constitution/Charte-de-l-environnement-de-2004.

第三章 主观权利的一般理论

第一节 主观权利理论的产生和发展

一、法国民法学者在 20 世纪 20 年代对主观权利理论的主张

从 20 世纪初期开始，尤其是从 20 世纪 20 年代末期开始，在承认民法总论存在的情况下，法国民法学者开始放弃此种理论，他们不再将一般法律关系看作民法总论的核心或者支柱，而是将原本隐藏在一般法律关系当中，被看作一般法律关系构成要素的主观权利看作民法总论的核心和支柱。所不同的是，从 20 世纪初期一直到 20 世纪 50 年代之前，在将主观权利看作民法总论核心和支柱的同时，民法学者也将曾经被淹没在一般法律关系当中，被认为是隶属于、服务于一般法律关系的法律规范即客观法律看作民法总论的核心和支柱，这就是以客观法律和主观权利为核心的民法总论。

例如，在 1921 年的《法国实在法当中的科学与技术》① 当中，法国著名民法学家、法国南锡大学（Université de Nancy）法学院的民法教授 Francois Gény 放弃了法律关系的一般理论，而主张以客观法律和主观权利为核心的民法理论。Francois Gény 指出，作为科学和技术的表现，民法具有自己的法律构造（constructions juridiques）和法律概念（concepts juridiques）。在论及作为科学和技术表现形式的法律概念时，Gény 认为，虽然民法当中的概念多种多样，但是，最重要的、最基本的概念有两个，这就是客观法律和主观权利。②

再例如，在 1929 年的第五版的《民法总论》当中，除了正式放弃了他在第一版的《民法总论》当中所主张的一般法律关系理论之外，Henri Capitant 还正式采取了以客观法律和主观权利为核心的民法总论理论，认为民法总论的一切问题归根结底就是客观法律和主观权利的问题，除此之外，民法总论不会涉及任何其他问题。③

二、法国当今民法学者对主观权利理论的承认

在当今法国，民法学者普遍放弃了法律关系理论，不再将法律关系理论视为民法的

---

① F. Gény, Science et technique en droit privépositif, tIII, Recueil Sirey, 1921.
② F. Gény, Science et technique en droit privépositif, tIII, Recueil Sirey, 1921, p. 212.
③ Henri Capitant, Introduction à l'étude du droit civil, Pedone, Paris, A. Pedone, éditeur, 1929, p. 23.

两大核心内容之一,相反,他们均将主观权利视为民法总论的两大核心内容之一。

例如,在 2002 年的《民法总论》当中,在法国,Henri Roland 和 Laurent Boyer 就采取此种理论,将主观权利而不是法律关系视为民法总论的核心内容。他们认为,作为法国民法总论的两大核心内容之一,主观权利所包含的内容有六个方面,这就是他们主张的主观权利的六重内容理论:其一,主观权利的界定,包括主观权利与法律上的其他特权之间的关系,主观权利与法律义务之间的关系。其二,法人格,也就是主观权利的主体,包括自然人和法人。其三,主观权利的类型,包括非财产权和财产权。其四,主观权利的客体,包括物(les choses)、服务(les services)和金钱(la monnaie)。其五,主观权利的渊源,包括法律行为和法律事件。其六,主观权利的证明,包括证据法的一般原则、证明责任的承担和证明方式。①

再例如,在其《民法总论》当中,Jean-Luc Aubert 和 Eric Savaux 也采取此种理论,认为主观权利是民法总论的核心内容,法律关系并不是民法总论的核心内容。他们认为,主观权利包括的五种内容是:其一,主观权利的一般理论,包括民法学者关于主观权利理论的争议、作为客观法律实施的特别方面的主观权利。其二,权利主体即法人格,包括权利主体的双重性即自然人和法人、人的个体化。其三,主观权利的类型,包括非财产权与财产权的区分理论、财产权与广义的财产理论。其四,主观权利的渊源,包括法律行为和法律事件。其五,主观权利的证明,包括民事领域的证明方式和其他的证据制度。②

三、我国《民法通则》采取了主观权利理论

在我国,虽然《民法通则》第 2 条对民法的调整对象作出了规定,认为民法的调整对象是人身关系和财产关系,但实际上,它并没有将第 2 条所规定的民事法律关系视为民法的核心内容,即便在解读《民法通则》第 2 条的规定时,我国民法学者普遍认定该条规定的民事法律关系属于民法的核心内容。

如果《民法通则》没有将民事法律关系视为民法的核心内容,那么,它将什么东西视为民法的核心内容?答案是,除了将客观法律即民事法律规范的有机整体视为民法的核心内容之外,它也将主观权利视为民法的核心内容。《民法通则》之所以将主观权利视为民法的核心内容,其主要原因在于以下五个方面:

第一,《民法通则》将民事权利的受尊重视为民法的基本原则之一,认为所有人均

---

① Henri Roland Laurent Boyer, Introduction au droit, Litec, pp. 367—629;张民安:《法国民法总论(上)》,清华大学出版社 2017 年版,第 554—555 页。
② Jean-Luc AUBERT Eric SAVAUX, Introduction au droit et thèmes fondamentaux du droit civil, 14e édition, Dalloz, pp. 195—244;张民安:《法国民法总论(上)》,清华大学出版社 2017 年版,第 554 页。

应当尊重他人的民事权利。不得侵犯他人享有的任何民事权益，这就是《民法通则》第5条，该条规定：公民、法人的合法的民事权益受法律保护，任何组织和个人不得侵犯。

第二，《民法通则》对享有民事权利的人即民事主体作出了规定，认为自然人和法人享有民事权利，这就是《民法通则》第二章和第三章关于公民（自然人）和法人的规定。

第三，《民法通则》对民事权利产生的渊源即民事法律行为和代理作出了规定，除了认为一般的民事法律行为能够产生主观权利之外，也认为代理能够产生主观权利，这就是《民法通则》第四章关于民事法律行为和代理的规定。实际上，《民法通则》第四章有关民事法律行为和代理的规定属于一般规定，它已经建立起主观权利渊源方面的一般理论和一般制度。

第四，《民法通则》对民事主体享有的各种民事权利作出了规定，认为民事主体既享有各种各样的财产权，诸如财产所有权、债权、知识产权和继承权，也享有各种各样的人身权，诸如生命权、健康权、姓名权、名誉权、肖像权等等。这就是《民法通则》第五章关于民事权利的规定。实际上，《民法通则》第五章有关民事权利的规定属于一般规定，它已经建立起民事权利方面的一般理论和一般制度。

第五，《民法通则》对主观权利的保障手段作出了规定，认为当行为人侵犯他人享有的民事权利时，他们应当对他人承担民事责任。这就是《民法通则》第六章关于民事责任的规定。实际上，《民法通则》第六章有关民事责任的规定属于一般规定，它已经建立起民事责任方面的一般理论和一般制度。

四、我国《民法总则》也采取了主观权利理论

在我国，《民法通则》所采取的上述态度完全被《民法总则》所采用。虽然《民法总则》第2条将民事法律关系看作民法的调整对象，但是，除了该条之外，《民法总则》没有再对民事法律关系作出任何具体的说明，更没有设专章规定民事法律关系。而《民法总则》对待主观权利的态度完全不同，除了在第一章当中对民事权利受尊重的原则作出了规定之外，它还大面积地规定主观权利方面的内容，并因此让主观权利成为民法的两大核心内容之一。

第一，《民法总则》在第一章当中对民事权利受尊重的原则作出了规定，认为所有组织和所有个人均应当尊重他人享有的民事权益，这就是第3条，该条规定：民事主体的人身权利、财产权利以及其他合法权益受法律保护，任何组织或者个人不得侵犯。

第二，《民法总则》对享有民事权利的人即权利主体作出了规定，认为除了自然人和法人享有民事权利并因此成为权利主体之外，非法人组织也享有民事权利并因此成为权利主体，这就是第二章至第四章的规定。实际上，《民法总则》第二章至第四章的规定属于一般性质的规定，它们已经建立起权利主体方面的一般理论和一般制度。

第三，除了对各种类型的民事权利作出了规定之外，《民法总则》还对民事权利的自由行使和自由行使的限制作出了规定，除了对债权的渊源作出了规定之外，它还对民事权利的取得方式即民事权利的渊源作出了规定，这就是第五章的规定。实际上，《民法总则》第五章的规定属于一般性的规定，它已经建立起民事权利的一般理论和一般制度。

第四，《民法总则》对民事权利产生的最主要、最重要的渊源作出了规定，认为除了民事法律行为能够产生主观权利之外代理也能够产生主观权利，这就是第六章和第七章的规定。实际上，这两章的规定属于一般性质的规定，它们已经建立起民事法律行为和代理方面的一般理论和一般制度。

第五，《民法总则》对民事权利的保障手段作出了规定，认为行为人不应当违反所承担的民事义务并因此侵犯他人所享有的任何民事权利，否则，他们应当对他人承担民事责任，包括违约责任和侵权责任，除非他们具有拒绝承担民事责任的某种正当理由，这就是第八章的规定。实际上，该章的规定属于一般性质的规定，它已经建立起民事责任方面的一般理论和一般制度。

五、主观权利理论涉及的主要内容

主观权利理论涉及的主要内容有：①主观权利的主体；②主观权利的客体；③主观权利的内容；④主观权利的渊源；⑤主观权利的实现。我们将前面四个方面的内容称为主观权利的构成要件，关于这些构成要件，我们将在下一节当中作出讨论，此处仅仅讨论第五个方面的内容。

所谓主观权利的实现，是指权利主体通过某种方式实施其享有的主观权利。当权利主体享有某种主观权利时，如果他们通过某种方式实施其享有的此种主观权利，则他们通过该种方式实施其主观权利的行为就是主观权利的实现。虽然权利主体实现主观权利的方式多种多样，但是，他们实现主观权利的所有方式均可以归结为两种，这就是，主观权利的司法实现（réalisations judiciaire des droits subjecfifs）和主观权利的非司法实现（réalisations extrajudiciaire des droits subjecfifs）。①

所谓主观权利的司法实现，是指当权利主体享有的某种主观权利遭受行为人的侵犯时，他们有权向法院起诉，要求法官采取各种各样的法律措施保护其主观权利免受侵犯，或者要求法官采取措施，责令行为人对其遭受的损害承担赔偿责任。因此，主观权利的司法实现是指权利主体通过其诉权的行使来实现其主观权利。例如，当他人的隐私权遭受侵犯时，他人有权向法院起诉，或者要求法官颁发禁止令，禁止行为人出版其侵

---

① Jean Carbonnier, Droit civil, Volume I, Introduction Les personnes la famille, l'enfant, le couple, puf, p. 329；张民安：《法国民法总论（上）》，清华大学出版社2017年版，第560页。

犯他人隐私权的著作,或者要求法官作出判决,责令行为人赔偿其遭受的损害。同样,当承租人没有按照租赁契约规定的期限交付租金时,出租人有权向法院起诉,要求法官责令承租人交付租金。

所谓主观权利的非司法实现,是指权利主体通过诉权之外的方式实现其主观权利。主观权利的非司法实现方式有三种:[①]

其一,权利主体能够自行行使其主观权利(l'exercice des droits subjecfifs)。原则上,权利主体能够按照自己的意愿行使其享有的主观权利,但是,在例外情况下,他们行使主观权利的行为会构成权利滥用行为,在符合过错侵权责任一般构成要件的情况下,他们应当就其滥用主观权利的行为对他人遭受的损害承担赔偿责任。

我国《民法总则》对这些规则作出了说明,其中的第 130 条规定:民事主体按照自己的意愿依法行使民事权利,不受干涉;第 131 条规定:民事主体行使权利时,应当履行法律规定的和当事人约定的义务;第 132 条规定:民事主体不得滥用民事权利损害国家利益、社会公共利益或者他人合法权益。

其二,权利主体能够自行转让、转移其主观权利。原则上,权利主体享有的主观权利是能够自由转让的、自由转移的:生前,他们能够将其主观权利转让给受让人;死时,他们能够将其主观权利转移给自己的继承人继承。在例外情况下,权利主体既不得转让自己的主观权利,也不得转移自己的主观权利。

其三,权利主体能够自行放弃其主观权利。原则上,权利主体能够放弃自己的主观权利,例如,物权人放弃其物权和债权人放弃其债权等。在例外情况下,权利主体不得放弃自己的主观权利,例如,父母的亲权、监护人的监护权和自然人的人格权不得被放弃等。

第二节 主观权利的一般构成要素

所谓主观权利的一般构成要素,是指主观权利所应当具备的最低限度的构成要件。如果不具备主观权利的一般构成要素,则主观权利将无法获得法律的保护。主观权利的一般构成要素包括:主观权利的主体,主观权利的客体,主观权利的内容,主观权利的变动以及主观权利的渊源。关于主观权利的渊源,我们将在下面的内容当中作出讨论,此处从略。

---

① Jean Carbonnier, Droit civil, Volume I, Introduction Les personnes la famille, l'enfant, le couple, puf, pp. 351—359;张民安:《法国民法总论(上)》,清华大学出版社 2017 年版,第 560—561 页。

一、主观权利的主体

(一) 主观权利主体的界定

在民法上,主观权利应当具备的第一个一般构成要件是权利主体的存在。如果没有权利主体的存在,当然就没有主观权利的存在了,因为民事权利是由权利主体享有的。所谓主观权利的主体,又称民事主体,是指那些参加民事生活并因此享有某种民事权利的人。

在民法上,"人"(la personne)这一术语来源于拉丁文"persona"一词。在拉丁文当中,"persona"这一词语在词源学上的含义是指戏剧表演者在进行戏剧表演时所带的面具(le masque)。在罗马法当中,这一词语的含义逐渐发生了转变,一方面,它逐渐从戏剧表演者所带的面具转向戏剧表演者所扮演的"主角",以及这些主角在履行其不同的职责时所享有的权利、权力和所承担的义务等;另一方面,它也逐渐从戏剧表演领域延伸到了法律领域,因为在法律领域,不同的人就像戏剧表演者所扮演的"主角"一样从事着各种各样的法律活动,过着形形色色的法律生活,履行着不同的法律职责,他们在从事这些活动或者履行这些职责时也像戏剧表演者所扮演的"主角"那样享有权利、权力和承担义务。[①]

(二) 主观权利主体的范围

传统民法认为,仅有"人"(les peronnes)才能够成为主观权利的主体,"人"之外的"物"(des choses)、"客体"(objets)不能够成为主观权利的主体,这就是民法上的"人"与"物"之间的区分理论。[②]

不过,当代民法对此有不同的意见,因为当代民法认为,除了传统意义上的"人"能够成为主观权利的主体之外,传统民法上的某些"物"也能够成为"人",能够像传统民法当中的"人"那样成为主观权利的主体,这就是"客体的主体化"现象,也就是被"主体化"了的物或者客体。

在民法上,主观权利的主体除了包括"生物学"意义上的"自然人"之外,还包括法律意义上的"法人""非法人组织"甚至某些特定的"物"等等,他们或者它们均能够参与民事生活并因此享有民事权利。具体来说,能够成为权利主体的"人"包

---

① Bernard Teyssié, Droit civil, Les personnes, 12e édition, Litec, p. 5; FrancoisTerré Dominique Fenouillet, Droit civil les personnes, 8e édition, Dalloz, p. 10; Jean-Luc AUBERT Eric SAVAUX, Introuduction au droit, 14e édition, Dalloz, p. 201; 张民安:《法国民法》,清华大学出版社 2015 年版,第 129 页。
② David Bakouche, Droit civil les personnnes la famille, HACHETTE, pp. 11—12.

括自然人、法人、非法人组织、例外情况下的国家、例外情况下被"主体化了的物或者客体"五种。

1. **自然人**

在民法上,能够成为权利主体的第一种"人"是所谓的"自然人"(les peronnes phyiques)。所谓自然人,也称为单个的个体,是指我们人类(les êtres humains)本身,也就是指通过女性"怀胎"之后分娩出来的、有血有肉的人。在任何国家,自然人均是最主要、最重要的权利主体之一,因为在当今社会,自然人大量参与民事生活并由此享有民事权利。尤其是,在民法上,夫妻关系、家庭关系、继承关系、收养关系的民事主体仅为自然人,"法人"或者"非法人组织"无法成为这些主观权利的主体。关于自然人在民法上的法律地位问题,我们将在有关民事主体当中作出详细的讨论,此处从略。

2. **法人**

在民法上,能够成为权利主体的第二种"人"是所谓的"法人"(les peronnes morales)。在民法上,"法人"是相对于"自然人"而言的另外一种最主要、最重要的权利主体。所谓"法人",是指那些具备完全的民事权利能力、民事行为能力和民事责任能力的组织或者团体。任何组织、团体,一旦具有完全的民事权利能力、民事行为能力或者民事责任能力,则该种组织、团体就是法人。关于法人在民法上的地位问题,我们将在有关民事主体的内容当中作出详细的讨论,此处从略。

3. **非法人组织**

在民法上,能够成为权利主体的第三种"人"是所谓的"非法人组织"。所谓"非法人组织",是那些不具备完全的民事权利能力、民事行为能力或者民事责任能力的组织、团体。关于非法人组织在民法上的地位问题,我们将在下面的内容当中作出详细的讨论,此处从略。

4. **例外情况下的国家**

在民法上,能够成为权利主体的第三种"人"是所谓的"国家"或者国家"公权力机关"。原则上,国家或者国家"公权力机关"不是主观权利的主体,因为它们仅为公法主体不是私法主体。但是,在例外情况下,国家或者国家"公权力机关"也能够成为主观权利的主体。表现在两个方面:

一方面,如果国家或者国家"公权力机关"与自然人、私法人或者非法人组织之间从事某种民事活动,则它们被看作主观权利的主体。例如,当国家或者地方政府发行"国债"或者"地方政府债"时,它们就与"国债"或者"地方政府债"的购买人之间建立了民事法律关系,它们既要对购买人承担民事义务或者民事责任,也会对他们享有民事权利。另一方面,在履行国家或者国家"公权力机关"的公共职能时,如果它们实施的违法行为侵害了民事主体所享有的某种民事权利并因此引起他们损害的发生,它们应当根据国家赔偿法的有关规定对他们遭受的损害承担赔偿责任，此时，它们与民事主体之间的侵权责任关系仅为普通的侵权责任关系。①

5. 例外情况下被主体化了的物或者客体

在当今两大法系国家，某些民法学者或者法官认为，传统意义上的"物"或者"客体"也能够被看作主观权利的主体，它们也能够像传统民法当中的"人"一样受到法律的保护。

在法国，某些民法学者认为，主人在家中饲养的动物尤其是宠物应当被看作"人"。法国最高法院曾经在其司法判例当中采取此种理论，它认为，当行为人将他人饲养的动物、宠物打死时，除了应当赔偿他人遭受的财产损害之外，他们还应当赔偿他人遭受的非财产损害。②

在美国，司法判例认为，影视明星、体育明星所经常使用的"口头禅""道具"也应当被看作"人"，当行为人未经影视明星、体育明星的同意而使用其"口头禅""道具"来为其产品做广告时，他们应当赔偿影视明星、体育明星遭受的非财产损害。③

在我国，最高人民法院在《关于确定民事侵权精神损害赔偿责任若干问题的解释》第4条当中规定，具有人格象征意义的特定纪念物品也可以看作"人"，当行为人侵害他人具有纪念价值的特定物品时，他们应当赔偿他人遭受的非财产损害，该条规定：具有人格象征意义的特定纪念物品，因侵权行为而永久性灭失或者毁损，物品所有人以侵权为由，向人民法院起诉请求赔偿精神损害的，人民法院应当依法予以受理。

二、主观权利的内容

（一）民事权利、民事义务和民事责任属于主观权利的内容

在民法上，主观权利应当具备的第二个一般构成要件是主观权利的内容。所谓主观权利的内容，是指民事主体所享有的民事权利、所承担的民事义务和民事责任。在民法上，民事主体享有的民事权利当然属于主观权利的内容，这一点毫无疑问。不过，除了民事权利属于主观权利的内容之外，民事义务和民事责任之所以属于主观权利的内容。民事义务和民事责任之所以属于主观权利的内容，是因为民事义务和民事责任是民事权利的两种保障手段：民事义务和民事责任的承担均是为了确保民事权利的实现。

---

① 参见张民安《侵权法上的替代责任》，北京大学出版社2010年版，第68—78页。
② David Bakouche, Droit civil les personnnes la famille, HACHETTE, pp. 12—13.
③ 大卫·韦斯特福尔、大卫·兰多：《作为财产权的公开权》，郭钟泳译，载张民安主编《公开权侵权责任研究》，中山大学出版社2010年版，第107—109页。

（二）权利本位和义务本位

在民法上，究竟是民事主体享有的民事权利更重要还是义务主体所承担的民事义务更重要？对此问题，人们在不同时期作出的回答并不完全相同。在民法上，如果人们认定民事权利要比民事义务更重要，则他们采取的此种理论被视为权利本位。相反，在民法上，如果人们认为民事义务要比民事权利更重要，则他们采取的此种理论被视为义务本位。

在历史上，自然法学派的学者普遍采取权利本位的理论，因为他们认为，自然人应当首先享有各种各样的自然权利、天赋权利，在享有这些权利的前提下，他们也应当对他人承担各种各样的义务。① 不过，并非自然法学派的所有学者均采取权利本位的理论，某些学者采取义务本位理论，例如，德国18世纪最著名的自然法学家Wolff。因为他们认为，人们应当首先对他人承担各种各样的自然义务，在承担义务的情况下，他们也能够享有各种各样的权利。②

作为自然法学派的集大成者，法国1789年的《人权与公民权利宣言》完全采取了主观权利本位的理论，因为除了对自然人享有的各种各样的自然权利、人权作出了规定之外，该《宣言》并没有对自然人承担的民事义务作出任何规定。此外，1804年的《法国民法典》也采取了主观权利本位的理论，因为它完全采取了自然法学派所主张的天赋权利的理论。

在19世纪前半期，法国实在主义学派的创始人（le fondateur du positivisme）奥古斯特·孔德（Auguste Comte）主张义务本位理论。他认为，同18世纪的自然法学派主张的人一经出生就开始享有天赋权利、自然权利不同，人一经出生就开始承担各种各样的义务（obligations de toute espèce），包括对我们的先辈所承担的义务（envers nos prédécesseurs）、对我们的后辈所承担的义务（envers nos successeurs）以及对我们的同辈所承担的义务（envers nos contemporains），因为，人总是社会的，而社会并不是建立在18世纪的自然法学派主张的个人主义、个人意志的基础上。③

在当今法国，民法仍然采取了主观权利本位的理论，因为从20世纪70年代以来尤其是20世纪90年代以来，它通过一系列的制定法将人享有的各种各样的重要权利规定

---

① Jean Carbonnier, Droit civil, Volume I, Introduction Les personnes la famille, l'enfant, le couple, puf, pp. 79—81; Michel de JUGLART Alain PIEDEEVRE Stéphane PIEDEEVRE, Cours de droit civil, introduction, personnes, famille, Seizième édition, Montchrestien, p. 11; 张民安：《法国民法总论（上）》，清华大学出版社2017年版，第569—570页、第571—572页。

② 张民安：《法国民法总论（上）》，清华大学出版社2017年版，第570—571页。

③ Michel de JUGLART Alain PIEDEEVRE Stéphane PIEDEEVRE, Cours de droit civil, introduction, personnes, famille, Seizième édition, Montchrestien, p. 12.

在《法国民法典》当中。《法国民法典》第 16 条规定：法律确保人的至高无上性，禁止行为人实施一切有损他人人格尊严的行为，确保自然人从生命开始时起就获得人的尊重。《法国民法典》第 16-1 条规定：任何人均享有身体受尊重权；人的身体是不可侵犯的；人的身体、人的身体的组成部分和人的身体的产物不得成为任何财产权的客体。《法国民法典》第 16-2 条规定：法官有权采取一切适当措施，阻止或者终止行为人对他人的身体、他人身体的组成部分或者身体产物实施的非法行为，即便他人已经死亡，也是如此。①

在我国，《民法总则》采取了权利本位理论，没有采义务本位，因为一方面，除了对客观法律作出规定之外，它主要对主观权利作出了规定，其中的第 109 条规定自然人的人身自由、人格尊严受法律保护，而其中的第 110 条规定：自然人享有生命权、身体权、健康权、姓名权、肖像权、名誉权、荣誉权、隐私权、婚姻自主权等权利。另一方面，除了在第八章民事责任当中对民事义务作出了简要的规定之外，《民法总则》没有对民事义务作出一般性的规定。立法者之所以忽视民事义务在《民法总则》当中的地位，其原因固然多种多样，但是，一个主要原因是，如果在《民法总则》当中对民事义务设专章规定，则民法学者可能会认定民事义务和民事权利的地位是平行的、同等重要的，会让第五章所规定的民事权利的重要性大打折扣。

(三) 民事权利与民事义务和民事责任之间的目的和手段关系

在我国，《民法总则》在第五章当中对民事权利作出了规定，在第八章当中对民事责任作出了规定。问题在于，这两章规定的内容之间的关系是什么？我们认为，这两章之间的关系是，第五章所规定的民事权利是目的，而第八章所规定的民事责任则是手段，它的目的在于确保第五章所规定的民事权利的实现，防止行为人通过各种各样的方式侵犯他人依据第五章所享有的民事权利，因为根据第八章的规定，如果行为人不履行他们对他人所承担的民事义务并因此导致他人享有的民事权利遭受侵犯，他们应当对他人承担民事责任。

既然民事责任与民事权利之间是一种手段和目的之间的关系，则民事义务与民事权利之间也是一种手段和目的之间的关系。事实上，民事义务是民事权利的第一层保护手段，这就是，如果行为人对权利主体承担了某种民事义务，他们就应当履行所承担的此种义务，一旦他们履行了所承担的民事义务，权利主体的民事权利就获得了保护。而民事责任则是民事权利的第二层保护，因为，如果行为人不履行或者不适当履行他们对权利主体承担的民事义务，则基于权利主体的主张，法官会责令他们对权利主体承担法律责任。通过第一层和第二层保护，权利主体的民事权利会得到完全的实现。

---

① 张民安：《法国民法总论（上）》，清华大学出版社 2017 年版，第 611—612 页。

(四) 民事权利与民事义务之间的不对称性

在我国，由于受到 19 世纪中后期以来民法学者的影响，尤其是受到 20 世纪 50 年代前后苏俄民法学者的影响，民法学者普遍认为，民事权利和民事义务是对应的，这就是，权利主体所享有的权利与义务主体所承担的民事义务是相伴而立、相对而行的，权利主体享有的民事权利对应于义务主体所承担的民事义务，反之亦然，义务主体承担的民事义务对应于权利主体享有的民事权利。

实际上，此种理论是不真实的、不成立的，至少是部分不真实的、不成立的。在民法上，某种领域的确存在我国民法学者所谓的这样的现象。例如，在房屋租赁合同当中，出租人享有的民事权利对应于承租人所承担的民事义务：当出租人享有要求承租人支付租金、按照约定方式使用租赁物以及妥善保管租赁物的权利时，承租人就应当对出租人承担支付租金、按照约定方式使用租赁物以及妥善保管租赁物的义务。①

不过，并非民法的所有领域均存在此种对应现象。在所有权领域或者其他物权领域，此种对应现象是不存在的。当 A 对其房屋享有所有权时，他能够享有的民事权利包括四项：占有权，使用权，收益权以及处分权。A 自由地、独立地行使这些权利当中的任何一种权利，没有任何人要对其承担任何民事义务，更谈不上所规定的民事义务要与这四项权利一一对应。在我国，某些民法学者认为，当 A 对其房屋享有所有权时，A 之外的所有其他人即所谓的世人、第三人均应当对 A 承担不侵犯其所有权的义务，也就是不侵犯其享有的占有权、使用权、收益权和处分权的义务。这就是不特定的义务主体对特定权利主体所承担的不作为义务。② 此时，所有权人享有的民事权利当然同世人、第三人所承担的民事义务一一对应了。

不过，世人、第三人对所有权人所承担的此类不作为义务并不是物权法上的义务，而是侵权法上的不作为义务，已如前述。在侵权法上，普遍性的不作为义务是根本不存在的，因为普遍性的不作为义务会打击社会公众行为的积极性，并最终危及社会公共利益。因为这样的原因，侵权法一直以来均认定，行为人仅仅在某些具体、特殊情况下才对他人承担某种不作为义务，他们不会在任何情况下均对他人承担普遍性的不作为义务。③

基于同样的情况，在人格权领域，民事权利和民事义务之间的对应现象也是不存在的，即便我国民法学者普遍认为，当 A 享有生命权时，A 之外的所有世人、第三人均对其承担不侵犯其生命的义务，他们的此种观点同样将生命权等同于生命权的侵权行

---

① 张民安主编：《合同法》，中山大学出版社 2003 年版，第 322—326 页。
② 梁慧星：《民法总论》（第 2 版），法律出版社 2001 年版，第 58 页。
③ 张民安：《过错侵权责任制度研究》，中国政法大学出版社 2002 年版，第 288—290 页。

为；并且即便是在侵权法上，行为人要承担不侵犯他人生命权的义务，他们也不会承担普遍性的不作为义务，已如前述。

三、主观权利的客体

（一）主观权利客体的界定

在民法上，主观权利应当具备的第三个一般构成要件是主观权利的客体。

在我国，在"客体"（objet）的界定问题上，民法学者之间有四种不同的理论：其一，"对象说"，认为客体是指民事权利、民事义务或者民事责任所共同指向的对象。① 其二，"承载说"，认为客体是指民事权利和民事义务的具体承载。② 其三，"目标性事务说"，认为客体是指"民事主体之间得以形成主观权利内容的目标性事务。"③ 其四，"发生的事务说"，认为客体是指民事权利和民事义务所由发生的事物。④

在我国，上述四种界定之间虽然存在差异，但是，它们之间的差异仅仅是形式上的，不是实质性的。在对主观权利的客体作出界定时，我们采取通说。我们认为，所谓主观权利的客体，是指民事权利所指向的对象，或者说，所谓主观权利的客体，是指民事主体对其行使权利的对象。例如，当 A 对其房屋享有所有权时，该所有权的客体就是 A 的房屋。又如，当 A 对其健康享有权利即健康权时，该健康权的客体就是 A 的健康。

在民法上，主观权利的客体是主观权利一般的、最低限度的构成要件，只有具备了主观权利客体这一构成要件，主观权利才能够成立，如果不具有主观权利的客体，则主观权利无法成立，因为，主观权利的客体是主观权利的内容所赖以存在的依靠或者基础。

（二）主观权利的客体与标的物的差异

在民法上尤其是在债法上，人们往往会区分主观权利的客体与标的物。在债法上，债权的客体是债务人所谓的债务履行行为，该种履行行为被称为给付行为。所谓标的物，是指债务人的给付行为所指向的物。例如，当甲方将其 iPhone 7 手机出卖给乙方时，甲方与乙方之间的债权客体或者是甲方交付手机的行为或者是乙方交付钱款的行为，不是甲方交付的 iPhone 6 手机，因为甲方所交付的手机是标的物。同样，当甲方将

---

① 佟柔主编：《中国民法》，法律出版社 1990 年版，第 36 页；傅静坤主编：《民法总论》（第 3 版），中山大学出版社 2007 年版，第 29 页。
② 江平主编：《民法学》（第 2 版），中国政法大学出版社 2011 年版，第 16 页。
③ 王卫国主编：《民法》，中国政法大学出版社 2007 年版，第 26 页。
④ 魏振瀛主编：《民法》（第 4 版），北京大学出版社 2011 年版，第 33 页。

其房屋出租给乙方时，房屋租赁契约的客体或者是甲方交付房屋的行为，或者是乙方交付租金的行为，房屋不是契约债权的客体，它仅仅是契约的标的物。

(三) 主观权利客体的差异性

虽然所有的主观权利均应当具备主观权利客体这一必要构成要件，但是，并非主观权利的所有客体均是相同的。主观权利的类型不同，它们的客体也不同。

1. 物权的客体：有体物

在民法上，物权的客体原则上是有形财产、有体财产（Les choses corporelles）。所谓有形财产、有体财产，也称为有形物、有体物，是指像小汽车、钢笔或者房屋等能够被人看得见、摸得着的动产、不动产，这些财产不仅具有一定的经济价值，而且具有一定的使用价值和交换价值，能够满足民事主体的物质要求，是最主要、最重要的权利客体之一。关于物权的客体，我们将在权利客体当中作出讨论，此处从略。

2. 债权的客体：给付行为

在民法上，债权的客体是债务人对债权人所为的债务履行行为，该种履行行为被称为给付行为（prestation）。所谓给付行为，是指债务人为了履行他们对债权人所承担的民事义务或者民事责任而具体实施的作为行为和不作为行为。给付行为多种多样，诸如：转移所有权的行为，建造工程的行为，提供劳务服务的行为，交付金钱的行为，等等，这就是行为均为法律行为。不过，给付行为也包括不作为行为，例如，保守秘密的行为。[①] 关于债权客体，我们将在主观权利的客体当中作出讨论，此处从略。

3. 知识产权的客体：智力成果

在民法上，知识产权的客体是民事主体的智力成果。所谓智力成果，是指人们通过脑力劳动创造出来的、具有财产价值或者非财产价值的无形财产、无体财产（les choses incorporelles）。知识产权的客体实际上就是无形物、无体物。例如，作家创造的小说、发明者所为的专利发明、商标权人所使用的商标等等。关于知识产权客体，我们将在主观权利的客体当中作出讨论，此处从略。

4. 人格权的客体：人格特征

在民法上，人格权的客体是民事主体自身的人格特征。因为人格权分为有形人格权和无形人格权，因此，它们的客体也存在差异。有形人格的客体是自然人的生命、身体和健康，生命、身体和健康被称为有形人格特征，因为它们均是建立在自然人的血肉之躯的基础上。而无形人格权的客体则不同，原则上，无形人格权的客体是自然人的姓名、名誉、隐私、肖像、声音等无形人格特征。在例外情况下，无形人格权的客体则是法人、非法人组织的姓名、名誉、荣誉。当然，人们对这样的结论存在不同的看法。关

---

① 张民安、铁木尔高力套：《债权法》（第4版），中山大学出版社2013年版，第65页。

于有形人格权的客体和无形人格权的客体,我们将在主观权利的客体当中作出讨论,此处从略。

5. 身份权的客体

在民法上,身份权的客体是身份权人所具有的某种身份。例如,夫妻配偶权的客体是夫妻双方的配偶身份。父母亲权的客体是父母的身份。关于身份权的客体,我们将在主观权利的客体当中作出讨论,此处从略。

四、主观权利的变动

(一)主观权利变动的界定

所谓主观权利的变动,是指主观权利从产生、变更到消灭的一个动态过程和不同阶段,它包括三个方面的内容:主观权利的产生;主观权利的变更;主观权利的消灭。例如,原本没有配偶权的一方当事人因为与另外一方当事人结婚而获得了配偶权,这就是主观权利的产生。再例如,原本享有配偶权的一方当事人因为与另外一方当事人离婚而丧失其配偶权,这就是主观权利的消灭。又例如,当他人出生时,他人享有生命权,而当他人死亡时,则他人丧失生命权,这也属于主观权利的消灭。

(二)主观权利的产生

1. 主观权利产生的界定

主观权利变动的第一个阶段是主观权利的产生。所谓主观权利的产生,也称为主观权利的取得,是指原本不享有某种民事权利的人因为某种原因而取得了该种民事权利。例如,因为出生,人们开始取得人格权。再例如,甲方因为与乙方签订契约而获得契约债权。它们均为主观权利的产生。我国民法学者普遍认为,主观权利的取得可以分为民事权利的原始取得和民事权利的继受取得。

2. 民事权利的原始取得

所谓民事权利的原始取得,也称为民事权利的绝对发生,是指不以民事主体既存的民事权利为前提而取得民事权利。例如,通过生产取得所生产的产品的所有权,因先占而取得无主物的所有权,通过发明创造而取得专利权,通过劳动获得劳动成果的所有权,通过出生而获得人格权或者身份权,等等。

3. 民事权利的继受取得

所谓民事权利的继受取得,亦称为民事权利的相对发生,是指基于民事主体既存的民事权利而取得的民事权利。例如,通过债权的让与而取得债权,通过继承而取得财产的所有权,等等。我国民法学者普遍认为,民事权利的继受取得包括移转的继受取得和创设的继受取得。

所谓移转的继受取得，是指在不改变民事权利的内容的情况下从民事主体那里取得民事权利，如通过所有权的让与取得所有权。这种情形实际上也就是民事权利主体的变更。

所谓创设的继受取得，是指以民事主体的既存民事权利为基础，通过设定行为而取得民事权利，如所有权人在自己的所有物上为民事主体设定用益物权或担保物权。在这种情形下，民事主体的民事权利依然存在，但民事权利的内容变更了，即从原民事权利中分离出部分权能而成为一项新的民事权利。

（三）主观权利的变更

1. 主观权利变更的界定

主观权利变动的第二个阶段是主观权利的变更。所谓主观权利的变更，是指已经存在的主观权利因为某种原因而发生变化。此种变化或者体现为主观权利主体的变化，或者体现为主观权利内容的变化。前者被称为主观权利主体的变更，后者被称为主观权利内容的变更。

2. 权利主体的变更

所谓主观权利主体的变更，简称为权利主体的变更，是指在保持主观权利内容不变的情况下，一个权利主体将其享有的主观权利全部或者部分转让给受让人，使受让人完全或者部分取代其权利主体并因此享有民事权利。例如，甲方将其对乙方享有的50万的债权全部转让给丙方，这就是主观权利的全部转让。再例如，甲方将其对乙方享有的50万的债权当中的30万转让给丙方，另外20万的债权仍然由甲方享有，这就是主观权利的部分转让。在民法上，除非权利主体享有的民事权利是性质上不得转让的权利，否则，权利主体能够将其享有的所有主观权利全部或者部分转让给受让人。

在民法上，虽然大多数民事权利具有可转让性，但是，某些民事权利仍然具有不得转让性。① 原则上，物权、债权和知识产权等广义的财产权具有可转让性，而非财产权则不具有可转让性，在少数情况下，某些广义的财产权也不具有可转让性，包括那些具有专属性的财产权和民事主体通过合同明确约定不得转让的财产权等。例如，扶养请求权，精神损害赔偿请求权，等等。②

3. 权利内容的变更

所谓主观权利内容的变更，简称为权利内容的变更，是指在保持主观权利主体不变

---

① Goubeaux, Droit Civil Tome 1, 24e édition LGDJ, p. 33; Philipp Bihr, Droit Civil general, 13e édition, Dalloz, p. 38.

② Goubeaux, Droit Civil Tome 1, 24e édition LGDJ, p. 33; Philipp Bihr, Droit Civil general, 13e édition, Dalloz, p. 38.

的情况下,一个权利主体与另外一个权利主体之间就民事权利的内容所作出的修改和变更。例如,当甲方和乙方签订的手机买卖合同规定乙方的交货时间为6个月时,甲方同乙方就交货时间重新协商并将乙方交货的时间改为缩短为3给月时,甲方与乙方之间的主观权利的内容就发生了变更,这就是主观权利内容的变更。再例如,当甲方与乙方结婚时,他们对夫妻财产制采取了共同财产制,但是,在生活了一段时期之后,甲方与乙方签订协议,决定将他们之间的共同财产制改为分别财产制。

(四) 主观权利的消灭

主观权利变动的第三个阶段是主观权利的消灭。所谓主观权利的消灭,是权利主体享有的民事权利因为某种原因而不复存在。例如,因为死亡,他人的生命权消灭。因为离婚,他人享有的配偶权消灭。它们均为主观权利的消灭。

1. 权利客体的消灭

当权利客体消灭时,权利主体享有的权利当然消灭。这在物权领域是如此,在债权领域是如此,在其他民事权利领域也是如此。[①]

2. 权利主体放弃其民事权利

当权利主体享有某种民事权利时,如果他们基于自愿而放弃其享有的此种民事权利,则他们享有的此种民事权利即因为其主动放弃而消灭,这就是所谓的权利放弃(la renonciation a un droit)。并非所有的主观权利均是可以放弃的,原则上,权利主体能够放弃其财产权,但他们不得放弃其人身权。[②]

第三节 主观权利的渊源

在民法上,如果主观权利的产生、主观权利的变更和主观权利的消灭因为某种原因而引起,则引起权利产生、变更和消灭的此种原因被称为主观权利的渊源,包括主观权利产生的渊源、主观权利变更的渊源和主观权利消灭的渊源。不过,在通常情况下,在论及主观权利的渊源时,人们往往是指主观权利产生的渊源。因此,所谓主观权利的渊源,是指能够引起主观权利产生、变更和消灭的原因。

[①] Goubeaux, Droit Civil Tome 1, 24e édition LGDJ, pp. 33—34; hilipp Bihr, Droit Civil general, 13e édition, Dalloz, p. 40.

[②] Goubeaux, Droit Civil Tome 1, 24e édition LGDJ, p. 34; Philipp Bihr, Droit Civil general, 13e édition, Dalloz, p. 40.

一、主观权利渊源的三分法理论

在我国，民法学者普遍将引起民事法律关系产生、变更或者消灭的原因称为民事法律事实。所谓民事法律事实，是指那些能够在法律上引起民事法律关系产生、变更或者消灭的所有事实。

在我国，能够引起民事法律关系产生、变更或者消灭的民事法律事实有哪些？对此问题，我国民法学者作出的回答基本上相同，这就是，他们认为，民事法律事实分为两大类：自然事实和人的行为，其中的自然事实又分为状态①和事件②，而其中人的行为又分为合法行为与违法行为。除了违约行为③之外，违法行为还包括侵权行为④，除了民事法律行为之外，合法行为还包括准民事法律行为⑤和事实行为⑥。

---

① 所谓状态，是指某种客观情况的持续，包括人的下落不明、精神失常、对物的继续占有、权利继续不行使状态等等。参见梁慧星《民法总论》（第2版），法律出版社2001年版，第61页；傅静坤主编：《民法总论》（第3版），中山大学出版社2007年版，第31页；王卫国主编：《民法》，中国政法大学出版社2007年版，第30—31页；魏振瀛主编：《民法》（第4版），北京大学出版社2011年版，第34—35页。
② 所谓事件，则是指某种客观情况的发生，包括人的出生、死亡、不当得利、混同以及自然灾害的发生、罢工等，它们均能够引起民事法律关系的产生、变更或者消灭。参见梁慧星《民法总论》（第2版），法律出版社2001年版，第61页；傅静坤主编：《民法总论》（第3版），中山大学出版社2007年版，第31页；王卫国主编：《民法》，中国政法大学出版社2007年版，第30—31页；魏振瀛主编：《民法》（第4版），北京大学出版社2011年版，第34—35页。
③ 所谓违约行为，是指当事人不履行合同义务或者履行合同义务不符合约定条件的行为。例如，不按合同约定交付货物或价款，交付货物不符合约定的质量或数量要求等行为，均属于违约行为。参见梁慧星《民法总论》（第2版），法律出版社2001年版，第62页；傅静坤主编：《民法总论》（第3版），中山大学出版社2007年版，第32页。
④ 所谓侵权行为，是指侵害民事主体人身或财产权利依法应承担民事责任的不法行为。例如，故意或过失地伤害民事主体身体，剥夺民事主体自由，毁损民事主体财产的行为，均属于侵权行为。参见梁慧星《民法总论》（第2版），法律出版社2001年版，第62页；傅静坤主编：《民法总论》（第3版），中山大学出版社2007年版，第32页。
⑤ 准民事法律行为。是指行为人以法律规定的条件业已满足为前提，将一定的内心意思表示于外，从而引起一定法律效果的行为。它主要包括意思通知行为，即表示内心某种意思的行为，如拒绝要约、履行催告等；观念通知行为，即对某种事项表示一定观念的行为，如承诺迟到通知，发生不可抗力通知，债权让与通知等；感情表示行为，即表示某种感情的行为，如被继承人的宽恕。这三类行为虽然都是由法律规定而当然发生效力的，但均以表示一定心理状态于外部为特征，与法律行为极为相似，故学说上称为准法律行为。参见梁慧星《民法总论》（第2版），法律出版社2001年版，第62页；傅静坤主编：《民法总论》（第3版），中山大学出版社2007年版，第32页。
⑥ 所谓事实行动，是指基于某种事实的状态或经过一段时间则发生法律所特别规定的效力的行为。也就是说，行为人实施的一定行为，一旦符合了法律的构成要件，不管当事人主观上是否有发生、变更或消灭某一民事法律关系的意识，都会由于法律的规定，从而引起一定的民事法律后果。例如，先占，添附，无因管理，以及作为债权标的的给付行为如交货、付款等行为，均属于事实行为。参见梁慧星《民法总论》（第2版），法律出版社2001年版，第62页；傅静坤主编：《民法总论》（第3版），中山大学出版社2007年版，第32页。

在我国，民法学者的上述理论是不合理的，所存在的问题众多：首先，他们的上述理论晦涩难懂，容易造成思维的混乱。其次，他们的上述理论淡化了民事法律行为在民事法律事实当中的核心地位，同我国《民法通则》和《民法总则》的规定或者精神相悖，因为它们均将民事法律行为看作最重要的渊源。最后，他们的上述理论违反了大陆法系国家民法学者关于民事法律关系渊源的一般理论，这就是法律行为、法律事件和制定法规定的三分法理论。我国民法学者之所以采取上述理论，是因为在民事法律关系渊源问题上，他们完全照搬、照抄我国台湾地区民法学者的理论。

我们认为，在民法上，不仅结婚和离婚属于主观权利的渊源，而且出生和死亡也属于主观权利的渊源，其中的结婚和离婚被归结在一个广泛的概念当中，这就是民事法律行为，而其中的出生和死亡也被归结在一个更广泛的概念当中，这就是法律事件。不过，除了民事法律行为和民事法律事件是主观权利的渊源之外，立法者的制定法也是主观权利的渊源，这就是主观权利渊源的三分法理论。

在我国，《民法总则》明确承认主观权利渊源的三分法理论，这就是第 129 条，该条规定：民事权利可以依据民事法律行为、事实行为、法律规定的事件或者法律规定的其他方式取得。其中的事实行为和法律规范的事件可以归结在一个更广泛的概念当中，这就是法律事件，而其中的"法律规定的其他方式"则是指立法者的制定法，也就是指全国人大和全国人大常委会颁布的法律。

二、民事法律行为

（一）民事法律行为的界定

在民法上，主观权利的第一种渊源并且也是最主要的、最重要的渊源是行为人实施的某种民事法律行为。当行为人实施某种民事法律行为时，他们所实施的该种民事法律行为能够让他们因此取得某种主观权利。例如，当行为人与他人签订买卖契约时，他们能够凭借该种买卖契约获得他人财产的所有权。再例如，当行为人与他人签订租赁契约时，他们之间的租赁契约因此让他们对他人享有债权。

在我国，《民法通则》和《民法总则》不仅对主观权利产生的此种渊源作出了详细规定，而且也对民事法律行为作出了界定。《民法通则》第 54 条规定：民事法律行为是公民或者法人设立、变更、终止民事权利和民事义务的合法行为。《民法总则》第 133 条规定：民事法律行为是行为人通过意思表示设立、变更、终止民事法律关系的行为。

我们认为，所谓民事法律行为，简称为法律行为（les actes juridiques），是指行为人为了产生某种法律效果而实施的意思表示行为。传统民法理论，其中的法律效果或者是指某种民事法律关系的建立，或者是指某种民事法律关系的变更，或者是指某种民事法律关系的终止即消灭,已如前述。而我们认为,其中的法律效果或者是指某种主观权利的产生,或者是指某种主观权利的变更,或者是指某种主观权利的消灭,已如前述。①

在民法上,作为主观权利渊源的民事法律行为既具有统一性的特点,也具有多样性的特点。②

(二) 民事法律行为的统一性

所谓民事法律行为的统一性,是指民事法律行为虽然多种多样,但是,所有的民事法律行为均具有最低限度的构成要素,诸如:行为人有行为能力,行为人不仅有意思表示,而且他们的意思表示是真实的、自愿的,行为人均是为了产生某种法律效果而实施法律行为。关于这些最低限度的构成要素,我们将在下面的内容当中作出讨论,此处从略。

(三) 民事法律行为的多样性

所谓民事法律行为的多样性,是指行为人实施的民事法律行为并不是单一的,而是多种多样的,因为,基于不同的考虑,尤其是基于意思自治原则和契约自由原则的尊重,行为人能够根据自己的不同喜欢实施不同的民事法律行为。例如,行为人既能够实施单方法律行为,也能够实施双方法律行为,还能够实施多方法律行为。再例如,行为人既能够实施管理行为,也能够实施处分行为。关于民事法律行为的类型,我们将在下面的内容当中作出讨论,此处从略。

三、民事法律事件

(一) 民事法律事件的界定

除了民事法律行为能够引起主观权利的产生、变更和消灭之外,民事法律事件也能够引起主观权利的产生、变更和消灭。

在我国,无论是《民法通则》还是《民法总则》,它们均没有对民事法律事件作出界定。因此,如何界定民事法律事件,就成为民法学者的任务。我们认为,所谓民事法律事件,简称为法律事件(les faits juridiques),是指民事法律行为和制定法之外能够引

---

① Jean Carbonnier, Droit Civil, 1/Introduction, Les Personnes, Presses Universitaires De France, p. 190; Gilles Goubeaux, Droit Civil Tome 1, 24e édition LGDJ, p. 32. Yvaine Buffelan-Lanore et Virginie Larribau-Terneyre, Droit civil, Introduction, Biens, Personne, Famille, 17e édition, Dalloz, p. 58; ichel de Juglart Alain Piedeevre Stephane Piedeevre, Cours de droit civil, introduction, personnes, famille, Seizième édition, Montchrestien, pp. 127—128.
② 张民安、铁木尔高力套:《债权法》(第4版),中山大学出版社2013年版,第85页。

起主观权利产生、变更或者消灭的所有事实。任何民事法律事实，只要它们在性质上不属于民事法律行为或者制定法，则它们均被看作民事法律事件，均能够引起主观权利产生、变更或者消灭的法律后果，无论这些法律事件是不是经由行为人的主观意志来实施的。①

例如，当甲方殴打乙方并因此导致乙方遭受人身损害时，乙方对甲方就享有侵权损害赔偿请求权即债权，此种债权产生的渊源是甲方的殴打行为，因此，该殴打行为就是法律事件。

同样，当甲方死亡时，甲方的家庭成员就对其遗产享有继承权。该种继承权产生的渊源是甲方的死亡，因此，甲方的死亡就是法律事件。

(二) 民事法律事件的有效构成

正如民事法律行为要具备最低限度的有效条件才能够产生主观权利变动的法律效果一样，民事法律事件也应当具备最低限度的构成要件，否则，它们无法产生主观权利变动的法律效果。总的来说，民事法律事件最低限度的构成要件有三：其一，某种事件的存在；其二，法律对事件的认可；其三，该种事件能够引起主观权利的产生、变更或者消灭。

1. 某种事件的存在

民事法律事件所应当具备的第一个有效条件是，民事法律事件在性质上属于一种事件。所谓事件，是指民事法律行为和制定法之外的所有客观真实情况，包括人类生活当中所从事的一切活动、所实施的一切行为或者所发生的一切事故以及客观存在的一切物体或者现象等等。

2. 法律对事件的认可

民事法律事件所应当具备的第二个有效条件是，法律将某种事件看作法律上的事件。如果一种事件不被看作法律上的事件，则该种事件也不能够成为民事法律事件。例如，民法明确规定自然人的出生、死亡、成年、失踪、占有、先占等事件能够成为民事法律事件，因此，它们均能够成为民事法律事件。而民法没有规定日出日落、散步、读报、吃饭或者睡觉能够成为民事法律事件，因此，它们均不能够成为民事法律事件。

3. 能够引起主观权利的产生、变更或者消灭

民事法律事件所应当具备的第三个有效条件是，法律所认可的事件能够引起主观权

---

① 张民安、铁木尔高力套：《债权法》（第 4 版），中山大学出版社 2013 年版，第 87 页；Yvaine Buffelan-Lanore et Virginie Larribau-Terneyre, Droit civil, Introduction, Biens, Personne, Famille, 17e édition, Dalloz, p. 58. Michel de Juglart Alain Piedeevre Stephane Piedeevre, Cours de droit civil, introduction, personnes, famille, Seizième édition, Montchrestien, pp. 127—128.

利的产生、变更或者消灭，也就是能够引起主观权利的变动，或者能够引起法律效果。在民法上，不同的民事法律事件所引起的法律效果是不同的。究竟一种民事法律事件能够引起什么样的法律效果，完全取决于成文法、制定法的规定。例如，我国《物权法》对占有引起的法律效果作出了规定，我国《民法总则》对诉讼时效引起的法律效果作出了规定，我国《侵权责任法》对危险物或者危险环境等引起的法律效果作出了规定。

（三）民事法律事件的分类

1. 民事法律事件的分类标准

在民法上，除了侵权行为、无因管理行为、不当得利行为是民事法律事件之外，时效、自然人的出生以及自然人的死亡等均属于民事法律事件，因为这样的原因，民法学者普遍承认，民事法律事件是多种多样的。不过，无论民事法律事件的类型有多少，我们可以根据法律事件是否需要行为人的意图起作用的不同将它们分为两类：其一，人的行为；其二，自然事件。其中的每一类又可以分为多种多样的法律事件。这就是法律事件的二分法理论。[1]

2. 人的行为

所谓人的行为，是指行为人实施的所有能够引起主观权利产生、变更、消灭的，在性质上不属于法律行为的行为，因为当行为人实施这些行为时，他们所实施的这些行为会按照法律的规定产生法律效果，不是按照他们的意图、意思表示产生法律效果。例如，行为人实施的故意侵权行为或者过失侵权行为就属于人的行为，因为《法国民法典》旧的第1382条和旧的第1383条明确规定，一旦行为人实施了故意侵权行为或者过失侵权行为，他们就应当对他人遭受的损害承担赔偿责任。换言之，当行为人实施故意行为和过失行为时，他人就因此享有侵权请求权。从行为人实施的行为究竟是否合法的角度不同，人的行为可以分为合法行为（les faits volontaires illicites）和非法行为（les faits volontaires licites）。[2]

所谓非法行为，也称为违法行为，是指行为人所实施的应当受到谴责的并且让行为人就其实施的行为对他人承担责任的行为。例如，故意侵权行为和过失侵权行为就属于非法行为，因为这些行为是应当受到谴责的，是会让行为人对他人遭受的损害承担赔偿责任的。

所谓合法行为，也称为事实行为，是指行为人所实施的被法律看作公平正义和有益

---

[1] Henri Roland Laurent Boyer, Introduction au droit, Litec, p. 556; FrançoisTerré, Introduction générale au droit, 9e édition, Dalloz, p. 175; Christian Larroumet Augustin Aynès, Introduction à l'étude du droit, 6e édition, Economica, p. 384.

[2] Henri Roland Laurent Boyer, Introduction au droit, Litec, p. 562.

的行为，或者说，所谓合法行为，是指行为人所实施的不会被法律看作应当受到谴责的行为。例如，无因管理行为和不当得利行为等。① 事实行为在性质上属于合法行为，不属于非法行为，因为它们受到道德的鼓励，而非法行为则受到道德的谴责。事实行为不同于民事法律行为，因为它们的法律效果由制定法规定，而民事法律行为的法律效果则由行为人的意思表示确定。

3. 自然事件

所谓自然事件（les faits de la nature），是指所有能够引起主观权利产生、变更、消灭的，同人的行为没有任何关系的法律事件。例如，不可抗力、死亡或者时效的经过等，虽然它们能够像人的行为那样引起法律效果的产生，但是，它们均同人的行为无关。当然，如果死亡是由于自杀或者安乐死所引起的，则死亡可以看作人的行为，因为这些行为是基于人的意图、意思表示而实施的。因为自然事件同人的行为、人的同意、意思表示没有关系，因此，自然事件也被民法学者称为"非自愿行为"（les faits involontaires）。②

在民法上，自然事件多种多样，除了出生、死亡、成年、不可抗力等典型的自然事件之外，还包括其他的形形色色的事件。我们将自然事件分为两大类，这就是生物性事件和物理性事件。

所谓生物性事件（les faits biologiques），是指自然人在生物学上的存在（existence biologiques）和在生物学上的身份（état biologiques）。当他们具备某种生物学上的存在或者具有某种生物学上的身份时，这些生物学上的存在和生物学上的身份就能够产生法律效果。在法国，生物学上的存在主要包括：其一，出生；其二，死亡；其三，失踪或者下落不明（l'absence），它们均能够引起一定的法律效果。③

生物学上的身份则包括：其一，年龄；其二，未成年；其三，身体机能或者精神机能的不全；其四，亲子关系的存在；其五，性别特征的不同；其六，生活的需要。无论是生物学上的存在还是生物学上的身份，它们均会产生一定的法律效果，因此均属于法律事件，均属于法律事件当中的自然事件。

所谓物理性事件（les faits phsiques），是指生物学事件之外的所有自然事件。物理性事件分为三类：其一，时间的经过（écoulement du temps），尤其是消灭时效和取得时效的经过，它们均会产生一定的法律效果。其二，不可抗力（force majeure）。所谓不可抗力，是指那些无法预见、无法抵挡并且同行为人没有关系的事件，如地震、海啸、战争等，一旦这些事件发生，它们也会引起一定的法律效果。其三，不动产的相邻。当

---

① 张民安：《法国民法》，清华大学出版社 2015 年版，第 122 页。
② 张民安：《法国民法》，清华大学出版社 2015 年版，第 123 页。
③ 张民安：《法国民法》，清华大学出版社 2015 年版，第 123 页。

行为人的不动产与他人的不动产相邻时，此种位置的相邻就会产生法律效果，因此，不动产的相邻也是自然事件之一。①

（四）民事法律行为和民事法律事件之间的关系

在民法上，民事法律行为同民事法律事件之间既存在联系，也存在区别。

1. 民事法律行为与民事法律事件之间的联系

其一，无论是法律事件还是法律行为都能够引起主观权利的变动，因此，它们均是主观权利变动的渊源。

其二，某些民事法律事件也像民事法律行为那样要求行为人具备主观意图、意思表示。在民法上，所有的民事法律行为均要求行为人具有主观意图、意思表示行为，如果没有主观意图、意思表示，民事法律行为是无法成立的。而在民法上，无因管理行为、故意侵权行为也均要求行为人在实施无因管理或者实施故意侵权行为时要具备主观意图、意思表示，否则，他们实施的行为无法构成无因管理行为或者故意侵权行为。

根据无因管理法的一般理论，如果管理人的管理行为要构成无因管理行为，他们应当具有为别人的事务进行管理的主观意图、意思表示。② 同样，根据侵权责任法的一般理论，如果行为人实施的行为要构成故意侵权行为，他们在行为时必须具有侵犯他人民事权利或者引起他人损害发生的主观意图、意思表示。③

其三，民事法律行为对民事法律事件的法律效果所起到的限制作用。在民法上，某种法律事件究竟发生什么样的法律效果，往往由立法者制定的法律作出规定。但是，在某些情况下，法律事件的法律效果可以受到民事法律行为的限制。④

例如，自然人的死亡当然属于民事法律事件，因为各国的民法都明确规定，一旦自然人死亡，自然人的遗产将会由其继承人继承。但是，死亡所引起的此种法律效果可以通过自然人生前立下的遗嘱予以限制，这就是，如果自然人生前立下遗嘱处分其遗产，则当自然人死亡时，法律所规定的法律效果让位于自然人通过遗嘱确定的法律效果。这就是遗嘱继承优先于法定继承的理论。

2. 民事法律行为与民事法律事件之间的差异

其一，所有的民事法律行为均应当具备意思表示行为，如果没有意思表示行为，则行为人实施的行为不构成民事法律行为，而仅仅构成民事法律事件。而大多数民事法律事件均不要求意思表示的存在，仅少数民事法律事件要求具备意思表示。⑤

---

① 张民安：《法国民法》，清华大学出版社 2015 年版，第 123—124 页。
② 张民安、铁木尔高力套：《债权法》（第 4 版），中山大学出版社 2013 年版，第 230 页。
③ 张民安、铁木尔高力套：《债权法》（第 4 版），中山大学出版社 2013 年版，第 189 页。
④ Guy Raymond, Droit Civil, 2e édition, Litec, p. 60.
⑤ Guy Raymond, Droit Civil, 2e édition, Litec, p. 60.

其二，原则上，所有的民事法律行为均按照行为人的意思表示发生法律效果，即便某些民事法律行为的法律效果也受到了制定法的限制，例如，婚姻契约的效力就受到了制定法的限制。而民事法律事件的法律效果则不同，所有的民事法律事件均不会按照行为人的意思表示发生法律效果，而仅仅按照法律的规定产生法律效果，即便某些民事法律事件也具有主观意图、意思表示，这些主观意图、意思表示仅仅起到决定这些行为是否成立的作用，不能够起到决定法律效果的作用。①

例如，虽然无因管理要求管理人具有为他人的利益管理的主观意志、意思表示，但是，无因管理并不是按照管理人的主观意志、意思表示产生法律效力，而是按照法律的规定产生法律效力。换言之，虽然某些民事法律事件也要求行为人具有主观意志、意思表示，但是，主观权利的变动并不是基于行为人的主观意志而发生的，而是基于制定法的规定而发生的。

其三，法律事件往往仅有法定性，究竟哪些民事法律事件能够引起主观权利的变动，能够引起什么样的变动，往往由制定法作出明确规定，而民事法律行为虽然在某些情况下具有法定性，但是，在大多数情况下，民事法律行为实现意思自治原则和合同自由原则，行为人实施的任何民事法律行为均会按照意思自治原则产生法律效力，除非他们的民事法律行为违反了公共秩序和良好道德原则。

四、制定法的规定

除了民事法律行为和民事法律事件能够成为主观权利的渊源之外，制定法也能够成为主观权利的渊源。除了《法国民法典》明确承认这一点之外，我国的《民法总则》也明确承认这一点。在我国，当立法者制定的民事单行法、混合法对某种主观权利作出规定时，民事主体当然就能够凭借制定法的规定享有该种主观权利了，这一点毫无疑问。

例如，在《侵权责任法》第2条当中，我国立法者没有对身体权作出规定，因此，自然人无法享有身体权，当行为人侵犯他人的身体权时，他们实施的侵犯行为仅仅侵犯了他人享有的健康权，这就是健康权包含身体权的规则。而当立法者在《民法总则》第110条当中规定，自然人既享有健康权也享有身体权时，则自然人除了享有健康权之外也享有身体权，这就是身体权独立于健康权的规则。

五、几种主观权利的渊源

在民法上，主观权利的类型不同，它们产生的渊源也不同。

（一）人格权的渊源

总的说来，人格权产生的渊源是人的出生，当人出生之后，他们就自动享有所有的

---

① Guy Raymond, Droit Civil, 2e édition, Litec, p. 59.

有形人格权和大多数无形人格权。因为出生属于民事法律事件的组成部分，因此，我们可以说，人格权的渊源是法律事件。

因此，自然人一经出生，他们就开始享有生命权、身体权和健康权，这就是无形人格权。同样，自然人一经出生，他们就开始享有姓名权、肖像权、声音权和其他无形人格权。问题在于，自然人一经出生是否就开始享有名誉权，人们之间存在不同的意见。某些学者认为，自然人一经出生就享有名誉权，因为名誉权源自他们的家族的名誉。而某些民法学者则认为，名誉权源自人们后天的努力。

在民法上，民法学者均将自然人享有的人格权称为自然权利、天赋权利、首要权利、原始权利、道德权利、基本权利、人权。这些称谓不仅仅具有象征意义，而且它们还具有实质性的意义，因为它们强调，人格权是不能够被剥夺的权利，是自然人与生俱来的权利，是不受时效期间限制的权利。[①]

在民法上，人格权消灭的渊源是自然人的死亡，包括自然死亡和宣告死亡。不过，即便被宣告死亡，如果自然人仍然活着，他们仍然享有人格权。此外，即便自然人死亡了，他们享有的某些人格权并不会因此消灭，包括三类：其一，自然人生前享有的人格尊严权并不因为死亡而消灭，死者仍然享有人格尊严权；其二，知识产权当中的非财产权即人格权不会因为自然人死亡而消灭，例如，即便作家死亡了，他们仍然享有署名权、作品的完整权；其三，死者的名誉权、隐私权等。

（二）物权的渊源

在民法上，财产所有权的产生方式多种多样，诸如：通过劳动获得财产所有权，通过买卖契约、赠与契约、互易契约获得所有权，通过继承方式获得所有权，通过添附方式和先占方式取得所有权。[②] 实际上就是通过民事法律行为和民事法律事件取得所有权。财产所有权的丧失也包括契约和法律事件。例如，通过买卖契约，购买人获得了财产所有权，而出卖人则丧失了财产所有权。再例如，因为所有权的客体毁损灭失，财产所有权也因此消灭了。

在民法上，所有权之外的其他物权大都通过制定法的直接规定和所有权人与他物权人之间的契约取得。例如，基于制定法的明确规定，不动产的相邻人对其邻居的不动产享有通行权。再例如，基于不动产所有权人与不动产的使用权人之间所签订的契约，使用权人对所有权人的不动产享有用益物权。

[①] 张民安：《法国人格权法（上）》，清华大学出版社2016年版，第29—45页。
[②] 张民安：《法国民法》，清华大学出版社2015年版，第466—474页。

(三) 债权的渊源

在民法上,债权的取得方式多种多样,除了契约之外还包括侵权行为、不当得利、无因管理和制定法的直接规定。在法国,《法国民法典》将债权的渊源分为三类,这就是法律行为、法律事件和制定法的规定。《法国民法典》新的第 1100(1) 条规定:债或者源自法律行为,或者源自法律事件,或者源自制定法的单纯权威性。在我国,《民法总则》将债权的渊源分为契约、侵权、无因管理和不当得利等五种,这就是第 118 条,该条规定:民事主体依法享有债权。债权是因合同、侵权行为、无因管理、不当得利以及法律的其他规定,权利人请求特定义务人为或者不为一定行为的权利。

第 118 条的规定存在一定的问题。首先,除了契约能够产生债权之外,单方法律行为也能够产生债权。例如,单方允诺、要约能够产生债权。其次,除了无因管理和不当得利能够产生债权之外,不当给付也能够产生债权。最后,第 118 条同第 129 条的规定存在差异,因为它们均是关于主观权利渊源方面的规定。实际上,第 118 条的规定可以作出更进一步的归纳,这就是,债权的渊源有三种:民事法律行为,民事法律事件和制定法的规定,其中的民事法律行为除了包括契约之外还包括单方法律行为,而其中的法律事件除了包括侵权行为、无因管理和不当得利之外还包括不当给付。

(四) 身份权的渊源

在家庭领域,身份权的渊源或者是民事法律事件,或者是民事法律行为,或者是制定法的直接规定。例如,出生能够产生身份权,因为一旦胎儿出生,他们就与其父母之间建立亲子关系,父母因此对其未成年子女享有亲权或者监护权,这就是出生产生的身份权。再例如,一旦收养人与送养人之间达成收养协议,则被收养人与送养人之间就产生了亲子关系,收养人即养父母即对养子女享有亲权或者监护权,这就是契约产生的身份权。

身份权丧失的渊源同样是民事法律行为、民事法律事件和制定法的明确规定。例如,夫妻之间因为离婚而丧失配偶权,这就是民事法律行为引起的配偶权的丧失。再例如,夫妻之间因为一方当事人的死亡而丧失配偶权,这就是民事法律事件引起的配偶权的丧失。

(五) 知识产权的渊源

在民法上,知识产权取得的渊源同样多种多样,包括民事法律行为、民事法律事件和制定法的规定。例如,当作家创作出小说时,他们就因为自己的创作行为而获得了小说的著作权。这就是因为民事法律事件而取得知识产权。再例如,当委托人委托别人创作小说时,当受托人完成了小说的创作时,委托人即基于委托契约而获得该小说的著作权,这就是基于契约而取得知识产权。

第二编　主观权利的主体

第四章　自　然　人

第一节　自然人的法人格与法能力

一、法人格的界定

在任何国家，自然人均是重要的权利主体，他们享有实施民事法律行为的权利能力和行为能力，在他们实施的行为引起他人损害的情况下，他们也有对他人承担民事责任的能力。换言之，除了享有权利能力和行为能力之外，自然人还享有责任能力。这就是自然人的法人格（la personnalité juridique）。

在今时今日，虽然民法学者普遍承认自然人的法人格，但是，在法人格的界定问题上，民法学者之间存在极大的争议。[①] 某些学者认为，所谓法人格，是指自然人或者其他权利主体所具有的成为权利主体或者义务主体的能力或者资格。当自然人和其他权利主体具有成为权利主体或者义务主体的能力或者资格时，他们所具有的此种能力或者资格就是法人格。[②] 某些学者认为，所谓法人格，是指自然人和其他权利主体所具有的从事法律活动或者参与法律生活的资格或者能力，一旦他们具备了从事法律活动或者参与法律生活的资格或者能力，则他们所具有的此种资格或者能力就是法人格。[③]

我们认为，所谓法人格，也称为民事人格，是指自然人或者法人所具有的从事法律活动、参与法律生活并因此成为权利主体、义务主体和责任主体资格或者能力。自然人和法人的法人格之所以被民法学者称为民事人格，是因为他们所具有的此种资格是他们

[①] 张民安：《法国民法》，清华大学出版社 2015 年版，第 134—135 页；张民安：《法国人格权法（上）》，清华大学出版社 2016 年版，第 47—49 页。

[②] GERARD CORNU, Droit civil, Les personnes, 13e édition, Montchrestien, p. 26；FrancoisTerré, Introduction générale au droit, 9e édition, Dalloz, p. 186；Francois Terré Dominique Fenouillet, Droit civil les personnes, 8e édition, Dalloz, p. 7.

[③] Henri Roland Laurent Boyer, Introduction au droit, Litec, p. 385；Jean-Luc AUBERT Eric SAVAUX, Introduction au droit, 14e édition, Dalloz, p. 202.

从事民事活动、享有民事权利或者承担民事义务、民事责任的资格，如果他们没有从事民事活动、享有民事权利或者承担民事义务、民事责任的资格，则他们无法成为主观权利主体，也就是无法成为人。①

二、自然人的法人格与权利能力之间的关系

在我国，民法学者普遍将自然人的法人格等同于这些人享有的权利能力，而在法国，在法人格与权利能力的问题上，法国民法学者之间则存在争议，不同的学者有不同的意见。② 我们认为，自然人的法人格不等同于他们的权利能力，它们之间存在一定的差异。一方面，自然人的法人格同时包括三个方面的内容即自然人的权利能力、自然人的行为能力和自然人的责任能力，是这三个法能力之上的一个总括性的概念。另一方面，在民法上，所有的自然人均具有法人格，但是，并非所有的人均具有权利能力，在某些领域或者某些方面，立法者可能会明确承认自然人享有的法人格，但是，他们不会承认自然人享有的权利能力。

例如，《法国民法典》第509条就明确规定，监护人不享有获得被监护人财产的权利能力，再例如，《法国民法典》第909条明确规定，在诊疗期间，医师没有与其病患者签订赠与契约或者遗赠契约的权利能力。如果行为人违反这两个法律条款的规定，则他们实施的民事法律行为无效，因为监护人和医师没有实施这些民事法律行为的权利能力，而不是没有实施这些民事法律行为的行为能力。③

在我国，虽然立法者没有作出任何规定，但是，某些自然人即便具有行为能力，他们也不具有与他人实施某些民事法律行为的权利能力，即便他们仍然享有法人格，因为，如果他们实施这些行为，则他们可能会滥用他人对其信任并因此损害他人的利益。例如，在医患关系存续期间，除了能够签订诊疗契约之外，医师不得与其病患者签订其他契约，因为他们欠缺签订此类契约的权利能力。再例如，在诉讼期间，法官不得与诉讼当事人的一方实施任何法律行为，因为法官没有实施此类法律行为的权利能力。

三、自然人的法人格不同于自然人的人格权

在我国，在讨论权利主体自然人时，我国民法学者很少使用"法人格"这一术语，因为立法者既没有在《中华人民共和国民法通则》（以下简称《民法通则》）也没有在《中华人民共和国民法总则》（以下简称《民法总则》）当中使用这一术语，他们仅仅在这两个民事单行法当中使用了"权利能力"这一术语。不过，在讨论自然人享有的

---

① 张民安：《法国人格权法（上）》，清华大学出版社2016年版，第48页。
② 张民安：《法国民法》，清华大学出版社2015年版，第139页。
③ 张民安：《法国民法》，清华大学出版社2015年版，第138页。

人格权时，我国民法学者普遍使用了"人格"这一术语。

问题在于，自然人的"法人格"当中的"人格"是否等同于"人格权"（les droits de la personnalité）当中的"人格"？答案是否定的，虽然他们均被称为"人格"，但是，它们是两种不同含义的"人格"。[①]

所谓人格权，是指自然人对其人格特征所享有的权利，包括自然人对其生命、身体、健康、自由、名誉、隐私和肖像等享有的权利，其中的生命、身体、健康、自由、名誉、隐私和肖像被称为人格特征，也就是"人格权"当中的"人格"。而法人格当中的"人格"则不是指这些人格特征，而是指自然人和其他权利主体所享有的成为权利主体、义务主体和责任主体的资格、能力。

不过，自然人的法人格与他们享有的人格权仍然存在极大的联系。表现为，自然人的法人格是他们享有人格权的基础和前提，就像自然人的法人格是他们享有前提主观权利的基础和前提一样，如果自然人没有法人格，他们是无法享有人格权的。

四、自然人的法人格同时包括权利能力、行为能力和责任能力

在民法上，自然人的法人格同时包括三种法能力，这就是自然人的权利能力、行为能力和责任能力，它们结合在一起就形成了高于这三种法能力之上的一个概念即法人格。因此，法人格既不是权利能力，也不是行为能力或者责任能力，而是这三种法能力结合在一起之后所形成的一个有机整体。

民法上，虽然人们经常将权利能力与行为能力和责任能力相提并论，但是，它们的性质是存在差异的。表现为，在民法上，民法之所以赋予自然人以权利能力，其目的在于维护社会公共利益，而不在于维护自然人的私人利益，因为，权利能力的目的在于防止自然人自愿为奴或者强制为奴，而行为能力和责任能力的目的则不同，它们的目的仅仅在于维护自然人的私人利益，不是为了维护公共利益。

第二节　自然人的民事权利能力

一、自然人的概念

自然人是基于自然规律而出生并生存的人。凡具有一国国籍的自然人，称为该国的公民。自然人与公民这两个概念既有联系又有区别。凡公民均为自然人，但自然人不一定是公民，如外国人。因此，自然人的外延宽于公民。一般而言，在公法领域，使用

[①] 张民安：《法国人格权法（上）》，清华大学出版社2016年版，第55—59页。

"公民"一词,在私法领域使用"自然人"一词。例如,在我国,《民法总则》① 第二章的标题,即是使用"自然人"的表述。再如,我国现行《合同法》② 亦采"自然人"的概念。因而,我国民法上的自然人,不仅包括中国公民,也包括外国公民和无国籍人,这些人在我国境内参加民事活动,具有民事主体地位,但其活动必须遵守我国的法律。

自然人是最重要的民事主体之一。自然人的生存,需要民法确认和保护其人身方面的基本权利,自然人进行物质资料的产生、交换以及消费等活动,需要民法确认和保护其财产方面的权利。因此,自然人在生活、家庭婚姻、工作、生产经营等各个领域产生的各种重要的社会关系,离不开民法规范的调整。自然人作为民事主体,首先要求法律确定其法律上的地位。自然人的民事权利能力问题,就是自然人在民法上的地位问题。

二、自然人的民事权利能力

所谓自然人的民事权利能力,是指自然人享受民事权利、承担民事义务或者民事责任的资格。

(一) 民事权利能力等同于主体资格

自然人具有民事权利能力,是其成为独立的民事主体的资格。资格,是从事某种活动必须具备的条件或身份。自然人要享受民事权利,首先必须具有享受权利的资格。所以,民事权利能力与民事主体资格是同义语。与此同时,自然人的民事权利能力是法律赋予自然人的民事主体资格,其本质作用,是确认自然人在社会生活中的民事法律地位。

(二) 民事权利能力不同于实际的权利

应当承认,任何社会生活中,人与人在很多方面都是有差别的,如智力的高低、能力的大小、财产的多寡等,人们所实际享有的财产权利也是很不相同的,如有的人有自己的住房,有的人没有或者暂时没有自己的住房,等等。但人们实际享有的具体的财产权利,与人们是否具有享受民事权利的同等资格,却不是一回事,换言之,一个人是否拥有自己的住房,与他是否可以通过买卖、继承或赠与等获得自己的住房,是两回事。

(三) 民事权利能力并不完全等同于法律人格

在我国,民法学者普遍认为,自然人的民事权利能力,就是自然人可以享有民事权

---

① 《中华人民共和国民法总则》(2017年3月15日第十二届全国人民代表大会第五次会议通过,2017年10月1日起施行)的简称。
② 《中华人民共和国合同法》(中华人民共和国第九届全国人民代表大会第二次会议于1999年3月15日通过,于1999年10月1日起施行)的简称。

利即成为民事主体的资格,而如果一个人连享受最基本的权利的资格都没有,那么,我们就可以说,这个人在法律上根本没有被看作"人"。例如,在奴隶社会,法律不承认奴隶可以享受任何财产权利和人身权利,也就是不承认奴隶是法律意义上的"人"。而在现代社会,人人生而平等,每个人在法律上都具有同等的地位。因此,现代民法无一例外地赋予一切人以平等的民事权利能力。而自然人具有法律上的民事权利能力,也就具有了法律上的"人格"。所以,民事权利能力也是法律人格即法人格的同义语。不过,此种理论并非完全准确,因为某些自然人虽然享有法人格,但是,他们没有权利能力,不能够实施某些民事法律行为,已如前述。

三、自然人的民事权利能力的开始和终止

(一) 自然人的民事权利能力的开始

《民法总则》第13条规定:"自然人从出生时起到死亡时止,具有民事权利能力,依法享有民事权利,承担民事义务。"据此,自然人的民事权利能力始于出生。因出生这一自然事实的完成,自然人当然取得民事权利能力,无须履行任何法定手续。

关于自然人出生时间的认定,曾有阵痛说、一部产出说、全部产出说、断带说、泣声说、独立呼吸说等多种学说①。通说认为,胎儿脱离母体并开始独立呼吸的时间作为出生的时间。胎儿从出生时起即具有民事权利能力,出生后瞬间死亡的即丧失民事权利能力。

《民法总则》第15条规定:"自然人的出生时间和死亡时间,以出生证明、死亡证明记载的时间为准;没有出生证明、死亡证明的,以户籍登记或者其他有效身份登记记载的时间为准。有其他证据足以推翻以上记载时间的,以该证据证明的时间为准。"这是关于出生证明的规定。

(二) 自然人的民事权利能力的终止

自然人的民事权利能力终于死亡。依《民法总则》第13条的规定,自然人的民事权利能力终于死亡。自然人的死亡关系到婚姻关系终止、继承开始、遗嘱或者遗赠发生效力、抚恤金及人身保险的保险金的领取等法律问题。死亡时间的认定比出生时间的认定涉及的法律问题更为复杂,因此正确认定自然人的死亡时间具有重要意义。死亡包括生理死亡和宣告死亡。

1. 生理死亡

生理死亡的时间一般以医院和有关部门开具死亡证明书上记载的时间为准。根据

---

① 魏振瀛:《民法》(第5版),高等教育出版社2015年版,第53页。

《民法总则》第15条的规定，自然人的死亡时间，以死亡证明记载的时间为准；没有死亡证明的，以户籍登记或者其他有效身份登记记载的时间为准。有其他证据足以推翻以上记载时间的，以该证据证明的时间为准。

生理死亡的时间认定：在我国一般以心脏停止跳动，自主呼吸消失、血压为零为自然人死亡的标准。但目前随着医学科技的发展，多数学者主张脑死亡（le mort cérébrale）比心脏死亡相比更为科学，标准更可靠。根据此种判断标准，如果一个自然人的心脏和呼吸已经停止，在同时具备下述四个条件的情况下，自然人就被认定为死亡：其一，自然人完全欠缺本能的意识或者活动；其二，脑干的反射完全消失；其三，完全欠缺本能的肺换气；其四，自然人的上述脑毁坏具有不可逆转性。所谓自然人的脑毁坏具有不可逆转性，或者是指自然人的脑电图呈现一条直线，或者是指自然人的血管照影术显示，自然人的头部血液循环已经停止。①

几个人互有继承关系的人在同一事件中死亡，又不能确定死亡先后时间的，根据我国继承法的规定②，推定没有继承人的人先死亡。死亡人各自都有继承人的，如几个死亡人辈分不同，推定长辈先死亡；几个死亡人辈分相同，推定同时死亡，彼此不发生继承，由他们各自的继承人分别继承。

2. 宣告死亡

宣告死亡是指通过法定程序确定失踪人死亡。《民法总则》第48条规定："被宣告死亡的人，人民法院宣告死亡的判决作出之日视为其死亡的日期；因意外事件下落不明宣告死亡的，意外事件发生之日视为其死亡的日期。"宣告死亡是否引起自然人民事权利能力的终止呢？一般认为被宣告死亡人的民事主体资格消灭。《民法总则》第49条规定："自然人被宣告死亡但是并未死亡的，不影响该自然人在被宣告死亡期间实施的民事法律行为的效力。"因此，如果被宣告死亡人实际上还活着，则应视为其权利能力仍然存在，关于宣告死亡制度我们将在下面的内容当中作出讨论，此处从略。

四、自然人的民事权利能力所面临的主要难题（一）：胎儿利益的保护

所谓胎儿，顾名思义，是指自受胎时起，至出生完成前，在母体内尚未出生的生命体。按照自然人的民事权利能力始于出生的法律规定，尚未出生的自然人（胎儿）不具备民事权利能力，不能享受民事权利、承担民事义务。但是，为了使胎儿出生后的利

---

① Guy Raymond, Droit Civil, 2e édition, Litec, p. 113; Pierre Voirin Gilles Goubeaux, Droit civil, tome 1, Introduction au droit, personnes-famille, personnes protégées, biens-obligations, sûretés, 33e édition, L. G. D. J, p. 71; David Bakouche, Droit civil les personnes la famille, HACHETTE, p. 27; Philippe Malaurie, les Personnes, 6e édition, Defrénois, p. 19; FrancoisTerré Dominique Fenouillet, Droit civil les personnes, 8e édition, Dalloz, p. 37; 张民安：《法国民法》，清华大学出版社2015年版，第142页。
② 参见最高人民法院《贯彻执行〈继承法〉的意见》第2条。

益能够得到保护，各国民法都作了特别的规定。各国民法之所以对胎儿保护作出规定，是因为在古罗马时代，罗马法上就存在这样的一个原则即："对于利益的享有而言，没有出生的胎儿被视为已经出生的人的一般原则。"（infans conceptus pro jam nato habetur quoties de commodis ejus agitur l'enfant conçu est tenu pour né chaque fois qu'il y va de son intérêt.）①

综观各国民事立法，对于胎儿利益保护的立法例可分为两种：

（一）总括性保护的立法例

采取此种立法例的国家认为，即便胎儿还没有出生，他们已经被视为出生，凡是一个正常的自然人享有的权利，他们均享有。例如，《瑞士民法典》第31条第2款规定："胎儿，只要其出生时尚生存，出生前即具有权利能力的条件。"不过，采取此种立法例的国家也认为，胎儿仅仅享有权利，不会承担民事义务或者民事责任。

（二）个别性保护的立法例

采取此种立法例的国家认为，胎儿仅仅在某些特定方面享有与已经出生的自然人相同的权利，不会在所有方面享有与自然人相同的权利，包括在遗产继承权方面、侵权损害赔偿请求权方面以及请求父母履行抚养请求权方面享有与已经出生的自然人相同的权利，当这些权利受到侵害时，即便胎儿还没有出生，他们都能够行使其享有的权利。当然，他们此时只能够通过其法定监护人或者法定代理人来行使这些权利。例如，《法国民法典》第1923条在继承制度中规定："在继承开始时尚未出生，但已怀孕的胎儿，视为在继承开始前出生。"再例如，《法国民法典》第726条规定，胎儿能够继承自己父亲的遗产。

在前述两种立法方式当中，第一种立法方式对胎儿的利益保护最周到，而第二种方式次之，因为它属于最低限度地对胎儿的利益予以保护。之所以要对胎儿进行保护，是因为对胎儿的保护是对自然人保护的必要，因为只有保护好胎儿的利益，自然人的利益才能够得到良好的保护。

（三）我国《民法总则》所采取的个别性保护的立法例

在我国，《民法通则》没有对胎儿利益的保护问题作出任何规定，因此，胎儿是否是自然人、是否享有法人格或者权利能力，立法者没有作出回答。虽然最高人民法院一直以来作出各种各样的司法解释，但是，它也没有在其司法解释当中对胎儿的地位问题作出说明。立法者或者司法者对胎儿地位问题的忽视是同我国长期以来所实行的计划生

---

① Georges Ripert, Les Forces Créatrices du Droit, Librairie Générale de Droit et de Jurisprudence, 1955, p. 330.

育政策有关系的,对于维护胎儿自身利益和正常自然人的保护极端不利。

为了对胎儿提供保护,我国立法者借鉴其他国家的立法经验,首次在《民法总则》当中规定了胎儿的地位问题,这就是第16条,该条规定:"涉及遗产继承、接受赠与等胎儿利益保护的,胎儿视为具有民事权利能力。但是胎儿娩出时为死体的,其民事权利能力自始不存在。"这一立法规定,与《民法通则》未予胎儿法律上的资格来比,值得肯定。在胎儿的利益遭受侵害时,他们可以由其母亲作为法定代理人,主张相应的法律救济。

此外,值得注意的一个问题是:要保护胎儿的利益,得确定受胎期间。对此,我国《民法总则》没有明确的规定。据我国台湾地区"民法"第1062条的规定:"从子女出生日回溯第181日起至302日止为受胎期间。能证明受胎回溯在前项302日以前者,以其期间为受胎期间。"此法律规定可供我国民法参考。

五、自然人的民事权利能力所面临的主要难题(二):死者的民事权利能力

在民法上,如果自然人因为自然死亡,他们还享有权利能力吗?在他们死亡之后,他们的尸体即遗体究竟是人还是物?对于这样的问题,除了对所谓的英烈利益保护作出了明确规定之外,我国《民法总则》没有作出规定。

(一) 死者是否享有民事权利能力

当一个自然人死亡之后,他们是否还能够像生前一样享有民事权利能力,是否能够凭借此种能力享有民事权利?如果能够享有民事权利,他们能够享有哪些民事权利?

在民法上,民法学者主要是在名誉权或者隐私权领域讨论死者的民事权利问题,这就是,当一个自然人死亡时,他们是否仍然享有名誉权、隐私权?当行为人毁损死者的名誉或者公开死者的隐私时,他们是否要承担名誉侵权责任或者隐私侵权责任?如果要承担,他们是对死者本人承担还是对死者的近亲属承担?对此问题,有两种完全不同的理论:

其一,否定理论认为,自然人一旦死亡,即完全丧失民事权利能力,不再享有任何名誉权、隐私权,当行为人毁损死者的名誉或者公开死者的隐私时,他们既不对死者承担侵权责任,也不对死者的近亲属承担侵权责任。

其二,肯定理论认为,即便自然人已经死亡,行为人仍然不得侵害死者的名誉或者公开死者的隐私,如果行为人侵害死者的名誉或者公开死者的隐私,则他们仍然应当承担名誉侵权责任或者隐私侵权责任。

至于说行为人承担此种名誉侵权责任或者隐私侵权责任的根据究竟是死者本身的名誉权、隐私权遭受侵害还是死者近亲属的名誉权、隐私权遭受侵害,民法学者之间有不

同的意见，主要包括如下几种理论：

（1）权利保护说，即自然人的权利能力并非与其出生和死亡相始终，人死后仍有权利能力，可继续享有权利。因此，死者在死亡之后仍然享有名誉权、隐私权甚至其他民事权利。

（2）近亲属利益保护说，即保护死者名誉、隐私实质是保护死者配偶、子女和父母等近亲属的名誉或者隐私利益，不是保护死者本身的名誉权、隐私权或者其他权利。

（3）家庭利益保护说，即死者名誉、隐私遭到损害时，其遗属的名誉、隐私也往往会遭到损害。

（4）法益保护说，即现行法律规定下，死者不能成为民事主体，更不享有权利，对死者法律保护的是法益，法律不仅仅保护权利，而且还保护超出权利范围的合法权益，保护死者法益，这不仅仅是死者自身利益的需要，而且还是社会利益的需要。

（5）延伸保护说，即自然人在其诞生前和消灭后，存在着与人身权利相联系的先期和延续的人身法益，其与人身权利相互衔接，构成自然人完整的人身利益。

（二）死者享有的某些民事权利能力

在民法上，无论民法学者对死者是否享有民事权利能力存在怎样的争议，大陆法系国家和我国的民法普遍认为，原则上，自然人的权利终于死亡。但是，在例外情况下，民法仍然会对死者的利益提供法律保护，主要表现在五个方面：

其一，死者生前享有的债权和物权等财产权作为遗产为其继承人所继承，当行为人侵害死者生前这些财产权时，他们应当对死者的继承人承担责任，此时，法律当然是为了保护死者继承人的个人利益。

其二，如果影视明星、体育明星等公众人物死亡之后，他们生前享有的姓名权、肖像权、声音权等公开权作为遗产为其继承人所继承，就像他们生前的其他债权或者物权一样，当行为人侵害这些权利时，他们应当对影视明星、体育明星的继承人承担侵权责任。此时，法律当然也是保护影视明星、体育明星继承人的财产权，不是保护影视明星、体育明星本人的财产权。

其三，如果知识产权人死亡，他们享有的知识产权当中的财产权作为遗产为其继承人所继承，该种财产权仅为死者的继承人享有，当行为人侵害此种财产权时，他们应当对死者的继承人承担侵权责任。当知识产权人死亡时，他们享有的知识产权当中的非财产权仍然为知识产权人享有，他们享有的此种权利并不会因为其死亡而消灭，当行为人侵害死者享有的此类权利时，他们应当对知识产权人承担侵权责任，不过，此种侵权责任仅为知识产权人的继承人来主张。

其四，普通社会公众死亡之后，他们的人格权或者身份权原则上消灭，但是，死者的名誉、隐私、姓名或者肖像等仍然受到法律的保护，当行为人侵害死者的名誉、隐私、姓名或者肖像时，他们仍然应当承担民事责任，但是，此种民事责任仅仅是建立在死者的近亲属的利益遭受损害的基础上，不是建立在死者本身的利益遭受损害的基础上的。①

就我国《民法总则》的相关规定来看，立法对于侵害英雄烈士等的姓名、肖像、名誉、荣誉，损害社会公共利益的，应当承担民事责任。②至于对于普通社会公众死亡之后的姓名、肖像、名誉、荣誉等造成侵害的，是否应当承担民事责任，则没有明确的规定。

其五，死者享有的人格尊严权。《法国民法典》第16-1-1条规定：人的身体的受尊重并不会因为人的死亡而终止；死者的遗骸，包括死者因为火葬而剩下的骨灰在内，应当以受尊重、有尊严和体面的方式处理。根据该条的规定，在人活着时，他们享有身体的受尊重权，在人死亡时，他们仍然享有身体的受尊重权，这就是死者所享有的尸体、遗骸的受尊重权，包括死者的家庭成员在内的所有行为人均应当尊重死者尸体的完整性，应当以受尊重（respect）、有尊严（dignité）和体面（décence）的方式处理死者的尸体、遗骸，包括火化之后的骨灰。③

（三）死者遗体的问题

1. 死者遗体的性质

一旦自然人死亡，他们生前的血肉之躯就会变为死者遗体。问题在于，死者遗体在民法上的地位究竟是人还是物？对此问题，民法学者作出的普遍回答是，死者遗体在法律地位上仅是物而不是人；死者遗体虽然是物，但是，它们并不是"普通物"（une chose ordinaire）。④

死者遗体之所以是特殊的物，是因为死者遗体这种物受到法律的特别保护。

一方面，民法确保死者的遗愿得到尊重。如果死者生前有某种意思表示，他们生前所为的此种意思表示在他们死亡之时就开始产生法律效力。通常而言，死者的遗愿或者表现为遗嘱，或者表现为死后的丧葬方式，或者表现为死后遗体或者器官的捐献。无论死者的遗愿是什么，死者的继承人或者其他利害关系人均应当尊重他们的遗愿，不得违

---

① 最高人民法院2001年《关于确定民事侵权精神损害赔偿责任若干问题的解释》第3条的规定。
② 《中华人民共和国民法总则》第185条。
③ 张民安：《法国民法》，清华大学出版社2015年版，第144页；张民安：《法国民法总论（上）》，清华大学出版社2017年版，第611—612页。
④ Henri Roland Laurent Boyer, Introuduction au droit, Litec, p. 394; Florence Laroche-Gisserot, Les Personnes, 8e édition, Montchrestien, p. 14; David Bakouche, Droit civil les personnes la famille, HACHETTE, p. 30; Bernard Teyssié, Droit civil, Les personnes, 12e édition, Litec, p. 110; FrancoisTerré Dominique Fenouillet, Droit civil les personnes, 8e édition, Dalloz, p. 38; 张民安：《法国民法》，清华大学出版社2015年版，第143页。

反他们的遗愿。

另一方面，法国刑法典对自然人的死者遗体提供刑事保护。《法国刑法典》第225-17条明确规定，任何侵害死者遗体完整性的行为均构成犯罪行为，包括毁坏死者遗体的行为，亵渎死者遗体的行为；任何毁坏死者陵墓的行为，任何破坏遗体的行为，任何毁坏死者纪念碑的行为均构成犯罪行为；对于以上犯罪行为，应当判处一年的刑事监禁和15000欧元的刑事罚金。当行为人实施上述犯罪行为时，除了应当承担刑事责任之外，他们还应当赔偿死者家属所遭受的非财产损害或者财产损害，因为行为人实施的这些行为也构成《法国民法典》第1382条所规定的过错行为。

2. 遗体的合理使用

由于尸体与死亡自然人生前的人格权利以及社会道德因素有密切关系，对尸体的利用必须严格依照法律的规定进行。一般认为，除下述情形外不得对尸体进行违法利用：

（1）公民生前立有遗嘱捐献其身体或者身体之一部分用于科学研究和医学事业的。

（2）依照法律规定对尸体进行利用的。在侦查手段中的开棺验尸，即为这种合法利用。

（3）经死者近亲属同意，在不违法、不违背公共秩序和善良风俗的情况下的合法利用。

3. 侵害遗体所产生的侵权责任

同时法律也禁止侵害尸体的侵权行为。侵害尸体的侵权行为主要包括：非法损害尸体（主观上故意）；非法利用尸体；其他非法侵害尸体的行为。

对于侵害尸体的侵权民事责任，最高人民法院关于精神损害责任赔偿的司法解释，规定上述三种行为构成侵权，可以请求精神损害赔偿。对上述侵害死者遗体、遗骨的，可以判令赔偿抚慰金。侵害尸体，构成侵权民事责任的，行为人应当承担责任。关于追究侵权责任的请求由谁提出，最高人民法院前述司法解释第5条关于死者名誉保护的规定办理，由死者的近亲属作为尸体的保护人和管理人，享有诉权，有权向人民法院起诉，请求保护死者的身体法益。

六、自然人的民事权利能力所面临的主要难题（三）：动物究竟是人还是物

传统民法理论认为，虽然人与动物一样均为生物，但是，人与动物的地位迥异，这就是，人是权利主体，不是权利客体，他们享有法人格，而动物则不同，它们是权利客体，不是权利主体，它们不享有法人格。

在今天，民法学者不像传统民法那样一边倒地反对将动物看作人，因为在今天，民法学者对动物的法律地位存在不同的意见。少数民法学者认为，动物是人，是为权利主体，是"动物权利主体"（l'animal sujet de droit），或者是"动物人"（personnification de l'animal）。① 而多数民法学者则认为，即便动物在今天受到刑法、民法的保护，即便动物在今天真的享有各种各样的权利，动物仍然只是权利客体，不是也不可能是权利主体。②

不过，即便多数民法学者均否认动物的人的地位，均认为动物不是权利主体，他们也承认，即便动物是一种物，是一种权利客体，此种物或者权利客体也不是普通的物，也不是简单的权利客体，因为，它们是一种特殊的物，是一种受到法律保护的物。③

在今时今日，无论民法学者对待动物的态度如何，动物的法律地位已经得到了极大的改善，至少从20世纪60年代以来是如此。

首先，早在1962的时候，法国最高法院就认为，当行为人实施的侵权行为导致他人用来参加比赛的马匹死亡时，他们除了应当赔偿他人遭受的财产损害之外，还应当赔偿他人遭受的非财产损害。④ 此种规则确立之后被法国的司法判例不断援引，并因此成为法国民法上的重要规则。这些司法判例的确立，似乎意味着法官将他人参与比赛的马或者他人饲养的宠物同等于自然人，因为法国的法官在过去的判例当中认为，仅有自然人遭受侵害时，行为人才会被责令对他人承担非财产损害。

其次，在1978年和1983的案件当中，法国的司法判例认为，当夫妻双方离婚之后，如果他们共同生活期间所饲养的宠物狗被判归其中的一方所有，另一方对该宠物狗享有探望权，对方不得拒绝。⑤ 这些司法判例的确立，似乎意味着法国的法官将夫妻饲养的宠物狗等同于他们抚养的未成年子女，因为根据《法国民法典》的规定，在父母离婚之后，如果未成年子女随着父母一方生活，另一方对其未成年子女享有探望权。

最后，无论是国际法还是法国的国内法均明确规定，动物受法律的保护，他们享有各种各样的权利，人们应当尊重动物享有的权利。在国际上，联合国教科文组织在1978年10月15日制定了《动物权利宣言》，它明确规定，动物享有生命权、平等生存权以及受尊重权等等，包括动物在死亡之后所享有的受尊重权。在法国，《农村法典》

---

① Nerson, la condition de l'animal au regard du droit, D. 1963, ch. 1; Daigueperse, L'animal sujet de droit une réalité de demain, Gaz. Pal. 1981, 1, doctrr. (60); Gilles Goubeaux, Traité de droit civil. Les Personnes, LGDJ, 1989, p. 16; Irma Arnoux, Les Droits De L'être Humain Sur Son Corps, Presses Universitaires De Bordeaux, 44; David Bakouche, Droit civil les personnes la famille, HACHETTE, pp. 12—13; Henri Roland Laurent Boyer, Introduction au droit, Litec, p. 385; Philippe Malaurie, les Personnes, 6e édition, Defrénois, p. 2.
② Irma Arnoux, Les Droits De L'être Humain Sur Son Corps, Presses Universitaires De Bordeaux, 45; David Bakouche, Droit civil les personnes la famille, HACHETTE, p. 13; Henri Roland Laurent Boyer, Introduction au droit, Litec, p. 385; Philippe Malaurie, les Personnes, 6e édition, Defrénois, p. 1.
③ Henri Roland Laurent Boyer, Introduction au droit, Litec, p. 385; FrancoisTerré Dominique Fenouillet, Droit civil les personnes, 8e édition, Dalloz, pp. 13—14; Philippe Malaurie, les Personnes, 6e édition, Defrénois, p. 1.
④ Ci2 e, 16 jan1962: D. 1962, 199, note Rodiere; JCP. 62, II, 12557, note Esmein.
⑤ TGI Evreux, 27 janbier 1978, Gaz. pal. 1978, 2. 382; Paris 11 janvier 1983, Gaz. pal. 1983, 2, 412.

第 9 条明确规定，禁止一切粗暴对待动物的行为。《法国刑法典》也明确规定，粗暴对待动物的行为应当受到刑法的制裁。① 这些法律的规定似乎已经将动物等同于人了，因为传统民法理论认为，仅人才享有权利。

第三节　自然人的民事行为能力

一、自然人的民事行为能力的概念

自然人的民事行为能力，是指自然人所享有的以自己的行为为其设定民事权利或者民事义务的资格。一旦自然人享有完全的民事行为能力，他们就能够独立实施民事法律行为，否则，他们就必须借助于其他人的帮助来实施民事法律行为。

在民法上，自然人所进行的民事活动是一种涉及财产利益或其他利益的活动，需要民事主体具有相当的认识能力、判断能力和识别能力，能够认识、判断或者认识其民事活动的性质、意义或者后果。如果民事主体对其实施的民事获得欠缺认识能力、判断能力或者识别能力，不知道其民事活动的性质、意义或者可能会引起的后果，则法律不允许他们单独实施这些民事活动，只能够让他们在其他人的帮助下来实施这些民事活动。否则，除了会严重牺牲、损害自然人的利益之外，还会危及社会的公共利益。

在民法上，自然人的民事行为能力与民事权利能力不同：民事权利能力决定的是自然人的民事主体资格，即自然人能不能享受权利、承担义务；民事行为能力决定的是自然人独立进行民事活动的资格，即自然人能不能以自己的行为参加具体的民事法律关系，根据自己的意志为自己设定民事权利和民事义务。因此，一切自然人都具有同等的民事权利能力，但自然人是否具备民事行为能力，或具备何种范围的民事行为能力，必须根据法律规定的条件予以确定。

二、自然人的民事行为能力的种类

在我国，《民法总则》将自然人的民事行为能力分为三类：完全民事行为能力、限制民事行为能力以及无民事行为能力。与此相适应，我国《民法总则》也将行为能力人分为三种：完全民事行为能力人、限制民事行为能力人以及无民事行为能力人。

---

① Henri Roland Laurent Boyer, Introuduction au droit, Litec, pp. 385—386.

(一) 完全民事行为能力

1. 完全民事行为能力的界定

完全行为能力，是指自然人所享有的能够独立实施法律没有明确禁止其实施的所有民事法律行为的能力。享有此种行为能力的自然人被称为"完全民事行为能力人"，除非制定法、成文法明确禁止他们实施某种民事法律行为，否则，他们能够独立实施所有的民事法律行为。

在我国，《民法总则》规定了两种完全民事行为能力，这就是"完全民事行为能力"和"视为完全民事行为能力"。

2. 完全民事行为能力

完全民事行为能力，是指年满18周岁并且智力正常的自然人所享有的能够独立实施法律没有明确禁止其实施的一切民事法律行为的能力。具有此种行为能力的自然人被称为"完全民事行为能力人"，他们能够独立实施所有的民事法律行为，除非制定法、成文法明确禁止他们实施某种民事法律行为。

《民法总则》第17条规定："18周岁以上的公民是成年人。不满18周岁的自然人为未成年人。"第18条第1款规定："成年人为完全民事行为能力人，可以独立实施民事法律行为。"根据前述法条的规定，完全民事行为能力应当同时具备两个条件：①自然人已经年满18周岁，是成年人。②自然人的智力正常，也就是，具有正常的认识能力、判断能力和识别能力。

我国确定自然人年满18周岁为完全民事行为能力人主要是考虑其智力状况，而不是考虑其经济状况。年满18周岁的自然人，即使没有经济来源，只要智力正常，仍是完全民事行为能力人。

3. 视为完全民事行为能力

"视为完全民事行为能力"，是指那些已满16周岁不满18周岁、能够以其劳动收入维持其基本生活的自然人所享有的能够独立实施法律没有明确禁止其实施的所有民事法律行为的能力。具有此种行为能力的人被称为"视为完全民事行为能力人"，他们也能够像正常的成年人那样实施法律没有明确禁止他们实施的所有民事法律行为。

《民法总则》第18条第2款对此种完全行为能力作出了说明，该条规定："16周岁以上的未成年人，以自己的劳动收入为主要生活来源的，视为完全民事行为能力人。"根据该条的规定，"视为完全民事行为能力人"应当同时具备四个条件：①年满16周岁不满18周岁。②智力正常，也就是具有识别能力、判断能力和认识能力。③他们必须有自己的劳动收入。所谓劳动收入，是指他们从事体力劳动或脑力劳动所获得的报酬。④他们的收入必须具有稳定性、连续性并达到一定数额，即能够维持当地群众一般的生活水平。①

（二）限制民事行为能力

1. 限制民事行为能力的界定

限制民事行为能力，是指民事主体所享有的具有从事某些与其年龄、智力相适应的民事行为能力的资格。在限制民事行为能力当中，民事主体的民事行为能力不完全，在法定范围内，他们具有民事行为能力，可以独立地实施民事行为；但在法定范围之外，其民事行为能力有所欠缺，不能独立地实施民事行为，必须借助于其他人的帮助才能够实施民事行为。具有此种行为能力的人被称为"限制民事行为能力人。"

在我国，《民法总则》规定了两种限制民事行为能力，这就是未成年人的限制民事行为能力和成年人的限制民事行为能力。

2. 未成年人的限制民事行为能力

未成年人的限制民事行为能力，是指8周岁以上未满18周岁的未成年人的限制民事行为能力。具有此种民事行为能力的自然人能够独立从事与其年龄、智力或者生活需要相关的民事活动。

《民法通则》第19条对此种限制民事行为能力作出了说明，该条规定："8周岁以上的未成年人为限制民事行为能力人，实施民事法律行为由其法定代理人代理或者经其法定代理人同意、追认，但是可以独立实施纯获利益的民事法律行为或者与其年龄、智力相适应的民事法律行为。"

根据该条的规定，未成年人的限制民事行为能力应当具备两个条件：①民事主体已经年满8周岁但是未满18周岁，并且不符合视为完全民事行为的条件；②具有一定的认识能力、识别能力或者判断能力。

3. 成年人的限制民事行为能力

成年人的限制民事行为能力，是指已经满了18周岁但不能完全辨认自己行为的人的限制民事行为能力。具有此种民事行为能力的人能够独立进行某些与其智力、精神健康状况相适应的民事活动。

《民法总则》第22条对此种限制民事行为能力作出了说明，该条规定："不能完全辨认自己行为的成年人为限制民事行为能力人，实施民事法律行为由其法定代理人代理或者经其法定代理人同意、追认，但是可以独立实施纯获利益的民事法律行为或者与其智力、精神健康状况相适应的民事法律行为。"根据该条的规定，成年人的限制民事行为能力应当具备两个条件：①民事主体已经满了18周岁；②具有一定的认识能力、判

---

① 《民法通则》第2条规定："16周岁以上不满18周岁的公民，能够以自己的劳动取得收入，并能维持当地群众一般生活水平的，可以认定为以自己的劳动收入为主要生活来源的完全民事行为能力人。"

断能力或者识别能力,但是认识能力、判断能力或者识别能力极其有限;如因智力发育不正常、精神健康状况不正常等所致。

4. 限制民事行为能力人所实施的行为范围

限制民事行为能力人可以独立进行与其年龄、智力、精神健康状况相适应的民事活动。对于该类活动的范围的确定,应从行为与本人生活相关联的程度、本人的智力能够理解其行为并预见相应的行为后果,以及行为标的数额方面予以考虑。

一般而言,与当事人日常生活所需有关的行为以及其他金额较小的行为,限制民事行为能力人可以独立实施。

此外,根据《民法总则》的规定,限制民事行为能力人可以独立实施接受奖励、赠与及报酬的行为。限制民事行为能力人独立实施此类被称之为"纯法律上利益"的行为,不需要其法定代理人的同意,相对方行为人也不得以其为限制民事行为能力人为理由否定行为的法律效力。

限制民事行为能力人如果需要参加重要的民事活动,应由其法定代理人代理,或者事前征得法定代理人的同意,也可事后征得法定代理人的追认。

(三) 无民事行为能力

1. 无民事行为能力的界定

无民事行为能力,是指民事主体不具有实施任何民事法律行为的资格。一旦民事主体无民事行为能力,则他们不得亲自实施任何民事法律行为,而只能够通过其法定代理人来实施所有的民事法律行为。在民法上,具备此种民事行为能力的民事主体被称为"无民事行为能力人。"

在我国,《民法通则》规定了两种无民事行为能力,这就是未成年人的无民事行为能力和成年人的无民事行为能力。

2. 未成年人的无民事行为能力

未成年人的无民事行为能力,是指未满8周岁的未成年人的无民事行为能力。我国《民法总则》第20条对此种无民事行为能力作出了说明,该条规定:"不满8周岁的未成年人为无民事行为能力人,由其法定代理人代理实施民事法律行为。"根据该条的规定,未成年人的无民事行为能力应当具备两个必要条件:①民事主体是未成年人;②该未成年人未满8周岁。

3. 成年人的无民事行为能力

《民法总则》第21条第1款规定:"不能辨认自己行为的成年人为无民事行为能力人,由其法定代理人代理实施民事法律行为。"这与《民法通则》规定的"不能辨认自己行为的精神病人是无民事行为能力人"相比,《民法总则》扩大了成年人的无民事行为能力人的认定范围。凡是不能辨认自己行为者均为无民事行为能力人。① 例如，老年痴呆、植物人等现实无民事行为能力者，纳入无民事行为能力人范围，不只是局限于那些精神状态非常严重的成年人。根据《民法总则》的相关法条之规定，成年人的无民事行为能力应当具备两个必要条件：其一，民事主体是成年人；其二，该成年人不能辨认自己行为，完全丧失了认识能力、判断能力或者识别能力。

当然，为保护无民事行为能力人的利益，无民事行为能力人接受奖励、赠与及报酬等民事法律行为有效。

三、无民事行为能力和限制民事行为能力的宣告

不能正确辨认自己行为的自然人，国家为保护其利益而设立了宣告制度。

（一）无民事行为能力和限制行为能力宣告的法律根据

我国对不能辨认或者不能完全辨认自己行为的成年人的构成限制行为能力和无行为能力采取宣告制度。《民法通则》第24条第1款规定："不能辨认或者不能完全辨认自己行为的成年人，其利害关系人或者有关组织，可以向人民法院申请认定该成年人为无民事行为能力人或者限制民事行为能力人。"

（二）无民事行为能力和限制行为能力宣告的条件

宣告自然人为无民事行为能力或限制民事行为能力应具备以下要件：

（1）被宣告人须为不能辨认或者不能完全辨认自己行为的成年人，例如精神病人、痴呆人。

（2）须经利害关系人或者有关组织申请，没有利害关系人或者有关组织申请，人民法院不得主动宣告。利害关系人主要是指被宣告人的配偶、父母、成年子女及其他亲属等；有关组织包括：居民委员会、村民委员会、学校、医疗机构、妇女联合会、残疾人联合会、依法设立的老年人组织、民政部门等。②

（3）须经人民法院宣告。除人民法院外，任何组织和个人都无权宣告自然人为无行为能力或限制行为能力，只有人民法院有权依照法定程序作出宣告。

（三）无民事行为能力和限制行为能力宣告的程序

（1）宣告申请。不能辨认或者不能完全辨认自己行为的成年人，其近亲属或其他

---

① 《民法通则》第13条第1款规定："不能辨认自己行为的精神病人是无民事行为能力人，由他的法定代理人代理民事活动。"
② 参见《民法总则》第24条第3款的规定。

利害关系人，又或者是有关组织有权向法院提出申请。其他利害关系人是指与被宣告人（不能辨认或者不能完全辨认自己行为的成年人）存在民事关系的人。

（2）司法鉴定。法院受理申请后，必要时可对被申请人进行鉴定。

（3）指定监护人。在宣告被申请人为无民事行为能力人或限制民事行为能力人的同时，法院可根据申请，指定监护人。也就是说，指定监护人并非这类案件的必经程序，只在利害关系人有申请时法院才能指定监护人。

（四）无民事行为能力和限制行为能力宣告的撤销

自然人被宣告为无民事行为能力人或限制民事行为能力人后，如果其智力障碍排除，具有认识能力，可以根据其智力、精神健康恢复的状况，健康恢复状况，经本人或者利害关系人或者有关组织申请，由人民法院宣告，认定该成年人恢复为限制民事行为能力人或者完全民事行为能力人。[①]

四、自然人的民事行为能力的终止

自然人的民事行为能力的终止，是指其民事行为能力消灭。死亡的发生不仅是自然人民事权利能力消灭的原因，也是其民事行为能力消灭的原因。宣告死亡发生同样的效果。此外，自然人丧失辨别自己行为的能力的，其行为能力经过宣告而终止。

第四节 监 护

一、监护的概念和特征

（一）监护的概念

监护，即监督和保护，是指是指对未成年人、无民事行为能力或者限制民事行为能力的成年人的人身、财产及其他合法权益进行监督和保护的一种民事法律制度。在监护关系中，担任监护和保护的人为监护人，受到监督和保护的无民事行为能力人、限制民事行为能力人为被监护人。监护制度的目的在于弥补无民事行为能力人和限制民事行为能力人的行为能力缺陷，使他们的民事权利能力真正得以实现。

监护有广义和狭义之分。广义监护，是指对缺乏自我保护和自我生活能力的人实施监督和保护的制度。包括了亲权制度以及仅具有照顾、协助性质的保佐制度。它不仅针

---

① 参见《民法总则》第 24 条第 2 款的规定。

对未成年人，也包括无完全民事行为能力的成年人。英美法系国家多采用广义监护制度体例，在概念上统称为监护，但具体做法则各有不同。有的国家对无民事行为能力人设置监护人，而对限制民事行为能力人设置保佐人。

狭义监护，是指对不在亲权保护下的未成年人、缺乏自我保护和自我生活能力的成年人实施监督和保护的制度①。大陆法系国家大都采用狭义监护制度模式。狭义监护制度是一种与亲权制度并行的监护制度。在狭义监护制度立法例中，监护制度和亲权制度相互分离，仅将未受父母亲权保护的未成年人作为监护的对象。这是因为：①未成年人已处于亲权的保护之下，其利益已能得到充分保护，无需再提供第二层的保护制度即监护制度。②监护制度仅针对不在亲权保护下的未成年人，对未成年人来说，只是亲权制度不能发挥作用时的有效补充和延伸。③监护制度只是对无民事行为能力或限制民事行为能力的成年人具有独立存在的意义。

我国《民法总则》第26条所规定的监护制度属广义监护制度类型，它将亲权纳入监护制度，为未成年人设立监护。我国这种立法例在大陆法系立法中属于例外。

（二）监护的特征

1. 内容具有法定性

内容是指监护法律关系的内容，即监护人的权利、义务和职责。这些内容大多由法律加以明确规定，具有强行法的特色，不允许当事人自行约定或变更法律规定的内容。

2. 目的具有保护性

现代监护制度的首要目的是为了保护无民事行为能力人或限制民事行为能力人的人身和财产权利的。由于这些主体具有与其他民事主体平等的民事权利能力，但因其民事行为能力方面的缺陷，其民事权利不但难以实现，而且其合法权益受到侵害时也难以自行寻求救济。因此，需要为其设立监护人，以维护其正当民事权益。

3. 主体具有特定性

在监护法律关系中，以下方面的主体都是特定的：

其一，被监护人特定。只有未成年人、无民事行为能力或限制民事行为能力的成年人才可能成为被监护人。

其二，监护人特定。监护人也是特定的，或是基于法律的直接规定，或是在遗嘱中指定，或是由有指定权的社会组织在符合法定条件的人员当中指定。

其三，监护监督人特定。监护监督人可由最后行使亲权的人在遗嘱中指定。如果没有遗嘱指定，则由法院或有关部门（如监护行政机关）根据一定的条件选任。

其四，处理监护问题的国家机构特定。如监护法院、监护官署等。

---

① 蒋月：《民法总论》，厦门大学出版社2007年版，第118页。

关于监护主体的法律规定，目前我国法律只做到了被监护人和监护人的特定化，对其他主体还未作出规定。

二、监护人的职责

监护人的职责是由监护的目的所决定的，它主要是保护被监护人的人身、财产及其他合法权益。例如，《民法总则》第 34 条第 1 款规定："监护人的职责是代理被监护人实施民事法律行为，保护被监护人的人身权利、财产权利以及其他合法权益等。"监护人的职责主要有：

（一）保护被监护人的身体健康

被监护人无论是未成年人还是精神病人，对其身体健康都不像完全民事行为能力人那样具有全面的知识和自我保护能力。因此，需要监护人保护被监护人的身体健康和人身安全，防止被监护人受到侵害。

（二）照顾被监护人的生活

监护人在日常生活方面必须给被监护人以必要的关心、照料。对于未成年人来说，其必要的物质和文化生活要求必须满足，以保证未成年人的健康成长。对于精神病人来说，监护人应细心照料其生活，不得虐待或者遗弃被监护人。

（三）对被监护人进行管理和教育

监护人应当关心未成年人的成长，对其进行教育。对被监护人要进行监督和管理，防止他们受到伤害或侵害他人权益。

（四）保护和管理被监护人的财产

监护人应当妥善管理和保护被监护人的财产，对被监护人应得的合法收益，如依法应得的抚养费、抚恤费等，都应依法保护。对于被监护人财产的经营和处分，监护人应尽善良管理人的注意。监护人应当按照最有利于被监护人的原则履行监护职责。非为被监护人的利益，监护人不得处分其财产。①

未成年人的监护人履行监护职责，在作出与被监护人利益有关的决定时，应当根据被监护人的年龄和智力状况，尊重被监护人的真实意愿。②

成年人的监护人履行监护职责，应当最大程度地尊重被监护人的真实意愿，保障并

---

① 参见《民法总则》第 35 条第 1 款的规定。
② 参见《民法总则》第 35 条第 2 款的规定。

协助被监护人实施与其智力、精神健康状况相适应的民事法律行为。对被监护人有能力独立处理的事务，监护人不得干涉。①

（五）代理被监护人进行民事活动

根据《民法总则》第 23 条规定："无民事行为能力人、限制民事行为能力人的监护人是其法定代理人。"被监护人为无民事行为能力人的，其全部民事活动由监护人代理。被监护人是限制民事行为能力人的，可以进行与他的年龄、智力相适应或者与他的精神健康状况相适应的民事活动；其他民事活动由他的法定代理人代理或者征得他的法定代理人的同意进行。

（六）代理被监护人进行诉讼

在被监护人的合法权益受到侵害或者与他人发生争议时，监护人应当代理被监护人进行诉讼，以维护其合法权益。

（七）监护人民事责任的承担

监护人的职责既意味着义务，又意味着权利。监护人依法行使监护权，任何人或组织不得干涉。② 诚然，监护人不履行监护职责，应当承担相应的民事责任。《民法总则》第 34 条第 3 款规定："监护人不履行监护职责或者侵害被监护人合法权益的，应当承担法律责任。"如果因监护人管教不严，被监护人造成他人损害的，由监护人承担民事责任。监护人尽了监护职责的，可以适当减轻其民事责任。③

监护人将部分或者全部监护职责委托给他人期间，被监护人有侵权行为，并需要承担民事责任的，应当由监护人承担。但是，如果被委托人未尽力履行监护职责确有过错的，被委托人负连带责任。如果监护人与被委托人就民事责任的承担有约定的，则应当按约定处理。

三、监护的设立

（一）监护的设立方式

综观各国民法规定，关于监护的设定方式，大致有三种类型：遗嘱监护、法定监护

---

① 参见《民法总则》第 35 条第 3 款的规定。
② 《民法总则》第 34 条第 2 款规定："监护人依法履行监护职责产生的权利，受法律保护。"
③ 《中华人民共和国侵权责任法》第 32 条规定："无民事行为能力人、限制民事行为能力人造成他人损害的，由监护人承担侵权责任。监护人尽到监护责任的，可以减轻其侵权责任。有财产的无民事行为能力人、限制民事行为能力人造成他人损害的，从本人财产中支付赔偿费用。不足部分，由监护人赔偿。"

和指定监护。

1. 遗嘱监护

遗嘱监护，是指由未成年人的父母通过遗嘱的方式指定监护人。例如，《日本民法》第839条规定："对未成年人最后行使亲权的人，可以遗嘱指定监护人。"

2. 法定监护

法定监护，是指根据法律的直接规定而确定监护人的制度。例如，《日本民法》第840条规定："夫妻一方受禁治产宣告时，他方为其监护人。"我国台湾地区"民法"第1094条规定，父母不能行使对未成年子女的权利义务或父母死亡而无遗嘱指定监护人时，有与未成年人同居之祖父母、兄姐、不与未成年同居之祖父母，依顺序担任监护人。

3. 指定监护

指定监护，是指由法院或有关机关为未成年人或精神病人指定监护人的制度。在规定法定监护和遗嘱监护的国家或地区，指定监护适用于无遗嘱监护人和无法定监护人的情形。例如，《日本民法》第841条规定，未成年人无遗嘱指定监护人或禁治产人无法定监护人时，"家庭法院因被监护人的亲属或其他利害关系人的请求，选任监护人"。我国台湾地区"民法"第1094条规定，在无法定监护人时，"法院得依未成年子女、检察官、当地社会福利主管机关或其他利害关系人之声请，就其三亲等内旁系血亲尊亲属、社会福利主管机关、社会福利机构或其他适当之人选定或改定为监护人"。

我国《民法总则》也规定了遗嘱监护、法定监护和指定监护三种类型。无论哪一种监护方式，对监护人基本要求是必须具有监护能力。认定监护人的监护能力，应当根据监护人的身体状况、经济条件以及与被监护人在生活上的联系等因素确定。以下介绍我国《民法总则》中关于未成人监护人的设立、无民事行为能力或者限制民事行为能力的成年人的监护人的设立、遗嘱监护人的设立以及协议确定监护人。

（二）未成年人监护人的设定

未成年人的监护人包括法定监护人和指定监护人两种。

1. 未成年人的法定监护人

我国《民法总则》第27条对未成年人规定了三种法定监护人：

（1）未成年人的父母。这种监护是基于亲权而产生的，即父母对未成年子女的监护因子女出生的法律事实而发生。

（2）未成年人的祖父母、外祖父母；兄、姐等。在未成年人的父母已经死亡或丧失监护能力时，首先由有监护能力的祖父母、外祖父母优先担任监护人；其次由其兄、姐担任监护人。

（3）其他愿意承担监护责任的个人或者组织。在没有前两项监护人的情况下，其他愿意承担监护责任的个人或者组织，经未成年人住所地的居民委员会、村民委员会或者民政部门同意，便可担任监护人。其他愿意承担监护责任的个人，如关系密切的其他亲属（如叔、伯、姑、舅、姨等）或朋友等；其他愿意承担监护责任的组织，如未成年人父母所在单位等。

此外，《民法总则》第32条规定："没有依法具有监护资格的人的，监护人由民政部门担任，也可以由具备履行监护职责条件的被监护人住所地的居民委员会、村民委员会担任。"根据该条规定，在没有前三项监护人的情况下，由民政部门或者具备履行监护职责条件的被监护人住所地的居民委员会、村民委员会等社会组织机构担任该未成年人的法定监护人。

2. 未成年人的指定监护人

根据我国《民法总则》第31条的规定："对担任未成年人的监护人有争议的，由被监护人住所地的居民委员会、村民委员会或者民政部门指定监护人，有关当事人对指定不服的，可以向人民法院申请指定监护人；有关当事人也可以直接向人民法院申请指定监护人。"我国法律上所说的指定监护，实际上是选定监护，即在法定监护人中选择确定监护人。有权为未成年人指定监护人的组织有三种：①未成年人所在地的居民委员会或村民委员会；②民政部门；③人民法院。

对担任未成年人的监护人有争议的，有关当事人既可以由未成年人所在地的居民委员会、村民委员会或者民政部门首先行使指定权指定；有关当事人对指定不服的，可以向人民法院申请指定监护人；有关当事人也可以直接向人民法院申请指定监护人，由人民法院以判决指定。

居民委员会、村民委员会、民政部门或者人民法院指定监护人，应当尊重被监护人的真实意愿，按照最有利于被监护人的原则在依法具有监护资格的人中指定监护人。[①]

在指定监护人前，被监护人的人身权利、财产权利以及其他合法权益处于无人保护状态的，由被监护人住所地的居民委员会、村民委员会、法律规定的有关组织或者民政部门担任临时监护人。[②] 旨在切实有效地保护被监护人的人身权利、财产权利以及其他合法权益。

（三）无民事行为能力或者限制民事行为能力的成年人的监护人的设定

我国《民法总则》第28条规定了无民事行为能力或者限制民事行为能力的成年人的监护人的设立方式，也包括法定监护和指定监护两种方式。

1. 法定监护人

根据《民法总则》第28条第2款的规定，对于无民事行为能力或者限制民事行为

[①] 参见《民法总则》第31条第2款的规定。
[②] 参见《民法总则》第31条第3款的规定。

能力的成年人的法定监护人范围和顺序是：①配偶。②父母。③成年子女，即已满18周岁、具有完全民事行为能力的子女；④其他近亲属。包括兄弟姐妹、祖父母、外祖父母、已成年的孙子女或外孙子女等；⑤愿意承担监护责任的个人或者组织。这些个人或者组织经无民事行为能力或者限制民事行为能力的成年人的住所地的居民委员会、村民委员会或者民政部门同意后，可以担任监护人。

2. 指定监护人

根据我国《民法总则》第31条第1款的规定，对监护人的确定有争议的，由被监护人住所地的居民委员会、村民委员会或者民政部门指定监护人，有关当事人对指定不服的，可以向人民法院申请指定监护人；有关当事人也可以直接向人民法院申请指定监护人。

居民委员会、村民委员会、民政部门或者人民法院应当尊重被监护人的真实意愿，按照最有利于被监护人的原则在依法具有监护资格的人中指定监护人。为了贯彻尊重被监护人的真实意愿，《民法总则》第33条规定："具有完全民事行为能力的成年人，可以与其近亲属、其他愿意担任监护人的个人或者组织事先协商，以书面形式确定自己的监护人。协商确定的监护人在该成年人丧失或者部分丧失民事行为能力时，履行监护职责。"例如，某老人在意志清醒时与某组织商定，由该组织作为自己丧失民事行为能力时的监护人，并委托该组织代为保管其财产，其财产收益最终由法定继承人继承。

在指定监护人的司法实践中，一般还会考虑监护人是否与被监护人共同生活、是否有监护能力，是否对被监护人有利，等等。如果被监护人有一定的识别能力，还应征求其本人的意见。

此外，根据《民法总则》第31条第3款的规定，在指定监护人前，被监护人的人身权利、财产权利以及其他合法权益处于无人保护状态的，由被监护人住所地的居民委员会、村民委员会、法律规定的有关组织或者民政部门担任临时监护人。即，避免无民事行为能力或者限制民事行为能力的成年人的人身权利、财产权利以及其他合法权益可能出现无人保护的状况。

（四）遗嘱指定监护人的设定

《民法总则》第29条规定："被监护人的父母担任监护人的，可以通过遗嘱指定监护人。"父母在身患疾病时，可以通过遗嘱指定监护人的形式，安排好未成年子女的监护后事，以利于孩子的健康成长。

（五）协议确定监护人

《民法总则》第30条规定："依法具有监护资格的人之间可以协议确定监护人。协议确定监护人应当尊重被监护人的真实意愿。"当前，离婚现象普遍，父母在离婚时，可以通过协议确定谁做未成年子女的监护人,但必须尊重孩子的真实意愿。

四、监护的变更和终止

(一) 监护的变更

监护的变更是指因一定的原因和事实变更监护人。包括:①监护人死亡、丧失了民事行为能力或被宣告为限制民事行为能力人,此时需变更监护人;②监护人不履行职责,给被监护人造成损害的,或借监护之机侵犯、侵吞被监护人财产的,经有关人员或单位申请,人民法院变更监护人;③监护人之间也可依法签订变更协议,更换监护人。

在监护关系存续期间,监护人可通过协商或法定程序而发生变更。

一般而言,如果监护人是由具备监护资格的当事人协商确定,则当事人可经过重新协商而对监护人予以变更;如果当事人对变更监护人不能达成协议,则可由人民法院进行裁决。在指定监护的情形,非经法定程序由原指定单位批准,当事人不能自行变更监护人。

夫妻离婚后,与子女共同生活的一方无权取消对方对子女的监护权,但一方对子女有犯罪行为、虐待行为或其他对子女明显不利的行为,人民法院可以依法剥夺其监护权,确定由另一方单独负责监护。当监护人不适宜继续作监护人时,经利害关系人或有关单位申请,人民法院可对该监护人予以撤换。

(二) 监护的终止

监护的终止即监护关系的消灭。监护因一定的事实而发生,也因一定的事实而终止。监护终止的原因[1]有如下情形:

1. 被监护人获得完全民事行为能力

未成年人成年而具有完全民事行为能力,精神病人康复而恢复了民事行为能力,均可使为其设置的监护自然终止。

2. 监护人或被监护人一方死亡

监护人或被监护人死亡(包括宣告死亡)的,监护自然终止。

3. 监护人丧失了行为能力

监护人丧失了行为能力的,监护自然终止。

4. 监护人辞去监护

监护人有正当理由,如患病、迁居、服兵役等,法律应允许其辞去监护。但监护人辞去监护应该经过有指定权的机关同意。未成年人的父母不得辞去对未成年人的监护。

---

[1] 参见《民法总则》第39条的规定。

5. 监护人被撤销监护资格

监护人不履行监护职责或利用监护之便侵害被监护人合法权益的，经有关个人和组织申请，人民法院可以撤消监护人的监护资格，并由此终止监护关系。

根据《民法总则》第 36 条的规定，监护人有下列情形之一的，人民法院根据有关个人或者组织的申请，撤销其监护人资格，安排必要的临时监护措施，并按照最有利于被监护人的原则依法指定监护人：①实施严重损害被监护人身心健康行为的；②怠于履行监护职责，或者无法履行监护职责并且拒绝将监护职责部分或者全部委托给他人，导致被监护人处于危困状态的；③实施严重侵害被监护人合法权益的其他行为的。

有权申请法院撤销监护人资格的有关个人和组织包括：其他依法具有监护资格的人、居民委员会、村民委员会、学校、医疗机构、妇女联合会、残疾人联合会、未成年人保护组织、依法设立的老年人组织、民政部门等。① 有关个人和民政部门以外的组织未及时向人民法院申请撤销监护人资格的，民政部门应当向人民法院申请。②

第五节　宣告失踪和宣告死亡

一、宣告失踪

宣告失踪，是指自然人失踪达一定期限，根据利害关系人的申请，人民法院依照法定程序宣告其为失踪人的法律制度。宣告失踪制度的目的，在于结束因失踪人生死不明的事实引致失踪人的财产关系处于不确定状态，以保护失踪人及其利害关系人合法权益，维护社会经济生活的稳定。《民法总则》第 40 条规定："自然人下落不明满二年的，利害关系人可以向人民法院申请宣告该自然人为失踪人。"

（一）宣告失踪的条件和程序

1. 自然人失踪的事实

失踪是指自然人离开住所，音讯渺无，下落不明，生死不明。如果自然人因客观原因（如旅居海外）或主观原因（如畏罪潜逃）而与家人暂时中断联系，不构成民法上的失踪。

2. 自然人失踪达到法定期间

根据《民法总则》第 40 条的规定，自然人离开自己的住所或居所杳无音讯态持续

---

① 参见《民法总则》第 36 条第 2 款的规定。
② 参见《民法总则》第 36 条第 3 款的规定。

时间满 2 年。自然人因一般原因失踪的,其失踪时间应从该自然人离开最后居住地后音讯消失之次日起算;战争期间失踪的,其失踪时间应从战争结束之日起算①。

3. 利害关系人向人民法院提出宣告失踪的申请

必须由利害关系人向人民法院申请,才能启动宣告失踪的程序②。利害关系人,是指与失踪人存在法律上的权利义务关系的人。包括:失踪人的配偶、父母、子女、兄弟姐妹、祖父母、外祖父母,以及其他与失踪人有民事权利义务关系的人,如债权人、债务人,等等。自然人失踪以后,利害关系人可以申请宣告其失踪,也可以不申请宣告其失踪。如无利害关系人申请,人民法院不得主动进行失踪宣告。

4. 人民法院根据法定程序进行失踪宣告

人民法院审理宣告失踪的案件,应按照我国《民事诉讼法》规定的特别程序进行。③ 人民法院收到宣告失踪的申请后,应查清被申请宣告失踪的自然人的财产,指定临时管理人或采取诉讼保全措施,发出寻找失踪人的公告,公告期为 3 个月。公告期满后,该自然人仍未出现,人民法院应根据被申请宣告失踪的自然人失踪的事实,作出宣告失踪的判决。

(二) 宣告失踪的效力

自然人被宣告失踪后,其效力是对其财产的管理和财产义务的履行。因失踪人民事主体资格仍然存在,因而不产生其财产所有权转移的法律后果,也不改变与其人身有关的民事法律关系。根据《民法总则》第 42 条、第 43 条的规定,宣告失踪将产生如下法律后果:

1. 失踪人的财产管理

宣告失踪的主要目的之一就是为失踪人的财产设置管理制度。失踪人的财产由其配偶、成年子女、父母或者其他愿意担任财产代管人的人代管。代管有争议的,没有以上规定的人或者以上规定的人无能力代管的,人民法院应从有利于保护失踪人及其利害关系人的合法权益、有利于财产的管理出发,为失踪人指定财产代管人。④

2. 失踪人的财产代管人的责任

失踪人的财产代管人在管理失踪人的财产时,应妥善管理。⑤ 代管人在保管、维

---

① 参见《民法总则》第 41 条的规定。
② 参见《民法总则》第 41 条的规定。
③ 《中华人民共和国民事诉讼法》第十五章特别程序规定了六种特别程序:①选民资格案件;②宣告失踪、宣告死亡案件;③认定公民无民事行为能力、限制民事行为能力案件;④认定财产无主案件;⑤确认调解协议案件;⑥实现担保物权案件。
④ 参见《民法总则》第 42 条的规定。
⑤ 参见《民法总则》第 43 条的规定。

护、收益时，应与管理自己的财产尽同样的注意。代管人不得利用和擅自处分失踪人的财产。如果代管人的行为给失踪人的财产造成损失，失踪人的利害关系人可以向人民法院请求代管人承担民事责任，并可要求变更代管人。

财产代管人有权清偿失踪人的债务并追索其债权，从失踪人的财产中支付失踪人所欠税款、债务及其他应付费用，以及履行失踪人被宣告失踪前签订的合同，等等。代管人追索失踪人的债权所取得的财产，应为失踪人所有，由代管人管理。代管人为失踪人清偿债务应以失踪人全部财产为限，代管人管理失踪人财产所需的费用，可以从失踪人的财产中支付。

（三）失踪宣告的撤销

《民法总则》第45条第1款规定："失踪人重新出现，经本人或者利害关系人申请，人民法院应当撤销失踪宣告。"立法的规定表明，和大多数国家一样，我国采取撤销失踪宣告，与宣告失踪同样慎重的法律程序。失踪宣告一经撤销，代管人的代管权随之终止，代管人应将其代管的财产交还给被撤销失踪宣告的人，并将代管期间对其财产管理和处置的详细情况告知该人。[①]

二、宣告死亡

宣告死亡，是指自然人失踪达到法定期限，经利害关系人申请，人民法院依法定程序宣告失踪人已经死亡的法律制度。

宣告死亡是对失踪人死亡的一种法律上的推定，故又称推定死亡。其推定的根据是通常的生活经验和自然人长期失踪的客观事实。即一般情况下，自然人失踪时间过长，其死亡的可能性极大。与生理死亡为自然事实所不同，宣告死亡是法律事实，是一种推定。既然是一种推定，自然人是否死亡的事实处在不确定状态，被宣告死亡的自然人可能仍生存。

（一）宣告死亡的条件和程序

根据《民法总则》第46条的规定，宣告失踪的自然人死亡必须具备以下条件和程序：

1. 自然人失踪的事实

自然人下落不明的客观事实。

2. 自然人失踪达到法定期间

《民法总则》根据自然人失踪的情况的不同，对失踪期限做了不同的规定。因一般

---

① 参见《民法总则》第45条第2款的规定。

原因失踪和在战争中失踪的，利害关系人申请宣告死亡，须失踪人失踪达四年。因意外事故失踪的，申请宣告死亡须失踪人失踪达两年，从意外事故发生之日起算。因意外事件下落不明，经有关机关证明该自然人不可能生存的，申请宣告死亡不受两年时间的限制。①

3. 利害关系人向人民法院提出宣告死亡的申请

利害关系人应依以下顺序行使申请权：配偶；父母、子女；兄弟姐妹、祖父母、外祖父母、孙子女、外孙子女；其他与失踪人有民事权利义务关系的人。

应当注意的是，宣告失踪不是宣告死亡的必经程序，即自然人失踪后，在符合法定条件的情况下，利害关系人可以申请宣告其失踪，也可以申请宣告其死亡；可以先申请宣告其失踪，然后再申请宣告其死亡，或直接申请宣告其死亡。如果在申请宣告失踪或宣告死亡问题上利害关系人之间发生争议，根据《民法总则》第 47 条的规定："同一自然人，有的利害关系人申请宣告死亡，有的利害关系人申请宣告失踪，符合本法规定的宣告死亡条件的，人民法院应当宣告死亡。"例如，对于是否申请宣告失踪人死亡，失踪人的配偶申请宣告死亡与失踪人的父母申请宣告失踪，意见不一致，这时，符合本法规定的宣告死亡条件的，人民法院应当宣告死亡。

值得探讨的是，对于债权人，是否适于作为宣告死亡的申请人？宣告死亡制度的目的不是为了保护被宣告死亡人的利益，而是为了保护其利害关系人的利益。② 而利害关系人不论是其配偶、子女、父母或其债权人，在法律地位上都是平等的。按照《民法总则》第 47 条的规定，持肯定的观点。学界有观点认为，允许债权人作为申请人，虽然有助于保护债权人的利益，但其效力超出了债权效力的范畴，对于债权人利益的保护，可通过宣告失踪制度加以解决，宣告死亡的申请人应限定在下落不明人的近亲属范围内。③

4. 人民法院依法定程序进行死亡宣告

根据我国《民事诉讼法》第 134 条规定，人民法院在收到宣告死亡的申请后，应发出寻找失踪人的公告，公告期为一年。公告期满后，如仍未获得失踪人的消息，人民法院可用判决的方式宣告该失踪人死亡。被宣告死亡的人，人民法院宣告死亡的判决作出之日视为其死亡的日期；因意外事件下落不明宣告死亡的，意外事件发生之日视为其死亡的日期。④ 判决书除发给申请人外，还应当在被宣告死亡人的住所地和人民法院所在地公告。

---

① 参见《民法总则》第 46 条的规定。
② 梁慧星：《民法总论》（第 2 版），法律出版社 2004 年版，第 111 页。
③ 王利明：《民法总则研究》，中国人民大学出版社 2003 年版，第 344—346 页。
④ 参见《民法总则》第 48 条的规定。

（二）宣告死亡的法律后果

在失踪人被宣告死亡后，对于失踪人失踪前所涉及的民事法律关系，发生与自然死亡相同的法律后果。即被宣告死亡的自然人的民事权利能力归于消灭，其财产由继承人依法继承，其婚姻关系归于消灭。但是，被宣告死亡的自然人的民事权利能力的消灭具有相对性：一方面，宣告死亡只是法律对于失踪人已经死亡的一种推定，并不意味着失踪人确定死亡。如果失踪人事实上并未死亡，则有关其已经死亡的推定可以被推翻；另一方面，如果被宣告死亡的人事实上并未死亡，则其在生存地仍然有权实施民事行为。我国《民法总则》第49条规定："自然人被宣告死亡但是并未死亡的，不影响该自然人在被宣告死亡期间实施的民事法律行为的效力。"

（三）被宣告死亡的人重新出现的法律后果

宣告死亡是对失踪人已经死亡的一种推定。通常情况下，被宣告死亡的人事实上已经死亡，只是无法证实。但在特殊情况下，被宣告死亡的人也可能并未死亡。我国《民法总则》第50条规定："被宣告死亡的人重新出现，经本人或者利害关系人申请，人民法院应当撤销死亡宣告。"宣告死亡的推定即被推翻，可导致以下法律后果：

（1）经本人或利害关系人申请，人民法院应当撤销死亡宣告。被依法撤销宣告死亡的人自始没有丧失其民事权利能力。

（2）被宣告死亡的人在其生存地实施的民事行为如果符合法律规定，为有效行为。

（3）如果事后查明，被宣告死亡的人实际死亡（自然死亡）的时间与宣告死亡的时间不一致的，被宣告死亡引起的法律后果仍然有效，但自然死亡前实施的民事法律行为与被宣告死亡引起的法律后果相抵触的，则以其实施的民事法律行为为准。例如，某失踪人于宣告死亡后死亡，尽管其实际死亡时间晚于宣告死亡的时间，但宣告死亡时即已发生的继承关系等法律后果不受影响。但是，如果该被宣告死亡的人在实际死亡之前依照法律规定设立了一份有效的遗嘱，则根据宣告死亡而已经分配的遗产，应当按照该遗嘱的指定重新分配。

（4）被宣告死亡又重新出现的人，有权请求返还财产。被撤销死亡宣告的人有权请求依照继承法取得其财产的民事主体返还财产。无法返还的，应当给予适当补偿。[①]依照继承法取得其财产的人（即继承人、受遗赠人或无人继承也无人受遗赠的遗产的接受人），应当返还原物。原物已被转让、消费或损害的，应予适当补偿。但在死亡宣告后，通过实施民事法律行为而从被宣告死亡的人的继承人等处取得财产的善意第三人，有权不予返还。例如，某人被宣告死亡后，其房屋被继承人继承，在其生还时，有

---

① 参见《民法总则》第53条第1款的规定。

权要求继承人返还房屋。不过,如果该房屋已经被继承人合法出卖给第三人,则不能要求第三人返还房屋,而只能要求继承人返还卖房的价款。如果价款已经被继承人使用,则继承人应根据实际情况,给予适当的补偿。

如果利害关系人隐瞒真实情况,致使他人被宣告死亡取得其财产的,除应当返还财产外,还应当对由此造成的损失承担赔偿责任。[1] 换言之,利害关系人隐瞒真实情况(即明知或应知失踪人并未死亡)而使他人被宣告死亡的,在返还财产时,原物存在,应返还原物及孳息;原物不存在,应对此造成的损失承担全部赔偿责任。

(5) 被宣告死亡的人的婚姻关系,自死亡宣告之日起消灭。死亡宣告被撤销的,婚姻关系自撤销死亡宣告之日起自行恢复,但是其配偶再婚或者向婚姻登记机关书面声明不愿意恢复的除外。[2] 被宣告死亡的人重新出现时,如果其配偶没有再婚且没有向婚姻登记机关书面声明不愿意恢复的,夫妻关系自行恢复,无须办理任何手续。如配偶已经再婚,则其重新建立的婚姻关系受法律保护。再婚后又离婚或再婚后其配偶死亡的,其与被宣告死亡又重新出现的人的婚姻关系不能自行恢复,即双方愿意重新建立婚姻关系,必须进行婚姻登记。

(6) 在宣告死亡期间,被宣告死亡的人的子女被他人收养的,在死亡宣告被依法撤销后,该收养关系仍受法律保护。[3] 只有在收养人及有表达意见能力的被收养人同意的情况下,收养关系才能予以解除。

第六节 自然人的住所

一、自然人住所的概念

自然人的住所,是指自然人生活和法律关系的中心地。随着社会经济的发展,人们在生活中总要和其他人有多种交往,会有多种法律关系。因而,有必要确定法律关系的中心地,以便于交往和明确法律关系。在法律上,法律关系的中心地被称为住所。

(一) 住所与居所

居所,通常指自然人为特定目的暂时居住的处所,它也可以是自然人经常居住的处所。住所与据所之区别,在于有无久住之意思,与居住期间之长短无关,如在监狱服徒

---

[1] 参见《民法总则》第53条第2款的规定。
[2] 参见《民法总则》第51条的规定。
[3] 参见《民法总则》第52条的规定。

刑，虽有长期居住事实，但无久住之意思，不能认为设定住所于该地，仅能认定系设定居所而已。至于船舶本身，因具有流动性，故不能成为住所或居所。

在立法上关于住所的规定有单一主义和复数主义。① 法律规定一人不得同时有两个住所的，称为单一主义，例如《瑞士民法典》（第23条第12款）、我国台湾地区"民法"（第20条第2款）等。法律规定一人可以同时有两个以上住所的，称为复数主义，例如《德国民法典》（第7条第2款）。我国《民法总则》的规定属于单一主义。《民法总则》第25条后段规定："经常居所与住所不一致的，经常居所视为住所。"《民法总则》第25条前段规定："自然人以户籍登记或者其他有效身份登记记载的居所为住所。"经常居住地，是指自然人离开住所后连续居住1年以上的地方，但住医院治病的除外。自然人由户籍所在地迁出后至迁入另一地点前，无经常居住地的仍以其原户籍所在地为住所。②

（二）住所与户籍

户籍是记载自然人姓名、出生、性别、籍贯、民族、结婚、离婚、住址等反映自然人基本情况的法律文件。在我国，户籍主要具有行政法上的意义。户籍上的住址在多数情况下与自然人的住所是同一的。根据《民法总则》第25条前段的规定："自然人以户籍登记或者其他有效身份登记记载的居所为住所。户籍以登记产生效力，但住所不以登记产生效力。住所主要具有民法上的意义。"

二、自然人住所的法律意义

（一）确定自然人权利、义务的享有地和承担地

根据我国《民事诉讼法》第34条第3项的规定："继承人一般应在被继承人死亡时住所地或者主要遗产所在地主张继承权。"根据我国《合同法》第62条第3款的规定："如果履行合同的地点不明确，给付货币的，接受给付的一方的所在地为履行地，其他标的在履行义务的一方所在地履行。"

（二）确定有关组织或者机关的管辖权

根据《民法总则》的规定，对监护人的指定，依法应由未成年人、限制民事行为能力或无民事行为能力的成年人的住所地的居民委员会、村民委员会在近亲属中指定。有关宣告失踪或者宣告死亡的案件，依法应由下落不明人住所地的基层人民法院受理。

---

① 魏振瀛：《民法》（第5版），高等教育出版社2015年版，第66页。
② 参见最高人民法院《关于适用〈中华人民共和国民事诉讼法〉若干问题的意见》第5条的规定。

《民事诉讼法》第22、23条规定，对自然人提起的民事诉讼，由被告住所地人民法院管辖；被告住所地与经常居住地不一致的，由经常居住地人民法院管辖。仲裁裁决、公证债权文书等的执行应由被执行人住所地或者被执行人的财产所在地的人民法院执行等。

（三）宣告失踪和宣告死亡的时间计算

宣告失踪或者宣告死亡的条件之一是自然人下落不明的失踪事实达到法定期限。下落不明，是指自然人离开住所地或者最后居住地后没有任何音讯。住所或者居所是认定下落不明的失踪事实的时间计算的基点。

（四）在涉外民事案件中，确定法律适用的准据法

例如，《中华人民共和国继承法》第36条规定："中国公民继承在中华人民共和国境外的遗产或者继承在中华人民共和国境内的外国人的遗产，动产适用被继承人住所地法律，不动产适用不动产所在地法律。外国人继承在中华人民共和国境内的遗产或者继承在中华人民共和国境外的中国公民的遗产，动产适用被继承人住所地法律，不动产适用不动产所在地法律。"立法表明，在涉外遗产继承关系中，遗产的法定继承，动产适用被继承人死亡时住所地法律，不动产适用不动产所在地法律。

三、确定自然人住所的标准

自罗马法以来，各国民法中确定住所的标准，主要有三种主张：①主观说。此说强调意思因素，认为以当事人长久居住的意思决定住所。法国、日本民法及英美法系国家多采此说。②客观说。该说强调事实因素，认为实际上长期居住地就是住所。德国民法和苏联民法采取此说。③折中说。即把意思因素和事实因素结合起来，认为以久住的意思而经常居住的某住处为住所。《瑞士民法典》、我国台湾地区"民法"均采此说。

根据我国《民法总则》第25条规定，我国立法所采取的是以户籍所在地或者其他有效身份登记记载的居所为标准的方法。

四、自然人住所的种类

在民法法系国家民法和民法理论中，住所可分为法定住所、意定住所和拟制住所。

（一）意定住所

意定住所又称任意住所，是指基于当事人的意思而设立的住所。

意定住所与迁徙自由紧密相联。随着我国社会经济的发展和人口迁徙等，自然人住所和户籍分离在现实中客观存在，相应地要求法律承认自然人的意定住所。

（二）法定住所

法定住所，是指由法律规定的自然人的住所。例如，我国《民法总则》规定自然人以其户籍所在地或者其他有效身份登记记载的居所为住所，其性质为法定住所。又如，《德国民法典》第11第1款前段规定："未成年人以其父母的住所为住所。"也属于法定住所。

（三）拟制住所

拟制住所，是指法律规定在特殊情况下把居所视为住所。例如，《日本民法典》第22、23条规定："住所不明时或者无住所者将居所视为住所。"在我国的司法实践中，承认拟制住所。主要有四种情形：①自然人的经常居住地与住所不一致的，经常居住地视为住所；① ②自然人由其户籍所在地迁出后至迁入另一地点前，无经常居住地的，仍以其户籍所在地为住所；② ③当事人的住所不明或者不能确定的，以其经常居住地为住所；④当事人有几个住所的，以与产生纠纷的民事关系有最密切关系的住所为住所。

第七节 个体工商户和农村承包经营户

一、个体工商户

（一）个体工商户的概念和特征

1. 个体工商户的概念

我国《个体工商户条例》（2016年修正）第2条第1款规定："有经营能力的公民，依照本条例规定经工商行政管理部门登记，从事工商业经营的，为个体工商户。"个体工商户，是指自然人在法律允许的范围内，依法经核准登记从事工商业经营活动。③

2. 个体工商户的特征

（1）个体工商户是指自然人以个人或家庭为单位从事工商业经营，均为个体工商

---

① 参见《民法总则》第25条后半段的规定。
② 参见最高人民法院《关于适用〈中华人民共和国民事诉讼法〉若干问题的意见》第5条的规定。
③ 《民法总则》第54条前段规定："自然人从事工商业经营，经依法登记，为个体工商户。"

户。① 根据《个体工商户条例》（2016年修正）第27条的规定："中华人民共和国香港特别行政区、澳门特别行政区永久性居民中的中国公民、台湾地区居民可以按照国家有关规定，申请登记为个体工商户。"

（2）自然人从事个体工商业经营必须依法核准登记。县、自治县、不设区的市、市辖区工商行政管理部门为个体工商户的登记机关（以下简称登记机关）。登记机关按照国务院工商行政管理部门的规定，可以委托其下属工商行政管理所办理个体工商户登记。② 个体工商户经核准登记，取得营业执照后，才可以开始经营。个体工商户转业、合并、变更登记事项或歇业，也应办理登记手续。

（3）个体工商户只能经营法律、政策允许个体经营的行业。个体工商户的经营范围主要包括手工业、加工业、零售商业、修理业、服务业等。个体工商户应在法律允许的范围内进行，不得超出法律规定的经营范围。③

（二）个体工商户的法律地位

关于个体工商户的法律地位，学界存有争议。一种观点认为，个体工商户属于自然人，只不过是自然人的特殊形式而已。《民法总则》将个体工商户置于自然人一章中，就是视个体工商户为自然人。另一种观点认为，个体工商户属于非法人组织。④ 理由是：①个体工商户是准组织体；②个体工商户具有明确的目的，其目的就是经营范围，并在其经营范围内享有相应的有别于自然人的民事权利能力和民事行为能力；③个体工商户具有相对独立的财产，该财产主要用于其所从事的工商经营活动。

（三）个体工商户的财产责任

《民法总则》第56条第1款规定："个体工商户的债务，个人经营的，以个人财产承担；家庭经营的，以家庭财产承担；无法区分的，以家庭财产承担。"即，以个人名义申请登记的个体工商户，个人经营、收益也归个人者，对债务负个人责任；以家庭共同财产投资，或者收益的主要部分供家庭成员消费的，其债务由家庭共有财产清偿；在夫妻关系存续期间，一方从事个体工商户经营，其收入作为夫妻共有财产者，其债务由夫妻共有财产清偿；家庭全体成员共同出资、共同经营的，其债务由家庭共有财产清偿。

---

① 《个体工商户条例》（2016年修正）第2条第2款规定："个体工商户可以个人经营，也可以家庭经营。"
② 参见《个体工商户条例》（2016年修正）第3条的规定。
③ 《个体工商户条例》（2016年修正）第4条规定："申请办理个体工商户登记，申请登记的经营范围不属于法律、行政法规禁止进入的行业的，登记机关应当依法予以登记。"
④ 许中缘、屈茂辉著：《民法总则原理》，中国人民大学出版社2012年版，第280页。

二、农村承包经营户

(一) 农村承包经营户的概念和特征

1. 农村承包经营户的概念

农村集体经济组织的成员,依法取得农村土地承包经营权,从事家庭承包经营的,为农村承包经营户。① 农村承包经营户,是指在法律允许的范围内,按照承包合同规定从事商品经营的农村经济组织的成员。

2. 农村承包经营户的特征

(1) 农村承包经营户是农村集体经济的一个经营层次,所以,农村承包经营户一般为农村集体经济组织的成员。农村承包经营户的"户",可以是一个人经营,也可以是家庭经营,但须以户的名义进行经营活动。

(2) 农村承包经营户是由作为农村集体经济组织的成员的一人或多人所组成的农户,但它和以往的农户不同。农村承包经营户是在推行联产承包责任制中,通过承包合同的形式,把农民家庭由生活单位变成了生产和生活相结合的单位所产生的。在承包合同中,一方总是集体经济组织,另一方是承包经营户,都是农村集体经济组织的成员。既可以是本组织的内部成员,也可以是非本组织的内部成员。

(3) 农村承包经营户应在法律允许的范围内从事商品生产经营活动。农村承包经营户应依照合同的约定从事农、副业生产,遵守国家法律、法规和政策。

(二) 农村承包经营户的法律地位

和个体工商户一样,《民法总则》将农村承包经营户与个体工商户置于自然人一章同一节中予以规定。但是,也有学者认为,由于农村承包经营户已不是一个单纯的家庭消费单位,而是一个相对独立的商品生产者和经营者,享有承包权和商品生产经营权,因而,属于经营性非法人组织,而不是自然人。他们在承包经营的范围内,可以自己的名义进行商品生产和经营活动,并参与相应的民事活动,如他们与集体经济组织或个人签订购买化肥、农药、种子的合同以及出售各种农产品的合同等。对于违反承包合同或侵犯其经济权利的集体经济组织或个人,他们有权向人法院起诉请求保护。农村承包经营户应接受集体经济组织的指导和管理,集体经济组织应当尊重农村承包经营户的自主权,不得非法干预。②

---

① 参见《民法总则》第 55 条的规定。
② 许中缘、屈茂辉著:《民法总则原理》,中国人民大学出版社 2012 年版,第 281 页。

(三) 农村承包经营户的财产责任

《民法总则》第 56 条第 2 款规定:"农村承包经营户的债务,以从事农村土地承包经营的农户财产承担;事实上由农户部分成员经营的,以该部分成员的财产承担。"显然,立法所明确的是农村承包经营户的对外财产责任。但是,此种责任的法律性质是无限责任还是有限责任呢?《〈民法通则〉若干问题的意见》第 44 条的规定:"对农村承包经营户的债务,如以其家庭共有财产承担责任时,应当保留家庭成员的生活必需品和必要的生产工具。"从该条的规定的来看,应当是有限责任。理由是,农村承包经营户的财产责任,既不同于自然人、合伙组织的无限责任;也不同于企业法人的有限责任,它是一种独立的特殊财产责任,它应以实际投入在生产经营中的全部资产承担有限责任。

第五章 法　　人

第一节　法人概述

一、法人的概念

所谓法人（les personnes morales），是指那些具有独立的民事主体资格，能够独立享有民事权利、承担民事义务或者民事责任的团体组织。在我国，《民法总则》第57条对法人作出了界定，该条规定："法人是具有民事权利能力和民事行为能力，依法独立享有民事权利和承担民事义务的组织。"

在历史上，法人制度的历史源远流长，最早可以追溯到古代罗马法时期，因为在罗马法时代，除了某些城镇（villes）能够成为公法人之外，某些商人所成立的公司（société）或者商人行会（associations）也能够成为私法人。[①]

在中世纪，法人组织这一概念一方面是用来指指教会组织和公共团体组织，诸如修道院、享有自治权的市镇（boroughs），一方面是用来指商事领域出现的两种公司组织形式即 Commenda 组织和 Societas 组织。[②]

在近现代社会，中世纪的 Commenda 组织为近现代民法所采用，这就是近现代大陆法系国家民法当中的两合公司制度、英美法系国家和我国民法当中的有限合伙制度，而中世纪的 Societas 组织也为近现代民法所采用，这就是近现代大陆法系国家民法当中的无限公司制度、英美法系国家以及我国民法当中的一般合伙制度。[③]

在当今两大法系国家和我国，除了立法者明确规定法人制度之外，法官和民法学者也普遍认可法人制度，认为法人除了包括公法人之外，还包括私法人。不过，应当注意的是，大陆法系国家和我国的民法虽然均认可法人制度，但是，它们的法人制度仍然存在差异。

[①] Yvaine Buffelan-Lanore et Virginie Larribau-Terneyre, Droit civil, Introduction, Biens, Personne, Famille, 17e édition, Dalloz, p. 333.

[②] Michel de Juglart et Benjamin Ipploito, cours de Droit Commercial, les sociétés commerciales, septième édition Editions Montchrestien, p. 12；张民安：《侵权法上的替代责任》，北京大学出版社2010年版，第119页。

[③] 张民安：《商法总则制度研究》，法律出版社2007年版，第185—186页。

二、法人的两种不同判断标准

在现代社会,进行各种民事活动的主体,当然不限于自然人。尚有以团体名义进行民事活动的各类团体组织,如公司、合伙等。至于说这些团体组织是不是均为法人,两大法系国家和我国的法律作出的回答并不完全相同。

(一) 大陆法系国家关于团体与法人之间的关系理论

总的说来,在大陆法系国家和我国台湾地区,民法将所有的团体组织均看作法人,认为它们均享有独立的法人格,均能够享有权利主体。例如,法国、德国和我国台湾地区的民法均认为,合伙组织也是一种公司,它们要么是一种无限公司,要么是一种两合公司,无论是无限公司还是两合公司,它们均有独立的法人格,均为法人。因为这样的原因,法国民法学者普遍认为,法人是指所有的团体组织,包括由单个的个人组成的团体组织,也包括由一定的财产所组成的团体组织。[①]

(二) 英美法系国家和我国关于团体与法人之间的关系理论

在英美法系国家,民法并不像大陆法系国家那样将所有的团体组织均看作法人,它们仅将某些团体组织看作法人,而将另外一场团体组织看作非法人组织。例如,英美法系国家的民法普遍认为,公司是一种法人组织,具有独立的法人格。而英美法系国家的传统民法则认为,合伙组织并不是法人,并不含义独立的法人格。当然,近些年来,基于合伙组织稳定性的需要,英美法系国家的民法也认为,合伙组织在某些方面具有相对独立的法人格,例如,合伙组织需要独立的名称权,独立的诉讼权,等等。不过,相对于公司而言,合伙的法人格仍然是不完全的。[②]

在我国,民法在法人在制度问题上没有遵循大陆法系国家民法的态度,而是采取了英美法系国家民法所采取的态度,这就是,它明确区分法人与非法人组织,明确区分公司与合伙组织,它们并没有像大陆法系国家的民法那样将包括合伙组织在内的所有团体组织均看作法人,而仅将包括公司在内的某些团体组织看作法人。例如,《民法总则》明确区分法人与合伙,其中,法人被规定在《民法总则》第三章当中,而合伙则被规定在第四章非法人组织当中。再例如,我国《公司法》和《合伙企业法》也明确区分公司与合伙组织。

[①] Jean Carbonnier, Droit Civil, 1/Introduction, Les Personnes, Presses Universitaires De France, p. 342; Philipp Bihr, Droit Civil general, 13e édition, Dalloz, p. 31; Yvaine Buffelan-Lanore et Virginie Larribau-Terneyre, Droit civil, Introduction, Biens, Personne, Famille, 17e édition, Dalloz, p. 33; Michel de Juglart Alain Piedeevre Stephane Piedeevre, Cours de droit civil, introduction, personnes, famille, Seizième édition, Montchrestien, p. 93.

[②] 张民安:《商法总则制度研究》,法律出版社 2007 年版,第 188—189 页。

(三) 两大法系国家和我国关于团体与法人之间不同关系的原因

1. 决定团体组织是不是法人的两种不同标准

为什么大陆法系国家、英美法系国家和我国的民法对待法人组织的态度形成如此大的差异？这是因为，在大陆法系国家、英美法系国家和我国，民法在认定团体组织是不是法人时所采取的判断标准存在差异。

2. 法人组织的财产判断标准

在大陆法系国家，民法在判断团体组织是不是法人的时候所采取的判断标准是财产标准，根据此种标准，一旦某一个团体组织对其团体组织的成员出资或者通过其他方式获得的财产享有相对独立的权利，则该种团体组织就构成法人组织，就享有独立的法人格。①

3. 法人组织的责任判断标准

在英美法系国家和我国，民法在判断团体组织是不是法人的时候所采取的判断标准是责任标准，这就是，团体组织的成员是否对团体组织的责任承担个人责任和连带责任。如果团体组织的成员无需对团体组织的责任承担个人责任和连带责任，则该种组织就是法人，如果团体组织的成员要对团体组织的责任承担个人责任和连带责任，则该种组织就是非法人组织。

例如，我国《公司法》第3条对此种判断标准作出了说明，该条规定：公司是企业法人，有独立的法人财产，享有法人财产权。公司以其全部财产对公司的债务承担责任。有限责任公司的股东以其认缴的出资额为限对公司承担责任；股份有限公司的股东以其认购的股份为限对公司承担责任。

再例如，我国《合伙企业法》第2条也对此种判断标准作出了说明，该条规定：普通合伙企业由普通合伙人组成，合伙人对合伙企业债务承担无限连带责任。有限合伙企业由普通合伙人和有限合伙人组成，普通合伙人对合伙企业债务承担无限连带责任，有限合伙人以其认缴的出资额为限对合伙企业债务承担责任。

三、法人的本质

作为社会组织，法人何以与自然人一样都具有民事权利能力和民事行为能力，成为独立的民事主体？对此问题的解释，实为对法人本质问题的探讨。关于法人的本质的争论，在20世纪前后，民法学者对这样的问题争论不休。主要有拟制说、否定说和实在

---

① Philipp Bihr, Droit Civil general, 13e édition, Dalloz, p. 68；Yvaine Buffelan-Lanore et Virginie Larribau-Terneyre, Droit civil, Introduction, Biens, Personne, Famille, 17e édition, Dalloz, p. 331；Michel de Juglart Alain Piedeevre Stephane Piedeevre, Cours de droit civil, introduction, personnes, famille, Seizième édition, Montchrestien, p. 93.

说三种理论。

（一）法人拟制说

法人拟制理论认为，原则上，仅有自然人才是真正的权利主体，因为自然人有主观意志，能够作出或者不作出某种行为。但是，如果立法者通过法律对此种原则作出修改，将自然人的权利主体资格延伸到法律通过简单的拟制方式所建立起来的团体组织，则这些团体组织也能够在法律规定的范围内成为权利主体，能够在法律规定的范围内享有民事权利，承担民事义务或者民事责任。[1]

在历史上，法人拟制理论虽然在中世纪的时候就已经存在，但是，此种理论主要在19世纪末期之前为两大法系国家的民法学者或者法官所采取。例如，在1819年，Marsh法官就采取公司拟制理论，他指出："公司是一种法律拟制人，看不见，摸不着，并且仅以法律的认可而存在。因为公司仅为法律的产物，所以它仅拥有公司设立章程授予给它的那些特征，或者是明示的，或者是因其存在而引起的各种附属的特征。"[2] 再例如，在1849年出版的《罗马法制度》当中，德国著名学者萨维尼对此种理论作出了全面的说明。在19世纪末期之前，法国民法学者大都主张此种理论。[3]

民法学者或者法官之所以在19世纪末期之前主张法人拟制理论，其主要原因在于保护法人尤其是公司组织的利益，防止法人尤其是公司就其法人、公司的代理人所实施的越权行为、侵权行为对相对人或者受害人承担违约责任或者侵权责任。

因为根据法人拟制理论，法人尤其是公司只能够在制定法、成文法所授权的范围内享有权利能力、行为能力或者责任能力，超出了法律规定的范围，法人尤其是公司没有权利能力、行为能力或者责任能力；一旦法人尤其是公司的代理人、董事在代表公司对外行为时实施了越权行为或者侵权行为，法人尤其是公司不就其代理人、董事的行为对他人承担民事责任，仅由法人的代理人、董事个人对他人承担民事责任。[4]

---

[1] Jean Carbonnier, Droit Civil, Introduction, Les Personnes, la famille, l'enfant, le couple Presses Universitaires De France, p. 739.

[2] Dartmouth College v. Woodward 17 V. S. 518 (1819).

[3] Jean Carbonnier, Droit Civil, Introduction, Les Personnes, la famille, l'enfant, le couple Presses Universitaires De France, p. 740.

[4] Cairn对此作出了明确说明，他指出："……这就是公司的章程，在这个章程中，既有肯定性的东西，也否定性的东西，它肯定性地规定了法律赋予公司的权力范围，也否定性地规定，公司不得从事任何超出公司权力范围的活动。" Ashbury Carriage Co. v. Riche (1875) L. R. 7H. L. 653；再如对此目的作出了说明，他指出："根据英国1862年公司法设立的公司并不像特许公司那样享有充分的法律上的人格，其人格之独立以公司在其章程所载定的特定目的范围内活动为先决条件。" Eastern Counties Ry v. Hawks (1855) 5H. L. C. 331；张民安：《现代英美董事法律地位研究》（第2版），法律出版社2007年版，第237—238页；张民安：《公司法上的利益平衡》，北京大学出版社2003年版，第165页。

（二）法人否认说

此种理论认为，团体组织并不能够成为权利主体，它们并不能够被看作法律所拟制的人，因为被法律所拟制的法人在实质上要么是一种财产，要么是一些受益人，要么是一些财产管理人，这就是无主财产说、受益人主体说以及管理人主体说。在民法上，法人否认说是19世纪末期所流行的一种法人理论。

1. 无主财产说

该理论认为，法人不过是为一定的目的而存在的无主财产，法人本身不具有独立的人格。其代表人物为德国学者布林滋和柏克。

2. 受益人主体说

该理论认为，享有法人财产利益的个人，是实际上权利义务的归属者，而法人仅仅是形式上权利义务的主体。其代表人物为德国学者耶林。

3. 管理人主体说

该理论认为，法人的财产属于管理财产的自然人，并不为法人本身所有；管理法人财产的自然人，才是法律上所称的法人。其代表人物是德国学者赫尔德和宾德。

在民法上，法人否认理论不将法人看作一种民事主体，否定其独立的人格，而将法人看作某种财产、法人大股东和法人的董事，混淆了法人与其成员和董事的关系，不符合现代民法的理论。但是，此种理论也并非一无是处，它亦具有一定的合理性：当法人成员尤其是公司股东滥用法人独立人格并将法人作为从事违法犯罪的手段时，法人独立人格即应被否认，法人成员尤其是公司股东应当对法人债务承担连带责任，这就是现代民法上的法人人格否认理论。法人人格否认理论实际上是法人否认理论适用的结果。

（三）法人实在说

此种理论认为，法人为一种实实在在的权利主体，可以像自然人那样有自己的主观意思，可以从事民事活动，有自己的行为能力和责任能力，在法律认可之前，它们就已经真实地存在。在民法上，法人实在说是20世纪以来所流行的民法理论。

至于这种客观存在的民事主体的性质如何，则有两种主张。其一，有机体说。认为，民事主体资格与意思能力联系在一起。法人有团体意思，法律赋予这种实际存在的社会有机体以独立的人格——法人。其代表人物是德国学者基尔克。其二，组织体说。认为，法人的本质在于具有权利主体的组织，而不在于作为社会的有机体。即法人具有区别于其成员的团体利益、具有表达和实现自己意志的组织机构。其代表人物是法国学者米休德（Michoud）、萨莱耶（Saleilles）等。法人实在说，特别是其中的组织体说已为多数学者所接受，且为20世纪以来的民商立法所采纳。通说认为我国《民法总则》采用组织体说。

民法学者之所以广泛认可此种理论，其目的是为了让法人尤其是公司就其代理人、董事实施的越权行为、侵权行为对他人承担民事责任。因为根据 20 世纪以来的民法认为，即便法人尤其是公司法人的章程对法人的代理人、董事的代理权限作出了明确限定，当法人的代理人、董事在代表法人对外行为时实施了越权行为、侵权行为，法人尤其是公司也要就其代理人、董事的行为对他人承担民事责任，他们不得借口代理人、董事的行为是越权行为、侵权行为而拒绝对他人承担民事责任。

四、法人的人格独立

法人虽然是由作为其成员的自然人设立的团体组织，但是，自然人一旦设立了团体组织并且一旦他们所设立的团体组织获得了法人的资格，则法人就成为独立于其成员的一种民事主体，它们就像自然人一样享有法律上的资格，能够像自然人那样享有民事权利、承担民事义务或者民事责任，这就是法人的人格独立理论。法人的人格独立有多种表现形式，最主要的表现形式是，法人有独立的名称、住所；法人有独立的财产；法人能独立承担民事责任；法人能够独立从事民事活动。

（一）法人有自己独立的名称、住所

在民法上，法人的名称或者经营场所独立于其成员的姓名或者住所。在民法上，任何法人均有自己独立的名称，并且其名称往往需要经过法人登记机关的核准，应当遵循法律对其强制性的规定。例如，如果法人在性质上属于有限责任公司，则法人的名称当中应当包含"有限责任公司"的字样。同样，在民法上，任何法人均应当具有自己独立的住所。法人的住所，是指法人的主要机构所在地。该住所不是法人成员的住所。

（二）法人拥有独立的财产

独立的财产是法人的特征之一，也是法人成立的物质基础。法人制度的功能主要是财产上的。因而，法人能成为民事主体，须有独立财产；无财产就无法人的人格。

在社会组织中，有财产的并不是都是法人。例如，合伙、分公司等也有财产，但与法人财产所不同的是，后者的财产是出资人财产的一部分。在合伙存续期间，合伙财产是合伙人共有的财产；在分公司，分公司的财产是属于总公司财产的组成部分。

而法人的财产属法人所有，既独立于其出资人，也独立于其管理者或者雇员。法人的出资人一旦将财产所有权移转于法人，其享有的就只是股东权而不再是所有权；出资财产与出资人分离，使这部分财产成了法人的独立财产。法人能够独立享有民事权利能力和民事行为能力，就是依赖于其有独立财产；没有财产或者没有独立财产的法人，就无法承担其应负的义务。

（三）法人能独立承担民事责任

独立责任，是法人制度的突出优点，也是法人的重要特征。这是法人拥有独立财产的必然结果。法人既然拥有独立财产，便能够以此财产负担自己行为的法律后果。与法人这一特征形成鲜明对照的，是合伙。对于团体性合伙，合伙人须对合伙债务负无限连带责任。即，在民事活动中，合伙团体并不能独立地承担责任，合伙团体所负的民事责任最终要归由合伙人承担。

与之不同，法人的责任承担情况为：任何以法人名义所为的行为，其后果由法人承担，即使实施行为的是法人成员的自然人，其以法人名义进行的职务行为，行为后果由法人承担。而法人的出资人仅对法人负有限责任。

（四）法人能以自己的名义参加民事法律关系

法人作为法律上拟制的人，其所为的行为总是由具体的自然人作出的，也就是法人在参加民事法律关系时，是由法人代表人、代理人或者其他雇员具体实施的。但是，法人作为民事主体，任何自然人在代表法人从事民事活动时，其人格就被法人吸收，不再代表自然人自己，其行为名义上属于法人，其法律效果自然归属于法人承担。法人能以自己的名义参加民事法律关系，享有民事权利，承担民事义务，是法人的独立人格的现实反映，是法人拥有独立财产这一特征的逻辑必然结果。

五、法人的人格否认

（一）法人人格否认的界定

在民法上，法人人格独立所产生的一个重要法律后果是，除非法人的成员自愿对法人的债务承担个人责任或者连带责任。否则，法人的成员仅以其承诺出资的限额对法人组织的债务承担民事责任，当法人资不抵债时，法人的成员无需对法人组织的债务承担无限连带责任，这就是有限责任，已如前述。

但是，如果法人的成员滥用法人的独立人格，严重损害法人的相对人的利益，则民法会否定法人组织的独立人格，让法人的成员以其个人财产对法人组织的债务承担无限连带责任，这就是法人人格否认理论。

在民法上，法人人格否认理论主要在公司法人当中适用，这就是公司法人人格否认理论（disregard of corporate personality）。该种理论也被称为"刺破公司的面纱理论"（piercing the corporation's veil）或者"揭开公司面纱理论"（lifting the veil of the corporation），根据此种理论，如果公司成员滥用公司组织独立的人格，从事欺诈、犯罪活动，损害债权人和社会公众的利益，则公司成员应当对公司债务承担无限连带责任。

（二）公司法人人格否认的法律根据

在民法上，公司人格否认理论最初是在英美法系国家确立的，之后逐渐为大陆法系国家的公司法所确立。在我国，1993年的《公司法》第20条对公司人格否认理论作出了明确说明，该条规定：公司股东应当遵守法律、行政法规和公司章程，依法行使股东权利，不得滥用股东权利损害公司或者其他股东的利益；不得滥用公司法人独立地位和股东有限责任损害公司债权人的利益。公司股东滥用股东权利给公司或者其他股东造成损失的，应当依法承担赔偿责任。公司股东滥用公司法人独立地位和股东有限责任，逃避债务，严重损害公司债权人利益的，应当对公司债务承担连带责任。

我国立法者将《公司法》第20条所规定的公司人格否定理论规定在《民法总则》当中，这就是第83条，该条规定：营利法人的出资人不得滥用出资人权利损害法人或者其他出资人的利益。滥用出资人权利给法人或者其他出资人造成损失的，应当依法承担民事责任。营利法人的出资人不得滥用法人独立地位和出资人有限责任损害法人的债权人利益。滥用法人独立地位和出资人有限责任，逃避债务，严重损害法人的债权人利益的，应当对法人债务承担连带责任。不过，该条虽然也适用于其他的营利法人，但是，该条规定主要适用于公司，因为，在今时今日，公司是最主要的、最重要的营利法人。

（三）公司法人人格否认的理论根据

1. 公平正义理论

该种理论认为，公司成员对公司债务承担有限责任是有条件的，这就是严格遵循公司法的强制性规定，如果公司成员在其设立、营运或者终止公司活动的时候遵循了这些条件的要求，则他们承担有限责任是公平正义的，但是，如果他们在其设立、营运或者终止公司活动的时候不遵循这些条件的要求，则仍然让他们承担有限责任是不公平正义的，此时，让他们对承担无限连带责任则是公平正义的。[①]

2. "自我理论"或者"工具理论"

此种理论认为，在民法上，公司成员对公司债务承担有限责任是有公司的成员独立于公司作为前提条件的，如果公司成员与公司组织在财产方面、住所方面或者其他方面混合，则公司实际上等同于公司成员，公司成员实际上等同于公司法人，或者说公司实际上就是公司成员谋求非法利益的"手段"或者"工具"。应当，公司成员应当对公司债务承担无限连带责任。

---

① Berkey v. Third Avenue R. Co. (1926).

(四) 决定是否法定公司独立人格的具体因素

在民法上，公司法人的独立人格是否要否认，往往要由法官在具体的案件当中作出决定，案件的情况不同，法官作出的裁判也不同。总的来说，如果具备下列各种因素之一，法官有可能会否定公司法人的独立人格并因此责令公司成员对公司债务承担无限连带责任[1]：一是公司的资财和股东个人的资财混合；二是公司的资财被分散，用于公司以外的事业；三是股东个人使用公司资财；四是未遵守公司股票发行或股票认购的各种程序；五是公司股东向公司以外的其他人陈述他对公司的债务承担个人责任；六是没有保留公司议事录或公司记录。[2]

两个公司中从事经营和管理的董事、其他高级职员完全一样；没有为公司经营可能遭受的风险提供适当的资本；将公司作为从事个人事业、他人事业或别的公司的某些商事活动的手段；公司没有独立的、由公司拥有的财产。[3]

公司所有的股份均由某一股东或某一家庭成员拥有；公司与公司的股东使用同一办公地点或同一营业地点；公司和公司的股东雇佣同一雇员或代理人；隐瞒公司所有人、公司管理人的身份；隐匿他们对公司的经济利益；隐匿公司股东的个人商事活动；不遵守公司法规定的正式程序、在有关的公司间没有保持适当的距离。[4]

将公司作为他人、别的公司获得劳动力、服务或货物的手段；公司股东、他人或别的公司为损害公司债权人的利益而从公司移转财产或在两个公司间窜掇财产和责任；或者将公司的财产集中于一个公司而将责任集中到另一个公司；为避免合同不履行的责任风险，公司与另一个公司订立合同；或者将公司当作从事非法交易手段；公司之设立或营运是为了承担别人或别的公司已经存在的责任。[5]

---

[1] David H. Barber, Piercing the Corporate Veil, 17 Willamette Law Review 371 (1981).
[2] MCHugh, Justice in Laya v. Erin Homes, Inc. 352. S. E. 2d 93 (W. Va. 1986).
[3] MCHugh, Justice in Laya v. Erin Homes, Inc. 352. S. E. 2d 93 (W. Va. 1986).
[4] MCHugh, Justice in Laya v. Erin Homes, Inc. 352. S. E. 2d 93 (W. Va. 1986).
[5] MCHugh, Justice in Laya v. Erin Homes, Inc. 352. S. E. 2d 93 (W. Va. 1986).

第二节　法人的分类

一、传统民法对法人的分类

（一）公法人与私法人

这是以法人设立的目的及所依据的法律不同对法人所作的分类。公法人与私法人的划分是传统民法关于法人的基本分类。通常认为，公法人是指以社会公共利益为目的，由国家或者公共团体依公法所设立的行使或者分担国家权力或者政府职能的法人；私法人是指以私人利益为目的，由私人依私法（如订立合同和捐助行为等）而设立的法人。对于那些因私人目的而设立但又与公众有密切联系并被授予某些公共职能的法人，如桥梁、铁路、市内交通、电话电报等公司，有的学者主张应定为准公法人或者中间法人[①]。

传统民法区分公法人和私法人，其主要原因有三：

1. **设立和运行依据不同**

公法人依据公法设立与运行，依法行使国家权力，履行国家管理职能。私法人依据私法设立，其运行体现私法的原则，实行意思自治。

2. **权利范围与救济方式不同**

公法人享有的权利范围狭小，如国家机关不享有名誉权。私法人可以依法享有的民事权利范围广，包括财产所有权、债权、知识产权等财产权，以及名称权（商号权）、名誉权等人身权。[②] 私法人享有的民事权利受到侵害，可以依民事诉讼程序或者仲裁程序得保障；对于公法人因行使公共权力所生争执，依行政救济程序解决，或行政复议或行政诉讼。

3. **侵权损害赔偿的依据不同**

公法人及其职员因侵权行为所生损害，依国家赔偿法或者特别规定承担损害赔偿责任。私法人及其职员因侵权行为所生损害，依民法规定承担损害赔偿责任。

（二）社团法人与财团法人

这是依法人成立的基础为标准对私法人所作的划分。社团法人与财团法人的划分是

---

① 魏振瀛：《民法》（第5版），高等教育出版社2015年版，第82页。
② 蒋月：《民法总论》（第3版），厦门大学出版社2016年版，第147页。

传统民法的基本分类。社团法人是以社员为基础的人的集合体，也称为人的组合。公司、合作社、各种协会、学会等是典型的社团法人。财团法人是指为一定目的而设立的，并由专门委任的人按照规定的目的使用的各种财产，也称财产组合。基金会、慈善组织等是典型的财团法人。

传统民法区分社团法人与财团法人的意义是：

（1）成立基础不同。社团法人以人为基础，有组织成员或者社员；财团法人以捐助财产为基础，没有法人成员。

（2）设立人的地位不同。社团法人的设立人，在法人成立时成为其成员，并享有社员权；而财团法人的设立人，于法人成立时与法人相分离，不是法人成员。

（3）设立行为不同。社团法人的设立行为属于共同的民事行为，且为生前行为；而财团法人的设立行为则为单方行为，有的为死后生效的行为。

（4）有无意思机关不同。社团法人有自己的意思机关，财团法人无意思机关。故前者又称自律法人；后者又称他律法人。

（5）设立目的不同。社团法人设立的目的可以营利或者公益，社团法人可以是营利法人或公益法人；财团法人的设立目的仅为公益，故财团法人是公益法人。

（6）设立原则不同。对于营利性的社团法人，法律主要采取准则注意，具备法律规定的条件，允许成立。对于财团法人，法律采许可主义，未经批准不得设立。需要指出的是，社团法人或财团法人的设立，都需要进行登记。

（三）营利法人与公益法人

这是根据法人成立的目的不同对法人所作的划分。营利法人是指以营利为目的并将所得利益分配给其成员为目的的法人，如公司等。公益法人是指以公益为目的的法人，如学校、医院、慈善组织、基金会等。此外，既并非以营利为目的又不以公益为目的的法人，成为中间法人，如同乡会、校友会等。

营利法人与公益法人的区别在于：

（1）成立的目的不同。营利法人以营利为目的并分配给其成员；公益法人以公益为目的。

（2）设立的依据不同。营利法人的设立依特别法如公司法的规定；公益法人的设立除有特别法外，一般依民法的规定。

（3）设立的程序不同。营利法人的设立，除有特别规定外，一般不需要得到主管机关的许可；公益法人必须经许可才能成立。

（4）组织形式不同。营利法人只能采取社团法人的形式，公益法人可以是社团法人或财团法人的形式。

（5）行为能力不同。营利法人可以从事营业活动；公益法人和中间法人只能从事批准的事业，不得从事营业活动。

（四）本国法人与外国法人

这是根据法人的国籍不同对法人所作的划分。本国法人是指具有本国国籍的法人；外国法人是指不具有本国国籍的法人。凡依照中华人民共和国法律，在中华人民共和国设立的法人，是中国法人；中国法人之外的法人，为外国法人。外国投资者在中华人民共和国设立的法人，如外资企业等，是中国法人；而中国投资人在外国设立的法人，属于外国法人。

区分中国法人与外国法人的主要意义在于：外国法人在国内从事业务活动须经国内的承认，且国内对外国法人在权利能力上有所限制。

二、我国《民法总则》中法人的分类

我国《民法总则》第三章第二节、第三节和第四节将法人分为营利法人、非营利法人、特别法人。并在非营利法人之下再分为事业单位法人、社会团体法人、捐助法人和机关法人四种具体类型。这一分类概念和体系体现了法典化立法应有的理性，直接反映了我国现实的国情，表现出鲜明的中国特色，既实现了对《民法通则》法人类型概念的突破和创新，又保持了我国法人制度立法的连续性和稳定性。[1]

（一）营利法人

1. 营利法人的界定

我国《民法总则》第76条的规定："以取得利润并分配给股东等出资人为目的成立的法人，为营利法人。营利法人包括有限责任公司、股份有限公司和其他企业法人等。"

应当注意的是，在我国现实中的一些从事交通运输、邮政通信、金融保险等公共服务型的企业的法人，其法人资格依特别法的规定取得。铁路运输企业法人为各铁路局和铁路分局，火车站不具有法人资格。[2] 邮政企业法人为省会城市的邮电局、邮政局、电信局以及市、县、大型矿山、部队等所在地设置的邮电局、电话局、长途电话局等，邮电所不具有法人资格。[3] 中国人民银行总行和各商业银行总行具有法人资格，而各银行的分行、支行不具有法人资格。[4] 保险分公司不具有法人资格。[5] 各航空公司为独立法

---

[1] 赵旭东：《民法总则草案中法人分类体系的突破与创新》，载《中国人大杂志》2016年第14期，第18页。
[2] 参见《中华人民共和国铁路法》第72条的规定。
[3] 参见《中华人民共和国邮政法》第2条的规定。
[4] 参见《中华人民共和国商业银行法》第22条的规定。
[5] 参见《中华人民共和国保险法》第80条的规定。

人,各机场也为独立法人。①

2. 营利法人的特征

(1) 营利法人是以营利为目的法人。营利法人以营利为目的包含三方面的含义:①营利法人须依法营业。依据《民法通则》第76条第1款的规定,营利法人是以取得利润并分配给股东等出资人为目的成立的法人。营利法人应当通过营业来营利,营业是手段,营利是目的。通过合法的营业,达到营利的目的。②营利法人须连续营业。营利法人的经营活动具有连续性,而不是一时性。通过连续的营业,以实现营利目的。③营利法人须以所获得利润分配给股东等出资人。诚然,营利法人从事经营活动,应当遵守商业道德,维护交易安全,接受政府和社会的监督,承担社会责任。②

(2) 营利法人必须具有归其所有的独立财产。营利法人的财产是与其出资者的财产彼此分离的。营利法人的独立财产是其独立进行生产经营和独立承担民事责任的基础。

(3) 营利法人是依核准登记程序成立的法人。营利法人是生产经营活动的主要参与者,为了规范经济秩序,营利法人的成立必须经过核准登记。《民法总则》第77条、第78条规定,营利法人经依法登记成立;依法设立的营利法人,由登记机关发给营利法人营业执照。营业执照签发日期为营利法人的成立日期。

3. 营利法人的类型

《民法总则》第76条第2款规定:"营利法人包括有限责任公司、股份有限公司和其他企业法人等。"

(1) 有限责任公司。有限责任公司,简称有限公司(英文名为Company Limited,简称Ltd或Co., Ltd.),是指根据《中华人民共和国公司登记管理条例》规定登记注册,由50个以下的股东出资设立,每个股东以其所认缴的出资额对公司承担有限责任,公司法人以其全部资产对公司债务承担全部责任的经济组织。有限责任公司包括国有独资公司以及其他有限责任公司。依据我国《公司法》第3条的规定,有限责任公司是指在中国境内设立的,股东以其认缴的出资额为限对公司承担责任的公司。

(2) 股份有限公司。股份公司(Stock corporation)是指以公司资本为股份所组成的公司,股东以其认购的股份为限对公司承担责任的企业法人。设立股份有限公司,应当有2人以上200人以下为发起人,注册资本的最低限额为人民币500万元。依据我国《公司法》第3条的规定,股份有限公司是指在中国境内设立的,股东以其认购的股份为限对公司承担责任的公司。

(3) 其他企业法人。除了有限责任公司和股份有限公司,其他以营利为目的设立

---

① 参见《中华人民共和国民用航空法》第91条的规定。
② 参见《民法总则》第86条的规定。

大的企业法人，归入其他企业法人。其他企业法人根据财产来源于归属、行业性质等不同的标准可以进行不同的分类，主要有：一是按企业的财产来源和归属不同，将企业法人分为全民所有制企业法人、集体所有制企业法人、私营企业法人、中外合资企业法人、中外合作企业法人、外资企业法人。在市场经济的条件下，这种分类逐渐失去法律意义。二是按企业的行业性质不同，将企业法人分为工业企业法人、农业企业法人、金融业企业法人等，这种分类在民法上不具有本质意义。三是按企业的组合形式不同，将企业法人分为公司企业法人和非公司企业法人。公司企业法人是依照《中华人民共和国公司法》成立的有限责任公司和股份有限公司。其权力机构、执行机构、监督机构是彼此独立、相互制约的。非公司企业法人不是依照前述《公司法》成立的企业法人，例如，依照《中华人民共和国全民所有制工业企业法》成立的某工厂，其权力机构、执行机构是合一的①。

（二）非营利法人

我国《民法总则》第87条的规定："公益目的或者其他非营利目的成立，不向出资人、设立人或者会员分配所取得利润的法人，为非营利法人。非营利法人包括事业单位法人、社会团体法人、捐助法人等。"

1. 事业单位法人

（1）事业单位法人的界定。事业单位法人是指为了社会公益事业目的，从事文化、教育、卫生、体育、新闻等公益事业的单位。②《民法总则》第88条规定，具备法人条件，为适应经济社会发展需要，提供公益服务设立的事业单位，经依法登记成立，取得事业单位法人资格；依法不需要办理法人登记的，从成立之日起，具有事业单位法人资格。事业单位法人由国家机关或其他组织利用国有资产举办。例如，我国的大学是事业单位，我国的医院也属于事业单位。

（2）事业单位法人的特征：①以公益为目的，不以营利为目的。即一般不参与商品生产和经营活动，虽然有时也能取得一定利益，但其所获利益只能用于其目的事业，不能分配给出资人，属于辅助性质。事业单位所取得的收入可以作为预算外资金留作自用。它的独立经费主要来源于国家的财政拨款，也可以通过集资入股或者由集体出资等方式取得。②从事文化、教育、卫生、体育、新闻等公益事业活动。事业单位以法人名义从事民事活动所产生的债务，应以它们的独立经费负清偿责任。依照法律规定或者行政命令组建的事业单位，从成立之日起，即具有法人资格；由自然人或者法人自愿组建的事业单位，应依法办理法人登记，方可取得法人资格。

---

① 魏振瀛：《民法》（第5版），高等教育出版社2015年版，第78页。
② 参见国务院1998年10月25日颁布的《事业单位登记管理暂行条例》第2条。

(3) 我国事业单位法人的改革。现在，我国正进行事业单位的分类改革，依据其主要的活动的目的和特点，以下主要类型的事业单位法人宜作合理的法律定位。

其一，领取企业法人营业执照的事业单位。例如，依《出版管理条例》《电影管理条例》规定，各出版社及电影制片、发行、放映单位均须向工商行政管理部门领取营业执照，这类事业单位传统上均为典型的事业单位法人。但由于其越来越具有营利性的特点，宜将其归之为企业法人。

其二，企业化管理或者企业化经营的事业单位，即在经费上实行自收自支的单位，依照《中华人民共和国企业法人登记管理条例》第28条的规定，具备企业法人登记条件的，由该单位到工商行政管理部门进行登记，领取企业法人营业执照，如城市规划设计院等。这类事业单位法人应归之为企业法人。

其三，民办非企业单位，依《民办非企业单位登记管理暂行条例》第2条规定，民办非企业单位是指企业事业单位、社会团体和其他社会力量以及公民个人利用非国有资产举办的，从事非营利性社会服务活动的社会组织。这类组织主要分布在教育、科研、文化、卫生、体育、交通、信息咨询、知识产权、法律服务、社会福利事业及经济监督事业的领域，如民办大学、民办康复中心、民办图书馆、民办研究所、民办婚姻介绍所、民办法律援助中心、民办体育场等。民办非企业单位大多为民办事业单位，具备法人条件的应视为事业单位法人。

2. 社会团体法人

社会团体，是指自然人或者法人自愿组成，为实现会员共同意愿，按照其章程开展活动的非营利性社会组织。[①] 例如，中华全国律师协会是社会团体法人，九三学社也同样是社会团体法人。《民法总则》第90条规定，具备法人条件，基于会员共同意愿，为公益目的或者会员共同利益等非营利目的设立的社会团体，经依法登记成立，取得社会团体法人资格；依法不需要办理法人登记的，从成立之日起，具有社会团体法人资格。

社会团体法人应具备的条件：

（1）由会员组成。社会团体必须有50个以上的个人会员，或者30个以上的单位会员，或者在既有个人会员，又有单位会员时，会员总数有50个以上。[②]

（2）其宗旨是实现会员的共同愿望。会员大会是决定社会团体重大事务的最高权力机关，社会团体的宗旨、业务范围、重大活动、管理机构的组成等重大问题由会员大会决定。

（3）不以营利为目的。社会团体不得从事营利性经营活动，社会团体虽可收费或

---

① 参见《社会团体登记管理条例》第2条。
② 参见《社会团体登记管理条例》第10条。

者从事一些赚取利润的活动，但各种活动所取得的财产只能用于其目的事业，不能分配给会员。①

社会团体法人均须制定章程，并经国家主管部门审核批准予以登记后，才能在其核准登记的业务范围及活动地区进行活动。

（4）设立社会团体法人应当依法制定法人章程。《民法总则》第91条规定，设立社会团体法人应当依法制定法人章程。社会团体法人应当设会员大会或者会员代表大会等权力机构。

社会团体法人应当设理事会等执行机构。理事长或者会长等负责人按照法人章程的规定担任法定代表人。

3. 捐助法人

捐助法人是指"为公益目的以捐助财产设立"的非营利法人。《民法总则》第92条规定，具备法人条件，为公益目的以捐助财产设立的基金会、社会服务机构等，经依法登记成立，取得捐助法人资格。依法设立的宗教活动场所，具备法人条件的，可以申请法人登记，取得捐助法人资格。法律、行政法规对宗教活动场所有规定的，依照其规定。

值得注意的是，按照《民法总则》的规定，包括基金会、社会服务机构在内的捐助法人应当设理事会、民主管理组织等决策机构，并设执行机构。理事长等负责人按照法人章程的规定担任法定代表人。《民法总则》还特别明确捐助法人应当设监事会等监督机构。②

此外，《民法总则》规定捐助人（捐赠人）等相关方的撤销权，体现对非营利法人和捐助人的保护。《民法总则》第94条第2款规定："捐助法人的决策机构、执行机构或者法定代表人作出决定的程序违反法律、行政法规、法人章程，或者决定内容违反法人章程的，捐助人等利害关系人或者主管机关可以请求人民法院撤销该决定。"该条规定赋予了捐助人等利害关系人和主管机关有效监管非营利法人活动程序上和内容上合法性的有效机制。该撤销权的设置，有助于保障非营利法人合法合规开展活动，保护非营利法人捐赠人、受益人等相关方的合法权益。该项规定将非营利法人的执行管理机关、负责人与非营利法人相区分，体现了对非营利法人的保护。《民法总则》的该条规定有利于启发我国非营利组织更为完善的监管制度构建。

（三）特别法人

《民法总则》第96条规定："机关法人、农村集体经济组织法人、城镇农村的合作

---

① 参见《社会团体登记管理条例》第4条。
② 参见《民法总则》第93条的规定。

经济组织法人、基层群众性自治组织法人，为特别法人。"

1. 机关法人

机关法人，是指因行使职权的需要而享有相应的民事权利能力和民事行为能力的国家机关。例如，国务院是机关法人，最高人民法院也是机关法人。《民法总则》第97条规定，有独立经费的机关和承担行政职能的法定机构从成立之日起，具有机关法人资格，可以从事为履行职能所需要的民事活动。

机关法人的特征包括：①代表国家行使职权时，并不以法人的身份出现。它与有关社会组织或者自然人之间是国家管理法律关系，而不是民事法律关系。②因行使职权的需要而从事民事活动时，如购置办公用品、租用房屋或者交通工具等，属于以法人的资格进行活动。它与其他当事人具有平等的民事主体法律地位。但机关不得经商办企业。③其独立经费来自中央或者地方财政拨款。主要用于参加各项必要的民事活动。机关法人以自己的名义参加民事活动产生的债务，应由它的独立经费给予偿还，若超过经费而另需抵补的，应由国家有关立法加以保证。④国家机关依照法律或者行政命令设立，不需要进行核准登记程序，即可取得机关法人资格。[①]

机关法人的类型：机关法人根据其具体行使国家权力内容的不同，包括权力机关法人、行政机关法人、司法机关法人和军事机关法人。机关只有在从事民事活动时，才被称为法人。权力机关法人是指各级权力机构，如全国人民代表大会及地方各级人民代表大会。行政机关法人包括国务院及其职能机构，如部、委、办等；地方各级政府及其职能部门。但各职能机构的所属部门及其派出机构，不为法人，如财政部各司、局，乡司法所，公安局的派出所，等等。司法机关法人包括各级人民法院和各级人民检察院。法院的派出法庭和检察院的派出机构，不为法人。军事机关法人是指团以上具有独立编制的军事机关，营、连、排、班不为法人。

2. 农村集体经济组织法人

《民法总则》第99条规定，农村集体经济组织依法取得法人资格。法律、行政法规对农村集体经济组织有规定的，依照其规定。

3. 城镇农村的合作经济组织法人

《民法总则》第100条规定，城镇农村的合作经济组织依法取得法人资格。法律、行政法规对城镇农村的合作经济组织有规定的，依照其规定。

4. 基层群众性自治组织法人

《民法总则》第101条规定，居民委员会、村民委员会具有基层群众性自治组织法人资格，可以从事为履行职能所需要的民事活动。未设立村集体经济组织的，村民委员

[①] 《中华人民共和国民法总则》第97条规定："有独立经费的机关和承担行政职能的法定机构从成立之日起，具有机关法人资格，可以从事为履行职能所需要的民事活动。"

会可以依法代行村集体经济组织的职能。

第三节 法人的民事能力

正如自然人的民事能力分为民事权利能力、民事行为能力和民事责任能力一样，法人的民事能力也分为法人的民事权利能力、民事行为能力和民事责任能力。

一、法人的民事权利能力

（一）法人的民事权利能力的概念

法人的民事权利能力，是指法律赋予法人参加民事法律关系，取得民事权利、承担民事义务的资格。《民法总则》第59条规定："法人的民事权利能力和民事行为能力，从法人成立时产生，到法人终止时消灭。"

（二）法人的民事权利能力的范围

法人的民事权利能力范围，因各个法人目的事业不同而不同。

1. **法人民事权利能力的始期与终期**

法人的民事权利能力以其成立为始期，以其消灭为终期。

《民法总则》第78条规定，依法设立的营利法人，由登记机关发给营利法人营业执照。营业执照签发日期为营利法人的成立日期。依据《民法总则》第88条、第90条规定，事业单位法人和社会团体法人，成立之时是法人登记证所注明的日期或依法成立之日；依据《民法总则》第97条规定，机关法人的成立之时，是机关法人承担行政职能的设立之日。

法人民事权利能力的终期，应是法人清算完结登记注销之日，所以，对"终止"不应理解为法人停止活动之日。法人在终止时，若有未了结的债权债务，必须经过清算，否则不能消灭。据此，法人民事权利能力的终期为法人的消灭。

2. **法人民事权利能力的限制**

由于法人是自然人为了各种目的而设立的，因此，法人的民事权利能力范围，与自然人不同，即使在各个法人之间也是各不相同的。法人的民事权利能力有以下三方面限制：

其一，性质上的限制。基于自然人的天然属性而专属于自然人的民事权利能力内容，法人均不能享有。例如身体权、健康权、隐私权、继承权、扶养请求权、婚姻自主权等，法人因自然属性无法享有。

其二，法律上的限制。为了防止国有资产的流失和保护交易安全，某些法人的民事权利能力范围受法律的直接限制。例如我国《担保法》第 8 条、第 9 条规定，机关法人和以公益为目的的事业单位法人、社会团体法人不得为保证人。

其三，目的事业的限制。法人的民事权利能力范围，以其目的事业为限，在已登记设立的法人，该范围以登记为准。例如，我国《民法总则》第 76 条第 2 款规定，营利法人包括有限责任公司、股份公司和其他企业法人等。我国《公司法》第 12 条规定，公司的经营范围由公司章程规定，并依法登记。公司的经营范围中属于法律、行政法规规定须经批准的项目，应当依法经过批准。从这个意义上说，对法人的目的事业限制，只是法律禁止的事项，而不是核准经营的事项。例如，我国《合同法》第 50 条规定："法人或者其他组织的法定代表人、负责人超越权限订立的合同，除相对人知道或者应当知道其超越权限的以外，该代表行为有效。"

（三）法人的民事权利能力与自然人民事权利能力的差异

1. 民事权利能力取得方式不同

原则上，自然人一经出生就获得民事权利能力，因为各国民法均对自然人民事权利能力采取出生主义理论。而法人民事权利能力的取得则不同，它往往要经过较为严格的法律程序，例如，公司法人要经过注册登记才可以获得民事权利能力，如果公司法人不经过登记程序，它是无法获得民事权利能力的，只能够看作合伙组织。再例如，机关法人或者事业单位法人往往需要经过行政机关的审判才能够获得民事权利能力。

2. 民事权利的内容不同

与自然人相比，法人能够享有的民事权利的具体内容确实具有特殊性，这主要体现为法人无法享有自然人依其自然属性而享有的某些财产或人身方面的权利。例如，在财产权中，基于自然人身份发生的权利，如抚养与赡养请求权、继承权等，法人不能够享有。再例如，在人身权中，凡与自然人的身体和精神为要素的权利内容，如生命权、健康权、肖像权、隐私权、婚姻自主权等，法人也无法享有。

3. 民事权利的相同性与差异性不同

原则上，除非法律作出明确的相反规定，否则，所有的自然人享有的民事权利都是相同的，这就是，所有的自然人均平等地享有生命权、身体权、健康权、名誉权、隐私权以及财产权等，他们享有这些权利的资格是平等的。

当然，在民法上，法律基于某种考虑，也可能规定例外情况下的差异。例如，某些国家的法律认为，影视明星、体育明星或者公众人物原则上不享有隐私权或者名誉权等等，使他们享有的隐私权、名誉权同一般的社会公众不同。

而在民法上，法人享有的民事权利存在非常大的差异，一个法人组织享有的民事权利可能不同于另外一个法人组织，例如，大学享有的民事权利不同于医院享有的民事权利，房地产公司享有的民事权利不同于汽车生产公司，等等。

在民法上，法人的民事权利能力之所以存在差异，其主要原因在于：

其一，法人的性质不同，法人的民事权利能力也不同。例如，公司法人的权利能力不同于大学的权利能力。

其二，相同性质的法人因为其章程规定的目的不同而导致其权利能力也不同。例如，同样是公司、营利性法人，一个公司和另外一个公司的民事权利不同。

其三，制定法、成文法对法人的权利能力施加限制。例如，破产法对清算法人权利能力的限制，公司法对公司成为无限责任股东的限制、对公司可为之担保的限制、对公司借贷行为的限制，等等。自然人的民事权利能力一律平等，不因自然人的性别、年龄、智力、健康状况等不同而有所区别。

二、法人的民事行为能力

（一）法人的民事行为能力的概念

法人民事行为能力，是指法人以自己的意思独立进行民事活动，取得民事权利并承担民事义务的能力或资格。国家赋予法人以民事行为能力，就是为了保证法人实现其民事权利能力。我国《民法总则》肯定了法人具有民事行为能力。例如，《民法总则》第57条规定，法人是具有民事权利能力和民事行为能力，依法独立享有民事权利和承担民事义务的组织。

（二）法人的民事行为能力的特点

和自然人的民事行为能力相比，法人的民事行为能力主要具有以下特点：

1. 法人的民事行为能力和民事权利能力在发生和消灭的时间上具有一致性

法人的民事行为能力与其民事权利能力一起产生、同时消灭，两者的始期与终期完全一致。这与自然人的民事行为能力不同，因为，自然人虽然一出生就有一般的民事权利能力，但是，自然人的民事行为能力须具备一定的年龄和精神状态才能取得，或为限制民事行为能力，或为完全民事行为能力；而且，自然人不仅因死亡而使其行为能力消灭，还可因其患精神病而丧失部分民事行为能力或完全民事行为能力。

2. 法人的民事行为能力和民事权利能力的内容和范围相同

法人的民事行为能力属于完全民事行为能力，故其范围始终与民事权利能力的范围相一致。即法人的民事行为能力的范围，不能超出法人民事权利能力所限定的范围。法人的民事权利能力，受到其性质、目的范围等的限制。相应地，法人的民事行为能力也同样受到这些因素的限制。

而自然人的民事行为能力范围可能与其民事权利能力范围一致，这就是，完全民事行为能力人所具有的民事权利能力范围即为其民事行为能力范围,也可能与其民事权利能力范围不一致,这就是,限制民事行为能力人的行为能力范围要小于其权利能力范围;无民事行为能力人虽然具有民事权利能力,但完全不具备民事行为能力。

3. 法人的民事行为能力由法人的机关或代表来实现

法人能够独立参与民事活动,能够独立实施所有的民事法律行为。但由于法人是一种组织,故其民事活动是由其代表机构进行的。代表机构即是代表法人为意思表示的机构。例如,《民法总则》第61条第1款规定,依照法律或者法人章程的规定,代表法人从事民事活动的负责人,为法人的法定代表人。

法定代表人必须是有完全民事行为能力的自然人,在以法人的名义实施民事法律行为时,法定代表人所作的意思表示,就是法人本身的意思表示,而不是法定代表人个人的意思表示。所以,法定代表人以法人名义从事的民事活动,其法律后果由法人承受。

而自然人的民事行为能力一般通过自然人自身的行为实现,即自然人可以以自己的活动参加民事法律关系,为自己设定民事权利义务。诚然,自然人的行为能力与权利能力不一定一致,则该不一致以法律设立监护人或代理人制度化解。

三、法人的民事责任能力

(一) 法人的民事责任能力的概念

法人的民事责任能力,是指法人独立承担违法行为所引起的民事责任的能力或资格。法人具有民事责任能力是创设法人制度的本旨之所在,法人脱离了出资人,形成了独立的主体并以其所有的财产独立承担责任,这种责任不仅包括法人就其实施的合法行为对他人承担的民事责任,还包括法人就其违法实施的行为对他人承担的民事责任。

(二) 法人是否具有民事责任能力的争议

关于法人是否具有民事责任能力,学界主要有否定和肯定两种观点。

1. 否定说

法人拟制说持此观点。认为法人无民事责任能力,理由不尽相同。或认为,法人无意思能力,所以法人无民事责任能力;或认为法人仅于法律法规认许的目的内存续,超越法人目的的行为,即不为法人行为,故法人无民事责任能力;又或认为董事等名为法人的代表人实为法人代理人,代理限于民事行为,侵权行为不适用代理规定,故法人无民事责任能力。

2. 肯定说

法人实在说持此观点。认为法人有民事责任能力,理由也不尽相同。或认为法人有意思能力,故法人有民事责任能力;或认为法人机关的行为即为法人行为,即法人有民事责任能力；有的认为法人有民事责任能力系法律所明定。现代民法均规定法人应负损害赔偿责任。

我国《民法总则》第60条规定，法人以其全部财产独立承担民事责任。法人应能"独立承担民事责任"，《民法总则》第62条第1款规定，法定代表人因执行职务造成他人损害的，由法人承担民事责任。该法条第2款规定，法人承担民事责任后，依照法律或者法人章程的规定，可以向有过错的法定代表人追偿。立法表明，肯定法人具有民事责任能力。

法人具有民事责任能力的根源在于：法人有意思能力，因而可能形成过错。法人意思的形成和实现与自然人不同，因而其过错的形成也与自然人不同。法人的过错是团体意思的过错，它不是个人的过错，也不是个人过错的简单相加。它是通过法人的机关成员、一般工作人员和代理人的行为表现出来的。法人的过错并非指个人主观心理状态上的故意和过失，也并非表现为个人的主观恶性，而是体现为法人未履行其对社会和他人应尽的法定义务和注意义务，体现为法人未尽到对其成员的监督和管理之责。

法人具有民事责任能力的前提在于：它有独立的财产。法人的团体人格与自然人的人格的区别之一即为法人人格要以拥有财产为条件，没有财产的法人不可能具有独立的主体资格。法人独立财产不仅是法人民事责任能力的前提，也是法人承担民事责任的限度。

（三）法人承担民事责任的范围

一般而言，法人对法人的代表人或其他工作人员及其代理人的职务行为承担民事责任。法人的对外行为需要由其代表人或其他工作人员或代理人来完成，因而法人的代表人、工作人员及代理人执行的是法人的团体意志，其后果当然由法人承受。根据《民法总则》及相关法律的规定，法人承担民事责任主要包括以下方面。

1. 法人必须对法定代表人的行为负责

法人的代表人直接遵照法人机关形成的意思而实施的行为，对此法人应承担责任应属当然。我国《民法总则》规定，法定代表人以法人名义从事的民事活动，其法律后果由法人承受。法定代表人因执行职务造成他人损害的，由法人承担民事责任。法人对法定代表人所负的责任，包括越权行为的责任。我国《合同法》第50条明确规定：法人或者其他组织的法定代表人、负责人超越权限订立的合同，除相对人知道或者应当知道其超越权限的以外，该代表行为有效。

2. 法人对工作人员的职务行为负责

职务行为是法人的工作人员在执行职务期间实施的民事行为。法人参与民事活动不可能仅靠法定代表人一人去完成，诸多事务还需要其他工作人员去执行。因此，法人不仅要对法定代表人的行为负责，还要对其他工作人员因执行法人交付的任务而所为的行为负责，其中也包括侵权行为所致的民事责任。例如《最高人民法院关于适用〈中华人民共和国民事诉讼法〉若干问题的意见》第42条规定："法人或其他组织的工作人员因职务行为或者授权行为发生的诉讼，该法人或其他组织为当事人。"

3. 法人应负的非法活动责任

依据《民法总则》的规定，有限责任公司和股份有限公司是营利法人。我国《公司法》第十二章"法律责任"，明确公司应对下列非法活动承担责任：超出登记机关核准登记的经营范围从事非法经营的；向登记机关、税务机关隐瞒真实情况、弄虚作假的；抽逃资金、隐匿财产逃避债务的；解散、被撤销、被宣告破产后，擅自处理财产的；变更、终止时不及时申请办理登记和公告，使利害关系人遭受重大损失的；从事法律禁止的其他活动，损害国家利益或者社会公共利益的。需指出的是，公司法人在上述情形承担的法律责任，可能是民事责任、行政责任、刑事责任；与此同时，除法人承担责任之外，对法定代表人可以给予行政处分、罚款，构成犯罪的，依法追究刑事责任。

第四节 法人机关概述

一、法人机关的概念与特征

（一）法人机关的概念

法人机关是指根据法律或者法人章程的规定，形成法人的意思，并代表法人从事民事活动，实现其民事权利能力和民事行为能力的一定机构或者个人的总称。

法人的机关是法人组织体的核心组成部分，负有形成法人意思和代表法人活动的职能。没有法人的机关，法人就无法实现其民事权利能力和民事行为能力，无法成为独立的民事主体。

（二）法人机关的法律特征

（1）法人机关是形成、表示和实现法人意志的法人机构，其存在的目的就是为了形成法人的意志、执行法人的意志和保障实现法人的意志。与自然人不同，法人作为一种社会组织，其意志的形成应通过机关形成，其意志的表示或者实现要通过机关来完成，其意志的健全或者完善，要通过一定的机关的约束和监督。因此，法人机关的意志就是法人的意志，法人机关所为的民事行为就是法人的民事行为，其法律后果由法人承担。

（2）法人机关是法人的有机组成部分，法人机关并不是法人之外的机构，而是与法人不可分离的法人的组成部分。表现为：一方面，法人机关依附于法人，并不是独立主体；另一方面，任何社会组织要成为法人，须设立自己的机关；法人的机关与法人的成立同时产生。否则，法人无法实现其民事权利能力和民事行为能力，无法成为独立的民事主体。

（3）法人机关是根据法律、章程或者条例的规定直接设立的，其代表法人行为时不需要另行授权。在我国，营利法人机关依法律或者公司章程设立；例如，我国《民法总则》第79、80、81、82条规定，设立营利法人应当依法制定法人章程；营利法人应当设权力机构、执行机构和监事会或者监事等监督机构。《民法总则》第89条规定，事业单位法人设理事会的，除法律另有规定外，理事会为其决策机构。事业单位法人的法定代表人依照法律、行政法规或者法人章程的规定产生。《民法总则》第91条规定，设立社会团体法人应当依法制定法人章程。社会团体法人应当设会员大会或者会员代表大会等权力机构。社会团体法人应当设理事会等执行机构。理事长或者会长等负责人按照法人章程的规定担任法定代表人。《民法总则》第93条规定，设立捐助法人应当依法制定法人章程。《民法总则》第93条规定，捐助法人应当设理事会、民主管理组织等决策机构，并设执行机构。理事长等负责人按照法人章程的规定担任法定代表人。捐助法人应当设监事会等监督机构。

（4）法人机关是法人的领导或代表机关，对内负责管理法人的事务，对外则代表法人进行民事活动。

（5）法人机关是由单个自然人或自然人的集体组成的，由单个人形成的法人机关称为独任机关，由集体组成的法人机关称为合议制机关。前者如全民所有制企业的厂长（经理）；后者如股份有限公司的股东大会、董事会、监事会。

值得注意的是，法人的机关不同于法人的组织机构。法人的组织机构外延很大，包括法人机关、法人的职能部门、业务实施机构以及必要的从业人员。而法人机关是法人组织机构的重要组成部分，指法人组织机构中的权力机关、执行机关与监督机关。

二、法人机关的构成

一般情况下，法人机关由权力机关、执行机关和监督机关构成。

（一）法人的权力机关

法人的权力机关，也称法人的意思机关或决策机关，它是形成法人的意志，对法人的生产经营或业务管理即法人事务中的重大问题作出决定的机关，是产生并领导和监督法人其他机关的机关，如股份有限公司中的股东大会、有限责任公司中的股东会等。

（二）法人的执行机关

法人的执行机关也称管理机关，是法人权力机关的执行机关，是法人意志的执行和实现机关，它行使法律、法令或章程规定的权力，执行权力机关的决议，负责实现业已形成的法人意志，组织指挥法人内部各部分之间协调运转，由其主要负责人代表法人对外进行民事活动。其主要负责人就是法人的法定代表人，是法人的代表机关。如股份有限公司中的董事会和董事长。

（三）法人的监督机关

法人的监督机关，是指对法人的执行机关的行为进行监督的机关。如股份公司的监事会。一般情况下，法人的权力机关、监督机关是法人的任意机关，由法人根据需要设立，而法人的执行机关是法人的必设机关，且为常设机关；但是依据法律规定或者法人性质，法人必须设权力机关、监督机关的，权力机关、监督机关亦为必设机关。

三、法定代表人

（一）法定代表人的概念

法定代表人指依法律或法人章程规定代表法人行使职权的负责人。《民法总则》第61条第1款规定："依照法律或者法人章程的规定，代表法人从事民事活动的负责人，为法人的法定代表人。"

以法定代表人与公司法人的内部关系为例，二者往往是劳动合同关系，故法定代表人属于雇员范畴。但对外关系上，法定代表人对外以法人名义进行民事活动时，其与法人之间并非代理关系，而是代表关系，且其代表职权来自法律的明确授权，故不另需法人的授权委托书。

（二）法定代表人的法律特征

1. 法定代表人是由法律或法人的组织章程规定的

我国法律实行单一法定代表人制，一般认为法人的正职行政负责人为其唯一法定代表人。例如，公司为董事长或执行董事或经理；[1] 证券交易所的法定代表人为总经理；[2] 全民所有制工业企业的法定代表人为厂长或经理。[3]

---

[1] 参见《中华人民共和国公司法》第13条的规定。
[2] 参见《中华人民共和国证券法》第107条的规定。
[3] 参见《中华人民共和国全民所有制工业企业法》第54条的规定。

2. 法定代表人是代表法人行使职权的负责人

法定代表人一般是执行机关的负责人，他可以依照法律或者章程的规定，无须法人机关的专门授权，就可以法人的名义，代表法人对外进行民事活动，并为签字人。法定代表人对外的职务行为即为法人行为，其后果由法人承担。① 并且，法人不得以对法定代表人的内部职权限制对抗善意第三人。②

3. 法定代表人是代表法人进行民事活动的自然人

法定代表人只能是自然人，且该自然人只有代表法人从事民事活动和民事诉讼活动时才具有这种身份。当自然人以法定代表人的身份从事法人的业务活动时，并不是独立的民事主体，而只是法人这一民事主体的代表。

（三）法定代表人应具备的条件及任职限制

（1）法定代表人必须具有完全民事行为能力。

（2）法定代表人必须具有一定管理能力和业务知识。

（3）法定代表人须不存在不得担任法定代表人的情形。

例如，《企业法定代表人登记管理规定》第4条规定："有下列情形之一的，不得担任法定代表人，企业登记机关不予核准登记。①无民事行为能力或者限制民事行为能力的；②正在被执行刑罚或者正在被执行刑事强制措施的；③正在被公安机关或者国家安全机关通缉的；④因犯有污贿赂罪、侵犯财产罪或者破坏社会主义市场经济秩序罪，被判处刑罚，执行期满未逾三年的；或者因犯罪被判处剥夺政治权利，执行期满未逾五年的；⑤担任因经营不善破产清算的企业的法定代表人或者董事、经理，并对该企业的破产负有个人责任，自该企业破产清算完结之日起未逾三年的；⑥担任因违法被吊销营业执照的企业的法定代表人，并对该企业违法行为负有个人责任，自该企业被吊销营业执照之日起未逾三年的；⑦个人负债数额较大，到期未清偿的；⑧有法律和国务院规定不得担任法定代表人的其他情形的。"③ 此外，公务员不能兼任公司的法定代表人。

（4）已担任一个法人的法定代表人者，原则上不得再担任其他法人的法定代表人。例如，《中华人民共和国公司法》第70条规定，国有独资公司的董事长、副董事长、

---

① 参见《中华人民共和国民法总则》第61条第2款的规定。
② 参见《中华人民共和国合同法》第50条的规定。
③ 《中华人民共和国公司法》第147条规定，有下列情形之一的，不得担任公司的董事、监事、高级管理人员：①无民事行为能力或者限制民事行为能力；②因犯有贪污、贿赂、侵占财产、挪用财产罪或者破坏社会经济秩序罪，被判处刑罚，执行期满未逾5年，或者因犯罪被剥夺政治权利，执行期满未逾5年；③担任因经营不善破产清算的公司、企业的董事或者厂长、经理，并对该公司、企业的破产负有个人责任的，自该公司、企业破产清算完结之日起未逾3年；④担任因违法被吊销营业执照、责令关闭的公司、企业的法定代表人，并负有个人责任的，自该公司、企业被吊销营业执照之日起未逾3年；⑤个人所负数额较大的债务到期未清偿。

董事、高级管理人员，未经国有资产监督管理机构同意，不得在其他有限责任公司、股份有限公司或者其他经济组织兼职。

四、法人机关与法人的关系

在传统民法中，关于法人机关与法人的关系，存在代理说、代表说两种主要学说。

（一）代理说

代理说认为，法人是法律拟制人，无意思能力和行为能力。作为法律赋予的民事主体，法人进行民事活动，得由自然人代理。法人机关是法人的代理人，法定代表人是法人的法定代理人，法人机关与法人的关系是代理关系。法人对法人机关的活动承担责任是基于代理规则。

（二）代表说

代表说认为，法人是社会组织体，依据法律规定具有民事权利能力和民事行为能力。法人机关是法人意志的形成者和执行者，在其权限范围内的行为为法人本身的行为。法人机关是法人的代表者，法人机关与法人的关系是代表关系。

通说认为，法人机关是法人的组成部分，两者仅以法律人格区分开。法人机关不是独立的权利主体，而是法人的有机组成部分。法人机关与法人的关系是部分与全体之间的关系。法人机关在其权限范围内所为的一切行为，归属于法人，行为后果由法人承担。但是，两者的这种关系与代理关系相异。①法人机关与法人的关系，为部分与全体的一元关系；而代理关系中，代理人与被代理人是两个独立的民事主体，为二元对立关系。②法人机关与法人的关系中，只有一个意思，即法人意思；而代理关系中，须有代理人的意思和被代理人的意思，即两个意思。③法人机关的行为，为法人自身的行为，行为后果归属于法人；而代理关系中，代理行为是代理人的行为，只不过这种行为后果依代理规则直接由被代理人承担。

五、法人治理结构

（一）法人治理结构的界定

法人治理结构（Corporate Governance），又译为公司治理或者公司治理结构。是现代企业制度中最重要的组织架构。狭义的公司治理，主要是指公司内部股东、董事、监事及经理层之间的关系。广义的公司治理，还包括与利益相关者（如员工、客户、存款人和社会公众等）之间的关系。公司是营利法人的典型表现，它作为由法律赋予了人格的团体人、实体人，需有相适应的组织体制和管理机构，进行决策管理，行使权利,承担责任。

(二) 公司治理结构的主要组成

公司法律规定的公司治理结构一般由四个部分组成:

(1) 股东会或者股东大会。该大会由公司股东组成,是公司的权力机关。所体现的是所有者对公司的最终所有权。

(2) 董事会。该会由公司股东大会选举产生,是公司权力机关的执行机关。对公司的发展目标和重大经营活动作出决策,维护出资人的权益。

(3) 监事会。该会是公司的监督机构,对公司的财务和董事、经营者的行为发挥监督作用。

(4) 经理。经理由董事会聘任,是经营者、执行者。公司法人治理结构的四个组成部分,都是依法设置的,它们的产生和组成,行使的职权,行事的规则,等等,通常在公司法律中有具体规定。

(三) 经济合作与发展组织的《公司治理结构原则》的主要内容

1999年5月,由29个发达国家组成的经济合作与发展组织(OECD)理事会正式通过了其制定的《公司治理结构原则》。它是第一个政府间为公司治理结构开发出的国际标准,并得到国际社会的积极响应。该原则旨在为各国政府部门制定有关公司治理结构的法律和监管制度框架提供参考,也为证券交易所、投资者、公司和参与者提供指导。它代表了OECD成员国对于建立良好公司治理结构共同基础的考虑,其主要内容包括:

(1) 公司治理结构框架应当维护股东的权利。

(2) 公司治理结构框架应当确保包括小股东和外国股东在内的全体股东受到平等的待遇;如果股东的权利受到损害,他们应有机会得到补偿。

(3) 公司治理结构框架应当确认利益相关者的合法权利,并且鼓励公司和利益相关者为创造财富和工作机会以及为保持企业财务健全而积极地进行合作。

(4) 公司治理结构框架应当保证及时准确地披露与公司有关的任何重大问题,包括财务状况、经营状况、所有权状况和公司治理状况的信息。

(5) 公司治理结构框架应确保董事会对公司的战略性指导和对管理人员的有效监督,并确保董事会对公司和股东负责。

经济合作与发展组织认为,比较好的公司治理结构应具备以下几方面的因素。[①]

一是问责机制和责任 (Accountability & Responsibility)。包括明确董事会的职责,

---

① 胡艳曦:《公司治理结构模式比较及国际发展趋势》,载《暨南学报》2002年第3期,第34—37页。

强化董事的诚信与勤勉义务；确保董事会对经理层的有效监督，建立健全绩效评价与激励约束机制。

二是公平性原则（Fairness）。主要指平等对待所有股东，如果他们的权利受到损害，他们应有机会得到补偿，同时，公司治理结构的框架应确认公司利益相关者（债权人、雇员、供应商、客户）的合法权利。

三是透明性原则（Transparency）。一个强有力的信息披露制度是对公司进行有效市场监督的典型特征，是股东具有行使表决权能力的关键，也是影响公司行为和保护投资者利益的有力工具。

第五节 法人的设立、变更、终止

法人的成立是法人取得民事权利能力和民事行为能力的法律事实，类似于自然人的出生。自然人通过出生的事实而取得法律上的人格，法人取得民事主体资格，即法人的成立，需经法定程序，即须经设立才取得法律上的人格。

一、法人设立

（一）法人设立的概念

法人设立，是指创办法人组织，使其具有民事权利主体资格而进行的多种连续准备行为，它是法人成立的前置阶段。

（二）法人设立与法人成立之间的关系

法人设立和法人成立是两个不同的概念，既相联系又相区别。①

两者的联系在于：前者是创设法人的行为，后者是法人得以存在的事实状态，因此，法人的设立是法人成立的前提；法人的成立是法人设立的结果。法人成立意味着法人设立的完成，但法人的设立并不必须导致法人成立；当设立无效时，法人就不能成立。

两者的区别在于：

（1）性质不同。法人的设立是一种准备行为，其性质可以是法律性质的或非法律性质的。前者如法人设立人在银行开户、向银行借贷等行为；后者如法人设立人之间的协商，讨论法人组织的名称适用等行为。而法人的成立则不同，其行为性质均属于法律

---

① 马俊驹、余延满著：《民法原论》（第4版），法律出版社2010年版，第118页。

性质的行为。

（2）要件不同。法人的设立要件，一般要有合法的设立人，存在设立基础和设立行为本身合法等；而法人的成立要件，一般应具备依法成立，有必要的财产或者经费以及有自己的名称、组织机构和场所等。

（3）效力不同。法人设立阶段，仍不具有法人资格，其行为是非法人组织的行为，所发生的债权债务，由设立后的法人享有和承担；如果法人不能成立，则由设立人承担设立行为产生的债务。而法人成立后，即享有民事主体资格，所发生的债权和债务由法人享有和承担。

（三）法人设立的原则

关于法人设立的原则，不同国家和地区在不同历史阶段对不同类型的法人，甚至对同一类型的法人的设立所采取的原则也不完全一致。因法人的类型不同以及时代的演变，法人设立的原则主要有以下几种。[①]

（1）放任主义。放任主义也称自由设立主义。即法人的设立完全听凭当事人的自由，国家不加以干涉或限制。

（2）特许主义。特许主义是指法人的设立需要有专门的法令或国家的特别许可，在特许主义下设立的法人称为特许法人。

（3）行政许可主义。行政许可主义又称为核准主义，指法人设立时除了应符合法律规定的条件外，还要经过行政主管部门的批准。

（4）准则主义。准则主义也称为登记主义，指由法律规定法人的条件，法人设立时，如果其章程具备规定的要件，无须主管部门批准，就可以直接向登记机关登记，法人即告成立。

（5）严格准则主义。即法人设立时，除了具备法律规定的要件外，还必须符合法律中明确规定的其他一些限制性条款。

（6）强制主义。强制主义也称为命令主义，是指国家对于法人的设立、实行强制设立，即在一定行业或一定条件下，必须设立某种法人。

我国的法人设立，根据不同类型的法人采取不同的设立原则。依据《民法总则》第77、78条的规定，营利法人经依法登记成立；依法设立的营利法人，由登记机关发给营利法人营业执照，营业执照签发日期为营利法人的成立日期。其设立主要采用严格准则主义。根据《民法总则》第88条、第90条的规定，事业单位法人和社会团体法人的设立，分别采用两种不同的原则：不需要办理法人登记的，其设立采用特许主义；需要办理法人登记的，因其一般要经过主管部门审查同意，其设立采用的是行政许可主

[①] 蒋月：《民法总论》（第3版），厦门大学出版社2016年版，第118页。

义。至于基金会、社会服务机构等捐助法人，已登记设立。特别法人中的机关法人等，其设立采用强制设立主义。

（四）法人设立的方式

在我国，法人设立的方式主要有以下几种：

（1）命令设立，即政府以其命令的方式设立法人。这种设立方式主要适用于国家机关和全民所有制事业单位。

（2）发起设立，即由发起人一次性认足法人成立所需资金而设立法人。这种方式主要适用于集体所有制企业法人、私营企业法人、股份合作企业法人、有限责任公司和一些股份公司。

（3）募集设立，即法人组织所需的资金，在发起人未认足之时，向社会公开募集的一种法人设立方式。这种方式主要适用于股份有限公司。

（4）捐助设立。即由法人或者自然人募足法人所需资金的一种法人设立方式。这种方式主要适用于基金会法人。

（五）法人设立的条件

（1）设立人或者发起人。设立人或者发起人除必须具备民事权利能力和民事行为能力外，法律一般都有关于资格的规定。机关法人的设立人只能是国家；企业法人的设立人可以是自然人、法人，也可以是国家。法律对各类法人的发起人或者设立人的人数亦有规定。如股份有限公司的设立，应当有2人以上200人以下的发起人，其中有过半数以上在我国境内有住所；事业单位法人的设立人基本上仍由国家或者集体组织充当；社会团体法人的发起人可以是个人，也可以是组织。

（2）依法成立。即依照法律规定而成立。首先，法人组织的设立合法，其设立的目的、宗旨要符合国家和社会公共利益的要求，其组织机构、设立方式、经营范围、经营方式等要符合法律的要求。其次，法人的成立程序符合法律、法规的规定。

（3）有必要的财产或者经费。必要的财产或者经费是指法人的财产或者经费应与法人的性质、规模等相适应。我国一些法律法规对有关法人的财产或者经费要求作了规定。《中华人民共和国商业银行法》第13条规定："设立商业银行的注册资本最低限额为10亿元人民币；城市合作商业银行的注册资本最低限额为1亿元人民币；农村合作商业银行的注册资本最低限额为5000万元人民币。"必要的财产或者经费是法人生存和发展的基础，也是法人独立承担民事责任的物质基础。

（4）有自己的名称、组织机构和场所。法人应该有自己的名称，以区别于其他法人。例如，《民法总则》第58条明确规定，法人应当有自己的名称等。《企业名称登记管理规定》对企业名称的组成、使用等作了规定。

法人是社会组织，法人的意思表示必须依法由法人组织机构来完成，每一个法人都应该有自己的组织机构，如公司法人的组织机构依法应由三部分组成：权力机构——股东会；执行机构——董事会；监督机构——监事会。三机构有机地构成公司法人的组织机构，代表公司进行相应的活动。如果没有组织机构，就不能够成为法人。

法人应该有自己的场所。作为法人的场所，可以是自己所有的，也可以是租赁他人的。法人的场所可以是一个，也可以是多个。《民法总则》规定有自己的场所是法人应具备的条件，主要是为了交易安全和便于国家主管机关监督。

需要指出的是，《民法总则》第57条将能够独立承担民事责任作为法人应具备的条件。独立承担民事责任，是指法人依法以其经营管理或者所有的财产对法人的债务承担责任，而不是由其他组织、个人代替或者连带承担责任。法人独立承担民事责任，是法人作为独立民事主体的体现。因而，独立承担民事责任是法人的特征，而非条件。一旦企业法人的财产不能清偿其债务，只能通过破产程序免除其债务。

（六）法人资格的取得

法人设立后取得法人资格，即为法人成立。根据《民法总则》的规定，特别法人之有独立经费的机关和承担行政职能的法定机构于设立时即取得法人资格，不需登记。非营利法人，如事业单位法人或者社会团体法人依法不需要办理法人登记的，从设立时起即取得法人资格；依法需要办理法人登记的，经核准登记领取法人证书之日起取得法人资格。营利法人均须办理法人登记，由登记机关发给营利法人营业执照，营业执照签发日期为营利法人的成立日期。

二、法人的变更

（一）法人变更的概念

法人的变更，是指法人在存续期间，法人的性质、组织机构、经营范围、财产状况以及名称、住所等方面的重大变更。法人的变更，对法人的法律人格产生重要影响。尤其是法人的合并和分离，可能会使得参与合并的法人或分立之前的法人的法律人格完全消灭。营利法人如公司法人、企业法人等的变更，是为了适应复杂的市场形势，追求自身利益最大化的需要。法人的变更，体现了私法自治；公司法人、企业法人变更，是公司、企业自由重要内容。公司法人、企业法人为了调整经营范围，分散经营风险，实现资源的优化配置，可在履行有关法律手续的前提下，变更企业组织形式、目的范围、注册资金，进行分立、合并等。

（二）法人变更的类型

1. 法人的合并

法人的合并，是指两个以上的法人集合为一个法人的民事法律行为。法人的合并是法人集中资金，扩大实力，增加竞争优势的重要手段。由于合并不需经过法定清算程序，比之解散原法人，成立新法人，手续更为简便，操作成本也更低廉。

法人合并，有新设合并和吸收合并两种方式。①新设合并。也称创设合并，是两个以上的法人归并为一个新法人，原法人均告消灭的合并方式。②吸收合并。也称吞并合并。是一个法人吸收被合并的其他法人，合并后只有一个法人存续，被吸收法人均告消灭的合并方式。

法人合并时，应有法人意思机关的合并决定和合并各方缔结的合并合同。为保障各合并法人的债权人的利益，法人应在合并前将合并决定通知债权人，债权人如要求清偿债务或提供担保的，作为债务人的法人应清偿债务或提供担保。否则，法人不得合并。

2. 法人的分立

法人的分立，是指一个法人分成两个以上法人的民事法律行为。法人分立是调整经营规模，分散风险的重要手段。法人分立也不需经过法定清算程序，所以有与法人合并同样的优点。

法人分立，有新设分立和存续分立两种分立方式。①新设分立。也称创设分立，指解散原法人，分立为两个以上新法人的分立方式。②存续分立。也称派生分立，指原法人存续，分出部分财产设立一个以上新法人的分立方式。法人分立的程序与法人合并程序基本相同，需要有分立的决定、债务分配合同，对债权人发出分立通知并根据债权人请求清偿债务或提供担保。

3. 组织形式的变更

对于公司法人而言，存在公司组织形式的变更问题。依照《中华人民共和国公司法》的规定，有限责任公司在符合法定条件的前提下，经全体股东一致同意，可以变更为股份有限公司。股份有限公司依照规定也可以依法变更为有限责任公司。

4. 法人其他重要事项的变更

法人其他重大事项的变更是指法人的活动宗旨和业务范围等事项的变化。根据《企业法人登记管理条例》第17条的规定，企业法人改变名称、住所、经营场所、法定代表人、经济性质、经营范围、经营方式、注册资金、经营期限以及增设或者撤销分支机构，均属重要事项的变更。

（三）法人变更的法律后果

法人的变更，直接影响到法人权利的行使和义务的履行，关系到他人和社会利益。

《民法总则》第64、65、66条规定，法人存续期间登记事项发生变化的，应当依法向登记机关申请变更登记；法人的实际情况与登记的事项不一致的，不得对抗善意相对人；登记机关应当依法及时公示法人登记的有关信息。与此同时，《民法总则》第67条规定："法人合并的，其权利和义务由合并后的法人享有和承担。法人分立的，其权利和义务由分立后的法人享有连带债权，承担连带债务，但是债权人和债务人另有约定的除外。"这就是说，法人变更后，它的所有权、其他物权及各项债权等均由变更后的法人享有；它的各项债务和有关的民事赔偿责任由变更后的法人承担。

三、法人的终止

（一）法人终止的概念

法人的终止也称法人的消灭。是指法人资格的消灭，即法人丧失民事主体资格和法律上的人格，不再具有民事权利能力和民事行为能力的状态。法人终止后，其民事权利能力和民事行为能力即告消灭，不能再以法人的名义进行民事活动，不能成为民事主体。

（二）法人终止的原因

我国《民法总则》第68、69条规定，法人终止的原因有：

（1）依法被撤销。这是因主管机关的行政处分行为导致法人消灭的原因。法人从事法律禁止的活动，如非法经营、租借或转让法人执照等，情节严重的，将被吊销执照，强行解散。

（2）任意解散。任意解散是基于法人的意思或设立人的意思而解散。前者如股东会决议解散公司，后者如章程规定的法人存续期限届满。

（3）法人破产。法人破产是法人因丧失清偿能力而不能对债权人的全部债权实行清偿的状态。法人一旦破产并受破产宣告后，财产要清偿破产债权，在破产程序终结时，依法律规定解散。

（4）其他原因。即是指上述三种原因之外的导致法人消灭的原因，例如国家作出的关于国有企业"关闭""停止"的决定，又如有限责任公司、股份有限公司的股东不足法定人数，再如法人的合并、分立、国家经济政策的调整和发生战争，等等，都属于导致法人终止的其他原因。

（三）法人的清算

1. 法人清算的概念

法人清算，是指清理将终止的法人的财产，了结其作为当事人的法律关系，从而使法人归于消灭的必经程序。

2. 法人清算的类型

法人清算可分为破产清算和非破产清算两种。破产清算是指依破产法规定的清算程序进行清算。非破产清算则是不依破产法规定的程序进行的清算。但在清算时发现具有破产原因时，即按照破产程序处理。

3. 清算组织

清算组织又称清算人，是指负责进行清算的组织或者个人，即清算事务的执行者。《民法总则》第70条规定："法人解散的，除合并或者分立的情形外，清算义务人应当及时组成清算组进行清算。法人的董事、理事等执行机构或者决策机构的成员为清算义务人。法律、行政法规另有规定的，依照其规定。"据此规定，清算组织的组成有两种形式：①在法人因解散而终止的情况下，由法人自己成立清算组织。②在法人因被撤销、宣告破清算产而终止时，应由主管机关或者人民法院组织有关机关和有关人员成立清算组织[1]。

清算组织的职责：对内清理财产，处理法人的有关事务，对外代表法人了结债权债务，在法院起诉和应诉。具体包括：①了结现存事务，即法人在解散前已着手而未完成的事务，清算人应予了结；②收取债权，即属于法人的债权，清算人应予收取。债权尚未到期或者所附条件尚未成就的，应以转让或者换价方法收取；③清偿债务，即法人对他人所负债务，应由清算人予以清偿。债务未到期的，应提前清偿；④移交剩余财产。清偿债务后剩余的财产，应由清算人负责移交给对财产享有权利的人。[2]

4. 法人在清算期间的性质

关于法人在清算期间的性质，学界曾有争议，主要有以下几种主要学说：①清算法人说。该说认为，法人因解散而消灭其主体资格，但为了了结债权债务，需要进行清算，因而法律专为清算的目的而设立清算法人，清算法人不享受原法人的能力。②同一法人说。该说认为，法人解散，其主体资格并不消灭，只有在清算后法人的主体资格才消灭。法人在清算时，在清算的目的范围内仍享有解散前法人的民事权利能力，因而清算法人与解散前的法人为同一法人。③拟制存续说。该说认为，法人因解散而丧失权利能力，不得从事经营活动，但由于法律的拟制使法人在清算目的范围内享有权利能力，从法人解散至清算完结，视为法人仍然存续。④同一人格兼拟制说。该说认为，法人解散后，其人格仍然存在，清算法人只是由法律拟制的法人，并不是实在的法人。

一般认为，同一法人说较为合适。《民法总则》第40条规定："清算期间法人存续，但是不得从事与清算无关的活动。"这表明清算是法人的终止程序，清算中的法人

---

[1] 龙卫球著：《民法总论》，中国法制出版社2001年版，第456页。
[2] 许中缘、屈茂辉：《民法总则原理》，中国人民大学出版社2012年版，第246页。

与清算前的法人具有同一人格,只是其民事权利能力与民事行为能力受清算目的的限制而已。

5. 清算终结

清算终结,即清算人完成上述清算职责。《民法总则》第72条第3款规定:"清算结束并完成法人注销登记时,法人终止;依法不需要办理法人登记的,清算结束时,法人终止。"清算终结,对于依法需要办理法人登记的,应由清算人向登记机关办理注销登记并公告。完成注销登记和公告,法人即告消灭。

第六节 法人的登记

一、法人登记的概念

法人登记,是行政主管机关对法人成立、变更、终止的法律事实进行登录,以为公示的制度。根据我国法律规定,营利法人经依法登记成立。营利法人包括有限责任公司、股份有限公司和其他企业法人等,均适用法人登记。非营利法人中的事业单位法人、社会团体法人等需要依法登记取得资格的,适用法人登记;具备法人条件,为公益目的以捐助财产设立的基金会、社会服务机构等,经依法登记成立,适用法人登记。法人登记在我国还有公法上管理的职能,但在民法上其制度价值主要在于公示,以便于利害关系人了解法人变动的事实。所以,在民法上,法人成立、变更、终止的法律事实仅仅存在,尚不足以发生相应的法律效果,只有经过登记方可发生该事实的法律效力。

二、法人登记的类型

根据法人变动的类型,登记相应有法人设立登记、变更登记和注销登记三类。

(一) 设立登记

法人设立登记,是指法人依法成立,取得民事权利能力和民事行为能力的要件。依《民法总则》《企业法人登记管理条例》《公司登记管理条例》《社会团体登记管理条例》《事业单位登记管理暂行条例》及《民办非企业单位登记管理暂行条例》等规定,公司法人、企业法人、部分事业单位法人和绝大多数社会团体法人应依法进行设立登记。

法人设立登记的登记机关,是由法律规定的。例如,负责公司和其他企业法人登记的是各级工商行政管理部门;负责事业单位法人登记的,通常是各级国家机构编制管理机关;负责社会团体法人登记的,是各级民政部门。设立登记的义务人,是法人设立人。从涉及民事法律关系当事人需要查阅的内容方面看，以有限责任公司为例，需要登记的主要内容有[①]：①公司章程；②具有法定资格验资机构出具的验资证明；③股东的法人资格证明或者自然人身份证明；④载明公司董事、监事、经理人姓名、住所的文件以及有关委派、选举或者聘用的证明；⑤公司法定代表人任职文件和身份证明；⑥公司住所证明等。

（二）变更登记

变更登记，是指法人将有关法人的变化情况向登记机关办理变更手续。法人变更应否登记，根据我国现行法律，应区别对待。对于因登记而取得法人资格的企业法人及部分社会团体法人和事业单位法人，其变更应予以登记，其登记机关为原登记机关。对于非因登记而取得法人资格的机关法人及部分社会团体法人和事业单位法人，其变更则不须登记。可见，法人变更登记的机关，与该法人设立登记机关相同，但变更登记义务人是法人代表。

公司法人、企业法人变更登记的事项通常包括：合并与分立，变更组织形式，增设或者撤销分支机构及法人经营范围，注册资本、住所、法定代表人、经营方式的变动，等等。[②] 社会团体法人和事业单位法人的登记事项需要变更的，应当办理变更登记。我国《民法总则》第64条明确规定："法人存续期间登记事项发生变化的，应当依法向登记机关申请变更登记。"第65条规定："法人的实际情况与登记的事项不一致的，不得对抗善意相对人。"

（三）注销登记

法人注销登记，是指法人依法终止，消灭其民事权利能力和民事行为能力的要件。注销登记机关也与法人设立登记机关相同，但登记义务人是清算组。我国《民法总则》第72条第3款规定："清算结束并完成法人注销登记时，法人终止。"

三、法人登记的效力

法人登记的效力或为生效效力，或为对抗效力。

（一）法人设立登记的效力

在两大法系国家和我国，法人要获得法人资格就必须经过登记，登记是法人获取法人资格的唯一途径。这就是所谓的登记生效主义。例如，设立公司法人要登记，如果公

---

① 参见《中华人民共和国公司登记管理条例》第17条第2款的规定。
② 魏振瀛：《民法》（第5版），高等教育出版社2015年版，第97页。

司的发起人在发起设立公司的时候完全具备公司法所规定的实质性条件,但是没有办理公司设立登记程序,则他们所设立的经济组织并不会获得公司法人的资格,而仅仅被看作一般的合伙组织,其发起人或者成员应当对该组织的债务承担无限连带责任,不能够承担有限责任。但是,如果发起人办理了公司设立登记,则他们设立的组织就获得公司法人资格,他们或者其他成员原则上对公司债务承担有限责任。

(二)"事实上的法人"理论

即便法人组织在设立过程当中存在缺陷,没有完全遵循制定法、成文法的规定,如果法人已经履行了登记程序并且已经获得了法人资格,则法人的成员原则上仍然对法人组织的债务承担有限责任,他们并不会因为在发起设立法人组织的过程当中存在问题而要对法人组织的债务承担无限连带责任。这就是所谓的"事实上的法人"理论。

该种理论尤其在公司法人当中得以适用,因为根据公司法,一旦公司获得了营业执照,它们就享有完全的法人资格,即便公司在设立的时候存在违法公司法规定的地方,公司债权人也不能够向法院起诉,要求法官责令公司的股东对公司债务承担无限连带责任。这就是所谓的"事实上的公司"理论。[1]

(三)法人的变更登记的对抗效力

如果制定法、成文法要求法人在存续期间将其发生的重大事项予以变更登记,当法人按照法律的要求办理了变更登记时,它们就能够凭借其变更登记对抗任何第三人,但是,如果它们没有按照法律的要求及时办理变更登记,它们不得以其重大事项已经发生变更为由对抗善意第三人。

第七节 法人的住所

一、法人住所的概念

法人的住所,是指法人发生法律关系的中心地域。在民法上,法人的住所是法人获得独立法人格的重要条件。

法人住所的法律意义,与自然人的住所的法律意义基本相同。法人的住所是法人核准登记的一项不可缺少的内容。它标示法人进行主要经济活动的地点,法人在该地设立银行账户。法人住所的确定对确定债务履行地、诉讼管辖、准据法的适用以及确定清算

---

[1] 张民安:《公司法上的利益平衡》,北京大学出版社 2003 年版,第 33—34 页。

的地点等，具有重要的法律意义。

在国际私法上，许多国家主张以法人的住所地法作为法人的属人法。因此，在这些国家处理国际民商事案件时，如需要适用法人的属人法，就应适用法人的住所地法。由此可见，法人住所的确定，在国际私法上有重要意义。

二、学界对法人的住所的理解

学界对法人的住所的理解并不是一致的，概括起来，主要有如下几种主张：

（1）主事务所所在地说，或称管理中心所在地说。主张认为：法人的住所为主事务所所在地或管理中心所在地，也就是法人的董事会或监事会所在地。

（2）营业中心所在地说。该主张认为，法人的住所为法人实际从事营业活动的所在地。

（3）章程指定住所说。该主张认为，法人特别是公司法人的住所以法人章程指定的住所为住所。在章程未指定时，才以其他标准如主事务所来确定法人的住所。

（4）主要办事机构所在地说。该主张认为，法人的住所为法人的主要办事机构所在地。这是兼采管理中心所在地说和营业中心所在地说的一种主张，因为主要办事机构所在地既可能是管理中心所在地，也可能是营业中心所在地。我国立法采此说。例如，《民法总则》第63条规定："法人以其主要办事机构所在地为住所。依法需要办理法人登记的，应当将主要办事机构所在地登记为住所。"我国《公司法》第10条规定："公司以其主要办事机构所在地为住所。"

第六章 非法人组织

第一节 非法人组织概述

一、非法人组织的概念与特征

(一) 非法人组织的概念

非法人组织,是指依法设立的能以自己的名义进行民事活动但不具备法人资格且不能独立承担民事责任的组织①。非法人组织,在德国仅指无权利能力社团;在日本包括非法人社团和非法人财团;在我国台湾地区称为非法人团体(unincorporated society)。

近代各国民事立法,对一些不具备法人条件的团体,虽然不承认它们的法人资格;但实际上它们仍要从事民事活动;仍会发生诉讼上的关系。因此,它们的法律地位在许多国家立法上也逐渐被承认。我国《民法总则》第102条第1款规定,非法人组织是不具有法人资格,但是能够依法以自己的名义从事民事活动的组织。

(二) 非法人组织的特征

1. 非法人组织是稳定性的人合组织体

首先,非法人组织是由两个以上的人组成的组织体;其次,此组织体一般应设有代表人或者管理人,有自己的名称、组织机构、组织规则,有进行业务活动的场所,即它不是临时的、松散的,是具有稳定性的组织体。非法人组织与法人的不同在于:非法人组织的设立程序、机构设置、议事规则等事项,多为组织成员自己决定,法律对此一般不予规定;而法人是具有法律要求条件的组织体,其设立程序、财产数额、机构设置、议事规则等均由法律规定,法人章程只能在法定范围内进行具体规定。

2. 非法人组织是具有相应的民事权利能力和民事行为能力的组织体

与自然人、法人一样,非法人组织作为民事主体之一,享有民事权利能力和民事行为能力。但这种民事权利能力和民事行为能力的享有是受限制的。这种限制有的与法人相同,如不享有肖像权;有的限制与法人不同,如企业法人的分支机构,作为非法人组

---

① 蒋月:《民法总论》(第3版),厦门大学出版社2016年版,第177页。

织，在未经上级（即法人）授权就不得以自己的名义为他人提供担保。

3. 非法人组织是不能完全独立承担民事责任的组织体

这是非法人组织与法人组织的主要区别。法人的责任与法人出资人的责任、法人成员的责任严格区分，法人出资人的责任是有限责任，以其出资财产承担责任。而非法人组织没有独立的财产或经费，因而它不具有独立承担民事责任的能力。当其在对外进行经营业务活动而负债时，如其自身所拥有的财产或经费能够清偿债务，则由其自身偿付；如其自身所拥有的财产或经费不足以偿付债务时，则由该非法人组织的出资人或开办单位承担连带清偿责任予以清偿。

此外，有论著认为非法人组织有特定的活动目的或经营范围、设有代表人或管理人、以自己的名义进行民事活动也是非法人组织的法律特征。[①] 事实上，从非法人组织与法人的区分来看，这些因素应当属于非法人组织成立应具备的要件，即不可或缺的要素。而法律特征，则是反映被描述的对象在法律区分意义上的客观事实或标识。

二、非法人组织应具备的要件

（一）须有自己的目的

非法人组织的目的，可以是非营利性的，如发展科学、技术、文化、教育、艺术、体育、宗教、慈善事业等；也可以是营利性的，如获取经济利益等[②]。营利性目的在我国现行法上称为经营范围。因此，对于营利性非法人组织来说，须有特定的经营范围。

（二）须有自己的名称并以组织体的名义进行民事活动

这是非法人组织与自然人、契约关系或一般松散集合的显著区别。如果以个人的名义，而不以非法人组织的名义对外进行民事活动，其行为则不为非法人组织的行为。

（三）须设有代表人或管理人

为实现自己的目的，非法人组织应设立代表人或管理人，对外代表非法人组织，进行民事法律行为。

（四）须有自己能支配的财产或经费

这是非法人组织进行民事活动的物质基础。非法人组织虽然是人合组织体，但要实现其团体目的、从事营利的或非营利的活动，须有一定的财产或经费。但这与法人须有

[①] 许中缘、屈茂辉：《民法总则原理》，中国人民大学出版社2012年版，第246页。
[②] 梁慧星：《民法总论》（第4版），法律出版社2012年版，第143页。

独立财产或经费的要求根本不同，表现在：其一，非法人组织并不要求该财产或经费属于自己独立享有，只要求独立支配即可。例如，企业法人的分支机构对自己支配的财产或经费，并不属于独立享有。其二，非法人组织的财产也不要求须与其成员的财产截然分开。例如，个人独资企业的财产与业主个人的财产无需截然分开。

我国《民法总则》第 102 条第 2 款规定，非法人组织包括个人独资企业、合伙企业、不具有法人资格的专业服务机构等。

第二节 合 伙

一、合伙概述

（一）合伙的概念

合伙的概念可以从法律行为、组织形态的角度予以界定。依法律行为的角度，合伙，是指两个以上的民事主体共同出资、共同经营、共负盈亏的协议；依组织形态的角度，合伙，是指两个以上的民事主体共同出资、共同经营、共负盈亏的企业组织形态。由上述概念可知，法律行为、组织形态角度界定合伙的共同之处在于：都强调合伙是共同出资、共同经营、共负盈亏、共担风险。

（二）合伙的分类

1. 民事合伙与商事合伙

根据对合伙予以调整的法律是民法还是商法，民法学者将合伙分为民事合伙与商事合伙。民事合伙是指向社会提供专业服务，不以营利为目的的合伙，如律师事务所、会计师事务所。商事合伙是指从事生产经营、商品销售活动，以营利为目的的合伙。

民事合伙比较强调合伙人之间的权利义务关系，即将合伙视为当事人之间的一种合同关系；而商事合伙更加注重合伙人之间的集合性，将合伙视为合伙人之间基于合伙合同而成立的享有某种特定权利和承担相应义务的组织体。

2. 普通合伙与有限责任合伙、有限合伙

按照合伙人承担的责任性质不同，民法学者将合伙分为普通合伙与有限责任合伙、有限合伙。

普通合伙指的是所有合伙人对合伙债务无条件承担无限连带责任。

有限责任合伙中所有合伙人对合伙债务原则上承担无限连带责任，但当债务的发生是某个人或者某几个人时，由这个或这几个人承担无限连带责任，其余合伙人承担有限责任,这时的合伙性质就由普通合伙转为有限责任合伙。

有限合伙是指,在有限合伙中,普通合伙人进行组织经营,对合伙债务承担无限连带责任,有限合伙人不参与组织和经营,对合伙债务以出资为限承担有限责任。

值得注意的是,有限责任合伙与有限合伙是不可以混淆的。对于有限责任合伙,其本质为由普通合伙转化而来;而在有限合伙中,严格区分了合伙组织中的合伙人名称及其权利和责任,其中,普通合伙人对合伙债务承担无限连带责任,有限合伙人不参与组织和经营,且对合伙债务以出资为限承担有限责任。

3. 显名合伙与隐名合伙

根据合伙人是否在合伙中公开其姓名、是否参加合伙的经营管理以及对合伙债务是否承担无限连带责任,民法学者将合伙分为显名合伙与隐名合伙。

显名合伙即全部合伙人均公开其姓名,不仅出资、分配利益且均参与合伙经营,并对合伙承担无限责任的一般合伙。

隐名合伙,合伙中至少有一名合伙人公开其姓名,仅出资并分配利益,不参与合伙经营,且仅以出资额为限对合伙承担有限责任的合伙人,称为"隐名合伙人"[①]。在隐名合伙中,也存在显名合伙人,他们是参与合伙经营的合伙人。

(三)合伙的法律地位

我国学界一般认为,合伙属于非法人组织,具有民事主体的资格,主要理由如下:

(1)合伙的人格相对独立。合伙拥有自己的字号,独立于各个合伙人。对外,由合伙的代表人从事民事活动。

(2)合伙的财产相对独立。合伙财产为合伙人共同共有,合伙财产与合伙人个人的财产是分离的。

(3)合伙的民事责任的相对独立。合伙的债务首先用合伙的财产清偿,合伙财产不足以清偿时,才由合伙人承担无限连带责任。

(四)关于合伙的基本法律规定

(1)《民法总则》中的有关法律规定。

(2)《中华人民共和国合伙企业法》(以下简称《合伙企业法》)。根据《合伙企业法》的规定,合伙企业是指由自然人、法人和其他组织设立的组织体。包括普通合伙企业和有限合伙企业两种类型。普通合伙企业的所有合伙人对合伙企业的债务都承担无限连带责任;有限合伙企业则包括普通合伙人和有限合伙人,前者对合伙企业债务承担

---

① 李永军:《民法总论》,法律出版社2006年版,第382页。

无限连带责任，后者则只以其认缴的出资额为限对合伙企业债务承担责任。①

二、普通合伙

（一）普通合伙的概念

普通合伙，是指由两个以上的人根据协议，互约出资，经营公共事业，并对合伙债务承担无限连带责任的社会组织。

（二）普通合伙的法律特征

（1）合伙是由两个或者两个以上的人组成的组织。合伙是比较灵活的组织，两个人即可组成，具体人数可多可少。与法人相比，合伙的组织结构比较简单。

（2）有合伙协议。这是合伙形成的基础条件，与法人组织的成立不同，法人组织成立须有章程，而合伙组织成立则要求有合伙协议。

（3）合伙人共同出资、共同经营、共享收益、共担风险，并对合伙的债务承担无限连带责任。这是合伙与法人相区别的重要特征。法人企业成立后，由法人机关从事经营，法人企业的投资人以其认缴的出资为限对法人企业的债务承担责任。

（三）普通合伙成立的条件②

（1）须有两个以上合伙人。合伙人为自然人的，应当具有完全民事行为能力。

（2）须有书面合伙协议。合伙协议应当载明的十项事项，包括合伙企业的名称和主要经营场所的地点、合伙人的姓名或者名称、地址等，都是必备的事项。③

（3）须有合伙人认缴或者实际缴付的出资。合伙人可以用货币、实物、知识产权、土地使用权或者其他财产权利出资，也可以用劳务出资。④ 因为合伙人对合伙债务承担无限连带责任，所以法律对合伙成立没有最低资本的要求，对出资的时间也没有限制，而是由合伙人协商确定。合伙人违反约定，迟延出资的应当承担迟延责任，因此而给其他合伙人造成损失的，应当赔偿损失。

（4）须有合伙企业的名称和生产经营场所。合伙企业的名称应当标明"普通合伙"字样，以便于与合伙企业交易的人了解该合伙的类型及合伙人对合伙债务承担的责任。

---

① 参见《合伙企业法》第 2 条第 2 款的规定。
② 参见《合伙企业法》第 14 条的规定。
③ 参见《合伙企业法》第 18 条的规定。
④ 参见《合伙企业法》第 16 条的规定。

（四）普通合伙的财产

普通合伙的财产包括三部分：一是合伙人的出资。合伙人将其出资的财产转移给合伙后，就与其个人的财产相分离，而成为合伙财产。二是合伙从事经营活动取得的财产。三是依法从其他渠道取得的财产，如接受赠与的财产。[①]

在认可合伙具有民事主体资格的情况下，合伙财产的性质应是共同共有，强调合伙财产的不可分割性。根据《合伙企业法》的有关规定，合伙企业的财产属于合伙人共同共有。合伙财产不限于所有权，还有土地使用权、知识产权等。

（五）普通合伙的事务执行

合伙有较强的人合性。合伙人相互合作，共同经营，合伙人对执行合伙事务享有同等的权利。内部合伙事务的执行有三种情况：

（1）全体合伙人共同为合伙事务执行人。

（2）几名合伙人为合伙事务执行人，合伙人可以约定某几名合伙人为合伙事务的执行人，也可以约定某些合伙事务由某几名合伙人为合伙事务执行人。

（3）合伙负责人为合伙事务执行人，全体合伙人推荐能力强、威信高的合伙人为负责人，由负责人执行合伙事务。

不过，合伙企业对合伙人执行合伙事务以及对外代表合伙企业权利的限制，不得对抗善意的第三人。[②]

（六）普通合伙事务执行人的权利与义务

普通合伙事务执行人享有的权利：

（1）报酬请求权。执行合伙事务，如约定报酬的，合伙事务执行人有权请求合伙组织支付报酬。

（2）提出异议权。合伙人分别执行合伙事务的，执行合伙人可以对其他合伙人执行的事务提出异议。

（3）损害赔偿请求权。因执行合伙事务而遭受不可归责于自己的损害时，有权请求合伙组织赔偿。

合伙事务执行人的义务：

（1）忠实义务。合伙人对于合伙事务应亲自执行，合伙事务执行人借执行合伙事

[①] 参见《合伙企业法》第20条的规定。该条规定，合伙人的出资、以合伙企业名义取得的收益和依法取得的其他财产，均为合伙企业的财产。

[②] 参见《合伙企业法》第37条的规定。

务谋取私利，给合伙企业或者其他合伙人造成损失的，应当承担赔偿责任。

（2）报告义务。由一个或者数个合伙人执行合伙事务的，执行事务合伙人应当定期向合伙人报告事务执行情况以及合伙企业的经营和财产状况。

（3）竞业禁止义务与交易禁止义务。合伙人不得自营或者同他人合伙经营与本合伙企业相竞争的业务。除合伙协议另有约定或者经全体合伙人一致同意外，合伙人不得同本合伙企业进行交易。①

（七）入伙

入伙是指非合伙人加入已成立的合伙，而取得合伙人资格的行为。除合伙协议另有约定外，应当经全体合伙人一致同意，并依法订立书面入伙协议。② 订立入伙协议时，原合伙人应当将合伙企业的经营状况和财务状况如实地告诉准备入伙的人，以便其决定是否入伙。

入伙人与原合伙人依法签订入伙协议书后即取得合伙人资格。③ 入伙的新合伙人与原合伙人享有同等的权利，承担同样的责任。入伙协议另有约定的，从其约定。新入伙人对入伙前的合伙债务承担无限连带责任，这是强制性规定。这样规定主要是为了保护债权人的利益，可以避免合伙人串通用推迟入伙日期的方法，逃避债务。

（八）退伙

退伙是合伙人在合伙存续期间退出合伙组织、消灭合伙人资格的行为。

根据退伙的原因不同，可将退伙分为自愿退伙、除名退伙和法定退伙。

自愿退伙指合伙人依约定或单方面向其他合伙人声明退伙。除名退伙又称强制退伙，是指当某合伙人出现除名事由时，经全体合伙人一致同意，将合伙人开除，而使其丧失合伙人资格。法定退伙又称当然退伙，指基于法律的事由而退伙。

无论哪种退伙形式，退伙的效力都是合伙人资格丧失。合伙人退伙时，合伙企业财产少于合伙企业债务的，退伙人应当依照其应分担的比例分担亏损。退伙人对退伙前发生的合伙企业债务，承担无限连带责任。④

三、特殊的普通合伙

特殊的普通合伙，是指在特定情况下，不由全体合伙人对合伙债务承担无限连带责

---

① 参见《合伙企业法》第32条的规定。
② 参见《合伙企业法》第43条的规定。
③ 参见《合伙企业法》第44条的规定。
④ 参见《合伙企业法》第53条的规定。

任的普通合伙。①

特殊的普通合伙具有以下特征：

（1）在特定情况下各合伙人对合伙债务承担的责任不同；除此之外，都适用普通合伙的规定。因此，特殊的普通合伙不是独立于普通合伙的另一种合伙类型。

（2）在特定情况下，不由全体合伙人对合伙债务承担无限连带责任。一个合伙人或者数个合伙人在执业活动中因故意或者重大过失造成的合伙债务，应当承担无限责任或者无限连带责任，其他合伙人以其在合伙中的财产份额为限承担责任。合伙人在执业活动中非因故意或者重大过失造成的合伙债务以及合伙的其他债务，由全体合伙人承担无限连带责任。

以专业知识和专门技能为客户提供有偿服务的机构，如会计师事务所②、评估师事务所、建筑师事务所等，可以设立为特殊的普通合伙企业。③

四、有限合伙

（一）有限合伙的概念

有限合伙，是指由对合伙债务承担有限责任的有限合伙人和对合伙债务承担无限责任的普通合伙人共同组成的合伙。根据《合伙企业法》规定，有限合伙是指有限合伙企业。④

（二）有限合伙的特征

（1）有限责任与无限责任相结合。有限合伙的主要特征是，在一个合伙企业中，普通合伙人对合伙的债务承担无限连带责任，有限合伙人对合伙的债务承担有限责任。

（2）由普通合伙人执行合伙事务。通常有限合伙由具有专业知识和技能的人作为普通合伙人，执行合伙事务。有限合伙人不执行合伙事务，不得对外代表有限合伙。

（三）有限合伙的设立

有限合伙的设立，除需要具备普通合伙具备的条件外，还需要具备法律规定的与普通合伙不同的条件：

---

① 参见《合伙企业法》第55条第2款的规定。
② 参见《中华人民共和国注册会计师法》第23、24条规定，会计师事务所可为合伙，符合条件的也可以组建有限责任公司。
③ 参见《合伙企业法》第55条的规定。
④ 参见《合伙企业法》第60条的规定。

（1）须有 2 个以上 50 个以下的合伙人组成，其中至少有 1 个普通合伙人。[①] 有限合伙由 2 个以上 50 个以下的合伙人组成，其中至少应当有 1 个普通合伙人。

（2）须有与普通合伙协议内容不同的合伙协议。有限合伙协议除具有普通合伙应当载明的事项外，还应当载明的有六项事项。[②] 这些事项既涉及有限合伙内部活动的规则，也涉及债权人的利益。

（3）有限合伙名称中应当标明"有限合伙"字样。[③]

（4）有限合伙人可以用货币、实物、知识产权、土地使用权或者其他财产权利作价出资，但不得以劳务出资。[④]

五、合伙的解散与清算

（一）合伙的解散

1. 合伙解散的概念

合伙解散又称合伙的终止，是指由于法定原因的出现或全体合伙人的约定使合伙关系消灭。

2. 合伙解散的事由

合伙解散的事由包括：①合伙期限届满，合伙人决定不再经营；②合伙协议约定的解散事由出现；③全体合伙人决定解散；④合伙人已不具备法定人数满 30 天；⑤合伙协议约定的合伙目的已经实现或者无法实现；⑥依法被吊销营业执照、责令关闭或者被撤销；⑦法律、行政法规规定的其他原因。[⑤]

3. 合伙解散的后果

合伙解散并不是合伙立即消灭，合伙解散后，应当开始清算。在清算期间合伙视为存续，合伙的活动限于与清算有关的事务，不得开展与清算无关的经营活动。

（二）合伙的清算

1. 清算人

清算人由全体合伙人担任；经全体合伙人过半数同意，可以自合伙企业解散后 15

---

① 参见《合伙企业法》第 61 条第 1 款的规定。
② 参见《合伙企业法》第 63 条中的"应当载明下列事项：（一）普通合伙人和有限合伙人的姓名或者名称、住所；（二）执行事务合伙人应具备的条件和选择程序；（三）执行事务合伙人权限与违约处理办法；（四）执行事务合伙人的除名条件和更换程序；（五）有限合伙人入伙、退伙的条件、程序以及相关责任；（六）有限合伙人和普通合伙人相互转变程序。"
③ 参见《合伙企业法》第 62 条的规定。
④ 参见《合伙企业法》第 64 条的规定。
⑤ 参见《合伙企业法》第 85 条的规定。

日内指定一个或者数个合伙人,或者委托第三人,担任清算人。自合伙企业解散事由出现之日起 15 日内未确定清算人的,合伙人或者其他利害关系人可以申请人民法院指定清算人。

2. 清算事务

清算人依法执行下列事务①:①清理合伙企业财产,分别编制资产负债表和财产清单;②处理与清算有关合伙企业未了结的事务;③清缴所欠税款;④清理债权、债务;⑤处理合伙企业清偿债务后的剩余财产;⑥代表合伙企业参与民事诉讼或者仲裁活动。

清算人自被确定之日起 10 日内将合伙企业解散事项通知债权人,并于 60 日内在报纸上公告。债权人应当自接到通知书之日起 30 日内,未接到通知书的自公告之日起 45 日内,向清算人申报债权②。

3. 清偿与分配顺序

清算时合伙企业财产应首先支付清算费用,然后按下列顺序清偿:①职工工资、社会保险费用、法定补助金;②所欠税款;③清偿债务;④剩余的财产按照各合伙人应得的比例进行分配。③

清算结束,清算人应当编制清算报告,经全体合伙人签名、盖章后,在 15 日内向企业登记机关报送清算报告,申请办理合伙企业注销登记。

4. 合伙企业注销后合伙人对合伙债务的责任

合伙注销后,原合伙人对合伙企业存续期间的债务,仍应承担清偿责任,以保护债权人的债权的实现;否则,注销合伙就会成为合伙人逃避债务的方式。普通合伙人承担无限连带责任;特殊的普通合伙的合伙人一般也是承担无限连带责任,但是对于部分合伙人在执业活动中因故意或者重大过失造成的合伙债务,其他合伙人以其在合伙企业中的财产份额为限承担责任。在有限合伙企业中,普通合伙人承担无限连带责任,有限合伙人以其出资为限承担责任。

合伙企业注销后,原合伙人清偿对合伙企业存续期间的债务应当有期限限制,修订后的《合伙企业法》取消了 1997 年《合伙企业法》第 63 条 5 年期限的规定,没有具体期限限制,但不是无限期地进行保护。根据一般法与特别法适用的原理,原合伙人清偿对合伙企业存续期间的债务,应当适用《民法总则》一般诉讼时效期间的规定,这样足以保护债权人的利益。

5. 注销登记

清算结束,清算人应当编制清算报告,经全体合伙人签名、盖章后,在 15 日内向

---

① 参见《合伙企业法》第 87 条的规定。
② 参见《合伙企业法》第 88 条的规定。
③ 参见《合伙企业法》第 89 条的规定。

企业登记机关报送清算报告，申请办理企业注销登记。①

第三节 其他非法人组织

一、个人独资企业

（一）个人独资企业的概念和特征

1. 个人独资企业的概念

个人独资企业，简称独资企业，是指在中国境内设立，由一个自然人投资，财产为投资人个人所有，投资人以其个人财产对企业债务承担无限责任的经营实体。②

2. 个人独资企业的特征

（1）投资主体方面。仅由一个自然人投资设立，这是独资企业在投资主体上与合伙企业和公司的区别所在。自然人只限于具有完全民事行为能力的中国公民。

（2）企业财产方面。全部财产为投资人个人所有，投资人（也称业主）是企业财产（包括企业成立时投入的初始出资财产与企业存续期间积累的财产）的唯一所有者。

（3）责任承担方面。投资人以其个人财产对企业债务承担无限责任。

（4）主体资格方面。是一个不具有法人资格的经营实体，没有自己的法律人格，其民事或商事活动都是以独资企业主的个人人格或主体身份进行的。

（二）个人独资企业的法律地位

关于个人独资企业的民事主体资格的性质，学术界曾存在争议。有人认为，个人独资企业具有主体性，但其主体身份是自然人；有人认为个人独资企业是一种既不同于自然人，又不同于法人的特殊民事主体，属于非法人组织。③ 理由有以下方面：

（1）个人独资企业具备团体性要件。根据我国法律和政策的规定，个人独资企业有自己的名称和自己相对独立的财产，有一定数量的从业人员和一定形式的组织机构，还享有作为组织体才享有的民事权利，如字号权、注册商标的申请权等，这些都说明个人独资企业具备团体性要件。

（2）个人独资企业有自己的经营目的，即经营范围。个人独资企业在自己的经营

---

① 参见《合伙企业法》第90条的规定。
② 参见《中华人民共和国个人独资企业法》第2条的规定。
③ 许中缘、屈茂辉：《民法总则原理》，中国人民大学出版社2012年版，第279页。

范围内享有相应的民事权利能力和民事行为能力。它可以以自己的名义而不是企业主或投资人的名义从事经营活动。

（3）个人独资企业不能独立承担民事责任，已如前述。

依据我国《民法总则》的规定，个人独资企业具有非法人组织的法律主体资格。

二、企业法人的分支机构

（一）企业法人的分支机构的概念与特点

1. 企业法人的分支机构的概念

企业法人的分支机构是指依照法人的意志，在法人总部之外依法设立的法人分部，是法人的组成部分，其活动范围限于法人的活动范围内。

2. 企业法人分支机构的特征

（1）是在法人总部之外实现法人职能的法人分部。企业法人分支机构与法人职能部门不同。分厂、分店、分公司、分行、支行等为法人的分支机构，企业的人事处、办公室、销售科等则为法人的职能部门。法人的分支机构完整实现法人职能，法人的职能部门部分实现法人职能。法人的分支机构分为具有相对独立地位的分支机构和不具有相对独立地位的分支机构。前者，如分厂、分店等；后者，如某企业的驻京办事处。

（2）在外部形式上具有与企业法人相类似的特点。企业法人的分支机构要经过核准登记才能进行业务活动。在一般情况下，分支机构以自己的名义进行活动，享有民事权利，承担民事义务，以其经营的财产承担民事责任，分支机构不能清偿债务时，以法人其他财产清偿。①

（3）在内容上具有从属于企业法人的特点。其主要特点是：①它是企业法人依法设立的不具有法人资格的组织，是所属法人的组成部分；②它的名称必须标明与其所属法人的隶属关系；③它只能实现法人宗旨，并在所属法人业务范围内经核准登记进行活动；④它所占有、使用的财产不属于自己所有，而是其所属法人财产的组成部分；⑤它的管理人员不是由其内部产生，而是由其所属法人指派。

（二）企业法人的分支机构的法律地位

我国民事立法否认企业法人的分支机构的民事主体资格，但承认其诉讼主体资格。我国民法学界对企业法人分支机构的法律地位也有两种观点，即肯定说和否定说。②

否定说认为企业法人的分支机构是企业法人的组成部分，分支机构的财产就是法人

---

① 许中缘、屈茂辉：《民法总则原理》，中国人民大学出版社2012年版，第279页。
② 魏振瀛主编：《民法》（第2版），北京大学出版社2006年版，第94页。

的财产，分支机构的责任由法人承担，故无独立的民事主体资格。

肯定说认为，企业法人的分支机构属于非法人组织，它有自己的名称和相对独立的财产或经费，有自己的组织机构，具备团体性要件，具有民事主体资格。

企业法人的分支机构有自己的名称和组织机构，是在法人总部之外实现法人职能，即法人目的的法人分部，设有代表人或管理人。企业法人的分支机构不同于法人职能部门，它可以自己的名义从事民事活动，享有民事权利，承担民事义务，以其经营的财产承担民事责任，不能清偿债务时，再由法人的其他财产清偿。可见，企业法人的分支机构符合非人组织应当具备的条件，属于非法人组织。

我国《民法总则》第74条规定，法人可以依法设立分支机构。法律、行政法规规定分支机构应当登记的，依照其规定。分支机构以自己的名义从事民事活动，产生的民事责任由法人承担；也可以先以该分支机构管理的财产承担，不足以承担的，由法人承担。我国《民法总则》第102条第2款规定，非法人组织包括个人独资企业、合伙企业、不具有法人资格的专业服务机构等。可见，我国《民法总则》并未明确规定法人分支机构的非法人组织法律地位；但对不具有法人资格的专业服务机构这一非法人组织做扩大解释，法人分支机构应属于其中。

三、筹建中的法人

（一）筹建中的法人的概念和特征

1. 筹建中的法人的概念

筹建中的法人又称设立中的法人。是指为设立法人组织而进行筹建活动的非法人组织。

2. 筹建中的法人的特征

（1）筹建中的法人是一种组织，而非筹建人或设立人个人。筹建中的法人有自己的名称、财产、组织机构和场所。筹建中的法人的名称和财产是与筹建人或设立人的名称或财产相分离的。

（2）筹建中的法人是为设立法人而存在的组织体。筹建中的法人的存在目的是为了设立法人，即为筹建法人而进行各项准备工作。因此，筹建中的法人可以以自己的名义进行与筹建活动相关的民事活动。

（3）筹建中的法人是非法人组织，而不是法人。[①]

---

① 许中缘、屈茂辉：《民法总则原理》，中国人民大学出版社2012年版，第278页。

（二）筹建中的法人的法律地位

关于筹建中法人的地位问题，民法学者虽然有不同的意见，但是，大多数民法学者都认为，筹建中的法人尤其是公司法人在属于非法人组织，因为筹建中的公司虽然不是完全独立的民商事主体，但在筹建公司的活动中享有相对独立性，具有有限的法律人格；可以以自己的名义从事设立公司的活动，在设立公司过程中是享有权利，并在一定范围内承担义务和责任的主体。

（三）筹建中的法人的权利能力

筹建中的法人应具有相应的民事权利能力，否则便不能开展筹建活动。但这种权利能力应受到以下限制：一是筹建中的法人不能享有与筹建或设立活动无关的权利能力，应以筹建或设立所必要的事项为限享有权利能力。必要事项，或依法律的规定，或依设立章程或设立人之间的约定，或依行为的性质进行认定。二是筹建中的法人应以将来法人成立为条件享有权利能力。筹建中的法人虽享有权利能力，但将来法人不能登记成立时，其权利能力溯及消灭，而由筹建人或设立人承担其法律后果。①

我国《民法总则》第 75 条规定，设立人为设立法人从事的民事活动，其法律后果由法人承受；法人未成立的，其法律后果由设立人承受，设立人为二人以上的，享有连带债权，承担连带债务。设立人为设立法人以自己的名义从事民事活动产生的民事责任，第三人有权选择请求法人或者设立人承担。我国《民法总则》第 102 条第 2 款规定，非法人组织包括个人独资企业、合伙企业、不具有法人资格的专业服务机构等。立法表明，《民法总则》关于筹建中的法人的非法人组织法律地位并未予以明确规定；但对不具有法人资格的专业服务机构这一非法人组织做扩大解释，筹建中的法人应属于其中。

四、其他

除了前述非法人组织，非法人组织还可以包括不具有法人资格的中外合作企业和外资企业；事业单位法人开办的不具有法人资格的经营实体、不具有法人资格的以公益为目的的社会团体等。但是，按照我国《民法总则》的规定，非法人组织应当依照法律的规定登记；设立非法人组织，法律、行政法规规定须经有关机关批准的，依照其规定。② 非法人组织解散的，应当依法进行清算。③

---

① 魏振瀛主编：《民法》（第 2 版），北京大学出版社 2006 年版，第 118 页。
② 参见《民法总则》第 103 条的规定。
③ 参见《民法总则》第 107 条的规定。

第三编　主观权利的客体

第七章　权利客体与物

第一节　权利客体

一、权利客体的概念

民事权利客体，又称民事法律关系的客体，是与民事权利主体相对而称的法律概念，通常是指民事法律关系中民事权利和民事义务共同指向的对象。权利客体是联系民事权利和民事义务的中介。如果没有权利客体，民事权利和民事义务就无所依托，民事法律关系也就无从建立，因而权利客体是民事法律关系不可或缺的要素。

严格来讲，权利客体与权利标的、标的物是内涵不同的法律概念。学界虽然有时也将权利客体指称为权利标的，但两者的适用范围存在差异。权利标的通常适用于合同领域，而权利客体却可以适用于各种民事法律关系。标的物，亦为合同关系中的法律概念。当合同关系中债务人的给付行为指向具体物时，该物即为标的物，如买卖合同中出卖人交付的标的物、承揽合同中承揽人提交的工作物等。

二、权利客体的法律特征

民事权利客体具有客观性、有益性、法定性和多元性等特征。

（一）权利客体的客观性

客观性，是指民事权利客体须为独立于人的意识之外，并能为人的意识所感知的客观实在，它既可以是客观的物质现象，又可以是客观的精神现象。客观上根本不存在的事物，头脑中的主观臆想、单纯的主观意识，因人类无法触及，不可能成为民事权利的客体。

（二）权利客体的有益性

有益性，是指民事权利客体能够为民事主体带来利益。民事主体建立民事法律关系的目的，总是为了获取某种利益或保护某种利益，民事权利客体所承载的利益内容，正是民事权利、民事义务构建的基础和目的。民事权利客体的效益，不仅表现为经济效益，还表现为精神效益，前者如我们消费的食物、居住的房屋等，后者如亲属的遗照、爱人的书信等。

（三）权利客体的法定性

法定性，是指民事权利客体须得到国家法律的确认和保护。民事权利客体虽然是自然界的客观现象，但并非任何客观现象均可成为民事权利的客体，何种客观现象能够成为权利客体须经国家法律的认可。例如，奴隶在奴隶社会被当作物，成为权利客体，但现代社会基于对人的尊重否定了人的客体性。又如，智力成果在古代法中并非权利客体，但在现代法中却是重要的权利客体。

（四）权利客体的多元性

多元性，是指不同种类、不同效力的民事权利指向的客体类型各不相同，呈现多元化的特征。具体而言，物权关系的客体为物，债权关系的客体为给付行为，人身权关系的客体为人身利益，知识产权关系的客体为智力成果等。

三、权利客体的范围

关于民事权利客体的范围，学者认识不一，主要有以下学说：①民事权利的客体是物；②民事权利的客体是物和行为；③民事权利的客体是体现一定物质利益的行为；④民事权利的客体是物、行为、智力成果和与人身不可分离的人身利益。[①] 我们认为，能够满足民事主体精神需要和物质需要的一切利益都可能成为民事权利、民事义务共同指向的对象，都应纳入民事权利客体的范畴。因此，民事权利客体应当包括物、行为、人身利益和智力成果等。[②]

民事法律关系的客体范围与生产力发展水平和社会历史文化的发达程度息息相关。随着人类物质文明和精神文明的不断发展，权利客体范围呈现不断扩张之势。在奴隶社会，民事权利客体主要为物。近代以来，知识产权在推动人类文明和社会进步方面发挥了不可替代的作用，智力成果也成为权利客体中重要的一环。人类在重视财产权益的同时，也十分重视对人身权益的保护，人身利益固然也是重要的民事权利客体。

[①] 王利明：《民法新论》（上），中国政法大学出版社 1986 年版，第 116—117 页。
[②] 除此以外，权利也是某些民事法律关系的客体，如建设用地使用权可以成为抵押权的客体，债权可以成为权利质权的客体，等等。数据、网络虚拟财产是现代社会新出现的财产形态，因其能够满足人类需要，也应当成为民事法律关系的客体。我国《民法总则》第 127 条规定："法律对数据、网络虚拟财产的保护有规定的，依照其规定。"

四、财产、物与权利客体

在民法上,财产、物与权利客体是不同的法律概念,但三者紧密相连。

(一)广义的财产与狭义的财产

财产的概念有广义和狭义之分。

广义财产,是指一切能够用金钱加以衡量的物质,是财产性权利和财产性义务的总称,如继承人共同继承的财产、失踪人的财产等。其中的财产性权利又称为积极财产,财产性义务又称为消极财产。

狭义财产,仅指积极财产,包括有体物(动产和不动产)和无体物(知识产权、债权等财产性权利),如破产财产等。1992年《荷兰民法典》第3编"财产法总则"第3:1条即采狭义界定方式,认为:"财产,包括一切物和一切财产性权利。"

(二)大陆法系国家关于财产与物的关系

罗马法中,物与狭义财产的概念等同,法国、意大利民法继受之。但德国、日本、瑞士及我国台湾地区民法均区分物与财产,将物限定为有体物,作为财产的下位概念。也就是说,财产是属概念,物是种概念,物只是财产项下的一个小类别,财产包括有体物与无体财产权两大分支。《德国民法典》第90条就规定:"法律上所称之物,仅指有体的标的。"《日本民法典》第85条也规定:"本法所称物,谓有体物。"

(三)我国民法关于财产与物的关系

我国民法常在不同意义上使用财产概念。《民法通则》第五章"民事权利"第一节所规定的"财产所有权和与财产所有权有关的财产权",此处的财产就是物。《继承法》第3条所规定的"遗产是公民死亡时遗留的个人合法财产"。此处的财产则为广义财产,包括物、财产性权利和财产性义务。

(四)民法关于权利客体的规定

在民法上,权利客体的类型虽然多种多样,但是物是一切财产关系中最基本的要素,它不仅是物权关系的客体,而且涉及一切财产关系:债权关系的客体虽为债务人的给付行为,但给付行为多数情况下以物为对象;夫妻财产主要表现为物;继承关系的客体虽为遗产,但遗产的绝大部分也表现为物。不仅如此,物在一定程度上还决定了法律行为的效力、诉讼管辖以及涉外法律关系准据法的适用。例如,买卖合同不得将禁止流通物作为交易客体,否则无效;不动产纠纷,适用专属管辖;不动产涉外纠纷,适用不动产所在地法律。① 可见，物不仅是物权关系的客体，也与其他民事法律关系密切相关。鉴于物的重要地位以及物在各种民事法律关系中均有适用的余地，大陆法系国家多在民法典总则编中设立专章对物进行规范，并通用于民法各分编。②

但权利客体因民事权利种类的不同而各自有异，难设概括性规定，因而大陆法系国家在民法典总则编多无权利客体的一般性规定，除物以外的其他权利客体交由债权编、婚姻家庭编、继承编和知识产权法分别规范。

第二节　物的要素

一、物的四个要素

在民法上，物是最重要的民事权利客体，绝大多数物权的客体为物。但何谓"物"，各国立法多未做明确规定，学界观点也未尽一致。③ 通说认为，物是指人体之外，能够为人力所支配，并能独立满足人类需要的有体物。

法律概念是对社会生活的抽象概括与思维提炼。民法中的物与物理学意义上的物并不相同，它不仅具有自然属性，还具有法律属性。并非物理学意义上的物，当然不能成为民法中的物；虽为物理学意义上的物，不一定就是民法中的物。

一般而言，民法中的物应当具备以下四个要素：存在于人体之外；能够为人力所支

---

① 我国《民事诉讼法》第33条第1款规定："下列案件，由本条规定的人民法院专属管辖：（一）因不动产纠纷提起的诉讼，由不动产所在地人民法院管辖"。《民法通则》第144条规定："不动产的所有权，适用不动产所在地法律。"《最高人民法院关于贯彻执行〈中华人民共和国民法通则〉若干问题的意见》第186条规定："土地、附着于土地的建筑物及其他定着物、建筑物的固定附属设备为不动产。不动产的所有权、买卖、租赁、抵押、使用等民事关系，均应适用不动产所在地法律。"

② 如《德国民法典》第一编"总则"第二章"物和动物"；《日本民法典》第一编"总则"第三章"物"；《葡萄牙民法典》第一卷"总则"第二分编"物"；《韩国民法典》第一编"总则"第四章"物"；我国台湾地区"民法"第一编"总则"第三章"物"等。也有一些国家在民法典总则编设定权利客体一章，规定物、劳务、信息、智力成果等多种权利客体，如《俄罗斯联邦民法典》第一编"总则"第三分编"民事权利的客体"。

③ 代表性观点主要有：佟柔认为，物是指民事主体能够实际支配和利用的，并能满足人们生产和生活需要的物质资料。梁慧星认为，物是指存在于人体之外，人力所能支配的并能满足人类社会生活需要的有体物和自然力。王利明认为，作为物权客体的物，必须是存在于人体之外，能够为人力所支配并且能够满足人类某种需要的物体。胡长清认为，在吾人可能支配之范围内，除去人类之身体，而能独立为一体之有体物。李宜琛认为，物者，存于吾人身体之外部，能满足吾人社会生活之需要，且有支配之可能者。王伯琦认为，物为人力所能支配而独立成为一体之有体物。史尚宽认为，物者，谓有体物及物质上法律上俱能支配之自然力。参见佟柔主编《中国民法学·民法总则》，中国人民公安大学出版社1990年版，第192页；梁慧星主编：《中国物权法研究》（上），法律出版社1998年版，第34页；王利明：《物权法论》，中国政法大学出版社1998年版，第33页；王泽鉴：《民法总则》，中国政法大学出版社2001年版，第207—208页。

配；能够独立满足人类生活的需要；须为有体物。

二、须存在于人体之外

现代文明要求一切人均为法律关系的主体，因而作为法律关系客体的物，只能是人体之外的物。物的非人格性特征，在现代社会看来实属当然，但却是法律人不懈奋斗和法律文明发达的结果。奴隶社会的野蛮法否定奴隶的主体地位，认为奴隶是物，不过是会说话的工具而已。

常态之下，人与物的区分较为鲜明，但社会生活复杂多变，以下情形究竟是人是物，不无疑问：其一，人体之外的物固着在人体上，如假眼、假肢等。其二，本来是人体的构成部分，但与人体发生了分离，如血液、毛发等。其三，人的遗骸。

（一）人体之外的物、与人体分离的组成部分是否属于物

我们认为，假眼、假肢、假牙等人体之外的物，一旦长期固着在人体之上，并且代行人体的机能，成为人体的一部分时，就不能再以物视之，而应认定为人体的构成部分。血液、毛发等人体的构成部分，与人体分离后，就可以视为物。但随着科学技术的发展，人类冷冻胚胎、冷冻精子、冷冻卵子等人体分离物的出现，对上述观念提出严峻挑战。①

（二）分离身体组成部分的契约是否具有强制执行力

民法学理还认为，以分离身体之一部为内容的契约是否有效，应视契约内容是否违背公序良俗而定。以身体之一部提供债权担保，就会因违反公序良俗而无效。理发、拔掉龋齿、切割溃烂的胃等，系为保障民事主体日常生活或维护其身体正常机能所必须，并不违背公序良俗，因而有效。但输血、皮肤移植或器官捐献，通常会造成供体伤害，此等分离契约须于不妨害供体生命和重大健康的限度内方为有效。

分离人体一部的契约能否强制执行，学界立论并不相同。我国台湾学者史尚宽先生认为，为输血之血液买卖、为移植之皮肤切取或肾脏之捐献，不致于成为重伤之限度内虽有效成立，然不能赋予受移植人由移植人之活体取去之权利，移植人如自愿供给，契约始生效力，在此之前其契约尚未发生效力。德国有学者认为，卖血或其他身体一部分

---

① 值得提及的是德国的"存储精子灭失案"。案情如下：甲预见其有不能生育的可能，便将其精子冷冻，存储在乙大学附属医院。甲婚后欲取用精子时，被乙医院告知因医院过失，甲存储的精子已灭失。甲遂向法院主张25000马克的抚慰金。初审法院否认了甲的请求权。理由是：身体的一部分与身体分离后，即成为物。对物的侵害，不适用抚慰金条款。德国联邦法院却认为，乙侵害了甲的身体权。理由是：若身体的分割依权利主体的意思，系为保持身体功能，其后再将身体部分与身体结合时，宜认为属于身体权的范畴。对身体权的侵害，应当适用抚慰金条款。参见王泽鉴《侵权行为法（1）》，中国政法大学出版社2001年版，第108—109页。

之人得随时撤回其同意。二说立论虽有不同，但均肯定对于人体之分离不能强制执行，以维护人的价值与尊严。① 我国现行立法近于后者。②

（三）遗骸是否属于物

关于人类遗骸的法律属性，我们认为，既然人的权利能力始于出生、终于死亡，遗骸就并非是人，而应为物。但基于遗骸的特殊性，对遗骸的处分不得悖于公序良俗，仅限于祭祀、埋葬、供奉或医学研究等目的。

三、能够独立满足人类的生活需要

民法中的物须能够满足人类的生活需要，否则，人类就不会因之发生法律关系。人类的生活需要包括经济生活需要及精神生活需要，前者如代步的汽车、饮用的矿泉水等；后者如爱人的青丝、挚友的书信等。

民法中的物还应为独立物，如果不能独立成为一体，就不能单独用于交易，也就无法成为民事权利的客体。值得注意的是，民法所指称的物的"独立性"，并非物理学意义上外在形体的独立，而是指物在经济效用和支配可能性上的独立。譬如，一滴水、一粒米，虽为物理学意义上的物，但因其不能独立满足人类生活的通常需求，因而不能成为民法中的物。而一副扑克牌，虽然有54张，但因其能够独立满足人类的生活需求，因而一副扑克牌构成一物。

四、能够为人力所支配

不能为人力所支配的物，不会与人类发生法律关系，法律并无调整的必要，因此不属于民法中的物，如日月星辰等。随着科学技术的发展，人类的支配力不断提升，所能够支配的物的范围也随之拓展。

能够为人力所支配的物，还应当是人类能够排他支配的物。江河湖海中的流水、大气中的空气等，并无确定的界限或明确的范围，难以置于权利人排他的支配之下，因而不属于民法中的物。

---

① 王泽鉴：《民法总则》，中国政法大学出版社2001年版，第216页。
② 我国2007年5月1日实施的《人体器官移植条例》第8条第1款规定："捐献人体器官的公民应当具有完全民事行为能力。公民捐献其人体器官应当有书面形式的捐献意愿，对已经表示捐献其人体器官的意愿，有权予以撤销。"

五、须为有体物

（一）有体物的范围

民法上的物一般限于有体物，但有体物不同于有形物。罗马法将有体物界定为能够触摸到的物，实际上就是有形物。但随着科学技术的发展和人类支配能力的提升，有体物不仅包括我们看得见、摸得着的有形物，还包括我们看不见，但可以通过其他感官感知的无形物，如光、电、热等自然力。因而，现代意义上的有体物，是指占据一定空间，能够为人的感官所感知的物，包括有体有形物与有体无形物。有体有形物，是指能够被人的视觉所感知的物，如食用油、桌椅、电脑等液体和固体等。有体无形物，是指能够被人的其他感官所感知的物，如电、磁、光、热等自然力及空间。无体物，则是指无实体存在，人凭主观拟制的物，主要包括著作、专利、商标等智力成果以及权利。

（二）民法对有体物与无体物的明确区分

在罗马法中，财产法还没有物权法与债权法的划分，物的概念十分宽泛。罗马法学家盖尤士认为，物可以分为有体物（res corporales）和无体物（res incorporales）。有体物，是指作为一种客观存在，可以为人的感官所感知的物，如土地、房屋、牲畜、工具等。无体物，是指没有实体存在，而仅仅是由法律主观拟制为物的权利，如地役权、用益权、继承权、各种债权等。[①] 可见，罗马法中的物包括有体物和无体物。法国民法和意大利民法沿用之。[②]

自德国民法以降，大陆法系各国均将物限于有体，而将无体物排除在外。《德国民法典》第 90 条就规定："法律上所称之物，仅指有体的标的。"《日本民法典》第 85 条也规定："本法所称物，谓有体物。"

我国《物权法》第 2 条第 2 款规定："本法所称物，包括不动产和动产。法律规定权利作为物权客体的，依照其规定。"物权法虽未明确使用有体物的概念，但动产、不动产均属有体物的逻辑范畴，可见，我国物权法所称的"物"系指有体物。权利作为

---

① 参见查士丁尼《法学总论》，张企泰译，商务印书馆 1989 年版，第 59 页；周枬：《罗马法原论》（上册），商务印书馆 1994 年版，第 28 页；陈朝璧：《罗马法原理》（上册），商务印书馆 1936 年版，第 84 页。
② 参见《法国民法典》第 516 条、《意大利民法典》第 406 条以及日本旧民法财产编第 6 条。

物权客体，实属例外。①

(三) 民法区分有体物与无体物的主要原因

大陆法系和我国民法之所以将无体物排除在物权客体之外，其主要原因有以下两方面：

(1) 保障民法体系的稳定。若物权客体扩充到无体物，则会出现知识产权的所有权、债权的所有权、继承权的所有权等概念，由此，知识产权、债权和继承权均无须独立成编，都应纳入物权范畴，整个民法体系会荡然无存。

(2) 将权利作为物，混淆了民事法律关系客体和民事法律关系内容的区别。

第三节 不动产与动产

按照物是否能够移动并且是否因移动而影响其价值，我们可以将物分为不动产与动产，这一分类是自罗马法以来大陆法系民法对物最基本、最重要的分类。

一、不动产

不动产，是指性质上不能移动，或虽可移动但会影响其价值的物，包括土地及土地上的定着物。

(一) 土地

土地，具有横向和纵向两个维度，不仅包括地表，还包括一定范围的地上及地下空间。

---

① 随着网络技术的发展，虚拟财产的法律属性和法律保护问题日益受到重视。虚拟财产，一般是指通过网络游戏积累或直接向网络服务提供商购买的"货币""装备""宠物"等。虚拟财产的法律属性，学界众说纷纭，观点不一。归纳起来，大致有以下学说：①物权说。该说认为，只要具备排他支配的可能性及独立的经济性，就应认定为民法中的物，网络虚拟财产与物在属性上基本相同。②债权说。该说认为，玩家与网络游戏服务商之间存在服务合同关系，游戏本身就是网络游戏运营商提供合同义务的一部分。③知识产权说。该说认为，玩家在游戏过程中耗费了大量时间和精力，进行了创造性劳动，因此玩家对虚拟财产享有知识产权。④新型权利说。该说认为，虚拟财产有着与以往任何财产形态都不同的特征，应为新型权利。参见杨立新、王中合《论网络虚拟财产的物权属性及其基本规则》，载《国家检察官学院学报》2004年第6期；钱明星、张帆：《网络虚拟财产民法问题探析》，载《福建师范大学学报（哲学社会科学版）》2008年第5期；林旭霞：《虚拟财产权研究》，法律出版社2010年版；徐涤宇、刘辉：《网络游戏中虚拟财产权利属性之分析——二元模式是否可靠》，载《电子知识产权》2005年第6期；王竹：《〈物权法〉视野下的虚拟财产二分法及其法律保护规则》，载《福建师范大学学报（哲学社会科学版）》2008年第5期；等等。

从横向来看，土地是指一块有特定四至的地球的表面，表现为耕地、建设用地、林地、草原、水面、滩涂、荒山等自然形态。受人为的划分，土地拥有地籍，以市县为单位，市县分区，区内分段，段内分宗，按宗编号，每号俗称为笔。[1] 从纵向来看，土地向上和向下的空间范围原则上并无止境，只要人力支配所能及，为生活利益所必须，即为权利之所在。但他人的干涉无碍所有权的行使时，则不得排除，否则构成权利滥用。同时，国家亦得以国防利益等公益需要，以法令限制之。[2]

土地中的农作物、沙土、岩石等未与土地分离时，并非为独立物，而是土地的构成部分；与土地分离后，则成为独立的动产。国家往往基于公共利益的需要，强制规定煤炭、石油、天然气等矿产资源为国有财产，不属于土地的构成部分。我国《宪法》第9条第1款即规定："矿藏、水流、森林、山岭、草原、荒地、滩涂等自然资源，都属于国家所有，即全民所有；由法律规定属于集体所有的森林和山岭、草原、荒地、滩涂除外。"《物权法》第46条也规定："矿藏、水流、海域属于国家所有。"

（二）定着物

1. 定着物的含义

定着物，是指持续固着于土地，并非土地构成部分的独立不动产，主要包括建筑物、构筑物及林木。

定着物一般具有以下法律特征：

（1）固定性。固定性，是指定着物须紧密附着于土地，非经毁损不能移动，或虽能移动但不经济。临时搭建的帐篷，可以随意拆卸的公用电话亭、报刊亭等并非定着物。

（2）永久性。永久性要求定着物须长期、持续附着于土地之上。乡间庙会临时搭建的戏台、为展览临时搭建的展览棚等并非定着物。

（3）独立性。定着物须为独立物，并非土地的构成部分。排水沟、水井、农作物等土地的构成部分，并非定着物。

2. 建筑物

建筑物，是指定着于土地上或地面下，具有顶盖、梁柱、墙壁，可供人居住或使用的构造物，如房屋、仓库、空中走廊、地下停车场等。正在建造的房屋，屋顶虽未完全竣工，但足避风雨，可达经济上使用的目的，可以视为不动产。反之，未完工的建筑物，如未达以上标准时，则为动产。[3]

---

[1] 梁慧星：《民法总论》（第4版），法律出版社2011年版，第153页。
[2] 刘得宽：《民法总则》，中国政法大学出版社2006年版，第139页。
[3] 王泽鉴：《民法物权 通则·所有权》，中国政法大学出版社2001年版，第54页。

土地与建筑物的法律关系，各国立法并不相同，存在两种立法模式：其一，结合主义，即将土地与地上的建筑物相结合，认定为一个不动产。建筑物并非独立物，而是土地的附着物。其二，分别主义，即将土地与地上的建筑物相分离，认定为两个独立的不动产。德国、瑞士民法采结合主义，日本、法国、我国台湾地区民法采分别主义。[1]

我国实行土地公有，若采结合主义，建筑物会被认定为公有土地的附着物，不利于保护私权；况且，分别主义将建筑物认定为独立的不动产，有利于建筑物的流通。因而，我国效仿日本、法国和台湾地区立法采纳分别主义。

我国《担保法》第92条就明确规定："本法所称不动产是指土地以及房屋、林木等地上定着物。"《最高人民法院关于贯彻执行〈中华人民共和国民法通则〉若干问题的意见》第186条也规定："土地、附着于土地的建筑物及其他定着物、建筑物的固定附属设备为不动产。"

尽管我国奉行分别主义，将土地及地上建筑物分别确定归属，但鉴于两者的紧密联系，我国立法还确立了权利人一致原则——建筑物所有权人与土地使用权人一致，要求两个权利一并流转、一并抵押，即所谓的"房随地走，地随房走"原则。

3. 其他定着物

（1）构筑物，是指一般不在内生产和生活的构造物，如水塔、烟囱、纪念碑等。

（2）林木。我国立法认为，林木与其他土地出产物不同，在未与土地分离前，即为独立的不动产，可以进行抵押登记。《担保法》第92条明确规定："本法所称不动产是指土地以及房屋、林木等地上定着物。"[2]

二、动产

动产，是指能够移动，并且不至于因移动而影响其价值的物，如桌椅、珠宝、牛羊等。由于机动车、航空器和船舶等大型动产价值较高，交易形式通常较为慎重，这些动产与不动产类似，以登记作为公示方式，因而在学理上又被称为"准不动产"。我国《物权法》第24条就规定："船舶、航空器和机动车等物权的设立、变更、转让和消灭，未经登记，不得对抗善意第三人。"

---

[1]《德国民法典》第94条第1款规定："定着于土地和地面上的物，特别是建筑物，以及与地面连在一起的土地出产物，属于土地的重要组成部分。种子在播种时，植物在栽种时，分别成为土地的重要成分。"《日本民法典》第86条第1项规定："土地及其定着物为不动产。"《法国民法典》第518条规定："土地及竹物，依其性质为不动产。"

[2] 我国台湾地区"民法"认为，林木与土地分离之前，同沙石一样，是土地的构成部分，不是独立的物，更不是不动产。但在日本，按林木法规定，经登记的树木同建筑物一样，可以作为独立的不动产。即使未经登记但被作为一般交易对象的树木，也可作为独立的不动产，不过必须经过明确认定，尤其是高价值的树木和果实未分离的树木。参见（日）田山辉明《物权法》，陆庆胜译，法律出版社2001年版，第12页。

此外，货币、无记名有价证券和动物等动产具有不同于一般动产的特殊性。

（一）货币

货币，又称金钱，是指充当一般等价物的物。货币属于动产，但与一般动产相比，货币具有以下特殊性：

（1）高度替代性。货币所有人对货币的个性并不看重，只是将其作为支付手段和价值尺度。只要货币的票面价值相同，其彰显的财富价值就等同，这几张货币与那几张货币，此种货币与彼种货币并无区别，可以相互替代。

（2）货币为消费物。同一人不得就同一货币反复使用，一经使用，货币所有权即转入他人之手。因而，货币是典型的消费物。

（3）占有与所有的同一，占有货币即取得货币的所有权。对货币而言，占有人即为所有权人，所有人必为占有人。凡占有货币者，不论合法、非法，均取得所有权；凡丧失对货币的占有，不论自愿、被迫，均丧失所有权；接受无行为能力人交付的货币，也会取得货币所有权；将货币借贷他人或委托他人保管，亦由借用人、保管人取得所有权；货币遗失或被盗，亦由盗贼、拾得人取得所有权。货币不适用返还原物请求权的规定，丧失货币的人只能依据合同、不当得利或侵权行为之债获得救济。①

对货币而言，占有与所有同一是因为：货币作为一般等价物和支付手段，其功能在于流通。若所有与占有相分离，受让人在受让货币时，势必对出让人的所有权进行调查，这不仅会造成交易迟滞，货币的流通职能也会丧失殆尽。况且，货币具有高度替代性，个性丧失，占有人一旦占有货币，该货币就与其既有货币发生混同。在事实上，所有与占有也不可能分离。

货币有本币与外币之分，本币是本国的货币，外币是外国的货币。我国的本币是由中国人民银行发行的人民币，是法律规定的在我国可以任意流通的货币，包括纸币和铸币。香港和澳门特别行政区的货币、我国台湾地区的货币以及外币，属于限制流通物，在我国一般不能作为支付手段。

（二）有价证券

有价证券，是指设定并证明持券人有权取得一定财产权利的书面凭证，如股票、汇票、本票、支票、公司债券、政府债券等。有价证券实际上是以证券持有人作为权利人的财产权，系法律为谋求交易安全及便利流通将财产权证券化，将其制作成有体物的格式而已。关于有价证券的法律属性，学界存有争议。有学者认为，股票、债券等有价证

---

① 梁慧星：《民法总论》（第4版），法律出版社2011年版，第156—157页。

券代表财产权利,因此为无体物。① 通说认为,有价证券是物的特殊类型,② 有价证券持有人享有两种不同性质的权利:一是对有价证券本身的所有权;二是有价证券上所记载的权利。③

有价证券作为特殊的物,具有以下法律特征:

(1) 有价证券与证券权利不可分离。有价证券的财产属性,并不在于有价证券物的外形,而是因为它代表一定的财产权利。享有证券权利须持有有价证券,行使证券权利须出示有价证券,移转证券权利须交付有价证券。这一属性是有价证券与权利证据的根本区别,如借据仅为债权人债权的凭证,本身不具有财产价值,债权人即使丧失了借据,还可以通过其他证据证明债权的存在,从而主张债权。而证券权利人若丧失了证券,就不能通过其他证据证明权利的存在,从而主张证券权利。

(2) 证券权利人只能向特定义务人主张证券权利。有价证券的义务人是特定的,虽然证券权利人可以通过证券的移转不断变换,但其只能向特定的证券义务人主张证券权利。

(3) 证券义务人负有单方的见券即付义务。证券义务人见到持有人提示证券时,即负履行义务,无权要求对方支付对价。证券义务人履行义务后可收回有价证券,双方权利义务关系因而消灭。

按照不同的标准可以将有价证券做不同的区分:

(1) 按照证券所代表权利的不同,可以将有价证券分为债权有价证券、物权有价证券和股权有价证券。债权有价证券,义务人负有支付本金、利息或提供一定服务的债务,包括汇票、本票、支票、公司债券、政府债券、车票、船票、机票等。物权有价证券,义务人负有向权利人交付物品的义务,如仓单、提单等。取得仓单、提单,持券人就取得了证券上所记载物品的所有权。股权有价证券,持券人为股东,享有社员权。

(2) 按照证券权利移转方式的不同,可以将有价证券分为记名有价证券、指示有价证券和无记名有价证券。记名有价证券,是指在证券上记载权利人姓名或名称的有价证券,如记名股票、记名公司债券等。由于记名有价证券指明了权利人,因此其移转须按债权让与的方式进行,有的还须办理过户登记手续,如记名股票等。记名有价证券的移转,持券人不仅要提示证券,还要证明自己为证券上指定的权利人。指示有价证券,是指在证券上指明第一个取得证券权利人的姓名或名称的有价证券,如指示提单等。指

---

① 参见彭万林主编《民法学》,中国政法大学出版社1994年版,第50页。
② 佟柔主编:《中国民法学·民法总则》,中国人民公安大学出版社1990年版,第123页;梁慧星、陈华彬:《物权法》,法律出版社2007年版,第39页;孙宪忠:《中国物权法总论》,法律出版社2009年版,第216页;郭明瑞、房绍坤主编:《民法》,高等教育出版社2010年版,第82页;马俊驹、余延满:《民法原论》,法律出版社2010年版,第72页。
③ 王利明:《民法》,中国人民大学出版社2000年版,第93—94页。

示有价证券的移转，须依背书方式进行，持券人不仅要提示证券，还要在证券上背书受让人的姓名或名称。无记名有价证券，是指在证券上不记载权利人姓名或名称的有价证券，如无记名商品券、礼券、入场券、乘车券等。无记名有价证券的移转与动产相同，可依单纯的交付进行，因此各国立法多将无记名有价证券视为动产。《日本民法典》第86条第3项就明确规定："无记名债券视为动产。"

（三）动物

近代民法将动物认定为动产，但随着动物保护主义思潮的蓬勃发展，人们意识到具有生命的动物应当受到法律的特别保护，有些学者甚至认为动物"同等生灵"，应获得权利主体的法律地位。[①] 1990年8月20日，《德国于民法典》增设第90条a款规定："动物不是物。它们由特别法加以保护。除另有其他规定外，对动物准用有关物的规定。"该条明确规定"动物不是物"，我国便有学者依此推断，既然动物不是客体，就只能是主体，进而得出动物不是物而为人的结论。[②]

这种认识显然荒谬。从《德国民法典》的逻辑体系来看，德国立法者并无赋予动物民事主体地位的立法本意。《德国民法典》总则第一章为"人"，第二章为"物和动物"，显然动物绝非民事主体，而适用物的民法规则。另外，《德国民法典》1990年修订时还增设了第903条"所有权人的权限"后段内容："动物的所有权人在行使其权利时，应注意有关保护动物的特别规定"，明确将动物作为所有权的客体。

因此，德国民法学者迪特尔·梅迪库斯认为《德国民法典》第90条a款旨在加强动物保护，"有人据此认为应将动物当作权利主体来看待的看法是荒谬的"[③]。我国台湾地区民法学者黄立也认为："《德国民法典》第90条a款的修正结果并不是将动物人格化，或当成权利主体，而是动物的所有人不能任意对待动物。"[④] 可见，《德国民法典》的立法目的并非在于将动物人格化，把动物作为人来对待，而是表明对有生命的动物理应予以尊重，动物应当作为特殊物，适用特殊处置规则的立场。

三、区分不动产与动产的法律意义

区分不动产与动产的法律意义在于：

（1）物权变动规则不同。基于法律行为引发的物权变动，不动产一般以登记为生

[①] 参见《汉堡行政法院·新行政法杂志》1988年，第1058页。申请传唤海狗参加一起有关北海污染的行政诉讼。转引自［德］迪特尔·梅迪库斯《德国民法总论》，邵建东译，法律出版社2000年版，第878页。
[②] 高利红：《动物不是物，是什么》，载梁慧星主编《民商法论丛》（20），金桥文化出版（香港）有限公司2001年版，第287—304页。
[③] ［德］迪特尔·梅迪库斯：《德国民法总论》，邵建东译，法律出版社2000年版，第877页。
[④] 黄立：《民法总则》，中国政法大学出版社2002年版，第166页。

效要件，动产一般以交付为生效要件。我国《物权法》第 9 条第 1 款规定："不动产物权的设立、变更、转让和消灭，经依法登记，发生效力；未经登记，不发生效力，但法律另有规定的除外。"第 23 条规定："动产物权的设立和转让，自交付时发生效力，但法律另有规定的除外。"

（2）权利行使的限制不同。不动产价值巨大，特别是土地等不动产关系国计民生和社会公益，因此法律对不动产物权的限制较多。动产价值相对低廉，无关公益，法律限制较少。

（3）能够设立的物权类型不同。不动产上可以设立用益物权，动产则否；① 动产上可以成立质权与留置权，不动产则否。

（4）取得时效的期间不同。不动产物权取得时效期间较长，动产物权则相对较短。

（5）诉讼纠纷管辖规则不同。不动产纠纷，由物之所在地法院管辖，实行专属管辖。动产纠纷，则不适用专属管辖。

（6）涉外民事关系的法律适用不同。涉外不动产纠纷，可以适用物之所在地国法，涉外动产纠纷则不然。

第四节　物的其他分类

除了将物分为动产和不动产之外，民法学者还将物分为其他类型，包括：主物与从物，原物与孳息，单一物与聚合物，流通物、限制流通物与禁止流通物，融通物与不融通物，可分物与不可分物，消费物与非消费物，特定物与不特定物，代替物与非代替物，等等。

一、主物与从物

按照物与物之间是否存在主从关系，我们可以将物分为主物与从物。

（一）主物与从物的界定

主物，是指两种以上的物相互配合，按照一定的经济目的结合在一起，无须依赖他

---

① 用益物权的客体原则上限于不动产，这是因为：不动产稀缺、价值巨大，所有与使用权能分离的需求较高，而动产数量多，价值小，可通过借用、租赁、买卖等合同关系获得对动产的使用、收益，无须设定用益物权；况且动产以占有作为公示方式，难以表现较为复杂的用益物权关系。基于此，各国立法多将用益物权的客体限于不动产。我国《物权法》第 117 条规定："用益物权人对他人所有的不动产或者动产，依法享有占有、使用和收益的权利。"该条虽然将用益物权的客体扩充为不动产和动产，但《物权法》及其他民事法律并未规定以动产为客体的用益物权，依物权法定原则，《物权法》第 117 条的客体扩张并无实义。

物而能够独立存在并起主要作用的物。从物,是指配合主物使用而起辅助作用的物。例如,电视机与遥控器,电视机是主物,遥控器是从物;船和船桨,船是主物,船桨是从物。

(二) 从物应当具备的要素

一般来讲,从物须具备以下要素:

(1) 从物常辅助主物使用,具有从属性。从物的功能在于装饰、保护或增强主物的性能,如乒乓球拍套的功能在于保护乒乓球拍,遥控器的作用在于增强电视机的性能。从物须从属于主物,西餐中的刀与叉地位相当,并不存在主从物关系。从物须常辅助主物使用,仅暂时辅助他物的经济效用,并非从物,如承租人承租房屋时购得的家具,并非出租房屋的从物。

(2) 从物为独立物,并非主物的构成部分。书桌的抽屉、房屋的门窗、油画的画框仅为物的构成部分,并非从物。一般而言,从物与主物只是空间上相近,并非外形上结合。安装在汽车上的轮胎,即为汽车的构成部分;汽车后放置的备用轮胎,则为汽车的从物。

(3) 从物不限于动产,不动产亦可成为从物。例如,在房屋外独立修建的储物室和厕所即属于房屋的从物。关于从物的范围是否限于动产,各国立法不尽一致,存在肯定模式和否定模式两种立法例。肯定模式以《德国民法典》第97条和《瑞士民法典》第644条为代表,否定模式以日本民法和我国台湾地区"民法"为代表,[1] 现代国家采行否定模式的为多。我国现行立法对从物范围未做限定,理应解释为不限于动产。

(4) 主物、从物须同属于一人。若主物、从物分属两人,则对主物的处分及于从物,将损害从物所有人的利益。

(三) 区分主物与从物的法律意义

区分主物与从物的法律意义在于:处分主物、从物时,应遵循"从随主"原则。由于从物须与主物相结合才能发挥从物的经济功能,并促进主物经济效能的最大发挥,因此,各国民法均规定对主物的处分及于从物,即所谓的"从随主"原则。但"从随主"原则,仅为任意性规范,非强制性规定,是法律为促进物的经济效益所做的原则性推定,当事人可以通过特约加以排除。我国《物权法》第115条就规定:"主物转让的,从物随主物转让,但当事人另有约定的除外。"

---

[1] 李宜琛:《民法总则》,中国方正出版社2004年版,第136页;黄立:《民法总则》,中国政法大学出版社2002年版,第178页;刘得宽:《民法总则》,中国政法大学出版社2006年版,第145页。

二、原物与孳息

按照物与物之间的派生产出关系，我们可以将物分为原物与孳息。

（一）原物与孳息的界定

原物，是指作为本体，依其自然属性或法律关系孳生新物的物。孳息，则是由原物孳生的收益。例如，果树为原物，结下的果实为孳息；母鸡为原物，产下的鸡蛋为孳息；本金为原物，衍生的利息为孳息；租赁物为原物，收取的租金为孳息。

（二）孳息的类型

孳息按其取得方式的不同，可分为天然孳息与法定孳息。

1. 天然孳息

（1）天然孳息的界定。天然孳息，是指依原物的自然属性所获取的收益。所谓"依原物的自然属性"，是指依照原物的通常用途、使用方法或经济使命获取的收益，被暴风吹倒的树木、挖掘土地时发现的埋藏物并非孳息。天然孳息既可以是有机的出产物，如果实、动物幼仔、牛奶、鸡蛋等，又可以是无机的出产物，如矿产、沙石等。

天然孳息在与原物分离前，仅为原物的构成部分。只有与原物分离后，才成为独立物，方可称为天然孳息。例如，果树上结的果实，仅为果树的构成部分，只有当果实与果树分离后，方称为天然孳息。至于天然孳息与原物的分离，是出于人的行为还是自然力，在所不问。

（2）天然孳息的归属。与原物分离之际天然孳息归属于何人，立法上存在罗马法主义与日耳曼法主义两种立法模式。

罗马法主义，又称原物主义，认为不论收取权人是否对于孳息的生产施加劳力或资本，只要孳息分离时具有收取权便可取得孳息的所有权。

日耳曼法主义，又称生产主义，认为只有对孳息的生产增加了劳动资本的人才有权取得天然孳息的所有权。但日常生活中经常发生原物脱离所有权人产生孳息的情形，此时否定原物所有权人对孳息的收取权，实属不当。德国、法国、瑞士、泰国和我国台湾地区民法均采罗马法原物主义，我国亦同。一般认为，有权收取天然孳息的人包括原物的所有权人、用益物权人或承租人。

2. 法定孳息

法定孳息，是指因法律关系取得的收益，如租金、利息等。与天然孳息不同，法定孳息与原物不存在形体上的结合、分离关系。法定孳息的归属，依各国民法的规定，由收取权人按照权利存续期间的日数取得，权利存在一日，就取得一日的孳息。收取权人主要表现为租赁物的出租人、本金的所有人等。

(三) 区分原物与孳息的法律意义

区分原物与孳息的法律意义在于确定孳息的归属。如无法律特别规定或当事人特别约定，孳息归原物所有权人所有。我国《物权法》第116条规定："天然孳息，由所有权人取得；既有所有权人又有用益物权人的，由用益物权人取得。当事人另有约定的，按照约定。法定孳息，当事人有约定的，按照约定取得；没有约定或者约定不明确的，按照交易习惯取得。"

三、单一物与聚合物

依据物的形态的不同，我们可以将物分为单一物与聚合物。

(一) 单一物

单一物，是指形体上能够独立成为一体之物，如马、牛、羊、汽车等。单一物包括三种形态：其一，基于自然现象独立之物，如一棵树、一头牛等。其二，基于人为因素独立之物，如手表、汽车、电视机等。其三，基于社会观念独立之物，如一双筷子、一双鞋等。其中，基于人为因素而由多数单一物结合成为一体之物，又叫作结合物。

(二) 聚合物

聚合物，是指由多数单一物混合而成的物，如图书馆、遗产等。聚合物由多数物混合而成，物与物并不结合，性质上仍个别存在，只是单纯地聚集在一起。可见，聚合物是多个物的集合，与作为单一物的结合物并不相同。聚合物包括事实上的聚合物与法律上的聚合物两种形态。事实上的聚合物，是指非因自然因素形成，而因当事人的意思，只为交付移转上的便利而聚合的物，如商场一间、农场一座。法律上的聚合物，是指由法律规定而形成的聚合物，如遗产、合伙财产等。

(三) 区分单一物与聚合物的法律意义

区分单一物和聚合物的法律意义在于：单一物为一个物，其上可成立一个所有权。而聚合物为多个物，只能在各个物上分别成立多个所有权。

四、流通物、限制流通物和禁止流通物

依据物能否流通以及在何种范围内流通，我们可以将物分为流通物、限制流通物和禁止流通物。

(1) 流通物，是指法律允许在民事主体间自由流转的物。绝大部分物都为流通物。
(2) 限制流通物，是指法律对其流通范围和流通程度有所限定的物，如国家计划

供应的物资、受管制的物品、黄金、白银、外汇、文物、麻醉药品和运动枪支弹药等。

（3）禁止流通物，是指法律明令禁止流通的物，如土地、矿藏、水流、伪币等。

区分流通物、限制流通物和禁止流通物的法律意义在于：判断法律行为的效力。交易禁止流通物，以及突破法律限制交易限制流通物的，均属无效。

五、融通物与不融通物

依据物能否为私法交易的客体，我们可以将物分为融通物与不融通物。

融通物，是指可为私法交易客体的物，绝大部分物都为融通物。不融通物，是指不得为私法交易客体的物。

不融通物主要包括以下三类：

（1）公用物。公用物，是指由国家、公共团体直接供一般公众使用的物，如公园、公用电话、公共道路等。

（2）公有物。公有物，是指国家、公共团体因公共目的所使用的物，如政府办公房屋、军舰、军用飞机等。

（3）禁止物。禁止物，是公有物和公用物以外的，法律禁止其为交易客体的物，包括禁止转让物和禁止持有物。禁止转让物，法律并不禁止其持有，只禁止其转让，如淫秽物品、尸体等。禁止持有物，法律不仅禁止其转让，而且禁止其持有，如伪币、毒品等。

区分融通物与不融通物的法律意义在于：其一，判断法律行为的效力。交易不融通物的行为确定无效。其二，是否适用取得时效制度不同。融通物得适用取得时效制度，而不融通物不适用。

六、可分物与不可分物

依据对物的实体进行分割是否会毁损其效用及价值，我们可以将物分为可分物与不可分物。

（1）可分物。这是指可以分割物的实体并且不会损害其效用和价值的物，如米、油、货币等。

（2）不可分物。这是指不能分割物的实体，或分割实体就会改变其性质或效用的物，如马、牛、羊、电视机、汽车等。

区分可分物与不可分物的法律意义在于：其一，指导共有物的分割。共有物为可分物时，可以采取实物分割的方法。共有物为不可分物时，一般采取变价分割或折价补偿的方法；其二，便于明确多数人之债的权利义务关系。在多数人之债中，若标的物是可分物的，当事人按份享有债权或负担债务。若标的物是不可分物的，当事人连带享有债权或负担债务。

七、消费物与非消费物

依据物能否重复使用,我们可以将物分为消费物与非消费物。

消费物,是指不能重复使用,一经使用就会改变其原有形态或性质之物,如柴、米、油、盐、酱、醋、茶、烟、酒等生活消费品。

非消费物,是指经反复使用也不会改变其原有形态与性质之物,如衣服、珠宝、书籍、房屋、自行车等。

区分消费物与非消费物的法律意义在于:消费物只能作为消费借贷、消费寄托合同的标的物;而非消费物可以作为租赁、使用借贷和一般保管合同的标的物。

八、特定物与不特定物

依据物是否具体确定,我们可以将物分为特定物与不特定物。

特定物,是指依当事人意思或其他事实具体确定之物,它既可以是因物的自身特点加以确定的物,如某件独一无二的元代陶艺品;还可以是依民事主体的主观意识加以确定的物,如当事人从同一品牌、同一型号的电脑中挑选出来的某台电脑。

不特定物,又称种类物,是指当事人不注重物的性质,仅以种类、品质、数量为抽象指示的物,如怡宝矿泉水一箱。

区分特定物与不特定物的法律意义在于:其一,物权是对特定物的支配权,不特定物不存在支配的可能性,因此物权的客体须为特定物,不特定物只能作为债权的标的物;其二,以特定物作为给付行为标的物的,当特定物灭失时,发生给付不能的法律问题;以不特定物作为给付行为标的物的,当不特定物灭失时,一般不发生给付不能;其三,租赁、使用借贷等合同只能以特定物作为标的物;而消费借贷、消费寄托只能以不特定物作为标的物。

九、代替物与非代替物

依据社会观念和交易习惯对物的个性是否看重,我们可以将物分为代替物和非代替物。

代替物,是指具有共同特征,在交易上能够以种类、品质、数量指示的物,如CD、书籍、电脑、矿泉水等。

非代替物,是指在交易上不能以种类、品质、数量指示的物,如定制的家具、定做的衣服、多年陈绍等。

一般而言,代替物大多为不特定物,非代替物大多为特定物,但两者并非一一对应,如某种品牌的电视机本为代替物,但通过当事人的具体指定可以变为特定物;又如某位画家的绘画作品本身为非代替物,但当事人可以约定该画家的任何一幅绘画作品而成为非特定物。可见,两者的区分标准并不相同,代替物和非代替物以客观交易习惯作为区分标准,是物本身性质的区别;而特定物与不特定物却以当事人具体的主观意思、具体指定作为区分标准,是交易方法的区别,非物之自身的区别。①

区分代替物和非代替物的法律意义在于:其一,以代替物为标的物的法律关系,将来无须返还原物,只要以同种类、同数量、同品质的代替物返还即可。而以非代替物为标的物的法律关系,将来一定要返还原物;其二,消费借贷、消费寄托的标的物只能为代替物,租赁、使用借贷的标的物为非代替物;其三,代替物不发生给付不能的问题;非代替物才会发生给付不能的问题。

---

① 李宜琛:《民法总则》,中国方正出版社2004年版,第131页。

第八章 其他权利客体

第一节 人身利益

一、人身利益的概念与特征

（一）人身利益的概念

在民法上，人身利益是人身权的客体。人身利益，又称非物质利益，是指民事主体享有的，与其人身不可分离的生理和心理上的精神利益。

我国民法学者普遍认为，人身利益既包括自然人享有的人身利益，也包括法人享有的人身利益。就自然人而言，其人身利益主要包括生命、身体、健康、姓名、名誉、肖像、隐私、荣誉和亲属利益等，分别构成生命权、身体权、健康权、姓名权、名誉权、肖像权、隐私权、荣誉权、配偶权、亲权和亲属权的客体。就法人而言，其人身利益主要包括名称、名誉、荣誉等，分别构成法人名称权、名誉权和荣誉权的客体。

实际上，在民法中，人身利益仅为自然人享有，法人不享有人身利益。因为法人虽然也享有名称权、名誉权与荣誉权，但是法人享有的这些权利在性质上属于物质性质的权利，当行为人侵害法人的这些权利时，他们仅仅对法人承担财产损害赔偿责任，不承担非财产损害赔偿责任。

（二）人身利益的特征

人身利益作为人身权法律关系的客体，具有以下特征：

（1）人身利益与人身紧密联系，具有不可分离性。人身利益的不可分离性，又称人身利益的专属性、不可让与性，是指人身利益依民事主体的存在而存在，任何民事主体都不能将其人身利益让与他人。如果权利人将其生命、姓名、肖像等人格利益让与他人，无异于抛弃人格，不仅在事实上不可能，在法律上也不被允许。如果权利人将其配偶等身份利益让与他人，也会因违反人伦而被法律所禁止。①

---

① 法人特别是企业法人的人身利益与物质利益具有紧密关联。企业法人的名称、名誉和荣誉是一种无形财产，能够给企业带来巨大的经济利益，其人身利益可以部分转让或全部让与，是人身利益不可让与的例外。

(2) 人身利益并非财产利益，不具有直接的物质利益内容。民事主体享有和行使人身权，是为了满足精神利益的需要，并非寻求物质利益。物质利益具有交换价值和使用价值，能够用金钱加以估算和衡量。人身利益并非如此，其主要表现为人格独立、人格自由、人格尊严以及亲属之间相互关爱等精神利益。①

(3) 人身利益与财产利益具有密切联系。人身利益虽然不具有直接的物质利益内容，但与物质利益紧密相关。首先，某些人身利益的享有是获得财产利益的前提，如继承权须以特定身份的存在为前提。其次，某些人身权利的行使可以为权利主体带来物质利益，如姓名权、肖像权可以通过许可他人使用的方式获得金钱对价。最后，当人身利益遭受侵害时，权利主体可以主张财产损害赔偿。

(三) 人身权、人身利益的发展与演进

与财产权相比，人身权的发展显得相对滞后和缓慢。在奴隶社会和封建社会，受宗法和身份关系的束缚，人身权的主体范围非常有限，只有奴隶主、封建主和家父具有独立人格，奴隶、农奴、妻子和子女并不享有独立的主体地位，只能作为身份权或财产权的客体被他人支配。

人类进入资本主义社会以后，实现了"从身份到契约"的转变，权利意识、人文精神、理性主义蓬勃发展，人身权的主体范围得到扩张，一切自然人包括法人均享有人身权。不仅如此，某些人身利益还得到了法律的明确承认。但遗憾的是，法律提供的保护范围较为狭窄，《法国民法典》虽以人法置于法典之首，但却没有一个关于人格权的法律条文，只对身份权做了若干规定。《德国民法典》虽然在总则编明文规定了姓名权，但对于生命权、身体权、健康权、名誉权、隐私权的规定却尚付阙如。在英美法系，虽然英国的普通法在很早的时候就对因泄露家庭隐私、妨害名誉而造成的损害予以救济，但主要是通过侵犯财产权、违反信托或默示契约的规定间接提供保护。

"二战"以来，受人权运动的影响，人身利益开始受到立法和司法的重视。不仅人身利益的范围日益扩大，而且对人身利益的保护程度更加周密完善。德国民法不仅确立了全面、详尽的具体人格权制度，还创设了一般人格权概念，对民事主体的人格自由、人格尊严和人格独立提供一般性的法律保护。当人身利益遭受侵害时，民事主体不仅可以主张财产损害赔偿，还可以主张精神损害赔偿。

(四) 人身利益的形态

人身利益包括人格利益和身份利益两种形态。人格利益是民事主体为维持其主体性

---

① 虽然姓名权、肖像权等人格权可以通过许可他人使用的方式间接获得金钱对价，但不能认为姓名权、肖像权本身能够直接用金钱加以衡量。

要素所必备的利益,身份利益则是基于特定身份产生的伦理性利益。

二、人格利益

人格利益,是指作为民事主体所必须具备的,为维持其人格独立、人格自由和人格尊严所必须享有的利益,建立在人格利益基础上的权利就是人格权。在民法上,民法学者根据不同的标准对人格利益作出了不同的分类,诸如具体人格利益和一般人格利益、物质性人格利益和精神性人格利益、有形人格利益和无形人格利益等。

(一) 具体人格利益和一般人格利益

在我国,由于受到德国民法尤其是我国台湾地区"民法"理论的影响,我国民法学者普遍依据人格利益范围的不同将人格利益分为具体人格利益和一般人格利益。

根据这些民法学者的理论,具体人格利益,是指民事主体享有的,由法律明确作出具体规定的人格利益,包括生命、健康、身体、姓名、名誉、肖像、隐私等内容。具体人格利益由法律明文规定,内容具体明确,具有法定性特征。

一般人格利益,是指民事主体享有的,法律并未作出具体规定,而以人格独立、人格自由和人格尊严为内容的人格利益。一般人格利益内容抽象概括,具有包容性。在德国,对一般人格利益的保护涉及对名誉权的扩大保护、对个人形象的保护、对个人隐私的保护、对不请自送的广告的抵制等内容。[①]

德国民法之所以认可一般人格利益,是因为《德国民法典》第 823(1)条仅规定了四种人格利益:生命、身体、健康以及自由,没有规定名誉、隐私、肖像等无形人格利益。德国联邦最高法院在 20 世纪 50 年代至 60 年代期间通过一系列的司法判例认可了这些人格利益。为了防止德国联邦最高法院通过司法判例确立的这些利益在数量上超过《德国民法典》的立法者在第 823(1)条当中所规定的人格利益,成为事实上的立法者,德国联邦最高法院没有将这些利益看作独立的、具体的利益,而将它们看作统一的、一个利益,这就是所谓的一般人格利益,建立在此种一般人格利益基础上的人格权就是所谓的一般人格权。

在当今两大法系国家,除了德国之外,没有任何国家的民法承认所谓的一般人格利益。在法国,无论是《法国民法典》,还是法国民法学者均仅认可具体人格利益,不认可一般人格利益。同样,英美法系国家也仅仅认可具体人格利益,包括名誉利益、隐私利益等,而不认可一般人格利益。

在我国,虽然一般人格利益与一般人格权的理论得到民法学者的广泛认可,但是,此种理论完全违反了我国《民法通则》《侵权责任法》和《民法总则》的具体规定。

[①] [德] 梅迪库斯:《德国民法总论》,邵建东译,法律出版社 2000 年版,第 808—810 页。

我国《民法通则》第98条至第105条分别对各种具体人格利益和具体人格权作出了明确规定,没有在这些具体人格利益和具体人格权之外认可一般人格权。我国《侵权责任法》第2条、《民法总则》第110条也仅对几种具体人格利益和具体人格权作出了规定,没有规定一般人格权。

两大法系国家和我国的民法之所以没有规定一般人格利益或者一般人格权,是因为两大法系国家和我国民法并不存在《德国民法典》第823(1)条所存在的法律漏洞,无需德国一般人格利益或者一般人格权理论来填补法律漏洞。

(二)物质性人格利益和精神性人格利益

在我国,由于受到德国民法尤其是我国台湾地区"民法"理论的影响,我国民法学者普遍依据利益性质的不同,将具体人格利益分为物质性人格利益和精神性人格利益。

依据这些民法学者的理论,物质性人格利益,是指民事主体为维持其法律上的独立人格,在物质上所必须享有的利益,其以一定的物质载体即人的生命和身体为前提,包括生命、身体、健康等内容。精神性人格利益,是指民事主体为维持其法律上的独立人格,在精神上所必须享有的利益,包括姓名、肖像、名誉、隐私等内容。现代社会,自然人不仅仅以单纯的肉体形态存在,还需要有基本的精神需求,因而物质性人格利益和精神性人格利益共同构成自然人人格利益的两个维度。

在民法上,区分自然人的生命、身体和健康与自然人的名誉、隐私和肖像等具体人格利益是非常必要的,将自然人的生命、身体和健康称为"物质性人格利益"则是非常不准确、非常不适当的。因为,在民法上,"物质"一词应当是相对于"精神"而言的,是指那些具有"财产价值""经济价值"或者"商事价值"的东西。例如,手机、汽车或者房屋等财产。而作为"物质性人格利益"表现方式的"生命、身体和健康",均没有"财产价值""经济价值"或者"商事价值"。

在民法上,生命、身体和健康同名誉、隐私和肖像等人格利益既存在区别,也存在联系。他们的联系在于,无论是自然人的生命、身体和健康,还是自然人的名誉、隐私和肖像等,均为精神性的、心理性的或者情感性的利益,均没有"财产性""经济性"或者"商事性"。它们之间的区别主要在于:生命、身体和健康是建立在自然人有血有肉的身躯、人体的基础上,别人单凭肉眼能够知道它们的存在,而自然人的名誉、隐私或者肖像等则不是明显建立在自然人的身躯、肉体的基础上,别人单凭肉眼无法知晓它们的存在。因为这样的原因,我国民法学者所谓的"物质性人格利益"应当为"有形人格利益"的术语所替代,而我国民法学者所谓的"精神性人格利益"则应当为"无形人格利益"所替代。这就是"无形人格利益"区分于"有形人格利益"的理论。

（三）有形人格利益与无形人格利益

在我国，依据具体人格利益表现形式的不同，具体人格利益可以分为有形人格利益与无形人格利益。

有形人格利益，是指自然人对其生命、身体和健康享有的人格利益。无形人格利益是指自然人对其姓名、名誉、隐私、肖像等享有的人格利益。建立在有形人格利益基础上的权利就是有形人格权，建立在无形人格利益基础上的权利就是无形人格权。

民法之所以区分有形人格利益与无形人格利益，其主要原因在于：

（1）有形人格利益是能够看得见、摸得着的利益，就像动产、不动产一样，别人单凭肉眼就能够知道这些利益的存在，已如前述。而无形人格利益则是别人看不见、摸不着的利益，就像知识产权一样，已如前述。

（2）民法对有形人格利益的保护要比对无形人格利益的保护更周到。民法除了通过过错侵权责任来保护自然人的有形人格利益之外，还通过严格责任来保护自然人的有形人格利益。而民法往往仅仅通过过错侵权责任来保护自然人的无形人格利益。

（3）侵害自然人的有形人格利益，行为人往往承担损害赔偿责任，而侵害自然人的无形人格利益，行为人除了承担损害赔偿责任之外，还要承担其他责任方式，如停止侵害、消除影响、赔礼道歉等。

三、身份利益

身份利益，是指民事主体因特定的身份而依法享有的利益。身份，则是指民事主体在民事关系中，所享有的不可让与的地位和资格，建立在身份利益基础上的权利就是所谓的身份权。在民法上，身份利益同人格利益存在重要差异，身份利益也可以依据不同的标准作出不同的分类。

（一）人格利益与身份利益的区别

人格利益与身份利益虽然均属人身利益的范畴，但两者存在如下区别：

（1）取得原因不同。人格利益基于自然人的出生或法人的成立而取得，是人之所以成为人所固有的、必备的利益。因而，人身利益人人享有，毫无例外。而身份利益，却基于特定身份而取得，并非民事主体所固有和必备。譬如，自然人一出生，就享有生命权、名誉权、肖像权等人格权，却无须享有荣誉权、配偶权等身份权。正因为如此，人格利益不能被剥夺，但身份利益却可以依法剥夺。

（2）利益归属不同。人格利益归属于权利人自己；而某些身份利益则主要是为了相对人而设。如亲权的身份利益主要表现为父母对未成年子女的管教、抚养及相互尊重、照顾的责任，这种身份利益不仅为父母所享有，更主要为未成年子女而存在。

（3）存续期间不同。人格利益无存续期间的限制，只要民事主体存在，人格利益就不会消灭。而身份利益以特定身份的存在为前提，特定身份不存在，身份利益就会随同消失。

（二）身份利益的分类

1. 亲属法上的身份利益和非亲属法上的身份利益

依据准据法的不同，可将身份利益分为亲属法上的身份利益和非亲属法上的身份利益。

（1）亲属法上的身份利益，是指依据亲属法上的身份关系而享有的身份利益，包括基于配偶权、亲权、亲属权所享有的身份利益。例如，配偶权中，夫妻之间共同生活、相互依靠、相互扶助、相互关爱的情感利益；亲权中，父母对未成年子女的管教、照看与抚养的亲情和责任；等等。

（2）非亲属法上的身份利益，是指非依亲属法上的身份关系而享有的身份利益，包括基于荣誉权、知识产权而享有的身份利益等。例如，荣誉权中，权利人对特定荣誉称号的保有、支配、非经法定条件和程序不被剥夺的利益；著作权中，权利人发表、署名、修改和保护作品完整的利益；等等。

亲属法上的身份利益，以亲属关系的存在为前提，因而只有自然人才能享有，而非亲属法上的身份利益，自然人、法人均可享有。

2. 基本身份利益和派生身份利益

依据身份利益的关系和地位，可将身份利益分为基本身份利益和派生身份利益。

基本身份利益，是指基于民事主体的基本身份而享有的利益，如配偶权、亲权和亲属权利益等。派生身份利益，是指由基本身份利益所派生的各种利益，如由亲权所派生的照顾权、惩戒权、宣告死亡申请权等。

派生身份利益由基本身份利益衍生，基本身份利益存在时，派生身份利益始得发生；基本身份利益消失时，派生身份利益随之消亡。

第二节 给 付

一、给付的概念与特征

（一）给付的概念

给付（Leistung），又称为给付行为，是指债务人的给付行为，通常表现为交付财物、支付价金、移转权利、提交成果、提供劳务等具体形态。在民法上，给付是债权的客体，建立在给付行为基础上的权利就是债权。

何为债权法律关系的客体，学界观点不一，有的学者认为，债的客体只能是债务人的给付行为。也有学者认为，债的客体只能是债务人的积极行为。还有学者认为，债的客体既可以是物，又可以是劳务或智力成果。[①] 我们认为，债权是请求权，对于债务人给付行为的标的物，如财物、劳务、智力成果等，债权人并不能支配，债权人的债权只有通过债务人的履行行为才能实现，债务人的债务也表现为对特定行为的履行，可见，债权人的债权和债务人的债务均指向债务人的特定行为，该给付行为才是债权法律关系的客体。当然，债务人的给付行为既可以表现为积极的作为，又可以表现为消极的不作为。

（二）给付的特征

行为，作为债权法律关系的客体，具有以下特征：

其一，给付须合法。违反法律规定和公序良俗的给付不受法律保护，由此产生的债权债务关系当然无效，如当事人订立的毒品买卖合同会因给付违法而无效。

其二，给付须确定。给付为债务人的特定行为，只有给付确定，债权人的债权才能得以实现。给付内容可以在债权关系成立时确定，也可以在债权关系成立时仅明确给付的标准和方式，在债务履行时加以确定。如果给付内容始终不能确定，债务根本无法履行，由此产生的债权债务关系自属无效。

其三，给付须可能。给付行为须具有客观的现实可能性，否则债权无法实现，由此产生的债权债务关系归于无效。给付不能，不仅包括物理意义上的不能，还包括依社会一般观念认定的不能，如海底捞针契约会因给付不能而无效等。

二、给付的分类

依据不同的标准，可以将给付行为做不同的分类。

（一）交付财物、支付金钱、移转权利、提供劳务与提交成果

依据给付行为具体形态的不同，可以将给付分为交付财物、支付金钱、移转权利、提供劳务和提交成果。

1. **交付财物的给付**

交付财物，是指债务人将一定形态的财物向债权人交付，它是最常见的给付形态。买卖、互易、赠与、运输、保管、租赁、融资租赁等合同，以及债务人向债权人进行的

[①] 胡康生主编：《中华人民共和国合同法释义》，法律出版社1999年版，第27页。

不当得利返还,均以交付财物作为给付的具体形态。民法中的交付包括现实交付、简易交付、占有改定和指示交付等形式。

2. 交付金钱的给付

支付金钱,是指债务人向债权人交付一定数量的金钱。当移转财产的所有权或使用权时,支付金钱作为债务人所获权利的对价,如买卖合同中买受人向出让人交付的货款、租赁合同中承租人向出租人交付的租金等。当消费他方劳务时,支付金钱作为债务人消费劳务的报酬,如运输合同中托运人向承运人交付的运费。在侵权损害赔偿、不当得利无法返还原物时,债务人的给付义务亦表现为支付金钱。

3. 移转权利的给付

移转权利,是指债务人将一定的权利而非财物移转给债权人,如商标权转让合同、债权让与合同、企业名称权转让合同等。

4. 提供劳务的给付

提供劳务,是指债务人通过提供一定的劳务来履行债务,如运输合同中承运人的运送行为、保管合同中保管人的保管行为等。

5. 提交成果的给付

提交成果,是指债务人以自己的劳动、技能和智慧为债权人完成一定工作,并提交相应工作物的行为。如承揽合同中承揽人完成工作并提交工作物,建设工程合同中施工人完成施工并交付建筑物等。

提供劳务与提交成果是两种不同的给付形态,两者的相同点在于债务人均须提供相应的劳务。区别在于提供劳务的债,债务人无须在劳务之外另行交付物化的工作成果。而提交成果的债,债务人不仅需要完成一定的工作,还需要将工作成果提交给债权人。如甲雇乙补习功课,只要乙善尽合同义务,即使甲名落孙山,乙的报酬请求权并不受影响。反之,丙与丁订立旗袍定做合同,承揽人丁不仅须履行劳务,还须按定做人的要求提交旗袍才能获得报酬请求权。

这种分类的法律意义在于:给付形态不同,债务履行要求和给付障碍的认定就不同。譬如,提供劳务的给付仅须债务人履行相应的劳务,而无须提交履行成果,但提交成果的给付则一定要求债务人提交履行成果。支付金钱的给付,不发生履行不能的法律问题,而瑕疵给付只可能发生在交付财物、提交成果的给付行为中。

(二) 积极给付与消极给付

依据给付方式的不同,可以将给付分为积极给付和消极给付。

积极给付,是指以作为为内容的给付,如运输合同中承运人的运送行为、买卖合同中出卖人交付标的物和买受人支付价款的行为等。

消极给付,是指以不作为为内容的给付,如雇用合同中受雇者的竞业禁止义务、医疗合同中医方的保密义务等。

多数债权关系的客体表现为积极给付，以消极给付作为客体的债权较少存在，但消极给付仍得为债权关系的客体。《德国民法典》第241条第1款就明确规定："根据债务关系，债权人有向债务人请求给付的权利。给付也可以是不作为。"我国台湾地区"民法"第199条第3项也规定："不作为亦得为给付。"当然，以不作为为内容的给付不得违反法律的强制性规定和公序良俗。例如，用人单位与劳动者在订立劳动合同时约定，劳动者就职期间不得结婚、怀孕、生子。这种限制当事人基本人身自由的不作为就会因违反公序良俗而无效。

区分积极给付与消极给付的法律意义在于：诉讼时效的起算点不同。积极给付以债务人违反积极给付义务，出现不作为作为诉讼时效的起算点。消极给付则以债务人违反消极给付义务，出现积极作为作为诉讼时效的起算点。

（三）有财产价值的给付与无财产价值的给付

依据给付内容有无财产价值，可以将给付分为有财产价值的给付和无财产价值的给付。

有财产价值的给付，是指给付内容具有财产价值的给付。无财产价值的给付，是指给付内容不具有财产价值的给付。

罗马法早期认为，无财产价值的物不能成为债权的标的物，其后法务官法曾有变更。[①] "在社会进步人事复杂之今日，吾人生活之需要，并不限于金钱之利益。例如对于债权人无财产上价值之学术研究之合伙契约，交易上无金钱价值之邻人夜间不奏音乐之契约，法律上均不得不认为有效。"[②] 因而，近代民法多承认无财产价值的给付亦得为债权的客体，如为他人讲授国学经典、约定上午不得演奏乐器的契约等。《日本民法典》第399条就明确规定："虽不能以金钱估算者，亦可以之作为债权的标的。"我国台湾地区"民法"第199条第2项也规定："给付不以有财产价值者为限。"区分有财产价值的给付和无财产价值的给付的法律意义在于：当债务不履行时，强制执行的方法不同。

（四）可分给付与不可分给付

依据给付内容是否可分，可以将给付分为可分给付与不可分给付。

可分给付，是指纵经分割，价值与性质并不会改变的给付，如一百袋面粉的买卖合同。

---

① 郑玉波：《民法债编总论》，中国政法大学出版社2004年版，第196页。
② 史尚宽：《债法总论》，中国政法大学出版社2000年版，第233页。

不可分给付，是指一旦分割，就会影响其价值与性质的给付，如一台电视机的买卖合同。不可分给付，依其发生原因的不同，又可分为因当事人的约定而不可分、因物的客观性质而不可分，如出卖一匹马、出租一辆汽车等。

区分可分给付与不可分给付的法律意义在于：其一，履行方式不同。可分给付，可分割履行，不可分给付不允许一部履行。其二，发生一部不能、一部无效或一部解除时，是否会延及债的全部不同。在可分给付，一部不能、一部无效或一部解除不会延及债的全部；而不可分给付则会延及债的全部。

（五）一时给付与继续性给付

依据时间因素是否会对给付内容及其范围发生影响，可以将给付分为一时给付与继续性给付。

一时给付，是指一次行为即可实现的给付，如买卖合同、赠与合同等。在一时给付，债务人也可以分期分批履行，如分期付款、分批交货等。但此时，给付的总内容自始确定，时间因素对给付内容及范围没有影响，因此分期分批给付仍为一时给付。①

继续性给付，是指给付的内容，并非一次性行为即可完结，须于长期内继续为一定行为始得实现的给付，如合伙契约、保管合同、租赁合同等。在继续性给付，时间因素在债的履行上居于重要地位，总给付的内容取决于应为给付时间的长度。例如，甲雇乙为店员，乙在雇用期间继续提供劳务，甲继续支付工资，债之内容随着时间的经过而增加。② 由于此类债权的主要效力，在于履行状态的维持，因而有的学者称之为"状态债权"。③

区分一时给付与继续性给付的法律意义在于：其一，原因行为效力瑕疵的法律后果不同。当给付原因无效、被撤销或合同被解除时，一时给付发生返还原物、恢复原状的法律后果。而继续性给付，通常无溯及力，只面向将来发生法律效力，过去的法律关系不因此受影响。其二，当事人之间的信赖关系不同。一时给付，一旦履行，即行消灭，当事人对信赖关系并不看重。而继续性给付，其履行处于持续状态，当事人之间的信赖关系便成为债的实质性要素。

（六）特定给付与不特定给付

依据给付内容是否确定，可以将给付分为特定给付与不特定给付。

特定给付，是指在债的关系成立时，内容已经具体指定的给付，如某处房产的买卖

---

① 王泽鉴：《债法原理》第一册，中国政法大学出版社2001年版，第132页。
② 王泽鉴：《债法原理》第一册，中国政法大学出版社2001年版，第132页。
③ 苏俊雄：《契约原理及其实用》，台湾中华书局1978年版，第57页。

合同。

不特定给付,是指在债的关系成立时,内容并未确定的给付,多发生于种类之债或选择之债,前者如白米五斗的买卖合同;后者如 A 款或 B 款电脑的买卖合同。

区分特定给付与不特定给付的法律意义在于:其一,履行规则不同。特定给付,标的物一经指定则不得改变。不特定给付,因给付内容尚未确定,不存在履行内容确定不变的法律问题。其二,是否发生履行不能不同。特定给付以特定物为给付标的物,标的物一旦灭失即发生给付不能。种类给付以种类物或数物为标的物,一般不发生给付不能的法律问题。

(七) 单一给付与合成给付

依据给付行为的结合程度,可以将给付分为单一给付与合成给付。

单一给付,是指由一个行为即得完成的给付。如甲出售水果一箱给乙,甲向乙交付水果即属于单一给付。

合成给付,是指须数个行为始得完成的给付。合成给付需要数个行为综合履行才能实现契约目的,如财产管理、合伙契约等。如果数个独立给付偶然结合在一起,并非合成一个债务,则属于结合给付,并非合成给付。例如,订立买卖房屋 1 栋、书籍 100 册的契约,其给付既有数个,且相互独立,是为结合给付。①

区分单一给付与合成给付的法律意义在于:在合成给付,行为同一,如部分行为不法,则全体债权皆为不法。在单一给付,并不存在这种牵连关系。

第三节　智力成果

一、智力成果的概念与特征

(一) 智力成果的概念

智力成果,又称知识产品,是指人们通过脑力劳动创造的,并以一定形式表现出来的精神产品。智力成果是人类脑力劳动的产物,凝结了人类一般劳动,可以成为民事权利的客体。

---

① 孙森焱:《民法债编总论》(上册),法律出版社 2006 年版,第 313 页。

（二）智力成果的特征

智力成果作为知识产权法律关系的客体，具有以下特征：

（1）创造性。并非所有智力成果均受法律保护，只有有所创新、有所突破、具有创造性的智力成果，才会凝结劳动者的大量劳动，才会受到法律保护。当然，不同的智力成果对创造性的要求并不相同。

一般而言，发明专利要求的创造性最高，它必须是该技术领域中先进的、前所未有的科学技术成就，它所体现的技术思想、技术解决方案必须使某一领域的技术发生质的飞跃。著作成果要求的创造性次之，仅须具有独创性，它要求作品必须是作者独立创作的劳动成果，任何作品只要是独立构思和创作的，不问其思想内容是否与他人作品相同或类似，均可取得著作权。商标的创造性再次之，达到易于识别的程度即可，即商标应当具有显著性，其文字、图形或其组合应避免与他人商标混同。[①]

（2）非物质性。智力成果是知识形态的精神产品，以信息形式存在，没有客观的外在形体，无须占据物理空间。智力成果的非物质性，决定了权利主体对智力成果的占有不表现为对物质的直接控制，而表现为对智力成果内容的掌控；对智力成果的转让，不发生实体交付的问题，只须履行相应的法律手续即可。智力成果虽然具有非物质性的特征，但其须依附一定的载体加以表现，该物质载体只是智力成果的外在表现，并非智力成果本身。例如，甲发表小说并出版印刷成册，印刷成册的书籍仅为小说的物质载体，是所有权法律关系的客体，小说的情节构思才是智力成果，是知识产权法律关系的客体。

（3）公开性。智力成果虽然是精神产品，但须通过一定载体加以表现和公开，如专利须表现为含有技术方案的产品、方法或产品的外观设计等；文学艺术作品须表现为文字作品、书画或剧本等；商标须表现为图案、文字等。如果仅是存在于头脑中的理念，没有以任何形式表达出来，就不会被社会传播、推广和应用，也就不存在法律予以保护的必要。

（三）智力成果的分类

依照我国知识产权相关立法，我国法律所保护的智力成果主要包括：①作为著作权客体的文学、艺术和科学作品；②作为专利权客体的发明、实用新型和外观设计；③作为商标权客体的商标。

[①] 吴汉东主编：《知识产权法通识教材》，知识产权出版社2007年版，第4—5页；魏振瀛：《民法》，北京大学出版社2000年版，第129—130页。

二、作品

(一) 作品的界定

著作权,是指民事主体对文学、艺术和科学作品所享有的财产权利和精神权利的总称。作为著作权客体的作品(works),是指文学、艺术和科学领域内,具有独创性并能以某种有形形式复制的智力创作成果。[①] 我国2010年《著作权法》第3条规定:"本法所称的作品,包括以下列形式创作的文学、艺术和自然科学、社会科学、工程技术等作品。"2002年《著作权法实施条例》第2条规定:"著作权法所称作品,指文学、艺术和科学领域内,具有独创性并能以某种有形形式复制的智力创作成果。"

(二) 作品的特征

虽然著作权的客体是作品,但并不是所有的作品都能够成为著作权的客体。一般来讲,能够成为著作权客体的作品须满足以下条件:

(1) 独创性。独创性,是指作者必须运用自己的智力和技巧进行创作,不是对现有作品的复制、抄袭、剽窃或模仿。作品的独创性不同于新颖性和艺术性,其所强调的是作者必须独立地运用自己的智力和技巧创作作品,即使与现有的作品相同或相似,即使不具有艺术价值,也照样产生著作权,可以获得法律保护。法律放弃对作品新颖性和艺术性的要求,其立法目的在于鼓励创作行为,促进科学文化事业的发展。

(2) 可复制性。可复制性,是指作品可以被人们直接或借助某种机器设备所感知,并通过一定载体复制,复制的方法主要包括印刷、录音、录像、翻录等。复制并不要求作品一定固定在有形载体上,只要能够为人们所感知,就可以成为作品,如口述作品。

(三) 受法律保护的作品类型

在我国,获得法律保护的作品主要包括以下方面:

1. 文字作品

文字作品,是指以文字形式表现的作品,如小说、诗歌、散文、论著、剧本、日

[①] 其他国家的著作权法也有类似规定。《美国版权法》(1976年) 第102条 (a) 规定:"由作者创作并固定于有形媒体——该媒体之为现有抑或今后发明,在非所问——可以直接或者借助于机械或者装置被感知、复制或以其他方式传播的作品,依本法予以保护。"《德国著作权法》第2条 (2) 规定:"本法所称著作只指个人的智力创作。"《日本著作权法》第2条第1款规定:"著作物,系指创作性地表现思想或者情感,属于文学、学术、美术或者音乐领域的原作。"《意大利著作权法》第1条规定:"具有创作性并属于文学、音乐、平面美术、建筑、戏剧和电影范畴的智慧作品,不问其表达方式及形式如何,受本法保护。"《伯尔尼公约》第2条第1款规定:"'文学和艺术作品'一词包括科学和文学、艺术领域内的一切作品,不论其表现形式或方式如何。"

记等。

2. 口述作品

口述作品，是指以口头语言创作和表达的，未以物质载体固定的作品，如即兴的演说、授课、法庭辩论等。口述作品是即兴创作的，对既有文字作品的朗读、表演，并非口述作品。

3. 音乐、戏剧、曲艺、舞蹈、杂技等艺术作品

音乐作品，是指交响乐、歌曲等能够演唱或演奏的，带词或不带词的作品。戏剧作品，是指将人的动作和说唱表白有机编排在一起，并通过舞台表演加以表达的作品，如话剧、歌剧、地方戏剧等。曲艺作品，是指以说唱为主要表演形式的作品，如相声、快书、大鼓、评书等。舞蹈作品，是指通过连续的动作、姿势、表情加以表现的作品。杂技作品，是指运用独特的身手技艺展现的作品，如口技、蹬技、顶技、魔术和马戏等。

4. 美术、建筑作品

美术作品，是指绘画、书法、雕塑等以线条、色彩或其他方式构成的，有审美意义的平面或立体造型的艺术作品。建筑作品，是指以建筑物、构造物等形式表现的有审美意义的作品。

5. 摄影作品

摄影作品，是指借助器械，在感光材料上记录客观物体形象的艺术作品。

6. 电影作品和以类似摄影的方式创作的影视作品

影视作品，是指摄制在一定物质媒体上，由一系列有伴音或无伴音的画面组成，并借助适当装置或设备再现或播放的作品，如电影、电视、录像作品等。

7. 工程设计图、产品设计图、地图、示意图和模型等图形作品

图形作品，是指为施工、生产绘制的工程设计图、产品设计图，以及反映地理现象、说明事物原理或结构的地图、示意图等作品。

8. 计算机软件

计算机软件，是指计算机程序及其有关的文档。

（四）不属于著作权客体的作品

下列作品虽然具有一定程度的独创性和可复制性，但并非著作权的客体：

1. 法律、法规、国家机关的决议、决定、命令和其他具有立法、行政、司法性质的文件及其官方正式译本

此类作品是国家机关的工作人员花费时间、精力字斟句酌、反复锤炼得来的，具有独创性和可复制性。但其制作的目的并不是为了享有著作权并限制其传播和利用，而是为了最大限度地被大众了解、知悉和遵守，因而法律将其排除在著作权客体之外。

2. 时事新闻

时事新闻，是指通过报纸、期刊、电台、电视等媒体报道的单纯的事实消息。时事新闻是对客观事实的原貌记录，基本不反映人类的创造性劳动。况且，时事新闻被社会公众广为关注，涉及社会公益，如果成为著作权的客体，将限制其传播，因而法律将也其排除在外。当然，如果新闻报道中融入了作者的价值评论、原因分析等创造性因素，就并非单纯的时事新闻，而应成为著作权的客体。

3. 历法、通用数表、通用表格和公式

历法、通用数表、通用表格和公式已成为人们普遍运用的公共工具，具有通用性和普遍性，人们广泛运用这些工具将推进社会的发展，因此，这些作品也不宜成为著作权的客体。

三、发明、实用新型和外观设计

在民法上，发明创造（inventions-creations）是专利权的客体。建立在发明创造基础上的权利就是专利权。在我国，作为专利权的客体的发明创造包括发明、实用新型和外观设计。

（一）发明

发明，是指对产品、方法或者其改进所提出的新的技术方案。如人造卫星的发明等。我国 2001 年《专利法实施细则》第 2 条第 1 款就规定："专利法所称的发明，是指对产品、方法或者改进所提出的新的技术方案。"[①]

专利法中的发明与日常用语中的发明并不相同，具备如下法律特征：

（1）具有技术创新性。创新性，是指发明与现有技术相比，须具有实质性特点和显著的进步。发明必须是前所未有的，具有一定难度和进步的技术方案。当然，任何进步均离不开前人的知识铺垫和经验积累，借鉴前人成果，在现有技术的基础上进行的实质性改进，也是一种创新。

（2）须利用自然规律。自然规律，是指自然界中存在的物理、化学原理和定律。文艺、体育、经济、逻辑思维领域中的技术方案，如表演艺术、体育竞技规则、财务结算办法、数学运算法则等，并没有利用自然规律，因而并非发明。值得注意的是，科学发现和技术发明是两个不同的法律概念，科学发现的对象是自然规律，是对自然规律的发现和认识；技术发明的对象是技术方案，是对自然规律的实施和运用。

---

① 其他国家的立法也有类似规定。《日本专利法》第 2 条规定："发明是指利用自然规律作出的具有高度创造性的技术构思。"《美国专利法》第 101 条也规定：发明是"任何新颖而适用的制法、机器、制造物、物质的组合，或者任何上述内容的新颖而适用的改进"。

(3) 发明是一种技术方案，能够产生技术效果，具有一定的实用性和可重复性。发明虽然是一种技术方案，但不要求其须达到能够立即应用于工农业生产的程度，也不要求其一定是完全实施已经转化为客观存在的产品，但该技术方案须具备将来实施的可能性和科学性。在我国，发明主要包括产品发明和方法发明。产品发明，是指人们通过研究，开发出来的关于各种新产品、新材料、新物质等的技术方案，如电子计算机的发明等。方法发明，是指人们为制造产品或解决某个技术课题而研究开发出来的操作方法、制造方法以及工艺流程等技术方案，如汉字输入法、杀虫方法等。

（二）实用新型

实用新型（utility models），是指对产品的形状、构造或者其结合所提出的实用的新的技术方案。我国 2001 年《专利法实施细则》第 2 条第 2 款规定："实用新型是指对产品的形状、构造或者其组合所提出的适于实用的新的技术方案。"

实用新型具备如下法律特征：

（1）具有技术创新性。实用新型的技术创新性，是指实用新型与现有技术相比，具有实质性特点和进步。建立实用新型制度的目的就是为了保护那些达不到专利创造性高度的小发明，因而实用新型在技术水平上的要求低于发明，被称为"小发明"。

（2）实用新型仅适用于产品，且该产品须具有立体形状和构造。实用新型是对产品外形、构造所作出的新设计，因此该产品必须具有固定的形状，不具有固定形态的气体、液体和凝胶状、粉末状或颗粒状的固体均非实用新型的产品范围。

（3）产品须具有实用性，能够在工业上应用。例如，汽车轮胎的花纹是为了防滑，铅笔的六角形是为了防止铅笔随意滚动。如果产品的形状构造只是为了美观，就不能获得实用新型专利保护。[①]

（三）外观设计

外观设计（designs），又称工艺品外观设计，是指对产品的形状、图案或者其结合以及色彩与形状、图案的结合所作出的富有美感并适于工业应用的新设计。

外观设计具备如下法律特征：

（1）外观设计是对工业品的外表所做的设计，因此须以产品为依托。该产品须是任何用工业方法生产出来的、具有一定形状的物体，不能重复生产的工艺品、农产品、畜产品、自然物以及气态、液态、粉末状或颗粒状的物质均不能成为外观设计的载体。外观设计是对产品外观的设计，不是对产品内在结构的设计。

（2）外观设计是关于产品形状、图案和色彩或其结合的设计，并富有美感。外观

---

① 冯小青、杨利华主编：《知识产权法学》，中国大百科全书出版社 2008 年版，第 172 页。

设计的目的在于美化产品，增强产品对消费者的吸引力，从而提升产品的市场竞争力，因而外观设计须富有美感。外观设计不考虑实用目的，它所解决的不是技术问题，而是美学问题。

（3）适于工业应用，即外观设计须可以通过工业手段大量复制。

四、商标

（一）商标的界定

商标权，是指商标所有人对其注册商标依法享有的各项专有权利。作为商标权客体的商标（trademark），俗称牌子、品牌，是指能够将不同经营者所提供的商品或服务区别开来，并被感知的标记，如可口可乐、李宁、阿迪达斯等。[①] 商标一般由文字、图形、字母、数字、符号、三维标志或颜色的组合构成，常常标注在商品包装或服务设施上，便于消费者认牌购物，维护正当的竞争秩序。

（二）商标的特征

商标作为一种识别性标记，具有以下法律特征：

（1）商标是商品或服务的标记。日常生活中，我们经常遇到各种徽章和标识，如政党、社会团体的标记等，但这些标记并非商标。商标旨在标明商品的来源和服务提供者的个性，因而商标只能是商品或服务的标记。

（2）商标是一种具有显著特征的识别性标志。商标的作用在于标明来源，将不同经营者的产品和服务区分开来，因而商标须具有显著性和可识别性。商品或服务的通用名称，描述商品或服务的质量、功能、原料、重量、数量等的标记均不能成为商标。

（3）商标由文字、图形、字母、数字、符号、三维标志或颜色的组合构成。商标可以是文字、图形、字母、数字、符号、三维标志或颜色的组合，以及上述诸要素的组合。

（三）商标的分类

依据不同标准，可以将商标做不同分类：

---

① 其他国家的立法也有类似规定。《德国商标法》第3条第1款规定："任何能够将其使用的商品或者服务与使用其他标志的商品或服务区别的标志，可以作为商标获得保护，尤其是文字（包括人名）、图案、字母、数字、声音标志、三维造型（包括商品或其包装以及容器的形状），还包括颜色或颜色的组合。"《意大利商标法》第16条规定：在合法情况下，"任何具有表现形式的新标识，尤其是文字，包括个人姓名、设计、字母、数字、声音、商品或其包装的形状、颜色组合或色调，如果它们能使某企业的商品或服务有别于其他企业的商品或服务，那么这些均可注册为商标。"

（1）依据商标是否被行政主管部门核准注册，可以将商标分为注册商标和非注册商标。注册商标，是指经国家商标局核准注册的商标。非注册商标，是指未经国家商标局核准注册的商标。在我国，虽然允许使用非注册商标，但对非注册商标并不提供法律保护，使用人并无独占使用权和排他权。

（2）依据商标构成要素的不同，可以将商标分为文字商标、图形商标、立体商标和组合商标。文字商标，是指以文字、数字、字母为构成要素的商标，如美的空调、三星手机等。图形商标，是指由平面图形、颜色组合而成的商标，如中国民航的红色凤凰等。立体商标，是指以长、宽、高三种维度组成的三维标志为构成要素的商标，如麦当劳的金色拱门等。组合商标，是指以文字、图形、字母、数字、符号、三维标志或颜色的组合构成的商标。

（3）依据商标使用对象的不同，可以将商标分为商品商标和服务商标。商品商标，是指民事主体在其生产、制造、加工、拣选或经销的商品上使用的商标。服务商标，是指民事主体在其提供的服务上使用的商标。

第四编 主观权利的内容

第九章 主观权利的类型

在我国,《民法通则》第五章对民事权利作出了全面、系统的规定,除了对财产所有权和同财产所有权有关系的财产权即物权作出了规定之外,它也对债权作出了规定,除了对知识产权作出了规定之外,它也对人身权作出了规定。虽然《民法通则》对主观权利作出的这些规定意义重大,但是,在民法总论当中,我国民法学者普遍忽视这些主观权利,在讨论民法总论的内容时,我国民法学者几乎不会讨论主观权利的问题,更不会将主观权利视为民法总论的核心内容,充其量,在对民事法律关系的内容作出说明时,他们会对民事权利的类型作出说明,① 除了我们主编的《民法总论》之外,② 几乎没有任何民法学者在其民法总论当中设立专章,对民事权利作出说明。

我国民法学者之所以均不会在其民法总论当中讨论主观权利,一个最重要的原因是,在讨论民法总论的内容时,他们基本上采取了德国民法学者尤其是我国台湾民法学者的做法。而由于《德国民法典》和德式民法典没有在其总则编当中规定主观权利,因此,德国民法学者和我国台湾民法学者也没有在其民法总论当中讨论主观权利。

虽然我国的民法学者普遍忽视了《民法通则》第五章的规定,但是,他们的消极态度丝毫没有影响立法者的热情,因为在《民法总则》当中,立法者采取了他们在《民法通则》当中采取的做法,设立专章对民事权利作出了规定,这就是《民法总则》第五章。在该章当中,立法者除了对各种各样的人身权作出了详细的规定之外,还对主观权利的客体、主观权利的渊源、主观权利的行使和行使限制作出了规定。通过这样的方式,《民法总则》已经建立起主观权利的一般理论和一般制度。

在我国,几乎所有的民法学者均对立法者在《民法总则》当中将民事权利规定为独立一章的做法不理解,他们认为,鉴于未来的民法典会在分则编当中规定各种各样的民事权利,因此,立法者没有必要再在《民法总则》当中设立专章,对民事权利作出单独规定,比如未来的《民法典》会在物权编当中会对物权和担保物权作出规定,未来的民法

---

① 梁慧星:《民法总论》(第2版),法律出版社2001年版;傅静坤主编:《民法总论》(第3版),中山大学出版社2007年版;江平主编:《民法学》,中国政法大学出版社2007年版;王卫国主编:《民法》,中国政法大学出版社2007年版;李永军:《民法总论》,中国政法大学出版社2008年版;魏振瀛主编:《民法》(第4版),北京大学出版社2010年版。

② 张民安、王荣珍主编:《民法总论》(第4版),中山大学出版社2013年版,第253—304页。

典会在侵权责任编当中对侵权债权作出规定，未来的《民法典》会在亲属编当中对身份权作出规定，等等。在所有的分则编均对民事权利作出规定的情况下，立法者再在《民法总则》当中对民事权利作出单独规定，他们的做法实在是画蛇添足、多此一举。

实际上，我国民法学者的此种看法是站不住脚的。因为，一方面，主观权利是民法的核心内容之一，如果不规定主观权利，则《民法总则》将丧失灵魂；另一方面，除了物权、债权等具体民事权利理论和具体民事权利制度之外，民法当中还存在民事权利的一般理论和一般制度，立法者固然应当在民法典的分则编当中规定民事权利的具体理论和具体制度，但他们也应当在民法典的总则编当中规定民事权利的一般理论和一般制度。

我们认为，相对于世界上最著名的、最伟大的两部民法典即《法国民法典》和《德国民法典》而言，除了《民法总则》第八章所规定的法律责任属于最大的创新和亮点之外，《民法总则》第五章所规定的民事权利也属于最大的创新和亮点。

第一节　民事权利的概念

一、民事权利的四种经典界定方式

在民法上，权利主体享有的权利该如何界定，民法学者有不同的理论，主要有四种经典的理论：权利主体的意志力（pouvoir de volonté）理论、受法律保护的利益理论（intérêt protégé）、意志力和受保护利益的混合理论（les doctrines mixtes）以及隶属－支配理论（appartenance-maîtrise）。

（一）权利主体的意志力理论

在民法上，有关民事权利的第一种经典理论是意志力理论，根据此种理论，所谓主观权利，或者是指客观法律所承认的、权利主体能够作出或者不作出某种行为、能够要求别人作出或者不作出某种行为的个人意志力。因此，根据意志力理论，民事权利体现在两个方面：其一，权利主体能够凭借自己的个人意志力作出或者不作出某种行为；其二，权利主体能够凭借自己的个人意志力要求别人作出或者不作出某种行为。[1]

---

[1] Léon Michoud, La théorie de la personnalité morale et son application au droit français, t. I, LGDJ, 1906, pp. 69—70; Léon Duguit, Traité de droit constitutionnel, t. I, 2e édition, Paris, E. de BOCCARD, Successeur, 1921, pp. 179—183; Jean Dabin, le droit subjectif, Dalloz, 2008, pp. 56—65; Gilles Goubeaux, Traité de droit civil, Introduction générale, Librairie générale de droit et de jurisprudence, pp. 124—125; Philippe Malaurie Patrick Morvan, Introuduction au droit, 4e édition, Defrénois, p. 50; 张民安：《法国民法总论（上）》，清华大学出版社2017年版，第546页。

在历史上，意志力理论源自德国 19 世纪中后期，它是由德国潘德克吞学派①的核心人物 Bernhard Windscheid 提出来的。虽然该种理论在 19 世纪影响巨大，但是该种理论也备受人们的批判，因为人们认为，该种理论将民事权利等同于民事权利的行使：虽然民事权利的行使需要权利主体的意志力，但是，民事权利的享有并不需要权利主体的意志力。换言之，即便婴幼儿没有意志力，他们仍然享有主观权利。②

（二）受法律保护的利益理论

在民法上，有关民事权利的第二种经典理论是受法律保护的利益理论，根据此种理论，所谓主观权利，是指人享有的受到法律、客观法律保护的某种利益（un intérêt protégé）。无论人拥有的利益是什么，只要他们的利益受到客观法律的保护，则他们的利益就是主观权利。

在历史上，将主观权利等同于人拥有的受法律保护的利益的做法始于德国 19 世纪中后期，它是由德国社会法学派的著名学者 R. von Jhering 提出来的。在其《罗马法的精神》当中，Jhering 对主观权利作出了这样的定义：所谓主观权利，是指权利主体享有的受到法律保护的利益。③

虽然该种理论在 19 世纪影响巨大，但是该种理论同样备受人们的批判，因为人们认为，该种理论将主观权利等同于主观权利的目的：虽然主观权利的目的在于保护权利主体所享有的利益免受侵犯，但是，主观权利本身并不是利益。④

（三）混合理论

在民法上，有关民事权利的第三种经典理论是混合理论。由于同时受到 Windscheid 和 Jhering 所主张的意志力理论和受法律保护的利益理论的影响，某些民法学者同时从意志力和受保护利益的角度对主观权利作出界定，这就是折中理论、混合理论。所不同的是，在对主观权利作出界定时，某些民法学者重视其中的利益而轻视其中的意志力，他们指出，所谓主观权利，是指通过权利主体的主观意志力来保障其实现的利益。⑤ 而

---

① 所谓潘德克吞学派，是指德国 19 世纪中后期一直到 20 世纪初期之间以研究罗马法尤其是其中的《潘德克吞法》即查士丁尼皇帝的《学说汇纂》为己任的民法学者。他们之所以被称为潘德克吞学派，一个最重要的原因在于，他们出版的民法总则经常以《潘德克吞》作为书名。张民安：《法国人格权法（上）》，清华大学出版社 2016 年版，第 62—64 页。
② 张民安：《法国民法总论（上）》，清华大学出版社 2017 年版，第 546—547 页。
③ R. von Jhering, L'Esprit du droit romain, t. IV, 2e édition, Paris A. Marescq, Ainé, éditeur, 1877, p. 326；张民安：《法国民法总论（上）》，清华大学出版社 2017 年版，第 547 页。
④ Gilles Goubeaux, Traité de droit civil, Introduction générale, Librairie générale de droit et de jurisprudence, pp. 124—125；张民安：《法国民法总论（上）》，清华大学出版社 2017 年版，第 547 页。
⑤ Jean Dabin, Le droit subjectif, Dalloz, pp. 73—74.

在界定主观权利时,某些民法学者则重视其中的意志力而轻视其中的利益,他们指出,所谓主观权利,是指法律所保护的、让权利主体凭借其获得某种利益的人的意志力。①

混合理论所存在的问题是:它既混淆了主观权利与主观权利的行使,也混淆了主观权利和主观权利的目的,既将主观权利等同于主观权利的行使,也将主观权利等同于主观权利的目的。②

(四)隶属-支配理论

在民法上,有关民事权利的第四种经典理论是隶属-支配理论。根据此种理论,所谓主观权利,是指权利主体对其权利客体享有的隶属关系和支配关系。在法国,此种理论为民法学者 Jean Dabin 所主张。在其《主观权利》当中,Dabin 对主观权利作出了说明。他指出,所谓主观权利,本质上(essentiellement)是一种隶属-支配(appartenance-maîtrise),其中的隶属引起并且决定支配,而支配则是隶属引起的结果。虽然主观权利表现为隶属与支配,但是隶属与支配并不是两个不同的内容,它们是同一存在(une meme réalité)即主观权利的两个不同方面。③

具体来说,主观权利具有隶属方面(l'aspect d'appartenance),因为所有主观权利均以某种利益(bien)或者价值(valeur)归属于某种权利主体作为基础,所有主观权利均通过客观法律所承认的某种隶属关系(un lien d'appartenance)将此种利益或者价值与权利主体联系在一起,并因此让权利主体能够说,该种利益或者价值是他本人的利益或者他本人的价值。

除了具有隶属方面之外,主观权利还具有另外一个方面,这就是主观权利的支配方面(l'aspect de maitrise)。所谓主观权利的支配方面,是指权利主体对与其有隶属关系的利益或者价值所施加的控制,权利主体对其权利客体享有的权利,因为,既然与其有隶属关系的利益或者价值属于权利主体,则权利主体当然是该种利益或者价值的主人,他们当然能够按照自己的意志、权力对其利益或者价值施加控制、予以支配,权利主体享有的此种权力被称为支配权、控制权。④

虽然此种理论影响巨大,但是,采用此种理论的学者可谓寥寥无几,因为该种理论的哲学意蕴要大于其法学意蕴。

---

① Jean Dabin, Le droit subjectif, Dalloz, p. 74.
② 张民安:《法国民法总论(上)》,清华大学出版社 2017 年版,第 548—549 页。
③ Jean Dabin, le droit subjectif, Dalloz, 2008, p. 80;张民安:《法国民法总论(上)》,清华大学出版社 2017 年版,第 548 页。
④ Jean Dabin, le droit subjectif, Dalloz, 2008, pp. 87—88;张民安:《法国民法总论(上)》,清华大学出版社 2017 年版,第 549 页。

二、我们对民事权利的界定

我们认为,所谓主观权利,是指客观法律赋予他人享有的能够作出某种行为或者不作出某种行为、能够要求别人作出某种行为或者不作出某种行为的特权或者权力。当客观法律将能够作出某种行为或者不作出某种行为、能够要求别人作出某种行为或者不作出某种行为的特权或者权力赋予他人时,他人享有的此种特权或者权力就是主观权利。这就是我们主张的特权(les prerogatives)和权力(pouvoirs)理论。①

例如,当房屋的购买人购买了房屋之后,他们就能够对其房屋进行占有、使用、出租或者予以出卖,别人不得干预屋主实施这些行为,因为屋主所实施的这些行为受到国家法律的保护,他们享有实施这些行为的权力或者特权,这就是所谓的物权。因此,物权是一种民事权利。

同样,当甲方将乙方打伤时,乙方就能够要求甲方对其遭受的损害予以赔偿,因为乙方所作出的要求甲方对其遭受的损害予以赔偿的行为受到国家法律的保护,形成所谓的法律上的权力或者特权,这就是所谓的债权。因此债权也是一种民事权利。

在法国,民法学者普遍将民事权利称为"主观权利"(des droit subjectifs),以对应于法国民法学者所谓的"客观法律"(le droit objectif)。所谓"客观法律"实际上是指广义的民法,例如民法典、民事单行法、某些规定民事法律关系的公法以及习惯、惯例等非制定法,已如前述。

三、民事权利和利益之间的关系

(一)区分权利和利益的两种不同理论

在民法上,权利主体所享有的民事权利同他们所享有的利益之间是否存在差异?如果存在差异,它们之间的差异是什么?在我国,由于受到德国民法尤其是我国台湾地区民法学者有关"权利"与"法益"区分理论的影响,我国民法学者一直以来都在讨论民事权利与利益之间的关系。

作为一个重要的理论问题,民事权利和民事利益之间的关系并不复杂,因此,在今时今日,我们应当对这样的问题作出清晰的阐述,因为,在区分民事权利和民事利益时,人们最初采取的理论和他们现在采取的理论存在天壤之别:传统上,人们采取权利

---

① Jean Carbonnier, Droit Civil, 1/Introduction, Les Personnes, Presses Universitaires De France, p. 181; Guy Raymond, Droit Civil, 2e édition, Litec, p. 29; Michel de Juglart Alain Piedeevre Stephane Piedeevre, Cours de droit civil, introduction, personnes, famille, Seizième édition, Montchrestien, p. 9; Gérard Cornu, Droit civil, Introuduction au droit, 13e édition, Montchrestien, p. 31;张民安:《法国民法总论(上)》,清华大学出版社 2017 年版,第 550 页。

的可处分性理论来区分权利和利益,而在今时今日,主流学说则采取权利的受尊重性理论来区分权利和利益。

(二) 民事权利和民事利益之间的区分标准(一):权利的可处分性理论

在区分民事权利和民事利益时,人们采取的第一种理论是权利的可处分性理论,根据此种理论,判断他人拥有的东西究竟是权利还是利益,其标准是该种东西是否具有可处分性,如果他人拥有的东西是具有可处分性的,则该种东西就是权利、真正权利,也就是所谓的主观权利,而如果他人拥有的东西不具有可处分性,则他人拥有的东西就是利益,不是权利。

所谓可处分性,同时包含两个方面的含义:其一,在生前,他人能够将其拥有的东西转让给别人,包括出卖给别人,赠与给别人等,这就是所谓的可转让性。其二,在死亡时,他人生前拥有的东西能够作为他人的遗产转移给他人的继承人继承,这就是所谓的可转移性。如果他人拥有的东西同时具有可转让性和可转移性,也就是,如果他人拥有的东西具有可处分性,则他人拥有的东西在性质上就是权利。反之,如果他人拥有的东西不具有可转让性或者可转移性,也就是,如果他人拥有的东西没有可处分性,则他们拥有的东西就是利益。

因为他人享有的物权和债权同时具有可转让性和可转移性,也就是,因为他人享有的物权和债权具有可处分性,因此,物权和债权属于权利,这就是民法学者所谓的主观权利、真正权利;因为他人享有的人格权既不具有可转让性也不具有可转移性,也就是,因为他人享有的人格权不具有可处分性,因此,他人的人格权即便被学者称为权利,人格权也不是主观权利、真正权利,而是虚假权利和利益。

(三) 民事权利和民事利益之间的区分标准(二):权利的受尊重性理论

在区分民事权利和民事利益时,人们采取的第一种理论是权利的受尊重性理论,根据该种理论,一旦他人拥有的任何东西应当受到别人的尊重,在别人不尊重他人拥有的此种东西时,他人有权向法院起诉,要求法官采取适当措施对其加以救济,则他人拥有的此种东西在性质上就属于权利、主观权利、真正权利,无论他人拥有的这些东西是否具有可处分性,都是如此。反之,即便他人拥有某种东西,如果他人拥有的此种东西不应当受到别人的尊重,在别人不尊重他人拥有的此种东西时,他人无权向法院起诉,要求法官采取适当措施对其加以救济,则他人拥有的此种东西就不是权利、主观权利、真正权利,而是一种利益,是一种不受法律保护的利益。

根据此种理论,判断他人拥有的东西究竟是权利还是利益,其标准不再是可处分性,而是受尊重性。凡是应当受到别人尊重的东西均属于权利,即便该种东西不具有可转让性、可转移性,反之,凡是不应当受到别人尊重的东西在性质上均不属于权利,而属于利益。因为他人享有的物权和债权具有受尊重性,因此,他人的物权和债权在性质上属于真正权利、主观权利,因为他人享有的人格权具有受尊重性,因此,他人的人格权也属于一种或者一类真正权利、主观权利。

(四) 当今主流学说采取上述第二种理论

即便是在19世纪,某些民法学者也已经承认,人格权在性质上属于一种真正权利、主观权利,即便人格权不具有物权或者债权所具有的可处分性。在20世纪50年代,随着德国1949年新宪法的制定,德国民法学者开始与德国19世纪的著名学者Savigny划清界限,不再采取可处分性的判断标准来区分权利和利益,而是采取上述第二种标准来区分权利和利益。因为这样的原因,在20世纪50年代之前,德国民法学者普遍认为,《德国民法典》第823(1)条规定的"生命、身体、健康、自由"不是权利而是利益,是侵权法所保护的利益。① 但是在1949年之后,德国民法学家改弦易辙,承认该条所规定的"生命、身体、健康、自由"为四种具体的"人格权"。②

第二节 财产权、非财产权和复合权

在我国,《民法通则》和《民法总则》均对民事权利作出了明确分类,认为民事权利分为财产权和人身权两大类。我们认为,这种分类是不足的。为此,我们将民事权利分为财产权、非财产权和复合权三大类。

一、财产权

(一) 财产权的界定

所谓财产权(les droits patrimoniaux),是指那些具有物质价值、财产价值或者商事价值、人们能够通过金钱方式客观确定或者评估其价值大小的民事权利。任何民事权利,只要具有物质价值、财产价值或者商事价值,能够用金钱方式评估或者确定其价值的大小,则为财产权。③

例如,权利主体对其手机享有的民事权利在性质上属于财产权,因为权利主体的手

---

① 张民安:《法国人格权法(上)》,清华大学出版社2106年版,第201—204页。
② 张民安:《法国人格权法(上)》,清华大学出版社2106年版,第219—224页。
③ Guy Raymond, Droit Civil, 2e édition, Litec, p. 77; Yvaine Buffelan-Lanore et Virginie Larribau-Terneyre, Droit civil, Introduction, Biens, Personne, Famille, 17e édition, Dalloz, p. 51; Michele Muller, Droit civil, 5e édition, Sup'Foucher, p. 17; 张民安:《法国民法》,清华大学出版社2015年版,第60页。

机具有物质价值、财产价值或者商事价值，人们能够以金钱方式对该手机的价值大小予以评估，例如，权利主体的手机的价值被评估为5000元或者500元等等。

再例如，合同债权人对合同债务人享有的合同债权在性质上属于财产权，因为合同债权具有物质价值、财产价值或者商事价值，人们能够以金钱方式对合同债权进行评估并因此确定其价值大小。

（二）财产权的分类

在民法上，财产权可以根据其客体的不同作出多种多样的分类。基于不同的考虑，民法学者所作出的分类并不完全相同。某些民法学者认为，财产权可以分为物权和债权两种，这就是财产权的二分法理论。①某些民法学者认为，财产权可以分为物权、债权和知识产权三种，这就是所谓的财产权的三分法理论。②

我们认为，无论是财产权的二分法理论还是财产权的三分法理论均属于传统民法的理论，该种理论无法适应20世纪50年代以来社会发展和变化的需要，因为20世纪50年代以来，影视明星、体育明星的人格权逐渐财产化了，这就是所谓的公开权。基于此种考虑，我们将财产权分为四类：物权、债权、知识产权和公开权。关于这四类不同的财产权，我们将在下面的内容当中作出讨论，此处从略。

（三）财产权的特征

财产权的特征包括：财产权的可转让性、可转移性、可强制执行性以及可适用时效性。

1. 财产权的可转让性

原则上，权利主体享有的财产权在性质上属于可转让的权利。在权利主体生存期间，他们有权按照自己的意愿将其享有的财产权全部或者部分转让给受让人，由受让人全部或者部分获得权利主体所转让的财产权，包括将其享有财产权的财产出卖、赠与或者以其他方式处分给受让人。财产权的转让既可以是无偿的，也可以是有偿的，究竟是无偿的还是有偿的，取决于转让人与受让人之间的协议。③

不过，在例外情况下，权利主体享有的财产权在性质上属于不得转让的权利。所谓例外情况是指，如果权利主体享有的财产权仅是为了满足其本人的生活或者存在需要，

---

① Guy Raymond, Droit Civil, 2e édition, Litec, p. 77; Michel de Juglart Alain Piedeevre Stephane Piedeevre, Cours de droit civil, introduction, personnes, famille, Seizième édition, Montchrestien, p. 111.
② Yvaine Buffelan-Lanore et Virginie Larribau-Terneyre, Droit civil, Introduction, Biens, Personne, Famille, 17e édition, Dalloz, pp. 51—52; Michele Muller, Droit civil, 5e édition, Sup'Foucher, p. 17; Philipp Bihr, Droit Civil general, 13e édition, Dalloz, pp. 32—34.
③ 张民安：《法国民法》，清华大学出版社2015年版，第60页。

则他们生前不得将此类财产权转让给受让人。例如，夫妻之间享有的扶养权、未成年子女对其父母享有的抚养权等，均不得转让。①

2. 财产权的可转移性

原则上，权利主体享有的财产权在性质上属于可转移的权利，这就是，在权利主体死亡时，他们生前的财产会作为遗产被其继承人所继承。不过，在例外情况下，权利主体享有的某些财产权在性质上属于不得转移的权利，他们生前的财产在他们死亡之后不得作为遗产为其继承人所继承，因为，在此种情况下，一旦他们死亡，他们享有的财产权也随之消灭。例如，权利主体享有的养老金请求权。②

3. 财产权的可强制执行性

原则上，权利主体享有的财产权属于可强制执行的权利，这就是，如果作为债务人的权利主体不履行其对债权人承担的债务，则债权人有权向法院起诉，要求法官对债务人或者担保人的财产采取强制执行措施，将债务人或者债务人之外的担保人的财产予以拍卖、变卖并因此从拍卖款、变卖款当中清偿债务人对债权人所承担的债务，以便消除他们之间的债权债务关系。③

不过，在例外情况下，权利主体享有的某些财产权在性质上属于不得强制执行的权利，即便债务人拒绝履行其对债权人承担的债务，法官也不得对债务人的财产予以强制执行。例如，如果债务人的动产是债务人的生活和工作所必需的，则法官不得对债务人的此类财产予以强制执行。④

4. 财产权的可适用时效性

在民法上，财产权是一种能够适用时效制度的权利，这就是，如果符合取得时效的规定，原本不享有所有权的人能够享有所有权；如果符合消灭时效或者诉讼时效的规定，则原本享有债权的人会因此丧失其债权，或者虽然没有丧失，但是其债权将会因此蜕变为自然债权，也就是没有强制执行力的债权。⑤

---

① 张民安：《法国民法》，清华大学出版社 2015 年版，第 60 页。
② 张民安：《法国民法》，清华大学出版社 2015 年版，第 61 页。
③ 张民安：《法国民法》，清华大学出版社 2015 年版，第 61 页。
④ 张民安：《法国民法》，清华大学出版社 2015 年版，第 61—62 页。
⑤ Michele Muller, Droit civil, 5e édition, Sup'Foucher, p. 20; David Bakouche, Droit civil les personnes la famille, HACHETTE, p. 32; Yvaine Buffelant-Lanore Virginie Larribau-Terneyre, Droit civil, Introduction, Biens, Personne, Famille, 17e édition, Dalloz, p. 51; FrancoisTerré Dominique Fenouillet, Droit civil les personnes, 8e édition, Dalloz, p. 57.

二、非财产权

(一) 非财产权的界定

所谓非财产权（les droit extrapatrimoniaux），是指那些仅仅具有精神价值、心理价值或者情感价值，人们无法通过金钱方式客观确定地评估其价值大小的民事权利。任何民事权利，只要它们仅仅具有精神价值、心理价值或者情感价值而没有物质价值、经济价值或者商事价值，人们无法用金钱方式客观评估或者确定其价值的大小，即为非财产权。[1]

例如，甲方对其同性恋趋向所享有的隐私权就属于非财产权，因为甲方对其同性恋趋向所享有的隐私权仅仅具有精神价值、心理价值或者情感价值，没有物质价值、经济价值或者商事价值，无法用金钱确定其价值的大小。同样，甲方对其姓名享有的姓名权也属于非财产权，因为甲方的姓名权也仅仅具有精神价值、心理价值或者情感价值，无法以金钱确定其价值大小。

(二) 非财产权的类型

在法国，大多数民法学者将非财产权仅分为家庭权和人格权两种，[2] 少数民法学者则将非财产权分为人格权、家庭权（droits familiaux）、职业权（droits professionnels）和公民权（droits civique）四种，其中的公民权也称为政治权或者人权，而其中的职业权也称为劳动权。[3]

在我国，民法学者普遍将人身权视为一种非财产权。不过，此种看法显然是不合适的，因为，在民法上，身份权并非仅仅是一种非财产权，而是一种复合权。身份权之所以是一种复合权，是因为除了包括非财产权的内容之外，身份权还包括财产权的内容。有鉴于此，我们认为，在民法上，非财产权仅有一类，这就是人格权。

---

[1] Yvaine Buffelan-Lanore et Virginie Larribau-Terneyre, Droit civil, Introduction, Biens, Personne, Famille, 17e édition, Dalloz, p. 56; Michel de Juglart Alain Piedeevre Stephane Piedeevre, Cours de droit civil, introduction, personnes, famille, Seizième édition, Montchrestien, p. 117. Michele Muller, Droit civil, 5e édition, Sup'Foucher, p. 20; 张民安：《法国民法》，清华大学出版社 2015 年版，第 70 页。

[2] Michel de Juglart Alain Piedeevre Stephane Piedeevre, Cours de droit civil, introduction, personnes, famille, Seizième édition, Montchrestien, p. 117; Michele Muller, Droit civil, 5e édition, Sup'Foucher, p. 20; Philipp Bihr, Droit Civil general, 13e édition, Dalloz, p. 34.

[3] Yvaine Buffelan-Lanore et Virginie Larribau-Terneyre, Droit civil, Introduction, Biens, Personne, Famille, 17e édition, Dalloz, p. 57.

(三) 非财产权的特征

我们认为，非财产权的特征包括：非财产权的不得转让性、不得转移性、不得强制执行性以及不得适用时效性。其中的不得转让性和不得转移性也被民法学者称为不得处分性（indisponbilité），已如前述。

1. 非财产权的不得转让性

同财产权所具有的可转让性特征不同，非财产权具有不得转让性（incessibles）的特征，这就是，权利人生前不得将其享有的非财产权转让给受让人，无论是有偿转让还是无偿转让，无论是部分转让还是全部转让，法律均予以禁止。因此，权利人不得将其生命权转让给受让人享有，不得将其隐私权转让给受让人享有，父母不得将其享有的亲权转让给受让人享有。[①]

2. 非财产权的不得转移性

同财产权所具有的可转移性特征不同，非财产权具有不得转移性（intransmissibles）的特征，这就是，权利人死亡之后，他们生前享有的非财产权不得作为遗产被其继承人所继承。权利人享有的非财产权之所以不能够作为遗产为其继承人所继承，是因为权利人享有的非财产权具有专属性，无法与其权利人分离，它们因为权利人的出生或者其他原因而为权利人享有，因为权利人的死亡或者其他原因而消灭。因此，自然人因为出生而享有生命权和身体权，他们也因为死亡而丧失其生命权或者身体权。同样，夫妻之间因为结婚而享有配偶权，他们也因为其中的一方死亡而丧失其配偶权。[②]

3. 非财产权的不得强制执行性

同财产权所具有的可强制执行性的特征不同，非财产权具有不得强制执行性（insaissables）的特征，这就是，即便债务人不履行其对债权人所承担的债务，债权人也不得向法院起诉，要求法官对债务人享有的非财产权采取强制执行措施，以便确保债权人债权的实现。因此，当债务人没有履行其对债权人所承担的债务时，法官不得对债务人的生命权采取强制执行措施，不得剥夺债务人的生命。当债务人没有履行其对债权人承担的债务时，法官也不得对债务人的人身自由采取强制执行措施，不得剥夺其人身自由。[③]

4. 非财产权的不得适用时效性

同财产权所具有的能够适用时效制度的特征不同，非财产权具有不能够适用时效制度（inprescriptibles）的特征，这就是，无论是消灭时效还是取得时效均不得对权利人

[①] 张民安：《法国民法》，清华大学出版社 2015 年版，第 71 页。
[②] 张民安：《法国民法》，清华大学出版社 2015 年版，第 71 页。
[③] 张民安：《法国民法》，清华大学出版社 2015 年版，第 71—72 页。

享有的非财产权适用：当权利人不行使其享有的非财产权时，他们享有的非财产权并不会因此消灭，换言之，非财产权不适用于消灭时效；当别人擅自占有或者使用权利人享有的非财产权时，别人并不会因此就获得权利人的非财产权，换言之，非财产权不适用取得时效。①

因此，即便行为人长期侵占权利人的姓名，行为人并不会因为取得时效的经过而获得权利人的姓名，权利人并不会因此而丧失其姓名权。同样，即便妻子结婚之后长期使用其丈夫的姓氏，妻子也不会因此获得其丈夫的姓氏。②

三、复合权

所谓复合权，是指那些同时具有物质价值、财产价值或者商事价值和精神价值、心理价值或者情感价值的民事权利。任何民事权利，如果既有物质价值、财产价值或者商事价值，能够以金钱方式客观确定其价值的大小，也具有精神价值、心理价值或者情感价值，无法以金钱方式客观确定其价值大小，则为复合权。

例如，丈夫对其妻子享有的配偶权就属于典型的复合权，因为在该种配偶权当中，既存在财产权的内容，也存在非财产权的内容。再例如，著作权人所享有的著作权也属于复合权，因为除了包括人格权之外，著作权还包括财产权的内容。

在民法上，哪些权利在性质上属于复合权？在法国，某些民法学者认定，知识产权同时具有财产权与非财产权的双重性，因此，知识产权被这些民法学者看作一种复合权。此外，某些民法学者也认为，家庭权同时具有财产权和非财产权的性质，因此，也属于复合权。在我国，梁慧星教授和傅静坤教授认为，继承权和社员权在性质上属于复合权，因为继承权与社员权同时具有财产权和非财产权的双重性。③ 我们认为，复合权主要包括三种类型：著作权人享有的著作权、家庭成员之间的身份权以及社员权等。

四、区分财产权、非财产权和复合权的主要原因

（一）财产权、非财产权与复合权的目的不同

在民法上，权利主体行使财产权的目的仅仅是为了满足其物质方面的、财产方面的或者商事方面的要求。在民法上，权利主体行使非财产权的目的仅仅是为了满足其精神方面、心理方面或者情感方面的要求。而在民法上，权利主体行使复合权的目的具有双

---

① 张民安：《法国民法》，清华大学出版社 2015 年版，第 72 页。
② 张民安：《法国民法》，清华大学出版社 2015 年版，第 72 页。
③ 梁慧星：《民法总论》（第 2 版），法律出版社 2001 年版，第 71 页；傅静坤主编：《民法总论》（第 3 版），中山大学出版社 2007 年版，第 41 页。

重性：既满足他们物质方面的、财产方面的或者商事方面的要求，也满足他们在精神方面、心理方面或者情感方面的要求。

（二）财产权、非财产权与复合权价值的判断标准不同

在民法上，所有的民事权利均具有自己的价值，因为，如果没有价值，法律就没有必要对权利主体的民事权利提供保护。所不同的是，民事权利的类型不同，它们的价值也不同。总的说来，财产权仅仅具有客观价值，非财产权仅仅具有主观价值，而复合权则不同，它们既具有客观价值也具有主观价值。

所谓民事权利的客观价值，是指民事权利所具有的物质价值、财产价值或者商事价值。在民法上，财产权的物质价值、财产价值或者商事价值究竟是多少，人们能够通过金钱尤其是市场价格的方式确定和评估，这就是客观判断标准。

所谓民事权利的主观价值，是指民事权利所具有的精神价值、心理价值或者情感价值。在民法上，非财产权的精神价值、心理价值或者情感价值究竟是多少，人们无法通过金钱尤其是市场价格的方式确定和评估，他们只能够考虑案件的具体情况，考虑非财产权遭受侵犯之后他人的不同反应尤其是所遭受的损害后果的严重性，这就是主观判断标准。

在民法上，某些民事权利既有客观价值也有主观价值，这就是复合权。在确定和评估他人复合权的价值大小时，人们要同时采取客观判断标准和主观判断标准。

（三）财产权、非财产权与复合权的特征不同

财产权的特征不同于非财产权和复合权。因为人们普遍认为，财产权具有可转让性、可转移性、强制执行性和适用时效性，而非财产权则不具有这些特征，已如前述。

（四）财产权、非财产权与复合权遭受侵害时的法律救济措施不同

当财产权遭受侵害时，其法律救济措施是责令行为人赔偿他人遭受的财产损害；当非财产权遭受侵害时，其主要法律救济措施是责令行为人赔偿他人遭受的非财产损害；当复合权遭受侵害时，其主要法律救济措施是同时责令行为人赔偿他人遭受的财产损害和非财产损害。

第三节　财产权的分类

在我国，《民法总则》对财产权作出了分类，认为财产权包括三类：物权、债权和知识产权。其中的物权为第114条至第117条所规定，其中的债权为第118条至第122

条所规定,而其中的知识产权则为第 123 条所规定。这些法律条款结合在一起共同形成财产权方面的一般理论和一般制度。

一、物权

(一) 物权的界定

在我国,《民法总则》第 114 条不仅对物权(les droits réels)作出了界定,而且还对物权作出了分类,该条规定:民事主体依法享有物权。物权是权利人依法对特定的物享有的直接支配和排他的权利,包括所有权、用益物权和担保物权。该条规定表明,立法者在物权的问题上没有采取我国民法学者普遍主张的法律关系理论,没有将物权视为权利人凭借其有体物、有形财产而与别人之间所建立的一种法律关系。

例如,手机所有人直接对其手机所享有的占有、使用并且排除别人干预的权利就是物权。再如,银行对借贷人用来作为贷款担保的房屋所享有的保全权[①]、让与权[②]、实行权[③]以及优先受偿权[④]等也是物权。

在民法上,物权究竟应当如何分类,不同的民法学者有不同的意见。在法国,大多数民法学者将物权分为主物权(les droits réels principaux)和从物权(les droits réels accessoires),其中,主物权包括所有权和用益物权,而从物权则是指担保物权。[⑤] 在我国,《物权法》将物权分为所有权、用益物权、担保物权和占有四种。而《民法总则》则将物权分为所有权、用益物权和担保物权三类。我们将物权分为三类:所有权、用益物权和担保物权,其中,所有权和用益物权在性质上属于主物权,而担保物权在性质上则属于从物权。

(二) 所有权

所谓所有权,也称为自物权、完全物权,是指物权人对其本人的物所享有的占有、

---

① 所谓保全权,是指当担保物的价值因为某种原因而贬损时,担保物权人所享有的要求担保人采取措施恢复或者维持其价值以便防止其担保物的价值贬损危及担保物权人利益的权利。
② 所谓让与权,是指担保物权人所享有的将其担保物权转让给别人的权利。
③ 所谓实行权,是指当债务人不履行对债权人所承担的债务时,债权人所享有的将担保人用作担保的有体物、有形财产予以拍卖、变卖或者采取其他方式以便实现其债权的权利。
④ 所谓优先受偿权,是指当担保人用作担保的有体物、有形财产被拍卖、变卖时,担保物权人所享有的从拍卖款、变卖款当中优先于别人债权人清偿期债权的权利。
⑤ Jean Carbonnier, Droit Civil, 1/Introduction, Les Personnes, Presses Universitaires De France, pp. 185—186; Guy Raymond, Droit Civil, 2e édition, Litec, p. 30; Yvaine Buffelan-Lanore et Virginie Larribau-Terneyre, Droit civil, Introduction, Biens, Personne, Famille, 17e édition, Dalloz, pp. 52—53; Philipp Bihr, Droit Civil general, 13e édition, Dalloz, pp. 32—33; Michele Muller, Droit civil, 5e édition, Sup'Foucher, p. 18.

使用、收益、处分并且排除别人干预的物权。例如,当甲方购买了手机时,甲方对其手机所享有的占有、使用、处分并且排除别人干预的权利就是所有权。同样,当甲方将其房屋赠与乙方时,乙方对该受赠的房屋所享有的占有、使用、收益、处分并且排除别人干预的权利就是所有权。

(三) 用益物权

所谓用益物权,是指非所有权人在所有权人的不动产基础上所享有的以占有、使用或者收益为目的的物权。在法国,用益物权也被称为从所有权当中派生出来的物权、被肢解的物权(les droits réels démembrés),包括用益权(le droit d'usufruit)[1] 和地役权(les servitudes),[2] 等等。而在我国,用益物权包括农村土地承包权[3]、建设用地使用权[4]和宅基地使用权[5],等等。

例如,在我国,大学对其大学校园所享有的使用权属于用益物权,因为该种使用权建立在国家对大学校园享有所有权的基础上。再例如,在我国,村民对其宅基地享有的权利也是用益物权,因为村民的宅基地使用权建立在集体土地所有权的基础上。

(四) 担保物权

所谓担保物权,是指债权人为了保证其债权获得实现而在别人供作担保的有体物、

---

[1] 所谓用益权,是指一个人在一定期限内对另外一个人的物所享有的使用权和收益权。其中,对另外一个人的物享有使用权和收益权的人被称为用益权人(usufruitier),用益权人对其物享有使用权和收益权的人被称为虚所有权人(nu-propriétaire),用益权人与虚所有权人之间因此产生了法律关系,在此种法律关系当中,用益权人除了对虚所有权人享有权利之外,也对虚所有权人承担义务。张民安:《法国民法》,清华大学出版社2015年版,第485页。
[2] 所谓地役权,是指为了让某一个人的不动产能够得到使用或者为了让不动产能够发挥效用而对另外一个人的不动产所强加的某种负担(charge)。其中,对其不动产强加此种负担的不动产所有权人被称为供役地人,对其强加了此种负担的不动产被称为供役地(fonds servant);为了让不动产得到使用(l'usage)或者为了让不动产的效用(l'utilité)得以发挥而在供役地上设立负担的不动产所有权人被称为需役地人,需役地人对其享有所有权的不动产被称为需役地(fonds dominant)。张民安:《法国民法》,清华大学出版社2015年版,第488页。
[3] 所谓土地承包经营权,是指那些承包别人土地的人对其所承包的土地所享有的占有、使用、收益甚至转让的他物权,例如,村民承包农村集体组织的土地从事茶叶种植活动时对所承包的农村具体土地所享有的物权。
[4] 所谓建设用地使用权,是指国有土地的使用人对其使用的国有土地所享有的开发或者利用的他物权。例如,房地产开发商使用国有土地开发房地产等。
[5] 所谓宅基地使用权,是指农村村民所享有的在其集体组织土地之上建造供自己居住的房屋的他物权。

有形财产物之上所享有的物权。担保物权包括抵押权①、质权②、留置权③等等。

例如，当甲方委托乙方修理其小汽车时，乙方在甲方支付修理费用之前所享有的扣留甲方的小汽车的权利就属于担保物权。再例如，在借款人没有将贷款还给银行之前，银行对借款人用作抵押的房屋所享有的变卖权和优先受偿权也属于担保物权。

二、债权

（一）债权的界定

所谓债权，也称为对人权，是指债权人所享有的要求债务人对其承担作出或者不作出某种行为义务的权利。④我国《民法总则》第122条不仅对债的渊源作出了说明，而且对债权作出了界定，该条规定：民事主体依法享有债权。债权是因合同、侵权行为、无因管理、不当得利以及法律的其他规定，权利人请求特定义务人为或者不为一定行为的权利。

在我国，《民法总则》第122条根据债权产生渊源的不同将债权分为五类：合同债权、侵权债权、不当得利债权、无因管理债权以及制定法规定的债权。

（二）合同债权

所谓合同债权，是指合同债权人对其合同债务人所享有的要求合同债务人对其履行所承担的合同义务或者承担违约责任的权利。

例如，当甲方同乙方签订手机买卖合同时，乙方对甲方所享有的要求甲方对其承担交付手机的权利就是合同债。再例如，当甲方将房屋出租给乙方时，甲方所享有的要求乙方对其承担支付租金义务的权利也是合同债。

（三）侵权债权

所谓侵权债权，是指权利主体所享有的要求行为人就其实施的侵权行为对自己承担

---

① 所谓抵押权，是指债权人对债务人或者第三人用作债权担保的不动产或者某些特殊类型的动产所享有的担保物权。抵押权的主要特征是，抵押物并不转移给债权人占有，而仍然由债务人或者第三人所占有。

② 所谓质权，是指债权人对债务人或者第三人用作担保债权的动产所享有的担保物权。质权的主要特征是，用作质押的动产要转移给债权人占有。

③ 所谓留置权，是指当债务人不履行他们所承担的民事义务时，债权人所享有的对那些原本应当返还给债务人的财产予以暂时扣留的物权。例如，当甲方将其小汽车交给乙方修理时，如果甲方拒绝支付乙方的修理费用，则乙方有权暂时扣留甲方的小汽车，以便督促甲方支付其修理费用。

④ Jean Carbonnier, Droit Civil, 1/Introduction, Les Personnes, Presses Universitaires De France, p. 186; Goubeaux, Droit Civil Tome 1, 24e édition LGDJ, p. 31; 张民安、铁木尔高力套：《债权法》（第4版），中山大学出版社2013年版，第48页；张民安：《法国民法》，清华大学出版社2015年版，第66页。

侵权责任的权利。例如，当甲方毁损乙方的名誉时，乙方所享有的要求甲方对其承担名誉侵权责任的权利就是侵权责任债。再例如，当医师在诊断病患者的时候存在过失时，病患者对医师所享有的要求医师赔偿其遭受的人身损害的权利就是侵权责任债。

（四）不当得利债权

所谓不当得利债权，是指当受益人在没有任何正当理由的情况下以牺牲受损人的利益作代价而获得不当利益时，受损人所享有的要求受益人将其获得的不当利益返还给受损人的权利。例如，当甲方拾得乙方所遗失的手机时，乙方所享有的要求甲方将其手机返还给乙方的权利就是不当得利债。再例如，当公司董事擅自授权第三人所给付的好处费时，公司对其董事所享有的要求董事将其获得的好处费返还给公司的权利也是不当得利债。

（五）无因管理债权

所谓无因管理债权，是当管理人在没有法定义务或者约定义务的情况下对被管理人的事务进行管理时，管理人所享有的要求被管理人支付他们因为管理其事务所支出的合理费用甚至赔偿他们因为管理其事务所遭受的损害的权利。例如，当甲方的邻居乙方为了防止甲方的房屋倒塌而对其房屋进行修缮时，其所享有的要求甲方支付其修缮费用的权利就是无因管理债。再例如，当乙方在甲方的宠物狗走失期间对甲方的宠物狗予以喂养时，乙方所享有的要求甲方支付其喂养宠物狗所支出的费用的权利也是无因管理债。

（六）制定法规定的债权

所谓制定法规定的债权，是指他人所享有的要求行为人根据制定法的规定对其作出某种行为或者不作出某种行为的权利。例如，当立法者在婚姻法当中要求父母对其未成年子女承担抚养义务时，未成年子女依据婚姻法的规定对其父母享有的抚养请求权即为制定法规定的债权。

三、知识产权

（一）知识产权的界定

所谓知识产权（les droits intellectuels），也称无形财产权（les droits de propriétéincorporelle），是指知识产权人对其智力成果所享有的排他性的使用权。我国《民法总则》第123条对知识产权作出了界定，该条规定：所谓知识产权，是指权利人依法就作品、发明、实用新型、外观设计和商标等客体享有的专有权利。

例如，当作家创作了小说时，他们即对该小说享有排他性的使用权，因此，小说作家对其小说享有的权利就是知识产权。同样,当发明者获得了某种发明的专利权时,他们即对其发明享有排他性的使用权,因此,专利权也属于知识产权。

(二) 知识产权的性质

在民法上,知识产权的性质是什么,民法学者存在一定的争议。大多数民法学者都认为,知识产权属于复合权,因为知识产权人所享有的知识产权既具有财产性,也具备非财产性。关于这一点,我们将在下面的内容当中作出讨论,此处从略。少数民法学者则认为,虽然知识产权同时具有财产性与非财产性的双重特征,但是,在知识产权的财产性和非财产性当中,知识产权的财产性属于知识产权的主要特性、最重要的特性,因此,知识产权在性质上仍然属于财产权。[1]

实际上,在知识产权领域,仅有著作权人所享有的著作权才同时具有财产性与非财产性的双重性,专利权尤其是商标权等知识产权往往仅具有财产性,其非财产性很少甚至根本没有。基于此,我们仅在此处简单地介绍专利权和商标权,将在复合权当中介绍著作权。

(三) 专利权

所谓专利权,是指发明创造人对其发明创造所享有的排他性的独占权。专利权具有排他性、时间性和地域性的三个重要特点。

所谓专利权的排他性,也称独占性或专有性,是指专利权人对其专利权所享有的独自使用并且排除别人干预的权利。所谓专利权的时间性,是指专利权人仅仅在法律所规定的期限内对其享有的专利权享有排他性的使用权,超过了法定期间,则任何人均能够使用其发明创造。所谓专利权的地域性,是指专利权人仅仅在授予其专利权的国家或者地区范围内对其发明创造享有排他性的所有权。

在民法上,专利权虽然具有非财产性和财产性的特征,但是,其非财产性的内容很少,主要是发明权所享有的署名权,而其财产性的内容则非常多,包括专利权人所享有的专利使用权、专利许可权和专利转让权等。从这个意义上来讲,专利权在性质上当然属于财产权、非专属权。

(四) 商标权

所谓商标权,也称为商标专用权,是指商标所有人对其注册商标所享有的排他性的独占权。商标权同专利权一样也同时具有排他性、时间性和地域性的特征,我们有关专

---

[1] Yvaine Buffelan-Lanore et Virginie Larribau-Terneyre, Droit civil, Introduction, Biens, Personne, Famille, 17e édition, Dalloz, p. 50.

利权的排他性、时间性或者地域性的说明基本上可以适用于商标权。在民法上，商标权在性质上是财产权、非专属权。

四、公开权

（一）公开权的界定

在当今社会，除了物权、债权和知识产权之外，财产权还包括公开权（the right of publicity）。所谓公开权，是指权利主体尤其是影视明星、体育明星等公众人物所享有的决定是否公开、通过什么方式公开，以及在什么范围内公开其姓名、肖像、声音及其他人格特征的权利。

（二）公开权的性质

在民法上，公开权在性质上属于财产权、绝对权和非专属权，因为公开权的理论认为，影视明星、体育明星等公众人物享有的姓名权、肖像权或者人格特征权不再具有精神性、情感性或者心理性的内容，而仅有物质性、财产性尤其是商事性的内容，除了这些人本人可以基于商事目的使用这些人格特征之外，他们也可以授权别人基于商事目的使用这些人格特征；他们死亡之后，他们享有的这些公开权能够作为遗产为其继承人所继承；无论是影视明星、体育明星还是他们的继承人，均能够凭借其公开权对抗那些基于商事目的使用影视明星、体育明星的人格特征的第三人。

（三）公开权在两大法系国家当中的承认

在民法上，公开权最早在20世纪50年代得到美国侵权法的认可，在今天，除了美国的立法机关、司法机关认可公开权之外，美国的侵权法学者也广泛认可公开权理论。[①]

除了美国的民法认可公开权之外，大陆法系国家的民法也在20世纪80年代末期开始认可影视明星、体育明星所享有的公开权。[②] 在我国，民法学者也主张影视明星、体育明星无形人格权的财产性理论。[③]

[①] 张民安：《公开权侵权责任制度研究》，载张民安主编《公开权侵权责任研究》，中山大学出版社2010年版，第28—31页。

[②] 张民安：《公开权侵权责任制度研究》，载张民安主编《公开权侵权责任研究》，中山大学出版社2010年版，第15—17页，第30—32页；张民安：《无形人格侵权责任研究》，北京大学出版社2012年版，第21—22页，第15—29页。

[③] 张民安：《公开权侵权责任制度研究》，载张民安主编《公开权侵权责任研究》，中山大学出版社2010年版，第38—42页。

(四) 公开权的核心内容

(1) 自然人尤其是影视明星、体育明星等公众人物的姓名、肖像、声音或者人格特征具有商事价值、经济价值或者财产价值,就像权利主体的动产、不动产或者契约具有商事价值、经济价值或者财产价值一样。①

(2) 自然人尤其是影视明星、体育明星等公众人物对其具有商事价值、经济价值或者财产价值,其姓名、肖像、声音或者人格特征,享有占有、使用、收益、处分的权利,就像动产、不动产的所有权人能够对其动产、不动产享有占有、使用收益或者处分的权利一样。②

(3) 公开权不具有专属性。一方面,公开权人能够通过买卖契约、赠与契约或者以其他方式将其公开权转让给别人使用;另一方面,公开权人享有的公开权在公开权人死亡时能够作为遗产为其继承人所继承。③

五、民法区分物权、债权、知识产权和公开权的主要原因

民法之所以区分物权、债权、知识产权或者公开权,是因为这几种财产权之间存在重大差异。

(一) 权利客体不同

在民法上,物权的客体原则上是有形财产、有体物、有形物,在例外情况下也包括权利、无形财产或者无体物;债权的客体是债务人所为的某种给付行为;知识产权的客体为知识产权人所进行的智力创造活动或者说智力成果;公开权的客体是影视明星、体育明星的具有商事性质的人格特征。

(二) 权利的对抗范围不同

在民法上,物权、知识产权和公开权属于绝对权,权利主体能够凭借其享有的权利对抗世人或者第三人,而债权则属于相对权,权利主体原则上仅仅能够凭借其享有的权利对抗相对人,不能够对抗第三人。当然,合同债权人享有的合同债权在例外情况下也

---

① 张民安:《公开权侵权责任制度研究》,载张民安主编《公开权侵权责任研究》,中山大学出版社2010年版,第31页。
② 张民安:《公开权侵权责任制度研究》,载张民安主编《公开权侵权责任研究》,中山大学出版社2010年版,第32页。
③ 张民安:《公开权侵权责任制度研究》,载张民安主编《公开权侵权责任研究》,中山大学出版社2010年版,第32页。

能够对抗恶意第三人。①

（三）权利的效力不同

在民法上，物权具有追击性、优先性，而债权、知识产权或者公开权则没有追击性、优先性。

所谓物权的追击性，是指当物权人享有的物非法脱离其占有时，物权人能够直接追击到最后一个持有人并对其主张物权的效力。所谓物权的优先性，是指在同一个财产之上同时存在物权和债权时，物权人享有的物权要优先于债权人的债权获得清偿，仅在物权人的物权获得清偿之后，债权人的债权才能够获得清偿。

而债权仅仅具有一般担保性。所谓一般担保性，是指当债权人的债权没有获得最终清偿时，债务人的所有财产均应当用来担保债权人债权的实现，债权人能够向法院起诉，要求法官强制执行债务人的所有财产。

第四节 非财产权的分类

一、人格权的性质

（一）人格权的界定

虽然某些民法学者在他们的民法著作当中对人格权作出了界定，但是，基于不同的考虑，民法学者对人格权作出的界定存在相当大的差异。某些民法学者从否定的角度对人格权作出界定，而某些民法学者则从肯定的角度对人格权作出界定；即便都是从否定的角度对人格权作出界定，不同的民法学者作出的界定未必完全相同；即便都是从肯定的角度对人格权作出界定，不同的民法学者作出的界定也可能是不同的；某些民法学者同时从肯定和否定的角度对人格权作出界定，还有一些民法学者会采取其他的界定方式。②

我们认为，所谓人格权，是指他人对其自身或者对其自身的特性、自身的人格特征享有的权利。所谓他人的自身，是指他人的本身。他人的本身包含多种多样的构成要素

---

① Guy Raymond, Droit Civil, 2e édition, Litec, p. 80; Yvaine Buffelan-Lanore et Virginie Larribau-Terneyre, Droit civil, Introduction, Biens, Personne, Famille, 17e édition, Dalloz, p. 54; Michel de Juglart Alain Piedeevre Stephane Piedeevre, Cours de droit civil, introduction, personnes, famille, Seizième édition, Montchrestien, p. 114.
② 张民安：《法国人格权法（上）》，清华大学出版社2016年版，第8—28页。

或者构成因素,例如,他人的身体,他人身体的组成部分,他人的姓名,他人的私人生活或者名誉,等等。当他人对其自身享有权利时,也就是,当他人对其自身的特性、自身的人格特征享有权利时,他们享有的这些权利就是人格权。①

(二) 人格权的历史发展

1. 民法学说对人格权的倡导和承认

在 1832 年之前,人格权仅仅处于萌芽状态,民法当中除了存在物权、债权和家庭权之外并不存在人格权;② 在 1832 年,德国民法学者 Puchat 首次在德国和世界上提出人格权的理论,因此,德国民法学者 Puchat 既是德国最早、最先主张人格权理论的民法学者,也是世界上最早、最先主张人格权理论的民法学者。③

由于受到 Puchat 的影响,从 19 世纪中后期开始,除了德国民法学者 Neuner, Jhering, Gareis, Kohler 和 Gierk 等人开始主张人格权理论之外,④ 法国民法学者 étienne Perreau, René Demogue, Marcel Planiol, Georges Ripert, Henri Capitant, Ambroise Colin 和 Louis Josserand 等学者也均承认人格权的存在。⑤ 在今时今日,除了德国民法学者普遍承认人格权之外,⑥ 法国民法学者也普遍承认人格权。⑦ 虽然如此,在人格权的范围方面,德国民法学者和法国民法学者之间存在极大的分歧,他们之间的最大分歧在于,德国民法学者普遍承认一般人格权,⑧ 而法国民法学者则普遍否认一般人格权。⑨

2. 大陆法系国家的立法者对待人格权的态度

在今时今日,德国立法者仍然忽视人格权,因为,除了在《德国民法典》第 12 条当中对姓名权作出了规定和在第 823 (1) 当中对生命权、身体权、健康权和自由权作出规定之外,他们没有对其他人格权作出规定,诸如隐私权、肖像权、名誉权等无形人格权。⑩ 为了填补《德国民法典》在隐私权、肖像权、名誉权等无形人格权保护方面所存在的法律漏洞,在 20 世纪 50 年代,德国联邦最高法院借助于德国 1949 年的新宪法

---

① 张民安:《法国人格权法(上)》,清华大学出版社 2016 年版,第 28 页。
② 张民安:《法国人格权法(上)》,清华大学出版社 2016 年版,第 64—76 页。
③ 张民安:《法国人格权法(上)》,清华大学出版社 2016 年版,第 131—142 页。
④ 张民安:《法国人格权法(上)》,清华大学出版社 2016 年版,第 155—190 页。
⑤ 张民安:《法国人格权法(上)》,清华大学出版社 2016 年版,第 309—342 页。
⑥ 张民安:《法国人格权法(上)》,清华大学出版社 2016 年版,第 230—244 页。
⑦ 张民安:《法国人格权法(上)》,清华大学出版社 2016 年版,第 468—480 页。
⑧ 张民安:《法国人格权法(上)》,清华大学出版社 2016 年版,第 233—244 页;张民安:《一般人格权理论在法国民法中的地位》,《法治研究》2016 年第 1 期,第 114—120 页。
⑨ 张民安:《法国人格权法(上)》,清华大学出版社 2016 年版,第 501—512 页;张民安:《一般人格权理论在法国民法中的地位》,《法治研究》2016 年第 1 期,第 120—129 页。
⑩ 张民安:《法国人格权法(上)》,清华大学出版社 2016 年版,第 245—255 页。

确立了我国民法学者耳熟能详的一般人格权理论。①

在 1804 年的《法国民法典》当中,立法者同样轻视人格权,因为,除了通过《法国民法典》旧的第 1382 条规定的一般过错责任原则保护他人享有的生命权、身体权、健康权之外,他们并没有对人格权作出具体规定。此种现状一直持续到 1970 年。从 1970 年开始,法国立法者通过一系列制定法,对包括隐私权、无罪推定受尊重权、生命权、身体权、人格尊严权等人格权作出了规定。②

3. 我国的《民法通则》和《民法总则》对待人格权的积极态度

在我国,立法者对待人格权的态度完全不同于大陆法系国家,因为在《民法通则》《侵权责任法》和《民法总则》当中,立法者均对各种典型的人格权均作出了规定。在《民法通则》当中,除了对生命权和健康权作出了规定之外,立法者也对姓名权、肖像权、名誉权等无形人格权作出了规定,这就是第 98 条至第 102 条的规定。在《侵权责任法》第 2 条当中,除了对生命权和健康权作出了规定之外,立法者也对姓名权、名誉权、荣誉权、肖像权、隐私权作出了规定。

在《民法总则》当中,除了对生命权、身体权、健康权作出了规定之外,立法者也对人格尊严权、人身自由权、姓名权、肖像权、名誉权、荣誉权、隐私权和信息权作出了规定,这就是第 109 条至第 111 条的规定。《民法总则》的此种做法意义重大、影响深远,它属于《民法总则》最伟大的创新之一,表现在两个方面:一方面,它表明,人格权独立于侵权责任制度,就像物权、债权和家庭权独立于侵权责任制度一样,没有像《德国民法典》那样将人格权看做侵权责任制度的组成部分;另一方面,它高度重视人格权在《民法总则》当中的地位,除了将人格权规定在《民法总则》当中之外,它还对人格权作出了迄今为止最全面的规定。③

4. 人格权的开放性和持续发展性

在民法上,权利主体究竟享有哪些人格权,无论是立法者、法官还是学者均持开放态度,因为他们认为,权利主体享有的人格权并非是一成不变的,随着社会的不断发展和变化,权利主体可能会享有某种新的人格权,这就是人格权的开放性和持续发展性。④

当然,人格权的开放性与持续发展性并不意味着人格权的类型越多越好,因为人格权的范围过于广泛,会打击第三人或者社会关系的行为积极性,会使他们承担的不作为义务过重,并最终影响社会的公共利益。因为这样的原因,即便法官会通过司法判例确

---

① 张民安:《法国人格权法(上)》,清华大学出版社 2016 年版,第 233—244 页。
② 张民安:《法国人格权法(上)》,清华大学出版社 2016 年版,第 516—518 页;张民安:《法国民法总论(上)》,清华大学出版社 2017 年版,第 609—613 页。
③ 张民安:《〈中华人民共和国民法总则(草案)〉的创新与不足》,《法治研究》2016 年第 5 期,第 11 页。
④ Guy Raymond, Droit Civil, 2e édition, Litec, p. 84; Philipp Bihr, Droit Civil general, 13e édition, Dalloz, p. 34.

立权利主体享有的人格权,他们也不会轻易确立此种权利。

(三) 人格权与人权的关系

1. 人权的界定

所谓人权(les droits de l'homme),是指自然人所享有的普遍的、不得转让或者不得被剥夺的基本自由和权利,是自然人享有的固有权利。人权的类型多种多样,包括生命权、人格尊严权、自由权、平等权、财产权、隐私权、劳动权等等。

除了《世界人权宣言》对人权作出了规定之外,《欧洲人权公约》《经济、社会及文化权利国际公约》和《公民权利和政治权利国际公约》等法律也均对人权作出了规定。例如,《世界人权宣言》第1条规定:所有自然人生而自由、生而平等,无论是在尊严方面还是在权利方面。所有自然人均具有理性和良知,所有自然人在行为时均应当本着善意对待别人。再例如,《世界人权宣言》第3条规定:所有个人均享有生命权、自由权和自身的安全权。同样,《世界人权宣言》第18条规定:所有人均享有思想自由权、信仰自由权和宗教自由权。[1]

2. 人格权与人权之间的差异

其一,人格权的性质不同于人权。在法律上,人格权在性质上属于私法上的权利,人权在性质上属于公法上的权利。其二,人格权法和人权法所防御的对象不同。在法律上,人格权法仅仅保护权利主体所享有的人格权免受别人的侵害;而在法律上,人权仅仅保护一个国家的国民免受政府或者政府公权力机构的侵害。[2] 其三,某些类型的人权不属于人格权,例如,虽然财产所有权在性质上属于人权,但是,该种权利在性质上不属于人格权。[3] 其四,某些类型的人格权不属于人权。例如,虽然肖像权属于人格权,但是,该种权利不属于人权。[4]

3. 人格权同人权之间的联系

第一,人格权的形式同人权的形式基本上是相同的。例如,生命权、身体权、人格尊严权、自由权、隐私权等既是人格权,也是人权。

第二,在19世纪初期,人权等同于人格权,人格权也等同于人权。在今时今日,

---

[1] 张民安:《法国民法总论(上)》,清华大学出版社2017年版,第606页。
[2] Henri et Léon Mazeaud Jean Mazeaud Francois Chabas, Lecons de DROIT CIVIL, Tome I/Deuxième Volume, Les Personnes, 8e édition, Montchrestien, p. 377—378.
[3] Henri et Léon Mazeaud Jean Mazeaud Francois Chabas, Lecons de DROIT CIVIL, Tome I/Deuxième Volume, Les Personnes, 8e édition, Montchrestien, p. 377.
[4] Henri et Léon Mazeaud Jean Mazeaud Francois Chabas, Lecons de DROIT CIVIL, Tome I/Deuxième Volume, Les Personnes, 8e édition, Montchrestien, p. 377.

许多民法学者并不过分区分人格权与人权,他们将人权等同于人格权。①

第三,人格权与人权的目的相同。在法律上,人格权法也罢,人权法也罢,均是为了保护自然人享有的最基本的、固有的权利,防止包括国家、公权力机关或者一般的权利主体侵害自然人享有的这些权利。

第四,为了填补人格权保护方面所存在的法律漏洞,法官有时不得不借助于公法的规定,将公法有关人权的规定适用到民法领域。例如,在英国,鉴于英国普通法没有规定隐私权的法律漏洞,英国的法官或者学者有时直接援引英国有关人权公约关于隐私权的规定来保护权利主体所享有的权利。②再例如,在欧盟,欧洲人权法院有时直接适用欧洲人权公约有关隐私权的规定来解决欧盟成员国内部有关隐私权方面的法律纠纷。③同样,为了确立一般人格权,在20世纪50年代,德国联邦最高法院适用德国1949年新宪法的规定。④

第五,人格权与人权的理论根据和哲学基础是相同的,因为它们均是自然法学派所主张的自然权利、天赋权利在制定法当中的体现。⑤

(四) 人格权的特征

在民法上,人格权在性质上属于非财产权,因为人格权仅仅具有精神价值、心理价值和情感价值。⑥ 在民法上,人格权的特征包括普适性、专属性、绝对性和防御性、不被强制执行性以及不适用时效性等,⑦这些特征均是从人格权的非财产性当中派生出来的。

1. 人格权的普适性

在民法上,人格权是一种普适性的权利。所谓人格权是一种普适性的权利,是指人格权为所有的自然人平等享有,人格权不会因为自然人的年龄、身份、性别、贫富而存

---

① 张民安:《法国人格权法(上)》,清华大学出版社2016年版,第29—45页。
② 张民安:《无形人格侵权责任研究》,北京大学出版社2012年版,第455—456页。
③ 张民安:《无形人格侵权责任研究》,北京大学出版社2012年版,第455页。
④ 张民安:《法国人格权法(上)》,清华大学出版社2016年版,第230—231页。
⑤ 张民安:《法国人格权法(上)》,清华大学出版社2016年版,第29—45页;张民安:《法国民法总论(上)》,清华大学出版社2017年版,第602—612页。
⑥ Michel de Juglart Alain Piedeevre Stephane Piedeevre, Cours de droit civil, introduction, personnes, famille, Seizième édition, Montchrestien, pp. 117—118.
⑦ Yvaine Buffelan-Lanore et Virginie Larribau-Terneyre, Droit civil, Introduction, Biens, Personne, Famille, 17e édition, Dalloz, p. 57; Henri et Léon Mazeaud Jean Mazeaud Francois Chabas, Lecons de DROIT CIVIL, Tome I/Deuxième Volume, Les Personnes, 8e édition, Montchrestien, p. 400; Bernard Teyssié, Droit civil, Les personnes, 12e édition, Litec, p. 97.

在差异,一个自然人享有的人格权同另外一个自然人享有的人格权是相同的。① 例如,一个亿万富豪当然享有自由权,一个一贫如洗的人也同样享有自由权。一个国家的总统享有生命权,一个国家的乞丐也同样享有生命权。

2. 人格权的专属性

在民法上,权利主体享有的人格权在性质上属于专属权,因为权利主体在生前不能够将其享有的人格权转让给别人;在权利主体死亡时,他们享有的人格权就消灭,其人格权不能够作为遗产为其继承人所继承。② 当然,在今时今日,此种理论也存在例外,这就是,即便自然人死亡,他们的名誉、隐私、肖像等无形人格权仍然有可能存在。

3. 人格权的绝对性与防御性

在民法上,权利主体享有的人格权在性质上属于绝对权,因为权利主体享有的人格权能够对抗任何第三人,任何第三人均应当尊重权利主体享有的人格权,不得侵害其人格权。③ 当第三人侵害权利主体享有的人格权时,权利主体有权向法院起诉,要求法官责令第三人对其承担民事责任。因为这样的原因,民法学者普遍将人格权称为防御性质的权利(des droit efensifs)。④

4. 人格权的不得强制执行性

在民法上,权利主体享有的人格权在性质上属于不得予以强制执行的权利。所谓人格权在性质上属于不得予以强制执行的权利,是指当权利主体对别人承担义务或者责任时,如果权利主体不履行他们所承担的义务或者责任,别人不得向法院起诉,要求法官对权利主体所享有的人格权采取强制执行措施。⑤

5. 人格权是一种不适用时效制度的权利

在民法上,权利主体享有的人格权在性质上属于不适用取得时效或者消灭时效的权利。所谓人格权在性质上属于不适用取得时效或者消灭时效的权利,是指权利主体享有的人格权不受取得时效或者消灭时效的限制,取得时效或者消灭时效的经过既不会让权利主体取得人格权,也不会使权利主体享有的人格权消灭。⑥

---

① Jean Carbonnier, Droit Civil, 1/Introduction, Les Personnes, Presses Universitaires De France, p. 310; Bernard Teyssié, Droit civil, Les personnes, 12e édition, Litec, p. 97.

② Jean Carbonnier, Droit Civil, 1/Introduction, Les Personnes, Presses Universitaires De France, p. 310; Michel de Juglart Alain Piedeevre Stephane Piedeevre, Cours de droit civil, introduction, personnes, famille, Seizième édition, Montchrestien, pp. 117—118; Michele Muller, Droit civil, 5e édition, Sup'Foucher, p. 20.

③ Jean Carbonnier, Droit Civil, 1/Introduction, Les Personnes, Presses Universitaires De France, p. 310.

④ Yvaine Buffelan-Lanore et Virginie Larribau-Terneyre, Droit civil, Introduction, Biens, Personne, Famille, 17e édition, Dalloz, p. 57; Philipp Bihr, Droit Civil general, 13e édition, Dalloz, p. 35.

⑤ Jean Carbonnier, Droit Civil, 1/Introduction, Les Personnes, Presses Universitaires De France, p. 310; Michele Muller, Droit civil, 5e édition, Sup'Foucher, p. 20.

⑥ Michele Muller, Droit civil, 5e édition, Sup'Foucher, p. 20.

二、人格权的类型

(一) 一般人格权和具体人格权理论的放弃

在法国,民法学者普遍将人格权分为两类:自然人对其身体的完整性享有的权利(les droits à l'intégrité physique)和自然人对其精神的完整性享有的权利(les droits à l'intégrité morale),其中自然人对其身体完整性享有的权利包括生命权、身体权和健康权,而自然人对其精神完整性享有的权利则包括名誉权、姓名权、隐私权、肖像权等等。①

在我国,《民法通则》和《民法总则》仅仅对几种典型的人格权作出了明确规定,没有对这些人格权作出分类。因此,人格权如何进行分类,是由我国民法学者作出说明的事情。在我国,由于受到德国尤其是我国台湾地区民法学者的影响,在对人格权作出分类时,民法学者普遍将人格权分为两大类:具体人格权和一般人格权。根据此种分类,所有的人格权均分为具体人格权和一般人格权。所谓具体人格权,也称为特别人格权,是指法律就特定人格利益所规定的权利。换言之,所谓具体人格权,是指以具体人格利益为客体的人格权。所谓一般人格权,则是指关于人之存在价值以及尊严的权利。换言之,所谓一般人格权,是指以一般人格利益为客体的人格权。②

在当今两大法系国家,除了德国民法学者和德国联邦最高法院承认一般人格权之外,除了同属德式民法典的我国台湾地区的民法学者承认一般人格权之外,没有任何国家承认一般人格权的理论。而德国和我国台湾地区的民法学者之所以承认一般人格权,是因为德国立法者没有在《德国民法典》当中对人格权的一般理论和一般制度作出规定,导致德国民法在人格权保护方面存在严重的法律漏洞。为了填补《德国民法典》第823(1)条没有对隐私权、肖像权、名誉权等无形人格权提供保护的法律漏洞,德国民法学者和法官不得不采用一般人格权理论,已如前述。因为这样的渊源,在德国,隐私权、肖像权、名誉权等无形人格权均不属于具体人格权,它们均属于一般人格权。③

在我国,民法学者不应当也没有可能承认一般人格权的存在。因为,在人格权的保护方面,尤其是在无形人格权的保护方面,我国的《民法通则》和《民法总则》均不

---

① 张民安:《法国民法》,清华大学出版社2015年版,第80—82页。
② 梁慧星:《民法总论》(第2版),法律出版社2001年版,第114页;江平主编:《民法学》,中国政法大学出版社2007年版,第71—72页;王卫国主编:《民法》,中国政法大学出版社2007年版,第74—75页;李永军:《民法总论》,中国政法大学出版社2008年版,第82—83页;魏振瀛主编:《民法》(第4版),北京大学出版社2010年版,第622页。
③ 张民安:《法国人格权法(上)》,清华大学出版社2016年版,第238—242页。

存在《德国民法典》所存在的法律漏洞，我们完全没有必要借助于德国民法当中的一般人格权来承认隐私权、肖像权、名誉权的受保护性，因为我国立法者在这些法律当中均明确承认这些无形人格权的存在，已如前述。

因为这样的原因，虽然我国立法者在《民法总则》第109条当中对人身自由和人格尊严作出了规定，人们不能够将该条规定的两种人格权视为一般人格权，而只能够将该条规定的两种人格权视为具体人格权。关于这一点，我们将在下面的内容当中作出讨论，此处从略。

（二）有形人格权与无形人格权的分类

我们认为，在人格权的类型方面，我们应当将人格权分为有形人格权和无形人格权两类。

1. 有形人格权的界定

所谓有形人格权，是指以他人的血肉之躯为客体所建立的人格权，有形人格权包括生命权、身体权和健康权三种。这些人格权之所以被称为有形人格权，是因为这些人格权的客体是他人有形的肉体、躯体，是人们能够看得见、摸得着的，是人们单凭肉眼就能够知悉其存在的。

2. 无形人格权的界定

所谓无形人格权，也称为道德人格权，是指以他人的无形人格特征为客体的人格权，无形人格权虽然多种多样，但是，主要包括八种：人身自由权，人格尊严权，姓名权，名誉权，隐私权和信息性隐私权，肖像权，无罪推定受尊重权，声音权。这些人格权之所以被称为无形人格权，是因为这些人格权的客体是他人的姓名、隐私、肖像、名誉和声音等，这些权利客体是看不见、摸不着的，是人们单凭肉眼无法知悉其存在的，如果他们要知道这些人格特征的存在，他们必须通过外在的努力去了解他人、知悉他人。

（三）区分有形人格权与无形人格权的原因

民法之所以将人格权分为有形人格权和无形人格权两类，其原因多种多样。

1. 它们的权利客体存在差异

在民法上，有形人格权的客体是自然人的血肉之躯、躯体，它们是有形的，是能够看得见、摸得着的，是完全能够为第三人轻易感知的，因为，第三人完全能够单凭肉眼或者感官知悉他人生命权、身体权和健康权的存在。而在民法上，无形人格权的客体则是他人的姓名、隐私、肖像、名誉和声音等，这些客体是无形的，是看不见、摸不着的，很难为第三人所轻易感知，第三人无法通过肉眼或者感官感知他人姓名权、隐私权、肖像权、名誉权和声音权的存在。①

2. 侵害有形人格权和无形人格权引起的赔偿责任范围不同

在民法上，如果行为人侵犯他人享有的有形人格权，除了应当赔偿他人遭受的财产损害之外，他们还应当赔偿他人遭受的非财产损害。而在民法上，如果行为人侵犯他人享有的无形人格权，他们原则上仅仅赔偿他人遭受的非财产损害，在例外情况下，如果侵犯行为引起他人财产损害的发生，他们也应当赔偿他人遭受的财产损害。②

3. 有形人格权和无形人格权的保护程度不同

虽然他人享有的有形人格权和无形人格权均受到法律保护，但是，法律对它们提供的保护存在重大差异。总的来说，法律会绝对保护他人享有的有形人格权，不允许行为人借口各种各样的正当理由侵犯他人享有的有形人格权。因为这样，无论行为人在侵犯他人有形人格权时是否有过错，侵权责任法均会责令行为人对他人承担民事责任。换言之，除了过错侵权责任会保护他人的有形人格权之外，严格责任、无过错责任也会保护他人的有形人格权。

而法律对待无形人格权的态度则显然不同。首先，即便行为人侵犯他人享有的无形人格权，法律也允许行为人借口各种各样的正当理由拒绝对他人承担民事责任，因为在决定是否保护他人的无形人格权时，法官要同时考虑他人享有的无形人格权和行为人、社会公众享有的言论自由权、出版自由权、批评自由权、表达自由权和知情权，以便在他们之间实现利益平衡。其次，原则上，仅过错侵权责任对他人的无形人格权提供保护，严格责任、无过错责任不会对他人的无形人格权提供保护。最后，在某些极端情况下，仅故意侵权责任对他人享有的某些无形人格权提供保护，如果行为人基于过失侵犯他人享有的此种无形人格权，法律不会责令行为人对他人承担民事责任。

4. 人格权的主体存在差异

在民法上，有形人格权的权利主体只能够是自然人，法人或者非法人组织均不能够成为有形人格权的权利主体，因为一方面，仅自然人有血肉之躯、躯体，法人、非法人组织没有血肉之躯、躯体。另一方面，仅自然人有生命、身体和健康，法人、非法人组织没有生命、身体或者健康。

在民法上，法人、非法人组织是否享有人格权？对此问题，民法学界争论不休，不同的民法学者有不同的意见。我国《民法通则》和《民法总则》作出了肯定的回答，认为法人、非法人组织享有人格权。不过，即便法人和非法人组织真的享有人格权，它们所享有的人格权也只能够是无形人格权，不可能是有形人格权。

---

① 张民安：《无形人格侵权责任研究》，北京大学出版社2012年版，第9页。
② 张民安：《无形人格侵权责任研究》，北京大学出版社2012年版，第11页。

三、有形人格权

(一) 生命权

1. 生命权的界定

所谓生命权,是指自然人所享有的要求别人尊重其生命的权利。在民法上,自然人享有的生命权被认为是基本权利、人权,是自然人享有的最基本的、最重要的人格权。鉴于生命权在人格权当中的重要地位,除了国内法对自然人享有的生命权作出规定之外,国际方面的人权宣言或者公约也对公民享有的生命权作出了明确说明。[①]

《法国民法典》第 16 条规定:"一旦自然人出生,法律就会保证对其生命的尊重。"《欧洲人权公约》第 2 条规定:"他人享有的生命权受到法律的保护,除非法官依照法定程序判处他人死刑,否则,任何人均不得剥夺他人的生命权。"联合国《世界人权宣言》第 3 条明确规定:"所有人均享有生命权。"联合国《公民权利和政治权利国际公约》第 6 条也规定:"生命权是自然人享有的固有权利。生命权受法律的保护。不得任意剥夺他人的生命。"[②]

在我国,立法者在一系列的制定法当中对生命权作出了明确规定。《民法通则》第 98 条规定:"公民享有生命健康权。"《侵权责任法》第 2 条规定:"侵犯他人生命权的,应当依照本法的规定承担民事责任。"《民法总则》第 110 条规定:"自然人享有生命权。"

2. 生命权属于一种防御性质的人格权

在民法上,生命权也仅仅是一种防御性质的权利,这就是,自然人享有要求别人尊重其生命的权利,当行为人侵害他人的生命权时,自然人有权要求行为人对其承担侵权责任。

3. 生命权剥夺的正当性

在任何国家,自然人所享有的生命权非经法定程序不得予以剥夺,否则,将是对自然人生命权的践踏。在法律上,自然人生命权的剥夺所要经过的法定程序是:其一,国家预先制定了剥夺权利主体生命权的实体法,也就是刑法典,在刑法典的明确规定之外,任何人不得以任何理由剥夺自然人的生命权;其二,国家预先制定了剥夺权利主体生命权的诉讼程序法,也就是刑事诉讼法,国家必须严格按照刑事诉讼法所规定的程序来决定权利主体生命权的剥夺;其三,国家均只能够通过法官的公正裁判剥夺权利主体

---

① 张民安:《法国民法》,清华大学出版社 2015 年版,第 82—83 页。
② Bernard Teyssié, Droit civil, Les personnes, 12e édition, Litec, p. 30;FrançoisTerré Dominique Fenouillet, Droit civil les personnes, 8e édition, Dalloz, p. 96;张民安:《法国民法》,清华大学出版社 2015 年版,第 83 页。

的生命权。

4. 自然人对其生命权的例外支配权

在民法上，基于社会公共利益的考虑和自然人个人冒险愿意的尊重，法律在极端例外情况下允许自然人以牺牲自己的生命为代价来从事某些冒险活动。例如，法律认为，虽然自然人从事的赛车、拳击、登山、漂流等活动会危及他们的生命安全，但是，他们有权依照自己的意愿从产生这些高度危险活动，法律不会因为生命权的极端重要性而禁止自然人从事这些冒险活动。

5. 生命权的强制维持性或者死亡权

自然人当然享有生命权。问题在于，他们是否享有死亡权？所谓死亡权（droit à la mort），是指自然人享有的结束其生命的权利，当自然人因为疾病或者其他原因而不希望继续在世上生活时，他们有权结束其生命，这就是所谓的死亡权。自然人的死亡权涉及两个方面的问题：其一，自然人是否享有自杀的权利（le suicide）；其二，自然人是否享有实施安乐死（l'euthanasie）的权利。①

就第一个问题而言，不同时期、同一时期的学者有截然相反的两种意见。某些学者采取绝对自由主义的理论，认为自然人能够自杀，而某些学者则采取社会功效主义理论，认为自然人不能够自杀。② 我们认为，权利主体不得随意自杀，因为生命权是最神圣的一种权利，如果自然人动不动就自杀，则生命权的神圣性将会受到减损，除了会因此影响其他家庭成员的情感利益之外，也会因此影响社会利益。

就第二个问题而言，不同国家的法律作出的规定是不同的。某些国家的法律允许自然人享有实施安乐死的权利，而某些国家的法律则禁止自然人享有实施安乐死的权利。在法国，民法学者普遍反对自然人享有实施安乐死的权利，因为他们认为，基于欧洲人权法院所作出的反对实施安乐死的判决、基于伦理法典（le code de dénotologie）、法国刑法典的规定和其他理由，自然人并不享有实施安乐死的权利，即便他们患上了无法治愈的疾病，即便他们患上的此类疾病让其遭受严重的疼痛，他们也不能够借助第三人实施安乐死，否则，第三人的行为将构成剥夺他人生命权的犯罪行为，应当被追究刑事责任。③

---

① 张民安：《法国民法》，清华大学出版社2015年版，第84页。
② Roger Nerson, Les droits extrapatrimoniaux, Paris, LGDJ, 1939, p. 119; Guy Raymond, Droit Civil, 2e édition, Litec, p. 86; FrançoisTerré Dominique Fenouillet, Droit civil les personnes, 8e édition, Dalloz, pp. 98—88; GERARD CORNU, Droit civil, Les personnes, 13e édition, Montchrestien, pp. 48—49; 张民安：《法国民法》，清华大学出版社2015年版，第84—85页。
③ Bernard Teyssié, Droit civil, Les personnes, 12e édition, Litec, pp. 43—44; Henri Roland Laurent Boyer, Introuduction au droit, Litec, pp. 434—435; FrançoisTerré Dominique Fenouillet, Droit civil les personnes, 8e édition, Dalloz, pp. 99—100; GERARD CORNU, Droit civil, Les personnes, 13e édition, Montchrestien, p. 49; 张民安：《法国民法》，清华大学出版社2015年版，第84—85页。

在我国，自然人同样不享有实施安乐死的权利，即便他们已经处于植物人状态，即便他们预先同医师达成协议，让医师对其实施安乐死，或者即便他们的至亲要求医师对其实施安乐死，包括医师在内的任何第三人均不得通过这样或者那样的方式对他们实施安乐死，否则，第三人实施安乐死的行为构成杀人罪，应当承担刑事责任。

当然，在自然人是否享有实施安乐死的问题上，人们应当区分积极安乐死（l'euthanasie active）和消极安乐死（l'euthanasie passive）。所谓积极安乐死，是指患上了无法治愈疾病的人要求第三人对其实施导致其死亡的行为。所谓消极安乐死，则是指患上了无法治愈疾病的人拒绝接受现代医学技术的使用行为。这些学者认为，积极安乐死是被禁止的，而消极安乐死则不被法律禁止。[①]

（二）健康权

所谓健康权，是指自然人所享有的要求别人尊重正常的生理机能和心理机能的权利。在民法上，健康权属于自然人享有的最基本的、最重要的人格权之一。

所谓正常的生理机能，是指自然人的人体器官系统发育良好、功能健全、运转自如等。例如，自然人的心肺功能、神经系统功能能够正常运转，是自然人的正常生理机能。所谓正常的心理机能，是指自然人的感觉、知觉、机械记忆甚至他们的概念思维、抽象思维、概括或者推理思维等方面的活动能够正常进行。例如，自然人能够感觉疼痛、苦恼等是自然人的正常心理机能。

1. 健康权的防御性质

在民法上，健康权也像生命权一样属于防御性质的权利，这就是，自然人享有要求别人尊重其健康权的权利，当别人侵害自然人享有的健康权时，他们有权要求行为对其承担侵权责任。

2. 健康的恢复权

当自然人的正常生理机能或者心理机能遭受破坏时，自然人有权要求侵害人采取措施，及时让医师对其采取适当的治疗措施，以便让无法正常运转的生理机能或者心理机能恢复到侵害行为发生之前的状态。[②]

3. 强制治疗

在民法上，如果某些自然人的健康恶化之后可能会危及别人的人身或者财产安全，则法律可以基于社会公共利益的考虑对这些自然人采取强制治疗措施，以便恢复他们的生理机能或者心理机能。例如，当某一个自然人吸毒时，国家可以对该吸毒者采取强制

[①] FrançoisTerré Dominique Fenouillet, Droit civil les personnes, 8e édition, Dalloz, pp. 99—100；张民安：《法国民法》，清华大学出版社2015年版，第85页。

[②] Bernard Teyssié, Droit civil, Les personnes, 12e édition, Litec, p. 34.

治疗措施。再例如，当某一个精神病人可能会危及别人的人身或者财产安全时，国家可以对该精神病人采取强制治疗措施。

4. 自然人对其健康权的例外支配

在民法上，基于社会公共利益的考虑和对自然人个人冒险愿意的尊重，法律也在极端例外情况下允许自然人以牺牲自己的健康为代价来从事某些冒险活动。这一点，同生命权是一样的。

（三）身体权

1. 身体权的界定

所谓身体权，是指自然人所享有的要求别人尊重其身体或者身体完整性的权利。所谓身体的完整性，是指自然人的器官和手脚四肢的完整性。

在法国，立法者对身体权作出了详细的规定。《法国民法典》第 16-1 条规定：任何人均享有其身体受尊重的权利；身体是不可侵犯的；人的身体、人的身体的组成部分（élément）以及人的产物（produit）不得成为某种财产权（un droit patrimonial）的客体。第 16-2 条规定：为了阻却行为人对他人的身体、身体的组成部分或者产物实施非法侵害行为，或者为了让行为人对他人的身体、身体的组成部分或者产物所实施的非法行为停止，法官有权采取一切适当的措施。①

在我国，《民法通则》和《侵权责任法》均否定身体权的存在，因为除了对生命权和健康权作出了规定之外，它们均没有对身体权作出规定。因此，如果行为人侵犯他人身体权，则他们应当根据侵犯他人健康权的行为对他人承担民事责任。换言之，根据这两部法律，身体权仅仅属于健康权的组成部分。在《民法总则》当中，立法者最终承认了身体权的独立性，认为身体权区分于健康权，因为除了对生命权和健康权作出了规定之外，《民法总则》第 110 条也对身体权作出了规定。

2. 身体权的独立性

在民法上，身体权之所以独立于健康权，是因为它们是两种不同的有形人格权，身体权无法为健康权所包含：

首先，对权利主体对身体权的侵害，并不当然侵害权利主体享有的健康权，例如，非法剪掉权利主体毛发、指甲的行为虽然侵害了权利主体享有的身体权，但是没有侵害权利主体享有的健康权。其次，对权利主体健康权的侵害行为并不当然侵害权利主体享有的身体权，例如，将感染 HIV 病毒的血液输入病人体内的行为虽然侵害了病人的健康权，但是并没有侵害病人的身体权。

---

① 张民安：《法国民法》，清华大学出版社 2015 年版，第 83—84 页；张民安：《法国民法总论（上）》，清华大学出版社 2017 年版，第 611 页。

最后，身体权保护他人对其身体享有的权利，禁止行为人触摸或者试图触摸、攻击或者试图攻击、殴打或者试图殴打他人的身体，其中，试图触摸、攻击或者殴打虽然均侵害了他人享有的身体权，但是均没有侵害他人享有的健康权。

3. **身体权的主要内容**

(1) 身体权的防御性质。在民法上，身体权也具有防御性，这一点同生命权、健康权完全一样。

(2) 自然人身体的神圣不可侵犯性。在民法上，身体具有神圣不可侵犯的性质，这就是，未经权利主体的同意，任何别人均不得触摸或者试图触摸、攻击或者试图攻击、殴打或者试图殴打他人的身体，否则，即便没有给他人造成任何损害，行为人也应当对他人承担侵权责任，至少要承担名义上的损害赔偿责任。

(3) 自然人不能够出卖其身体、身体的组成部分或者制成品。在民法，基于自然人身体的尊重，民法禁止自然人出卖其身体、身体的任何组成部分即人体器官、身体的产物即血液、精液、卵子、细胞、基因等，否则，他们的出卖行为无效。因为这样的买卖契约违反了公共秩序。《法国民法典》第16-5条规定：如果契约当事人之间所签订的契约让一方当事人的身体、身体的组成部分或者产物具有财产价值，则他们之间所签订的此种契约是无效的。

(4) 人体器官和产物的自愿捐献。不过，民法允许自然人自愿捐献自己的人体器官或者产物，例如，献血、捐助精子、卵子，甚至捐献心脏、肾脏、肝脏。不过，民法对自然人实施的此类捐献规定了严格的条件和程序，一方面保证捐献者是真正自愿捐献而不是强迫捐献，另一方面保护未成年人的利益，防止监护人或者父母擅自代表其未成年子女捐献其人体器官。①

4. **尸体的受尊重权**

当自然人死亡时，他们的身体就成为尸体。就像自然人的身体应当受到尊重一样，自然人的尸体也应当受到尊重，因为尸体维持着其家庭成员的感情寄托，这就是尸体的受尊重权。《法国民法典》第16-1-1条对尸体的受尊重权作出了明确说明，该条规定："对自然人身体的尊重并不因为自然人的死亡而终止，死者的家人，包括对死者的骸骨进行葬礼的人应当以尊重、有尊严和合符礼仪的方式对待死者的尸体。"

对尸体的尊重有多种多样的表现，例如，按照死者的遗愿处理其尸体。如果死者生前没有遗愿，则死者的家人有权将其安葬；如果死者的家人就安葬问题达成了协议，则按照其协议方式安葬；如果死者家人之间就死者安葬问题意见不一致，法官会优先按照死者配偶的意愿安葬，除非死者的配偶生前已经与死者分居或者关系紧张。再例如，除非经过死者家人的同意，否则，任何人均不得对死者尸体进行解剖，不得借口宣传艺

---

① 张民安：《过错侵权责任制度研究》，中国政法大学出版社2002年版，第431—432页。

或者科学之名公开展示死者的遗体。①

四、无形人格权

(一) 人身自由权

1. 人身自由权的界定

所谓人身自由权,也称"来去自由权""身体自由权""移动自由权",是指自然人所享有的能够自由迁徙、自由来去、自由离开某一个地方而免受行为人非法干预、非法逮捕、非法拘禁的权利。在民法上,人身自由权是自然人所享有的最基本、最起码的民事权利之一,它既是自然人获得人格的前提和基础,也是自然人参加社会活动和享受其他民事权利的先决条件。

2. 人身自由权在民法上的地位

在法国,虽然《法国民法典》并没有明确规定人身自由权,但是,法国法官和学者普遍认可人身自由权。② 在德国,《德国民法典》第 823(1) 条明确规定了人身自由权,认定行为人应当就其过错侵害他人人身自由权的行为对他人承担侵权责任。在英美法系国家,侵权法明确认可他人享有的人身自由权,认为行为人应当就其实施的虚假监禁行为对他人承担侵权责任。③

在我国,《民法通则》或者《侵权责任法》均没有规定人身自由权。虽然如此,在《关于确定民事侵权精神损害赔偿责任若干问题的解释》当中,最高人民法院规定了人身自由权,其第 1 条规定,当他人的人身自由权遭受侵害时,行为人应当对他人承担赔偿责任。在《民法总则》当中,立法者最终承认了人身自由权,这就是第 109 条,该条规定:自然人的人身自由、人格尊严受法律保护。

3. 人身自由权的防御性质

在民法上,人身自由权主要是一种防御性质的权利,这就是,他人享有要求行为人

---

① Henri et Léon Mazeaud Jean Mazeaud Francois Chabas, Lecons de DROIT CIVIL, Tome I/Deuxième Volume, Les Personnes, 8e édition, Montchrestien, pp. 383—384; Philippe Malaurie, les Personnes, 6e édition, Defrénois, pp. 125—126; GERARD CORNU, Droit civil, Les personnes, 13e édition, Montchrestien, pp. 46—47;张民安:《法国民法》,清华大学出版社 2015 年版,第 85—86 页。

② Guy Raymond, Droit Civil, 2e édition, Litec, p. 83; Henri et Léon Mazeaud Jean Mazeaud Francois Chabas, Lecons de DROIT CIVIL, Tome I/Deuxième Volume, Les Personnes, 8e édition, Montchrestien, p. 385; Jean Carbonnier, Droit civil, Volume I, Introduction Les personnes la famille, l'enfant, le couple, puf, pp. 513—514; . Philippe Malaurie, les Personnes, 6e édition, Defrénois, pp. 106—107;张民安:《法国民法》,清华大学出版社 2015 年版,第 75 页。

③ R. F. V. Heuston and R. A. Buckley, Salmond and Heuston on the Law of Torts, twenty-first edition, Sweet & Maxwell Ltd., p. 123; W. V. H. Rogers, Winfield and Jolowicz on Tort, thirteen edition, Sweet & Maxwell, pp. 58—59.

尊重其人身自由、不得限制或者剥夺其人身自由的权利。当行为人非法限制或者剥夺其人身自由时，他人有权向法院起诉，要求法官责令行为人对其承担侵权责任。在侵权法上，行为人非法限制、剥夺他人人身自由的行为被称为虚假监禁行为（false imprisonment）或者非法监禁行为（les délits séquestration），行为人应当就其实施的虚假监禁行为对他人承担侵权责任，这就是所谓的虚假监禁侵权责任。

根据虚假监禁侵权责任，虚假监禁侵权责任除了应当具备一般侵权责任的构成要件之外，还应当具备三个特殊构成要件：其一，行为人对他人实施了虚假监禁行为，诸如非法监禁他人、非法拘禁他人或者非法逮捕他人、拒绝及时释放他人等等。其二，虚假监禁行为的完全性。所谓虚假监禁的完全性，也称自由限制的完全性，是指行为人将他人限制在他们确定的范围或者场所内，导致他人无法越过行为人确定的范围或者没有办法逃离行为人限定的场所。其三，行为人基于故意或者过失对他人实施虚假监禁行为。如果行为人在实施虚假监禁的时候没有故意或者过失，则他们无需对他人承担侵权责任。[①]

一旦具备上述构成要件，法官就会责令行为人就其侵害他人人身自由权的行为对他人承担侵权责任，除非行为人具备拒绝承担侵权责任的某种抗辩事由。

4. 虚假监禁侵权责任的抗辩事由

在民法上，行为人在某些例外情况下能够限制他人的人身自由，他们限制他人人身自由的行为不构成虚假监禁侵权行为，无需对他人承担侵权责任。

（1）他人拒绝履行即时清洁的契约债务。如果契约债务人承担的债务是即时清洁的债务，当债务人拒绝即时清洁其债务时，债权人有权通过限制债务人人身自由的方式来督促、逼迫债务人清洁其债务，他们的行为不构成虚假监禁行为，无需对债务人承担侵权责任。[②]

（2）他人对行为人限制其人身自由行为的同意。如果他人同意行为人对他们实施限制人身自由的措施，当行为人根据他人的同意实施限制人身自由的措施时，行为人的行为将不构成虚假监禁行为，无需对他人承担侵权责任。[③]

（3）一般社会公众根据制定法的授权实施的限制人身自由的行为。当行为人根据制定法的规定逮捕他人时，行为人逮捕他人的行为不构成虚假监禁行为，无需对他人承担侵权责任。[④]

（4）执法机关或者执法人员依法限制他人人身自由。如果执法机关或者执法人员

[①] 张民安：《无形人格侵权责任研究》，北京大学出版社2012年版，第766—767页。
[②] 张民安：《无形人格侵权责任研究》，北京大学出版社2012年版，第781页。
[③] 张民安：《无形人格侵权责任研究》，北京大学出版社2012年版，第782页。
[④] 张民安：《无形人格侵权责任研究》，北京大学出版社2012年版，第783页。

基于职责的履行而逮捕、拘禁或者监禁他人，在完全符合法律明确规定的条件和秩序的情况下，他们的逮捕行为、拘禁行为或者监禁行为将不构成虚假监禁行为，无需对他人承担侵权责任。①

（5）监护人为了履行监护职责而实施限制被监护人人身自由的行为。如果监护人限制被监护人的人身自由的目的适当、方式合理，他们限制被监护人人身自由的行为将不构成虚假监禁行为，无需对被监护人承担侵权责任。②

（二）人格尊严权

1. 人格尊严权的界定

所谓人格尊严权（le droit à la dignité），是指自然人所享有的应当获得最起码尊重的权利。在民法上，自然人属于最主要的、最基本的权利主体，他们应当获得最基本的尊重，既包括享有不受嘲笑、嘲弄、讥笑、谩骂、羞辱的权利，也包括享有身体不被搜查、虐待、捆绑、基因不被检测、身体不被当作实验对象、器官不被非法摘取的权利，还包括享有精神不受折磨的权利，包括免受通过高音喇叭遭受精神折磨的权利、免受通过不眠不休遭受精神折磨的权利等。

2. 人格尊严权在民法当中的独立地位

传统民法并不认可人格尊严权在民法上的独立地位，当行为人对他人进行嘲笑、嘲弄、讥笑、谩骂、羞辱时，传统民法仅仅将行为人所实施的这些行为看作名誉侵权行为，并根据名誉侵权责任制度责令行为人对他人承担名誉侵权责任。

相对于其他无形人格权而言，人格尊严权在民法上的历史非常短暂，因为在民法上，人格尊严权仅在20世纪40年代末期才开始出现，它是由1949年5月23日的联邦德国宪法首次作出规定的一种权利，因为德国人见证过"二战"期间德国纳粹分子对民众所实施的令人发指的暴行，他们担心类似的悲剧会重演。在今天，德国联邦宪法所规定的人格尊严权已经被有关国际公约所规定。例如，《世界人权宣言》第22条对公民享有的人格尊严权作出了规定。同样，《欧洲人权公约》第14条也对人格尊严权作出了规定。③

在1994年，法国立法者制定了1994年7月29日的法律，对自然人享有的某些人格尊严权作出了规定，该法律被编入《法国民法典》，这就是《法国民法典》第16条，该条规定，法律确保人的至高无上性，禁止行为人实施任何对他人人格尊严有损害的行

---

① 张民安：《无形人格侵权责任研究》，北京大学出版社2012年版，第784页。
② 张民安：《无形人格侵权责任研究》，北京大学出版社2012年版，第785页。
③ Henri Roland Laurent Boyer, Introduction au droit, Litec, p. 435；张民安：《法国民法》，清华大学出版社2015年版，第93—94页。

为，确保他人一旦出生就享有受到尊重的权利。除了法国民法典对人格尊严权作出规定之外，民法学者也普遍认可自然人享有的人格尊严权。[1]

在我国，《民法通则》或者《侵权责任法》均没有规定人格尊严权。不过，在《关于确定民事侵权精神损害赔偿责任若干问题的解释》当中，最高人民法院认可了人格尊严权的独立地位，其第1条明确规定，当行为人侵害他人享有的人格尊严权时，他们应当对他人遭受的精神损害承担赔偿责任。此外，我国某些民法学者也认可自然人享有的人格尊严权。[2] 在《民法总则》当中，我国立法者最终承认了人格尊严权的存在，这就是第109条的规定，已如前述。

3. 人格尊严权的防御性质

正如所有的无形人格权在性质上均为防御性质的民事权利一样，他人享有的人格尊严权在性质上也属于一种防御性质的权利，这就是，他人享有要求行为人尊重其人格尊严，不侵害其享有的人格尊严的权利，否则，当他人的人格尊严权受到侵害时，他人有权向法院起诉，要求法官责令行为人对其承担侵权责任，这就是所谓的人格尊严侵权责任。

根据人格尊严侵权责任，人格尊严侵权责任除了应当具备一般侵权责任的构成要件之外，还应当具备四个特殊的构成要件：行为人对他人实施了某种人格尊严的侵害行为，包括侮辱他人、将他人当中实验对象、对他人进行基因检测、逼迫他人游行或者给他人戴高帽游街等；行为人实施的人格尊严侵害行为是极端的、骇人听闻的行为；行为人故意实施人格尊严侵害行为；行为人实施的人格尊严侵害行为导致他人遭受严重的精神损害甚至财产损失。[3]

4. 人格尊严侵权的抗辩事由

一旦具备上述构成要件，行为人就应当对他人承担侵权责任，除非他们具备某种正当的抗辩事由。例如，行为人预先获得他人的同意，行为人侮辱他人是因为他人的挑衅行为所导致的，等等。[4]

---

[1] Jean Carbonnier, Droit civil, Volume I, Introduction Les personnes la famille, l'enfant, le couple, puf, pp. 511—512; Henri Roland Laurent Boyer, Introuduction au droit, Litec, pp. 435—436; Henri et Léon Mazeaud Jean Mazeaud Francois Chabas, Lecons de DROIT CIVIL, Tome I/Deuxième Volume, Les Personnes, 8e édition, Montchrestien, pp. 393—394; Yvaine Buffelant-Lanore Virginie Larribau-Terneyre, Droit civil, Introduction, Biens, Personne, Famille, 17e édition, Dalloz, pp. 301—302; Philippe Malaurie, les Personnes, 6e édition, Defrénois, p. 153.

[2] 梁慧星：《民法总论》（第2版），法律出版社2001年版，第119页；张民安：《无形人格侵权责任研究》，北京大学出版社2012年版，第792—794页。

[3] 张民安：《无形人格侵权责任研究》，北京大学出版社2012年版，第794页。

[4] 张民安：《无形人格侵权责任研究》，北京大学出版社2012年版，第804页。

（三）姓名权

1. 姓名权的界定

所谓姓名权，是指他人所享有的决定、使用、改变自己姓名并且排除行为人干预的权利。姓名权包括姓名决定权、姓名使用权、姓名变更权。所谓姓名决定权，也称命名权，是指他人所享有的自由决定其姓名的权利。所谓姓名使用权，是指他人所享有的使用或不使用其姓名的权利。所谓姓名变更权，是指他人所享有的依法变更其姓名的权利。

在民法上，姓名是由姓和名两部分构成的，是指使用一个或一个以上的字、词来称呼和指明某个人并使该人获得个体化和个性化的一种手段，其中，姓是指一个家族、家庭的姓名，而名（prénoms）则是同一家族、家庭不同成员使用的姓名。在现代社会，姓和名结合在一起，共同构成他人的身份符号，它是他人获得独立性、个体化、个性化的重要途径。[①]

在民法上，姓名权当中的姓名除了主要姓名之外，还包括次要姓名。所谓主要姓名，也称本名、法定姓名、强制姓名、真实姓名、正式姓名，是指他人在出生时记载在出生证上或者户籍上的姓名。所谓次要姓名（les accessories du nom），也称非法定姓名、非强制姓名、虚假姓名或者非正式姓名，是指他人虚构的姓名或者别人送给他人的姓名，包括笔名、艺名、别名、字、号等。

2. 姓名权在民法当中的地位

在法国，民法典并没有直接对姓名权作出明确规定，虽然如此，法国民法学者普遍承认姓名权的存在。所不同的是，不同的民法学者对姓名权的性质存在不同的意见。某些民法学者将姓名权视为财产权，而某些民法学者则将姓名权视为一种人格权。[②] 而在德国，民法典则对姓名权作出了规定，这就是《德国民法典》第12条，该条规定：如果行为人侵犯他人对其姓名享有的使用权，或者如果行为人在未经他人同意的情况下使用他人的姓名，则他人有权要求行为人除去其侵犯行为；如果行为人有继续侵犯他人姓名权的可能，则他人有权向法院起诉，要求法官颁发禁止令，禁止行为人积极实施其侵犯行为。[③]

在我国，除了《民法通则》和《侵权责任法》承认姓名权之外，《民法总则》也承认姓名权。《民法通则》第99条规定：公民享有姓名权，有权决定、使用和依照规定改变自己的姓名，禁止他人干涉、盗用、假冒。法人、个体工商户、个人合伙享有名

[①] 张民安：《无形人格侵权责任研究》，北京大学出版社2012年版，第741页。
[②] 张民安：《法国民法》，清华大学出版社2015年版，第86—87页。
[③] 张民安：《法国人格权法（上）》，清华大学出版社2016年版，第193页。

称权。企业法人、个体工商户、个人合伙有权使用、依法转让自己的名称。《侵权责任法》第2条规定,当行为人侵犯他人的姓名权时,他们应当承担侵权责任。《民法总则》第110条规定,自然人享有姓名权,法人、非法人组织享有名称权。

3. 姓名权的防御性

在民法上,姓名权在性质上属于一种防御性质的人格权,这就是,他人享有要求行为人尊重其对姓名的权利,享有要求行为人不得侵占、使用其姓名的权利。如果行为人侵害他人享有的姓名权,他人有权向法院起诉,要求法官责令行为人对其承担姓名侵权责任。在民法上,姓名侵权责任除了应当具备一般侵权责任的构成要件之外还应当具备四个特殊构成要件:行为人为了自己的利益使用他人姓名;行为人未经他人同意就擅自使用他人姓名;行为人基于故意使用他人姓名;姓名权人遭受了损害。①

一旦符合上述构成要件,法官除了能够责令行为人对他人遭受的损害承担侵权责任之外,还能够采取其他的法律救济措施,诸如责令行为人停止侵占他人姓名的行为或者责令行为人停止使用他人姓名的行为等。

(四) 名誉权

1. 名誉权的界定

所谓名誉权,是指他人所享有的要求行为人尊重其名誉的权利。所谓名誉,是指他人通过自己的努力所获得的有关其能力、品行、资格等方面的积极、良好或者正面的评价。

在民法上,他人的名誉具有累积性、社会性、观念性、积极性的特征。所谓名誉的累积性,是指他人的名誉并不是从天上掉下来的,也不是上帝赋予他人的,而是他人通过长期的不断努力所获得的。所谓名誉的社会性,是指他人的名誉并不是由他人本人对其能力、品行或者资格作出的评价,而是社会公众或者社会公众当中的某些人对他人能力、品行或者资格作出的评价。

所谓名誉的观念性,是指社会公众或者社会公众当中的某些人对他人名誉作出的评价仅仅反映出作出评价的人的主观看法,该种评价未必一定反映他人能力、品行或者资格方面的真实情况,甚至同他人的真实情况存在天壤之别。所谓名誉的积极性,是指社会公众或者社会公众当中的某些人对他人的能力、品行或者资格等作出的评价是良好的、肯定的、正面的评价,而不是不好的、消极的、负面的评价。

2. 名誉权在民法当中的地位

在法国,民法典并没有明确规定他人享有的名誉权,因为名誉权被法国的立法者规定在1881年7月28日的《新闻法》当中。根据法国1881年7月29日的《新闻法》第

---

① 张民安:《无形人格侵权责任研究》,北京大学出版社2012年版,第143—147页。

29 条和法国的司法判例,如果行为人实施了名誉侵权行为,他们应当对他人遭受的损害承担赔偿责任,他们对他人承担损害赔偿责任的根据是 1881 年 7 月 29 日的《新闻法》和《法国民法典》旧的第 1382 条和旧的第 1383 条:一旦行为人违反法国新闻法的规定,则他们违反该法规定的行为将构成《法国民法典》旧的第 1382 条和旧的第 1383 条所规定的过错行为。①

在英美法系国家,侵权法普遍保护他人享有的名誉权,认为行为人应当就其毁损他人名誉的行为对他人承担名誉侵权责任。② 在我国,《民法通则》第 101 条、第 120 条规定和《侵权责任法》第 2 条均明确规定,他人享有的名誉权受到法律的保护。我国《民法总则》采取了同样的态度,其第 110 条明确承认自然人、法人和非法人组织所享有的名誉权。

3. 名誉权的防御性质

在民法上,名誉权主要是一种防御性质的人格权,这就是,当他人享有的名誉权遭受毁损或者存在遭受毁损的可能时,他人有权向法院起诉,要求法官责令行为人对其承担名誉侵权责任。在侵权法上,名誉侵权责任除了应当具备一般侵权责任的构成要件之外还应当具备四个特殊构成要件:行为人作出的陈述是具有名誉毁损性质的虚假陈述;行为人对第三人公开其作出的具有名誉毁损性质的陈述;行为人针对他人作出了具有名誉毁损性质的陈述;行为人在公开具有毁损性质的陈述时存在过错。③

一旦具备上述构成要件,法官除了能够责令行为人就其毁损他人名誉权的行为对他人承担损害赔偿责任之外,还有权采其他的法律救济措施,例如,责令行为人撤回他们所作出的具有名誉毁损性质的陈述行为,保护他人享有的回应权,颁发禁制令,禁止行为人继续实施名誉侵权行为,作出宣示性的判决,认定行为人所实施的行为构成名誉侵权行为,扣押、查封或者销毁侵害他人名誉的报纸杂志、小说、电影,等等。

4. 名誉侵权责任的抗辩事由

如果具备某种正当理由,行为人无需就其侵害他人名誉权的行为对他人承担名誉权责任,这就是名誉侵权责任的抗辩事由。

(1) 事实真实原则的抗辩。如果行为人作出的陈述是客观真实的事实,即便他们作出的陈述是具有名誉毁损性质的陈述,他们也无需对他人承担名誉侵权责任,这就是

---

① Jean Carbonnier, Droit civil, Volume I, Introduction Les personnes la famille, l'enfant, le couple, puf, p. 511; Henri et Léon Mazeaud Jean Mazeaud Francois Chabas, Lecons de DROIT CIVIL, Tome I/Deuxième Volume, Les Personnes, 8e édition, Montchrestien, p. 393; Bernard Teyssié, Droit civil, Les personnes, 12e édition, Litec, p. 47; Philippe Malaurie, les Personnes, 6e édition, Defrénois, p. 160.
② 张民安:《无形人格侵权责任研究》,北京大学出版社 2012 年版,第 752 页。
③ 张民安:《无形人格侵权责任研究》,北京大学出版社 2012 年版,第 171 页。

事实真实的抗辩事由。①

（2）公证评论的抗辩。即便行为人作出的评论是具有名誉毁损性质的陈述，只要他们真诚地相信其作出的评论，则他们无需就其作出的评论对他人承担名誉侵权责任，这就是所谓的公平评论的抗辩事由。②

（3）绝对或者相对免责特权的抗辩。如果立法者、司法者或者政府的高级官员在履行他们的法定职责的过程当中对他人作出了具有名誉毁损性质的陈述，不管他们是否是故意的，他们均不用对他人承担名誉侵权责任，这就是所谓的绝对免责特权的抗辩事由。③

如果行为人尤其是作为新闻媒体的行为人是为了社会公共利益或者第三人的利益而作出具有名誉毁损性质的陈述，他们无需对他人承担侵权责任，这就是所谓的相对免责特权抗辩事由。④

（4）公众人物的抗辩。如果名誉被毁损的人在性质上属于公众人物，则行为人尤其是新闻媒体的行为人无需就其名誉毁损行为对他们承担名誉侵权责任，除非公众人物能够证明行为人尤其是作为新闻媒体的行为人是故意或者鲁莽作出具有名誉毁损性质的陈述。这就是所谓的公众人物的抗辩，该种抗辩事由也被称为宪政保护特权抗辩。⑤

在民法上，公众人物包括三种：其一，影视明星、体育明星等；其二，政府官员；其三，因为某种特殊事件而引起社会广泛关注的普通社会公众。其中，第一种和第二种公众人物被称为自愿公众人物，因为他们是基于自己的真实愿意而成为公众人物的，而第三种公众人物则被称为非自愿公众人物，因为他们不是基于其真实自愿而成为公众人物的。

（五）隐私权和信息性隐私权

所谓隐私权，是指他人所享有的要求行为人尊重其隐私的权利。所谓隐私，或者是指他人不愿意公开的、同社会公共利益没有关系的私人信息、私人事务或者私人空间，或者是指他人不愿意行为人侵扰的生活安宁。

在民法上，隐私权既保护他人的各种各样的私人信息免受公开，包括他人的家庭生活、感情生活、财产状态、宗教生活、他人的身体以及他人的其他敏感信息等，⑥也保障他人的生活安宁免受侵扰，防止行为人通过各种各样的方式侵扰他人的生活安宁，包

---

① 张民安：《无形人格侵权责任研究》，北京大学出版社2012年版，第286页。
② 张民安：《无形人格侵权责任研究》，北京大学出版社2012年版，第297页。
③ 张民安：《无形人格侵权责任研究》，北京大学出版社2012年版，第320页。
④ 张民安：《无形人格侵权责任研究》，北京大学出版社2012年版，第334—336页。
⑤ 张民安：《无形人格侵权责任研究》，北京大学出版社2012年版，第361页。
⑥ 张民安：《无形人格侵权责任研究》，北京大学出版社2012年版，第478页；张民安：《法国民法》，清华大学出版社2015年版，第89页。

括潜入他人住所的行为，电话骚扰行为，持续监督、跟踪、盯梢，通过 GPS 追查他人的行踪，通过公共摄像头拍摄他人在私人场所或者公共场所的行为，翻查他人的上网记录，等等，① 还包括他人就有关其家庭、生育、婚姻、性行为、教育小孩、在私人场所阅读黄色书刊或者观看黄色电影等方面的事务作出自由决定的权利。②

1. 隐私权在法国的产生和发展

在历史上，隐私权的理论并不是像我国民法学者所说的那样最早源自美国，而是源自法国。早在 1819 年，法国巴黎大学的著名学者 Pierre-Paul Royer-Collard 就已经提出了"私人生活应当用围墙隔断"的著名格言，认为新闻媒体不得擅自在其报纸杂志上公开他人的私人生活，否则，它们应当根据《法国民法典》第 1382 条的规定对他人遭受的损害承担赔偿责任。为了将 Royer-Collard 在 1819 年所主张的"私人生活应当用围墙隔离"的论断、法律格言上升为制定法，法国的少数立法者从 1822 年开始不断作出努力，试图将私人生活受尊重权规定在立法者所通过的制定法当中。③

在 1868 年，这些立法者的努力终于大功告成，因为法国立法者在 1868 年 5 月 11 日制定的法律当中对私人生活受尊重权作出了规定，这就是该法第 11 条。该条规定：一旦新闻媒体在它们的报纸杂志上公开有关他人私人生活方面的某种事实，则它们的公开行为将构成犯罪行为，应当遭受 500 法郎刑事罚金的惩罚；对新闻媒体的公开行为主张刑事追究的人只能是利害关系人。④

在 1858 年 6 月 16 日的著名案件即 l'affaireRachel 一案⑤当中，法国 Seine 地区一审法院（tribunalcivil de la Seine）的法官首次适用《法国民法典》第 1382 条所规定的一般过错侵权责任来保护他人的私人生活免受侵犯，并且根据该条的规定责令行为人就其侵犯他人私人生活的过错行为对他人承担赔偿责任。⑥ 此后此种做法一直被法国法官所

---

① 张民安：《无形人格侵权责任研究》，北京大学出版社 2012 年版，第 509 页。
② 张民安：《自治性隐私权研究》，《侵权法报告》第 7 卷，中山大学出版社 2014 年版，序言，第 5 页。
③ M. Gustave Rousset, Code général des lois sur la presse et autres moyens de publication, IMPRIMERIE ET LIBRAIRIE GéNéRALE DE JURISPRUDENCE, 1869, pp. 70—71；张民安：《法国民法》，清华大学出版社 2015 年版，第 87—88 页；张民安：《法国人格权法（上）》，清华大学出版社 2016 年版，第 454 页；张民安主编：《场所隐私权研究》，中山大学出版社 2016 年版，第 1—2 页。
④ M. Gustave Rousset, Code général des lois sur la presse et autres moyens de publication, IMPRIMERIE ET LIBRAIRIE GéNéRALF DE JURISPRUDENCE, 1869, pp. 70—71；张民安：《法国人格权法（上）》，清华大学出版社 2016 年版，第 454 页；张民安主编：《场所隐私权研究》，中山大学出版社 2016 年版，第 1—2 页。
⑤ Trib. civ. Seine (1ère ch.), 16 juin 1858, Félix c. O'Connell, Dalloz, 1858. III. 62 et Ann. prop. ind. 1858, p. 250；Jean-Christophe Saint-Pau et, Droits de la Personnalité, LexisNexis, p. 677；张民安：《法国人格权法（上）》，清华大学出版社 2016 年版，第 455 页。
⑥ 张民安：《隐私权的起源》，载张民安主编《隐私权的比较研究》，中山大学出版社 2013 年版，第 28—32 页；张民安：《法国的隐私权研究》，载张民安主编《隐私权的比较研究》，中山大学出版社 2013 年版，第 124—133 页；张民安：《法国人格权法（上）》，清华大学出版社 2016 年版，第 455 页。

坚持，直到1970年，法国立法机关通过了1970年7月17日的法律，决定对他人的私人生活受尊重权提供保护，该种法律被编入《法国民法典》当中，这就是《法国民法典》第9条。《法国民法典》第9（1）条规定：任何自然人均享有其私人生活受尊重的权利。

2. 隐私权在美国的产生和发展

在英美法系国家，虽然普通法长久以来均会保护他人的私人生活、私人秘密免受侵犯，但是，在1890年之前，普通法也仅仅是通过类推适用其他既存的各种各样的侵权责任制度来对他人提供保护，不会通过独立的隐私侵权责任制度来保护他人的私人生活、私人秘密免受侵犯，诸如名誉侵权责任、契约责任、滋扰侵权责任、不动产侵权责任以及信任责任法等。[①]

由于受到法国制定法和判例法的影响，在1890年，美国学者Samuel Warren 和 Louis Brandeis 在1890年的《哈佛法律评论》上发表了著名的学术论文《论隐私权》，[②] 开始主张隐私权和隐私侵权责任的独立性。[③]

自此之后，法国制定法和司法判例所确立的私人生活受尊重权开始以隐私权的名义在美国普通法当中盛行并且因此大行其道。在今天，除了美国的立法者、法官和学者普遍承认了隐私权的存在之外，英美法系的其他国家也普遍承认隐私权的存在。[④] 在当今美国，隐私侵权分为四类：公开他人私人事务的隐私侵权，侵扰他人安宁的隐私侵权，擅自使用他人姓名、肖像或者其他人格特征的隐私侵权和公开丑化他人形象的隐私侵权，这就是《美国侵权法复述（第二版）》第652A条至第652E条所规定的隐私权和隐私侵权的四分法理论。不过，美国学者将这四类隐私权和隐私侵权责任称为传统隐私权、旧隐私权，因为它们是在20世纪60年代末期之前所确立的隐私权和隐私侵权责任。[⑤]

虽然美国普通法上的隐私权源自法国制定法和判例法所规定的私人生活受尊重权，但是，同法国的私人生活受尊重权的理论相比，美国的隐私权理论显然超越了法国的私人生活受尊重权理论，因为除了在20世纪60年代所确立的旧隐私权理论之外，美国在20世纪60年代中后期以来也确立了新的隐私权理论，包括自治性隐私权（right to deci-

---

[①] 尼尔 M. 理查兹、丹尼尔 J. 索洛韦伊：《隐私权的另一种路径：信任责任法律的复兴》，孙言译，载张民安主编《隐私权的比较研究》，中山大学出版社2013年版，第37—97页。

[②] Louis D. Brandeis, Samuel D. Warren, Right to Privacy, (1890) 4 Harv. L. Rev. 193.

[③] 张民安：《法国人格权法》（上），清华大学出版社2016年版，第205—208页；

[④] 张民安：《无形人格侵权责任研究》，北京大学出版社2012年版，第446—457页。

[⑤] 张民安：《无形人格侵权责任研究》，北京大学出版社2012年版，第446—450页；张民安主编：《侵扰他人安宁的隐私侵权》，中山大学出版社2012年版，序言，第2—4页；张民安主编：《公开他人私人事务的隐私侵权》，中山大学出版社2012年版，序言，第1—2页；张民安：《信息性隐私权研究》，中山大学出版社2014年版，序言，第1页；张民安：《自治性隐私权研究》，中山大学出版社2014年版，序言，第1—2页。

sional privacy)、① 物理性隐私权（right to physical privacy)② 和信息性隐私权（right to informational privacy)，这就是所谓的新隐私权的三分法理论。

3. 隐私权在我国的产生和发展

在 1986 年的《民法通则》当中，立法者虽然对大多数无形人格权作出了规定，但是，他们并没有对其中的隐私权作出规定。为了满足社会公众对隐私权的需要，在 1988 年的《关于贯彻执行〈中华人民共和国民法通则〉若干问题的意见（试行）》当中，最高人民法院将隐私权视为名誉权的组成部分，当行为人侵犯他人的隐私权时，他们责令行为人对他人承担名誉侵权责任，这就是该《意见》当中的第 140 条，该条规定：以书面、口头等形式宣扬他人的隐私，或者捏造事实公然丑化他人人格，以及用侮辱、诽谤等方式损害他人名誉，造成一定影响的，应当认定为侵害公民名誉权的行为。

在 2001 年的《关于确定民事侵权精神损害赔偿责任若干问题的解释》当中，最高人民法院承认了隐私权的独立性，它规定：违反社会公共利益、社会公德侵害他人隐私或者其他人格利益，受害人以侵权为由向人民法院起诉请求赔偿精神损害的，人民法院应当依法予以受理。

在 2008 年的《侵权责任法》当中，立法者首次在制定法当中对隐私权作出了规定，并且正式承认隐私权的独立性，这就是该法第 2 条的规定，根据该条的规定，一旦行为人侵犯他人的隐私权，他们应当对他人承担侵权责任。在 2017 年的《民法总则》当中，立法者继续承认隐私权的存在和独立性，因为在第 110 条当中，立法者明确规定，自然人享有隐私权。

不过，同《侵权责任法》不同的是，除了在第 110 条当中规定了隐私权之外，立法者还在第 111 条当中规定了信息性隐私权，该条规定：自然人的个人信息受法律保护。任何组织和个人需要获取他人个人信息的，应当依法取得并确保信息安全，不得非法收集、使用、加工、传输他人个人信息，不得非法买卖、提供或者公开他人个人信息。

在我国《民法总则》所规定的两种隐私权当中，第 110 条所规定的隐私权属于传

---

① 所谓自治性隐私权（right to decisional privacy），是指他人所享有的就其具有私人性质的事务作出自我决定的权利，当他人享有此类隐私权时，他们所享有的此类隐私权除了受到一般侵权法的保护之外，也受到宪法的保护，除了一般的社会公众不能够侵犯他人享有的此类隐私权之外，政府也不得侵犯他人享有的此类隐私权。张民安：《自治性隐私权研究》，《侵权法报告》第 7 卷，中山大学出版社 2014 年版，序言，第 1—11 页。

② 所谓物理性隐私权（right to physical privacy），也称为空间性隐私权（right to spatial privacy）或者场所性隐私权（local privacy），是指他人对某一个特定的地理区域、地理空间或者场所所享有的隐私权，例如，他人对其住所所享有的隐私权，他人对其机动车尾箱所享有的隐私权，等等，就属于物理性隐私权。物理性隐私权包括他人对其私人场所和公共场所所享有的隐私合理期待，防止包括执法人员在内的行为人在欠缺任何正当理由的情况下现实进入他人的场所或者侵犯他人的合理隐私期待。张民安：《自治性隐私权研究》，《侵权法报告》第 7 卷，中山大学出版社 2014 年版，序言，第 2 页。

统隐私权,也就是非网络时代的隐私权,而第 111 条所规定的信息性隐私权则属于网络时代的隐私权。立法者之所以专门对信息性隐私权作出规定,是因为在我国当下,个人的信息存在被收集、整理、存储、泄露、出卖的风险,引起了社会公众的严重关切。

4. 信息性隐私权

所谓信息性隐私权,是指他人所享有的决定何时、用什么样的方式和在何种程度上将其信息对别人公开的权利。① 换言之,所谓信息性隐私权,是指他人所享有的对其个人信息、能够被识别的个人信息的获取、披露和使用予以控制的权利。②

在民法上,信息性隐私权源自网络时代尤其是互联网时代人们对包括政府在内的所有行为人收集、加工、存储、泄露个人信息的担心。随着互联网在 20 世纪 90 年代中后期的普遍应用,政府或者私人机构收集或者处理他人私人信息的情况发生了根本性的变化,因为互联网除了拥有最为强大的信息收集能力之外,也拥有最为强大的整合、处理他人私人信息的能力。

首先,互联网能够确保政府机构或者私人机构在免受空间、地域、时间限制的情况下收集他人的私人信息;其次,互联网能够确保政府机构或者私人机构以最廉价的、最高效的或者最快捷的方式收集他人的私人信息;再次,互联网能够确保政府机构或者私人机构收集他人以各种各样的方式存在的私人信息,诸如他人留下的文字信息、声音信息、图片信息、视频信息等。复次,互联网能够确保政府机构或者私人机构将所收集的海量信息予以储存、加工整合、比对,并且在此基础上建立起更大的,甚至无所不包的数据库。最后,互联网能够确保政府机构或者私人机构将它们收集、储存、整合加工的信息按照它们的意愿在其内部或者外部予以交换、使用。③

因为这样的原因,除了在《民法总则》第 110 条当中对隐私权作出了规定之外,我国立法者还在第 111 条当中对信息性隐私权作出了说明,已如前述。

(六) 肖像权

1. 肖像权的界定

所谓肖像权,是指他人所享有的要求行为人尊重其肖像的权利。所谓肖像,是指通过某种技术手段再现或者表现出来的自然人的人身。在民法上,只要自然人的人身或者人身的某些组成部分能够通过一定的技术手段予以再现,则通过技术手段所再现出来的人身或者人身的组成部分就是所谓的肖像。因此,通过摄影、绘画、雕刻、雕塑、录像

---

① 张民安主编:《信息性隐私权研究》,《民商法学家》第 10 卷,中山大学出版社 2014 年版,序言,第 2 页。
② 张民安主编:《信息性隐私权研究》,《民商法学家》第 10 卷,中山大学出版社 2014 年版,序言,第 3 页。
③ 张民安主编:《信息性隐私权研究》,《民商法学家》第 10 卷,中山大学出版社 2014 年版,序言,第 12—13 页。

等方式所再现出来的相片、画像、雕像、塑像或者录像人物等均为肖像。

肖像权的主要内容包括肖像制作权、肖像公开权、肖像使用权等内容。所谓肖像制作权，是指自然人有权决定是否、以何种技术手段再现其肖像的权利。所谓肖像公开权，是指自然人的肖像被再现出来之后，他们所享有的是否公开、在什么范围内、对什么人公开的权利。所谓肖像使用权，是指自然人所享有的对其肖像予以使用的权利。

2. **肖像权在民法上的地位**

在法国，《法国民法典》并没有对肖像权作出明确规定，在肖像权的地位问题上，民法学者和法官之间存在不同意见，某些学者和法官认为，肖像权属于隐私权的组成部分，当行为人侵犯他人肖像权时，他们应当根据《法国民法典》第9条的规定承担侵权责任，而某些民法学者则认为，肖像权独立于隐私权，因为它们是两种不同的人格权。[①] 在美国，民法并不认可肖像权的独立性，因为美国的侵权责任法或者将肖像权看作隐私权的组成部分，或者将肖像权看作公开权的组成部分。如果民法仅仅将肖像权看作隐私权的组成部分，则自然人的肖像权在性质上就属于人格权，[②] 而如果民法仅仅将肖像权看作公开权的组成部分，则自然人的肖像权仅为财产权的组成部分。[③]

在我国，无论是《民法通则》《侵权责任法》还是《民法总则》，均认可肖像权的独立性。《民法通则》第100条规定：公民享有肖像权，未经本人同意，不得以营利为目的使用公民的肖像。《侵权责任法》第2条规定，侵害他人享有的肖像权时，应当对他人承担侵权责任。《民法总则》第110条规定，自然人享有肖像权。

3. **肖像权的防御性**

在民法上，肖像权也是一种防御性质的权利，这就是，当自然人享有的肖像权受到侵犯时，他们有权向法院起诉，要求法官责令行为人对其承担肖像侵权责任。根据肖像侵权责任，肖像侵权责任除了应当具备一般侵权责任的构成要件之外，还应当具备四个特殊的构成要件：行为人实施了再现、公开或者使用他人肖像的行为；被再现、公开或者使用肖像的人是能够识别的人；行为人的再现、公开或者使用肖像的行为没有获得他人的授权；行为人的再现、公开或者使用行为导致他人遭受了非财产损害或者财产损害。[④]

4. **肖像权的例外**

在某些例外情况下，行为人再现、公开或者使用他人肖像的行为不构成肖像侵权行

[①] Jean Carbonnier, Droit civil, Volume1, Introduction Les Personnes, La famille, l'enfant, le couple, puf, p. 510; Henri et Léon Mazeaud Jean Mazeaud Francois Chabas, Lecons de DROIT CIVIL, Tome I/Deuxième Volume, Les Personnes, 8e édition, Montchrestien, p. 173；张民安：《法国民法》，清华大学出版社2015年版，第89—91页；张民安：《法国人格权法（上）》，清华大学出版社2016年版，第539—541页。

[②] 张民安：《无形人格侵权责任研究》，北京大学出版社2012年版，第639—641页。

[③] 张民安：《无形人格侵权责任研究》，北京大学出版社2012年版，第641—643页。

[④] 张民安：《无形人格侵权责任研究》，北京大学出版社2012年版，第655页。

为，无需对他人承担侵权责任，这就是肖像侵权责任的抗辩事由。

（1）言论自由权、出版自由权的抗辩事由。如果行为人尤其是作为新闻媒体的行为人是为了行使宪法规定的言论自由权和出版自由权而使用他人的肖像，则他们使用他人肖像的行为不构成肖像侵权行为，无需对他人承担肖像侵权责任。①

（2）非有意使用他人肖像的抗辩事由。如果行为人不是基于商事目的使用他人肖像，则他们的肖像使用行为将不构成肖像侵权行为，无需对他人承担肖像侵权责任。②

（3）行为人在公开场所拍摄照片的抗辩事由。如果行为人在公开场所拍摄他人的肖像并将其拍摄的肖像公开，在符合一定条件之时，行为人拍摄和公开他人肖像的行为将不被看作肖像侵权行为，行为人无需就其再现、公开或者使用他人肖像的行为对他人承担侵权责任。这就是所谓的公开场所拍摄照片的规则。例如，拍摄在公开场合发表演说的人的肖像。③

（4）合理使用他人肖像的抗辩事由。当行为人是为了评论、批评、报道、研究、学习等非营利性目的使用他人肖像时，他们的肖像使用行为不构成侵权行为。④

（5）国家机关执行公务的抗辩事由。如果国家机关或者国家机关工作人员为了执行公务活动而再现、公开或者使用他人肖像，他们的行为不构成肖像侵权行为，无需承担侵权责任。⑤

（七）无罪推定受尊重权

所谓无罪推定受尊重权（droit au respect de la présomption d'innocence），也称为无罪推定权（le droit à la la présomption d'innocence），是指他人享有的在没有被法官的生效判决认定为犯罪行为人之前不得被看作、称作犯罪行为人的权利。⑥

在法国，无罪推定受尊重权最初为法国 1789 年 8 月 26 日的《公民和人权宣言》第 9 条所确认，它规定：在没有被宣告为罪人之前，所有的人均被推定为无罪。该条规定之后被法国 1946 年和 1958 年宪法所规定。《欧洲人权公约》第 2 条也对此种权利作出了明确说明，它规定：除非他人已经在法律上被确定为罪人，否则，所有被指控实施了某种犯罪行为的人均被推定为无罪。

在 1993 年，法国立法者通过其制定的 1993 年 1 月 4 日和 1993 年 8 月 24 日的法律

---

① 张民安：《无形人格侵权责任研究》，北京大学出版社 2012 年版，第 705 页。
② 张民安：《无形人格侵权责任研究》，北京大学出版社 2012 年版，第 712 页。
③ 张民安：《无形人格侵权责任研究》，北京大学出版社 2012 年版，第 718 页。
④ 张民安：《无形人格侵权责任研究》，北京大学出版社 2012 年版，第 723 页。
⑤ 张民安：《无形人格侵权责任研究》，北京大学出版社 2012 年版，第 723 页。
⑥ GERARD CORNU, Droit civil, Les personnes, 13e édition, Montchrestien, p. 71；张民安：《法国民法》，清华大学出版社 2015 年版，第 94—95 页。

对此种权利作出了规定,该种规定之后被编入法国民法典当中,这就是《法国民法典》第 9-1 条。法国立法者在 2000 年通过其制定的 2000 年 6 月 15 日的法律对该条作出了修改。修改之后的法国民法典第 9-1 条规定:任何人均享有无罪推定受尊重的权利。民法学者普遍认为,无罪推定受尊重权在性质上属于一种人格权,该种人格权为所有自然人享有,根据此种人格权,任何人,即便受到刑事检控,只要法官还没有通过终审裁判宣告其有罪,均被视为无罪。①

在我国,虽然立法者没有在《民法通则》《侵权责任法》或者《民法总则》当中对此种无形人格权作出规定,但是我国法律也应当承认此种无形人格权。根据此种人格权,在他人最终被法官宣告为有罪之前,如果行为人尤其是新闻媒体将受到刑事检控或者讯问的他人称为罪人,则行为人将他人称为罪人的行为侵犯了他人享有的无罪推定受尊重权,基于他人的起诉,法官除了有权责令行为人对他人遭受的损害承担赔偿责任之外还有权采取一切措施,以便终止行为人侵犯他人享有的无罪推定受尊重权的行为。

(八) 声音权

所谓声音权 (le droit à la voix),是指他人对其声音享有的公开、使用并且要求别人予以尊重的权利。权利人对其声音享有多种多样的权利,例如,公开其声音的权利,使用其声音的权利,要求别人尊重其声音的权利,这就是所谓的声音权。

在民法领域,声音权面临的第一个主要问题是,声音权究竟是不是一种独立的权利。对此问题,民法学者作出的回答并不完全相同。某些民法学者认为,声音权既独立于隐私权,也独立于肖像权,它是隐私权和肖像权之外的一种独立权利。② 而某些民法学者则认为,声音权并不是一种独立的权利,它或者是隐私权的组成部分,③ 或者是肖像权的组成部分。④

我们采取上述第一种理论,认为声音权既独立于隐私权,也独立于肖像权,是它们之外的一种主观权利,因为声音权具有不同于其他两种主观权利的特性,例如,他人的声音可能面临着被别人模仿的可能性,而他人的隐私或者他人的肖像则很少会面临被别

---

① David Bakouche, Droit civil les personnes la famille, HACHETTE, p. 50; Jean Carbonnier, Droit civil, Volume I, Introduction Les personnes la famille, l'enfant, le couple, puf, pp. 519—520; Henri Roland Laurent Boyer, Introuduction au droit, Litec, pp. 437; Bernard Teyssié, Droit civil, Les personnes, 12e édition, Litec, p. 48; FrançoisTerré Dominique Fenouillet, Droit civil les personnes, 8e édition, Dalloz, pp. 111—112; GERARD CORNU, Droit civil, Les personnes, 13e édition, Montchrestien, p. 71.

② Guy Raymond, Droit Civil, 2e édition, Litec, p. 93; Michel de Juglart Alain Piedeevre Stephane Piedeevre, Cours de droit civil, introduction, personnes, famille, Seizième édition, Montchrestien, p. 122; GERARD CORNU, Droit civil, Les personnes, 13e édition, Montchrestien, p. 74.

③ Bernard Teyssié, Droit civil, Les personnes, 12e édition, Litec, p. 78.

④ Philippe Malaurie, les Personnes, 6e édition, Defrénois, p. 154.

人模仿的可能性。当然,就像肖像权与隐私权之间存在交叉地带一样,声音权与隐私权之间也存在交叉地带,例如,他人在私人场所的声音就是如此。①

在未经他人或者他人继承人同意的情况下,或者在欠缺其他正当理由的情况下,如果行为人实施了再现、公开、使用或者模仿他人声音的行为,在他们应当对他人遭受的财产损害和非财产损害承担赔偿责任。②

第五节 复 合 权

一、著作权人享有的著作权

(一) 著作权的界定

所谓著作权,也称版权,是指文学、艺术或者科学著作的作者对其文学、艺术或者科学著作或者作品所享有的复合权。例如,当小说家创作出小说时,他们对其小说所享有的复合权就是著作权。再例如,当版画家创作出版画时,他们对其所创作的版画所享有的复合权就是著作权。

在民法上,几乎所有的知识产权法学者都认为,著作权人享有的著作权具有复合权的性质,因为他们均认为,著作权除了包括财产权之外,还包括非财产权。③ 同样,在民法上,几乎所有的民法学者都认为,知识产权具有复合权的性质,因为著作权既包括财产权的内容,也包括非财产权的内容。④

(二) 著作权当中的非财产权

在民法上,著作权之所以是一种复合权,是因为著作权当中包含了非财产权。

在法国,《法国知识产权法典》规定,著作权人享有的非财产权有四种:公开权 (le droit de divulgation)、署名权 (le droit de paternité)、尊重权 (le droit de respect) 以及收回权 (le droit de retrait)。在我国,《著作权法》第 10 条对著作权当中的非财产权

---

① 张民安:《无形人格侵权责任研究》,北京大学出版社 2012 年版,第 807—812 页;张民安:《法国民法》,清华大学出版社 2015 年版,第 91—92 页。
② 张民安:《无形人格侵权责任研究》,北京大学出版社 2012 年版,第 816—821 页。
③ Patrick Tafforeau 和 Cedric Monnerie, Droit de la Propriété intellectuelle, 3e édition, Gualino, p. 114; Nicolas Binctin, Droit de la Propriété intellectuelle, 2e édition, LGDJ, p. 114.
④ Goubeaux, Droit Civil Tome 1, 24e édition, LGDJ, p. 31; Philipp Bihr, Droit Civil general, 13e édition, Dalloz, 34. Henri Roland Laurent Boyer, Introduction au droit, Litec, p. 438.

作出了说明，根据该条的规定，著作权当中的非财产权包括四种：发表权、署名权、修改权以及保护作品完整权。

在民法上，著作权当中的非财产权具有一般非财产权的性质，这就是其专属性、不适用时效性。《法国知识产权法典》第 L. 121 条对非财产权的性质作出了说明，该条规定：著作权人享有要求别人尊重其姓名、其身份和著作的权利，此种权利附着在权利主体身上，它是一种永久的、不得转让的、不适用时效的权利。该种权利在著作权人死亡之后转移给著作权人的继承人，也可以因具有著作权人的遗嘱而授予给第三人。

（三）著作权当中的财产权

在民法上，著作权之所以在性质上属于复合权，是因为著作权当中也包括了财产权的内容。

在法国，《法国知识产权法典》第 L. 122 条也对著作权人享有的财产权作出了说明，该条规定：著作权的使用权属于著作权人，其中使用权包括表演权（le droit de représentation）和复制权（le droit de reproduction）。在我国，《著作权法》第 10 条对著作权当中的财产权作出了说明，根据该条的规定，著作权当中的财产权多种多样，包括但是不限于以下权利：复制权、发行权、出租权、展览权、表演权、放映权、广播权、信息网络传播权以及摄制权等。

无论是什么形式的财产权，著作权人均能够通过合同或者其他方式转让其著作权；在著作权人死亡时，他们享有的著作权能够作为遗产为其继承人所继承。

二、家庭成员之间的身份权

（一）家庭成员之间的身份权界定

所谓家庭成员之间的身份权，是指家庭成员之间基于他们在家庭当中的不同身份所享有的复合权。

在民法上，夫妻之间、父母子女之间以及其他家庭成员之间基于他们之间的夫妻身份、父母子女身份以及其他身份而对彼此享有不同的民事权利，他们所享有的这些权利被称为身份权。在民法上，家庭成员之间所享有的身份权在性质上绝对不是像我国民法学者所言的那样仅仅属于非财产权，而属于所谓的复合权，因为他们之间的这些身份权并不仅仅包括非财产权的内容，而且也包括财产权的内容。

在民法上，家庭成员之间的身份权可以分为三种：其一，夫妻之间的身份权；其二，父母与其子女之间的身份权；其三，其他家庭成员之间的身份权。无论是哪一种形式的身份权均属于复合权。

(二) 夫妻之间的身份权

1. 夫妻身份权的界定

所谓夫妻身份权，是指夫妻之间因为结婚所获得的一种复合权。在民法上，夫妻之间的身份权是最主要、最重要的身份权之一。除了包括非财产权的内容之外，他们之间的身份权还包括财产权的内容，因此，夫妻之间的身份权在内容上属于复合权。

2. 夫妻身份权所包含的非财产权内容

在民法上，夫妻身份权所包含的非财产权内容主要有五种：
其一，夫妻之间的地位平等权；其二，夫妻之间的姓名权；其三，夫妻之间的人身自由权；其四，夫妻之间的婚姻住所决定权；① 其五，夫妻之间的日常生活代理权。②

3. 夫妻身份权所包含的财产权内容

在民法上，夫妻身份权所包含的财产权内容主要有三种：其一，夫妻之间对他们的共同财产享有平等的所有权，包括占有权、所有权、收益权和处分权；其二，夫妻之间的扶养权；其三，夫妻之间的遗产继承权。③

(三) 父母子女之间的身份权

在民法上，父母子女之间的身份权也属于最主要、最重要的身份权之一。他们之间的身份权除了具有非财产权的内容之外，还具有财产权的内容，因此，也属于复合权。

1. 父母子女身份权所包含的非财产权内容

父母与其子女之间的身份权包含了非财产权的内容，主要包括三个方面：其一，未成年子女的姓氏权，未成年子女享有选择姓氏的权利，他们享有随父姓或者母姓的权利；其二，父母对其未成年子女所享有的管教权和保护权；其三，未成年子女享有要求父母尊重其人格尊严的权利。

2. 父母子女身份权所包含的财产权内容

父母与其子女之间的身份权也包含着财产权的内容，主要表现在三个方面：其一，子女享有要求父母对其承担抚养义务的权利；其二，父母享有要求子女对其承担赡养义务的权利；其三，父母子女之间的遗产继承权。

3. 父母子女身份权的特征

在民法上，父母子女之间的上述非财产权与财产权在父母子女之间的身份权当中居于同等重要的地位，无所谓非财产权要比财产权重要的说法。此外，无论是父母子女身

---

① 卓冬青、郭丽红、白云主编：《婚姻家庭法》（第4版），中山大学出版社2012年版，第163页。
② 卓冬青、郭丽红、白云主编：《婚姻家庭法》（第4版），中山大学出版社2012年版，第167页。
③ 卓冬青、郭丽红、白云主编：《婚姻家庭法》（第4版），中山大学出版社2012年版，第160—163页。

份权当中的非财产权还是财产权均具有专属性的特征,权利主体不得将他们享有的非财产权或者财产权转移给别人。

(四) 其他家庭成员之间的身份权

1. 其他家庭成员身份权

在民法上,除了夫妻之间的身份权和父母子女之间的身份权之外,其他家庭成员之间也会基于他们在家庭当中的身份而享有身份权。这些身份权除了包括祖父母、外祖父母与其孙子女、外孙子女之间的身份权之外,还包括兄姐与其弟妹之间的身份权。

无论是祖父母、外祖父母与其孙子女、外孙子女之间的身份权还是兄姐与其弟妹之间的身份权在性质上均属于复合权。

2. 其他家庭成员身份权所包含的非财产权内容

其他家庭成员之间的身份权包含了非财产权的内容,主要是监护权的内容。我国《民法通则》第 16 条对此作出了明确规定。

3. 其他家庭成员身份权所包含的财产权内容

其他家庭成员之间的身份权也包含了财产权的内容,主要是抚养权和继承权方面的内容。我国《婚姻法》第 28 条、第 29 条对此作出了明确规定。

三、社员权

所谓社员权,也称为成员权,是指某一个群众组织当中的成员对该群体组织或者该群体组织当中的其他成员所享有的复合权。在民法上,社员权的类型虽然多种多样,但是,社员权主要包括三类:合伙人享有的社员权,公司股东享有的股权以及建筑物区分所有权人享有的成员权。

在民法上,社员权之所以在性质上属于一种复合权,是因为社员权同时包含了财产权和非财产权的内容。例如,合伙人享有的权利除了包括出资的权利和分红的权利之外,还包括获得合伙人身份、参加合伙组织会议的权利,其中,出资的权利或者分红的权利属于财产权,而获得合伙人身份、参加合伙组织会议的权利则属于非财产权。

第十章　主观权利的保障一：民事义务

在《民法通则》当中，我国立法者虽然对民事权利和民事责任作出了规定，但是，他们并没有设立专章，对民事义务作出规定。因此，民事义务被立法者所忽视。

立法者对待民事义务的此种态度延续到《民法总则》当中，因为在《民法总则》当中，虽然立法者设立专章，对民事权利和民事责任作出了详细的规定，但是，他们并没有设立专章，对民事义务作出规定。

在我国，除了立法者极端轻视民事义务之外，我国民法学者同样极端轻视民事义务。一方面，在其民法总论当中，某些民法学者根本就没有论及民事义务的问题，即便他们也承认民事法律关系的内容；[1] 另一方面，在民法总论当中，某些民法学者虽然会对民事义务作出说明，但是，他们仅仅在民事法律关系当中对民事义务作出三言两语的说明，[2] 除了我们主编的《民法总论》之外，[3] 几乎没有任何民法学者在其民法总论当中设立专章，对民事义务作出详尽的说明。

我们认为，在民法上，除了契约领域的契约义务、侵权责任领域的侵权义务和婚姻家庭领域的民事义务等具体民事义务理论和具体民事义务制度之外，民法领域也存在民事义务的一般理论和一般制度，这些一般理论和一般制度既应当为民法学者所阐述，也应当为立法者所规定，包括：民事义务的概念，民事义务的性质，民事义务的类型，民事义务的渊源，等等。[4]

当然，在承认、建立和规定民事义务的一般理论和一般制度时，我们也应当明确民事义务和民事权利之间的关系，这就是，民事义务仅仅是民事权利实现的一种手段和保障，民事权利是目的，两种的地位不能够平起平坐，也无所谓民事权利与民事义务之间存在对应、对立的地位，否则，民事义务可能被异化。[5]

---

[1] 江平主编：《民法学》，中国政法大学出版社2007年版，第17—19页；李永军：《民法总论》，中国政法大学出版社2008年版，第20—24页。
[2] 梁慧星：《民法总论》（第2版），法律出版社2001年版，第81—82页；傅静坤主编：《民法总论》（第3版），中山大学出版社2007年版，第47—48页；王卫国主编：《民法》，中国政法大学出版社2007年版，第45—47；魏振瀛主编：《民法》（第4版），北京大学出版社2010年版，第40—41页。
[3] 张民安、王荣珍主编：《民法总论》（第4版），中山大学出版社2013年版，第305—327页。
[4] 张民安：《〈中华人民共和国民法总则（草案）〉的创新与不足》，《法治研究》2016年第5期，第17页。
[5] 张民安：《〈中华人民共和国民法总则（草案）〉的创新与不足》，《法治研究》2016年第5期，第17页。

第一节　民事义务概述

一、民事义务的界定

所谓民事义务（des devoirs），是指民事主体在作出或者不作出某种行为时所受到的必要约束、限制（nécessairement contrainte）。换言之，所谓民事义务，是指行为人所承担的作出某种行为或者不作出某种行为的必要约束和限制。在民法上，当某种民事法律规范要求民事主体作出或者不作出某种行为时，他们就必须按照此种民事法律规范的要求作出或者不作出此种行为，他们在作出或者不作出此种行为时所受到的此种必要约束与限制就是民事义务。

二、民事义务的必要构成要件

在民法上，民事义务的必要构成要件有三：其一，民事主体在行为时受到某种约束与限制；其二，民事主体所受到的约束与限制源于不同的民事法律规范；其三，民事主体所受到的约束与限制表现为他们必须作出或者不作出某种行为。只有同时符合这三个必要构成要件，民事主体的行为才构成民事义务。

（一）民事主体在行为时受到约束与限制

在民法上，民事义务所应当具备的第一个必要构成要件是，民事主体在行为时受到约束与限制。

所谓约束与限制，是指无论民事主体是否愿意，他们均必须作出某种行为或者不作出某种行为：如果他们承担的义务是作为义务，则他们必须作出此种行为；如果他们承担的义务是不作为义务，则他们不得作出此种行为。民事义务的此种特征与民事权利形成鲜明的对比，因为，根据民事权利理论，行为人是否作出某种行为或者不作出某种行为，完全取决于他们的意愿，已如前述。例如，即便甲方不愿意偿还乙方的借款，他也必须偿还乙方的借款。再例如，无论新闻媒体是否愿意，它们均需刊登其新闻报道当中所涉及的人物就其新闻报道作出的回应。[1]

（二）民事主体所受到的约束与限制源自某种民事法律规范的规定

在民法上，民事义务所应当具备的第二个必要构成要件是，民事主体在行为时所受

---

[1] 张民安：《无形人格侵权责任研究》，北京大学出版社2012年版，第396页。

到的约束与限制或者源自民事主体的自愿行为，也就是源自他们实施的某种民事法律行为，或者源自某种民事法律规范，包括：或者源自狭义的制定法，或者源自习惯，或者源自民法学说、司法判例，或者源自民法的基本原则以及源自其他方面。

当此种约束和限制原则是民事主体的自愿行为时，他们所承担的民事义务被称为自愿承担的民事义务，自愿承担的民事义务尤其包括契约当事人通过契约约定的民事义务。当此种约束和限制源自狭义的制定法时，民事主体所承担的民事义务被称为制定法上的民事义务，尤其是制定法上的注意义务。当此种约束和限制源自习惯时，民事主体承担的民事义务被称为习惯所规定的民事义务。当此种约束和限制源自民法的基本原则时，民事主体所承担的民事义务被称为民法的基本原则所强加的民事义务。当此种约束和限制源自这些情况之外时，民事主体所承担的民事义务被称为非制定法的民事义务，尤其是非制定法上的注意义务，这就是民事义务的渊源。

关于民事义务的渊源，我们将在下面的内容当中作出讨论，此处从略。

（三）民事主体的约束与限制表现为作出或者不作出某种行为

在民法上，民事义务所应当具备的第三个必要构成要件是，民事主体所受到的约束与限制或者表现为积极地作出某种行为，或者表现为消极地不作出某些行为。

例如，当侵权责任法要求酒店保护其旅客的人身或者财产安全时，酒店就必须积极地采取措施，保护其旅客的人身或者财产安全。在民法上，民事主体所承担的此种义务被称为作为义务。再例如，当物权法要求行为人不要侵占物权人的财产时，行为人就不应当侵占物权人的财产。在民法上，民事主体所承担的此种义务就是所谓的不作为义务。

关于作为义务和不作为义务的区分，我们将在下面的内容当中作出讨论，此处从略。

三、民事义务的性质

在民法上，民事主体所承担的民事义务是什么性质？对此问题，民法学者几乎没有作出过任何说明。我们认为，在民法上，民事主体不承担普遍性的不作为义务；某些民事义务具有财产性，而某些民事义务则不具有财产性；某些民事义务具有专属性，而某些民事义务则没有专属性。无论是什么性质的民事义务，它们的目的均是为了保护民事权利的实现。

（一）不作为义务的普遍性和特定性

在我国，民法学者普遍承认，无论是物权、人格权、债权还是其他民事权利，所有的民事权利均表现为权利主体与义务主体之间的一种法律关系，其中的权利主体对其义务主体享有权利,而其中的义务主体则对其权利主体承担民事义务。所不同的是,民事权利或者民事法律关系的性质不同,义务主体所承担的民事义务也不同。

如果权利主体享有的民事权利在性质上属于物权、人格权和身份权,则义务主体是权利主体之外的所有世人、第三人,他们均对权利主体即物权人、人格权人、身份权人承担普遍性的不作为义务,这就是我国民法学者所谓的特定的权利主体与不特定的义务主体之间所建立的民事法律关系,在该种法律关系当中,特定的权利主体享有要求不特定的义务主体对其承担不侵犯自己民事权利的义务,而不特定的义务主体则对特定的权利主体承担不侵犯其民事权利的义务,这就是所谓的普遍性的不作为义务。[①] 该种义务之所以被称为普遍性的不作为义务,是因为,除了特定的权利主体享有民事权利之外,除了权利主体之外的所有世人、所有第三人均是义务主体,权利主体凭借其物权、人格权和身份权能够要求所有别人均对其承担不侵犯自己民事权利的义务。

将物权、人格权和身份权视为特定权利主体与不特定义务主体之间的一种法律关系的做法并非我国民法学者的独创,该种理论源自19世纪前半期的历史法学派,并且为19世纪中后期和20世纪初期的民法学者所普遍主张,已如前述。不过,真正将此种理论发挥到极致的民法学者是瑞士19世纪末期的著名学者Ernest Roguin,在其《法律规范》当中,他第一次对我国民法学者所主张的上述理论作出了最直白、最明确的阐述,认为物权和人格权等属于绝对权,是权利主体与不特定的义务主体之间的法律关系,其中的不特定义务主体对其特定权利主体承担不作为义务。[②]

在民法上,我国民法学者所谓的此种普遍性的不作为义务并不是物权、人格权和身份权当中的义务,它们仅仅是侵权法上的不作为义务,因此,如果采取此种理论,我国民法学者实际上将物权、人格权和身份权视为侵权债权,已如前述。即便是在侵权法上,民法学者所谓的普遍性不作为义务也是不存在的,因为普遍性的不作为义务违反社会公共利益、公共秩序,让社会公众碌碌无为,并最终影响社会的发展和进步。因为这样的原因,民法上所存在的不作为义务仅仅是具体的,当他人享有物权、人格权和身份权时,也只有侵权法上所承认的行为人才对他们享有的这些主观权利承担不作为义务,并非所有的世人、第三人均要对他们承担不侵犯的义务。[③]

---

① 梁慧星:《民法总论》(第2版),法律出版社2001年版,第58页;江平主编:《民法学》,中国政法大学出版社2007年版,第18页;王卫国主编:《民法》,中国政法大学出版社2007年版,第27页;魏振瀛主编:《民法》(第4版),北京大学出版社2010年版,第41页。
② 张民安:《法国人格权法(上)》,清华大学出版社2016年版,第293—294页;张民安:《法国民法总论(上)》,清华大学出版社2017年版,第454—456页。
③ 张民安、龚赛红主编:《法定义务在过错侵权责任中的地位》,《学术研究》2002年第2期,第68—69页;张民安:《过错侵权责任制度研究》,中国政法大学出版社2002年版,第288—291页。

(二) 民事义务的财产性与非财产性

在民法上,民事主体所承担的某些民事义务在性质上属于财产性质的义务,因为他们所承担的此类民事义务具有物质价值、经济价值或者商事价值。在民法上,合同债务人所承担的合同义务就属于典型的具有财产性质的义务,因为合同债务人所承担的合同义务具有物质价值、经济价值或者商事价值。

在民法上,民事主体所承担的某种民事义务在性质上属于非财产性质的民事义务,因为他们所承担的此类民事义务仅仅具有精神价值、心理价值或者情感价值,没有物质价值、经济价值或者商事价值。

例如,父母对其未成年子女所承担的教育义务就属于典型的非财产性质的民事义务,因为父母所承担的此种民事义务没有物质价值、经济价值或者商事价值。

(三) 民事义务的专属性与非专属性

在民法上,民事主体所承担的某些民事义务不具有专属性,这就是非专属性的民事义务,因为民事主体生前能够将其承担的民事义务转让给别人,即便他们的转让行为没有获得权利主体的同意,他们与受让人之间的转让行为仍然有效,只不过,他们与受让人之间的转让行为不得对抗权利主体;在他们死亡之后,他们的民事义务能够作为遗产或者消极财产为其继承人所继承,继承人在所继承的遗产范围内偿还被继承人生前所承担的债务。在民法上,合同债务人所承担的合同义务就属于典型的非专属性的民事义务,合同债务人生前能够转让其合同义务,他们死亡之后,其合同义务能够作为消极财产为其继承人所继承。

在民法上,民事主体所承担的某些民事义务具有专属性,因为民事主体生前不能够将其承担的民事义务转让给别人,在死亡之后,他们所承担的民事义务就结束,不能够作为遗产或者消极财产为其继承人所继承。在民法上,夫妻之间所承担的共同生活的义务,父母对其未成年子女所承担的监护义务或者教育义务等均属于此类民事义务,因为这些民事义务在生前不能够转让,死后不能够作为遗产或者消极财产为其继承人所继承。

(四) 民事义务的利他性

在民法上,民事主体之所以要承担作出或者不作出某种行为的民事义务,其目的是为了保护权利主体所享有的民事权利,因为,如果民事主体不承担民事义务,则权利主体所享有的民事权利将无法实现。因为这样的原因,民事义务与民事权利在民法当中的地位是存在差异的。一方面,民事权利处于优势地位、优越地位,而民事义务则处于劣势地位、附属地位,这就是我国民法学者所谓的权利本位;另一方面,民事权利是目的，而民事义务则是手段，义务主体之所以要对权利主体承担义务，是因为如果他们不对权利主体承担义务，则权利主体的民事权利无法实现。

例如，行为人之所以要对他人承担不侵害其隐私权、名誉权的民事义务，其目的在于保护他人享有的隐私权、名誉权，因为，仅在行为人履行了不侵害他人隐私权、名誉权的民事义务时，他人享有的隐私权、名誉权才能够实现。再例如，合同债务人之所以要对合同债权人承担交付货物的义务，其目的在于实现合同债权人获得货物所有权的目的，如果合同债务人不履行此种合同义务，则合同债权人签订合同的目的将无法实现。这就是我国民法学者所谓的民事义务的利他性。

第二节　民事义务的分类

一、区分民事义务的四种标准

我们根据不同的标准对民事义务作出分类：其一，按照民事义务的渊源不同，将民事义务分为因为制定法所规定的民事义务和非制定法所规定的民事义务。其二，按照民事义务的表现形式，将民事义务分为作为义务和不作为义务。其三，按照民事义务的性质不同，将民事义务分为合同性质的民事义务、侵权性质的民事义务、复合性质的民事义务以及其他性质的民事义务。其四，按照民事义务的内容不同，将民事义务分为注意义务和忠实义务，其中的注意义务又可以分为合理的注意义务和最大限度的注意义务等等。

二、制定法上的民事义务和非制定法上的民事义务

根据民事义务的渊源究竟是不是立法者所制定的成文法、制定法，民事义务可以分为制定法上的民事义务和非制定法上的民事义务。

（一）制定法上的民事义务的界定

所谓制定法上的民事义务，也称为制定法规定的民事义务，是指狭义的立法者通过其制定的民法典、民事单行法和混合法所规定的民事义务。例如，立法机关制定的民法典所规定的民事义务属于制定法上的民事义务。同样，立法机关制定的刑法、劳动法、保险法等规定的民事义务也属于制定法上的民事义务，因为这些制定法在性质上属于混合法，已如前述。

在民法上，制定法上的民事义务所面临的主要问题是：立法者制定的哪些法律能够成为民事义务的渊源，他们制定的哪些法律不能够成为民事义务的渊源。关于制定法所

规定的民事义务，我们将在下面的内容当中作出讨论，此处从略。

（二）非制定法上的民事义务的界定

所谓非制定法上的民事义务，也称为非制定法所规定的民事义务，是指制定法之外的民事法律规范所规定的民事义务，诸如习惯、惯例、道德规范等所规定的民事义务。例如，道德规范规定的某些道德义务在性质上也属于民事义务，这就是非制定法上的民事义务。再例如，习惯、惯例所规定的民事义务也属于非制定法上的民事义务。

在民法上，非制定法上的民事义务所面临的主要问题是：在制定法没有规定的情况下，行为人何种情况下要对他人承担民事义务，他们在何种情况下无需对他人承担民事义务，这就是非制定法上的民事义务的渊源。关于非制定法上的民事义务，我们将在下面的内容当中作出讨论，此处从略。

（三）区分制定法上的民事义务和非制定法上的民事义务的主要原因

民法之所以区分制定法上的民事义务和非制定法上的民事义务，其主要原因有三：

（1）明确非制定法上的民事义务的存在。在制定法尤其是法典化的国家，立法者往往对行为人承担的各种各样的民事义务作出了规定，因此，制定法上的民事义务属于最主要的、最重要的民事义务。不过，人们不能够因此认定，除了制定法所规定的民事义务之外，行为人不对他人承担任何其他民事义务。实际上，除了要承担制定法所规定的民事义务，行为人也应当承担非制定法上的民事义务，因为，即便是在制定法尤其是法典化的国家，立法者没有也不可能对行为人承担的所有民事义务均作出规定，在制定法之外，行为人仍然有可能要承担民事义务。

（2）行为人是否承担民事义务和是否违反民事义务的判断标准不同。在民法上，如果制定法对行为人承担的民事义务作出了明确规定，在判断行为人是否承担民事义务和是否违反了所承担的民事义务时，人们往往采取简单的判断标准，这就是，一旦制定法对行为人承担的民事义务作出了规定，则当行为人违反了制定法的规定时，人们就会认定他们违反了所承担的民事义务，并因此要承担民事责任。

例如，如果律师法规定，律师应当持有律师资格证才能够执业，在行为人以律师身份为委托人提供服务时，如果他们的服务引起了委托人损害的发生，在责令律师对其委托人承担民事责任时，人们仅仅根据律师法的规定就能够认定行为人违反了他们所承担的民事义务：他们没有律师资格证就执业，显然违反了对委托人所承担的民事义务。

而在民法上，如果行为人所承担的民事义务在性质上属于非制定法上的民事义务，在判断他们是否对他人承担某种民事义务或者是否违反了所承担的民事义务时，人们采取的判断标准更加复杂。因为，一方面，究竟在何种情况下，行为人要对他人承担非制定法上的民事义务，在何种情况下，行为人无需对他人承担民事义务，往往由法官在具体案件当中作出判断；另一方面，在行为时，行为人是否违反了他们对他人承担的某种民事义务，也取决于案件的不同情况，也由法官在具体案件当中作出裁定，虽然法官在此时经常适用一般理性人的判断标准。

（3）作为义务和不作为义务在制定法和非制定法当中的表现不同。总的说来，制定法上的民事义务往往表现为不作为义务，虽然在例外情况下，制定法上的民事义务有时也表现为作为义务。例如，作为一种混合法，刑法所规定的大多数义务均为不作为义务，例如，不杀人的义务，不伤害他人的义务，不毁谤他人名誉的义务，等等。不过，刑法也例外规定了少数作为义务，例如，我国刑法规定，在发生交通事故时，机动车司机应当承担救助交通事故受害人的义务。而非制定法上的民事义务则刚好相反，因为，非制定法上的民事义务原则上表现为作为义务，在例外情况下才表现为不作为义务，例如，恋人之间的救助义务，银行对其储户所承担的保护义务，大学对其大学生承担的警告义务，等等。

三、作为义务与不作为义务

根据民事主体所承担的民事义务的表现形式是积极地实施某种行为还是消极地不实施某种行为，民事义务可以分为作为义务和不作为义务。

（一）作为义务的界定

所谓作为义务，也称为积极义务，是指民事主体所承担的积极采取某种措施、积极从事某种活动或者积极实施某种行为的义务。[①] 当民事主体所承担的民事义务表现为作为义务时，他们就应当或者积极地从事某种措施，或者积极地从事某种活动，或者积极地实施某种行为。例如，手机出卖人所承担的积极交付手机的义务就是作为义务。同样，商店主所承担的对其地面危险予以警告的义务也是作为义务。

在民法上，民事主体承担的作为义务多种多样，包括但是不限于：交付财产的义务，转移财产所有权的义务，提供服务的义务，支付价款的义务，说明义务，警告义务，救助义务，保护义务，检查义务以及召回义务，等等。[②]

所谓交付财产的义务，是指行为人所承担的将其财产交付给他人的义务，例如，出借人所承担的将其出借物交付给借用人的义务，出租人所承担的将其出租物交付给承租人使用的义务。所谓转移财产所有权的义务，是指行为人所承担的将其财产所有权转移

[①] 张民安：《侵权法上的作为义务》，法律出版社 2010 年版，第 4 页；张民安、铁木尔高力套：《债权法》（第 4 版），中山大学出版社 2013 年版，第 59—60 页；张民安：《法国民法》，清华大学出版社 2015 年版，第 266 页。

[②] 张民安：《侵权法上的作为义务》，法律出版社 2010 年版，第 7—14 页；张民安、铁木尔高力套：《债权法》（第 4 版），中山大学出版社 2013 年版，第 59—60 页。

给他人的义务。在民法上，转移财产所有权的义务往往因为行为人实施的三种契约行为而发生：买卖契约、赠与契约以及互易契约。[①]

所谓提供服务的义务，是指行为人所承担的对他人提供某种劳务服务的义务。例如，雇员对其雇主所承担的为其劳动的义务，美容院所承担的对其顾客提供美容服务的义务，等等。

所谓支付价款的义务，是指行为人所承担的将一定数额的金钱支付给他人的义务。例如，买受人将货款支付给出卖人的义务，承租人将每一个月的租金支付给出租人的义务，等等。

所谓说明义务，是指行为人所承担的对某些具体情况作出解释的义务。例如，我国《侵权责任法》第55条要求医师所承担的说明义务，该条规定：医务人员在诊疗活动中应当向患者说明病情和医疗措施。需要实施手术、特殊检查、特殊治疗的，医务人员应当及时向患者说明医疗风险、替代医疗方案等情况，并取得其书面同意；不宜向患者说明的，应当向患者的近亲属说明，并取得其书面同意。

所谓警告义务，是指行为人所承担的让他人当心行为人所知道的某种危险的义务。例如，水库的所有权人所承担的"水深危险、禁止游泳"的义务，再例如，药厂所承担的警告其药品存在副作用的义务。

所谓救助义务，是指行为人所承担的对身处某种危险境地而无法通过自己的个人努力摆脱危险的人提供帮助，以便他人能够通过其帮助摆脱危险的义务。例如，当他人倒在地下奄奄一息时，行为人将他人及时送到医院加以救助的义务。在民法上，陌生人之间不承担救助义务，仅有某种特殊关系的人之间才产生此种义务。

所谓保护义务，是指行为人所承担的采取某种措施使他人的人身或者财产安全免受侵犯的义务。例如，中小学校所承担的保护其中小学生免受陌生人侵犯的义务，酒楼所承担的保护其顾客的财产免于被盗窃的义务。

所谓检查义务，是指行为人所承担的查看其物件、环境是否存在危及他人人身或者财产安全的义务。例如，煤气公司所承担的检查煤气管道是否存在漏气的义务，物业公司所承担的检查电梯是否存在安全隐患的义务。

所谓召回义务，是指行为人尤其是生产商、经销商所承担的将其有缺陷的产品收回的义务。《侵权责任法》第46条对生产商和经销商所承担的此种义务作出了说明，该条规定：产品投入流通后发现存在缺陷的，生产者、销售者应当及时采取警示、召回等补救措施。未及时采取补救措施或者补救措施不力造成损害的，应当承担侵权责任。

[①] 张民安：《法国民法》，清华大学出版社2015年版，第266页。

(二) 不作为义务

所谓不作为义务，也称为消极义务，是指民事主体所承担的不积极采取任何措施、不积极从事任何活动或者不积极实施任何行为的义务。[①] 当民事主体所承担的民事义务表现为不作为义务时，他们就应当抑制自己的行为，不得采取任何措施、从事任何活动或者实施任何行为。例如，新闻媒体所承担的不公开他人私人生活的义务就是不作为义务。同样，妻子所承担的不毁损其丈夫名誉的义务也是不作为义务。

在民法上，民事主体所承担的不作为义务多种多样，包括但是不限于以下民事义务：不侵害他人物权的义务，不剥夺他人生命的义务，不破坏他人健康的义务，不攻击、殴打他人的义务，不泄露他人秘密的义务，不擅自使用他人肖像的义务，不侵害他人著作权、专利权的义务，等等。

(三) 区分作为义务和不作为义务的原因

民法之所以区分作为义务和不作为义务，其主要原因有以下方面：

(1) 作为义务与不作为义务的履行要求不同。在民法上，民事主体履行作为义务的要求是积极地作出某种行为，一旦他们没有积极地作出此种行为，则他们的不作为行为将构成民事义务的不履行行为、违反行为。而民事主体履行不作为义务的要求则是消极地不作出任何行为，一旦民事主体积极地作出某种行为，则他们的作为行为将构成民事义务的不履行行为、违反行为。

(2) 作为义务与不作为义务的渊源存在差异。原则上，作为义务或者源自民事主体所实施的某种民事法律行为，尤其是源自他们的合同，因为合同当事人所承担的大多数民事义务均为作为义务，仅少数合同义务表现为不作为义务，或者源自非制定法的规定，例如，因为习惯、惯例或者道德规范而产生的作为义务。原则上，不作为义务源自制定法的规定。例如，刑法、侵权责任法和知识产权法等制定法所规定的大多数民事义务均为不作为义务，仅少数民事义务为作为义务。

(3) 侵权法对待作为义务和不作为义务的态度存在非常大的差异。在侵权法上，行为人原则上不对他人承担作为义务，他们仅仅在例外情况下才对他人承担作为义务。因此，如果我驾车时不小心撞到你的车，我应当对你因此而遭受的损害承担侵权损害赔偿责任，如果我在这样做时严重超速，则我既要对你承担过错侵权责任，也要承担行政责任；同样，如果我攻击你，则不仅要对你因此而遭受的损害承担侵权责任，而且也要

[①] 张民安：《侵权法上的作为义务》，法律出版社 2010 年版，第 4 页；张民安、铁木尔高力套：《债权法》（第 4 版），中山大学出版社 2013 年版，第 60 页；张民安：《法国民法》，清华大学出版社 2015 年版，第 266—267 页。

承担刑事责任。①

然而，如果我看到你在街上行走时头上出血，虽然我是职业医师，但是我没有对你提供援助，此时，我既不承担刑事责任，也不承担民事侵权责任；同样，如果我看见有人正拿着刀刺杀你，我亦不加以阻拦，甚至连大声警告都没有，我对你的受伤或死亡亦不承担侵权责任。②

这就是侵权法所实行的行为人不对他人承担作为义务的一般原则。侵权法之所以实行这样的一般原则，其理由多种多样，诸如：因果关系的难于确定性③，道德上的考虑④，滥作为和不作为区分原则的维持⑤，个人自由主义哲学的需要⑥，等等。⑦

四、合同性质的民事义务、侵权性质的民事义务、复合性质的民事义务以及其他性质的民事义务

（一）四种民事义务的界定

按照民事主体承担民事义务的性质不同，民事义务可以分为合同性质的民事义务、

---

① 张民安：《侵权法上的作为义务》，法律出版社2010年版，第14页。

② 张民安：《侵权法上的作为义务》，法律出版社2010年版，第14页。

③ 如果有100个人看见了A跳珠江自杀，当这100个人均不救助A时，究竟这100个人当中的哪一位或者哪几位的不救助行为同A的死亡之间存在因果关系？此种问题几乎是无法回答的问题，在事实上是如此，在法律上也是如此。

④ 虽然人们可以在道德上要求行为人将某种利益赋予他人，但是，他人不得通过法律手段强迫行为人将该种利益赋予他们，除非他人与行为人之间存在某种特殊关系。张民安：《侵权法上的作为义务》，法律出版社2010年版，第16—17页。

⑤ 很早以来，法律就坚持滥作为和不作为的区分原则，认为行为人仅仅就其积极从事的某种活动或者积极实施的某种行为引起的损害对他人承担侵权责任，如果行为人在从事此种活动或者实施此种行为的时候没有尽到合理的注意义务的话；在历史上，法律仅仅对积极作为行为进行规范，诸如盗窃、强奸、放火、杀人等，法律很少有机会来规范消极不作为义务。他们不就其没有积极从事的活动或者没有积极实施的行为引起的损害对他人承担侵权责任。在今时今日，法律仍然采取此种理论。如果行为人在积极从事某种活动或者积极从事某种行为时没有尽到合理的注意义务，则他们从事的活动或者实施的行为会给他人带来损害危险，此种损害危险最终造成他人损害；如果行为人没有作出任何行为，则他们没有制造损害危险，没有使他人的境况更加恶化。张民安：《侵权法上的作为义务》，法律出版社2010年版，第15—16页。

⑥ 从哲学上看，人们认为，通过法律方式强加行为人对其他陌生人以注意义务，要求他们对其他陌生人的事务加以积极的干预，违反了社会所通行的个人主义哲学，这就是，每个人仅对他本人的行为负责，除非他与别人有某种关系尤其是自愿建立的关系，此种关系使行为人对其他与自己有此种关系的人承担一种为别人利益而行为的义务，否则，任何人均无考虑别人利益的义务。张民安：《侵权法上的作为义务》，法律出版社2010年版，第17页。

⑦ 张民安：《过错侵权责任制度研究》，中国政法大学出版社2002年版，第322—325页；张民安：《侵权法上的作为义务》，法律出版社2010年版，第14—19页；张民安、铁木尔高力套：《债权法》（第4版），中山大学出版社2013年版，第60页。

侵权法性质的民事义务、复合性质的民事义务以及其他性质的民事义务。

所谓合同性质的民事义务，也称为合同义务、契约义务，是指合同当事人根据合同的约定或者法律的规定所承担的民事义务。所谓侵权性质的民事义务，也称为侵权义务、侵权法上的民事义务，是指民事主体根据制定法或者非制定法的规定对他人所承担的民事义务。

所谓复合性质的民事义务，是指民事主体所承担的民事义务既属于合同性质的民事义务，也属于侵权性质的民事义务，构成合同性质的民事义务和侵权性质的民事义务的竞合。所谓其他性质的民事义务，是指民事主体所承担的民事义务既不是侵权性质的民事义务，也不是合同性质的民事义务，而是独立于侵权性质和合同性质的民事义务。在民法上，其他性质的民事义务主要是指不当得利性质的民事义务和无因管理性质的民事义务。

（二）合同义务

1. **合同义务的表现形式**

在合同领域，合同当事人所承担的绝大多数合同义务均为作为义务，很少存在不作为义务。

例如，在买卖合同当中，出卖人所承担的合同义务是作为义务：将货物交付给买受人；买受人所承担的合同义务也是作为义务：将货款支付给出卖人。再例如，在租赁合同当中，出租人所承担的合同义务是作为义务：将租赁物交付给承租人；承租人所承担的合同义务也是作为义务：将租金支付给出租人。

在合同领域，合同当事人所承担的合同义务仅在非常例外的情况下才表现为不作为义务，例如，雇员所承担的不泄露其雇主商业秘密的义务就属于不作为义务，医师或者其他专业人士所承担的保守其委托人私人信息的义务等也属于不作为义务。

2. **明示合同义务与默示合同义务**

根据合同当事人所承担的合同义务是不是源自合同明确规定的不同，合同义务可以分为明示合同义务和默示合同义务。

所谓明示合同义务，也称为明示义务、约定义务，是指合同当事人在他们的合同当中明确、肯定和清楚规定的义务。所谓默示合同义务，也称暗含合同义务或者我国民法学者所谓的附随义务，是指虽然合同当事人没有在其合同当中作出明确、肯定和清楚的规定，但是，根据公平正义理念、习惯惯例或者诚实信用原则的要求，法官推定合同当事人原本会在他们的合同当中作出规定的义务。[①] 默示合同义务包括照顾义务、保管义务、协助义务、保密义务以及保护义务等等。

[①] 张民安、铁木尔高力套：《侵权法》（第4版），中山大学出版社2013年版，第165页。

民法之所以区分合同债务人所承担的明示合同义务和默示合同义务,其主要原因有二:

(1) 合同债务人是否承担合同义务方面的差异。原则上,合同债务人要对合同债权人承担明示合同义务,而合同债务人是否要对合同债权人承担默示合同义务具有不确定性,要由法官根据案件的不同情况作出判断。①

(2) 合同债务人承担哪些义务方面的差异。在合同法上,合同债务人承担的明示合同义务有哪些,在合同成立时就已经明确、肯定和清楚;而合同债务人承担的默示合同义务有哪些,在合同成立时并不明确、肯定或者清楚,它会随着案件情况的不同而不同,会随着法官的自由裁量的不同而不同。②

3. 主要合同义务和次要合同义务

根据合同当事人所承担的合同义务的地位的不同,民法学者将合同当事人承担的合同义务分为主要合同义务和次要合同义务。

所谓主要合同义务,在我国也被称为主给付义务、主要义务,是指合同债务人所承担的最基本的、最重要的合同义务。所谓次要合同义务,在我国也被称为次给付义务、次要义务,是指合同债务人所承担的附属合同义务。在民法上,合同债务人所承担的哪些义务是主要义务,哪些义务是次要义务,取决于合同的具体情况,不同性质的合同当中的主要义务和次要义务并不完全相同。

例如,在买卖合同中,出卖人交付标的物和转移财产的所有权的义务是主要义务,买受人支付价款的义务也是主要义务;而出卖人按照约定或者交易习惯向买受人交付提取标的物的单证以外的有关单证和资料的义务则是次要义务。再例如,在借贷合同当中,出借人所承担的主要义务是提供贷款的义务,而保守借款人的商业秘密或者保管借款人提供的担保物的义务则是次要义务。③

在民法上,区分主要合同义务与次要合同义务对于合同的成立具有实质意义,而对于合同的履行则没有实质意义,因为根据合同法的一般理论,只要合同当事人之间就其包括主要合同义务在内的合同内容达成协议,他们之间的合同就能够有效成立,即便他们之间没有就包括合同的次要义务在内的次要内容达成协议。

(三) 侵权义务

在侵权责任领域,民法明确区分行为人所承担的不作为义务和作为义务,认为行为人所承担的民事义务原则上是不作为义务,在例外情况下所承担的民事义务则是作为

---

① 张民安、铁木尔高力套:《侵权法》(第4版),中山大学出版社2013年版,第165页。
② 张民安、铁木尔高力套:《侵权法》(第4版),中山大学出版社2013年版,第165页。
③ 张民安、铁木尔高力套:《侵权法》(第4版),中山大学出版社2013年版,第168页。

义务。

1. 侵权义务原则上是不作为义务

在侵权责任领域，行为人对他人承担的大多数民事义务均为不作为义务。

首先，在物权领域，行为人所承担的民事义务往往是不作为义务，这就是，他们承担不侵害、不妨害他人所享有的物权的义务。例如，当甲方对其手机享有所有权时，别人应当承担不侵占其手机、不妨害其手机使用、不毁坏其手机的义务，这些义务均为不作为义务。再例如，当他人对其房屋享有所有权时，别人承担不进入、不使用或者不妨害他人使用其房屋的义务，这些义务也均为不作为义务。行为人在物权领域所承担的此种不作为义务就是我国民法学者所谓的普遍性的不作为义务，这些普遍性的不作为义务并不是物权领域的义务，而是侵权法领域的义务，已如前述。

其次，在知识产权领域，行为人所承担的民事义务往往是不作为义务，这就是，行为人承担不侵害他人享有的著作权、专利权或者商标权的义务。例如，行为人所承担的不非法出版他人小说的义务，行为人所承担的不仿冒他人专利产品的义务，或者行为人所承担的不使用类似商标的义务，等等，均为不作为义务。

再次，在有形人格权或者无形人格权领域，行为人承担的民事义务也是不作为义务，这就是，行为人所承担的不侵害他人有形人格权或者无形人格权的义务。例如，行为人所承担的不剥夺他人生命的义务，不破坏他人身体完整性的义务，不侵害他人健康的义务，不毁损他人名誉的义务，不公开他人私人信息的义务，不擅自使用他人姓名、肖像或者声音的义务，等等，均为不作为义务。

最后，在身份权领域，行为人所承担的民事义务也是不作为义务，这就是，不侵害他人之间的夫妻关系的义务，不破坏他人之间的父母子女关系的义务，等等，均为不作为义务。

2. 侵权义务在例外情况下是作为义务

在侵权责任领域，行为人在某些例外情况下所承担的民事义务是作为义务。例如，商店对其顾客所承担的人身安全和财产安全的保护义务是作为义务，雇主对其雇员所承担的控制义务也是作为义务。煤气公司对其煤气管道所承担的检查义务也属于作为义务。在侵权法上，行为人所承担的作为义务多种多样，例如，保护义务，控制义务，警告义务，救助义务，检查义务，等等，已如前述。

3. 判断行为人是否对他人承担作为义务的标准

侵权法普遍认为，行为人仅仅在极端例外的情况下才对他人承担作为义务，包括但是不限于以下两种例外：其一，制定法明确规定行为人对他人承担作为义务。例如，我国《刑法》第133条明确规定，机动车司机在发生交通事故时应当承担救助义务，此时，机动车司机就应当承担救助义务。其二，行为人同他人之间存在某种特殊关系，例如，婚姻关系、血缘关系、合同关系或者其他信赖关系，则行为人应当对他人承担作为义务。例如，父母应当采取措施保护其子女的人身安全，因为父母同其子女之间存在血缘关系。

(四) 复合性质的民事义务

在当今两大法系国家和我国，民事主体所承担的某些民事义务既可以看作合同性质的民事义务，也可以看作侵权性质的民事义务，同时构成合同性质的民事义务和侵权性质的民事义务，这就是所谓的复合性质的民事义务，在我国也被称为民事义务的竞合。

例如，承运人对其旅客所承担的安全运输义务属于复合性质的民事义务，因为该种民事义务既是合同性质的民事义务，也是侵权性质的民事义务，构成合同义务和侵权义务的竞合。再例如，生产者或者销售者对其消费者所承担的产品瑕疵担保义务也属于复合性质的民事义务，因为该种民事义务既是合同性质的民事义务，也是侵权性质的民事义务，构成合同义务和侵权义务的竞合。

在民法上，复合性质的民事义务往往在作为义务当中存在。例如，宾馆对其旅客承担的警告义务属于复合性质的民事义务；同样，银行对其储户承担的保护义务也属于复合性质的民事义务。不过，在少数情况下，复合性质的民事义务也能够在不作为义务当中存在。例如，医师或者专业人士所承担的保密义务就属于典型的复合性质的民事义务，因为医师、专业人士在合同领域被认为要承担保密义务，而且他们在侵权责任领域也被认为要承担保密义务，导致他们所承担的保密义务成为复合性质的民事义务。

在民法上，民事义务之所以发生竞合，是因为合同义务同侵权法上的义务之间的界限日渐模糊：合同当事人所承担的明示或者默示合同义务被看作侵权法上的义务；侵权法上的义务被看作合同当事人之间的"默示合同义务"。

(五) 不当得利领域和无因管理领域债务人所承担的民事义务

在不当得利领域，仅受益人承担民事义务，受损人不承担民事义务。根据不当得利法的一般理论，受益人对受损人承担的民事义务仅仅表现为一种作为义务，这就是，将其获得的不当利益返还给受损人的义务。[1]

在无因管理领域，除了被管理人要对管理人承担民事义务之外，管理人也应当对被管理人承担民事义务。无论是管理人所承担的义务还是被承担的义务均为作为义务。根据无因管理债的规定，管理人对被管理人承担的作为义务包括合理的管理义务、继续管理的义务、通知义务以及说明义务。[2] 而被管理人对管理人所承担的作为义务则包括必要费用的偿还义务、法定利息的支付义务、损害赔偿金的支付义务以及例外情况

---

[1] 张民安、铁木尔高力套：《侵权法》（第4版），中山大学出版社2013年版，第252页。
[2] 张民安、铁木尔高力套：《侵权法》（第4版），中山大学出版社2013年版，第234页。

下的报酬支付义务。[①]

五、注意义务和忠实义务

按照民事义务的内容不同，民事主体所承担的民事义务可以分为注意义务和忠实义务

（一）注意义务

1. 注意义务的界定

所谓注意义务（duty of care），是指民事主体在行为时所承担的采取积极措施避免其行为损害他人利益的义务。例如，会计师在准备财务报告时所承担的避免其财务报告存在不准确的、虚假的地方的义务就是注意义务。再例如，机动车司机所承担的谨慎驾驶其机动车的义务也是注意义务。同样，核设施经营者所承担的防止其核泄漏的义务同样也是注意义务。

在民法上，根据民事主体在行为时所承担的注意义务的要求不同，民法将民事主体所承担的注意义务分为合理的注意义务和最大限度的注意义务。

2. 合理的注意义务与合理注意义务的判断标准

所谓合理的注意义务，是指民事主体所承担的采取合理措施避免其行为损害他人利益的义务。在民法上，除非法律另有明确规定或者当事人另有特别约定，否则，民事主体在行为时仅需承担合理的注意义务，无需承担最大限度的注意义务。

在民法上，合理的注意义务在性质上既可能是侵权性质的民事义务，也可能是合同性质的民事义务，还可能是复合性质的民事义务。

在民法上，民事主体在行为时是否尽到了合理的注意义务，其判断标准是客观的，这就是所谓的"善良家父"的判断标准或者"一般理性人"的判断标准。根据"善良家父"的判断标准或者"一般理性人"的判断标准，如果民事主体在行为时采取了与民事主体身份、地位相同或者类似的大多数人所采取的措施，则他们在行为时就已经尽到了合理的注意义务，否则，他们在行为时就没有尽到合理的注意义务。[②] 民事主体没有尽到合理注意义务的行为被称为过错行为、过失行为。

3. 最大限度的注意义务

所谓最大限度的注意义务，是指民事主体所承担的采取一切尽可能采取的措施避免其行为损害他人利益的义务。例如，航空公司所承担的采取一切可能采取的措施防止其航空事故发生的义务就是最大限度的注意义务。同样，地铁公司所承担的采取一切可能

[①] 张民安、铁木尔高力套：《侵权法》（第4版），中山大学出版社2013年版，第235页。
[②] 张民安：《过错侵权责任制度研究》，中国政法大学出版社2002年版，第268—270页。

采取的措施防止其乘客遭受伤害的义务也是最大限度的注意义务。

在民法上,最大限度的注意义务在性质上是侵权性质的民事义务,不是合同性质的民事义务。因为侵权法要求从事高度危险行为的行为人在从事高度危险行为时要采取一切措施避免其行为损害他人的利益。在民法上,民事主体在行为时是否尽到了最大限度的注意义务,其判断标准也是客观标准,这就是,一旦民事主体所从事的民事活动引起他人损害的发生,他们在行为时就没有尽到最大限度的注意义务,他们就应当对他人承担危险责任,除非他们具有拒绝承担侵权责任的某种正当抗辩事由。

(二) 忠实义务

1. 忠实义务的界定

所谓忠实义务(duty of loyalty),是指民事主体所承担的为他人的最大利益、最好利益而行为的义务。例如,代理人所承担的为其被代理人的最大利益、最好利益而行为的义务就是忠实义务。再例如,公司董事所承担的为其公司的最大利益、最好利益而行为的义务也是忠实义务。同样,雇员所承担的为其雇主的最大利益、最好利益而行为的义务也是忠实义务。

2. 忠实义务的性质

在民法上,民事主体所承担的忠实义务在性质上既是一种主观性质的民事义务。也是一种客观性质的民事义务,既是一种合同性质的民事义务,也是一种侵权性质的民事义务。

首先,民事主体所承担的忠实义务在性质上是一种主观性质的民事义务。这就是,民事主体在主观上必须是为了他人的利益而作出任何行为,他们在主观上不是为了自己的个人利益或者与自己有关系的第三人的利益而作出任何行为。例如,代理人在主观上必须是为了被代理人的利益实施代理行为,不是为了代理人个人的利益或者与代理人有关系的第三人的利益实施代理行为,再例如,公司董事是为了公司的利益同第三人签订合同,不是为了自己的利益或者与自己有关联的公司的利益同第三人签订合同。

其次,民事主体所承担的忠实义务在性质上属于一种客观性质的民事义务,这就是,民事主体不仅在主观上要具有为他人谋利益的意思,而且在客观上不得获得任何不应当获得的私人利益,不得实施任何有利益冲突的行为。例如,代理人不得在代理被代理人与第三人行为时收受第三人给付的任何好处。同样,公司董事在代表公司对外行为时不得收受第三人所给的任何贿赂、某种秘密利益或者所允诺的其他好处,不得同所在公司开展非法竞争,不得同所在公司进行自我交易,等等。[①]

最后,民事主体所承担的忠实义务既可能是侵权性质的民事义务,也可能是合同性

[①] 张民安:《公司法的现代化》,中山大学出版社2006年版,第464—465页。

质的民事义务,还可能是复合性质的民事义务。例如,代理人对被代理人所承担的保密义务既是侵权性质的民事义务,也是合同性质的民事义务,构成复合性质的民事义务。再例如,公司董事对公司所承担的忠实义务既是侵权性质的民事义务,也是合同性质的民事义务,构成复合性质的民事义务。

3. 违反忠实义务所承担的民事责任

一旦民事主体在行为时违反了他们所承担的忠实义务,他们就应当对他人承担民事责任,包括承担侵权责任、违约责任或者竞合责任。民事主体违反忠实义务所承担的民事责任方式主要包括:其一,赔偿他人所遭受的损失或者损害;其二,将所获得的不当利益返还给他人;其三,他人有权向法院起诉,要求法官撤销民事主体与第三人之间所签订的合同。

(三) 区分注意义务与忠实义务的主要原因

民法之所以区分民事主体所承担的注意义务和忠实义务,其主要原因有以下方面:

(1) 两种义务的性质不同。在民法上,注意义务在性质上属于作为义务,该种义务要求民事责任在行为时积极采取合理的或者一切可能的措施防止其行为损害别人的利益,而忠实义务在性质上则属于不作为义务,该种义务要求民事主体在行为时不得收受第三人给予的任何好处,不得谋求任何个人利益。

(2) 判断标准不同。在民法上,民事主体是否违反了他们所承担的注意义务或者忠实义务,其判断标准存在差异。在民法上,判断民事主体是否尽到了合理的注意义务或者最大限度的注意义务,其标准是客观的标准,已如前述。而在民法上,判断民事主体是否尽到了忠实义务,其标准既有主观标准,也有客观标准,已如前述。

(3) 民事主体违反两种义务所承担的民事责任的条件不同。在民法上,如果民事责任所承担的注意义务是合理注意义务,则他们仅在没有尽到合理注意义务时才对他人承担民事责任。而在民法上,民事主体只要在客观上获得了不当利益,他们就违反了所承担的忠实义务,就应当承担不当利益的返还责任,已如前述。

第三节 民事义务的渊源

一、民事义务产生渊源的特殊性

所谓民事义务的渊源,是指引起民事义务产生的原因。

在民法上,民事义务的渊源既等同于我国民法学者所谓的民事法律关系的渊源,也等同于我们所说的主观权利的渊源,因为民事法律关系同时包含了民事权利和民事义务，当某种法律事实引起某种民事法律关系产生时，该种法律事实当然也引起了民事权利的产生和民事义务的产生。例如，当甲方与乙方结婚时，除了引起他们之间的夫妻关系产生之外，他们的结婚行为也让彼此之间的主观权利产生和民事义务产生了。因为这样的原因，民事义务的渊源也包括三种：民事法律行为、民事法律事件和制定法的规定。

在民法上，民事义务的渊源固然可以分为民事法律行为、民事法律事件和制定法的规定三种，但是，仅仅将民事义务的渊源分为民事法律行为、民事法律事件和制定法的规定三种还无法确切地说明民事主体究竟在哪些情况下要承担民事义务，他们在哪些情况下无需承担民事义务；更无法有效地解决民事主体之间所发生的纠纷，因为民事主体之间之所以发生纠纷，一个主要原因在于，民事主体在行为时是否应当承担民事义务，如果他们在行为时无需承担民事义务，则他们无需承担民事责任，这就是所谓的"无民事义务就无民事责任"的一般理论。

我们认为，民事主体的渊源多种多样，除了包括民事主体所实施的民事法律行为之外，还包括立法者所制定的成文法、制定法所规定的民事义务，除了包括公平原则、诚实信用原则、权利滥用禁止原则所产生的民事义务之外，还包括习惯、惯例、可预见性、当事人之间的特殊关系等非成文法、非制定法所规定的民事义务。

二、因为民事法律行为所产生的民事义务

在民法上，如果民事主体自愿在他们所实施的某种民事法律行为当中对他人承担某种民事义务，则他们应当对他人承担此种民事义务，因为他们所承担的此种民事义务是他们自愿承担的，这就是因为意思自治原则和合同自由原则产生的民事义务。在民法上，能够产生民事义务的民事法律行为包括三类：单方法律行为、双方法律行为以及多方法律行为。

首先，在民法上，如果行为人自愿实施某种单方民事法律行为，则他们实施的此种民事法律行为能够产生民事义务。例如，如果甲方发布悬赏公告，承诺在别人将其走失的宠物交还给自己时自愿支付1000元的赏金给别人，当乙方将甲方走失的宠物交还给甲方时，甲方就应当履行支付1000元赏金的义务。再例如，如果行为人对他人发出要约，在要约规定的期限内或者要约发出之后的一个合理期限内，行为人应当承担不再向第二个人或者更多的人发出要约的义务。

其次，在民法上，如果行为人自愿实施双方法律行为，则他们之间的双方法律行为即契约也能够产生民事义务。例如，买卖契约既能够让出卖人对买受人承担民事义务，也能够让买受人对出卖人承担民事义务。同样，赠与契约能够让赠与人对受赠人承担民事义务，而受赠人则无需对赠与人承担民事义务。

最后，在民法上，如果行为人自愿实施多方法律行为，则他们之间的多方法律行为

也能够产生民事义务,例如,当甲方、乙方和丙方共同设立公司或者合伙组织时,他们彼此之间均应当承担包括出资在内的民事义务。再例如,当500名工人通过其3名代表与雇主签订集体劳动契约时,他们的代表与雇主签订的此种契约也能够产生民事义务。

三、因为成文法、制定法的规定所产生的民事义务

在制定法尤其是法典化的国家,立法者的成文法、制定法往往会对民事主体所承担的民事义务作出规定,当民事主体根据成文法、制定法的规定对他人承担民事义务时,他们所承担的民事义务就是制定法上的民事义务。

在民法上,制定法上的民事义务要么源自单纯的民法,要么源自混合法,其中的单纯民法或者是指民法典,或者是指民事单行法。

(一)民法典所规定的民事义务

在大陆法系,民法典往往对民事主体承担的各种民事义务作出了规定,并因此成为民事主体承担民事义务的最主要、最重要的渊源。例如,《法国民法典》第599条对所有权人承担的民事义务作出了规定,根据该条的规定,所有权人应当承担不侵害用益权人权利的义务。再例如,《法国民法典》第605条对用益权人承担的维修义务作出了规定,根据该条的规定,用益权人应当对其使用的财物承担维修保养的义务。同样,《法国民法典》第371-2条对父母承担的照管义务、教育义务作出了规定,根据该条的规定,父母对其子女承担照管、监督与教育的义务。

(二)民事单行法所规定的民事义务

在我国,由于民法典还没有出台,因此,民事单行法就成为民事主体承担民事义务的最主要、最重要的渊源。在我国,除了《民法通则》和《民法总则》对各种民事主体承担的民事义务作出了一般性的规定之外,我国的《合同法》《物权法》《侵权责任法》和《婚姻法》等民事单行法也对行为人承担的民事义务作出了规定。

在我国,《民法通则》对民事主体承担的民事义务作出了规定。例如,《民法通则》第18条对监护人承担的监护义务作出了规定:监护人应当履行监护职责,保护被监护人的人身、财产及其他合法权益,除为被监护人的利益外,不得处理被监护人的财产。再例如,《民法通则》第88条对合同当事人承担的合同义务作出了规定:合同的当事人应当按照合同的约定,全部履行自己的义务。

除了《民法通则》对行为人承担的民事义务作出了规定之外,《民法总则》也对行为人承担的民事义务作出了规定。例如,《民法总则》第26条对父母和子女之间的义务作出了规定,根据该条的规定,父母对未成年子女负有抚养、教育和保护的义务,而成年子女对父母负有赡养、扶助和保护的义务。再例如,《民法总则》第43条也对财

产代管人所承担的民事义务作出了规定，根据该条的规定，财产代管人应当妥善管理失踪人的财产，维护其财产权益。

在我国，《物权法》对物权人承担的民事义务作出了规定。例如，我国《物权法》第 91 条对不动产权利主体所承担的民事义务作出了规定，根据该条的规定："不动产权利主体挖掘土地、建造建筑物、铺设管线以及安装设备等，不得危及相邻不动产的安全。"再例如，《物权法》第 96 条对共有人承担的管理义务作出了规定，根据该条的规定，共有人按照约定管理共有的不动产或者动产；没有约定或者约定不明确的，各共有人都有管理的权利和义务。

（三）混合法所规定的民事义务

1. 判断制定法所规定的义务究竟是民事义务还是公法义务的两种不同标准

除了单纯的民法能够产生民事义务之外，立法者规定的混合法也能够产生民事义务。例如，我国《产品质量法》对生产者、销售者所承担的各种各样的义务作出了规定，它所规定的这些义务具有双重性，这就是，它们既属于公法义务也属于私法义务，实际上就是生产者、销售者对消费者承担的民事义务。《产品质量法》所规定的义务之所以也属于民事义务，是因为《产品质量法》并不属于单纯的公法，它属于混合法，已如前述。

再例如，我国《道路交通安全法》对机动车司机所承担的各种各样的义务作出了规定，它所规定的这些义务也具有双重性，这就是，它们同时属于公法义务和私法义务，实际上就是机动车司机对行人和其他机动车司机所承担的民事义务。《道路交通安全法》所承担的这些义务之所以也属于民事义务，是因为它在性质上不属于单纯的公法，而属于混合法，除了有公法的因素之外也有民法的因素，已如前述。

在民法领域，我们所面临的一个主要问题是，立法者在其制定法当中所规定的义务究竟是公法义务还是私法义务即民事义务。对此问题，我国大多数民法学者均没有作出任何说明。我们认为，判断制定法所规定的义务究竟是公法义务还是私法义务，其标准有二：其一，违反制定法所规定的义务是否引起民事制裁的发生；其二，在没有规定违反制定法的义务是否会引起民事制裁的情况下，人们要考虑制定法的目的究竟是保护单纯的公共利益还是同时保护公共利益和私人利益。

2. 违反制定法所规定的义务是否引起民事制裁的发生

在判断制定法所规定的义务究竟是公法义务还是私法义务时，我们首先要看立法者是否明确规定，当行为人违反制定法所规定的义务时，他们的违法行为是否会引起民事责任即侵权责任的发生。如果立法者明确规定，当行为人违反制定法所规定的义务时，除了应当遭受刑事制裁、行政制裁之外，行为人还应当遭受民事制裁，也就是，行为人应当就其违反义务的行为对他人承担民事责任，则制定法所规定的义务具有公法性质和私法性质，制定法所规定的义务除了属于公法义务之外也属于私法义务。因为，当立法者明确规定了刑事制裁、行政制裁和民事制裁时，他们实际上将所规定的法律看作混合法，而不仅仅是单纯的公法。

根据此种判断标准，除了我国的《刑法》属于混合法之外，我国的《产品质量法》《道路交通安全法》和《消费者权益保障法》等制定法均为混合法，它们对行为人规定的义务既属于公法义务也属于私法义务。

我国《刑法》所规定的义务之所以同时属于公法义务和私法义务，是因为《刑法》明确规定，当行为人违反刑法的规定而实施犯罪行为时，除了应当承担刑事责任之外，他们还应当承担民事责任，要赔偿他人所遭受的损害。《刑法》第36条明确规定：由于犯罪行为而使被害人遭受经济损失的，对犯罪分子除依法给予刑事处罚外，并应根据情况判处赔偿经济损失。承担民事赔偿责任的犯罪分子，同时被处罚金，其财产不足以全部支付的，或者被判处没收财产的，应当先承担对被害人的民事赔偿责任。

我国《产品质量法》和《道路交通安全法》所规定的义务之所以同时属于公法义务和私法义务，是因为这两个制定法明确规定，在违反它们所规定的义务时，除了应当承担刑事责任和行政责任之外，行为人还应当承担民事责任，要赔偿他人所遭受的损害。《产品质量法》第42条和其他几个法律条款对行为人承担的民事责任作出了明确说明，其中的第42条规定："由于销售者的过错使产品存在缺陷，造成人身、他人财产损害的，销售者应当承担赔偿责任。销售者不能指明缺陷产品的生产者也不能指明缺陷产品的供货者的，销售者应当承担赔偿责任。"

在我国，除了对机动车司机违反该法所规定的义务时所承担的刑事责任、行政责任作出了规定之外，《道路交通安全法》第76条也对机动车司机所承担的民事责任作出了说明，该条规定："机动车发生交通事故造成人身伤亡、财产损失的，由保险公司在机动车第三者责任强制保险责任限额范围内予以赔偿；不足的部分，按照下列规定承担赔偿责任：（一）机动车之间发生交通事故的，由有过错的一方承担赔偿责任；双方都有过错的，按照各自过错的比例分担责任。（二）机动车与非机动车驾驶人、行人之间发生交通事故，非机动车驾驶人、行人没有过错的，由机动车一方承担赔偿责任；有证据证明非机动车驾驶人、行人有过错的，根据过错程度适当减轻机动车一方的赔偿责任；机动车一方没有过错的，承担不超过百分之十的赔偿责任。交通事故的损失是由非机动车驾驶人、行人故意碰撞机动车造成的，机动车一方不承担赔偿责任。"

3. 立法者制定法律的目的究竟是单纯的公共利益还是同时包括私人利益的维护

在对行为人承担的义务作出明确规定时，如果立法者没有明确规定，当行为人违反这些义务时，除了应当遭受行政制裁、刑事制裁之外，他们是否应当同时遭受民事制裁，则这些制定法所规定的义务究竟是单纯的公法义务还是也属于私法义务，人们应当考虑立法者制定法律的目的：如果立法者仅仅是为了公共利益而制定法律，制定法当中所规定的这些义务仅仅属于单纯的公法义务,在行为人违反这些义务时,他们仅仅遭受行政制裁甚至刑事制裁,而不会遭受民事制裁。相反,如果立法者既是为了公共利益也是为了私人利益制定法律,则制定法所规定的这些义务就具有双重性,它们既属于公法义务也属于私人义务,在行为人违反这些义务时,除了应当遭受行政制裁甚至刑事制裁之外,他们也应当遭受民事制裁。①

四、因为公平原则、诚实信用原则所产生的民事义务

在民法上,除了制定法明确规定民事主体所承担的民事义务之外,民法的某些基本原则也能够成为民事主体承担民事义务的渊源。在民法上,能够成为民事义务渊源的民法基本原则主要有两个,这就是公平原则和诚实信用原则,因为根据这两个原则,合同债务人在行为时要对合同债权人承担公平原则、诚实信用原则要求他们承担的某些默示合同义务,已如前述。

五、习惯、惯例、可预见性、特殊关系等所产生的民事义务

在民法上,除了上述的几种渊源能够成为民事义务的渊源之外,习惯、惯例、可预见性、特殊关系等各种因素也能够导致民事主体民事义务的产生。这就是所谓的非制定法上的民事义务。

(一) 习惯、惯例所产生的民事义务

在任何国家,习惯、惯例均能够成为民事义务的渊源,因为民事主体在从事任何民事活动时均应当遵循习惯、惯例的要求,当习惯、惯例规定某种民事义务时,则民事主体就应当承担此种民事义务。

在民法上,习惯、惯例所产生的民事义务有时被看作合同义务,这就是所谓的默示合同义务或者暗含合同义务。《法国民法典》旧的第 1135 条和我国《合同法》第 60 (2) 条对习惯、惯例所产生的合同义务作出了明确规定,已如前述。有时则被看作侵权法的义务,因为侵权法认为,习惯、惯例也能够产生侵权法的注意义务。②

(二) 可预见性产生的民事义务

在民法上,如果行为人能够合理预见他们的行为会损害他人的利益,则他们在行为

---

① 张民安:《过错侵权责任制度研究》,中国政法大学出版社 2002 年版,第 342 页。
② 张民安:《过错侵权责任制度研究》,中国政法大学出版社 2002 年版,第 307 页;张民安:《现代法国侵权责任制度研究》(第 2 版),法律出版社 2007 年版,第 185 页;张民安:《侵权法上的作为义务》,法律出版社 2010 年版,第 623 页。

时就应当对他人承担合理行为的注意义务，要采取合理措施预防他们的行为给他人造成损害，这就是可预见性理论所产生的民事义务。①

例如，如果大学能够合理预见自己的某一个学生可能会跳楼自杀，则它们应当对该学生承担预防其自杀的义务。再例如，如果商店能够合理预见其货架坍塌会导致其顾客受伤，则它们应当对其顾客承担防止货架坍塌的义务。

在民法上，可预见性理论所产生的民事义务在性质上属于侵权法上的义务，行为人在行为时是否能够合理预见他们的行为会导致他人损害，其判断标准是一般理性人的标准。

（三）特殊关系所产生的民事义务

在民法上，如果一方当事人同另外一方当事人之间存在某种信赖、依赖或者其他特殊关系，则他们在行为时就应当对另外一方当事人承担民事义务，这就是所谓的特殊关系理论。②

例如，恋人之间存在信赖、依赖关系，因此，恋人之间应当彼此承担民事义务。再例如，夫妻之间存在特殊的信任、信赖关系，因此，他们在行为时也应当承担民事义务，尤其是救助义务、保护义务。

在民法上，特殊关系所产生的民事义务既可以看作侵权法上的义务，也可以看作合同义务。

---

① 张民安：《过错侵权责任制度研究》，中国政法大学出版社2002年版，第309页；张民安：《侵权法上的作为义务》，法律出版社2010年版，第42—45页。
② 张民安：《过错侵权责任制度研究》，中国政法大学出版社2002年版，第329—322页；张民安：《侵权法上的作为义务》，法律出版社2010年版，第46—47页。

第十一章　主观权利的保障二：民事责任

在我国，《民法通则》第六章对民事责任作出了全面、系统的规定，所规定的内容包括四个方面：民事责任的一般规定，违约责任，侵权责任以及承担民事责任的方式。虽然《民法通则》对民事责任作出的这些规定意义重大，但是，在民法总论当中，我国民法学者普遍忽视这些规定，在讨论民法总论的内容时，他们要么完全忽视民事责任的存在，完全不对民事责任作出任何阐述，[①] 要么仅仅在民事法律关系的内容当中对民事责任作出三言两语的说明，[②] 除了我们主编的《民法总论》之外，[③] 几乎没有任何民法学者在其民法总论当中设立专章，对民事责任作出说明。

在我国，民法学者之所以均不会在其民法总论当中设立专章讨论民事责任，一个最重要的原因是，在讨论民法总论的内容时，他们基本上采取了德国民法学者尤其是我国台湾民法学者的做法。而由于《德国民法典》和德式民法典没有在其总则编当中规定民事责任，因此，德国民法学者和我国台湾民法学者也没有在其民法总论当中讨论民事责任，或者虽然讨论过民事责任，他们也仅仅作出三言两语的讨论，尤其是从民事义务和民事责任的区分方面，他们作出了简要的说明，这一点同我国民法学者对待主观权利的态度是完全一致的。

虽然我国民法学者普遍忽视了《民法通则》第六章的规定，但是，他们的消极态度丝毫没有影响到立法者对待民事责任的积极态度，因为在《民法总则》当中，立法者采取了他们在《民法通则》当中采取的做法，设立专章对民事权利作出了规定，这就是《民法总则》第八章。在该章当中，除了对民事责任与民事义务之间的关系作出了规定之外，立法者还对连带责任和按份责任、民事责任的承担方式、各种各样的免责事由以及违约责任和侵权责任的竞合等内容作出了规定。通过这样的方式，《民法总则》已经建立起民事责任的一般理论和一般制度。

在我国，几乎所有的民法学者均对立法者在《民法总则》当中将民事责任规定为独立一章的做法不理解，就像他们对立法者将民事权利规定为独立一章的做法不理解一样，他们认为，鉴于未来的《民法典》会在分则编当中规定各种各样的民事责任，因

[①] 江平主编：《民法学》，中国政法大学出版社2007年版；李永军：《民法总论》，中国政法大学出版社2008年版。
[②] 梁慧星：《民法总论》（第2版），法律出版社2001年版，第82—86页；傅静坤主编：《民法总论》（第3版），中山大学出版社2007年版，第49—50页；王卫国主编：《民法》，中国政法大学出版社2007年版，第47—49页；魏振瀛主编：《民法》（第4版），北京大学出版社2010年版，第41—45页。
[③] 张民安、王荣珍主编：《民法总论》（第4版），中山大学出版社2013年版，第328—346页。

此,立法者没有必要再在《民法总则》当中设立专章,对民事责任作出单独规定。比如未来的《民法典》会在侵权责任编当中对侵权责任作出规定,未来的《民法典》会在亲属编当中对民事责任作出规定,未来的《民法典》会在合同编当中对违约责任作出规定,等等。在所有的分则编均对民事责任作出规定的情况下,立法者再在《民法总则》当中对民事责任作出单独规定,他们的做法是画蛇添足、多此一举的。

实际上,我国民法学者的此种看法是站不住脚的,因为,除了侵权责任领域和契约领域等领域存在民事责任的具体理论和具体制度之外,民法当中还存在民事责任的一般理论和一般制度,立法者固然应当在民法典的分则编当中规定民事责任的具体理论和具体制度,他们也应当在民法典的总则编当中规定民事责任的一般理论和一般制度。这就是我国立法者在《民法总则》设立专章对民事责任作出规定的原因。

我们认为,相对于世界上最著名的、最伟大的两部民法典即《法国民法典》和《德国民法典》而言,除了《民法总则》第五章所规定的民事权利也属于最大的创新和亮点之外,《民法总则》第八章所规定的法律责任属于最大的创新和亮点。

第一节 民事责任概述

一、责任、法律责任的界定

(一) 责任的界定

关于责任(respondere responsabilité)的界定,民法学者有不同的意见。某些民法学者对责任采取道德性的界定方式,认为责任是指行为人就其本人实施的行为或者别人实施的行为负责。某些民法学者从可责难性和后果承担的角度对责任作出界定,认为责任是指行为人承受其具有可责难性的行为引起的后果。某些民法学者认为,责任是指行为人对其实施的某种行为负责或者予以担保的债。还有某些民法学者认为,在法律当中,责任是指行为人在法官面前对某种损害负责任并且承受其行为引起的民事后果、刑事后果或者行政后果。① 不过,大多数民法学者认为,所谓责任,是指行为人对其实施的行为负责的一种债。任何人,一旦实施了某种行为,他们就应当就其实施的此种行为

---

① Luc Grynbaum, Droit civil, les obligations, 2e édition, HACHETTE, p. 167;张民安、铁木尔高力套:《债权法》(第4版),中山大学出版社2013年版,第329页。

负责，这就是责任。①

（二）责任的类型

根据行为人所负责任性质的不同，民法学者将责任分为三种：政治责任、道德责任和法律责任，这就是责任的三分法理论。②

所谓政治责任，是指政府就其实施的行为对国会或者议会负责的债：政府的任何重大措施、决定均应取得国会、议会的信任和通过才能够执行，否则，要么政府解散国会、议会并重新进行选举，要么政府首脑辞职。所谓道德责任，是指自然人就其实施的行为对其良心负责的债。③ 所谓法律责任，是指行为人就其实施的行为对国家或者别人负责的债。④

法律责任既不同于政治责任，也不同于道德责任，它们构成三种不同的责任制度，一方面，法律责任不同于政治责任，因为政治责任仅仅关乎国会、议会与政府之间的内部约束与制衡关系，不会导致某种强制性的制裁措施的发生，而法律责任则会导致某种强制性的制裁措施的发生；另一方面，法律责任也不同于道德责任，因为道德责任在性质上属于内在责任、良心责任，没有国家的强制性，而法律责任在性质上属于外在责任，具有国家的强制性。

（三）法律责任的类型

根据行为人承担法律责任的法律渊源不同，法律责任可以分为民事责任、行政责任和刑事责任三类。

1. 民事责任、行政责任和刑事责任的界定

所谓民事责任，是指当行为人实施违反契约、民法或者混合法规定的违法行为时，他们就其实施的违法行为对他人所负的责任，换言之，所谓民事责任，是指行为人在实施违反契约、民法或者混合法规定的违法行为时所遭受的民事制裁。

所谓行政责任，是指当行为人实施违反行政法规定的违法行为时，他们就其实施的违法行为对国家所负的责任，换言之，所谓行政责任，是指行为人在实施违反行政法规

---

① Gérard Légier, les obligations, 17e édition, Dalloz, p. 132; Rémy Cabrillac, Droit des Obligations, 9e édition, Dalloz, p. 179.
② Gérard Légier, les obligations, 17e édition, Dalloz, p. 132; Rémy Cabrillac, Droit des Obligations, 9e édition, Dalloz, p. 179; 张民安、铁木尔高力套：《债权法》（第4版），中山大学出版社2013年版，第329—330页。
③ Henri et Leon Mazeaud Jean Mazeaud Francois Chabas, Obligations, 9e édition, Montchrestien, p. 366; Virginie Larribau-Terneyre, Droit civil Les obligations, 12e édition, Dalloz, p. 484.
④ Henri et Leon Mazeaud Jean Mazeaud Francois Chabas, Obligations, 9e édition, Montchrestien, p. 366; Luc Grynbaum, Droit civil, les obligations, 2e édition, HACHetTE, p. 167.

定的违法行为时所遭受的行政制裁。

所谓刑事责任，是指当行为人实施违反刑法规定的犯罪行为时，他们就其实施的犯罪行为对国家所负的责任，换言之，所谓刑事责任，是指行为人在实施违反刑法规定的犯罪行为时所遭受的刑事制裁。

2. 民事责任、行政责任和刑事责任之间的差异

民事责任同刑事责任、行政责任的区别表现在以下方面：

（1）产生的渊源不同。民事责任因为行为人违反契约、民法或者混合法的规定而产生，行政责任则因为行为人违反行政法的规定而产生，刑事责任则因为行为人违反刑法的规定而产生。

（2）目的不同。民事责任的主要目的是赔偿他人因为行为人的违法行为而遭受的损害，刑事责任或者行政责任的主要目的则是为了惩罚、制裁行为人，让他们为其实施的犯罪行为或者违法行为付出代价。之所以存在此种差异，是因为民法的目的不同于刑法和行政法。民法仅仅是维护私人利益，而刑法和行政法则是为了维护公共利益。①

（3）构成要件条件不同。原则上，大多数民事责任均要求具备损害这一必要构成要件，如果行为人实施的违法行为没有引起他人损害的发生，则他们原则上不对他人承担民事责任。而行政责任、刑事责任则无需具备损害这一必要构成要件，只要行为人实施了违反刑法、行政法规定的犯罪行为或者违法行为，他们就应当承担刑事责任或者行政责任，即便他们实施的犯罪行为或者违法行为没有引起任何损害的发生，亦是如此。②

3. 民事责任与行政责任、刑事责任之间的联系

虽然民事责任区别于、独立于刑事责任和行政责任，但是，它们之间也存在众多的共同点。主要表现在两个方面：

（1）行为人实施的同一违法行为有时能够同时引起民事责任、行政责任和刑事责任的承担。③例如，当生产商生产假冒伪劣产品并因此引起消费者损害发生时，他们实施的生产行为既违反了民法的规定，也违反了行政法和刑法的规定，因此，除了应当承担行政责任和刑事责任之外，他们也应当承担民事责任。再例如，当机动车司机驾驶机

---

① Gérard Légier, les obligations, 17e édition, Dalloz, p. 133；Geneviève Viney, Traité De Droit Civil, Introduction à La Responsabilité, 2e édition, L. G. D. J., p. 114；张民安、铁木尔高力套：《债权法》（第4版），中山大学出版社2013年版，第335—336页；张民安：《法国人格权法（上）》，清华大学出版社2016年版，第527页。

② Gérard Légier, les obligations, 17e édition, Dalloz, p. 133；Geneviève Viney, Traité De Droit Civil, Introduction à La Responsabilité, 2e édition, L. G. D. J., p. 114；Rémy Cabrillac, Droit des Obligations, 9e édition, Dalloz, p. 181；张民安、铁木尔高力套：《债权法》（第4版），中山大学出版社2013年版，第336页；张民安：《法国人格权法（上）》，清华大学出版社2016年版，第527—528页。

③ 张民安：《法国人格权法（上）》，清华大学出版社2016年版，第529页。

动车引起致命事故时，他们的违法行为同时违反了民法、行政法和刑法的规定，因此，应当同时承担民事责任、行政责任和刑事责任。

（2）民事责任常常与刑事责任发生竞合，因为，行为人实施的大多数犯罪行为均构成侵权行为，在侵犯公共利益的同时，他们实施的犯罪行为也侵犯了他人的私人利益，因此，除了应当承担刑事责任之外，他们也应当承担民事责任，要赔偿他人因为其犯罪行为所遭受的损害。[1]

（四）民事责任的优先承担

行为人实施的同一行为能够同时产生民事责任、行政责任和刑事责任，在行为人的财力、金钱充足的情况下，究竟是先承担民事责任、行政责任还是刑事责任，对受害人不会产生丝毫的影响。然而，在行为人的财力、金钱不充足的情况下，究竟是先承担民事责任、行政责任还是刑事责任，则对受害人影响巨大，这就是，如果行为人先承担了行政责任或者刑事责任，则他们将无法对受害人承担民事责任。因为，在将其有限的财力、金钱用来支付行政罚款、刑事罚金之后，他们已经没有足够的财力、金钱来赔偿受害人所遭受的损害，这就是民事责任、行政责任和刑事责任之间的冲突。

为了保护受害人的利益，防止行为人在承担了行政责任、刑事责任之后无力再承担民事责任，《民法总则》借鉴了《侵权责任法》的规定，让民事责任的承担优先于行政责任和刑事责任的承担。《侵权责任法》第4条规定：侵权人因同一行为应当承担行政责任或者刑事责任的，不影响依法承担侵权责任。因同一行为应当承担侵权责任和行政责任、刑事责任，侵权人的财产不足以支付的，先承担侵权责任。《民法总则》第187条规定："民事主体因同一行为应当承担民事责任、行政责任和刑事责任的，承担行政责任或者刑事责任不影响承担民事责任；民事主体的财产不足以支付的，优先用于承担民事责任。"

二、狭义的民事责任和广义的民事责任

（一）民事责任的两种界定方式

所谓民事责任（responsabilité civil），是指民事主体就其实施的行为对他人负责任的一种债。当民事主体实施了某种行为时，他们应当就其实施的行为对他人负责任，他们就其实施的行为对他人所负的此种责任就是民事责任。

根据他们所负责任的范围不同，民事责任可以分为两种：狭义的民事责任和广义的

---

[1] 张民安、铁木尔高力套：《债权法》（第4版），中山大学出版社2013年版，第337—338页；张民安：《法国人格权法（上）》，清华大学出版社2016年版，第529页。

民事责任。其中,狭义的民事责任理论为法国民法所采取,而广义的民事责任理论则为我国民法所采取。

(二) 狭义的界定方式

所谓狭义的民事责任,也称为损害赔偿责任,是指民事主体就其实施的行为引起的某种损害对他人负责任的债。例如,Mazeaud 和 Chabas 对民事责任采取狭义的界定方式,他们指出:"所谓民事责任,是指行为人应当在民法上对他人遭受的损害予以赔偿的责任。"[1] Légier 也对"民事责任"采取狭义的界定,他指出:"所谓民事责任,是指行为人就其行为对他人造成的损害负责任的债(无论行为人所实施的行为是否构成犯罪行为)。"[2]

例如,当甲方将乙方的手机摔坏时,甲方应当赔偿乙方因为手机被摔坏所遭受的财产损失,甲方对乙方所承担的此种财产损害赔偿责任就是所谓的狭义的民事责任。再例如,当甲方毁损乙方的名誉时,甲方应当对乙方因此遭受的精神损害承担赔偿责任,甲方所承担的此种精神损害赔偿责任就是所谓的狭义的民事责任。

(三) 广义的界定方式

所谓广义的民事责任,是指除了应当就其实施的行为引起的损害对他人承担赔偿责任之外,民事主体还应当就其实施的行为对他人负其他形式的责任。

例如,当甲方将乙方的手机摔坏时,甲方除了应当赔偿乙方所遭受的损害之外,还应当对乙方的手机予以修复,甲方对乙方的手机所承担的修复责任就是所谓的恢复原状的民事责任。甲方所承担的损害赔偿责任和恢复原状的责任共同构成广义的民事责任。再例如,当甲方毁损乙方的名誉时,甲方除了应当赔偿乙方遭受的精神损害之外,还应当对乙方予以赔礼道歉,甲方所对乙方所为的赔礼道歉就是所谓的赔礼道歉的民事责任。此时,甲方所承担的精神损害赔偿责任和赔礼道歉责任构成广义的民事责任。

在我国,《民法通则》第 134 条、《侵权责任法》第 15 条和《民法总则》第 179 条均对民事责任做广义的界定,认为民事责任除了包括损害赔偿责任之外还包括其他的民事责任。《民法通则》第 134 条规定了十种民事责任方式,该条规定:"承担民事责任的方式主要有:停止侵害;排除妨碍;消除危险;返还财产;恢复原状;修理、重作、更换;赔偿损失;支付违约金;消除影响、恢复名誉;赔礼道歉。"《侵权责任法》第 15 条规定了八种民事责任方式,该条规定:"承担侵权责任的方式主要有:停止侵害;排除妨碍;消除危险;返还财产;恢复原状;赔偿损失;赔礼道歉;消除影响、恢复名

---

[1] Henri et Leon Mazeaud Jean Mazeaud Francois Chabas, Obligations, 9e édition, Montchrestien, p. 365.
[2] Gérard Légier, les obligations, 17e édition, Dalloz, p. 133.

誉。"《民法总则》第 179 条规定了十一种民事责任方式，该条规定："承担民事责任的方式主要有：停止侵害；排除妨碍；消除危险；返还财产；恢复原状；修理、重作、更换；继续履行；赔偿损失；支付违约金；消除影响、恢复名誉；赔礼道歉。"

三、民事责任的性质

（一）民事责任的财产性与非财产性

在民法上，民事主体承担的损害赔偿责任为财产性质的民事责任，因为他们所承担的此种民事责任具有经济价值甚至有商事价值，人们能够以金钱方式确定其价值大小，这就是所谓的财产性质的民事责任。在民法上，民事主体所承担的损害赔偿责任之外的大多数民事责任都是非财产性质的民事责任，因为他们所承担的此类民事责任不具有经济价值，人们无法通过金钱方式确定其价值大小，这就是所谓的非财产性质的民事责任。

（二）民事责任的专属性与非专属性

在民法上，民事主体所承担的某些民事责任具有专属性，因为在民事主体生存期间，他们不得将其承担的民事责任转让给别人，在他们死亡之后，他们的民事责任不能够作为遗产为其继承人所继承，这就是所谓的专属性的民事责任。

在民法上，除了损害赔偿责任之外的所有民事责任在性质上均为专属性的民事责任之外，某些损害赔偿责任也属于专属性的民事责任。例如，行为人侵害他人身份权、有形人格权或者无形人格权时所承担的损害赔偿责任。

而在民法上，民事主体所承担的某些损害赔偿责任则具有非专属性，因为在民事主体生存期间，他们能够将其承担的民事责任转让给别人，在他们死亡之后，他们的民事责任也能够作为遗产为其继承人所继承，这就是所谓的非专属性的民事责任。例如，合同债务人违反合同所承担的损害赔偿责任，行为人侵害他人的知识产权时所承担的损害赔偿责任等。

（三）民事责任在本质上是一种特殊的债

在民法上，民事主体所承担的民事责任在本质上是一种特殊的债。

一方面，民事责任是一种债，它同一般的债一样也是特定的债权人和特定的债务人之间的一种债权债务关系：承担民事责任的人属于债务人，要求债务人承担民事责任的人则为债权人，债务人应当对债权人承担民事责任，而债权人有权要求债务人对其承担民事责任，他们之间因此形成的法律关系就是债权债务关系。①

另一方面，民事责任是一种特殊的债，表现在两个方面：其一，民事责任均是依据制定法、成文法的直接规定而产生的，在制定法、成文法的规定之外无法产生民事责任，因此，民事责任是否产生，同当事人的意思表示没有丝毫关系，包括违约责任的产生在内，这一点同民事义务形成鲜明对比，因为在民法当中，合同义务可以基于合同当事人的意思表示而产生。② 其二，民事责任债仅在民事主体不履行或者不全面履行他们所承担的民事义务的情况下产生，如果民事主体已经履行了或者已经全面履行了他们所承担的民事义务，则民事责任债将不会产生。③

四、民事责任的目的

（一）民事责任的保护目的

在民法上，如果站在积极的立场来看待民事责任，则民事责任的目的是为了保护权利主体所享有的民事权利，防止他们所享有的民事权利遭受侵害。在我国，《民法通则》第1条、《合同法》第1条、《侵权责任法》第1条和《民法总则》第1条均对民事责任所具有的此种功能作出了明确规定。

因此，责令合同债务人对合同债权人承担契约责任的目的当然是为了保护合同债权人享有的债权，防止合同债权人享有的合同债权遭受侵害。同样，责令行为人就其实施的侵权行为对他人承担侵权责任的目的也是为了保护他人享有的物权、知识产权，防止他人享有的这些权利遭受侵害。

在民法上，责令民事主体对他人承担民事责任的目的同责令民事主体对他人承担民事义务的目的是相同的，均是为了保护他人享有的某种民事权利。不同的是，民事义务对他人民事权利的保护属于第一层次的保护，而民事责任对他人民事权利的保护属于第二层次的保护，它以第一层次的保护失效为前提：如果民事主体履行了他们所承担的民事义务，则他人的民事权利就获得了有效的保护，此时无需民事责任的保护；如果民事主体没有履行或者没有适当履行他们所承担的民事义务，则民事义务对他人民事权利的

---

① Henri et Leon Mazeaud Jean Mazeaud Francois Chabas, Obligations, 9e édition, Montchrestien, pp. 365—366; Valérie Toulet, les obligations, 10e édition, Paradigne, p. 307.

② Henri et Leon Mazeaud Jean Mazeaud Francois Chabas, Obligations, 9e édition, Montchrestien, p. 365；梁慧星：《民法总论》（第2版），法律出版社2001年版，第86页；傅静坤主编：《民法总论》（第3版），中山大学出版社2007年版，第50页。

③ Jean-Louis Baudouin et Patrice Deslauriers, La Responsablité Civile, 7e édition, Volume I, Principes généraux, Editions Yvon Blais, 2007, p. 1；梁慧星：《民法总论》（第2版），法律出版社2001年版，第86页；傅静坤主编：《民法总论》（第3版），中山大学出版社2007年版，第50页。

保护就失效,此时,民事责任才开始对民事权利予以保护。

(二) 民事责任的补偿目的

在民法上,责令民事主体对他人承担民事责任的最主要目的是补偿他人因为行为人所实施的违法行为而遭受的损害,使他人通过此种补偿尽可能恢复到违法行为实施之前的状态,这就是民事责任的补偿目的。

在法国,大量的民法学者都认可民事责任的此种目的,[1] 在我国,《民法通则》第134条、第111条、《合同法》第107条、《侵权责任法》第15条和《民法总则》第179条等大量的法律条款均对民事责任所具有的补偿目的作出了明确规定,这就是这些条款所规定的赔偿损失的民事责任。

因此,合同法责令合同债务人承担损害赔偿责任的目的是为了补偿合同债权人所遭受的财产损失,甚至非财产损害。同样,侵权法责令行为人对他人承担赔偿责任的目的当然是为了补偿他人因为行为人所实施的侵权行为而遭受的损害,包括他人遭受的财产损害或者非财产损害。

(三) 民事责任的预防目的

在民法上,责令民事主体对他人承担某些民事责任的目的仅仅是为了防止民事主体正在实施的或者将要实施的某种违法行为给他人造成的潜在损害,这就是民事责任的预防目的。

在法国,大量的民法学者认可民事责任所具有的此种目的。[2] 而在我国,《民法通则》第134条、《侵权责任法》第15条、第21条和《民法总则》第179条所规定的停止侵害民事责任就是为了实现此种目的。

因此,如果行为人正在实施的或者将要实施的名誉毁损行为将要损害他人的名誉,他们应当对他人承担停止侵害的民事责任。同样,当行为人正在实施的或者将要实施的著作权侵害行为将要侵害他人享有的著作权时,他们应当对他人承担停止侵害的民事责任。

(四) 民事责任的原状恢复目的

在民法上,原状恢复有两种含义:其一,广义的原状恢复,它将民事主体对他人承

---

[1] Henri et Leon Mazeaud Jean Mazeaud Francois Chabas, Obligations, 9e édition, Montchrestien, p. 412; Gérard Légier, les obligations, 17e édition, 2001, Dalloz, p. 133; Philippe Malaurie Laurent Aynès Philippe Stoffel-Munck, les, obligations, 4e édition DEFRENOIS, p. 9;张民安:《法国民法》,清华大学出版社2015年版,第415—416页。

[2] Philippe Malaurie Laurent Aynès Philippe Stoffel-Munck, les, obligations, 4e édition DEFRENOIS, p. 14; Geneviève Viney Patric Jourdain, Traité De Droit Civil, les effets de la responsabilité, 2e édition, L. G. D. J. pp. 18—19;张民安:《法国民法》,清华大学出版社2015年版,第416—417页。

担的所有民事责任均看作原状恢复,因为它认为,无论民事主体对他人承担的民事责任是什么,它们的目的均是为了恢复他人的原状,例如,责令民事主体赔偿他人的损失是为了恢复原状。其二,狭义的原状恢复,它认为,如果行为人所实施的某种致害行为导致他人的财产状态发生改变、变更,则他们应当采取措施,恢复被改变、变更的财产状况,使其恢复到致害行为发生之前的状态,这就是所谓的原状恢复民事责任。

例如,行为人所承担的整修他人房屋的民事责任,行为人所承担的拆除其违法建筑物的民事责任,以及行为人所承担的平整他人已经被破坏的土地的民事责任,等等,均为原状恢复民事责任。

在法国,《法国民法典》第1143条也对原状恢复的目的作出了说明,该条规定:"如果债务人违反约定从事了某种行为,债权人有权要求债务人予以消除;债权人也可以自己采取措施消除债务人违反约定所作出的行为,其因此支出的费用应当由债务人承担。"在法国,虽然《法国民法典》第1143的规定仅是一种契约性规定,但是,法国法官对此条的规定予以扩张解释,认为《法国民法典》第1143条除了能够在契约责任当中适用之外,还能够在侵权责任当中予以适用。①除此之外,法国民法学者也认可民事责任的此种目的。②

在我国,《民法通则》第134条、第111条,以及《合同法》第107条、《侵权责任法》第15条、《民法总则》第179条均对民事责任所具有的此种目的作出了规定,这就是它们所规定的恢复原状、消除危险、排除妨害的民事责任。

五、民事责任的承担方式

(一)停止侵害的民事责任

所谓停止侵害的民事责任,是指当行为人正在实施的或者将要实施的某种侵害行为可能会危及他人的权利时,基于他人的请求或者法官的命令,行为人应当停止其正在或者将要实施的致害行为,避免给他人造成或者进一步造成损害。

在民法上,停止侵害的法律救济措施也被称为颁发禁止令,包括临时禁止令(temporary injunction)和永久禁止令(perpetual injunction)。所谓临时禁止令,称诉前禁止令,是指法官在诉前基于申请人的申请临时颁发的禁止令。申请人申请临时禁止令,往往应当提供担保。所谓永久禁止令,也称最终禁止令(final injunction),是指法官根据

---

① Geneviève Viney Patric Jourdain, Traité De Droit Civil, les effets de la responsabilité, 2e édition, L. G. D. J. pp. 63—64.
② Madame M. E. Roujou de Boubee, Essai sur la notion de réparation, LGDJ, Biblioth. de droit privé, tome 135, p. 209 et s.; Geneviève Viney Patric Jourdain, Traité De Droit Civil, les effets de la responsabilité, 2e édition, L. G. D. J. p. 23.

申请人或者他人的申请通过终审裁判所颁发的禁止令。

在我国，除了《民法通则》第134条和《民事责任法》第15条对此种民事责任形式作出了规定之外，《民事责任法》第21条也对停止侵害的民事责任作出了明确规定，该条规定：致害行为危及他人人身、财产安全的，被侵权人可以请求侵权人承担停止侵害、排除妨碍、消除危险等民事责任。

（二）排除妨害、消除危险的民事责任

如果行为人实施的某种致害行为已经给他人造成妨碍，他人有权向法院提出申请，要求法官责令行为人采取合理的措施，将其妨碍行为予以排除，这就是排除妨碍的法律责任。对于他人而言，他们享有的此种权利被称为排除妨碍请求权。

例如，当行为人将其垃圾堆放在他人门口时，他人有权向法院提出申请，要求法官责令行为人采取措施将其堆积的垃圾清除。法官也应当责令行为人采取合理措施，清除其堆积的垃圾，以便他人能够顺畅通行。

如果行为人的行为或者所控制或管理的物可能会危及他人的人身、财产安全，在他人还没有遭受财产损害或者非财产损害之前，他人有权要求法官责令行为人采取合理措施，消除可能存在的危险。这就是消除危险的法律责任。对于他人而言，他们享有的此种权利被称为消除影响请求权。

例如，当行为人的树木存在倒塌的危险时，他人向法院提出申请，要求法官责令行为人采取合理措施，或者加固该树木防止其倒塌，或者砍断该树木，消除树木倒塌存在的危险隐患。

（三）返还财产、恢复原状的民事责任

如果行为人非法侵占他人所有的或者占有的财产，他们应当将其非法占有的财产返还给他人，行为人所承担的此种民事责任就是返还财产的民事责任。在民法上，返还财产的民事责任既可以适用于行为人非法侵占他人所有的财产，也可以适用于行为人非法侵占他人占有的财产，无论是侵占他人所有的财产还是他人占有的财产，行为人均应当对他人承担财产返还责任。

如果行为人毁损、破坏他人所有的或者占有的财产，在被毁损或者被破坏的财产具有可修复性时，他们应当对他人所有或者占有的财产予以修复，以便尽可能恢复到侵害行为实施之前他人财产的实际状态，他人所承担的此种民事责任就是恢复原状的民事责任。

所谓可修复性，是指修复他人的财产具有可行性，包括在事实上的可行性和法律上的可行性。所谓事实上的可行性，是指他人的财产在事实上是能够予以修复的。所谓法律上的可行性，是指修复被毁损的财产的费用不会超出被修复财产本身的价值，如果修

复财产的费用超出该财产本身的价值，则该财产不具有可修复性。

在民法上，行为人本人可以对他人的财产予以修复，也可以雇请第三人尤其是专业人士对他人的财产予以修复。无论是行为人本人修复还是雇请第三人予以修复，行为人均应当就其修复行为对他人负责。

（四）消除影响、恢复名誉、赔礼道歉的民事责任

如果行为人实施的名誉毁损行为毁损了他人的名誉，行为人应当采取合理的措施，消除其名誉毁损行为给他人名誉造成的不利影响，以便让他人的名誉恢复到名誉毁损行为没有实施之前的状态，行为人所承担的此种民事责任就是消除影响的民事责任和恢复名誉的民事责任。

在侵权法上，消除影响的民事责任、恢复名誉的民事责任和赔礼道歉的民事责任仅仅适用于名誉侵权责任的行为人，不适用于其他的行为人，例如，不适用于侵害他人姓名权、肖像权或者隐私权的行为人。

在侵权法上，行为人采取什么样的方式来消除影响、恢复名誉和赔礼道歉，取决于他们采取什么样的方式来实施名誉致害行为。如果行为人通过口头方式实施名誉致害行为，他们应当通过口头方式来消除影响、恢复名誉和赔礼道歉；如果他们通过书面方式来实施名誉致害行为，则他们也应当通过书面方式来消除影响、恢复名誉和赔礼道歉。

在侵权法上，行为人在什么范围内来消除影响、恢复名誉和赔礼道歉取决于他们在什么范围内实施致害行为。如果行为人当着亲朋好友的面毁损他人名誉，他们应当当着同样或者类似的亲朋好友的面来消除影响、恢复名誉和赔礼道歉；如果行为人在全国性质的大报上毁损他人名誉，他们也应当在同样或者类似的大报上消除影响、恢复名誉和赔礼道歉；如果他们在地方性质的电台、电视台上毁损他人名誉，他们也应当在同样或者类似的地方电台、电视台上消除影响、恢复名誉和赔礼道歉。

此外，行为人应当在其名誉毁损行为确立之后的合理时间内对他人进行消除影响、恢复名誉和赔礼道歉。

（五）损害赔偿的民事责任

所谓赔偿损害责任，也称赔偿损失责任，是指行为人应当给付一定数量的金钱给他人，使他人遭受的损失恢复到致害行为没有实施之前的状态。在现代侵权法中，侵权损害赔偿责任是民事责任方式中最重要的方式，因此，受到各国法律的高度重视。在侵权法上，损害赔偿的种类包括四种：名义上的损害赔偿、补偿性的损害赔偿、抚慰性的损害赔偿和惩罚性的损害赔偿。

1. 名义上的损害赔偿

所谓名义上的损害赔偿（nominal damages），是指当行为人实施的致害行为没有给

他人造成损害时,或者虽然造成了损害,他人仅仅要求法官责令行为人赔偿一点点数量的赔偿金时,法官责令行为人象征性地赔偿他人一定数额的赔偿金,以便证明行为人实施的致害行为的侵权性。在侵权法上,名义上的损害赔偿的功能既不是为了补偿他人遭受的损害,也不是为了惩罚行为人实施的致害行为,而是为了宣示他人民事权益的受保护性和不可侵犯性,宣示行为人实施行为的违法性和侵权性。

2. **补充性的损害赔偿**

所谓补偿性的损害赔偿(compensatory damages),是指当行为人实施的致害行为给他人造成损害时,法官责令行为人支付一笔同等数量的金钱给他人,以便弥补他人因为行为人实施的致害行为而遭受的损害。补偿性损害赔偿的目的既不是为了证明行为人实施的行为的非法性和侵权性,也不是为了证明他人民事权益的受保护性和不被侵犯性,既不是为了安抚、抚慰他人的心理,也不是为了惩罚行为人实施的致害行为,而是为了补偿他人因为行为人实施的致害行为所遭受的实际损害。

3. **抚慰性的损害赔偿**

所谓抚慰性的损害赔偿,是指当行为人实施的致害行为给他人造成损害时,法官责令行为人支付给他人一定数额的金钱,以便安抚、慰藉他人遭受的精神痛苦、心理损害。抚慰性损害赔偿的目的既不是为了证明行为人行为的侵权性,既不是为了证明他人民事权益的不可侵犯性,也不是为了补偿他人遭受的损失,也不是为了惩罚行为人实施的致害行为,而是为了安慰、安抚、慰藉他人遭受痛苦的心理、精神,减轻或者缓解他人的精神痛苦、心理伤害。

4. **惩罚性的损害赔偿**

所谓惩罚性的损害赔偿(punitive damages exemplary damages),是指当行为人实施的致害行为给他人造成实际损害时,法官责令行为人支付一笔超过他人实际损害的赔偿金给他人,以便惩罚行为人实施的致害行为。惩罚性损害赔偿的目的既不是为了证明行为人行为的侵权性,也不是为了证明他人民事权益的不可侵犯性,既不是为了补偿他人遭受的损失,也不是为了抚慰他人遭受的心灵创伤,而是为了惩罚行为人实施的某些致害行为,让他们对其实施的致害行为付出更高的代价。

第二节 民事责任与民事义务的关系

在当今大陆法系国家,无论是德国还是法国,民法学者均明确区分民事责任与民事义务;在英美法系国家,虽然不少民法学者不明确区分民事责任和民事义务,将民事责任看作民事义务的组成部分,但是,大多数民法学者还是明确区分民事责任与民事义务。而在我国,《民法通则》《合同法》《侵权责任法》和《民法总则》均认可民事责任的独立性。

一、民事责任与民事义务在大陆法系国家的独立性

在大陆法系国家，德国民法学者最先主张民事责任独立于民事义务的理论，他们认为，债包括了两个独立的构成要素，这就是债务（la Schuld）和责任（la Haftung），其中的"债务"就是义务，而"责任"就是所谓的强制。

Mazeaud 和 Chabas 对德国民法学者所采取的区分态度作出了明确说明，他们指出："德国的民法学者早已清楚地指出，债由两个要素构成，这就是债务和责任。其一，债务。所谓债务，是指债务人所承担的一种法定义务，该种法定义务要求债务人履行所承担的给付行为或者履行行为。其二，责任。所谓责任，是指当债务人不履行他们所承担的债务时，债权人所享有的对其债务人或者债务人的财产采取强制执行措施的权力，因为在民法上，债务人本人就是债权人债权的保证、担保。"①

Yvaine Buffelan-Lanore 和 Virginie Larribau-Terneyrey 也对德国民法学者所采取的此种区分理论作出了说明，他们指出："虽然我们习惯于将债看作一种将债权人与债务人联系在一起的特定关系，并因此形成所谓的一元论的债的理论（conception moniste），但是，某些民法学者，尤其是德国民法学者，习惯于将债分解为两个不同的法律关系：债务（la Schuld）与责任（la Haftung），并因此形成所谓的二元论的债的理论（conception dualiste）。其一，债务。所谓债务，是指债务人所承担的履行债的法定义务。其二，责任。所谓责任，是指国家强制，也就是，当债务人不履行其所承担的债务时，债权人能够向法院起诉，要求法官采取强制措施，以便实现其债权。"②

在法国，德国民法学者的此种区分理论普遍被法国民法学者所采取，认为民事责任区分于民事义务。例如，Yvaine Buffelan-Lanore 和 Virginie Larribau-Terneyrey 认可民事责任独立于民事义务的理论，他们指出："的确，债务与责任是能够予以分离的，因为在债法上，既存在着没有强制的债务，例如自然债，也存在着没有债务的强制，例如，为别人的债务作出的保证……在法国，那些主张二元论的民法学者分别使用拉丁词语 debitum 和 obligatio 来表示债务与责任。"③

同样，Légier 也认可民事责任独立于民事义务的理论，他指出："所谓债是一种法律关系，根据此种法律关系，债权人能够向法院起诉，要求法官强制债务人履行所承担的债务。根据经典理论，债包括两个要素：义务和责任。所谓义务（在德国民法理论当中被称为 Schuld），是指债务人所为的作为或者不作为行为。所谓责任（在德国民法

---

① Henri et Leon Mazeaud Jean Mazeaud Francois Chabas, Obligations, 9e édition, Montchrestien, p. 7.
② Yvaine Buffelan-Lanore et Virginie Larribau-Terneyre, Droit civil, les obligations, 12e édition, Dalloz, p. 11.
③ Yvaine Buffelan-Lanore et Virginie Larribau-Terneyre, Droit civil, les obligations, 12e édition, Dalloz, p. 11.

理论当中被称为 Haftung），是指债权人所享有的强制债务人履行义务的权力，也就是向法院起诉要求法官责令债务人履行义务的诉讼权。"①

二、民事责任与民事义务在英美法系国家的独立性

在英美法系国家，虽然少数民法学者不明确区分民事责任与民事义务，但是，大多数民法学者仍然明确区分民事责任与民事义务。

在英国，19 世纪著名的分析法学派代表人物 John Austin 在其《法学演讲录》当中不区分民事责任与民事义务，他将民事主体对他人承担的最初义务称为"主要义务""第一性义务"，而将民事责任违反民事义务对他人承担的民事责任称为"次要义务""第二性义务"。②

由于受到 John Austin 的此种理论的影响，Weinrib、Coleman、Perry 和 Ripstein 等人也采取此种理论，因为他们都将民事主体最初承担的义务称为"主要义务""第一性义务"，都将民事主体违反最初义务时对他人承担的民事责任成为"次要义务""第二性义务"。③

在英美法系国家，大多数民法学者在讨论民事责任与民事义务的关系时都主张民事责任独立于民事义务，他们并不认为民事责任属于民事义务的组成部分。

例如，Rogers 在其侵权法著作当中明确区分民事责任与民事义务，他指出："并非行为人实施的所有不谨慎的行为均会导致他们在法律上对他人承担侵权责任，同样，并非行为人所实施的所有引起他人损害的行为均会导致他们在法律上对他人承担侵权责任。因为在侵权法上，只有行为人在行为的时候对他人承担某种法定的注意义务，他们才有可能对他人承担过失侵权责任。"④

再例如，Linden 和 Feldthusen 在他们的侵权法著作当中对民事责任独立于民事义务的理论作出了明确说明，他们指出："在侵权法上，除非原告在行为的时候要对被告承担谨慎行为义务，否则，被告无需对原告承担侵权责任。换言之，如果法律没有规定行为人在行为时要对他人承担谨慎行为的债务，他们无需就其实施的任何不谨慎行为对他人承担民事责任，因为如果行为人在行为的时候不对他人承担任何民事义务，他们当然可以像他们喜好的那样成为对世人犯有过失的人。"⑤

---

① Gérard Légier, les obligations, 17e édition, 2001, Dalloz, pp. 1—2.
② John Austin, Lectures On Jurisprudence 764 (Robert Campbell, ed. 5thed. 1885); see Ernest J. Weinrib, Civil Recourse and Corrective Justice, (2011) 39 Fla. St. U. L. Rev. 273, p. 284.
③ John C. P. Goldberg, Twentieth-Century Tort Theory, (2002—2003) 91 GEO. L. J. 513, p. 577.
④ W. V. H. Rogers, Winfield & Jolowicz on Tort, 15th ed, Sweet & Maxwell, p. 90.
⑤ Allen M. Linden Bruce Feldthusen, Canadian Tort Law, 19th edition, LexisNexis, p. 287.

此外，其他的民法学者也都认可民事责任独立于民事义务的理论。[①]

三、民事责任与民事义务在我国民法当中的独立地位

在我国，《民法通则》《合同法》《侵权责任法》和《民法总则》均明确区分民事责任与民事义务，它们均没有将民事责任看作民事义务的组成部分。

（一）《民法通则》明确区分民事责任与民事义务

在我国，《民法通则》第 106（1）条明确区分民事责任和民事义务，该条规定：公民、法人违反合同或者不履行其他义务的，应当承担民事责任。

根据该条的规定，如果民事主体在行为时对他人承担合同义务或者其他义务，并且如果他们在行为时违反了合同义务或者不履行其他民事义务，则他们应当根据该条的规定对他人承担民事责任。但是，如果民事主体在行为时不对他人承担合同义务或者其他义务，或者虽然民事主体应当对他人承担民事义务，但民事主体在行为时已经履行了他们所承担的合同义务或者其他义务，则他们无需根据该条的规定对他人承担民事责任。

此外，《民法通则》第 111 条也明确区分民事责任与民事义务。

（二）《合同法》明确区分违约责任和合同义务

在我国，《合同法》第 107 条明确区分合同债务人所承担的合同责任与合同义务，该条规定：当事人一方不履行合同义务或者履行合同义务不符合约定的，应当承担继续履行、采取补救措施或者赔偿损失等契约责任。

根据该条的规定，如果合同债务人对合同债权人承担某种合同义务并且如果他们没有履行所承担的此种合同义务，他们应当承担契约责任。但是，如果合同债务人不对合同债权人承担合同义务，或者虽然要对合同债权人承担合同义务，但合同债务人已经履行了他们所承担的合同义务，他们无需承担契约责任。

此外，《合同法》的大量条款均明确区分契约责任和合同义务，例如，《合同法》第 112 条、第 220 条以及第 301 条等等。

（三）《侵权责任法》明确区分侵权责任与侵权法上的义务

在我国，《侵权责任法》第 55 条明确区分民事责任与民事义务，该条规定：医务人员在诊疗活动中应当向患者说明病情和医疗措施。需要实施手术、特殊检查、特殊治

[①] S. F. Deakin, Angus Johnston and B. S. Markesinis, Markesinis and Deakin'S Tort Law, fifth edition, Clarendon Press Oxford, pp. 74—75; Anthony M. Dugdale Michael A. Jones (ed), Clerk & Lindsell on Torts, nineteenth edition, Sweet & Maxwell, 2006, p. 383.

疗的，医务人员应当及时向患者说明医疗风险、替代医疗方案等情况，并取得其书面同意。医务人员未尽到前款义务，造成患者损害的，医疗机构应当承担赔偿责任。

根据该条的规定，医务人员在诊疗患者的时候应当对其承担说明义务，如果他们在行为时没有履行此种义务，则医疗机构应当对其承担侵权责任，如果医务人员不对其病患者承担此种义务，或者虽然应当承担此种义务，但他们在行为时没有违反此种义务，则医疗机构无需对其病患者承担侵权责任。

此外，《侵权责任法》第57条、第62条以及第91条等均明确区分侵权责任和民事义务。

（四）《民法总则》明确区分民事责任和民事义务

在我国，《民法通则》《合同法》和《侵权责任法》所采取的明确区分民事责任和民事义务的做法完全被《民法总则》所延续，因为在该法当中，立法者也对民事责任和民事义务的区分理论作出了规定，这就是第176条。该条规定："民事主体依照法律规定和当事人约定，履行民事义务，承担民事责任。"在这里，立法者没有将民事义务和民事责任并列，认为民事主体既要根据法律规定和当事人的约定履行民事义务，也应当根据法律规范和当事人的约定承担民事责任。

四、民事责任与民事义务之间的联系

（一）民事义务是民事责任的基础和前提

在民法上，民事义务是民事责任的基础和前提，因为，如果民事主体在行为时根本不对他人承担某种民事义务，即便他们实施的行为引起了他人损害的发生，他们也不对他人承担民事责任，仅在民事主体对他人承担民事责任时，他们才有可能要对他人承担民事责任，这就是所谓的"有义务才有可能有责任""无义务就一定无责任"的一般原则。

例如，当甲方将其手机出卖给乙方时，甲方仅对乙方承担瑕疵担保义务，不对乙方之外的任何第三人承担此种义务，因此，当甲方违反了所承担的瑕疵担保义务时，他们当然应当承担契约责任，但是，他们仅仅对乙方承担契约责任，不对乙方之外的第三人承担契约责任，这就是所谓的合同相对性规则，它包括契约责任的相对性规则。

再例如，当顾客在商店被绊倒受伤时，商店当然要对该顾客遭受的损害承担民事责任，因为商店在行为时对该顾客承担民事义务，要采取措施保障其人身或者财产安全，但是，当小偷在商店被绊倒受伤时，商店无需对小偷遭受的损害承担民事责任，因为商店在行为的时候无需对小偷承担民事义务，无需采取措施保障其人身或者财产安全。[①]

[①] 张民安：《侵权法上的作为义务》，法律出版社2010年版，第141—143页。

（二）民事责任是行为人违反民事义务所引起的后果

在民法上，民事责任是民事主体违反了他们所承担的民事义务之后所产生的民事后果。在民法上，即便行为人在行为时要对他人承担某种民事义务，如果他们在行为时没有违反所承担的民事义务，他们无需对他人承担民事责任，即便他们实施的行为引起了他人损害的发生，也是如此。但是，如果他们在行为时违反了对他人所承担的民事义务，则他们违反义务的行为将构成违法行为，在符合民事责任必要构成要件的情况下，他们应当对他人承担民事责任，除非他们具有拒绝承担民事责任的某种正当抗辩事由。

例如，当行为人违反了不侵害他人名誉权的民事义务时，他们作出的名誉毁损行为就构成名誉侵权行为，在符合名誉侵权责任的必要构成要件的情况下，他们就应当对他人承担名誉侵权责任，除非他们具有拒绝承担名誉侵权责任的某种正当抗辩事由。

再例如，当手机的出卖人没有按照买卖合同的约定交付手机给买受人时，他们没有按时交付手机的行为就构成违约行为，在符合契约责任的必要构成要件的情况下，出卖人应当对买受人承担契约责任，除非他们具备拒绝承担契约责任的某种正当抗辩事由。

（三）民事责任与民事义务的目的相同

在民法上，民事责任也罢，民事义务也罢，它们的目的均是为了保障权利主体所享有的民事权利的实现，防止民事权利主体所享有的民事权利因为民事主体的行为而受到不利影响，已如前述。

五、民事责任与民事义务之间的差异

（一）民事责任的法定性与民事义务的自治性

在民法上，民事责任同民事义务的第一个主要区别在于，在民法上，无论民事主体所承担的民事责任是什么性质的、什么形式的或者什么范围的民事责任，他们所承担的民事责任均基于制定法的明确规定而产生，在制定法的规定之外，民事主体不对他人承担任何民事责任，已如前述。

在民法上，民事主体是否对他人承担民事义务，他们对他人承担什么范围内的民事义务，未必一定是由制定法作出明确规定的，因为在某些情况下，制定法会对民事主体承担的民事义务作出规定，此时，民事主体所承担的民事义务当然源于制定法，例如，侵权责任法、不当得利法或者无因管理法所规定的民事义务；而在某些情况下，民事主体所承担的民事义务来源于他们本人所实施的某种民事法律行为，不是直接来源于制定法的规定，例如，民事主体签订的合同所规定的民事义务，民事主体所实施的单方法律行为或者多方法律行为所规定的民事义务，等等，这些民事义务直接来源于民事主体的意思自治行为，这就是所谓的民事义务的自治性。

（二）民事责任的国家强制性和民事义务的约束性

在民法上，民事责任同民事义务的第二个主要区别是，民事责任具有国家的强制性，而民事义务则没有国家的强制性，它们仅仅具有约束性与限制性。

在民法上，民事主体虽然应当履行他们所承担的民事义务，但是，他们对其民事义务的履行仅仅源于民事义务本身所具有的约束力与限制性，不是源于民事义务所具有的国家强制性，因为国家的强制性仅仅是民事责任的效力，不是民事义务的效力。

所谓民事责任的国家强制性，是指当民事主体不按照民事义务的约束力与限制力的要求自觉履行他们所承担的民事义务时，国家就会动用其司法机关对民事主体采取各种各样的强制措施，或者要求民事主体对他人作出某种行为，或者要求民事主体抑制自己的行为。

例如，当合同债务人不履行他们所承担的支付货款的义务时，国家的司法机关能够采取强制拍卖措施，拍卖合同债务人的个人财产，并且从其财产的拍卖款项当中支付权利主体的货款。再例如，当新闻媒体的记者违反了所承担的不侵扰他人生活安宁的义务时，国家的司法机关能够颁发禁止令，禁止新闻媒体的记者跟踪他人，等等。

在民法上，民事责任的国家强制性有以下三个前提条件：

（1）民事主体在行为时违反了他们所承担的民事义务，如果他们没有违反所承担的民事义务，则无所谓民事责任的承担，也无所谓民事责任的国家强制性。

（2）权利主体向法院起诉，要求法官采取强制措施。如果权利主体不主动向法院起诉，要求法官采取强制措施，则法官不会也不应当主动采取强制措施来责令民事主体作出或者不作出某种行为。在民法上，民法学者将权利主体所享有的向法院起诉，要求法官采取强制措施的权利称为起诉权。

（3）权利主体在法律所规定的时效期间内主张其起诉权，如果权利主体超过了法律规定的时效期间主张其起诉权，则司法机关不得对民事主体采取强制措施。

（三）民事责任同民事义务的不对称性

在民法上，民事责任同民事义务之间的第三个主要区别是，民事责任虽然是因为民事义务的违反而引起的民事后果，但是，民事责任同民事义务之间并不具有对称性。

主要表现在两个方面：

（1）并非行为人不履行民事义务的所有行为均会导致民事责任的承担。在某些情况下，即便行为人已经违反了所承担的某种民事义务，他们也无需对他人承担民事责任。在民法上，行为人所承担的此种民事义务被称为没有强制执行力的民事义务，在债法上，行为人所承担的此种债被称为自然债。

所谓自然债（obligation naturelle），也称不完全债（obligation imparfaites），是指那些虽然对债权人和债务人有法律上的约束力但是丧失法律上的强制执行力的债。自然债是介于法律上的债和道德上的债之间的一种债，因为它既具有法律上的债的特性，也具有道德上的债的特性。① 自然债包括超过诉讼时效期间的债、道德债以及赌债等。②

（2）行为人对他人承担的某种民事责任并不是建立在他们违反对他人承担的民事义务的基础上，而是建立在第三人违反对他人承担的民事义务的基础上。最明显的表现是，保证人、抵押人、质押人虽然要就合同债务人不履行合同义务的行为对合同债权人承担民事责任，但是，他们承担的此种民事责任并不是建立在其本人所承担的合同义务的基础上，而是建立在合同债务人不履行合同义务的基础上。

第三节 民事责任的类型

一、我们对民事责任作出的具体分类

我们认为，虽然民事责任的类型多种多样，但是，根据不同的分类标准，我们可以将民事责任分为：其一，违约责任、侵权责任和返还责任；其二，过错责任、严格责任和公平责任；其三，按份责任、连带责任、平均责任和补充责任；其四，独立责任、有限责任和无限责任。

二、违约责任、侵权责任和返还责任

在我国，虽然《民法通则》和民法学者普遍承认违约责任和侵权责任，但是，他们几乎完全忽视了返还责任，因为无论是在《民法通则》当中还是在《民法总则》当中，立法者均没有将不当得利和无因管理规定在民事责任当中，而是将他们规定在民事权利即债权当中，仅仅将其视为债权产生的两种渊源。实际上，除了是债权产生的两种渊源之外，不当得利和无因管理也能够引起民事义务和民事责任的产生，当它们引起民事责任的产生时，它们所引起的民事责任在法国被视为准契约责任，而在英美法系国家则被称为返还责任。我们应当借鉴两大法系国家的经验，除了承认违约责任和侵权责任之外，我们还应当承认返还责任的存在，这就是民事责任的三分法理论。

（一）违约责任

所谓违约责任，是指契约的一方当事人因为不履行契约义务而对另外一方当事人所

---

① 张民安、铁木尔高力套：《债权法》（第4版），中山大学出版社2013年版，第62页。
② 张民安、铁木尔高力套：《债权法》（第4版），中山大学出版社2013年版，第63—64页。

承担的民事责任。一旦契约当事人之间的契约生效,契约债务人就应当按照契约的规定履行他们对契约债权人所承担的债务,如果契约债务人不履行他们所承担的契约义务,并因此引起契约债权人损害的发生,在符合违约责任构成要件的情况下,契约债务人应当对契约债权人承担民事责任,这就是所谓的违约责任。①

在法国,民法对违约责任作出了说明。在2016年2月10日的债法改革之前,《法国民法典》第1147条对违约责任作出了说明,在2016年2月10日的债法改革之后,第1147条已经被新的第1231-1条所取代。新的第1231-1条规定:"如果债务人不能够证明,其履行行为被不可抗力所阻止,则在债务没有履行的情况下,或者在债务迟延履行的情况下,债务人应当被责令对债权人遭受的损害承担赔偿责任。"②

在我国,除了《民法通则》对违约责任作出了说明之外,《合同法》也对违约责任作出了说明。《民法通则》第111条规定:"当事人一方不履行合同义务或者履行合同义务不符合约定条件的,另一方有权要求履行或者采取补救措施,并有权要求赔偿损失。"《合同法》第107条规定:"当事人一方不履行合同义务或者履行合同义务不符合约定的,应当承担继续履行、采取补救措施或者赔偿损失等违约责任。"

根据第107条的规定,违约责任的承担应当具备三个要件:其一,过错行为③。所谓过错行为,是指契约债务人不履行契约义务的行为。不履行契约义务的行为包括三类:完全没有履行任何契约义务或者仅仅部分履行了契约义务;迟延履行契约义务④;瑕疵履行⑤。其二,契约债权人所遭受的损害,包括财产损害和非财产损害。例如,当出卖人迟延交付货物时,买受人因为其过错行为所遭受的损害就属于财产损害。再例如,当承运人引发的交通事故导致其乘客死亡时,除了会遭受财产损害之外,乘客还会遭受非财产损害。其三,契约债务人的过错与债权人遭受的损害之间存在因果关系。

一旦符合这三个构成要件,契约债务人就应当对契约债权人承担违约责任。承担违

---

① 张民安:《法国民法》,清华大学出版社2015年版,第358页。
② Article 1231-1 Le débiteur est condamné, s'il y a lieu, au paiement de dommages et intérêts soit à raison de l'inexécution de l'obligation, soit à raison du retard dans l'exécution, s'il ne justifie pas que l'exécution a été empêchée par la force majeure.
③ 在我国,违约责任究竟是过错责任还是严格责任,民法学界争议激烈。在《合同法》通过之前,大多数民法学者均主张过错责任,在《合同法》通过之后,大多数民法学者则均主张严格责任。在今时今日,大多数民法学者认为,违约责任原则上是严格责任,例外情况下也存在过错责任。我国民法学者的此种理论是不恰当的。一方面,他们曾经认可的过错责任属于主观过错,他们后来所谓的严格责任实质上是客观过错。另一方面,根据客观过错理论,违约责任只能够是过错责任,不是也不可能是严格责任,因为严格责任仅仅是侵权责任当中的概念,不是契约责任当中的概念。
④ 所谓迟延履行,是指契约债务人虽然最终履行了他们对契约债权人承担的义务,但是,他们没有按照契约规定的期限履行所承担的义务。
⑤ 所谓瑕疵履行,是指契约债务人虽然在表面上完全按照契约的规定履行了他们对契约债权人所承担的义务,但是,他们履行契约义务的行为实际上存在问题。例如,出卖人虽然按期交付了所有的财产,但是,他们所交付的财产是变质的财产,或者是有质量问题的财产。

约责任的方式有三种：其一，在债权人要求并且其要求合理、能够实现的情况下，契约债务人继续履行他们没有履行的民事义务。其二，采取其他的补救措施，诸如更换、修理或者重作。其三，赔偿他人遭受的损害，包括财产损害和非财产损害。

（二）侵权责任

所谓侵权责任，是指当行为人实施的义务违反行为引起他人损害的发生时，或者当他们实施的义务违反行为存在引起他人损害发生的危险时，他们就其实施的义务违反行为对他人承担的民事责任。

1. 法国当今民法当中的三类六种侵权责任

在 2016 年 2 月 10 日的债法改革之前，《法国民法典》第 1382 条至第 1386 条对行为人承担的侵权责任作出了规定。而在 2016 年 2 月 10 日的债法改革之后，《法国民法典》新的第 1240 条至新的第 1252 条对行为人承担的侵权责任作出了规定。

根据这些法律条款的，在法国，行为人承担的侵权责任分为以下三类：

第一类侵权责任，是指行为人就其本人的行为对他人承担的侵权责任，包括行为人就其本人的行为对他人承担的一般侵权责任和行为人就其本人的行为对他人承担的特殊侵权责任。[①] 所谓行为人就其本人的行为对他人承担的侵权责任，是指当行为人自身实施侵权行为时，他们应当就其自身实施的侵权行为对他人承担侵权责任。例如，当公司对他人实施侵权行为时，公司对他人承担的侵权责任；再例如，当医师对他人实施侵权行为时，医师对他人承担的侵权责任；等等，即为此类侵权责任。此类侵权责任在性质上属于过错侵权责任。

第二类侵权责任，是指行为人就别人的行为对他人承担的侵权责任，包括行为人就别人的行为对他人承担的一般侵权责任和行为人就别人的行为对他人承担的特殊侵权责任。所谓行为人就别人的行为对他人承担的侵权责任，是指当行为人对引起他人损害发生的第三人实施控制时，他们应当就第三人的行为引起的损害对他人承担侵权责任。[②] 例如，父母就其未成年子女引起的损害对他人承担的赔偿责任，雇主就其雇员的行为引起的损害对他人承担的赔偿责任，等等。此类侵权责任究竟是过错责任还是当然责任、责任推定，民法学者之间存在不同意见，因为，虽然行为人不能够以自己在监督或者管理别人时没有过错为由拒绝承担侵权责任，但是，他们能够通过证明别人在行为时没有过错来免责。

[①] 张民安：《现代法国侵权责任制度研究》（第 2 版），法律出版社 2007 年版，第 163—201 页；张民安：《法国民法》，清华大学出版社 2015 年版，第 391—400 页。

[②] 张民安：《现代法国侵权责任制度研究》（第 2 版），法律出版社 2007 年版，第 202—222 页；张民安：《法国民法》，清华大学出版社 2015 年版，第 400—406 页。

第三类侵权责任,是指行为人就其物的行为对他人承担的侵权责任,包括行为人就其物的行为对他人承担的一般侵权责任和行为人就其物的行为对他人承担的特殊侵权责任。① 所谓行为人就其物的行为对他人承担的侵权责任,是指当行为人管理或者控制的物件引起他人损害的发生时,他们应当对他人遭受的损害承担侵权责任。例如,当狗咬伤人时,狗的主人对他人承担的侵权责任,当建筑物坍塌引起他人损害的发生时,建筑物的所有权人对他人承担的侵权责任,等等,即为此类侵权责任。

2. 我国当今民法当中的四类侵权责任

在我国,除了《民法通则》对行为人承担的侵权责任作出了规定之外,《侵权责任法》也对侵权责任作出了规定。根据这些规定,行为人承担的侵权责任分为四类:最广义的侵权责任、过错责任、严格责任、公平责任。关于公平责任和严格责任,我们将在下面的内容当中作出讨论此处从略。

(1) 最广义的侵权责任。第一类侵权责任是由《侵权责任法》第 2 条规定的最广义的侵权责任,该条规定:侵害民事权益,应当依照本法承担侵权责任。本法所称民事权益,包括生命权、健康权、姓名权、名誉权、荣誉权、肖像权、隐私权、婚姻自主权、监护权、所有权、用益物权、担保物权、著作权、专利权、商标专用权、发现权、股权、继承权等人身、财产权益。

根据该条的规定,侵权责任的承担仅需具备两个条件:其一,他人享有某种民事权益,诸如生命权、健康权、隐私权等等。其二,行为人对他人享有的此种民事权益实施了侵害行为。例如,行为人对他人实施了殴打行为,行为人对他人实施了名誉侵犯行为,等等。

在我国,《侵权责任法》第 2 条所规定的侵权责任是世界上适用范围最广泛的侵权责任,因为根据该条的规定,一旦他人享有任何民事权益,则行为人均不得侵犯,一旦行为人实施任何侵犯行为,他们均应当对他人承担侵权责任,无论他们在实施侵犯行为时是否有过错,无论他们实施的侵犯行为是否引起了他人损害的发生,无论他们实施的侵犯行为是不是高度危险行为,均是如此,他们没有任何理由拒绝承担侵权责任。

迄今为止,没有哪一个国家的法律所规定的侵权责任能够与我国《侵权责任法》第 2 条所规定的侵权责任相提并论,因此,该条所规定的侵权责任属于世界上独一无二的侵权责任,是适用范围最广泛的侵权责任。该条所规定的侵权责任之所以是世界上适用范围最广泛的侵权责任,是因为它既不需要损害的存在,也不需要过错的存在,行为人更没有任何拒绝承担侵权责任的正当理由。

(2) 过错侵权责任。在我国,第二类侵权责任是由《民法通则》第 106 (2) 条和

---

① 张民安:《现代法国侵权责任制度研究》(第 2 版),法律出版社 2007 年版,第 223—266 页;张民安:《法国民法》,清华大学出版社 2015 年版,第 406—413 页。

《侵权责任法》第 6（1）条所规定的过错侵权责任。《民法总则》第 106（2）条规定："公民、法人由于过错侵害国家的、集体的财产，侵害他人财产、人身的，应当承担民事责任。"《侵权责任法》第 6（1）条规定："行为人因过错侵害他人民事权益，应当承担侵权责任。"

根据这两个法律条款的规定，过错侵权责任的构成要件有三个：其一，他人享有某种民事权益，诸如生命权、名誉权、隐私权等等；其二，行为人对他人享有的此种民事权益实施了侵犯行为，例如，泄露了他人的隐私，毁损了他人的名誉，等等；其三，行为人在侵犯他人享有的此种民事权益时存在过错。因此，根据这两个法律条款的规定，损害并不是行为人对他人承担过错侵权责任的必要构成要件。当然，在过错引起他人损害发生时，如果他人要求行为人对其承担赔偿责任，他们也应当证明自己因为行为人的过错行为遭受了损害、自己所遭受的损害与行为人的过错行为之间存在因果关系。

因此，即便是过错侵权责任，我国《民法通则》和《侵权责任法》所规定的过错侵权责任也要被视为世界上适用范围最广泛的，比法国过错侵权责任还要广泛，因为，《法国民法典》旧的第 1382 条（新的第 1240 条）所规定的过错侵权责任除了要求过错存在之外，还要求损害的存在以及过错与损害之间的因果关系的存在。①

（3）侵权损害赔偿责任的构成要件。在我国，虽然侵权责任的形式多种多样，但是，最主要的、最重要的形式当然是损害赔偿责任。所谓损害赔偿责任，是指当行为人实施的侵犯行为引起他人损害的发生时，他们应当以金钱的方式赔偿他人所遭受的损害。因此，如果行为人实施的过错行为引起了他人损害的发生，他们应当赔偿他人所遭受的损害。如果行为人实施的非过错行为引起了他人损害的发生，在制定法明确规定的情况下，他们仍然应当对他人遭受的损害承担赔偿责任。可见，侵权损害赔偿责任既在过错责任当中存在，也在严格责任当中存在。当人们论及侵权责任时，他们往往就是在此种意义上论及侵权责任，这就是狭义的侵权责任，已如前述。

在侵权法上，侵权损害赔偿责任应当具备三个构成要件：其一，行为人实施了某种致害行为。所谓致害行为，是指行为人实施的引起他人损害发生的某种行为，包括过错行为和高度危险行为；其二，他人遭受了某种损害，包括财产损害和非财产损害；其三，行为人实施的致害行为同他人遭受的损害之间存在某种因果关系。一旦具备这三个构成要件，行为人就应当赔偿他人所遭受的损害，除非他们具有拒绝承担赔偿责任的某种正当事由。

---

① 张民安：《过错侵权责任制度研究》，中国政法大学出版社 2002 年版，第 92—93 页；张民安：《现代法国侵权责任制度研究》（第 2 版），法律出版社 2007 年版，第 85—87 页，第 124—151 页。

（三）返还责任

1. 返还责任的界定

所谓返还责任，是指行为人所承担的将其获得的不当利益返还给利益遭受损害的人的民事责任。在民法上，如果行为人在欠缺法定理由或者约定理由的情况下基于自愿管理他人的事务，除了他们应当对他人承担民事责任，将其管理所带来的好处返还给他人之外，他人也应当对他们承担民事责任，将他人因为管理其事务所支出的费用或者所遭受的损失支付或者赔偿给他们。这就是因为无因管理所产生的民事责任。同样，在欠缺正当理由的情况下，如果行为人以牺牲他人利益为代价而获得了不当利益，他们应当对他人承担民事责任，将其获得的不当利益返还给他人。这就是因为不当得利所产生的民事责任。

2. 两大法系国家的法律对返还责任的承认

问题在于，无因管理和不当得利产生的民事责任究竟是一种什么性质的民事责任？对此问题，两大法系国家的学者作出了不同的回答。在法国，民法学者将此种民事责任称为准契约责任（le quasi-contrat）。所谓准契约责任，也称为暗含契约理论，是指虽然行为人与他人之间并没有存在契约关系，但是，为了让行为人对他人承担民事责任，人们可以假定他们之间存在某种契约关系，并因此让行为人根据该种契约关系对他人承担民事责任。[①]

例如，当管理人管理被管理人的事务时，被管理人应当对管理人承担民事责任，要赔偿管理人因为管理其事务所遭受的个人损失。[②] 再例如，如果管理人在管理被管理人的事务时支出了必要的、有益的费用，则被管理人应当承担民事责任，将管理人所支出的此类费用返还给管理人。[③] 被管理人之所以应当承担此类民事责任，是因为他们被认为与管理人之间存在类似于委托人与被委托人之间的委托契约关系。

在20世纪60年代之前，英美法系国家的学者也采取法国民法学者所采取的理论，认为此种民事责任属于准契约责任。不过，20世纪60年代以来，英美法系国家的学者开始将此种责任视为一种独立的民事责任即返还责任，认为此种民事责任不再是建立在暗含契约理论的基础上，而是建立在不当得利的基础上，这就是，只要行为人所获得的利益是不当利益，他们就应当承担独立的民事责任，将其所获得的不当利益返还给利益

---

① V. Francois Terré Philippe Simler Yves Lequette, Droit civil, Les obligations, 10e édition, Dalloz, p. 1030.
② Guy Raymond, Droit Civil, 2e édition, Litec, p. 272; Jean Carbonnier, Droit civil, Les biens les obligations, puf, pp. 2422—2423.
③ Guy Raymond, Droit Civil, 2e édition, Litec, p. 272; Jean Carbonnier, Droit civil, Les biens les obligations, puf, pp. 2422—2423.

受到损害的人。因此,返还责任也可以称为不当得利责任。①

在英美法系国家,返还责任的独立性运动始于1937年,在1937年,美国法学会首次出版了《返还责任法复述(第一版)》。之后,在2010年,美国法学会出版了《返还责任法复述(第三版)》,对返还责任作出了全面、系统的规定。②

3. 我国民法对返还责任的承认

在我国,《民法通则》虽然对无因管理和不当得利作出了规定,但是,它仅仅在民事权利当中对它们作出了规定,没有将无因管理和不当得利产生的债视为民事责任,这就是第92条和第93条。第92条规定:没有合法根据,取得不当利益,造成他人损失的,应当将取得的不当利益返还受损失的人。第93条规定:没有法定的或者约定的义务,为避免他人利益受损失进行管理或者服务的,有权要求受益人偿付由此而支付的必要费用。

在我国,《民法总则》采取了同样的做法,除了将无因管理和不当得利规定在民事权利即债权当中之外,它也没有在民事责任当中规定这两种原因产生的民事责任。《民法总则》第121条对无因管理债权作出了说明,该条规定:没有法定的或者约定的义务,为避免他人利益受损失而进行管理的人,有权请求受益人偿还由此支出的必要费用。《民法总则》第122条对不当得利债权作出了说明,该条规定:因他人没有法律根据,取得不当利益,受损失的人有权请求其返还不当利益。

在民法上,无论是无因管理还是不当得利,它们均会产生债权债务关系,在此种关系当中,债权人对债务人享有债权,而债务人则对债权人承担义务。例如,在无因管理债当中,被管理人应当承担例外情况下的报酬支付义务、必要费用的偿还义务,等等。③ 而在不当得利债当中,受益人应当承担不当得利的返还义务。④ 如果这些债务人不履行所承担的这些义务,基于债权人的请求,法官有权采取措施,要求债务人就其不履行这些义务的行为对债权人承担民事责任。此种民事责任是什么责任?我国《民法通则》和《民法总则》均没有作出说明,因为它们完全忽视了此种民事责任的存在。实际上,该种民事责任应当被称为返还责任,因为,在这些债权债务关系当中,债务人承担的主要义务就是返还义务,因此,当他们违反此种义务时,他们所承担的民事责任也属于返还责任。

---

① Andrew Burrows, Understanding the Law of Obligations, Oxford, 1998, p. 6; Gerard McMeel, The Modern Law of Restitution, Blackstone Press Limited, p. 4; Graham Virgo, The Principles of the Law of Restitution, Clarendon Press, pp. 49—50; R. Goff & G. Jones, The Law of Restitution, seventh edition, LondonSweet & Maxwell, pp. 12—13; John G. Fleming, The Law of Torts, 9th edition, LBC Information Service, p. 3.
② 王栋:《英美法上不当得利返还责任的独立性探析》,《环球法律评论》2015年第3期,第140—155页。
③ 张民安、铁木尔高力套:《债权法》(第4版),中山大学出版社2013年版,第233—236页。
④ 张民安、铁木尔高力套:《债权法》(第4版),中山大学出版社2013年版,第252—253页。

返还责任应当具备三个必要条件:其一,债务人对债权人承担某种民事义务,尤其是承担某种返还义务;其二,债务人不履行对其债权人承担的此种民事义务,尤其是没有履行所承担的返还义务。债务人不履行民事义务的行为构成过错行为,因此,返还责任在性质上属于过错责任;其三,债务人的过错行为引起了债权人损害的发生,债务人的过错行为与债权人的损失之间存在因果关系。

因为这样的原因,在我国,除了包括违约责任和侵权责任之外,民事责任还包括因为不当得利和无因管理所承担的民事责任即返还责任。这就是我国民法应当采取的民事责任的三分法理论。民事责任三分法理论的意义有二:其一,形式上的意义,它让被我国立法者和民法学者所普遍忽视的返还责任得以承认;其二,实质性的意义,它让长久以来被视为准契约责任的返还责任从契约责任当中解脱出来,并因此成为与违约责任和侵权责任并驾齐驱的第三种民事责任。

三、过错责任、严格责任和公平责任

根据行为人在对他人承担民事责任时是否需要过错的不同,民事责任可以分为过错责任、严格责任和公平责任。

(一)过错责任

1. 过错责任的界定

所谓过错责任,是指当行为人所实施的过错行为引起他人损害的发生时,他们应当就其过错行为引起的损害对他人承担赔偿责任。过错责任既可能是违约责任,也可能是侵权责任,还可能是返还责任。实际上,所有的违约责任均是过错责任,所有的返还责任均是过错责任,而大多数侵权责任也是过错责任。

在民法上,行为人承担的过错责任建立在行为人的过错基础上,如果行为人在行为时没有过错,则即便他们的行为引起了他人损害的发生,他们也不对他人承担民事责任,这就是没有过错就没有民事责任的规则。所谓过错,是指行为人在行为时违反了他们对他人承担的某种民事义务,因此,过错包含两种含义:其一,行为人在行为时对他人承担某种民事义务,如契约义务、侵权法上的注意义务等;其二,行为人在行为时违反了他们对他人承担的此种民事义务。所谓违反了所承担的民事义务,是指行为人没有履行他们对他人承担的民事义务。这就是民法领域所实现的客观过错理论。

在判断行为人是否违反了所承担的民事义务时,也就是,在判断行为人是否存在过错时,人们采取的判断标准或者是一般理性人的标准,或者是结果标准。总的来说,这两种标准在违约责任是完全适用的,而在侵权责任领域,人们主要适用第一种判断标准,即一般理性人的标准。

2. 过错的判断标准一：一般理性人的标准

所谓一般理性人的标准，也被称为善良家父的标准，是指在履行民事义务时，契约债务人或者行为人应当尽到与其年龄、身份、职业或者阶层相同或者相似的大多数债务人或者行为人在同样或者类似情况所能够尽到的注意义务。如果他们在履行民事义务时尽到了其他大多数债务人或者行为人在同样或者类似情况下所尽到的注意义务，他们就履行了所承担的民事义务，即便他们的履行行为引起了契约债权人或者他人损害的发生，他们也无需对契约债权人或者他人承担违约责任或者侵权责任。

反之，在履行民事义务时，如果他们没有尽到其他大多数债务人或者行为人在同样或者类似情况下所尽到的注意义务，则他们就没有履行所承担的民事义务，在他们的履行行为引起了契约债权人或者他人损害发生的情况下，他们应当对契约债权人或者他人承担违约责任或者侵权责任。法国民法学者将契约债务人承担的此类民事义务称为手段债。①

在我国，此种理论能够在《合同法》第 179 条、第 180 条、第 181 条、第 262 条、第 265 条、第 280 条、第 281 条、第 222 条、第 370 条以及第 371 条等条款所规定的违约责任当中适用，因为在判断这些法律条款所规定的债务人是否存在过错时，我们要采取此种标准。

3. 过错的判断标准二：结果标准

所谓结果标准，是指在履行契约义务时，契约债务人是否达到了某种特定的结果。如果契约债务人对契约债权人承担的义务是要通过义务的履行达到某种特定的结果，在判断契约债务人是否履行了他们所承担的契约义务时，人们采取的标准是特定结果标准：如果契约债务人的行为达到了该种结果，则他们履行了所承担的契约义务，否则，如果他们的行为没有达到该种结果，则他们没有履行所承担的契约义务。此时，他们应当对契约债权人承担违约责任。

例如，如果铁路公司承诺要在 10 天之内将其旅客送到目的地，当它们按照承诺的期限将其旅客安全地送到目的地时，它们就履行所承担的契约义务，否则，它们就没有履行所承担的契约义务，应当对其旅客承担违约责任。同样，当医师明确承诺会治好病患者时，如果他们治好了患者，则他们就履行了对病患者承担的契约义务，如果没有治好，则他们没有履行对患者承担的契约义务，他们就应当对其承担违约责任。

在法国，民法学者将契约债务人承担的此种契约义务称为结果债。② 因此，结果债

---

① Henri et Leon Mazeaud Jean Mazeaud Francois Chabas, Obligations, 9e édition, Montchrestien, p. 13; Philippe Malinvaud Dominique Fenouillet, Droit des obligations, 11e édition, Litec, pp. 8—9; Jacques Flour Jean-Luc Aubert éric Savaux, Les obligations, 1. L'acte juridique, Quatorzième édition, Dalloz, p. 31; 张民安：《法国民法》，清华大学出版社 2015 年版，第 270 页。

② 张民安：《法国民法》，清华大学出版社 2015 年版，第 270—271 页。

是否得以履行，其判断标准是结果，而不是尽力而为。在我国，此种理论能够在我国民法学者认为契约债务人应当承担严格责任的所有情形适用，因为在这些情形下，债务人所承担的契约义务并不是尽到一般理性人所能够尽到的义务，而是要取得特定的结果。

（二）严格责任

在我国，虽然民法学者认为违约责任和侵权责任领域均存在严格责任，但实际上，违约责任领域并不存在严格责任，仅侵权责任领域存在严格责任。因为在我国，虽然民法学者认定违约责任领域存在严格责任，但是，他们所谓的严格责任仅仅是指客观过错责任，不是指行为人在没有过错的情况下所承担的民事责任。

在侵权责任领域，严格责任如何界定，存在争议。某些学者认为，所谓严格责任，是指行为人根据某种制定法的明确规定就其实施的致害行为对他人承担的侵权责任，无论行为人在实施致害行为的时候是否存在过错，他们都应当根据该种制定法对他人承担侵权责任。《侵权责任法》第7条采纳了此种理论，它规定：行为人损害他人民事权益，不论行为人有无过错，法律规定应当承担侵权责任的，依照其规定。某些学者认为，所谓严格责任，是指行为人在没有过错的情况下根据制定法的特别规定对他人承担的侵权责任。《民法通则》第106（3）条采取了此种理论，它规定："没有过错，但法律规定应当承担民事责任的，应当承担民事责任。"

我们采取《民法通则》第106（3）条的界定，我们认为，所谓严格责任，是指行为人在没有过错的情况下根据制定法的明确规定就其实施的侵害行为对他人承担的侵权责任。根据此种界定，严格责任应当具备以下四个必要构成要件：

（1）行为人侵犯了他人享有的少数几种民事权利。在民法上，严格责任仅仅保护他人享有的四种民事权利免受侵犯，这就是生命权、身体权、健康权和物权，不保护其他民事权益免受侵犯。换言之，除了保护有形人格权和有形财产权免受侵犯之外，严格责任并不保护无形人格权、无形财产权免受侵犯。

（2）行为人在实施侵害行为时没有过错。如果行为人在实施侵害行为时存在过错，他们应当对他人承担过错侵权责任，如果他们在实施侵害行为时没有过错，则他们对他人承担严格责任。在侵权法上，能够让行为人对他人承担严格责任的侵害行为应当是高度危险行为。所谓高度危险行为，是指行为人所实施的对他人的生命、身体、健康和有形财产具有异常危险、极端危险、致命危险的行为。例如，机动车的行驶行为，航空器的飞行行为，核电厂的运行行为，等等。

（3）行为人实施的高度危险行为引起了他人损害的发生，行为人的高度危险行为与他人遭受的损害之间存在因果关系。原则上，严格责任必须以损害的存在作为前提，如果行为人实施的高度危险行为没有引起他人损害的发生，则他们无需对他人承担侵权责任。

(4) 制定法明确规定行为人在没有过错时仍然要对他人承担责任。如果制定法没有明确规定，则行为人仅仅对他人承担过错侵权责任，不承担严格责任。

例如，根据我国航空事故方面的规则，如果航空公司仅仅就其航空事故引起的损害对他人承担严格责任，当他人因为其航空事故死亡时，航空公司也仅仅赔偿他人的继承人40万元，他人的继承人也只能要求航空公司赔偿他们40万元的损害赔偿，即便他们遭受了400万元、4000万元的损害。但是，如果航空公司存在过失，他人的继承人将会要求航空公司赔偿他们遭受的实际损失400万元、4000万元，而不是40万元。如果在航空公司对航空事故存在过错的情况下仍然赔偿40万元，尤其是在航空公司或者航空公司的雇员故意实施侵害行为的时候仍然让他们对他人赔偿40万元的损失，对他人极端不公平，则会严重牺牲了他人的利益。

(三) 公平责任

所谓公平责任，是指当行为人实施的致害行为导致他人遭受损害的时候，如果行为人和他人对损害的发生均没有过错，法院在考虑行为人和他人的财产状况及其他具体情况后，根据公平的理念，责令行为人就其实施的致害行为承担的损害赔偿责任，以弥补他人所遭受的损失。

除了我国《民法通则》和《侵权责任法》在侵权责任领域承认公平责任之外，世界上没有任何国家承认公平责任。《民法通则》第132条规定："当事人对造成损害都没有过错的，可以根据实际情况，由当事人分担民事责任。"《侵权责任法》第24条规定："受害人和行为人对损害的发生都没有过错的，可以根据实际情况，由双方分担损失。"

根据这两个法律条款的规定，公平责任应当具备四个必要构成要件：其一，行为人实施的致害行为引起了他人损害的发生，行为人的致害行为与他人的损害之间存在某种因果关系。其二，行为人在实施致害行为时没有过错，如果行为人有过错，他们不对他人承担公平责任。其三，他人在遭受损害时没有过错，如果他人在遭受损害时存在过错，行为人也不对其承担公平责任。其四，实际情况需要行为人对他人承担一定的赔偿责任。所谓实际情况需要，主要是指在经济状况方面，行为人与他人相差大，这就是，他人的经济状况非常差，而行为人的经济状况非常好，因此，即便他们没有过错，也要分担他人遭受的部分损害。

在我国，公平责任是不合理的、不公平的，因为除了让过错责任和严格责任被规避，使立法者规定过错责任和严格责任的目的落空之外，公平责任也让民事责任成为一种劫富济贫的手段。

四、按份责任、连带责任、平均责任和补充责任

根据对他人承担民事责任的多个行为人之间所承担的民事责任是否可以分割的不同，民事责任可以分为按份责任、连带责任和平均责任。

在民法上，如果仅一个行为人对他人承担民事责任，则此种责任简单和单纯，因此被称为简单债。而在民法上，如果两个或者两个以上的行为人对他人承担民事责任，则此种责任复杂，因为，它涉及行为人究竟是不是要按照自己的不同份额对他人承担民事责任，涉及他人所承担的民事责任究竟是不是所谓的补充责任。因为这样的原因，此种民事责任被称为复杂债，也就是复杂主体债。① 在我国，此种民事责任包括四种：按份责任、连带责任、平均责任和补充责任。其中，所谓平均责任既存在于按份责任当中，也存在于连带责任当中。

（一）按份责任和平均责任

所谓按份责任，是指两个或者两个以上的行为人分别按照各自不同的份额对他人遭受的全部损害承担民事责任。在民法上，按份责任或者是侵权责任，或者是违约责任。因为，无论是违约责任还是侵权责任当中均存在按份责任。例如，如果 A，B 和 C 三个当事人签订契约，决定共同设立合伙组织，在其合伙协议当中，他们明确约定，一旦合伙组织经营失败，A，B 和 C 分别承担 50%、27% 和 23% 的责任，则他们之间通过契约所规定的此种民事责任就是按份责任。

根据《侵权责任法》和《民法总则》的规定，在按份责任当中，如果人们能够确定不同行为人所承担的责任份额，则按照各自的不同份额承担民事责任，如果无法确定各自的责任份额，则各自承担平均责任。《侵权责任法》第 12 条规定：二人以上分别实施侵权行为造成同一损害，能够确定责任大小的，各自承担相应的责任；难以确定责任大小的，平均承担赔偿责任。《民法总则》第 177 条规定：二人以上依法承担按份责任，能够确定责任大小的，各自承担相应的责任；难以确定责任大小的，平均承担责任。

（二）连带责任和平均责任

所谓连带责任，是指两个或者两个以上的行为人当中的任何一个行为人均应当对他人遭受的全部损害承担民事责任，在一个行为人承担了全部民事责任之后，其他行为人不再对他人承担任何民事责任。例如，当 A 和 B 密谋攻击 C 时，即便在密谋之后仅仅 B 对 C 发动攻击并因此造成 C 严重的身体伤害，A 和 B 均应当赔偿 C 所遭受的全部损

---

① 张民安：《法国民法》，清华大学出版社 2015 年版，第 285—289 页。

害，在 A 赔偿了 C 的全部损害之后，B 对 C 的赔偿责任即因此消灭，因为 A 和 B 所承担的民事责任是连带责任。

在民法上，连带责任或者是侵权责任，或者是违约责任。不过，鉴于连带责任的严厉性，法律对连带责任作出了限定，认为除非契约当事人明确约定，或者除非制定法明确规定，否则，行为人不得对他人承担连带责任。在民法上，连带责任仅仅是指两个或者两个以上的行为人对他人承担的民事责任，在两个或者两个以上的行为人之间，他们所承担的民事责任仍然是按份责任，因此，应当适用按份责任的上述规则，包括平均承担责任的规则。

在我国，《侵权责任法》和《民法总则》均对这些规则作出了说明。《侵权责任法》第 14 条规定：连带责任人根据各自责任大小确定相应的赔偿数额；难以确定责任大小的，平均承担赔偿责任。支付超出自己赔偿数额的连带责任人，有权向其他连带责任人追偿。《民法总则》第 178 条规定：二人以上依法承担连带责任的，权利人有权请求部分或者全部连带责任人承担责任。连带责任人的责任份额根据各自责任大小确定；难以确定责任大小的，平均承担责任。实际承担责任超过自己责任份额的连带责任人，有权向其他连带责任人追偿。连带责任，由法律规定或者当事人约定。

（三）补充责任

所谓补充责任，是指当两个行为人均存在过错并且他们之间不存在按份责任、连带责任时，如果其中的一个行为人实施的致害行为引起他人损害的发生，在该行为人下落不明或者无法承担全部损害赔偿责任的情况下，另外一个行为人将会在该行为人无法赔偿的限度内对他人承担一定数额的赔偿责任。

在我国，行为人承担的补充责任是由最高人民法院首先通过司法解释确立的。在《关于审理人身损害赔偿案件适用法律若干问题的解释》的第 6 条和第 7 条等条款当中，最高人民法院认为，如果宾馆、酒店或者中小学校等机构存在过错，导致第三人对宾馆、酒店的客人或者中小学生实施了致害行为并因此引起他人损害的发生，第三人应当对客人和中小学生遭受的损害承担赔偿责任。在行为人无法承担赔偿责任的情况下，宾馆、酒店或者中小学校等机构应当对他人遭受的损害承担补充责任。

在 2008 年的《侵权责任法》当中，立法者将最高人民法院的此种司法解释规定了下来，让补充责任正式进入民事单行法当中。例如，《侵权责任法》第 37 条规定：宾馆、商场、银行、车站、娱乐场所等公共场所的管理人或者群众性活动的组织者，未尽到安全保障义务，造成他人损害的，应当承担侵权责任。因第三人的行为造成他人损害的，由第三人承担侵权责任；管理人或者组织者未尽到安全保障义务的，承担相应的补充责任。

再例如，《侵权责任法》第 40 条规定：无民事行为能力人或者限制民事行为能力人在幼儿园、学校或者其他教育机构学习、生活期间,受到幼儿园、学校或者其他教育机构以外的人员人身损害的,由侵权人承担侵权责任;幼儿园、学校或者其他教育机构未尽到管理职责的,承担相应的补充责任。

在我国,补充责任是荒唐的,因为既违反了损害赔偿责任的基本原理,也违反了过错侵权责任的一般理论,同两大法系国家的侵权法相冲突,对他人十分不利,因此,应当被废除。因为,在第三人对宾馆、酒店的客人或者中小学生实施了致害行为的情况下,他们当然应当对这些受害人承担赔偿责任,而宾馆、酒店或者中小学校是否应当对这些受害人承担赔偿责任,完全取决于他们是否有过错,以及他们的过错大小。如果他们完全没有过错,他们根本就没有责任,相反,如果他们有过错,则应当根据过错的大小承担赔偿责任。①

五、独立责任、有限责任和无限责任

根据组织的成员是否以自己的个人财产对组织的债务承担责任的不同,民事责任分为独立责任、有限责任和无限责任。

(一) 独立责任

所谓独立责任,是指组织仅仅以自己本身所具有的资财对其债务承担的民事责任,组织或者组织的债权人不能够要求组织的成员以其个人资财对组织的债务承担民事责任。在我国,能够承担独立责任的组织只能够是法人组织,包括营利法人组织和非营利法人组织,非法人组织不能够承担独立责任。在这些组织正常经营或者活动期间,它们承担独立责任,在这些组织因为资不抵债而陷入破产时,它们仍然承担独立责任。

在民法上,法人组织的独立责任是法人组织所享有的独立法人格的具体体现。我国《民法总则》对法人组织所承担的独立责任作出了说明,第 60 条规定:法人以其全部财产独立承担民事责任。

(二) 有限责任

所谓有限责任,是指法人组织的成员仅仅在自己出资或者承诺出资的数额范围内对其法人组织的债务承担民事责任。换言之,如果法人组织的成员在法人组织设立时一次性足额缴付全部的出资,在法人组织资不抵债而破产时,他们不再对法人组织的债务承担连带责任。如果法人组织的成员在法人组织设立时仅仅缴付了部分出资额,在法人组织资不抵债而破产时,他们仅仅在应当缴付而没有缴付的限额内对法人组织的债务承担

---

① 张民安:《人的安全保障义务理论研究——兼评〈关于审理人身损害赔偿案件适用法律若干问题的解释〉第 6 条》,《中外法学》2006 年第 6 期,第 688—692 页。

民事责任,这就是法人组织的成员所承担的有限责任。

在民法领域,法人组织的成员所承担的有限责任尤其体现在公司领域,因为在公司因资不抵债而破产时,公司股东原则上不对公司债务承担个人责任、连带责任。不过,除了公司的股东对公司的债务承担有限责任之外,所有法人组织的成员均对法人组织的债务承担有限责任。此外,即便是合伙组织,如果它们在性质上属于有限合伙,则其中的有限合伙人对有限合伙组织所承担的债务也属于有限责任。

(三) 无限责任

所谓无限责任,是指除了应当以已经出资或者承诺出资的数额对组织的债务承担民事责任之外,在组织的资财不足以清偿组织的全部债务时,组织的成员仍然应当以其个人的资财对组织的债务承担个人责任、连带责任。换言之,所谓无限责任,是指组织的成员对组织的债务所承担的民事责任不以他们已经出资或者承诺出资的数额为限。

在我国,除了有限合伙人对有限合伙组织所承担的债务属于有限责任债务,所有非法人组织的成员对非法人组织的债务所承担的民事责任均为无限责任。因此,一般合伙人对一般合伙组织承担的债务是无限责任,个人独资企业的个人投资人对独资企业的债务所承担的责任也是无限责任。

此外,即便是法人组织的成员,他们在一定的情况下也会对法人组织的债务承担无限责任,表现在两个方面:其一,如果法人组织的成员滥用法人组织的独立法人格,并因此构成对法人组织债权人的欺诈,则在法人组织资不抵债时,他们承担的有限责任可能被剥夺,法官可能会责令他们承担无限责任,这就是对法人组织的法人格的否定;其二,如果法人组织的某一个成员同法人组织的债权人达成协议,自愿担保他们的全部债权,则在债权人的债权无法实现时,该成员应当对法人组织的债权人承担无限责任。

第四节 我国《民法总则》规定的免责途径

一、《民法总则》规定的四种免责途径

在任何国家,即便行为人实施了侵犯他人民事权益的行为,即便他们实施的侵犯行为引起了他人损害的发生,他们也未必一定要对他人承担民事责任。因为,为了保护行为人的利益,尤其是为了维护公共利益,法律甚至当事人之间的规定,行为人在某些情况下无需对他人承担民事责任。在民法上,即便行为人完全符合民事责任的所有构成要件,如果他们具有拒绝对他人承担民事责任的某种正当理由,则他们无需对他人承担民

事责任，此种正当理由被称为民事责任的免除途径，简称为免责途径、免责事由。①

在我国，《民法通则》在第六章当中对三种免责途径作出了规定，这就是第107条所规定的不可抗力，第128条所规定的正当防卫和第129条所规定的紧急避险，在这三种情况下，行为人无需对他人承担民事责任。《民法通则》采取的此种做法被《民法总则》所继续，因为《民法通则》在第八章当中也对这三种免责途径作出了规定：第180条对不可抗力作出了规定，第181条和第182条分别对正当防卫和紧急避险作出了规定，在这些情况下，行为人原则上无需对他人遭受的损害承担赔偿责任。不过，除了规定了《民法通则》当中的三种免责途径即不可抗力、正当防卫和紧急避险之外，《民法总则》也另外规定了一种新的免责途径，这就是第184条所规定的免责途径即见义勇为。

在我国，《民法通则》和《民法总则》所规定的这些免责途径均具有一个特点，这就是，除了其中的不可抗力也能够在违约责任当中适用之外，它们几乎只能够在侵犯他人有形人格权的领域当中适用，完全无法在侵犯他人的无形人格权领域适用。换言之，当行为人侵犯他人的生命权、身体权和健康权时，他们能够凭借这些免责途径拒绝对他人承担民事责任，而当行为人侵犯他人的姓名权、名誉权、隐私权和肖像权等无形人格权时，行为人无法根据这些免责途径拒绝对他人承担民事责任。事实上，迄今为止，除了《民法通则》和《民法总则》没有对无形人格权侵权领域的免责途径作出任何规定之外，其他民事单行法也均没有对此种侵权领域的免责途径作出任何规定。

而相比于有形人格权侵权领域的免责途径而言，无形人格权侵权领域的免责途径似乎更加重要，因为，为了推动社会的发展，在决定他人姓名权、名誉权、隐私权和肖像权等无形人格权的保护时，法官应当平衡行为人享有的言论自由权、出版自由权、批评自由权和社会公众的知情权。关于无形人格权侵权领域的各种免责途径，我们已经在民事权利当中作出了讨论，此处从略。

二、不可抗力的免责途径

即便行为人违反了他们对他人所承担的民事义务，并因此引起他人损害的发生，他们也未必一定要对他人遭受的损害承担民事责任，因为，如果他们不履行民事义务的行为是由不可抗力引起的，则他们无需对他人承担民事责任，除非制定法另有规定或者第三人另有约定。此种理论既适用于违约责任，也适用于侵权责任，属于民事责任的一般免责途径。

---

① 张民安：《过错侵权责任制度研究》，中国政法大学出版社2002年版，第709—741页；张民安、铁木尔高力套：《债权法》（第4版），中山大学出版社2013年版，第426—435页。

(一) 不可抗力的界定

所谓不可抗力，是指一个有理性的人所无法预见、无法抵挡、无法克服并且同行为人没有关系的某种事件。根据不可抗力产生的原因不同，人们普遍将不可抗力分为两类：其一，基于自然力（forces de la nature）产生的不可抗力。所谓基于自然力产生的不可抗力，是指完全是由于自然的力量所引发的不可抗力，诸如地震、海啸、百年一遇的特大洪水以及电闪雷鸣等。基于自然力产生的不可抗力被视为自然事件的组成部分。其二，基于人力（forces des hommes）产生的不可抗力。所谓基于人力产生的不可抗力，是指基于人的力量所引发的不可抗力，诸如游行示威、罢工、骚乱等。基于人力产生的不可抗力属于社会事件的组成部分。[1]

(二) 不可抗力的法律根据

在法国和英美法系国家，学者均承认此种免责途径的存在。[2] 在我国，《民法通则》《合同法》《侵权责任法》和《民法总则》均承认此种免责事由的存在。因此，除了契约债务人能够借口不可抗力免责之外，侵权法当中的行为人也能够借口不可抗力免责。

《民法通则》第107条规定：因不可抗力不能履行合同或者造成他人损害的，不承担民事责任，法律另有规定的除外。《合同法》第117条规定：因不可抗力不能履行合同的，根据不可抗力的影响，部分或者全部免除责任，但法律另有规定的除外。当事人迟延履行后发生不可抗力的，不能免除责任。本法所称不可抗力，是指不能预见、不能避免并不能克服的客观情况。

《侵权责任法》第29条规定：因不可抗力造成他人损害的，不承担责任。法律另有规定的，依照其规定。《民法总则》第180条规定：因不可抗力不能履行民事义务的，不承担民事责任。法律另有规定的，依照其规定。不可抗力是指不能预见、不能避免且不能克服的客观情况。

(三) 不可抗力的构成

在民法上，既不是所有的自然事件均能够成为不可抗力，也不是所有的社会事件均能够成为不可抗力，要成为不可抗力，自然事件和社会事件应当同时具备三个必要条件，这就是不可预见性、不能抵挡性和外在性。

---

[1] 张民安：《过错侵权责任制度研究》，中国政法大学出版社2002年版，第712页；张民安：《现代法国侵权责任制度研究》（第2版），法律出版社2007年版，第142页；张民安、铁木尔高力套：《债权法》（第4版），中山大学出版社2013年版，第430—431页。

[2] 张民安：《过错侵权责任制度研究》，中国政法大学出版社2002年版，第712—713页；张民安：《现代法国侵权责任制度研究》（第2版），法律出版社2007年版，第141—142页。

1. 不可预见性

不可抗力的第一个构成要件是不可预见性。所谓不可预见性，是指行为人无法预见到不可抗力的发生。① 如果行为人能够预见到不可抗力的发生，则他们应当采取措施防止不可抗力对他人造成损害。如果行为人能够预见而没有预见到，或者如果行为人预见到之后没有采取措施预防他人损害的发生，则他们应当对他人遭受的损害承担赔偿责任。

在判断行为人是否能够预见到不可抗力的发生时，民法采取客观标准而非主观标准，这就是，是否能够预见到自然事件或者社会事件的发生，人们应当适用一般理性人的判断标准，而不应当适用行为人自身的标准。根据此种标准，如果一个有理性的人在行为人的位置上能够预见到不可抗力的发生，则行为人也应当预见到，当他们没有预见到时，他们仍然应当对他人遭受的损害承担赔偿责任。反之，如果一个有理性的人在行为人的位置上无法预见到不可抗力的发生，则行为人也无需预见到，当他们没有预见到时，他们无需对他人遭受的损害承担赔偿责任。

在当今科技发达的社会，人们通常都能够凭借天气预报预见到大多数自然事件的发生，因此，除非当今科技无法准确预报自然事件的发生，否则，行为人应当能够预见到大多数自然事件的发生。不过，即便行为人能够预见到自然事件的发生，如果他们无法预见到自然事件的强度，则当所发生的自然事件超过了人们能够预见到的强度时，超过的强度仍然构成不可抗力。②

2. 不能抵挡性

不可抗力的第二个构成要件是不能抵挡性。所谓不能抵挡性，是指某种自然事件和社会事件的发生是行为人无法抗拒的，是一定会发生的。③ 在某种自然事件或者社会事件发生过程当中，如果行为人能够采取措施预防其发生，则他们应当采取措施预防其发生，在能够预防其发生的情况下，如果行为人没有采取措施预防其发生，则他们应当对他人遭受的损害承担赔偿责任。

在民法上，在判断行为人是否能够抵挡自然事件或者社会事件的发生时，人们采取的判断标准仍然是客观标准，而不是主观标准，这就是一般理性人的判断标准。根据此种标准，如果一个有理性的人能够抵挡自然事件或者社会事件的发生，则行为人也应当能够抵挡这些事件的发生，反之，如果一个有理性的人无法抵挡自然事件或者社会事件的发生，则行为人也被视为无法抵挡这些事件的发生。

---

① 张民安：《过错侵权责任制度研究》，中国政法大学出版社 2002 年版，第 714—715 页。
② 张民安：《现代法国侵权责任制度研究》（第 2 版），法律出版社 2007 年版，第 143 页。
③ 张民安：《过错侵权责任制度研究》，中国政法大学出版社 2002 年版，第 715 页；张民安：《现代法国侵权责任制度研究》（第 2 版），法律出版社 2007 年版，第 143 页；张民安、铁木尔高力套：《债权法》（第 4 版），中山大学出版社 2013 年版，第 431 页。

3. 外在性

不可抗力的第三个构成要件是外在性。所谓外在性，是指引起他人损害发生的自然事件或者社会事件同行为人或者行为人对其负责的人没有丝毫关系，换言之，自然事件或者社会事件不是因为行为人或者行为人对其负责人的人引起的，如果事件是由他们引起的，则行为人应当对他人遭受的损害承担赔偿责任。[①]

（四）不可抗力的效力

原则上，不可抗力具有免除行为人所承担的违约责任和侵权责任的效力。在大多数情况下，不可抗力能够免除行为人承担的全部民事责任。但是，在少数例外情况下，不可抗力仅仅能够免除行为人承担的部分责任。在两种例外情况下，不可抗力不能够免除行为人对他人承担的违约责任或者侵权责任：

（1）如果制定法明确规定，行为人不得以不可抗力作为免责途径。在两大法系国家和我国，立法者有时明确规定，即便他人的损害是由不可抗力引起的，行为人仍然应当对他人承担民事责任，因为立法者认为，行为人所从事的活动是某种高度危险行为，他们应当对他人遭受的损害承担严格责任。因此，此种例外规则仅仅在侵权责任当中存在，并且仅仅在侵权责任当中的严格责任领域存在。

（2）如果契约当事人明确约定，契约债务人不得以不可抗力免责。根据意思自治原则和契约自由原则，契约当事人能够在他们的契约当中对免责事由作出明确规定。如果他们在其契约当中明确规定，即便发生了不可抗力，契约债务人仍然应当对契约债权人遭受的损害承担赔偿责任，则他们之间的此种约定是有效的，契约债务人此时仍然应当对契约债权人承担违约责任，因为此种规定并不违反公共秩序。

三、正当防卫的免责途径

（一）正当防卫的界定

除了不可抗力能够免除行为人对他人所承担的民事责任之外，正当防卫也能够免除行为人对他人所承担的民事责任。

所谓正当防卫，是指为了维护自己或者别人的人身、财产利益免受他人正在实施的侵犯行为的侵犯，行为人所实施的引起他人损害发生的阻却行为。[②] 当他人正在对行为

[①] 张民安：《过错侵权责任制度研究》，中国政法大学出版社2002年版，第716页；张民安：《现代法国侵权责任制度研究》（第2版），法律出版社2007年版，第143页；张民安、铁木尔高力套：《债权法》（第4版），中山大学出版社2013年版，第431页。

[②] 张民安、铁木尔高力套：《债权法》（第4版），中山大学出版社2013年版，第429页。

人或者行为人之外的第三人实施某种可能引起其人身或者财产损害的行为时,为了防止自己或者别人的人身利益或者财产利益遭受损害,行为人会采取措施,阻却他人实施或者继续实施其侵犯行为。如果行为人采取的阻却措施引起他人损害的发生,他们原则上无需对他人遭受的损害承担侵权责任,在例外情况下,则应当对他人遭受的损害承担赔偿责任。这就是正当防卫的免责途径。

在民法上,正当防卫仅仅是侵权责任的免责途径,不是违约责任的免责途径。在侵权责任当中,正当防卫的免责途径也只能够在两种侵权责任当中适用:其一,当行为人侵犯他人的有形人格权时,正当防卫能够免除行为人对他人承担的侵权责任;其二,当行为人侵犯他人的有形财产权时,正当防卫能够免除行为人对他人承担的侵权责任。因此,如果行为人侵犯他人的无形人格权或者无形财产权,则正当防卫无法免除他们所承担的侵权责任。

(二) 正当防卫的法律根据

在我国,《民法通则》《侵权责任法》和《民法总则》均对正当防卫这一免责途径作出了规定,均认为在必要的、合理的限度内,行为人不就其实施的正当防卫行为引起的损害对他人承担赔偿责任,但是,如果超过了必要的、合理的限度,则他们在超过的限度内应当对他人遭受的损害承担赔偿责任。

《民法通则》第 128 条规定:"因正当防卫造成损害的,不承担民事责任。正当防卫超过必要的限度,造成不应有的损害的,应当承担适当的民事责任。"《侵权责任法》第 30 条规定:"因正当防卫造成损害的,不承担责任。正当防卫超过必要的限度,造成不应有的损害的,正当防卫人应当承担适当的责任。"《民法总则》第 181 条规定:"因正当防卫造成损害的,不承担民事责任。正当防卫超过必要的限度,造成不应有的损害的,正当防卫人应当承担适当的民事责任。"

(三) 正当防卫的必要构成要件

在我国,立法者虽然在上述民事单行法当中对正当防卫这一免责事由作出了规定,但是,他们并没有对正当防卫的必要构成要件作出规定。因此,行为人实施的何种阻却行为构成正当防卫,何种阻却行为不构成正当防卫,应当由民法学者作出说明。我们认为,正当防卫应当具备四个必要构成要件。

1. 他人正在实施侵犯行为人或者行为人之外的第三人利益的行为

正当防卫的第一个构成要件是,他人正在实施侵犯行为人或者第三人利益的行为。如果他人还没有实施此种侵犯行为,或者如果他人已经实施完了侵犯行为,则行为人不得采取阻却行为,否则,他们实施的阻却行为不构成正当防卫。

2. 他人的行为针对行为人或者第三人的有形人格权和有形财产权

正当防卫的第二个构成要件是，他人实施的侵犯行为只能够针对行为人或者第三人的有形人格权和有形财产权，如果他人仅仅侵犯行为人或者第三人的无形人格权或者无形财产权，则行为人实施的阻却行为不构成正当防卫，因为正当防卫只能够针对有形人格权和有形财产权的侵犯，不能够针对无形人格权、无形财产权的侵犯。

3. 行为人的目的在于阻却行为人继续实施侵犯行为

正当防卫的第三个构成要件是，行为人基于阻却他人继续实施侵犯其自身或者第三人利益的目的实施阻却行为。换言之，行为人基于维护自身或者第三人利益免受侵犯的目的实施阻却行为，如果他们不是基于此种目的，而是基于其他目的，例如，如果行为人基于打击、报复的目的实施阻却行为，则他们实施的阻却行为不构成正当防卫。

4. 行为人实施的阻却行为没有超过必要的、合理的限度

正当防卫的第四个构成要件是，他们实施的阻却行为没有超过必要的、合理的限度。在必要的、合理的限度内，行为人实施的阻却行为构成正当防卫行为，超过了必要的、合理的限度，则行为人实施的阻却行为构成侵权行为，应当对他人遭受的损害承担赔偿责任。行为人实施的阻却行为是否超过了必要的、合理的限度，取决于案件的具体情况，由法官在具体案件当中作出决定。总的说来，行为人采取的阻却行为应当与他们自身或者第三人的利益遭受的损害危险程度相适应，换言之，他们或者第三人的利益面临遭受损害的危险越大，则行为人采取阻却行为的强度越大。①

不过，在行为人或者第三人的生命、身体、健康和财产所有权面临被侵犯的情况下，我们应当允许行为人采取最极端的防卫措施，即通过剥夺他人生命权的方式来捍卫自身或者第三人有形人格权和有形财产权的免受侵犯。因此，如果他人在没有任何正当理由或者没有履行任何正当程序的情况下擅自进入行为人的住所或者其他私人场所，行为人能够通过最极端的方式进行防卫，因为，除了生命权、身体权和健康权是神圣的、不可侵犯性的之外，他人的住所也是神圣的、不可侵犯的。

（四）正当防卫的效力

除非行为人的防卫行为超过了必要的、合理的限度，否则，当他们实施的阻却行为引起他人损害发生时，他们对他人遭受的任何损害均不承担赔偿责任，换言之，正当防卫能够免除行为人承担的全部责任。

如果行为人实施的正当防卫超过了必要的、合理的限度，在超过的限度内，行为人赔偿他人所遭受的损害。换言之，行为人承担的赔偿范围是，他人遭受的全部损害减去

---

① 张民安：《过错侵权责任制度研究》，中国政法大学出版社 2002 年版，第 723—725 页；张民安、铁木尔高力套：《债权法》（第 4 版），中山大学出版社 2013 年版，第 429—430 页。

必要的、合理的防卫行为引起的损害之后的剩余损害。

四、紧急避险的免责途径

（一）紧急避险的界定

除了不可抗力和正当防卫能够免除行为人对他人承担的民事责任之外，紧急避险也能够免除行为人对他人承担的民事责任。[①]

所谓紧急避险，是指为了避免自身或者第三人的人身和有形财产遭受正在发生的、紧逼危险的损害，行为人所采取的规避危险的行为。当行为人采取的危险规避行为引起他人损害发生时，他们无需对他人遭受的损害承担赔偿责任，除非他们实施的危险规避行为不当或者超过必要的限度。所谓危险规避行为，是指行为人为了防止正在发生的、紧逼的危险损害其自身或者第三人的人身和有形财产而采取的紧急措施。

在民法上，紧急避险仅仅是侵权责任的免除途径，不是违约责任的免除途径。并且，并非所有的侵权责任均可以因为紧急避险而免除，能够被免除的侵权责任只能够是侵犯他人有形人格权和有形财产权之后所引起的侵权责任，不包括侵犯他人的无形人格权、无形财产权之后所承担的民事责任，这一点同正当防卫完全一致。

（二）紧急避险的法律根据

在我国，《民法通则》《侵权责任法》和《民法总则》均承认紧急避险的免责途径。《民法通则》第129条规定：因紧急避险造成损害的，由引起险情发生的人承担民事责任。如果危险是由自然原因引起的，紧急避险人不承担民事责任或者承担适当的民事责任。因紧急避险采取措施不当或者超过必要的限度，造成不应有的损害的，紧急避险人应当承担适当的民事责任。

《侵权责任法》第31条规定：因紧急避险造成损害的，由引起险情发生的人承担责任。如果危险是由自然原因引起的，紧急避险人不承担责任或者给予适当补偿。紧急避险采取措施不当或者超过必要的限度，造成不应有的损害的，紧急避险人应当承担适当的责任。

《民法总则》第182条规定：因紧急避险造成损害的，由引起险情发生的人承担民事责任。危险由自然原因引起的，紧急避险人不承担民事责任，可以给予适当补偿。紧急避险采取措施不当或者超过必要的限度，造成不应有的损害的，紧急避险人应当承担适当的民事责任。

[①] 张民安：《过错侵权责任制度研究》，中国政法大学出版社2002年版，第726页；张民安、铁木尔高力套：《债权法》（第4版），中山大学出版社2013年版，第430页。

（三）紧急避险的构成要件

在我国，立法者虽然对紧急避险的免责事由作出了规定，但是，他们并没有对紧急避险的构成要件作出说明，因此，紧急避险应当具备哪些要件，应当由民法学者作出说明。我们认为，紧急避险应当具备四个必要构成要件。

1. 危险的紧逼性

紧急避险的第一个构成要件是危险的紧逼性。所谓危险的紧逼性，是指存在危及行为人自身或者第三人人身安全和有形财产安全的某种紧逼危险。一方面，行为人自身或者第三人的人身安全或者有形财产安全面临遭受损害的某种危险，另一方面，危及行为人或者第三人人身安全、财产安全的此种危险是紧逼的。所谓危险的紧逼性，是指危及行为人或者第三人的人身安全、财产安全的危险是重大的、致命的、迫在眉睫的、刻不容缓的。

在民法上，对行为人或者第三人的人身安全或者财产安全构成损害威胁的危险可能源自自然力，诸如正在发生的火灾、洪水、狂风、大浪、山崩、地震等，也可能源自人力，例如，歹徒正在实施的暴行，犯罪分子正在实施的抢夺、抢劫行为，等等。这些行为严重危及行为人或者第三人的人身安全或者财产安全。

2. 危险的规避性

紧急避险的第二个构成要件是危险的规避性。所谓危险的规避性，是指行为人为了规避所面临的危险而实施了某种规避行为。这是行为人能够免除民事责任的主观要件。如果行为人不是基于危险的规避目的而采取措施，则他们的行为不构成紧急避险。

3. 危险规避行为的损害性

紧急避险的第三个构成要件是危险规避行为的损害性。所谓威胁规避行为的损害性，是指行为人采取的某种危险规避行为引起了他人损害的发生，行为人采取的危险规避行为与他人遭受的损害之间存在因果关系。例如，在暴风雨期间，为了避免旅客遭遇不测，船长将旅客携带的行李抛到海中，船长所采取的危险规避行为不仅引起了旅客的财产损害，而且他的危险规避行为与旅客的财产损害之间存在因果关系。

4. 危险规避行为的合理性

紧急避险的第四个构成要件是危险规避行为的合理性。所谓危险规避行为的合理性，是指行为人采取的危险规避行为没有超过必要的限度。行为人采取的危险规避行为应当与他们所面临的危险程度一致。他们采取的危险规避行为是否与所面临的危险一致，由法官在案件当中作出判断，法官要考虑案件的具体因素。

（四）紧急避险的法律效力

在符合紧急避险构成要件的情况下，行为人无需就其实施的危险规避行为引起的损害对他人承担侵权责任。但是，如果行为人实施的紧急避险行为不当或者超过了必要限度，在不当行为或者超过必要限度的行为引起的损害范围内，他们仍然应当赔偿他人所遭受的损害。

根据《民法总则》第182条的规定，如果紧逼的危险是由行为人之外的第三人引起的，当行为人实施的危险规避行为引起他人损害的发生时，引起此种危险发生的当事人应当对他人遭受的损害承担赔偿责任。如果紧逼的危险是由自然力引起的，当行为人实施的危险规避行为引起他人损害的发生时，他们无需对他人承担赔偿责任，但是，他们可以根据案件的具体情况给予他人以适当补偿。

五、见义勇为的免责途径

（一）见义勇为者的界定

所谓见义勇为者，是指在欠缺法定职责或者约定职责的情况下，基于好人撒玛利亚人或者雷锋式的精神对那些同自己没有任何特殊关系的、身处险境的人实施救助的人。在西方社会，人们将那些无私救助与自己无亲无故且处于某种危险或者危难之中的他人的人称作好人撒马利亚人，好人撒玛利亚人所承担的义务被称为救助义务。而在我国，人们则将见义勇为者称为雷锋，因为雷锋被视为见义勇为的代表。

（二）见义勇为的构成要件

所谓见义勇为，是指在欠缺法定职责或者约定职责的情况下，行为人基于好人撒玛利亚人或者雷锋式的精神对身处险境的人所实施的救助行为。要成为见义勇为行为，应当具备四个条件：

（1）他人身处险境。所谓他人身处险境，是指他人的人身或者财产正面临遭受重大损害的危险。

（2）他人单靠自身的努力无法摆脱其险境。

（3）行为人对他人实施了帮助、救助行为，以便协助他人摆脱险境。

（4）行为人同他人之间不存在某种特殊关系，该种特殊关系要求行为人对他人实施救助，如夫妻关系、父母子女关系、雇佣关系等。如果行为人与他人之间存在此类特殊关系，则行为人实施的救助行为不构成见义勇为，因为他们之间存在法定或者约定的救助义务。因此，见义勇为的行为仅仅在陌生人之间成立，在承担法定救助职责或者约定救助职责的人之间不成立。[①]

[①] 张民安：《侵权法上的作为义务》，法律出版社2010年版，第208—219页。

（三）陌生人之间不承担法定救助义务

在西方社会，人们将见义勇为者称为好人撒玛利亚人，因为在他人身处险境时，一个好人撒玛利亚人对其施加援手，即便他们之间无亲无故。《圣经》路加福音第十章第二十五节记载了好人撒马利亚人的故事。有一个律法师问耶稣："夫子，我该做什么才能够获得永生？"耶稣对他说："律法上写的是什么？你读的是什么？"律法师回答说："你要尽心、尽力、尽意爱主——你的神；你要爱邻居如同爱你自己。"耶稣说："你按照你回答的内容去做即可永生。"律法师问："那谁是我的邻居呢？"

耶稣说："有一个人在经过耶路撒冷去耶利哥时，落在强盗手中。他们剥去他的衣服，将他打个半死，就丢下他走了。偶然有一个祭司（Priest）经过这条路时，看见他就从那边过去了；又有一个利未人（Levite）来到这个地方，看见他，也照样从那边走了过去。唯有一个撒马利亚人行路来到此处，看到他就动了怜悯之心，上前将油和酒倒在他的伤口处，给他包扎好，并扶他上了自己的牲口，将他带到店里照顾他。第二天，还拿出二钱银子来，交给店主说，'你且照顾他，你所花的费用，我回来一定还给你。'你想，这三个人中，哪一个是落入强盗手中的邻居呢？"①

问题在于，好人撒玛利亚人所承担的救助义务究竟是法定义务还是道德义务？对此问题，两大法系国家的法律作出的回答刚好相反：大陆法系国家普遍认定，好人撒玛利亚人承担的救助义务属于法定义务，②而英美法系国家则刚好相反，它们认定，好人撒玛利亚人所承担的救助义务仅仅是道德义务，不是法定义务。③而在我国，民法学者普遍认为，陌生人之间没有法定救助义务，因此，雷锋承担的救助义务也仅仅是道德义务，不是也不应当是法定义务，否则，个人自由将消失殆尽，道德义务和法定义务将混为一谈，除了影响行为人的利益之外也最终影响社会公共利益。④

（四）《民法总则》针对见义勇为者作出的两条特别规定

在我国，如果见义勇为者在见义勇为过程当中遭受损害，他们是否能够要求对其造成损害的人承担侵权责任？如果对其造成损害的人下落不明，他们能够要求因为其见义勇为而获得利益的他人对其遭受的损害承担赔偿责任吗？在见义勇为者救助他人时，如果他们因为救助措施不当而引起他人损害的发生，他们要对他人遭受的损害承担赔偿责

---

① 张民安：《过错侵权责任制度制度研究》，中国政法大学出版社2002年版，第338—339页；张民安：《侵权法上的作为义务》，法律出版社2010年版，第180—181页。
② 张民安：《侵权法上的作为义务》，法律出版社2010年版，第175—180页。
③ 张民安：《侵权法上的作为义务》，法律出版社2010年版，第180—184页。
④ 张民安：《过错侵权责任制度制度研究》，中国政法大学出版社2002年版，第340—341页；张民安：《侵权法上的作为义务》，法律出版社2010年版，第200—208页。

任吗？对于这样的问题，《民法总则》作出了明确的回答。

《民法总则》第 183 条规定：因保护他人民事权益使自己受到损害的，由侵权人承担民事责任，受益人可以给予适当补偿。没有侵权人、侵权人逃逸或者无力承担民事责任，受害人请求补偿的，受益人应当给予适当补偿。根据该条的规定，如果他人的民事权益面临遭受侵犯的紧逼危险，在保护他人的民事权益免受侵犯时，如果见义勇为者的人身遭受了损害，他们有权要求对其实施侵犯行为的人承担赔偿责任，不得要求他人对其遭受的损害承担赔偿责任。如果受益人愿意，他们也能够给予见义勇为者以适当补偿。如果欠缺侵权行为人，或者虽然有侵权行为人，但是侵权行为人逃之夭夭、下落不明或者欠缺承担侵权责任的财力，则基于见义勇为者的要求，法官应当责令受益人给予适当补偿。

《民法总则》第 184 条规定：因自愿实施紧急救助行为造成受助人损害的，救助人不承担民事责任。根据该条的规定，只要行为人基于自愿救助身处险境当中的人，无论他们实施的救助行为是否恰当，他们均不对他人遭受的任何损害承担赔偿责任，即便他们在救助方面存在重大过失，也是如此。《民法总则》之所以采取这样的毅然决然的态度，是因为它希望通过完全免责的方式鼓励社会公众见义勇为，对任何身处险境的人施加救助，以便他们因为担心义务救助不当而不敢对他人施加救助。

这样的精神当然是好的，不过，救助行为有时的确需要一定的技能、一定的经验，如果救助不当，他人遭受的危险要比行为人没有救助时所遭受的危险更大。因此，与其鼓励社会公众盲目地甚至胡乱地施加救助，不如教育社会公众学好采取更加安全、有效的救助方式：在他人身处险境时，及时拨打"110"、"120"或者"119"，让警察、医师和消防人员具体实施救助行为。

第五编　作为主观权利渊源的民事法律行为

第十二章　民事法律行为的基本理论

第一节　民事法律行为的界定

虽然民事法律关系或者主观权利的渊源多种多样，但是，最主要的、最重要的渊源既不是立法者的制定法，也不是法律事件，而是行为人实施的民事法律行为（actes juridiques）。这一点在大陆法系国家和我国均得到普遍承认。在大陆法系国家，德国立法者并没有在《德国民法典》当中对法律行为作出界定，而法国立法者和我国立法者则不同，他们均对法律行为作出了明确的界定。除了立法者对法律行为作出了界定之外，民法学者也对法律行为作出了自己的界定。

一、法国立法者对民事法律行为作出的界定

虽然德国立法者早在1896年就已经在《德国民法典》当中对法律行为作出了详尽的规定，但是，在该法典当中，他们并没有对法律行为作出界定。[1] 在法国，在2016年2月10日的债法改革之前，立法者并没有在《法国民法典》当中使用"法律行为"一词，而在2016年2月10日的债法改革之后，法国立法者不仅明确使用了"法律行为"一词，而且还对法律行为作出了明确界定。

在《法国民法典》新的第1100（1）条当中，立法者使用了"法律行为"一词，因为在该条当中，他们对债的渊源作出了明确规定，认为法律行为属于债的三种渊源之一。该条规定：债或者源自法律行为，或者原则法律事件，或者源自制定法的单纯权威性。[2]

在《法国民法典》新的第1100-1（1）条当中，法国立法者则对法律行为作出了

---

[1] Raoule De La Grasserie, Code Civil Allemande, 2e édition, PARIS A. PEDONE, éditeur, 1901, Introduction, pp. 23—32.

[2] Article 1100 Les obligations naissent d'actes juridiques, de faits juridiques ou de l'autorité seule de la loi. https：//www. legifrance. gouv. fr/affichCode. do；jsessionid = 2676BA876801F750CFC50DAF9999FAA0. tpdila07v_ 1？idSectionTA = LEGISCTA000032040794&cidTexte = LEGITEXT000006070721&dateTexte = 20170407.

界定。该条规定：所谓法律行为，是指行为人为了产生法律效果而实施的意思表示行为。它们或者是协议性的，或者是单方性的。① 所谓协议性的（conventionnels）法律行为，是指行为人实施的双方法律行为和多方法律行为，而所谓单方性的（unilatéraux）法律行为，则是指行为人实施的单方法律行为。

二、我国立法者对民事法律行为作出的界定

在我国，立法者既在《民法通则》当中对民事法律行为作出了界定，也在《民法总则》当中对民事法律行为作出了界定，并且他们作出的界定虽然某些方面是相同的，但是，至少在两个方面仍然存在重大差异。

（一）《民法通则》第54条和《民法总则》第133条对民事法律行为作出的界定

在《民法通则》第54条当中，我国立法者对民事法律行为作出了界定，该条规定：民事法律行为是公民或者法人设立、变更、终止民事权利和民事义务的合法行为。而在《民法总则》第133条当中，我国立法者也对民事法律行为作出了界定，该条规定："民事法律行为是民事主体通过意思表示设立、变更、终止民事法律关系的行为。"

（二）《民法总则》的界定与《民法通则》的界定之间的共同点

在我国，立法者在《民法总则》第133条当中对民事法律行为作出的界定和他们在《民法通则》第54条当中对民事法律行为作出的界定之间存在一脉相承的关系，是《民法通则》的界定在30年之后的《民法总则》当中的延续。之所以如此，其原因在于，无论是《民法总则》的界定还是《民法通则》的界定，它们均是从法律关系渊源的角度对民事法律行为作出界定，均认为民事法律行为是民事法律关系产生、变更和消灭的原因。换言之，即便《民法通则》和《民法总则》均设立专章，对主观权利作出了规定，立法者也没有从主观权利渊源的角度对民事法律行为作出界定。

（三）《民法总则》的界定与《民法通则》的界定之间的差异

虽然《民法总则》第133条也像《民法通则》第54条那样从民事法律关系渊源的角度对民事法律行为作出了界定，但是，它们的界定仍然存在重大差异，表现在两个

---

① Article 1100 – 1 Les actes juridiques sont des manifestations de volonté destinées à produire des effets de droit. Ils peuvent être conventionnels ou unilatéraux. https：//www. legifrance. gouv. fr/affichCode. do；jsessionid = 2676BA876801F750CFC50DAF9999FAA0. tpdila07v_1?idSectionTA = LEGISCTA000032040794&cidTexte = LEGITEXT000006070721&dateTexte = 20170407.

方面：

（1）《民法通则》第 54 条没有强调意思表示在民事法律行为当中的核心地位，而《民法总则》第 133 条则不同，它突出了意思表示在民事法律行为当中的核心地位，因为该条规定，无论是行为人的设立行为、变更行为还是终止行为均是通过意思表示进行的行为。

（2）《民法通则》第 54 条强调了合法性的必要，认为行为人实施的一切民事法律行为均应当是合法行为，而《民法总则》第 133 条则放弃了合法性的要件，没有将民事法律行为等同于合法行为。

此外，这两个法律条款之间还存在第三个微小的差异，这就是，《民法通则》第 54 条使用了"民事权利和民事义务"的概念，而《民法总则》第 133 条则使用了"民事法律关系"的概念。

三、民法学者对民事法律行为作出的界定

（一）法国民法学者对法律行为作出的不同界定

当今法国，几乎所有的民法学者均承认法律行为理论，他们均认为，法律行为是民事法律关系或者主观权利的渊源。不过，由于所考虑的重点不同，民法学者对法律行为作出的界定也存在差异。总的说来，在法国，民法学者对法律行为作出的界定有四种[①]：①大多数民法学者认为，所谓法律行为，是指行为人为了实现法律效果而实施的所有意思表示行为。②某些民法学者认为，所谓法律行为，是指行为人为了产生、限制、转移或者消灭某种法律状况（situation juridique）而实施的意思表示行为。③某些民法学者认为，所谓法律行为，是指行为人为了在客观法律所规定的范围内、按照客观法律所规定的条件产生法律效果而自愿实施的、其法律效果的性质和法律效果的范围基本上由其意思表示决定的行为。④某些民法学者认为，所谓法律行为，是指行为人为了产生某种权利而实施的意思表示行为。

（二）我国民法学者对民事法律行为作出的界定

在我国，虽然少数民法学者没有在其民法著作当中对法律行为作出界定，[②] 但是，

---

① Henri Leon Mazeaud Jean Mazeaud Francois Chabas, Lecons de DROIT CIVIL, Tome Premier, Introduction à l'étude du droit, septième édition, éDITIONS MONTCHRESTIEN, p. 320; Henri Roland Laurent Boyer, Introduction au droit, Litec, p. 539; Jean-Luc AUBERT Eric SAVAUX, Introduction au droit, 14e édition, Dalloz, p. 229; Christian Larroumet Augustin Aynès, Introduction à l'étude du droit, 6e édition, Economica, p. 381; FrancoisTerré, Introduction générale au droit, 9e édition, Dalloz, p. 174; 张民安：《法国民法》，清华大学出版社 2015 年版，第 106 页。
② 魏振瀛主编：《民法》（第 4 版），北京大学出版社 2010 年版，第 137—139 页。

大多数民法学者均对法律行为作出了界定,并且他们作出的界定基本上是相同的,虽然在界定时他们所作出的表述未必完全一致。梁慧星教授和傅静坤教授指出,所谓民事法律行为,是指以发生私法上效果的意思表示为要素的一种法律事实。① 王卫国教授认为,所谓民事法律行为,是指以意思表示为要素,并因意思表示而发生私法效果的行为。② 而江平等教授则认为,所谓民事法律行为,是指以意思表示为核心要素的主体为追求该意思表示中所含效果在私法上的实现的行为。③ 因为这样的原因,我们似乎可以这样说,在界定民事法律行为时,我国民法学者似乎很少采用立法者在《民法通则》或者《民法总则》当中的界定。

(三) 我国民法学者的界定所存在的问题

在我国,民法学者所作出的界定所存在的问题是,虽然他们均强调了意思表示和意思表示所产生的法律效果、私法效果在法律行为当中的地位,但是,他们均没有指出意思表示所产生的法律效果或者私法效果是什么。而《民法通则》和《民法总则》的界定则不同,它们明确了意思表示所产生的法律效果、私法效果的内容,这就是民事法律关系的产生、民事法律关系的变更和民事法律关系的终止,已如前述。从这个角度来说,民法学者的界定不及我国立法者的界定。

不过,从民事法律关系的角度对民事法律行为作出的界定也是存在问题的,表现在两个方面:一方面,民事法律关系理论属于19世纪末期之前的理论,它在今时今日的大陆法系国家已经被放弃了,代之以主观权利理论,已如前述。另一方面,从民事法律关系的角度对民事法律行为作出界定同我国立法者在《民法通则》和《民法总则》将民事权利视为民法的核心内容的看法不一致。因此,为了同今时今日的发展趋势保持一致,为了突出民事权利的地位,我们应当从主观权利的角度对民事法律行为作出界定。

四、我们对民事法律行为作出的界定

(一) 民事法律行为的具体界定

我们认为,所谓民事法律行为,是指行为人为了取得、变更或者终止某种民事权利而实施的意思表示行为。当行为人为了取得某种民事权利而实施意思表示行为时,当行为人为了变更某种民事权利而实施意思表示时,或者当行为人为了终止某种民事权利而

---

① 梁慧星:《民法总论》(第2版),法律出版社2001年版,第157页;傅静坤主编:《民法总论》(第3版),中山大学出版社2007年版,第136页。
② 王卫国主编:《民法》,中国政法大学出版社2007年版,第105页。
③ 江平主编:《民法学》,中国政法大学出版社2007年版,第37—38页;李永军:《民法总论》,中国政法大学出版社2008年版,第170页。

实施意思表示行为时，他们基于这些目的所实施的意思表示行为就是民事法律行为。例如，当契约当事人为了取得契约债权而签订契约时，他们签订的契约就是民事法律行为。再例如，当雇员为了取得劳动权而与其雇主签订集体劳动契约时，他们所签订的集体劳动契约也属于民事法律行为。

(二) 民事法律行为的特征

1. 民事法律行为是一种意思表示行为

民事法律行为的第一个主要特征是，民事法律行为是一种意思表示（manifestations de volonté）行为。所谓意思表示行为，是指行为人通过某种外在的方式将其内在的意图表示出来的行为。当行为人的内心存在某种意图时，如果他们通过一定的外在方式将其内心的意图表示出来，则他们所实施的此种表示行为就是意思表示行为。

2. 民事法律行为的目的在于产生、变更或者消灭某种民事权利

民事法律行为的第二个主要特征是，民事法律行为是行为人为了一定的目的而实施的意思表示行为。行为人之所以实施意思表示行为，其目的有三：或者是为了取得原本并不享有的某种民事权利；或者是为了变更已经享有的某种民事权利；或者是为了终止已经享有的某种民事权利。例如，劳动者之所以与雇主签订劳动契约，是因为他们希望通过劳动契约取得劳动权，这就是主观权利的取得。再例如，劳动者之所以与其雇主解约，是因为他们希望通过解约让自己原本享有的劳动权终止，这就是主观权利的消灭。

在民法上，行为人实施民事法律行为的这些目的被称为法律效果（effets de droit），也就是我国民法学者所谓的私法效果。

3. 民事法律行为原则上依照行为人的意思表示产生法律效果

民事法律行为的第三个主要特征是，民事法律行为原则上依照行为人的意思表示产生法律效果，在例外情况下，民事法律行为也按照制定法的规定产生法律效果。

作为意思自治原则实现的手段，民事法律行为不仅承认行为人能够自由进行意思表示，而且还认为，他们实施的法律行为能够按照他们的意图产生法律效果。即凡当事人之所欲，法律皆承认之并因此赋予它们以法律上的效力。因此，民事法律行为的法律效果并非源于法律，而是源于当事人的意图。

(三) 民事法律行为在例外情况下所产生的制定法效果

1. 民事法律行为在例外情况下也会产生制定法所规定的法律效果

不过，在制定法尤其是法典化的时代，行为人实施的某些民事法律行为也无法完全实行意思自治，他们实施的民事法律行为也无法完全按照他们的意图产生法律效果，表现在两个方面：一方面，如果行为人的意思表示违反了公共秩序、良好道德，则他们的意思表示也无法产生他们意图产生的法律效果；另一方面，为了维护公共利益，立法者会制定法律，对某些民事法律行为产生的法律效果作出规定，一旦行为人实施立法者规定的民事法律行为，除了产生行为人意图产生的法律效果之外，他们实施的法律行为也自动产生制定法所规定的法律效果。

2. 民事法律行为产生制定法效果的范例一

最典型的范例是，虽然夫妻之间的契约属于民事法律行为，虽然夫妻之间能够通过契约自由约定他们之间的权利、义务和责任，但是，他们的契约规定不得违反立法者在婚姻法当中的规定，换言之，除非当事人选择不结婚，否则，一旦他们结婚，除了他们之间的结婚契约所规定的内容对他们产生法律效力之外，婚姻法所规定的内容也自动适用于他们，如果婚姻法的规定在性质上属于强制性的规定的话。因为这样的原因，民法学者普遍承认，除了构成一种契约、民事法律行为之外，夫妻之间的婚姻也构成一种法律制度。①

3. 民事法律行为产生制定法效果的范例二

类型的情形也在其他民事法律行为当中存在。例如，公司章程在性质上当然属于一种契约，因此，按照意思自治和契约自由原则，公司股东能够在公司契约当中规定他们希望规定的内容，并且除非他们所规定的内容违反了公共秩序，否则，他们所规定的内容有效。不过，除非公司股东不设立公司，否则，一旦他们选择设立公司，则公司法所规定的某些内容也自动适用于公司，并因此成为公司章程的组成部分。因为这样的原因，公司章程既是一种契约，也是一种法律制度。②

五、区分行为人实施的行为是不是民事法律行为的根本标准

在民法上，基于这样或者那样的考虑，行为人会实施各种各样的行为，例如，行为人会实施故意侵权行为，他们会实施无因管理行为，他们会实施社交行为，他们会实施订婚行为，他们会实施非婚同居行为，他们会实施结婚行为，他们会实施宽恕行为，等等。再例如，他们会作出某种决议、决定，他们会发出会议通知，等等。

（一）意思表示无法将民事法律行为与其他行为区分开来

问题在于，在行为人实施的这些行为当中，哪些行为是民事法律行为，哪些行为不是民事法律行为？换言之，在法律上，如果民事法律行为存在的话，我们如何将民事法

---

① Guy Raymond, Droit Civil, 2e édition, Litec, p. 555; David Bakouche, Droit civil les personnes la famille, HACHETTE, p. 113; Philippe Malaurie Hugues Fulchiron, LA FAMILLE, 4e édition, DEFRENOIS, pp. 57—59; Frederic Debove Renaud Salomon Thomas Janville, Droit de la famille, 8e édition, Vuibert, p. 97; Marjorie Brusorio-Aillaud, Droit des Personnes et de la Famille, 4e édition, Paradigme. p. 191; Brigitte Hess-Fallon Anne-Marie Simon, Droit de la famille, 8e édition, Dalloz, p. 39; 张民安：《法国民法》，清华大学出版社2015年版，第209页。
② 张民安：《公司法上的利益平衡》，北京大学出版社2003年版，第53—57页。

律行为与其他行为区分开来？对此问题，我国民法学者普遍没有作出明确、肯定和清晰的回答，因为在民事法律行为的问题上，他们过多地受到德国尤其是我国台湾地区民法学者的影响。不过，鉴于我国民法学者普遍将意思表示视为民事法律行为的核心，因此，他们似乎认为，意思表示是判断行为人实施的行为是不是民事法律行为的标准。①

在民法上，意思表示虽然是民事法律行为的必要构成要件，但是，意思表示并不是区分民事法律行为和其他行为的标准，因为除了民事法律行为具有意思表示之外，其他行为也具有意思表示。例如，当行为人实施故意侵权行为时，他们当然有意思表示，因此，意思表示是故意侵权行为的构成要素。再例如，当行为人实施无因管理行为时，他们当然也有意思表示，因此，意思表示也属于无因管理行为的构成要素。当行为人实施非婚同居行为时，他们也有意思表示，因此，意思表示也是非婚同居的构成要素。

甚至按照主观过错理论，所有具有认识能力、判断能力的人在实施过失行为时，他们也有意思表示。因为这样的原因，在《罗马法专论》当中，德国19世纪中后期的著名学者萨维尼将契约、团体行为等与过错行为放在一起加以讨论，认为它们均属于能够引起民事法律关系产生的自由行为（actes libre）。②

（二）意思自治是区分民事法律行为和其他行为的标准

在民法，将民事法律行为与其他行为区分开来的标准是意思自治，也就是，民事法律行为是按照行为人的主观意图产生法律效果，不是或者主要不是按照制定法的规定产生法律效果。而其他行为则不同，即便行为人在实施这些行为时存在主观意图、意思表示，他们实施的这些行为或者完全不会产生法律效果，或者仅仅会按照制定法的规定产生法律效果，完全不会按照行为人的主观意图、意思表示产生法律效果。

（三）按照意思自治原则产生法律效果的民事法律行为

在民法上，契约③、婚姻④等行为当然属于民事法律行为。这些行为之所以是民事法律行为，不仅仅是因为行为人在实施这些行为时有主观意图、意思表示，而且更是因为这些行为会按照行为人的主观意图、意思表示产生法律效果，虽然其中的婚姻也会产

---

① 梁慧星：《民法总论》（第2版），法律出版社2001年版，第157页；傅静坤主编：《民法总论》（第3版），中山大学出版社2007年版，第136页；江平主编：《民法学》，中国政法大学出版社2007年版，第145—146页；王卫国主编：《民法》，中国政法大学出版社2007年版，第110页；李永军：《民法总论》，中国政法大学出版社2008年版，第170页；魏振瀛主编：《民法》（第4版），北京大学出版社2010年版，第139页。

② Friedrich Carl von Savigny, Traité de droit romain, second édition, Tome Troisième, Paris, Firmin Didot Frères, 1856, Traduction par M. Ch. Guenoux, p. 5.

③ 所谓契约，是指两个或者两个以上的当事人为了产生法律效果而订立的协议。

④ 所谓婚姻，是指两个当事人为了建立夫妻关系并因此享有配偶权而签订的结婚协议。

生制定法上的效果,但是,制定法上的效果是次要的,而意思表示产生的效果则是主要的。

(四)仅仅会产生制定法所规定的法律效果的行为

在民法,婚约①、非婚同居②不属于民事法律行为或者契约,它们仅仅属于法律事件,因为,它们虽然属于意思表示行为,但是,它们无法按照意思自治原则产生法律效果,而只能够根据制定法的规定产生法律效果。

一方面,虽然婚约需要两方当事人之间的意思表示才能够成立,但是,婚姻在性质上仅仅属于一种法律事件,不属于一种法律行为或者一种契约,它仅仅是当事人之间的一种事实关系、事实状态,而不是他们之间的一种法律关系、法律状态。法律之所以如此对待婚约,是为了防止婚约按照意思自治原则产生法律效力,法律只允许婚约按照制定法的规定产生效力。③

另一方面,虽然非婚同居需要两方当事人的意思表示才能够成立,但是,非婚同居也不是一种民事法律行为或者契约,它仅仅是一种法律事件。因为,如果将非婚同居视为民事法律行为或者契约,则该种行为会按照意思自治原则产生法律效果。为了防止该种法律效果的发生,非婚同居只能够被视为其他行为,以便让其按照制定法的规定产生法律效力。④

基于同样的理由,我国民法学者经常讨论的宽恕行为⑤也仅仅属于一种事实行为,不属于一种法律行为,因为,虽然行为人能够作出宽恕的意思表示,但是,他们的意思表示仅仅产生制定法所规定的法律效果,不会按照行为人的意思表示产生法律效果。

---

① 所谓婚约,是指两个异性或者两个同性之间所承担的将会与对方结婚的一种债务。
② 所谓非婚同居,是指所谓非婚同居,是指两个人在以配偶身份生活时所建立的一种事实上的结合体。
③ V. Civ., 30 mai 1838, S. 1838, I, 494; Civ, 2e, 7 juin 1967, Bull. civ. II, no210; Guy Raymond, Droit Civil, 2e édition, Litec, pp. 550—551; Jean Carbonnier, Droit civil, Volume I, Introduction Les personnes la famille, l'enfant, le couple, puf, pp. 1148—1149; David Bakouche, Droit civil les personnes la famille, HACHETTE, p. 115; Philippe Malaurie Hugues Fulchiron, LA FAMILLE, 4e édition, DEFRENOIS, p. 79; Frederic Debove Renaud Salomon Thomas Janville, Droit de la famille, 8e édition, Vuibert, p. 91; Marjorie Brusorio-Aillaud, Droit des Personnes et de la Famille, 4e édition, Paradigme. p. 192; Brigitte Hess-Fallon Anne-Marie Simon, Droit de la famille, 8e édition, Dalloz, p. 31.
④ Marjorie Brusorio-Aillaud, Droit des Personnes et de la Famille, 4e édition, Paradigme. p. 269; Philippe Malaurie Hugues Fulchiron, LA FAMILLE, 4e édition, DEFRENOIS, p. 160; 张民安:《法国民法》,清华大学出版社 2015 年版,第 227 页。
⑤ 所谓宽恕行为,是指当他人实施了某种违反法律或者道德的行为时,行为人对他人实施的该种行为表示原谅。例如,当子女虐待父母时,子女原本应当丧失其享有的继承权,但是,基于父母的原谅,子女就能够取得父母遗产的继承权。再例如,当妻子与别人通奸时,丈夫原本享有离婚权和损害赔偿请求权,但是,基于丈夫的原谅,妻子与丈夫之间的婚姻仍然继续维持,妻子也无需对其丈夫承担侵权损害赔偿责任。父母的原谅和丈夫的原谅即为宽恕。宽恕所产生的这些法律效果不是源自的意思表示,而是源自立法者的明确规定。

（五）没有意思表示的行为

在民法上，行为人实施的某种行为之所以不被视为民事法律行为，是因为在实施这些行为时，他们根本就没有意思表示，因为欠缺民事法律行为的必要构成要件，因此，它们也丧失了民事法律行为的资格。

在我国，由于受到德国民法学者尤其是我国台湾地区民法学者的影响，我国民法学者经常会讨论三种准民事法律行为，包括：催告行为，通知行为，宽恕行为。① 这些理论均源自德国尤其是我国台湾地区。实际上，我国民法学者所主张的这些理论存在两个方面的问题。

一方面，准民事法律行为的概念存在问题，因为，在民法上，当我们使用"准"这一术语时，我们往往是指类似于、等同于。例如，当我们说"准侵权"（quasi-délits）② 和"准契约"（quasi-contrats）③ 时，我们所谓的"准"是指"等同于""类似于"。而当我们使用"准民事法律行为"时，人们会以为行为人实施的这些行为等同于、类似于民事法律行为。而实际上，我国民法学者所谓的准民事法律行为根本就不是民事法律行为，要求它们欠缺意思表示。

另一方面，虽然催告行为、通知行为和宽恕行为均被我国民法学者视为准民事法律行为，但是，宽恕行为不同于催告行为、通知行为。因为宽恕行为存在意思表示，而催告行为、通知行为则不存在意思表示。

因为这样的原因，我们将宽恕行为视为仅仅根据制定法的规定产生法律效力的行为，而将催告行为、通知行为和我国民法学者所讨论的另外一种行为——情谊行为视为没有意思表示的行为。

所谓催告行为，是指一方当事人要求另外一方当事人就某种效力待定的民事法律行为作出是否承认并因此承担责任的要求。例如，当代理人实施越权代理行为时，相对人要求被代理人作出是否承认代理行为的表示。再例如，当公司董事实施越权行为时，公司债权人要求公司作出是否承认越权行为的表示。催告行为的内容仅仅是提出一种请求，欠缺能够按照意思自治原则产生法律效果的意思表示。

所谓通知行为，是指行为人将某种内容告知他人的行为。例如，公司董事会会议内容的通知，邮局对邮件领取作出的通知，等等。通知行为不是民事法律行为，因为它欠

---

① 江平主编：《民法学》，中国政法大学出版社2007年版，第148—150页；李永军：《民法总论》，中国政法大学出版社2008年版，第173—176页；魏振瀛主编：《民法》（第4版），北京大学出版社2010年版，第140—141页。

② 所谓准侵权，是指过失侵权行为。过失侵权之所以被称为准侵权，是因为人们将过失侵权等同于故意侵权。

③ 所谓准契约，是指无因管理、不当得利，人们之所以将无因管理、不当得利视为准契约，是因为他们将它们等同于委托契约、借贷契约等，以便让它们能够产生委托契约、借贷契约的效力。

缺能够按照意思自治原则让其产生法律效果的意思表示。

所谓情谊行为,也称为社交行为,是指行为人为了社会交往的目的而与他人一起从事的活动或者实施的行为。例如,三五知己在一起集会饮酒的行为,邀请同学到自己家中做客的行为,同朋友一起逛大街的行为,等等。这些行为之所以不属于民事法律行为,是因为行为人实施这些行为的目的并不是要产生任何法律效果,而是要与他人之间建立个人感情、友情。

当然,如果三五知己之间集会饮酒,他们之间虽然无法产生民事法律行为,但是,他们之间仍然有可能产生侵权法的义务和侵权责任,因为,如果其中的一个朋友饮酒过量,其他朋友要对其承担注意义务,要将安全护送回家。否则,他们应当对其遭受的损害承担赔偿责任,这就是社交主人所承担的侵权责任。[①]

第二节 民事法律行为的发展简史

一、法国旧法时代的民法学者和1804年的《法国民法典》均没有建立民事法律行为的一般理论

(一) 罗马法时代不存在民事法律行为的一般理论

在罗马法时代,虽然民法领域同时存在三种现象即契约(contrats)、遗嘱(testament)和公司团体设立行为(communautés),[②] 但是,这三种现象各自为政,各自在自己的领域内运行和发挥作用,彼此之间并不存在任何联系,人们没有也不可能在这三种现象的基础上建立起能够普遍适用的一般理论即民事法律行为理论。

在罗马法时代,民法学者之所以没有建立起民事法律行为的一般理论,是因为两个方面的原因:一方面,在罗马法时代,民法理论和民法制度是具体的,人们没有也不可能在各种具体民法理论和具体民法制度的基础上建立起民法的一般理论和一般制度。因此,罗马法当中不存在民法总论[③];另一方面,在罗马法时代,契约理论、继承理论和团体设立行为的理论落后,人们无法在这些落后的民法理论和民法制度的基础上建立起能够普遍适用的民事法律行为理论。

[①] 张民安:《侵权法上的作为义务》,法律出版社2010年版,第100—101页。
[②] 张民安:《公司法的现代化》,中山大学出版社2006年版,第66—67页。
[③] 张民安:《法国民法总论(上)》,清华大学出版社2017年版,第60—65页。

(二) 法国旧法时代的民法学者没有建立民事法律行为的一般理论

除了罗马法时代的学者和立法者没有在这三种现象的基础上建立起民事法律行为的一般理论之外,在法国旧法时代即从中世纪一直到法国大革命时期之间的一段历史时期内,法国民法学者也没有在这些现象的基础上建立起能够普遍适用的民事法律行为的一般理论,即便在17世纪和19世纪,法国民法典之祖父Domat① 和法国民法典之父Pothier② 就已经开创先河,在各种各样的具体民法理论和民法制度的基础上,他们建立起包括法律规范、人、和物在内的民法总论。

(三) 1804年的《法国民法典》没有规定民事法律行为的一般制度

虽然法国立法者早在1804年就已经制定了《法国民法典》,但是,他们并没有在该法典当中规定民事法律行为理论。因为,一方面,在该法典当中,立法者分别将契约、遗嘱和团体设立行为规定在不同卷编当中,并因此让它们分别形成不同的法律制度;另一方面,它们并没有在这些具体的法律制度的基础上建立起能够普遍适用的一般法律行为制度。例如,除了在第一卷第五编当中规定了婚姻契约之外,法国立法者也在第三卷第三编、第五编、第六编和之后的其他编当中对契约的一般理论和契约的具体制度作出了规定。而在第三卷第一编当中,立法者对包括遗嘱继承在内的继承理论和继承制度作出了详尽的规定。③

二、德国历史法学派的核心人物萨维尼对民事法律行为作出的说明

在19世纪40年代前后,德国出现了一个著名的法学流派即历史法学派。④ 在反对法国立法者制定《法国民法典》的过程当中,德国历史法学派将视野深入公元6世纪时期查士丁尼皇帝所编纂的罗马法,尤其是其中的《潘德克吞法》,除了对罗马法进行深入研究并因此出版了一系列震惊世人的民法著作之外,历史法学派也在他们出版的民法著作当中采取了一种新的编制体例,这就是,将民法的所有内容分为总论部分和分论部分,其中的分论部分仅仅讨论几种具体的民法理论和民法制度:物权、债权、家庭权和继承权,而总论部分则讨论能够适用于分则的一般理论和一般制度。这就是历史法学

---

① 张民安:《法国民法总论(上)》,清华大学出版社2017年版,第117—156页。
② 张民安:《法国民法总论(上)》,清华大学出版社2017年版,第157—282页。
③ 张民安:《法国民法》,清华大学出版社2015年版,第26页;张民安:《法国人格权法(上)》,清华大学出版社2016年版,第76页;张民安:《法国民法总论(上)》,清华大学出版社2017年版,第283—284页。
④ 所谓历史法学派,是指法国16世纪和德国19世纪初期以历史的方法研究查士丁尼皇帝时期罗马法的民法学者。张民安:《法国民法总论(上)》,清华大学出版社2017年版,第74—78页、第398—402页。

派所开创的民法总论和民法分论的区分理论。①

在 1838 年的《潘德克吞教程》当中，历史法学派的著名代表 Puchta 首次采取此种编制体例②，在 1939—1849 年的《罗马法专论》(《现代罗马法制度》) 当中，历史法学派的核心人物 Savigny 也采取此种做法，明确将区分民法总论和民法分论。③ 在建构民法总论时，除了承认法律规范属于民法总论的核心内容之外，这些民法学者主要将法律关系视为民法总论的一般理论，因为他们认为，无论是物权、债权、家庭权还是继承权，他们均是权利主体以义务主体之间的法律关系，其中的一方当事人享有民事权利，而另外一方当事人则承担民事义务，已如前述。

在将法律关系理论视为民法总论的核心内容时，这些民法学者也在契约、继承和团体设立行为的基础上建立起法律行为的一般理论，因为他们认为，无论契约、继承和团体设立行为之间存在怎样的差异，它们均具有共同性。因为，一方面，它们均是法律关系产生的渊源，均是一种法律事实；另一方面，它们均是行为人为了建立、变更或者消灭某种法律关系而实施的意思表示行为。

(一) 法律行为属于自由行为的一种

萨维尼指出，当某种法律关系因为某种原因而产生或者消灭时，能够引起该种法律关系产生或者消灭的此种原因就是法律关系产生或者消灭的渊源 (germe)。④ 他认为，虽然不同的人会因为不同的原因而取得或者丧失权利，但是，所有的人均会因为一种单一的原因而取得权利或者丧失权利，这就是法律事实。⑤

法律事实包括两类：其一，自由行为，也就是利害关系人所实施的关于其所获得利益或者所遭受损失的那些行为。其二，意外事件，包括第三人所实施的作为行为和不作为行为。⑥ 其中的自由行为范围广泛，除了法律行为之外，还包括故意侵权行为、过失侵权行为、无因管理等所有需要认识能力、识别能力和判断能力的行为。⑦

---

① 张民安：《法国民法总论 (上)》，清华大学出版社 2017 年版，第 419—453 页。
② 张民安：《法国人格权法 (上)》，清华大学出版社 2016 年版，第 144—145 页；张民安：《法国民法总论 (上)》，清华大学出版社 2017 年版，第 403—404 页。
③ 张民安：《法国人格权法 (上)》，清华大学出版社 2016 年版，第 132 页；张民安：《法国民法总论 (上)》，清华大学出版社 2017 年版，第 404—405 页。
④ Friedrich Carl von Savigny, Traité de droit romain, second édition, Tome Troisième, Paris, Firmin Didot Frères, 1856, Traduction par M. Ch. Guenoux, p. 1.
⑤ Friedrich Carl von Savigny, Traité de droit romain, second édition, Tome Troisième, Paris, Firmin Didot Frères, 1856, Traduction par M. Ch. Guenoux, p. 3.
⑥ Friedrich Carl von Savigny, Traité de droit romain, second édition, Tome Troisième, Paris, Firmin Didot Frères, 1856, Traduction par M. Ch. Guenoux, p. 5.
⑦ Friedrich Carl von Savigny, Traité de droit romain, second édition, Tome Troisième, Paris, Firmin Didot Frères, 1856, Traduction par M. Ch. Guenoux, pp. 5—6.

(二) 法律行为的类型

萨维尼认为,行为人的意思表示有两种不同的方式,这就是单方意思表示和双方或者多方意思表示,其中的双方或者多方意思表示就是契约。他指出:"意思表示有两种不同的方式:第一,单方意思表示。例如,笔者在《罗马法专论》的特殊部分即继承法当中所讨论的遗嘱就是第一种形式的意思表示。第二,两方或者多方意思表示的合意(le concours),也就是所谓的契约。"[1]

(三) 法律行为的三个必要构成要件

萨维尼认为,此种理论是一个能够在整个民法领域均予以适用的理论。[2] 不过,法律行为理论要产生当事人所希望产生的效果,也应当具备三个条件:年龄、精神状况和意思表示。[3]

萨维尼认为,仅有达到一定年龄的人才能够实施自由行为尤其是其中的法律行为,如果没有达到一定的年龄,则他们无法实施自由行为尤其是其中的法律行为;[4] 同时,萨维尼认为,即便一个人已经达到了一定的年龄,如果他们的精神状况不正常、存在问题,他们也无法实施自由行为尤其是其中的法律行为,仅有既达到了一定年龄又具备正常精神状况的人才能够实施自由行为尤其是其中的法律行为。[5]

除了年龄和精神状态之外,意思表示也是尤其是法律行为的构成要件。萨维尼将意思表示等同于法律行为,将法律行为等同于意思表示,因为他认为,法律行为按照行为人的意思表示产生法律效力。萨维尼指出:"所谓意思表示,是法律事实的一种,它并非仅仅是行为人所实施的自由行为,而且还是行为人为了产生或者消灭某种法律关系的直接目的而实施的自由行为,并且该种自由行为会按照行为人的意思来产生或者某些该种法律关系。"[6]

---

[1] Friedrich Carl von Savigny, Traité de droit romain, second édition, Tome Troisième, Paris, Firmin Didot Frères, 1856, Traduction par M. Ch. Guenoux, p. 6.

[2] Friedrich Carl von Savigny, Traité de droit romain, second édition, Tome Troisième, Paris, Firmin Didot Frères, 1856, Traduction par M. Ch. Guenoux, pp. 21—22.

[3] Friedrich Carl von Savigny, Traité de droit romain, second édition, Tome Troisième, Paris, Firmin Didot Frères, 1856, Traduction par M. Ch. Guenoux, pp. 6—7.

[4] Friedrich Carl von Savigny, Traité de droit romain, second édition, Tome Troisième, Paris, Firmin Didot Frères, 1856, Traduction par M. Ch. Guenoux, pp. 22—82.

[5] Friedrich Carl von Savigny, Traité de droit romain, second édition, Tome Troisième, Paris, Firmin Didot Frères, 1856, Traduction par M. Ch. Guenoux, pp. 82—90.

[6] Friedrich Carl von Savigny, Traité de droit romain, second édition, Tome Troisième, Paris, Firmin Didot Frères, 1856, Traduction par M. Ch. Guenoux, p. 100.

三、19 世纪中后期和 20 世纪初期的民法学者对民事法律行为理论的普遍承认

由于受到 Puchta 和萨维尼的影响,在 19 世纪中后期一直到 20 世纪初期之间,除了德国民法学者普遍承认法律行为理论之外,其他国家的民法学者也普遍承认法律行为理论,他们也像萨维尼一样认定,法律行为是民事法律关系的渊源。

例如,由于受到德国 19 世纪中后期民法学者的影响,在 1898 年的《民法总论教程》当中,俄罗斯 19 世纪中后期的著名民法学者 N. M. Korkounov 除了将民事法律关系视为民法总论的核心内容之外,也认定法律行为是民事法律关系的重要渊源。① Korkounov 指出,虽然法律关系是人与人之间的一种权利和义务关系,但是,法律关系并非是恒久不变的,事实上,法律关系也存在产生、发展和消灭的过程。当法律关系的产生、发展和消灭依赖某种事实时,引起法律关系产生、发展和消灭的此种事实就是法律事实。②

Korkounov 认为,除了诸如人的出生、人的死亡或者消灭时效等严格意义上的法律事件(Les faits juridiques proprement dits)属于法律事实之外,③ 除了精神病人引起他人损害发生的行为等非法状态属于法律事实之外,④ 除了有识别能力、判断能力的人实施的故意侵权行为和过失侵权行为属于法律事实之外,⑤ 行为人实施的法律行为也属于法律事实,虽然法律行为主要是契约,包括单务契约和双务契约,但是,法律行为还包括代理行为。⑥

再例如,由于受到德国 19 世纪中后期民法学者所主张的一般法律关系理论的影响,在 1898 年的《民法总论》当中,除了将民事法律关系理论视为民法总论的核心理论之外,法国 19 世纪末期和 20 世纪初期的著名学者 Henri Capitant 也认定法律行为属于法律关系的渊源之一。⑦

---

① 张民安:《法国民法总论(上)》,清华大学出版社 2017 年版,第 455—457 页。
② N. M. Korkounov, Cours de théorie générale du droit, traduit par M. J. Tchernoff, Paris, V. Giard & E. Brière, 1903, pp. 244—245.
③ N. M. Korkounov, Cours de théorie générale du droit, traduit par M. J. Tchernoff, Paris, V. Giard & E. Brière, 1903, pp. 247—248.
④ N. M. Korkounov, Cours de théorie générale du droit, traduit par M. J. Tchernoff, Paris, V. Giard & E. Brière, 1903, p. 251.
⑤ N. M. Korkounov, Cours de théorie générale du droit, traduit par M. J. Tchernoff, Paris, V. Giard & E. Brière, 1903, pp. 251—252.
⑥ N. M. Korkounov, Cours de théorie générale du droit, traduit par M. J. Tchernoff, Paris, V. Giard & E. Brière, 1903, pp. 248—251.
⑦ 张民安:《法国民法总论(上)》,清华大学出版社 2017 年版,第 458—460 页。

Capitant 认为，虽然能够引起法律关系产生或者消灭的原因多种多样，但是，所有的法律事实均可以分为两大类：其一，人在其意志支配之下所实施的行为即自愿行为，也就是，人在有识别能力、认识能力的情况下所实施的能够引起法律关系产生或者消灭的行为，诸如契约、准契约、侵权和准侵权。其二，同人的意志无关的意外事故，如人的出生与死亡等。在这两类法律事实当中，第一类法律事实即自愿行为既是最重要的法律事实，也是数量最多的法律事实，它既包括人所实施的法律行为，如契约、准契约、遗嘱等，也包括人所实施的非法行为，如侵权和准侵权行为。①

四、1896 年的《德国民法典》对民事法律行为作出的规定

作为一种"智人法典"（code savant）、"教授法典"（code des professeurs），② 除了受到德国 19 世纪中后期的潘德克吞学派③的影响之外，1896 年的《德国民法典》也受到了德国 19 世纪前半期的历史法学派的影响，除了在编制体例方面受到他们的影响之外，在内容方面也受到他们的影响，其中最典型范例是，在 1896 年的《德国民法典》当中，德国立法者不仅将德国民法学者所主张的法律行为理论规定了下来，而且还像这些民法学者一样将其视为民法总论的重要内容。

具体来说，在 1896 年的《德国民法典》当中，除了对人、物、期间和期日以及时效等内容作出了规定之外，德国立法者也在总则编当中对包括代理在内的法律行为作出了详尽的规定，这就是《德国民法典》总则编当中的第三章，该章的标题为"法律行为"，由第 104 条至第 185 条所组成。

由于受到 1896 年《德国民法典》的影响，其他国家的立法者在以《德国民法典》为范本制定本国的民法典也在总则编当中对法律行为作出了详尽的规定，让德式民法典和法式民法典在这一方面存在重大差异。因此，在今时今日的大陆法系国家，德式民法典均在其总则编当中对法律行为的一般理论和一般制度作出了明确规定。例如，在 1946 年的《希腊民法典》当中，除了对法律行为的一般理论作出了规定之外，希腊立法者还在总则编当中对附条件的法律行为、附期限的法律行为和代理作出了详尽的规定。

---

① Henri Capitant, Introduction à l'étude du droit civil, Pedone, Paris, A. Pedone, éditeur, 1898, pp. 208—209.
② Pascale Deumier, Introduction générale au droit, 2e édition, LGDJ, p. 151；张民安：《法国民法总论（上）》，清华大学出版社 2017 年版，第 408—409 页。
③ 所谓潘德克吞学派，是指德国 19 世纪中后期以研究查士丁尼皇帝的《潘德克吞法》即著名的《学说汇纂》为己任的民法学者，在研究《潘德克吞法》时，这些民法学者经常出版以"潘德克吞"为书名的著作。张民安：《法国人格权法（上）》，清华大学出版社 2016 年版，第 62—64 页；张民安：《法国民法总论（上）》，清华大学出版社 2017 年版，第 405—408 页。

五、我国《民法总则》对民事法律行为作出的规定

在我国，立法者在《民法通则》和《民法总则》当中对法律行为作出的规定是否存在差异，如果存在差异，他们的规定在哪些方面存在差异？对于这样的问题，我们应当作出仔细的分析，否则，立法者在《民法总则》当中作出的创新就会被忽视，人们就无法理解30年以来我国民法学说在法律行为的理论方面所取得的进步。我们认为，在民事法律行为方面，虽然《民法总则》与《民法通则》之间存在一脉相承的关系，但是，在许多方面，《民法总则》的规定已经实质性地区别于《民法通则》，主要表现在以下方面。

（一）民事法律行为和民事行为区分理论的放弃

在民事法律行为的问题上，《民法总则》同《民法通则》之间所存在的第一个重大差别是，《民法总则》放弃了《民法通则》所采取的民事法律行为和民事行为的区分理论。

在《民法通则》当中，立法者明确区分民事法律行为和民事行为，他们认为，民事法律行为是合法行为，而民事行为则是违法行为。因为民事行为是违法行为，因此，民事行为不是民事法律行为。《民法通则》第54条规定：民事法律行为是公民或者法人设立、变更、终止民事权利和民事义务的合法行为。根据《民法通则》的规定，民事行为包括三种：无效民事行为、可撤销民事行为和可变更民事行为。这些民事行为之所有不被视为民事法律行为，是因为它们在性质上属于非法行为，不符合第54条所规定的条件。

而在《民法总则》当中，立法者则完全放弃了《民法通则》所规定的民事法律行为和民事行为的区分理论。一方面，除了使用民事法律行为之外，他们没有再使用民事行为的概念，《民法总则》第133条规定：民事法律行为是民事主体通过意思表示设立、变更、终止民事法律关系的行为。该条没有再像《民法通则》第54条那样将民事法律行为限定在合法行为的范围内。另一方面，除了将合法行为视为民事法律行为之外，他们也将无效行为、可撤销行为和可变更行为均视为民事法律行为。

（二）民事法律行为的无效范围大量萎缩，而民事法律行为的可撤销和可变更的范围则大量增加

在民事法律行为的问题上，《民法总则》同《民法通则》之间所存在的第二个重大差别是，民事法律行为的无效范围大量萎缩，而民事法律行为的可撤销和可变更的范围则大量增加。

1. 《民法总则》当中的无效行为大量减少

在《民法通则》当中，立法者将行为人实施的大量民事行为规定为无效行为，这就是第58条的规定，根据该条的规定，无效的民事行为多达九种：无民事行为能力人实施的行为无效；限制民事行为能力人依法不能独立实施的行为无效；基于欺诈实施的行为无效；基于胁迫实施的行为无效；基于乘人之危实施的行为无效；基于恶意串通实施的行为无效；违反法律或者社会公共利益的行为无效；违反国家指令性计划的经济合同无效；以合法形式掩盖非法目的的行为无效。

而《民法总则》当中，立法者大量减少了无效民事法律行为的类型，使行为人实施的大多数民事法律行为逃脱了被判定无效的命运。具体来说，根据第144条、第146条、第153条和第154条的规定，《民法总则》规定的无效民事法律行为仅有四种：无民事行为能力人实施的行为；虚假的行为无效；基于恶意串通实施的行为无效；违反公共秩序或者良好道德的行为无效。因此，基于欺诈实施的行为、基于胁迫实施的行为、基于乘人之危实施的行为以及限制民事行为能力人实施的行为从无效行为当中消退，不再属于无效的范围。

2. 《民法总则》当中的可撤销行为、可变更行为大量增加

在《民法通则》当中，立法者规定的可撤销行为、可变更行为很少，因为根据第59条的规定，可撤销和可变更的行为仅有两种，这就是重大误解的行为和显失公平的行为。而在《民法总则》当中，立法者所规定的可撤销、可变更行为则大量增加，根据第145条、第147条和第148条等法律条款的规定，基于重大误解实施的行为、基于欺诈实施的行为、基于胁迫实施的行为、基于乘人之危实施的行为以及限制民事行为能力人实施的行为均属于可撤销行为、可变更行为。

3. 无效行为大量减少的原因

在《民法总则》当中，立法者为何大量减少无效民事法律行为的范围，换言之，在《民法总则》当中，立法者为何大量增加可撤销的民事法律行为和可变更的民事法律行为的类型？答案有二：其一，历史传统的尊重；其二，私法和公法对其明确区分。

（三）《民法总则》将《民法通则》当中的两种民事法律行为合并为一种民事法律行为

在民事法律行为的问题上，《民法总则》同《民法通则》之间所存在的第三个重大差别是，它将《民法通则》规定的显失公平行为和乘人之危的行为合并规定在一起并因此形成一个民事法律行为。

在《民法通则》当中，立法者分别对乘人之危的行为和显失公平的行为作出了规定，认为它们是两种不同的民事法律行为，这就是乘人之危的行为区别于、独立于显失公平行为的理论。在《民法通则》第58条当中，立法者明确规定，行为人实施的乘人

之危的行为无效。在《民法通则》第 59 条当中，立法者明确规定，显失公平的行为是可撤销或者可变更的行为。而《民法总则》当中，立法者则采取了不同的做法，它将显失公平的行为和乘人之危的行为合二为一并且规定在同一个条款当中，这就是《民法总则》第 151 条，该条规定：一方利用对方处于危困状态、缺乏判断能力等情形，致使民事法律行为成立时显失公平的，受损害方有权请求人民法院或者仲裁机构予以撤销。

第三节 民事法律行为的种类

在法国，法律行为究竟有哪些，不同的民法学者作出的说明未必完全相同，即便民法学者普遍根据某一个标准对法律行为作出分类，他们根据同一标准所作出的分类也不同。虽然如此，法国民法学者普遍认为，法律行为包括：单方行为、双方行为和多方行为；有偿行为和无偿行为；处分行为、管理行为和保全行为；设立行为、宣示行为、转移行为、消灭行为；生前行为和死因行为。[①] 而在我国，民法学者对民事法律行为作出的分类大致相同，因为他们均认为，民事法律行为可以分为多种多样，诸如单方行为、双方行为和多方行为、有偿行为和无偿行为、要式行为和要物行为，等等。[②] 不过，我国民法学者普遍忽视了一种新的分类即管理行为和保全行为。我们将民事法律行为分为：单方行为、双方行为与多方行为；处分行为、管理行为和保全行为；债权行为与物权行为；民事法律行为的其他分类。

一、单方行为、双方行为与多方行为

在民法上，根据民事法律行为的成立所需要具备的行为人数量或者意思表示的不同，民事法律行为分为单方法律行为、双方法律行为和多方法律行为。《民法总则》第 134 条对此种类型的民事法律行为作出了说明，该条规定：民事法律行为可以基于双方或者多方的意思表示一致成立，也可以基于单方的意思表示成立。法人、非法人组织依照法律或者章程规定的议事方式和表决程序作出决议的，该决议行为成立。

[①] 张民安：《法国民法》，清华大学出版社 2015 年版，第 107—112 页。
[②] 梁慧星：《民法总论》（第 2 版），法律出版社 2001 年版，第 158—166 页；傅静坤主编：《民法总论》（第 3 版），中山大学出版社 2007 年版，第 137—144 页；江平主编：《民法学》，中国政法大学出版社 2007 年版，第 153—164 页；王卫国主编：《民法》，中国政法大学出版社 2007 年版，第 130—139 页；李永军：《民法总论》，中国政法大学出版社 2008 年版，第 180—194 页；魏振瀛主编：《民法》（第 4 版），北京大学出版社 2010 年版，第 141—143 页。

(一) 单方行为

所谓单方行为，也称为单方法律行为，是指仅依一方当事人的意思表示即可成立的民事法律行为，例如，同意行为、撤销行为、抵销行为、非婚生子女的自愿认领行为、订立遗嘱的行为、财团法人的设立、继承权的放弃、所有权的抛弃以及债务的免除行为等都是单方行为。[①]

(二) 双方行为

所谓双方行为，也称为双方法律行为，是指需要两方当事人的意思表示一致才能够成立的民事法律行为。所谓意思表示一致，简称为合意（accord），是指一方当事人同意另外一方当事人的意思表示。[②] 传统上，契约被视为最典型的双方法律行为，因为契约往往是两方当事人之间意思表示的一致。例如，甲方和乙方之间的买卖契约属于双方法律行为，因为如果甲方和乙方之间无法就秘密达成一致意见，则他们之间的买卖契约无法成立。

(三) 多方行为

所谓多方行为，也称为多方法律行为、集体行为、集体法律行为，是指需要三个或者三个以上的当事人的意思表示一致才能够成立的民事法律行为。例如，当甲方、乙方和丙方签订共同设立公司或者合伙组织的协议或者订立章程时，他们签订的此种协议和订立的此种章程就是多方法律行为。

在民法上，虽然多方法律行为多种多样，但是，最主要的多方法律行为包括：其一，团体组织的设立行为，诸如法人组织、非法人组织的设立行为。其二，劳动者与雇主签订的集体劳动契约。其三，组织成员通过成员大会通过的决议，例如，公司股东大会作出的决议。成员大会作出的决议之所以是多方法律行为，是因为根据民法程序，所有成员大会的决议需要有表决权的成员的51%通过，这就是简单多数规则。

民法之所以重视多方法律行为，是因为，虽然集体劳动契约仅仅由劳动者的少数代表与雇主签订，但是，他们签订的契约对所有的劳动者均有效；虽然成员大会的决议仅仅由51%的成员通过，他们作出的决议也对没有投票赞成决议的人有约束力。

[①] 张民安：《法国民法》，清华大学出版社2015年版，第108页。
[②] 张民安：《法国民法》，清华大学出版社2015年版，第109页。

二、管理行为、保全行为与处分行为

根据行为人与财产之间的关系的不同，法律行为分为管理行为、保全行为与处分行为。[①]

（一）管理行为[②]

所谓管理行为（les actes d'administration），是指行为人在履行自己的正常职责过程当中所实施的财产使用行为。换言之，所谓管理行为，是指按照财产的通常价值对财产进行使用的行为。管理行为多种多样，诸如，财产保险行为，获得收益的行为，债务的支付行为，农作物的出卖行为，短期的不动产出租行为，日常使用的动产的出卖行为，等等。

在民法上，行为人的管理行为包括对自己财产的管理行为，也包括对他人财产的管理行为。例如，公司董事对其公司财产的管理行为，父母对其未成年子女财产的管理行为，监护人对被监护人财产的管理行为。

（二）保全行为[③]

所谓保全行为（les actes conservatoires），也称为权利保全行为，是指行为人为了维持其权利状态所实施的法律行为。在法律上，保全行为主要包括以下三种：

（1）时效中断行为（interruption d'une prescription）。为了防止消灭时效期间经过而影响行为人对诉讼权的行使，行为人可能会实施某种中断时效期间的行为，他们基于此种目的所实施的时效中断行为就属于保全行为。

（2）抵押担保的登记行为（inscription d'une hypothèque）。为了让自己享有的债权能够优先于其他债权人的债权，债权人可能会将享有的有抵押担保的债权进行登记，以便将其享有的此种担保物权予以公示，他们基于此种目的所进行的抵押担保登记行为也属于保全行为。

（3）抵押担保登记的续展行为（le renouvellement d'une inscription hypothècaire）。为了维持债权人享有的优先权，债权人可能会延长其债权之上所存在的抵押担保登记的期限，债权人基于此种目的所实施的抵押担保登记的续展行为也属于保全行为。

---

① Henri Leon Mazeaud Jean Mazeaud Francois Chabas, Lecons de DROIT CIVIL, Tome Premier, Introuduction à l'étude du droit, septième édition, éDITIONS MONTCHRESTIEN, pp. 323—324; Guy Raymond, Droit Civil, 2e édition, Litec, p. 58; Henri Roland Laurent Boyer, Introuduction au droit, Litec, pp. 542—544; FrancoisTerré, Introduction générale au droit, 9e édition, Dalloz, p. 183.
② 张民安：《法国民法》，清华大学出版社 2015 年版，第 110 页。
③ 张民安：《法国民法》，清华大学出版社 2015 年版，第 110 页。

（三）处分行为[①]

所谓处分行为（les actes de dispositions），是指行为人以某种非常重要的方式、重大的、实质性的方式改变自己或者他人财产的行为。例如，当行为人将其全部财产赠与他人时，他们实施的此种财产赠与行为就属于处分行为；再例如，当公司同意将其全部股份出卖给买受人时，公司实施的此种出卖行为构成处分行为。除了重大财产的赠与、出卖属于处分行为之外，不动产抵押行为、动产质押行为、权利放弃行为以及长期的不动产出租行为等也均属于处分行为。我国《民法总则》第35条对处分行为作出了明确说明，该条规定：监护人应当按照最有利于被监护人的原则履行监护职责。监护人除为维护被监护人利益外，不得处分被监护人的财产。

（四）民法区分管理行为和处分行为的主要原因

同样是赠与行为、出卖行为，行为人实施的某些赠与行为、出卖行为可能是处分行为，而某些赠与行为、出卖行为则仅仅是管理行为。如何判断他们实施的哪些行为属于管理行为，哪些行为属于处分行为？对此问题，有两种不同的判断标准：其一，通常职责标准。根据此种标准，如果行为人实施的行为涉及他人的财产，则当他们在其通常的职责范围内处理他人财产时，他们对他人财产的处理行为属于管理行为。而当他们超出其通常的职责范围处理他人财产时，他们对他人财产的处理行为属于处分行为。其二，重大利益标准。根据此种标准，如果行为人实施的财产处理行为涉及他人的重大的、实质性的利益，则他们实施的财产处理行为就属于处分行为，反之，如果他们实施的财产处理行为并不涉及他人的重大的、实质性的利益，则他们实施的财产处理行为就属于管理行为。

行为人实施的财产处理行为是否属于其通常的职责范围，行为人实施的财产处理行为是否涉及他人的重大的、实质性的利益，既取决于制定法的规定，也取决于诸如公司章程的规定。在制定法或者公司章程没有作出规定的情况下，取决于案件的具体情况，由法官在具体案件当中作出决定。

三、债权行为与物权行为

（一）债权行为

所谓债权行为，是指行为人所实施的以债的发生为内容、以债权的取得和债务承担为目的的民事法律行为。从债权人的角度，行为人实施的此种行为被称为债权行为，而

[①] 张民安：《法国民法》，清华大学出版社2015年版，第110—111页。

从债务人的角度，行为人所实施的此种行为被称为债务行为。由于受到德国尤其是我国台湾地区民法学者的影响，我国民法学者将债务行为称为负担行为。所谓负担行为，是指债务人所实施的以自己的某种财产对债权人承担债务的行为。

例如，当出租人与承租人之间签订房屋租赁期约时，从债权人的角度，该租赁期约是债权行为，而从债务人的角度，该租赁期约是负担行为。再例如，当建筑工程公司与发包人签订建筑工程承包契约时，他们签订的承包契约就属于债权行为。

（二）物权行为

1. 物权行为的界定

所谓物权行为，是指行为人所实施的以物权的设立、转移、变更和终止为目的的民事法律行为，如所有权的移转行为、用益物权和担保物权的设立行为均是物权行为。

在民法领域，物权行为是否存在？在罗马法时代，民法仅仅承认债权行为的存在，因为罗马法认为，根据契约客体的不同，债分为三种：转移所有权的债，作为债和不作为债。[①] 在今时今日的法国，民法学者也不承认所谓的物权行为，因为他们认为，物权的变动和转移仅仅是债权行为产生的法律效果。[②]

2. 物权行为的具体分析

在我国，民法学者普遍认为，物权行为理论源自德国 19 世纪历史法学派的核心人物萨维尼。根据他们的学说，萨维尼认为，在买卖契约当中既存在债权行为也存在物权行为，因为除了具有债权的合意之外，买卖双方还具有物权合意。

具体来说，买卖契约包括三个不同的阶段：

第一阶段，出卖人有将其出卖物出卖给买受人的意思表示，买受人有购买出卖物的意思表示，当买卖双方就买卖达成一致的意思表示时，他们之间的意思表示就构成债权合意，实际上就是债权行为。

第二个阶段，出卖人有将其出卖物的所有权转让给买受人的意思表示，买受人有受让其出卖物的所有权的意思表示，当买卖双方就出卖物的所有权转让达成一致的意思表示时，他们之间的此种意思表示就是物权合意。

第三个阶段，出卖人或者将其出卖物交付给买受人，如果出卖物在性质上属于动产的话，或者与买受人一起办理出卖物的所有权转移手续，也就是进行出卖物所有权转让的登记。这就是所谓的交付或者登记，交付或者登记被称为公示，也就是将物权变动的行为昭告天下。

虽然后世民法学者对上述三个阶段的解读存在不同意见，但是，我国大多数民法学

[①] 张民安：《法国民法》，清华大学出版社 2015 年版，第 265—267 页。
[②] 张民安：《法国民法》，清华大学出版社 2015 年版，第 107—112 页。

者认为，上述第二个阶段和第三个阶段结合在一起就形成所谓的物权行为。换言之，所谓物权行为，是指物权合意加上公示行为。

3. 物权行为的三原则

（1）物权行为的独立性原则。所谓物权行为的独立性原则，也称为物权行为和债权行为的区分理论，是指物权行为独立于债权行为，是指债权行为之外的一种独立民事法律行为。因为根据物权行为理论，一个买卖行为同时包含了两个不同的民事法律行为，这就是上述第一种界定的债权行为和上述第二阶段和第三阶段的物权行为。

（2）物权行为的抽象原则。视为物权行为的抽象原则，也称物权行为的无因性，是指物权行为在其效力上和结果上不依赖债权行为。根据物权行为理论，如果在上述第一阶段当中，出卖人欺诈买受人，或者反之，买受人欺诈出卖人，则他们之间的债权行为将会因为欺诈的存在而无效或者可撤销。但是，债权行为的无效对物权行为的效力不会产生任何影响，在物权行为进行了公示之后，买受人仍然取得出卖人转让的财产所有权，出卖人仍然丧失所有权。

不过，因为债权行为无效，因此，买受人继续享有财产所有权对出卖人不公平。在此时，出卖人有权要求买受人将其获得的出卖物返还给自己。他们此时有些返还请求权在性质上不属于物权请求权，而属于债权请求权，这就是不当得利的返还请求权。

在民法上，人们将债权行为视为物权行为的原因，而将物权行为视为债权行为的结果。因为这样的原因，债权行为被称为原因行为，而物权行为则被视为结果行为。因为结果行为的效力不受原因行为效力的影响，换言之，即便债权行为因为欺诈、胁迫、乘人之危或者重大误解等原因的存在而无效或者被撤销，物权行为仍然有效，这就是物权行为的无因性，也就是物权行为的抽象原则。

（3）物权行为的公示原则。所谓物权行为的公示原则，也被称为物权变更的形式主义、物权的公示主义，是指一旦出卖人将其动产出卖物交付给买受人，或者一旦出卖人与买受人之间进行了不动产的转移登记，则买受人即因为此种公开行为、公示行为而获得了出卖物的所有权，即便出卖人所出卖的财产不是他们的而是第三人的，第三人也不得要求买受人将其购买的财产返还给自己。在民法上，动产的交付行为和不动产的登记行为被称为公开行为、公示行为。

（三）债权行为和物权行为区分理论在我国当下的争议

在我国，某些民法学者对物权行为理论赞不绝口、推崇备至，认为物权行为理论的提出，对物权法以及整个民法的发展都作出了重大的贡献。① 而某些民法学者则完全相反，他们极力反对该种理论，认为该种理论完全是多余的。

---

① 孙宪忠：《再谈物权行为理论》，《中国社会科学》2001 年第 5 期，第 126—127 页。

我们认为，物权行为理论完全违反了生活的常识，是对民事生活赤裸裸的强奸，因为在进行形形色色的买卖时，人们所为的买卖行为本身就能够产生所有权转让的效果，人们根本不会想到一个买卖行为还要分为三个不同的阶段，更加不可能想到一个买卖行为同时包括了债权行为和物权行为。在民法上，人们实施的三种民事法律行为能够产生所有权转让的法律效果，这就是买卖行为、互易行为和赠与行为。人们之所以实施这三种不同的民事法律行为，其目的仅仅在于获得所有权。

四、民事法律行为的其他分类

（一）财产行为与身份行为

按照行为人实施民事法律行为的目的是为了产生财产法上的效果还是产生身份法上的效果不同，民事法律行为可以分为财产行为和身份行为。

1. **财产行为**

所谓财产行为，是指行为人实施的以发生财产法上的效果为目的的法律行为。我们民法学者普遍认为，财产行为包括三种：债权行为、物权行为以及准物权行为。所谓债权行为，是指行为人所实施的以发生债权法上的效果为目的的行为。所谓物权行为，是指行为人所实施的以发生物权变动为目的的行为，以物权的设立、变更、废止为内容。所谓准物权行为，是指行为人所实施的以发生物权以外的其他权利变动为目的的行为，例如，债权转让行为就是准物权行为。

2. **身份行为**

所谓身份行为，是指行为人所实施的以发生身份法上的效果为目的的法律行为。身份行为分为两种即亲属行为和继承行为。所谓亲属行为，是指行为人实施的以发生亲属法上的效果为目的的行为，例如，结婚行为、收养行为、非婚生子女的认领等。所谓继承行为，是指行为人所实施的以发生继承法上的效果为目的的行为，例如，继承的抛弃行为、指定继承人的行为、订立遗嘱的行为。

（二）有因行为与无因行为

按照行为人实施的某种行为的效力是否受到另外一种行为效力影响的不同，民事法律行为可以分为有因行为和无因行为。

所谓有因行为，是指行为人所实施的会受到他们实施的另外一种行为效力影响的行为。所谓无因行为，则是指行为人所实施的不会受到他们实施的另外一种行为效力影响的行为。

在大多数情况下，即便行为人同时实施两种民事法律行为，他们所实施的这些民事法律行为之间往往不会存在这样或者那样的联系。但是，在少数情况下，行为人实施的两种行为之间则可能存在一定的联系。最典型的行为是买卖行为和票据行为：买受人之所以对出卖人签发支票、本票或者汇票，是因为他们购买了出卖人的货物，为了对出卖人付款，他们签发了这些票据。在买卖行为和票据行为当中，买卖行为被视为原因行为，而签发票据的行为即票据行为被视为结果行为。

在民法上，如果行为人实施的一个行为同他们实施的另外一个行为之间存在前因后果的关系，当原因行为因为涉及欺诈、胁迫、乘人之危等因素而无效或者被撤销时，如果结果行为不会因为原因行为的无效、被撤销而无效、被撤销，则我们将结果行为称为无因行为。反之，如果原因行为的无效、被撤销也导致结果行为的无效、被撤销，则结果行为也称为有因行为。

在民法上，人们普遍认为，票据行为属于无因行为，如果人们承认物权行为理论的话，他们也承认物权行为属于无因行为。

（三）要式行为与不要式行为

根据行为人在进行意思表示时是否应当采取某种具体的、特定的方式的不同，民事法律行为可以分为要式行为和不要式行为。

1. 要式行为与不要式行为的界定

所谓要式行为，是指行为人在进行意思表示时应当采取某种具体的、特定的方式。

所谓不要式行为，则是指行为人在进行意思表示时无需承认任何具体的、特定的方式。在当今社会，基于民事生活方便性和快捷性的考虑，民法以不要式行为为原则，以要式行为为例外。

2. 民事法律行为的形式自由原则

具体说来，除非制定法明确要求行为人采取某种具体的、特定的形式，或者除非当事人明确规定他们的行为要采取某种具体的、特定的形式，否则，行为人实施的任何民事法律行为均不需要具体的、特定的方式，这就是民事法律行为的形式自由原则。我国《民法总则》第135条对此原则作出了说明，该条规定：民事法律行为可以采用书面形式、口头形式或者其他形式；法律、行政法规规定或者当事人约定采用特定形式的，应当采用特定形式。

3. 需要采取要式行为的民事法律行为

在民法上，仅少数民事法律行为需要采取具体的、特定的方式：其一，婚姻行为、收养等身份行为；其二，公司或者其他团体组织的设立行为；其三，遗嘱行为；其四，票据行为；其五，诸如机动车强制保险契约等强制契约。

在制定法明确规定行为人应当采取某种形式的情况下，如果行为人在行为时没有采取此种形式，则他们实施的民事法律行为有时无效，有时则不会无效，是否无效，取决于制定法规定这些形式的目的。例如，如果公司设立不采取登记的形式，则公司设立行为无效,但是,如果合伙组织的设立没有采取登记的形式,则合伙组织仍然有效。因为,公司登记才能够让其股东承担有限责任,而无论合伙组织是否登记,其合伙人均承担无限责任。

(四) 要物行为与不要物行为

根据民事法律行为在成立时是否需要交付某种具体财产的不同,民事法律行为可以分为要物行为和不要物行为。

所谓要物行为,也称为实践行为,是指除了当事人之间的意思表示一致之外,其成立还需要其中的一方当事人将某种财产交付给另一方当事人的民事法律行为。例如,赠与行为、借用行为和寄存行为均为要物行为。要物行为的成立同时需要两个必要构成要件:其一,双方当事人之间就民事法律行为的成立达成了意思表示的一致,其二,一方当事人将某种财产交付另外一方当事人。

所谓不要物行为,是指仅凭双方当事人的意思表示一致就能够成立的民事法律行为。在民法上,大多数民事法律行为属于不要物行为。例如,买卖行为、借贷行为、建筑工程契约等。不要物行为仅仅需要一个必要构成要件:一方当事人与另外一方当事人之间就民事法律行为达成了意思表示的一致,不需要其中的一方将某种财产交付给另外一方。

(五) 生前行为与死因行为

根据行为人实施的行为是在其生前发生法律效力还是在其死亡之后发生法律效力的不同,民事法律行为分为生前行为和死因行为。

所谓生前行为,是指行为人生前所实施的在其死亡之前就发生法律效力的民事法律行为。在民法上,行为人实施的大多数法律行为均为生前行为,因为他们所实施的大多数法律行为均在他们活着时产生法律效力,例如买卖契约、租赁契约、运输契约等。①

所谓死因行为,是指行为人生前所实施的在其死亡时才开始产生法律效力的法律行为。死因行为虽然是行为人生前实施的法律行为,但是,在行为人死亡之前,他们实施的法律行为并不会产生法律效力,一旦行为人死亡,他们生前实施的法律行为就开始产生法律效力。在民法上,死因行为数量很少,主要包括三种:遗嘱、遗赠和生命保险。②

(六) 有偿行为与无偿行为

根据行为人是否是为了实现经济利益而实施民事法律行为的不同,民事法律行为分

---

① 张民安:《法国民法》,清华大学出版社2015年版,第112页。
② 张民安:《法国民法》,清华大学出版社2015年版,第112页。

为有偿行为和无偿行为。①

所谓有偿行为，是指民事法律行为的任何一方当事人均是为了实现其个人经济利益而实施的民事法律行为。例如，买卖契约、租赁契约就属于有偿行为，因为在这些契约当中，除了出卖人、出租人获得了经济利益之外，买受人、承租人也获得了经济利益，出卖人、出租人所获得的经济利益是买受人、承租人获得经济利益的代价或者报偿，反之亦然。

所谓无偿行为，是指民事法律行为的一方当事人为了将其作为恩惠的经济利益施予另一方当事人而实施的民事法律行为，或者说，所谓无偿行为，是指一方当事人在将其经济利益施予另一方当事人时没有从对方当事人那里获得报偿的法律行为。在无偿行为当中，仅有一方当事人将其经济利益施予对方，对方在获得此种经济利益时无需支付任何代价。例如，赠与契约、债务免除就属于无偿行为。

（七）主行为与从行为

根据行为人实施的民事法律行为是否能够独立存在的不同，民事法律行为分为主行为和从行为。

所谓主行为，指行为人所实施的能够独立存在，不依赖其他行为存在而存在的民事法律行为。所谓从行为，是指行为人所实施的不能够独立存在、必须依赖其他行为的存在而存在的民事法律行为。

在民法上，人们将债权行为视为主行为，而将担保人为了担保债权人的债权所实施的担保行为称为从行为。担保行为之所以被称为从行为，是因为，除了它们的成立依赖债权行为之外，它们的存在和消灭也均依赖主行为：如果债权人将其债权转让给受让人，则该债权之上的担保债权也随之转让给受让人，当债权人的债权因为债务人的清偿行为而消灭时，该债权之上所存在的担保物权也因此消灭。

（八）独立行为与补助行为

根据行为人实施的民事法律行为是否具有具体的内容的不同，民事法律行为分为独立行为和补助行为。

所谓独立行为，是指行为人所实施的具有具体内容的行为。除了补助行为之外，行为人实施的其他所有行为均是独立行为。所谓补助行为，是指行为人对第三人与他人之

---

① Henri Leon Mazeaud Jean Mazeaud Francois Chabas, Lecons de DROIT CIVIL, Tome Premier, Introduction à l'étude du droit, septième édition, éDITIONS MONTCHRESTIEN, pp. 322—323; Guy Raymond, Droit Civil, 2e édition, Litec, p. 58; Henri Roland Laurent Boyer, Introduction au droit, Litec, p. 545; FrancoisTerré, Introduction générale au droit, 9e édition, Dalloz, p. 183; 张民安：《法国民法》，清华大学出版社 2015 年版，第 109 页。

间实施的效力待定行为作出同意的行为。

补助行为包括三种：其一，当代理人与相对人实施越权代理行为时，被代理人作出的同意表示。其二，当限制行为能力人实施了民事法律行为超越了他们的能力范围时，父母或者其他监护人作出的同意表示。其三，当无权处分人处分了他人的财产时，财产的所有权人或者其他有处分权的人对其处分行为作出的同意表示。这些同意表示并没有具体的内容，一旦行为人作出同意的表示，则第三人与他人之间实施的民事法律行为就对第三人和他人有效。

第四节 民事法律行为的构成要件：意思表示

在讨论民事法律行为的要件时，我国民法学者普遍区分为两种要件，这就是民事法律行为的成立要件和民事法律行为的生效要件。① 我们认为，除了会导致内容的不必要的重复之外，民事法律行为成立要件和生效要件的区分理论并没有实质性的意义。有鉴于此，我们认为，在民事法律行为的构成要件问题上，我们应当仅仅讨论民事法律行为的生效要件。

根据我国民法学者作出的说明，所谓成立要件，是指一切民事法律行为在成立时所必须具备的要素。成立要件应当进行再分类，这就是，成立要件继续分为一般成立要件和特别成立要件。

所谓一般成立要件，是指所有的民事法律行为在成立时均应当具备的最低限度的构成要素，包括三种要素：行为人（当事人）、意思表示和标的。所谓特别成立要件，则是指除了具备一般要件之外，某些民事法律行为还应当具备其他的构成要素。例如，某些民事法律行为应当具备书面形式，某些民事法律行为应当具备财产的交付行为。所谓行为人，是指实施民事法律行为的民事主体，也就是自然人、法人和非法人组织。所谓标的，是指民事法律行为的内容，也就是民事法律行为所规定的权利、义务和责任。由于我们已经在前面的内容当中对它们作出了详细的介绍，此处从略。

所谓生效要件，是指民事法律行为在生效时所应当具备的要素。生效要件也能够做更进一步的区分，这就是一般生效要件和特别生效要件。所谓一般生效要件，是指一切民事法律行为在生效时所应当具备的最低限度的构成要素，包括三种要素：行为人

---

① 梁慧星：《民法总论》（第2版），法律出版社2001年版，第166—168页；傅静坤主编：《民法总论》（第3版），中山大学出版社2007年版，第145—158页；江平主编：《民法学》，中国政法大学出版社2007年版，第165—171页；王卫国主编：《民法》，中国政法大学出版社2007年版，第116—117页；李永军：《民法总论》，中国政法大学出版社2008年版，第194—202页；魏振瀛主编：《民法》（第4版），北京大学出版社2010年版，第154—157页。

(当事人)有相应的行为能力;意思表示真实;标的的合法、可能和确定。所谓特别生效要件,则是指除了具备一般要件之外,某些民事法律行为在生效时还应当具备其他的具体构成要素,例如,遗嘱应当特别具备一个特殊生效要件,这就是,立遗嘱人死亡。关于民事法律行为的生效要件,我们将在下面的内容当中作出讨论,此处从略。

在这里,我们仅仅讨论民事法律行为构成要件当中的一个构成要件,这就是意思表示的构成要件。

一、意思表示的概念和构成因素

(一) 意思表示的界定

所谓意思表示,是指行为人通过某种外在的方式将其内在的意图表示出来。当行为人内心具有实施某种民事法律行为的意图时,如果他们通过某种外在的方式将其意图表示出来,则他们的行为就构成意思表示或者意思表示行为。虽然意思表示不等于民事法律行为,但是,意思表示被认为是民事法律行为的核心构成要素。

一方面,如果没有意思表示,则没有民事法律行为。另一方面,民事法律行为的效果完全或者部分取决于行为人的意图:在大多数情况下,行为人实施的民事法律行为的效果完全取决于他们的内在意图,在少数情况下,他们实施的民事法律行为的效果既取决于他们的主观意图,也取决于制定法的规定。例如,夫妻之间的结婚契约就是如此,因为,除了按照夫妻双方之间的意图产生效果之外,夫妻之间也应当按照婚姻法的规定产生法律效果。

意思表示的构成要素有两个,这就是,行为人内心有实施某种民事法律行为的主观意图;行为人通过某种外在方式将其内心的主观意图表示出来。

(二) 行为人内心有实施民事法律行为的主观意图

意思表示的第一个构成要素是,行为人内心有实施某种民事法律行为的意愿(volonté)、主观意图,我国民法学者普遍将其称为内在意思,如果他们在行为时并没有实施民事法律行为的意愿、主观意图,则他们所实施的行为并不构成民事法律行为。[①]

因此,如果立遗嘱人要立下有效遗嘱,他们首先应当具有通过遗嘱来处分其生前财产的意图。如果债权人要实施有效的债务免除行为,他们首先应当具有免除债务人债务的意图。如果不动产所有权人要签订有效的不动产租赁契约,他们首先应当具有将其不动产出租给承租人的意图。[②]

[①] 张民安:《法国民法》,清华大学出版社 2015 年版,第 114 页。
[②] 张民安:《法国民法》,清华大学出版社 2015 年版,第 114 页。

在民法上，人们将行为人所具有的此种意思称为内在意思（volonté interne）、智识性的活动、真实的意思（volonté réelle）。所谓内在意思，是指行为人在实施某种民事法律行为时的一种内在心理活动，这就是，行为人不仅在内心有实施某种民事法律行为的意图（intention），而且在内心还有将此种意图付诸实施的打算。换言之，所谓行为人的内在意思，是指行为人在内心不仅知道自己想要干什么，而且还知道自己想要将其内心想要做的事情付诸实施。[1]

（三）行为人通过某种外在方式将其主观意图表示出来

意思表示的第二个构成要素是，行为人通过某种外在方式将其内心的意愿、主观意图表示出来。即便行为人具有实施某种民事法律行为的意图，如果他们没有将其意图表现出来，则他们所实施的行为也不构成民事法律行为。只有行为人以某种明显方式（évidement）将其意图表示出来，他们所实施的行为才构成民事法律行为，这就是所谓的意思表示行为（manifestation de volonté）。[2]

行为人的意图之所以应当以某种明显方式表示出来，是因为如果行为人没有将其意图以明显方式表示出来，则外人尤其是有关利害关系人将无法知悉、了解其意图的存在。尤其是，如果行为人所实施的民事法律行为是契约、双方行为或者多方行为的话，则这些民事法律行为要有效成立，还必须要有其他人所作出的同意表示，如果其他人不知道行为人的意图，则他们无法作出是否同意的表示。[3]

在民法上，人们将行为人以某种明显方式将其意思表示出来称为意思的外在表示性（extériorisation de la volonté）、外在表示行为。如果行为人仅仅有内在意思而没有外在的表示行为，则他们的内在意思将无法产生法律效力。例如，契约当事人通过书面方式将其意思表达出来，或者通过口头方式将其意思表示出来，甚至通过行为或者外在的标识将其意思表示出来。[4]

二、意思表示的分类

在我国，由于受到德国尤其是我国台湾地区民法学者的影响，我国民法学者对意思表示作出了不同的分类。他们作出的此种同他们对民事法律行为作出的分类基本上是一致的，因为每一种民事法律行为均存在不同的意思表示。

---

[1] 张民安：《法国民法》，清华大学出版社2015年版，第334页。
[2] 张民安：《法国民法》，清华大学出版社2015年版，第114页。
[3] 张民安：《法国民法》，清华大学出版社2015年版，第114页。
[4] 张民安：《法国民法》，清华大学出版社2015年版，第334页。

(一) 要物的意思表示和不要物的意思表示

根据意思表示的成立是否需要交付具体的物的不同,意思表示可以分为要物的意思表示和不要物的意思表示。所谓要物的意思表示,是指除了意思表示之外还应当交付具体物时才能够成立的意思表示,实际上就是要物行为的意思表示。例如,借用契约除了需要意思表示之外还需要交付借用物。所谓不要物的意思表示,也被称为单独的意思表示,是指仅仅需要意思表示就能够成立的意思表示,实际上就是不要物行为的意思表示。例如,买卖契约仅凭买卖双方当事人的意思表示就能够成立。

(二) 独立的意思表示和非独立的意思表示

根据意思表示的成立是否需要他人的意思表示的不同,意思表示分为独立的意思表示和非独立的意思表示。所谓独立的意思表示,是指仅凭一方当事人的意思表示就能够成立的意思表示,实际上就是单方法律行为的意思表示。例如,遗嘱仅需立遗嘱人一个人的意思表示就能够成立。所谓非独立的意思表示,是指除了行为人的意思表示之外,还需要他人的意思表示一起才能够成立的意思表示,实际上就是双方法律行为和单方法律行为的意思表示。例如,契约需要两方当事人的意思表示一致才能够成立。

(三) 有相对人的意思表示和无相对人的意思表示

根据行为人是否要对某一个具体的、特定的人意思表示的不同,意思表示可以分为有相对人的意思表示和无相对人的意思表示。如果行为人的意思表示必须向某一个具体的、特定的人表示,则他们的意思表示是有相对人的意思表示。例如,要约人所作出的要约意思表示,出卖人所作出的出卖意思表示,等等。

如果行为人的意思表示无效向某一个具体的、特定的人进行,则他们的意思表示就是无相对人的意思表示。例如,发布悬赏广告的人所作出的意思表示,财产所有权人所作出的抛弃其所有权的意思表示。

(四) 明示的意思表示和默示的意思表示

根据行为人是否通过某种明确、肯定的方式将其意思表示出来的不同,意思表示可以分为明示的意思表示和默示的意思表示。[1] 我国《民法总则》明确承认此种分类,第140条规定:行为人可以明示或者默示作出意思表示。沉默只有在有法律规定、当事人约定或者符合当事人之间的交易习惯时,才可以视为意思表示。

---

[1] Jean Carbonnier, Droit civil, Les biens les obligations, puf, pp. 1974—1975; Virginie Larribau-Terneyre, Droit civil Les obligations, 12e édition, Dalloz, p. 255.

所谓明示的意思表示（manifestations de volonté expresses），是指一方当事人为了让另外一方当事人知道其意思而实施的一切行为或者采取的一种行动。换言之，所谓明示的意思表示，是指行为人通过某种明确的、肯定的、能够让别人知悉的方式进行意思表示。例如，行为人通过公证文书的方式所进行的意思表示就属于明示的意思表示。再例如，行为人通过电子邮件所进行的意思表示也是明示的意思表示。[①] 在民法上，行为人通过书面方式和口头方式所进行的意思表示当然都是明示的意思表示。

所谓默示的意思表示（manifestations de volonté tacites），也称为暗含的意思表示，是指一方当事人虽然没有为了让另外一方当事人知道其意思而特别实施某种行为或者采取某种行动，但是，人们能够从该方当事人的行为当中合理推论出他有此种意思的存在。例如，当出租人与承租人之间的租赁契约到期时，即便出租人没有明确表示要继续将其房屋出租给承租人，但是，当承租人在租赁期限届满而仍然留在出租屋内时，人们可以合理推论出出租人仍然有继续出租其房屋的意思。[②]

在民法上，行为人的默示意思（volonté tacites）不同于他们的单纯缄默（le silencce）。所谓单纯的缄默，也被称为单纯的沉默，是行为人沉寂不语、默不作声，既不表示赞成也不表示反对，实际上就是指行为人的消极不作为。意思表示与单纯的缄默之间的差异在于，当事人的默示意思已经通过某种方式表示出来了，具有意思表示的外在性，而缄默则不同，它不具备表示的外在性。因此，当事人的默示意思本身足以让民事法律行为产生，而当事人的单纯缄默原则上不能够让当事人之间的民事法律行为产生。[③]

不过，在例外情况下，行为人的单纯缄默也可以视为默示的意思表示，这就是通过缄默作出的意思表示、通过不作为行为所进行的意思表示，有三种例外：

（1）制定法明确规定，行为人的单纯缄默被视为意思表示。在我国，制定法有时明确规定，行为人的单纯缄默应当被视为意思表示。例如，《民法总则》第171（2）条规定：相对人可以催告被代理人自收到通知之日起一个月内予以追认。被代理人未作表示的，视为拒绝追认。再例如，《民法通则》第66条规定：本人知道他人以本人名义实施民事行为而不作否认表示的，视为同意。同样，我国《继承法》第25条规定：继承开始后，继承人放弃继承的，应当在遗产处理前，作出放弃继承的表示。没有表示的，视为接受继承。

（2）当事人明确约定，一方当事人的缄默视为同意。如果契约当事人在其契约当中明确约定，一方当事人的缄默视为同意或者不同意，则他们的缄默被视为意思表示。

[①] 张民安：《法国民法》，清华大学出版社2015年版，第334页。
[②] 张民安：《法国民法》，清华大学出版社2015年版，第334页。
[③] 张民安：《法国民法》，清华大学出版社2015年版，第334页。

例如，如果契约的双方当事人明确约定，在一方当事人接到对方当事人要求解除契约的通知时，该方当事人应当及时作出是否同意解除契约的决定并且及时通知对方，如果没有及时作出此种决定或者及时通知，则视为同意对方当事人的要求。

（3）根据习惯尤其是当事人之间的交易习惯。如果根据习惯尤其是根据当事人之间的交易，行为人的单纯缄默等同于同意或者不同意的意思表示，则他们的单纯缄默即被视为意思表示。

（五）对话的意思表示和非对话的意思表示

根据意思表示能直接处于相对人互相了解的地位，如口头的、电话的意思表示，为对话的意思表示；以书面等非处于对立人相互了解地位所进行的意思表示，为非对话的意思表示。

（六）完全意思表示和不完全意思表示

无欠缺、无瑕疵的意思表示，为完全的意思表示；有欠缺和瑕疵的意思表示，如虚假陈述、错误、误传及诈欺与胁迫等皆为不完全的意思表示。

三、意思与表示的关系

民法要求行为人在进行民事法律行为时做到表里如一，其表示行为应当与其内在的效果意思保持一致。但是，在实际生活中，基于某种原因的存在，行为人在进行意思表示时往往不能达到这样的要求，其表示行为与其内在的效果意思没有保持一致。这就是所谓的意思与表示的不一致。

所谓意思与表示不一致，是指行为人内在的效果意思与所表示出来的意思相互矛盾而不统一。原则上讲，行为人的效果意思应与所表示出来的表示意思相一致。但在许多情况下，由于行为人本身的或外在的原因，行为人的效果意思与表示意思相互冲突。在此种情况下，民事法律行为是以效果意思作为其发生效力的根据还是以表示行为所表示出来的意思作为其发生效力的根据；法律有三种学说，即意思主义、表示主义和折衷主义。

（一）意思主义

在通常情况下，行为人的表示行为往往与其效果意思一致。此时，按表示行为或效果意思赋予行为人的行为以法律上的效果，对第三人和行为人的利益并无不同。但是，如果表示行为和效果意思不一致，是按表示行为还是按效果意思赋予民事法律行为以法律上的效果，对第三人的利益有重大的影响。为此，一些国家的法律认为，在表示行为和效果意思不一致的情况下，法律应当按照效果意思赋予该种行为以法律上的效果，这就是所谓的意思主义。根据意思主义，行为人即便有表示行为，如果其表示行为与其内心的效果意思不一致，则其表示行为为无效。

意思主义是个人主义在民事法律行为理论中的反映，体现了个人意思在意思表示和民事法律行为中的决定性价值。然而，意思主义虽对行为人提供了周详的保护，却不利于交易安全之维护，且其管理成本过高，不利于交易的快捷便利地进行。因为，根据意思主义，一旦行为人的效果意思和表示行为发生争执时，法律要求法官去探究行为人内心的真实意思并按照法官所认定的内在效果意思去赋予该种民事法律行为以法律上的效力。这种对行为人的真意的探究如果不是不可能的话，至少也是十分困难的。但是，意思主义也存在合理的地方，这就是，在遵行探究行为人真意的原则下，现代司法为现代民法提供了众多的法律规则，尤其是所谓的民事法律行为的解释规则，这就为确定当事人的真实意思提供了法律上和司法上的依据。

（二）表示主义

表示主义，是指当行为人的效果意思与其表示行为不一致时，法律按行为人表示出来的意思赋予此种行为以法律上的效果。表示主义认为，行为人的效果意识是行为人内心的活动，它只有在通过能够为外人所了解的方式表示出来时才有意义；而行为人的效果意思只有通过其表示手段予以推知，离开行为人的表示行为，行为人的内在的意思根本不能为外人所了解。为了维护交易的安全，法律不应以行为人的内心效果意思作为法律上的效果，而应根据行为人所表示的意思赋予其法律上的效果。

（三）折衷主义

此种理论认为，无论是表示主义还是意思主义均过于极端，最好的办法是吸取两者的长处，同时兼顾意思表示者和行为相对人的利益。因此，所谓折衷主义，就是指或者以意思主义为原则、以表示主义为例外，或者以表示主义为原则而以意思主义为例外的一种理论。

四、意思表示效力的发生

（一）导论

意思表示的成立与该意思表示的效力的发生并非必然同时产生，已经成立的意思表示于何时发生法律上的效力，应当区别两种情形，即无相对人的意思表示时和有相对人的意思表示时。关于无相对人的意思表示时行为人的意思表示何时生效，各国法律均未作出规定，但通说都认为与其意思表示成立同时发生法律效力。[①] 关于有相对人的意思

[①] 胡长清：《中国民法总论》，中国政法大学出版社1997年版，第199页。

表示时行为人的意思表示何时生效,学者一般分两种情形来讨论:以对话方式所为意思表示时其意思表示的生效和非以对话方式所为意思表示时其意思表示的生效。

所谓以对话方式为意思表示,是指行为人在为意思表示时,其意思表示脱离该行为人后无须经过相当之时间,相对人即时可受领者。以对话方式为意思表示时,不问行为人与相对人之间间隔距离远近,只要行为人处于与相对人可以直接通过语言沟通的地位上即可。因此,行为人与相对人直接进行面对面的沟通,当然是以对话方式为意思表示;就是行为人与相对人相隔万里而以电话进行沟通,也属于以对话方式为意思表示。

所谓非以对话方式为意思表示,是指行为人在为意思表示时,其意思表示脱离该行为人后,须经过相当之时间相对人始可受领者。意思表示的方式不同,该意思表示的生效时间也不同。总的说来,非以对话方式为意思表示时,该意思表示何时生效,有两种立法,即发信主义和到达主义。

(二) 非以对话方式所为的意思表示的生效时间

1. **发信主义**

发信主义是非以对话方式为意思表示时其意思表示的生效方式之一,此种方法为英美法系所采取。依发信主义,受意思表示的一方即受要约人,以信函、电报作出意思表示时,自信函、电报脱离自己控制即投邮时起承诺生效,民事法律行为于此时成立。采取发信主义的原因有二:其一,这是代理理论的要求。根据英美契约法原理,要约人通过邮局发出要约时,就默示指定邮局为代理人,代理要约人接受承诺。一旦受要约人将承诺的信函、电报交给邮局,实际上就被认为是交给了要约人本人,承诺立即生效。信函、电报如果被邮局丢失,要约人对此承担责任,但并不因此影响承诺的效力;其二,这是交易安全维护的必要。根据英美契约法的对价理论,要约人不受要约的约束,即使要约中规定了承诺期,要约人亦可随时撤回要约。采用发信主义可缩短要约人撤回要约的时间,有利于保护受要约人的利益,维护交易安全。

2. **到达主义**

到达主义是非以对话方式为意思表示时意思表示的另一生效方式,是指当意思表示达到相对人时,该意思表示即开始生效。这是由大陆法系国家民法和《联合国国际货物买卖公约》规定的一种生效方式。根据大陆法系国家的民法,如果受意思表示的一方即受要约人以信函、电报作出意思表示时,民事法律行为自信函、电报到达要约人时生效。所谓到达,并不是指要约人亲自收到电报、信函,而仅以到达要约人支配范围以内为必要。例如,邮差将信交于要约人之专门的收件人或投于要约人所设置之信箱,均构成到达。同时,依达到主义,只要信函、电报处于要约人所控制范围内,不管要约人是否现实地了解信函、电报的具体内容,意思表示都生效。

到达主义较之发信主义具有自己的优点,符合常识的要求,可以有效地解决信函、电报在传递中可能发生的风险负担问题。根据到达主义，信函、电报发出至送达要约人这段时间的风险，由受要约人负担；信函、电报自送达要约人支配范围时起，风险由要约人负担。

3. 我国《民法总则》采取的理论

我国《民法通则》未对非以对话方式为意思表示时该意思表示何时生效的问题作出明确规定，但是，我国民法学家都认可到达主义，司法实践也采取此种观点。[①] 我国《合同法》和《民法总则》对此问题作了明确说明。《合同法》第 26 条规定："承诺通知到达要约人时生效。"《民法总则》第 137（2）条规定："非对话方式作出的意思表示，到达相对人时生效。以非对话方式作出的采用数据电文形式的意思表示，相对人指定特定系统接收数据电文的，该数据电文进入该特定系统时生效；未指定特定系统的，相对人知道或者应当知道该数据电文进入其系统时生效。当事人对采用数据电文形式的意思表示的生效时间另有约定的，按照其约定。"

（三）以对话方式为意思表示时其意思表示的生效

如果行为人以对话方式为意思表示，该意思表示何时生效？在大陆法系国家，法律对此问题无明确的规定，学者则有不同的理论。有人认为应当采取达到主义，有人认为应当采取了解主义，还有人认为原则上应当采取达到主义而在例外的情况下则应当采取了解主义。[②] 我国台湾民法为避免争执而在"民法"第 94 条明确规定采取了解主义，即对话人为意思表示者，其意思表示，以相对人了解时发生效力。我国《民法通则》对此问题没有作明确规定，学者对此问题基本上采取到达主义。我国《民法总则》对此问题作出了说明，这就是第 137（1）条，该条采取了知悉理论，该条规定：以对话方式作出的意思表示，相对人知道其内容时生效。

第五节　民事法律行为的解释

一、民事法律行为解释的界定

在民法上，"解释"一词（interprétation）源自拉丁文"interpretatio"一词，该词则源自"interprerari"一词，其在拉丁文当中的含义是指"说明"（expliquer）、"阐明"

[①] 梁慧星：《民法总论》，法律出版社 1996 年版，第 165 页。
[②] 胡长清：《中国民法总论》，中国政法大学出版社 1997 年版，第 263 页。

或者"弄清楚"（éclaircir）。① 在今时今日的民法当中，虽然拉丁文所具有的此种含义仍然存在，但是，"解释"一词在民法当中的含义有两种：

（1）它或者是指民法学者和法官对立法者在其制定法当中所规定的含糊不清的法律文本、法律条款作出的说明、阐明，以便弄清楚这些法律文本、法律条款的真正含义，实现让法律文本、法律条款的含义清楚、意义不明的目的，这就是法律解释、法律文本的解释、法律条款的解释。② 我们将其称为民法的解释。关于民法的解释，我们将在下面的内容当中作出讨论，此处从略。

（2）它或者是指民法学者和法官对行为人实施的模棱两可的民事法律行为即意思表示作出的说明、阐明，以便弄清楚他们在其民事法律行为当中所使用的词语、概念的真正含义，以实现让他们所规定的契约条款或者其他条款的含义清楚、意义不明的目的，这就是民事法律行为的解释、契约解释或者其他法律行为的解释。③

因此，所谓民事法律行为的解释，是指当行为人实施的民事法律行为存在模棱两可或者含糊不清的地方时，或者说当行为人所作出的意思表示存在模棱两可或者含糊不清的地方时，也就是，为了解决当事人之间因为词语、语言或者术语的模棱两可、含糊不清而引起的民事纠纷，民法学者尤其是法官采取各种各样的手段、方式和方法对这些词语、语言或者术语的含义作出的说明、阐明。

二、民事法律行为解释的必要性

在大陆法系国家和我国，立法者均对民事法律行为的解释作出了明确规定。

（一）法国立法者对契约解释作出的规定

在法国，在 2016 年 2 月 10 日的债法改革之前，《法国民法典》旧的第 1156 条至第 1164 条对契约解释（l'interprétation des conventions）作出了详细的规定，并因此建立起契约解释方面的原则。在 2016 年 2 月 10 日的债法改革之后，《法国民法典》新的第 1188 条至第 1192 条对契约的解释作出了详细的规定。

在新的第 1188 条当中，法国立法者引入了契约解释的新方法，这就是一般理性人的解释方法，该条规定：人们应当根据当事人的共同意图对契约作出解释，而不应当停留在当事人所使用的词语的字面含义。在当事人的共同意图无法探寻时，人们应当根据

---

① Gérard Cornu, Vocabulaire juridique, 10e édition, puf, p. 567.
② Gérard Cornu, Vocabulaire juridique, 10e édition, puf, p. 567；张民安：《法国民法总论（上）》，清华大学出版社 2017 年版，第 313—314 页。
③ Gérard Cornu, Vocabulaire juridique, 10e édition, puf, p. 567.

一个有理性的人在同样状况时所理解的含义对其契约作出解释。①

实际上,《法国民法典》新的第 1188（1）条所规定的解释理论属于经典的意图理论,而新的第 1188（2）条所规定的解释理论则属于客观解释理论。关于这两类不同的解释理论,我们将在下面的内容当中作出讨论,此处从略。除了法国立法者对契约解释作出了明确规定之外,法国民法学者也普遍对契约解释作出了明确阐述。②

(二) 我国立法者对民事法律行为的解释作出的规定

在《民法通则》当中,我国立法者虽然对民事法律行为作出了规定,但是,他们并没有对民事法律行为的解释作出任何规定。在《合同法》当中,我国立法者首次对合同解释作出了规定,这就是第 125 条,该条规定:"当事人对合同条款的理解有争议的,应当按照合同所使用的词句、合同的有关条款、合同的目的、交易习惯以及诚实信用原则,确定该条款的真实意思。合同文本采用两种以上文字订立并约定具有同等效力的,对各文本使用的词句推定具有相同含义。各文本使用的词句不一致的,应当根据合同的目的予以解释。"

在《民法总则》当中,我国立法者对包括合同解释在内的所有民事法律行为的解释作出了规定,这就是第 142 条,该条规定:有相对人的意思表示的解释,应当按照所使用的词句,结合相关条款、行为的性质和目的、习惯以及诚信原则,确定意思表示的含义。无相对人的意思表示的解释,不能完全拘泥于所使用的词句,而应当结合相关条款、行为的性质和目的、习惯以及诚信原则,确定行为人的真实意思。

(三) 人们对民事法律行为作出解释的理由

在人类的思维活动中,概念具有重要的作用,甚至具有决定性的意义。在法学的思维活动中,法学概念同样具有决定性的意义,它是人们获得、认识并且使用法律知识和法律技能的工具。作为具有高度抽象意义的法学概念,民事法律行为是人们获得、认识和使用民法知识和民法技能的最为重要的工具之一。然而,此种工具的获得、认识和使用必须以行为人掌握良好的语言能力作为前提。

---

① Article 1188 Le contrat s'interprète d'après la commune intention des parties plutôt qu'en s'arrêtant au sens littéral de ses termes. Lorsque cette intention ne peut être décelée, le contrat s'interprète selon le sens que lui donnerait une personne raisonnable placée dans la même situation.

② Gabriel Marty Pierre Raynaud, Droit Civil, Les Obligations, Tome 1, Les sources, 2e édition, Sirey, pp. 249—257; Jean Carbonnier, Droit civil, Volume II, Les biens les obligations, puf, pp. 2169—2172; Philippe Malaurie Laurent Aynès Philippe Stoffel-Munck, les, obligations, 4e édition DEFRENOIS, pp. 393—403; Francois Terré Philippe Simler Yves Lequette, Droit civil, Les obligations, 10e édition, Dalloz, pp. 472—474; Jacques Flour Jean-Luc Aubert éric Savaux, Les obligations, 1. L'acte juridique, Quatorzième édition, Dalloz, pp. 374—381.

当行为人实施民事法律行为时,他们实际上是在通过词语表达自己的思想,虽然法律要求行为人在表达自己的此种思想时要使用简洁、明确和肯定的词语,但是,由于种种原因,行为人在与他人为民事法律行为时往往无法达到此种要求,因为,在其民事法律行为当中,他们所使用的词语可能是累赘的、模糊的和难以确定的。为了明确行为人在其民事法律行为当中所所表达的真实含义,我们有必要对他们所实施的民事法律行为或者他们的意思表示作出解释。

民事法律行为的解释之所以必要,其原因虽然多种多样,诸如行为人文化知识水平的低下、法律知识的欠缺和行为人故意使用不确定或模糊的词语等,但是最根本的原因在于人类所使用的词语本身的弱点。词语本身的弱点表现在三个方面:

(1) 词语本身的不确定性。行为人在为民事法律行为时,虽然极尽推敲之能事,也无法防止自己不使用非确定性的词语,因为任何词语都具有歧义性,它们可能不足以表达行为人所欲说明的意思,也可能本身就欠缺必要的精确性。在大多数情况下,"白天"和"黑夜"可以说是十分清楚的,但是,白天在什么时候开始,黑夜在什么时候结束?有人可能会说是在日出的时候,另一些人会说是在黎明。那么,"黎明"在什么时候开始,没有人能确切地讲出来。①

(2) 词语本身的相对性。很有可能发生这样的情况,某种词语对某个人意味着某种事物,而对另一个人则意味着另一件事物,因此,同一词语对不同的人可能有不同的含义。就"准时支付"来说,它对某个人可能意味着立即支付,而对另一个而言则可能意味着允许宽泛若干时日,只要在一两天之内支付即可。②

(3) 词语的语境性。同一词语在不同的场合可能有不同的意义。因此,"资本"这一词语在公司资本维持原则的场合可能仅仅指公司的股份资本,但是在公司资本制度的场合则可能不仅仅指股份资本,还包括债务资本。同样,作为"侮辱性行为"的一种表现形式,吹口哨在某一教授演讲时可能是"侮辱性的",而在某一足球明星表演时则可能是非"侮辱性的"。

三、民事法律行为解释的原则

在对民事法律行为作出解释时,人们应当遵循一些基本的原则。

(一) 与其解释为无效,毋宁解释为有效

在对民事法律行为作出解释时,人们应当坚持的第一个解释原则时,与其将民事法律行为解释为无效,毋宁将它们解释为有效。在当事人之间的民事法律行为发生纠纷

---

① 丹宁:《法律的训诫》,群众出版社1985年版,第3页。
② 丹宁:《法律的训诫》,群众出版社1985年版,第3页。

时，如果一方当事人要求法官将民事法律行为或者民事法律行为当中的某一个条款解释为无效，而另外一方当事人则要求法官将该民事法律行为或者其中的一个条款解释为有效，在既可以作出无效解释也可以做有效解释的情况下，法官应当将其解释为有效，而不应当将其解释为无效。这就是有利于契约（faveur du contrat）的解释。这一点尤其是在一方宣称他们之间的契约违反公共秩序的情况下适用，因为，所有的民事法律行为均代表了人们所作出的一种努力，均具有某种社会功效。如果法官在两可的情况下将它们解释为无效，则除了人们的努力将因此付诸东流之外，人们努力的社会功效也将会荡然无存。①

《法国民法典》新的第1191条对此种解释原则作出了说明，该条规定："在契约的一个条款可能有两种含义时，如果其中的一个含义能够让该条款产生效力，而另外一个含义则不会让其产生任何效力，则人们应当优先选择能够让该条款产生效力的含义。"②

（二）与其作出有利于债权人的解释，毋宁作出有利于债务人的解释

在对民事法律行为作出解释时，人们应当坚持的第二个解释原则时，与其作出有利于债权人的解释，毋宁作出有利于债务人的解释。在当事人之间的民事法律行为发生纠纷时，如果民事法律行为当中的某一个条款或者词语有两种不同的含义，其中的一个含义有利于债权人，而另外一个含义有利于债务人，则法官应当作出有利于债务人而不利于债权人的解释。这就是有利于债务人（faveur du débiteur）的解释。③

民法之所以实现此种规则，一方面，因为契约的内容、契约的条件、契约的用语是由债权人订定的，债务人仅仅是对其订定的契约内容、契约条件或者契约用语表示同意；另一方面，因为在订定契约的内容、契约的条件或者契约的用语时，债权人存在问题，没有使用准确无误的词语。此种规则在双务契约当中仍然是适用的，虽然在双务契约当中，任何一方当事人均同时是债权人和债务人。

因为，此种规则的理论根据在于订定者订定契约的内容、条件和用语，因此，在双务契约当中，如果契约的条款或者用语能够同时存在有利于债权人和债务人的两种不同含义，法官应当做不利于订定者而有利于非订定者的解释。例如，在买卖契约当中，法官应当作出不利于出卖人而有利于买受人的解释，而在租赁期约当中，法官应当作出不利于出租人而有利于承租人的解释。

---

① Jean Carbonnier, Droit civil, Volume II, Les biens les obligations, puf, p. 2171; Jacques Flour Jean-Luc Aubert éric Savaux, Les obligations, 1. L'acte juridique, Quatorzième édition, Dalloz, p. 376.
② Article 1191 Lorsqu'une clause est susceptible de deux sens, celui qui lui confère un effet l'emporte sur celui qui ne lui en fait produire aucun.
③ Jean Carbonnier, Droit civil, Volume II, Les biens les obligations, puf, p. 2171; Jacques Flour Jean-Luc Aubert éric Savaux, Les obligations, 1. L'acte juridique, Quatorzième édition, Dalloz, p. 376.

《法国民法典》新的第1190条对此种解释原则作出了说明,该条规定:"在存在疑问时,经过双方一致同意的契约应当作出不利于债权人而有利于债务人的解释,附合契约做不利于建议采用此种契约的一方当事人的解释。"①

(三) 作出不利于提供格式条款者的解释

在对民事法律行为作出解释时,人们应当坚持的第三个解释原则时,作出不利于格式条款提供者的解释。在现代社会,在签订契约时,人们并不总会采取要约和承诺的方式,而是采取附合契约(le contrat d'adhésio)即格式合同的方式,这就是,一方当事人将预先规定好的格式合同提供对方,让对方一字不改地表示同意或者不同意。如果对方当事人在一字不改的情况下表示同意,则他们之间的合同成立,这就是我国《合同法》所规定的格式合同。

在格式合同所规定的格式条款存在模棱两可时,如果人们能够对其作出两种不同的解释,其中的一种解释有利于格式条款的提供者,而另外一种解释则有利于非格式条款的提供者,则人们应当采取有利于非格式条款提供者而不利于格式条款提供者的解释。其理由同上述第二种解释原则的理由一样,已如前述。

《法国民法典》新的第1190条对此种解释原则作出了规定,已如前述。在我国,《合同法》对格式条款的理解发生争议的,应当按照通常理解予以解释。对格式条款有两种以上解释的,应当作出不利于提供格式条款一方的解释。格式条款和非格式条款不一致的,应当采用非格式条款。

(四) 手写内容优先于印刷内容

在对民事法律行为作出解释时,人们应当坚持的第四个解释原则时,手写内容优先于印刷内容。在民法上,如果就同一种民事法律行为,行为人既通过手写规定,也通过印刷规定,在手写的内容和印刷的内容冲突时,人们应当采取的解释原则时,手写的内容优先于印刷的内容。因为在两个方面的内容存在冲突时,人们普遍认为,手写的内容更能够深刻反映行为人的个人意图。②

四、民事法律行为的解释方法

(一) 主观解释方法和客观解释方法的界定

在对民事法律行为作出解释时,人们传统上采取主观解释方法,而在今时今日,人

---

① Article 1190 Dans le doute, le contrat de gré à gré s'interprète contre le créancier et en faveur du débiteur, et le contrat d'adhésion contre celui qui l'a proposé.
② Jean Carbonnier, Droit civil, Volume II, Les biens les obligations, puf, p. 2171.

们原则上采取主观解释方法，但是，在主观解释方法无法适用时，他们也采取客观解释方法。

1. 主观解释方法的界定

所谓主观解释方法（méthode subjectives），也称为经典解释方法，是指在对民事法律行为或者意思表示作出解释时，人们不仅应当探寻行为人内心的真实意图、内在意思，而且还应当按照他们内心的真实意图、内在意思确定民事法律行为当中含糊不清的词语的含义。①

2. 客观解释方法的界定

所谓客观解释方法（méthode objectives），也称为创设性解释方法（interprétation créatrice），是指在对民事法律行为或者意思表示作出解释时，人们不应当探寻行为人内心的真实意图、内在意思，而应当根据习惯、公平正义或者诚实信用原则等确定行为人是否应当承担民事法律行为当中没有规定的义务。②

3. 当今民法对主观解释方法和客观解释方法的同时承认

在1804年，《法国民法典》完全采取主观解释理论，因为它认为，在契约所规定的词语含义不清时，人们应当探寻契约当事人的共同意图（commune intention），并且根据该种意图确定词语的含义，而不应当仅仅拘泥于词语的字面含义（sens littéral des termes）。这就是第1156条，该条规定：人们应当在契约当中探寻契约当事人的共同意图是什么，而不应当仅仅拘泥于契约词语的字面含义。

到了19世纪末期，某些民法学者开始反对主观解释理论，他们认为，主观解释理论存在这样或者那样的问题，因为，一方面，契约当事人之间并没有此种共同意图，因为契约的任何一方当事人均是按照最有利于自己利益的方式赋予契约所规定的词语以含义；另一方面，主观解释理论无法在附合契约领域适用，因为附合契约仅仅体现了提供附合契约一方当事人的意图，无法体现另外一方当事人的意图。③

在今时今日，在对民事法律行为尤其是其中的契约作出解释时，人们既采用主观解释方法，也采取客观解释方法。在今时今日，《法国民法典》就采取这样的做法，一方面，《法国民法典》新的第1188条仍然固守主观解释理论。另一方面，《法国民法典》新的1194条明确规定，除了契约当事人明确规定的内容对他们产生约束力之外，公平、

---

① Gabriel Marty Pierre Raynaud, Droit Civil, Les Obligations, Tome 1, Les sources, 2e édition, Sirey, p. 251; Francois Terré Philippe Simler Yves Lequette, Droit civil, Les obligations, 10e édition, Dalloz, pp. 474—478; Jacques Flour Jean-Luc Aubert éric Savaux, Les obligations, 1. L'acte juridique, Quatorzième édition, Dalloz, pp. 375—377.

② Gabriel Marty Pierre Raynaud, Droit Civil, Les Obligations, Tome 1, Les sources, 2e édition, Sirey, pp. 251—252; Francois Terré Philippe Simler Yves Lequette, Droit civil, Les obligations, 10e édition, Dalloz, p. 478; Jacques Flour Jean-Luc Aubert éric Savaux, Les obligations, 1. L'acte juridique, Quatorzième édition, Dalloz, pp. 377—379.

③ Gabriel Marty Pierre Raynaud, Droit Civil, Les Obligations, Tome 1, Les sources, 2e édition, Sirey, p. 252.

惯例或者制定法所规定的内容也对他们产生约束力。①

在当今德国，人们也同时承认主观解释理论和客观解释理论。一方面，《德国民法典》第133条对主观解释理论作出了说明，该条规定：意思表示之解释，应当探寻当事人的真实意图，不得拘泥于当事人所使用的词语的字面含义。另一方面，《德国民法典》第157条对客观解释理论作出了说明，该条规定：在解释合同时，除了应当考虑诚实信用原则的要求之外，人们还应当考虑当事人之间的交易习惯。

在我国，《合同法》第125条和《民法总则》第142条同时对主观解释理论和客观解释理论作出了规定，已如前述。

4. 主观解释方法和客观解释方法的分类

在民法上，虽然主观解释方法和客观解释方法均是民事法律行为的解释方法，但是，它们之间还是存在重大差异的。主要表现在，主观解释方法仅仅针对民事法律行为当中所存在的模棱两可、含糊不清的词语、术语作出解释，以便让其含义清晰、意义明白。而客观解释方法则不以民事法律行为当中的模棱两可、含糊不清的词语、术语的存在作为前提，它以民事法律行为没有对引起纠纷的内容作出规定作为前提。例如，当事人之间的契约没有对行为人承担的安全保障义务作出规定，契约当事人之间就此种义务是否存在发生争议，此时，法官采取客观解释方法对他们之间的契约作出解释，以便决定此种义务是否应当承认。

我们认为，主观解释方法包括三种：文义解释、整体解释和目的解释，而客观解释方法则包括三种：习惯解释、公平解释、诚实信用解释。

（二）主观解释方法

1. 文义解释

所谓文义解释，也称为字面解释，是指在解释民事法律行为当中的某一个引起争议的词语时，人们应当根据该词语的通常含义、一般含义、最普通的含义来理解其含义，不应当对该词语作出断章取义或者牵强附会的理解。我国《合同法》第125条和《民法总则》第142条均承认此种解释方法，因为它们均规定，在解释合同条款或者意思表示时，人们应当根据所使用的词句来确定其含义，已如前述。

在民法上，文义解释属于民事法律行为解释的最基本方法，在当事人之间就民事法律行为当中所使用的术语、词语方式争议时，人们应当首先采取此种解释方法。只有在该种解释方法会引起不公平、不合理的后果时，人们才能够采取其他方法。在作出解释时，人们之所以应当首先采取文义解释的方法，是因为行为人的真实意图会通过他们使

---

① Article 1194 Les contrats obligent non seulement à ce qui y est exprimé, mais encore à toutes les suites que leur donnent l'équité, l'usage ou la loi.

用的词语反映出来,尤其是会通过他们精心使用的词语反映出来。在对民事法律行为当中的词语进行文义解释时,人们通常采取的方法是查词典,看一看词典是如何解释引起争议的词语,并且根据词典的解释对引起争议的词语作出解释。

例如,在对带家具房屋租赁期约当中的"家具"作出解释时,人们应当按照通常的含义来作出解释,认为其中的"家具"仅仅是指床、柜、桌、椅等,并不包括诸如电视机、电冰箱等"家电。"

2. 整体解释

所谓整体解释,或者是指在解释民事法律行为当中的某一个引起争议的词语时,人们不应当过分拘泥于该词语的字面含义、表面含义,更不能够断章取义,而是要结合民事法律行当中的其他内容来确定该词语的含义,以便该词语的含义能够与整个民事法律行为融为一体。或者是指在解释某一个民事法律行为当中的某一个引起争议的词语时,人们不应当拘泥于该民事法律行为本身,而应当结合行为人实施的其他民事法律行为,以便确定该词语的含义,如果行为人实施的这些民事法律行为具有同样的作用。

民法之所以承认整体解释,是因为民法认为,虽然行为人实施的同一个民事法律行为是由不同的条款所组成的,但这些条款并不是孤立存在的,它们结合在一起就形成了一个内在结构协调、和谐一致的有机整体。因此,从理论上讲,要了解契约的整体意义,他们必须首先理解其各个部分的意义;同样,要理解各个部分的意义,人们也必须将它置于整体意义中始能够把握。如果仅仅对某一条款作单独的解释,或许它有不同的意义,因此难以确定当事人的真实意义。但是,如果把它同其他条款结合起来解释,使之能够与其他的条款相互补充,则人们不难确定当事人的真实意思。

《法国民法典》新的第 1189 条对契约的整体解释作出了说明,该条规定:契约的所有条款相互解释,并因此赋予某一个条款以能够让整个契约协调一致的含义。如果基于当事人的共同意图,当事人之间的几个契约具有同样的作用,则人们应当根据这些契约的规定作出解释。① 我国《合同法》第 125 条和《民法总则》第 142 条也均规定了此种解释方法,因为它们均规定,在合同条款或者意思表示发生争议时,人们可以根据相关条款作出解释,已如前述。

3. 目的解释

所谓目的解释,是指在解释民事法律行为时,如果民事法律行为当中使用的词语可能作两种不同的解释时,人们应当选择最适合于民事法律行为目的的一种解释。

---

① Article 1189

Toutes les clauses d'un contrat s'interprètent les unes par rapport aux autres, en donnant à chacune le sens qui respecte la cohérence de l'acte tout entier.

Lorsque, dans l'intention commune des parties, plusieurs contrats concourent à une même opération, ils s'interprètent en fonction de celle-ci.

在2016年2月10日的债法改革之前,《法国民法典》旧的第1158条对目的解释作出了说明,该条规定:"在契约所规定的词语有两种含义时,人们应当采用与契约内容最合适的一种含义。"在2016年2月10日的债法改革之后,《法国民法典》没有再规定此种解释方法。在我国,《合同法》第125条和《民法总则》第142条也均规定了此种解释方法,因为它们均规定,在发生争议时,人们应当按照契约的目的或者行为人实施法律行为的目的作出解释,已如前述。

例如,在解释附动产房屋买卖当中的动产时,虽然人们能够在理论上对其中的"动产"作出狭义理解即有体物和广义理解即无体物,但是,人们只能够对该房屋买卖当中的动产作出狭义的理论,认为附动产房屋买卖当中的动产仅仅是指房屋当中的床、柜、桌、椅等,并不包括房屋当中的债券、股票等无形动产,因为这样理解才符合房屋买卖契约的目的。①

(三) 客观解释方法

1. 习惯解释

所谓习惯解释,是指在民事法律行为没有对引起争议的某种内容作出规定的情况下,人们根据习惯决定该种内容是否存在。②《法国民法典》新的第1194条对此种解释方法作出了规定,已如前述。我国《合同法》第125条和《民法总则》第142条也对此种解释方法作出了规定,已如前述。

例如,在医疗契约没有对医师承担的说明义务作出规定的情况下,如果病患者向法院起诉,要求医师就其没有履行说明义务的行为对自己承担违约责任,法官要作出解释,说明医师是否应当在契约明确规定的义务之外对其病患者承担此种义务。此时,他们可以根据习惯作出解释:如果大多数医师习惯上对病患者承担此种义务,则该案当中的医师也应当承担此种义务;如果大多数医师习惯上不会对病患者承担此种义务,则该案当中的医师也无需承担。

2. 公平解释

所谓公平解释,是指在民事法律行为没有对引起争议的某种内容作出规定的情况下,人们根据公平原则决定该种内容是否存在。③《法国民法典》新的第1194条对此种

---

① Jacques Flour Jean-Luc Aubert éric Savaux, Les obligations, 1. L'acte juridique, Quatorzième édition, Dalloz, p. 376.
② Gabriel Marty Pierre Raynaud, Droit Civil, Les Obligations, Tome 1, Les sources, 2e édition, Sirey, pp. 251—252; Francois Terré Philippe Simler Yves Lequette, Droit civil, Les obligations, 10e édition, Dalloz, p. 470; Jacques Flour Jean-Luc Aubert éric Savaux, Les obligations, 1. L'acte juridique, Quatorzième édition, Dalloz, p. 377.
③ Gabriel Marty Pierre Raynaud, Droit Civil, Les Obligations, Tome 1, Les sources, 2e édition, Sirey, pp. 251—252; Francois Terré Philippe Simler Yves Lequette, Droit civil, Les obligations, 10e édition, Dalloz, p. 4701; Jacques Flour Jean-Luc Aubert éric Savaux, Les obligations, 1. L'acte juridique, Quatorzième édition, Dalloz, p. 377.

解释方法作出了规定，已如前述，而我国《合同法》第 125 条和《民法总则》第 142 条则没有对此种解释方法作出规定，已如前述。

例如，在旅客运输契约当中，双方当事人虽然规定了承运人对旅客所承担的财产损害的赔偿，但是，没有规定承运人对旅客遭受的人身损害的赔偿。在发生事故之后，旅客向法院起诉，除了要求承运人赔偿其财产损害之外还要求承运人赔偿其人身损害。在对运输契约是否应当包含这样的赔偿内容作出判断时，法官可以考虑公平正义原则：如果承运人不赔偿人身损害是不公平的、不合理的，则它应当赔偿乘客遭受的此种损害。

3. 诚信解释

所谓诚信解释，是指在民事法律行为没有对引起争议的某种内容作出规定的情况下，人们根据诚实信用原则决定该种内容是否存在。《法国民法典》新的第 1104 条对此作出了说明，该条规定："契约的谈判、契约的成立和契约的履行均应当遵循诚实信用的要求，此条规定属于公共秩序性质的。"[1] 我国《合同法》第 125 条和《民法总则》第 142 条也对此种解释方法作出了规定，已如前述。

例如，在旅客运输契约没有对承运人所承担的救助义务作出规定的情况下，如果乘客向法院起诉，要求法官责令承运人就其没有履行救助义务的行为对自己承担违约责任，法官可以根据诚实信用原则确定承运人是否应当承担此种义务。

---

[1] Article 1104
　　Les contrats doivent être négociés, formés et exécutés de bonne foi.
　　Cette disposition est d'ordre public.

第十三章 民事法律行为的效力

第一节 民事法律行为的有效

所谓民事法律行为的有效，是指行为人实施的民事法律行为按照其意图产生法律上的效果，不过，民事法律行为的有效是有条件的。《民法总则》第143条对民事法律行为的有效条件作出了说明，它规定："具备下列条件的民事法律行为有效：（一）行为人具有相应的民事行为能力；（二）意思表示真实；（三）不违反法律、行政法规的强制性规定，不违背公序良俗。"我们认为，民事法律行为的有效条件包括四个：行为人有权利能力；行为人有行为能力；行为人有真实的意思表示；民事法律行为的内容是合法的、确定的和可能的。

一、行为人应当具有权利能力

在我国，正如在其他国家，如果行为人实施的民事法律行为要产生法律效力，它们应当具备的第一个构成要件是，在实施民事法律行为时，行为人应当具有权利能力，如果他们没有权利能力，则他们当然不能够实施任何民事法律行为，即便他们实施了某种民事法律行为，他们所实施的此种民事法律行为也无效。

在历史上，因为奴隶没有法人格、权利能力，因此，奴隶不得实施任何民事法律行为，如果他们实施民事法律行为，则他们实施的民事法律行为无效。同样，因为民事死亡者[①]没有法人格、权利能力，因此，他们也不能够实施任何民事法律行为，如果他们实施任何民事法律行为，则他们所实施的行为无效。

在当今社会，虽然所有的自然人均具有法人格、权利能力，但是，为了实现某种目的，立法者可能会在某些特殊领域剥夺自然人所享有的权利能力。一旦自然人在这些特殊领域的权利能力被剥夺，则他们不能够在这些领域实施民事法律行为，否则，他们实

[①] 所谓民事死亡者，是指因为实施某种严重犯罪行为而被法官通过判决剥夺其法人格、民事权利能力的人。民事死亡者并没有实际死亡，他们仍然活着，不过，他们像奴隶一样没有法人格、权利能力，无法实施任何民事法律行为，包括不能够结婚、不能够立遗嘱、不能够确定买卖契约等等。在罗马法当中，自由民可能会因为实施某种犯罪行为而被法官宣告为民事死亡者。在法国旧法时期，原本享有法人格、权利能力的人也可能会因为实施某种严重犯罪行为而法官宣告为民事死亡者。张民安：《法国民法总论（上）》，清华大学出版社2017年版，第246—259页。在今时今日，民事死亡制度已经被废除，民法当中不再存在民事死亡者。

施的民事法律行为无效。

首先,在医患关系存续期间,医师不享有与病患者签订除了诊疗契约之外的其他契约的权利能力,诸如赠与契约、买卖契约、借贷契约或者其他契约,否则,他们之间所签订的此种契约无效。法律之所以禁止医师与患者之间签订除了诊疗契约之外的其他契约,是为了防止医师滥用病患者对他们的信任,通过诸如赠与契约、买卖契约等契约损害病患者的利益。《法国民法典》第909条对此种规则作出了规定,根据该条的规定,在接受诊疗期间,医师或者其他附属医务人员医师没有资格获得其曾经治疗过的病人在患病期间所赠与或者遗赠的财产。①

其次,除非制定法另有特别规定,否则,在监护关系存在期间,监护人不享有实施任何有害于被监护人财产利益行为的权利能力,否则,他们实施的行为无效。《法国民法典》第509条对此作出了规定,根据该种规定,监护人不得无偿转让被监护人的财产,不得放弃被监护人的权利,不得购买或者租赁被监护人的财产。②

再次,所有权人不享有在自己的人身之上设定地役权的权利能力,否则,他们的地役权设立行为将会无效。法律之所以禁止所有权人在其人身之上设定地役权,是为了保护他们的人身自由,防止他们因为地役权的设定而被奴役,《法国民法典》第686条对此作出了明确规定,根据该种规定,虽然所有权人有权在其不动产之上建立地役权,但是,此种地役权只能够建立在不动产的基础上,不得建立人身的基础上。③

最后,自然人不享有签订自愿为奴契约的权利能力。在当今社会,基于自然人的人格尊严的强制性尊重和自然人的人身自由的强制性维持,法律禁止任何行为人与他人签订自愿为奴的协议,根据该种协议,行为人自愿在一定时期甚至终身成为他人的奴隶。一旦行为人与他人之间签订此种契约,则他们之间的契约无效。

二、行为人具有相应的民事行为能力

在我国,正如在其他国家,如果行为人实施的民事法律行为要产生法律效力,它们应当具备的第二个构成要件是,在实施民事法律行为时,行为人应当行为能力。自然人的民事行为能力是自然人能够通过自己独立的行为为其设定民事权利或者民事义务的资格。因此,民事主体所实施的民事法律行为与其民事行为能力相适应才能发生法律效力。这一点,包括以下三个方面:

(1) 根据我国《民法总则》第18条的规定,成年人为完全民事行为能力人,可以独立实施民事法律行为。完全民事行为能力人所实施的民事法律行为不会因民事行为能

---

① 张民安:《法国民法》,清华大学出版社2015年版,第138页。
② 张民安:《法国民法》,清华大学出版社2015年版,第138页,第170—171页。
③ 张民安:《法国民法》,清华大学出版社2015年版,第28页。

力因素而导致不生效或无效。

(2) 根据我国《民法总则》第 19 条、第 22 条的规定，八周岁以上的未成年人和不能完全辨认自己行为的成年人为限制民事行为能力人，可以独立实施纯获利益的民事法律行为；可以实施经其法定代理人同意的民事法律行为；八周岁以上的未成年人可以实施与其年龄、智力状况适应的民事法律行为；不能完全辨认自己行为的成年人可实施与其智力、精神健康状况相适应的民事法律行为。否则，法律行为发生效力待定的后果。

最后，根据我国《民法总则》第 20 条和第 21 条的规定："不满八周岁的未成年人、不能辨认自己行为的成年人和不能辨认自己行为的八周岁以上的未成年人为无民事行为能力人，由其法定代理人代理实施民事法律行为，不能单独实施民事法律行为。"

三、行为人有健全的意思表示

在我国，正如在其他国家，如果行为人实施的民事法律行为要产生法律效力，它们应当具备的第三个构成要件是，行为人有真实的意思表示。

所谓真实的意思表示，是指行为人在实施民事法律行为时是完全自愿的，是没有瑕疵的，他们不是基于其本身的误解作出的意思表示，不是基于相对人的欺诈或者胁迫作出意思表示，不是显失公平的行为作出意思表示的。如果行为人在实施民事法律行为时存在意思表示的误解、欺诈、胁迫或者因为显失公平的契约而遭受损害，则他们在这些情况下所为的意思表示就被认为是有瑕疵的意思表示，也就是意思表示的瑕疵。[①]

四、民事法律行为的内容应当是合法的、确定的和可能的

在我国，正如在其他国家，如果行为人实施的民事法律行为要产生法律效力，它们应当具备的第四个构成要件是，民事法律行为的内容应当是合法的、确定的和可能的。如果民事法律行为的内容是不合法的、不确定的或者不可能的，则它们无效。

（一）民事法律行为内容的界定和要求

所谓民事法律行为的内容，也被称为民事法律行为的标的，是指行为人在其实施的民事法律行为当中所规定的民事权利、民事义务和民事责任。在当今社会，民法实施意思自治原则，因此，在实施民事法律行为时，行为人完全能够自由确定其内容，包括权

---

① Henri Leon Mazeaud Jean Mazeaud Francois Chabas, Lecons de DROIT CIVIL, Tome Premier, Introduction à l'étude du droit, septième édition, éDITIONS MONTCHRESTIEN, pp. 329—330; Guy Raymond, Droit Civil, 2e édition, Litec, p. 59; Henri Roland Laurent Boyer, Introuduction au droit, Litec, pp. 547—548; Jean Carbonnier, Droit civil, Volume I, Introduction Les personnes la famille, l'enfant, le couple, puf, pp. 323—324; Yvaine Buffelant-Lanore Virginie Larribau-Terneyre, Droit civil, Introduction, Biens, Personne, Famille, 17e édition, Dalloz, p. 59.

利、义务和责任。不过，为了维护公共利益和私人利益，法律对民事法律行为的内容也作出了最大限度的要求，这就是民事法律行为的内容应当是合法的、确定的和可以实现的，这就是民事法律行为内容的要求。

（二）民事法律行为内容的合法性

首先，民事法律行为的内容应当是合法的，这就是内容的合法性。在民法上，内容的合法性有两个方面的含义：

（1）民事法律行为的内容不得违反强制性的法律规范，尤其是不得违反具有公共秩序性质的法律规范。如果行为人实施的民事法律行为违反了强制性的法律规范，除非被违反的强制性的法律规范仅仅是为了维护私人利益，否则，他们实施的民事法律行为无效，已如前述。我国《民法总则》第143条将强制性的法律规范称为"法律、行政法规的强制性规定"。例如，如果A与B签订买凶杀人契约，则他们之间签订的此种契约无效，因为该种契约直接违反了刑法的规定。

（2）即便不存在强制性的法律规范，民事法律行为也不得违反公共秩序或者良好道德的要求。在民法上，强制性的法律规范所规定的大多数秩序均属于公共秩序，不过，并非所有的公共秩序均会规定在强制性的法律规范当中，在制定法的规定之外，公共秩序和良好道德仍然会存在，这就是非制定法上的公共秩序和良好道德。民事法律行为不得违反非制定法上的公共秩序或者良好道德，否则，他们之间的行为无效。这就是《民法总则》第143条所规定的"不违背公序良俗"。

例如，即便制定法没有作出规定，一个女人也不得以一个男人签订协议，将自己的乳汁出卖给该男人。如果他们之间签订了此种协议，则此种协议无效。再例如，即便制定法没有明确禁止，一个人也不得与另外一个人达成协议，让另外一个人为自己撰写博士学位论文。如果他们之间达成了此种协议，则此种协议无效。

（三）民事法律行为内容的确定性

民事法律行为的内容应当是确定的，这就是内容的确定性。所谓内容的确定性，是指民事法律行为所规定的内容是明确的、肯定的和清楚的，或者虽然不是明确的、肯定的和清楚的，但是，人们能够通过一定的方式让其明确化、肯定化和清楚化。

在正常情况下，在民事法律行为成立时，民事法律行为的内容就应当是明确的、肯定的和清楚的。因为，如果不明确、肯定或者清楚，则当事人之间的法律关系可能处于不确定的状态。不过在成立时，即便民事法律行为的内容不明确、不肯定或者不清楚，当事人之间的民事法律行为并不会因此无效，因为，在民事法律行为成立之后，他们仍然能够通过多种多样的方法让其内容明确、肯定和清楚。例如，通过事后协商、解释或者通过习惯等。①

(四) 民事法律行为内容的可能性

民事法律行为的内容应当是有可能实现的,这就是内容的可能性。所谓内容的可能性,是指在民事法律行为成立时,它们所规定的内容在事实上是能够实施的。如果所规定的内容在成立时是不可能实施的,则当事人之间的民事法律行为无效。

例如,如果 A 与 B 签订将海水抽干的契约,或者如果 A 与 B 签订将泰山从山东省搬迁到广东省的契约,则他们之间签订的此类契约无效。因为,将海水抽干或者将泰山搬迁在事实上是不可能实施的。不过,如果 A 与 B 签订去天空旅游的契约,则该种契约是有效的,因为,以现有的技术而言,将游客送上太空是指日可待的。

在我国,由于受到德国尤其是我国台湾地区民法学者的影响,民法学者往往从反面即民事法律行为所规定的内容不可能实施的角度讨论此种问题,他们将不可能实施的内容称为"不能",并且根据多种多样的标准对其作出了不同的分类。

1. 自始不能和嗣后不能

根据民事法律行为所规定的内容在行为时是否能够实现的不同,不能被分为自始不能和嗣后不能。

所谓自始不能,是指在民事法律行为成立时,它们所规定的内容在事实上是无法实施的。例如,当 A 与 B 签订房屋买卖契约时,B 要出卖给 A 的房屋完全是子虚乌有的。自始不能的民事法律行为无效。

所谓嗣后不能,是指在民事法律行为成立时,它们所规定的内容在事实上是能够实施的,但是,因为某种原因的发生,原本能够实施的内容在此后无法实施。嗣后不能的民事法律行为仍然有效,但是,因为内容已经无法实施了,因此他们之间的民事法律行为只能够解除。例如,当 A 与 B 签订房屋买卖契约时,B 的房屋是存在的,但是,在 B 交付前几天,B 的房屋被付之一炬。

2. 主观不能和客观不能

根据民事法律行为所规定的内容究竟是债务人个人不能够实施还是所有人均不能够实施的不同,不能被分为主观不能和客观不能。

所谓主观不能,是指民事法律行为所规定的内容相对于债务人而言是无法实施的,但是相对于其他人而言则是能够实施的。例如,当 A 与歌星 B 签订演出契约时,由于 B 临时生病而无法演出。主观不能的民事法律行为仍然有效,不过,因为债务人无法履行契约所规定的义务,因此,他们之间的契约不得不解除或者延期。

所谓客观不能,是指民事法律行为所规定的内容相对于所有人而言均是无法实施

---

① 《中华人民共和国合同法》第 61 条。

的。主观不能的民事法律行为无效。例如，A与B签订的大海捞针协议就是客观不能。民事法律行为所规定的内容是否能够实施，有法官在具体案件当中加以裁判。法官在作出裁判时要考虑现有的技术、所需要的成本以及所获得的利益等等。

3. 一时不能和永久不能

根据民事法律行为所规定的内容是暂时不能够实施还是恒久不能够实施的不同，不能分为暂时不能和永久不能。

所谓暂时不能，是指民事法律行为所规定的内容在一段时期内是无法实施的。例如，由于发生地震，出卖人暂时无法交付货物给买受人。暂时不能仅仅导致民事法律行为的内容延期执行，不会导致行为无效。所谓永久不能，是指民事法律行为所规定的内容在任何时期、任何情况下均是不能够实施的。例如，A与B签订的将泰山从山东省搬迁到广东省的契约。永久不能则导致民事法律行为无效。

4. 一部不能与全部不能

根据民事法律行为所规定的内容究竟是部分实施还是全部实施的不同，不能被分为部分不能和全部不能。

所谓部分不能，是指民事法律行为所规定的某些内容是能够实施的而某些内容则是不能够实施的。所谓全部不能，则是指民事法律行为所规定的所有内容均无法实施。部分不能不会引起民事法律行为的无效，而全部不能则会引起民事法律行为的无效。

第二节　民事法律行为的无效

一、民事法律行为无效的概念与特征

（一）民事法律行为无效的概念

民事法律行为的无效是法律对于已成立的法律行为所进行的否定性评价。

无效民事法律行为，是指欠缺民事法律行为的生效要件，在法律上当然、自始、确定不发生当事人所预期的效力的行为。

（二）民事法律行为无效的特征

1. 民事法律行为无效当然不发生法律效力

从本质上讲，民事法律行为无效因其违背了法律的禁止性规定、公序良俗等社会公益性要件，不管当事人的意愿如何，当然不能发生法律效力。无效法律行为，谁都可以主张无效，对谁都可以主张。同时，不需经过当事人主张其无效，也不需经过任何认定

程序予以认定其无效。尽管当事人之间因无效法律行为而发生纠纷时，会存在法院或仲裁机构对法律行为的无效进行确认，但这种确认仅具有宣示效果。

2. 法律行为无效自始不发生法律效力

《民法总则》第155条规定："无效的或者被撤销的民事法律行为自始没有法律约束力。"无效法律行为因不具备法律行为的生效要件，自其成立之时即为无效，不发生任何法律效力。在这一点上，无效法律行为和可撤销法律行为是不同的，即可撤销法律行为在撤销权人行使撤销权对其予以撤销之前具有法律效力。另外，其与法律行为生效之后，当事人依法予以解除的情形也不同。合同的解除不具有溯及力，但是，无效自始没有法律约束力。

3. 法律行为无效确定不发生效力

无效法律行为不仅成立时不发生法律效力，而且其后也无发生法律效力的可能；也不因情事变更而恢复其效力；即使当事人的追认也不能发生法律效力。这一点与效力待定的法律行为不同，等到待定的条件出现或者经同意、追认后可以发生法律效力。

需要说明的是，《日本民法典》第119条规定，法律行为的当事人知道其无效而追认的视为新的行为。《德国民法典》第141条第一款也有类似规定。"所谓追认是当事人再度实施已知无效的先行行为内容相同的法律行为。因此，追认时新的行为如果具备有效要件的，从追认时开始发生法律效力。"①但是，从无效原因属于公益性无效即违反法律强制性规定或公序良俗的不可能因当事人的追认而发生效力。私益性要件的无效法律行为如果被追认而且追认时具备法律行为有效要件的，可以认为是新的有效法律行为。

4. 法律行为无效完全不发生效力

民法总则规定，民事主体从事民事活动，不得违反法律、行政法规的强制性规定，不得违背公序良俗。无效法律违反国家的法律、行政法规的强制性规定，违背公序良俗等公益性要件，因而对此类行为应实行国家干预，规定其不能产生当事人预期的法律效果。但需要注意的是，无效法律行为只是不发生法律行为的效果，并不妨碍因其无效而发生的损害赔偿、不当得利返还请求权法律效力。

二、民事法律行为无效的分类

民事法律行为无效，按照不同的标准可作不同的分类。在此，介绍如下两种分类，即全部无效与部分无效、绝对无效与相对无效。

（一）全部无效与部分无效

《民法总则》第156条规定："民事法律行为部分无效，不影响其他部分效力的，

---

① ［日］河上正二：《民法总则讲义》，日本评论社2007年版，第421页。

其他部分仍然有效。"该条规定来自《民法通则》第60条、《合同法》第56条的规定，其涉及的是法律行为全部无效与部分无效的问题。

以无效原因存在于其内容的全部或部分为标准，无效法律行为可以分为全部无效与部分无效。前者是指无效原因影响法律行为的全部内容将导致其全部无效，整个法律行为当然不发生任何法律效力。后者则指无效原因仅影响法律行为的部分内容而其余部分不受无效原因影响的，仅部分无效。

从我国的司法实践看，部分无效不影响其他部分效力的法律行为，主要有以下三种情形：

（1）法律行为所涉及标的数量超过法律许可范围。例如，合同规定的利息高于国家规定的最高利率，高出的部分无效。例如，借款合同规定的利息高于国家规定的最高利率高出的部分无效，借款合同仍然有效；遗嘱人通过遗嘱将全部的遗产遗赠给第三人而剥夺了无劳动能力或者无生活来源的法定继承人的继承权，违反了继承法的规定，法定继承人应继承的份额部分的遗赠因违反继承法的强制性规定而无效，遗嘱的其他部分内容仍然有效。

（2）法律行为的标的，由数种事项拼合而成，其中一项或者数项无效。例如，买卖合同的标的物有数个，其中之一为法律禁止流通物，则该项买卖中仅买卖禁止流通物部分无效，其他部分仍可有效。

（3）法律行为中的次要条款，因违反法律的强制性规定或者公序良俗而无效。例如，在雇佣合同中约定"工伤概不负责"；在雇佣合同中约定"在任期间不得结婚、不得怀孕"等条款，这些约款因违背公序良俗而被法院认定无效，则雇佣合同本身无效。[①]

（二）绝对无效与相对无效

无效的法律行为以其无效的效果范围为标准，可分为绝对无效与相对无效。前者是指无论任何人或者对于任何人均可以主张无效的法律行为，即不以当事人为限；后者则是指特定的人或者对于特定的人不得主张无效的法律行为。我国台湾地区"民法"第87条规定："表意人与相对人通谋而为虚伪意思表示者，其意思表示无效。但不得以其无效对抗善意第三人。"该条但书内容即属于相对无效的规则规定。虚伪表示因缺乏双方当事人的效果意思而无效，但表意人不得以此无效对抗善意第三人。例如，甲为了逃避债务，与乙通谋将其房屋产权虚伪地转移给乙，而乙又将该房屋卖给善意的第三人丙并已经转移其产权。甲不得对丙主张甲乙之间的虚伪表示无效，要求丙返还其房屋。"法律行为，以绝对无效为原则，而以相对无效为例外。例如，违反公序良俗的法律行

---

① 梁慧星：《民法总论》（第4版），法律出版社2011年版，第198页。

为，本属绝对无效，近年来各国法院已改变态度，仅承认受不利益一方当事人有权主张其无效。"①关于某些法律行为的无效出现了从绝对无效到相对无效的动向，在无效法律行为处再作进一步阐述。

三、民事法律行为无效的转换

民事法律行为无效的转换是将其转换为另一个有效法律行为。就是说，即使是无效法律行为，如果具备另一个法律行为的有效要件，可以将其承认为另一种法律行为。这样有利于保护当事人的权益。例如，《德国民法典》第140条规定："如果无效的法律行为具备其他法律行为的要件，即使当事人知其为无效的情形之下，如果能够推定当事人希望该其他法律行为有效的，无效法律行为作为该其他法律行为而有效。"无效法律行为的转换，应具备如下三个要件："①须有无效的法律行为。其无效原因如何，在所不问，但不包括法律行为效力未定的情形。②该无效法律行为须具备其他法律行为的要件。其他有效行为称之为替代行为。③法律行为的转换须符合当事人的意思。"②

例如，"根据《日本民法典》第789条的规定，应当成为嫡出子女（婚生子女—引用者）的，父母为其进行嫡出子的出生登记申请的，应承认该申请为认领申请。根据《日本民法典》第265条的规定，所订立的地上权设定行为即使无效，可以将其认定为有效的土地租借契约"③ 等。关于非婚生子女的认领申请有必要结合《日本民法典》的规定作一定的解释。《日本民法典》第789条第二款规定："父母在婚姻关系存续期间认领的子女，自认领时起取得婚生子女的身份。"上述引文中的出生登记申请即属于这种情况：事实婚姻的夫妻办理结婚登记之后，为其未认领的非婚生子女申请补办婚生子女出生登记。虽然该出生登记申请不符合法律规定而无效，但是，可以推定夫妻具有认领的意思，因此，可以承认该申请为有效的认领申请。又根据"父母在婚姻关系存续期间认领的子女，自认领时起取得婚生子女的身份"的法律规定，赋予其子女以婚生子女的身份。

四、我国《民法总则》规定的几种无效民事法律行为

《民法总则》规定的无效法律行为包括：无民事行为能力人实施的民事法律行为无效（第144条）；行为人与相对人以虚假的意思表示实施的民事法律行为无效（第146条）违反法律、行政法规的强制性规定的民事法律行为无效，但是该强制性规定不导致该民事法律行为无效的除外（第153条）。违背公序良俗的民事法律行为无效（第

---

① 梁慧星：《民法总论》（第4版），法律出版社2011年版，第198页。
② 王泽鉴：《民法总则》，北京大学出版社2009年版，第389页。
③ ［日］河上正二：《民法总则讲义》，日本评论社2007年版，第422页。

153 条第 2 款)。行为人与相对人恶意串通，损害他人合法权益的民事法律行为无效（第 154 条）。

(一) 自然人无相应行为能力引起的无效法律行为

1. 民事法律行为无效的情形

自然人无相应行为能力，这一类型又可分为无民事行为能力人实施的民事法律行为和行为人超越其行为能力实施民事法律行为而未得追认两种。《民法总则》第 144 条规定："无民事行为能力人实施的民事法律行为无效。"根据《民法总则》相关规定，自然人无相应行为能力包括两种情形：其一为无行为能力，包括不满八周岁的未成年人、不能辨认自己行为的成年人和八周岁以上不能辨认自己行为的未成年人。由于行为人根本不具备行为能力，故其民事法律行为只能由其法定代理人代理进行，其单独实施的法律行为为无效行为。第二种情形，八周岁以上的未成年人和不能完全辨认自己行为的成年人独立实施与其年龄、智力或精神健康状况不相适应的民事法律行为，其法定代理人拒绝追认，且该行为不属于纯获利益的行为。

应当注意的是，《民法总则》第 145 条规定，限制民事行为能力人实施的纯获利益的民事法律行为有效。最高人民法院的司法解释规定，无民事行为能力人、限制民事行为能力人接受奖励、赠与、报酬，他人不得以行为人无民事行为能力、限制民事行为能力为由，主张以上行为无效。

2. 判断自然人有无行为能力的基准时间

另外，判断自然人有无行为能力时，以什么时间为基准来确定？判断自然人的行为能力以其作出意思表示的时间，即实施法律行为的时间为基准。因此，所实施的法律行为具备其他有效要件，而自然人在实施法律行为时具有相应行为能力，则该行为有效；即使事后丧失行为能力或其行为能力受限制，也不影响法律行为的效力。

(二) 违反法律、行政法规强制性规定

《民法总则》第 153 条第 1 款规定："违反法律、行政法规的强制性规定的民事法律行为无效，但是该强制性规定不导致该民事法律行为无效的除外。"

如上所述，法律的强制性规定是当事人不能通过约定予以变更或者排除的法律规则。强制性规范包括民法中的强制性规定和公法（其他法律、法规）中的强制性规定。"任意性规定和强制性规定的区别基本上是对民法规范的分类，另外，还存在与此相近但不同的分类，即管理性规定和效力性规定。"[①]

民法中的强制性规定是以维护社会公共利益和公序良俗为目的的，因此，违反民法

---

① [日] 大村敦志：《基本民法Ⅰ总则物权总论》（第 3 版），有斐阁 2011 年版，第 66 页。

中的强制性规定的法律行为不能受到法律的保护,也不能产生当事人预期的法律效果。

公法中的强制性规定可分为管理性规定和效力性规定。"从行政的角度考虑禁止或限制一定的行为,对违反者处以刑罚或课以行政上不利益的规定称为管理性规定;其中导致私法上合同无效的管理性规定称为效力性规定。"① "多数管理性规定一般不规定违反行为在私法上的效力。"② 如果管理性规定不涉及法律行为效力的,即使违反其规定,法律行为也不能归于无效。例如,"杀人和毒品买卖合同等应当属于无效。但是,未经许可从事出租车运营固然违反法律,然而,深夜坐车回家的乘客不能对司机讲'你没有许可证,所以该运输合同无效'(而拒绝支付打车费——引用者)。就是说,司机存在法规违反是肯定的,但合同应当还是属于合同。"③ 无证运营的出租车的运输法律行为还是有效的,乘客不得拒付打车费。

区分效力性规定和管理性规定:"一般要根据以下要素进行判断:①规定的主旨;②行为的反社会性;③交易安全;④当事人之间的公平等四点。其中,①和②的作用侧重于无效;③和④的作用则侧重于有效。杀人的情形,①和②的比重大,但出租车的情形则④的分量会更大。"④

我国法律、法规中也存在纯粹以管理为目的的强制性规定。《合同法》第 52 条规定违反法律、法规的强制性规定的合同无效。对此,最高人民法院关于适用《〈中华人民共和国合同法〉若干问题的解释(二)》第 14 条规定:"《合同法》第五十二条第(五)项规定的'强制性规定'是指效力性强制性规定。"这一规定也区分了管理性强制性规定(以下称为管理性规定)和效力性强制性规定(以下称为效力性规定)。《民法总则》第 153 条规定:"违反法律、行政法规的强制性规定的民事法律行为无效,但是该强制性规定不导致该民事法律行为无效的除外。"这是对合同法及其司法解释上述内容的继承和发展。按照该条规定,民事法律行为即使违反一般管理性规定,也不能因此否定其效果,仍然应当有效;只有违反效力性规定的才属于无效。因为,管理性规定的立法目的主要在于便于国家的行政管理,其内容一般不直接涉及公共利益与公序良俗等公益性要件。所以,只有违反效力性规定的法律行为才无效。

(三) 违反公序良俗

1. 公序良俗是民法的基本原则

民事活动要遵守公序良俗是我国《民法总则》规定的一项基本原则。《民法总则》

---

① [日] 内田贵:《民法 I 总则·物权总论》(第 4 版),东京大学出版会 2008 年版,第 277—278 页。
② [日] 后藤卷则、山野目章夫:《民法总则论点讲义シリーズ03》(第 4 版),弘文堂平成 18 年版,第 74 页。
③ [日] 大村敦志:《基本民法 I 总则物权总论》(第 3 版),有斐阁 2011 年版,第 67 页。
④ [日] 大村敦志:《基本民法 I 总则物权总论》(第 3 版),有斐阁 2011 年版,第 67 页。

第 8 条规定，民事活动不得违背公序良俗。《民法总则》第 153 条第二款进一步规定："违背公序良俗的民事法律行为无效。""违反公序良俗的无效是基于法律行为的反社会性之上的无效。其与为保护表意人的无效不同，是不可改变的无效。在这一点上，其为最符合无效基本类型的无效。"① 在中国现行法中"社会公共利益"及"社会公德"被认为在性质上与公序良俗相当。因此，违反公序良俗，即损害社会公共利益或违背社会公共秩序等公益性要件的法律行为应当无效。

2. 违背公序良俗原则的法律行为的种类

日本的民法学界将解释空间巨大、适用要件模糊的法律规定叫作"一般条项"，公序良俗就是其中之一。但是，随着上百年来判例的积累，公序良俗原则已经不是抽象的原则，而成了范围明确、内容充实的可操作性强的具体规则了。这要归功于判例的大量积累和学界的锲而不舍的钻研。

日本民法学界将违背公序良俗原则的法律行为概括、归纳为违反社会规范型、侵害权益型和其他类型等三种。前两种类型又可划分为若干种类。

以下概括介绍这些类型。②

（1）涉及犯罪的行为。作为犯罪行为的对价而支付金钱的合同；作为不作犯罪行为的对价而支付金钱的合同（作为不妨碍经营及营业活动的对价而支付 5000 万元的合同）；赃物交易的合同；与公务员进行收受贿赂的约定；等等。这些涉及犯罪的合同，在私法上也无效。

（2）违反管理规定的行为。在日本，在一般情况下，并不是把禁止特定交易行为的管理规定直接当作效力规定，而是作为公序良俗的问题予以处理。这样可以灵活考虑行为的各项具体情形而作出判断。比如违反的程度如何、当事人是否知道违反法律、是否危害交易安全、管理规定的目的能否实现等。另一方面，着眼于行为的反社会性，如果法律、法规的禁止规定涉及法律行为效力的也导致其无效。例如，违反食品安全法的规定而贩卖混入有毒物质的食品的法律行为无效；违反不正当竞争法、商标法的规定贩卖与他人专利产品类似的产品的行为也属无效。这些判例着重考虑了胆敢实施违法行为的当事人的主观要素，将这些行为认定为无效。

（3）违反人伦的行为。违反婚姻秩序、性道德的合同为无效。最典型的是卖淫、嫖娼合同为无效。一般来讲，维持卖淫、纳妾关系为目的的赠与或遗嘱为无效。针对不正当的男女关系，判例认为，以断绝交往为目的而支付金钱的行为为无效；但在分手时以精神抚慰等为目的而支付一定金钱的合同为有效。

（4）高额的射幸活动。射幸是希望获得偶然利益的行为。实际上主要针对的是有

---

① ［日］后藤卷则、山野目章夫：《民法総則論点講義シリーズ03》（第 4 版），弘文堂平成 18 年版，第 74 页。
② ［日］内田贵：《民法Ⅰ总则·物权总论》（第 4 版），东京大学出版会 2008 年版，第 282—288 页。

关赌博的金钱借贷。首先追讨赌债的请求当然不会得到支持；另外，不仅提供赌博资金的借款合同无效，而且提供清偿赌债的合同也被认为无效。因为，这些行为属于为赌博提供便利条件，使赌博变得更加容易。

（5）过度限制人身自由的行为。过度限制人身自由的劳动合同、强制债务人为债权人劳动以抵偿债务的合同等为无效。

（6）暴利行为或不公正交易行为。例如，债权人与债务人约定，债务人如果到期不能清偿500万元的债务，以其2000万元的房屋作为代物清偿。判例对这种合同适用违背公序良俗的规则，认定其为暴利行为，否定其效力。

可以说，暴利行为相当于我国《民法总则》第151条过度的一方利用对方处于危困状态、缺乏判断能力等情形，致使民事法律行为成立时显失公平的交易行为。

（7）违反个人自由、男女平等等基本权利的行为。日产汽车公司曾经规定男子退休年龄为60岁，女子退休年龄为55岁。该公司的女职工以违反宪法规定的男女平等原则为理由提起诉讼。判例认为，企业男女退休年龄的差别规定违背公序良俗，认定其为无效。另外，侵害劳动者的基本人权的合意为无效。这些案例说明，宪法规定的基本权利保障要求，在民法上是通过公序良俗的原则来发挥作用的。

（8）其他问题。有关公序良俗，还有一个问题，即不是合同的内容违法，而只是合同的动机具有违法性，是否影响法律行为的效力？这是所谓"动机违法"问题。例如，上述赌博资金借贷合同即属此类问题。这种情形，如果双方都抱有违法动机而订立合同时，否定其效力一般没什么问题。但是，如果只有一方当事人具有违法目的时，怎样维护对方当事人的交易安全就成为问题。应当根据动机违法性的程度和对方的认识程度的相互关系来予以判断。

3. 违背公序良俗并非绝对无效

违背公序良俗而无效的绝对性也在发生着变化。对一些违反公序良俗的行为，不是全面否定其法律效果，而是承认部分无效、相对无效等，这是日本的民事判例出现的新动向。"在公序良俗领域，无效效果的变化最近也引起热议。即最近的判例中出现了除具有反社会性之外的公序良俗违反，不是否定法律行为的效力，而是要调整当事人之间的利益关系的新动向。其结果就是把无效的后果往妥当性方向更正，即引导出部分无效、相对无效的结果。例如，判例针对不当格式条款，并不是把该格式条款的全部内容为无效，而只确认不当条款为无效（部分无效）；暴利行为，只确认超过的部分为无效（部分无效）；另外，只准许暴利行为被害人的无效主张（相对无效）。"[1]

---

[1] ［日］后藤卷则、山野目章夫：《民法総則論点講義シリーズ03》（第4版），弘文堂平成18年版，第74页。

（四）真意保留

1. 真意保留的概念及构成要件

我国《民法总则》对真意保留未作规定。《日本民法典》第93条规定："意思表示，表意人知道并非其真意而实施的，也不妨碍其效力。但相对人知道或应当知道表意人真意的，意思表示无效。"我国台湾地区"民法"第86条规定："表意人无欲为其意思表示所拘束之意，而为意思表示者，其意思表示，不因之无效。但其情形为相对人所明知者，不在此限。"

所谓真意保留，是指表意人明知不存在与其表示行为相应的效果意思，而故意隐匿其真实意思所作出的意思表示。

表意人明知效果意思不存在而实施意思表示，这是真意保留的特点。在这一点上与虚伪表示有相同之处，因此，真意保留又称为单独虚伪表示。但是，不要求与对方同谋，故又与虚伪表示不同。表意人无论期待对方能够察觉其真意，还是想欺骗对方而实施的意思表示，均不影响真意保留的构成。

真意保留的构成要件，主要包括以下两方面：表意人真实意思与表示行为不一致；表意人明知其表示与真意不符，而故意为表示。从客观上看，表示行为并不代表表意人的真实意思，这一点与错误相同；从主观上看，表意人知道意思与表示不一致，这一点又与错误相区别。

2. 真意保留的效力

意思表示有效。真意保留虽然将真意保留在心里未予表示，但不影响意思表示的效力，法律规定真意保留原则上应为有效。法律这样规定的理由可以从以下几个方面解释：首先，真意保留，表意人知道自己的意思与表示之间的不一致，因此，按照表意人所表示的意思赋予法律效果，也在其预料之中，一般不会给其带来意想不到的损害。这样做的结果，有时可能对表意人有些不利，但是，"表意人特意作出与真意不同的表示，因此，即使承担所产生的不利后果也无妨。"其次，相对人的信赖需要保护。因为真意保留中"对方只能相信表意人的意思表示，因此有必要保护这种信赖"[①]。这也就是通常所说的善意第三人利益的保护问题。再次，是诚实信用原则的必然要求。"表意人自己知道无真实意思而制造出意思表示的外形，对此应当承担责任（不得提出与自己的行为相矛盾的异议＝禁反言的原则）"[②]，不能以不存在真实意思而拒绝承担责任。这是诚实信用原则的必然要求。

意思表示的无效。表意人在实施意思表示时，如果相对人明知或应当知道表意人真

[①] ［日］山本敬三：《民法讲义Ⅰ总则》，有斐阁2001年版，第133页。
[②] ［日］奥田昌道、安永正昭：《法学讲义民法1总则》，悠悠社2005年版，第33页。

实意思的,意思表示无效。真意保留保护的是对方当事人对表意人的表示行为的信赖,如果相对人明知或应当知道表意人真实意思的,受保护的信赖基础就不存在了。"真意保留所保护的是善意无过错的相对人"① 也就是说,真意保留,不仅相对人明知表意人真意的情形下无效,在应当知道,即实际上未能知道,但如果注意就能知道的情形下也无效。

另外,如果对方当事人已经知道了意思表示不真实,那么,表意人明知不真实而故意作出意思表示的可归责性就会消灭。"在这种情形之下,不能指责表意人的矛盾行为,也不存在需要保护的利益。因此,不必认可与意思不一致的表示行为的约束力。"②

真意保留原则上有效,主张其无效需要证明相对人的恶意或过错。通说认为,证明责任在于表意人。因为,否定真意保留的效力有利于表意人,所以,希望造成对自己有利结果的表意人应当承担举证责任。也就是说,表意人如果举证不成功,不能证明相对人存在恶意或存在过错的,真意保留仍然有效。另外,相对人是否恶意处于不明状态的,也推定其善意。

表意人能够主张真意保留无效而不主动要求无效时,相对人可否主张真意保留无效? 这个问题要从真意保留制度的宗旨上来判断。真意保留是保护相对人的制度,因此,相对人如果主张其无效,也应当准许。③

3. 真意保留的不能对抗善意第三人

真意保留无效的,表意人不能以此对抗善意第三人。即从相对人那里受让不动产的善意第三人,表意人不能对其主张真意保留无效,从其手中取回不动产。对此,民法一般未规定,但司法实践中均类推适用有关虚伪表示不得对抗善意第三人的规定予以处理。因为"真意保留和虚伪表示,两者都是通过认定不真实的意思表示为无效而保护表意人的制度,其利害状况没有什么区别。因此,面对善意第三人,否定表意人的权利主张也应当是相同的"④

(五) 虚伪表示

1. 虚伪表示的概念

所谓虚伪表示,指表意人与相对人通谋所实施的不存在效果意思的意思表示。《民法通则》和《合同法》均未规定虚伪表示,这是民法总则新增加的规定。我国《民法总则》第146条规定:"行为人与相对人以虚假的意思表示实施的民事法律行为无效。

---

① [日]近江幸治:《民法讲义1 民法总则》(第5版),成文堂2005年版,第163页。
② [日]奥田昌道、安永正昭:《发学讲义民法1 总则》,悠悠社2005年版,第33页。
③ [日]内田贵:《民法I总则·物权总论》(第4版),东京大学出版会2008年版,第48页。
④ [日]近江幸治:《民法讲义1 民法总则》(第5版),成文堂2005年版,第163页。

以虚假的意思表示隐藏的民事法律行为的效力，依照有关法律规定处理。"

虚伪表示，表意人不存在真实的内心意思，仍与对方通谋作出意思表示一致的外观。那么，双方均明知不存在与表示行为相对应的真实意思，为什么还要实施意思表示呢？其原因有以下两个方面：一是实施外观上的法律行为，并利用该外观而达到其他目的。例如，债务人 A 为躲避债权人的强制执行，虽不存在真实的买卖，但与对方 B 通谋将不动产的产权转移给 B。二是通过作出法律行为的外观，以隐藏真正想实施的法律行为。

2. **虚伪表示的构成要件**

首先，须存在虚假外观。表意人和对方当事人虽不是真意但已达成意思表示一致，即存在违背真意的意思表示外观。例如，A 与对方 B 通谋将不动产的产权转移到 B 的名下，即属于虚假外观。

其次，须不存在效果意思。表意人与对方当事人均不期待发生与意思表示一致的法律效果，双方自始不存在受表示行为拘束的意思。也就是说，双方之间不存在与外观上的意思表示相对应的真实意思。例如，AB 双方虽然在表面上将不动产的产权转移到 B 的名下，但 A 和 B 均不存在将不动产真正归 B 所有的意思。

最后，须表意人与相对人通谋。所谓通谋，是双方意思表示一致。在虚伪表示中，双方均明知自己和对方均不希望法律行为发生效力，即意思表示不真实；但仍就该行为达成合意。例如，AB 均明知不动产买卖为虚假，但仍就此达成意思表示一致。

从上述要件看，真意保留和虚伪表示既有相同点，也有区别。表意人和对方当事人之间不存在与意思表示相对应的效果意思，这是两者的相同点；虚伪表示需要表意人与对方当事人通谋，而真意保留则不需要，这是两者的区别。

3. **虚伪表示的效力**

双方均不希望与意思表示一致的法律效果的发生，也就是说，作为法律行为生效要件的真实意思不存在。因此，《民法总则》规定虚伪表示为无效民事法律行为，不能发生法律效力。这样规定，无论对表意人还是对对方当事人都是非常合理的。对于表意人来说，无效结果正符合其本意，是其所希望的效果。对于对方当事人来讲，也无损害。因为，在实施意思表示时对方明知不发生相应的法律效果，因此，也不存在保护其信赖利益的必要。

4. **虚伪表示不能对抗善意第三人**

学说和立法通常认为虚伪表示应当无效，但不得对抗善意第三人。这样规定的目的是为了保护交易安全和正常的交易秩序。这一点我国《民法总则》未作规定。

首先，需要说明的是善意第三人及其范围。

善意第三人是指不知道权利外观为假象，并且相信虚假权利外观而参加交易的人。日本最高裁判所判例认为，第三人包括当事人以外基于虚假权利外观建立利害关系的人。① 其具体范围包括：从虚假受让人 B 手里受让的 C；从 C 手里接受转让的受让人 D；B 的抵押权人 H；BA 之间发生的虚假债权的受让人 C，债务人 A 对 C 不能主张虚伪表示无效。另外，对 B 的财产申请强制执行的债权人 E。B 的一般债权人不属于第三人，但申请强制执行的 E 属于第三人。

其次，关于对抗的含义。这里的对抗，是因一定事由的存在，权利人不能向特定人主张自己的权利，这种意义上的对抗。在上述例子中，假如对方 B 利用虚伪的登记名义将 A 的不动产卖给不知情的 C，C 就是善意第三人，A 不能向 C 主张所有权。按理说 AB 之间的虚伪表示原本无效，真正的权利人是 A，A 理应对谁均可主张其权利。但是，因为自己与 B 通谋作出了虚假的权利外观，具有可归责性（过错），因此，当面对相信虚假权利外观而参加交易的善意第三人时，其权利主张就会遭到否定，不能从 C 的手里要回不动产。作为其效果第三人 C 从无权处分人 B 手中取得权利。②

再次，判断善意的基准时间。第三人善意意味着不知权利外观为虚假。那么，以什么时间为基准判断其善意呢？判例和通说一般认为，判断第三人善意的基准时间为"取得第三人地位"的时间，即第三人相信虚假外观而实施意思表示，与虚伪表示的当事人发生法律上的利害关系的时间。判断第三人的善意"不能以第三人行使权利的时间为基准。如果以第三人行使通过法律行为而取得的权利的时间为基准的话，表意人就能够根据虚伪表示无效对其主张法律行为无效。这样，第三人始终就虚伪表示的事实成为恶意，这对第三人是不利的"③。

最后，关于善意的举证责任主体的见解不一致，主要有三种观点。①日本判例认为善意的主张和举证责任在于第三人 C。②第三人的善意、无过错应当推定。有影响力的学说则认为应根据虚假外观来推定第三人的善意、无过错。即第三人 C 只要能够证明虚假外观的存在，即可推定其善意、无过错；权利人只有在证明第三人的恶意时，作为例外才能够提出无效的主张。③主张者 A 举证第三人恶意。第三人恶意的举证责任在于主张虚伪表示无效的 A 的观点也较流行。因为，A 应受自己制造的虚假外观的拘束，所以，C 恶意的举证责任应当由 A 来承担。④

5.《民法总则》规定以虚假的意思表示隐藏的民事法律行为的效力，依有关法律规定处理

隐藏行为，是指以虚假的意思表示隐藏的法律行为。其中存在两个法律行为，即外观上的虚伪表示和隐藏在其背后的代表当事人真实意思的法律行为。表面的虚伪表示因

---

① 善意第三人的范围的介绍来源于近江幸治教授的著述。[日] 近江幸治：《民法讲义 1 民法总则》（第 5 版），成文堂 2005 年版，第 163 页。
② [日] 近江幸治：《民法讲义 1 民法总则》（第 5 版），成文堂 2005 年版，第 173 页。
③ [日] 奥田昌道、安永正昭：《法学讲义民法 1 总则》，悠悠社 2005 年版，第 39 页。
④ [日] 奥田昌道、安永正昭：《法学讲义民法 1 总则》，悠悠社 2005 年版，第 40 页。

不存在当事人的真实意思,应当无效;隐藏的行为中当事人的真实意思是存在的,如果具备法律行为有效的其他要件应当有效。如房屋买卖,双方为规避税法而作赠与的虚伪表示。其中,虚伪表示的赠与应当无效;符合法律规定的房屋买卖则有效,依法缴纳不动产交易税即可。

（六）恶意串通,损害第三人利益的行为

我国《民法通则》和《合同法》均将恶意串通损害国家、集体、第三人利益作为民事行为和合同无效的原因。《民法总则》第154条将"国家、集体、第三人"统称为他人,规定:"行为人与相对人恶意串通,损害他人合法权益的民事法律行为无效。"

恶意串通可以理解为行为人和第三人都明知其行为损害他人利益,并且意思表示一致。恶意串通的构成要件如下:

1. 法律行为损害他人合法权益

法律行为的后果不仅涉及双方当事人以外其他人的利益,而且还导致其合法权益的损害。例如,被代理人委托代理人购买赛马,代理人以赛马的价格为其购买了第三人的套车马。恶意串通导致损害他人利益的结果即可构成,至于恶意串通双方或一方是否获利在所不问。

2. 行为人与相对人明知法律行为的后果

上述例子中,代理人和第三人不仅知道委托人要购买的是赛马,而且也知道以赛马的价格购买套车马会损害其利益。

3. 行为人与相对人通谋

通谋即意思表示一致。双方不仅明知法律行为损害他人合法权益,而且对此意思表示一致。双方知道赛马和套车马价格不同,还订立了以赛马的价格购买套车马的合同,即已经属于通谋。

恶意串通从其性质上讲,属于违背公序良俗,应当无效。

五、无效民事法律行为的后果

无效法律行为自始不发生法律后果,由此导致返还财产和损害赔偿等其他后果。

（一）无效的民事法律行为自始没有法律约束力

无效的法律行为不发生法律效力,是指当事人预期的法律效果不发生,即当事人在法律行为中约定的产生、变更或终止民事权利义务关系的效果意思不能得以实现。《民法总则》第155条:"无效的或者被撤销的民事法律行为自始没有法律约束力"。无效法律行为成立之日起就不发生任何法律效力,也就是说,基于对社会公共利益和表意人利益的保护,法律规定无效法律行为具有不可逆转性。

无效法律行为不发生当事人预期的效果,并不是说不发生任何法律后果。《民法总则》第157条:"民事法律行为无效、被撤销或者确定不发生效力后,行为人因该行为取得的财产,应当予以返还;不能返还或者没有必要返还的,应当折价补偿。有过错的一方应当赔偿对方由此所受到的损失;各方都有过错的,应当各自承担相应的责任。法律另有规定的,依照其规定。"

(二) 返还财产

法律行为被确认无效之后,双方从对方那里获得的财产就变成没有法律根据而获得的不当得利。《民法通则》第92条规定,没有合法根据,取得不当利益,造成他人损失的,应当将取得的不当利益返还受损失的人。结合《民法总则》第157条的规定,当事人双方的财产状况不因无效法律行为而发生任何变化,即当事人的财产状况恢复到行为未发生时的状态。首先,返还财产。无效法律行为或可撤销法律行为已经履行的,当事人一方或双方基于该法律行为而获得的财产应当予以返还。其次,停止履行。无效法律行为或被撤销的法律行为自始不发生法律效力,因此,尚未履行的部分不得继续履行。最后,财产已经不存在或失去其效用而不能返还或者没有必要返还的,应当折价补偿。

(三) 赔偿损失

有过错的一方应当赔偿对方由此所受到的损失;各方都有过错的,应当各自承担相应的责任。但是,当法律行为被确认无效,当事人之间不存在合同关系,因此,这种责任的性质可以理解为缔约过失责任。

第三节 民事法律行为的可撤销

一、可撤销民事法律行为的概念

所谓可撤销的民事法律行为,也称为可撤销法律行为,是指在民事法律行为成立之后,基于民事法律行为所存在的某种意思表示瑕疵,享有可撤销权的人向法院起诉或者仲裁机构申请仲裁,法院和仲裁机构能够将其加以撤销的民事法律行为。

我国《民法总则》规定了四种可撤销情形的民事法律行为。即第144条规定的基于重大误解而实施的民事法律行为;第148条规定的一方实施欺诈的民事法律行为和第149规定的第三人实施欺诈的民事法律行为;第150条规定的一方或者第三人实施胁迫的民事法律行为;第151条规定的民事法律行为成立时显失公平的暴利行为。行为人实施的民事法律行为之所以能够撤销,是因为在实施民事法律行为时,行为人存在意思表示的瑕疵，其意思表示存在缺陷，违反了意思表示有效要件当中的意思表示健全的要件。可撤销法律行为制度的设立，既体现了当事人意思自治的原则的具体要求，又彰显了法律对交易公平与交易安全的保障和维护。

二、可撤销民事法律行为的特征

（一）可撤销的对象是当事人意思有瑕疵的法律行为

意思瑕疵是指法律行为，表意人内心的效果意思和表示的意思之间存在不一致或不完全一致。这种不一致产生的原因既可以是主观的，例如，因当事人知识或经验的不足导致错误的意思表示；也可以是客观的，例如，表意人受到对方当事人或第三人的欺诈或胁迫作出违背真意的意思表示。法律行为是民事主体实现意思自治的工具，如果意思表示存在瑕疵，当事人预期的法律效果就不能产生。因为，此时的意思表示不是或者并不完全是当事人的真实意思。但是，表意人的意思表示是否真实，只有表意人或相对人知晓。因此，法律主要是从保护表意人利益的角度出发，将撤销权赋予表意人，至于行使与否由其自主选择决定。这样的制度设计既体现了保护表意人利益的要求，同时也符合意思自治的原则。

（二）可撤销法律行为在撤销之前是有效的法律行为

可撤销法律行是生效的法律行为，在权利人行使撤销权并经法院或仲裁机关裁定撤销之前仍然具有法律效力。这是其与无效法律行为和效力待定法律行为的根本区别。无效法律法律行为自始无效，自成立时即不具有法律上的约束力；而效力待定的法律行为其法律效力还未发生，即行为成立时并不生效，须经有追认权的人进行追认后才发生法律效力。

（三）撤销权属于形成权

权利人行使其撤销权，通过其单方的意思表示即可将法律行为的效力溯及既往地消灭。但是，按照《民法总则》的规定，撤销权的行使要通过请求人民法院或者仲裁机构予以撤销来实施。因为撤销权本身的存在及其行使的要件等均需人民法院或者仲裁机构予以确认。

三、可撤销民事法律行为的类型

（一）错误

1. 错误的含义

错误是表意人在实施法律行为时作出与其真意不一致的意思表示，并且表意人不知道该不一致的情形。意思表示与表意人的真实意思不一致,这是错误与真意保留和虚伪表示的相同点。但是,真意保留和虚伪表示的表意人明知该不一致,仍然作出意思表示;而错误的表意人对此并不知晓。错误中的意思表示根本违背表意人的真实意思,意思与表示的这种不一致如果关系到法律行为的要素,法律仍然认可与表示行为相一致的法律效果发生,那么,对表意人来讲是十分不利的。因此,"保护发生错误的表意人是非常必要的。但如果过度地保护表意人,交易安全就会受到损害。因此,如何协调好两者的关系是个难题"①。为保护表意人的利益,有一些国家或地区立法将错误规定为可撤销法律行为,如《德国民法典》;有些国家立法将其规定为无效法律行为,如《日本民法典》。同时,民法通常都要规定错误的构成要件以协调两者的关系。

2. **错误的分类**②

错误的类型基本可分为动机错误和表示错误。

(1) 表示错误。表示错误是表示行为和表示内容方面的错误。

表示错误又可分为表示行为的错误和表示内容的错误、表示意识不存在等三种。

第一,表示行为的错误是表意人错用了表示符号。记录错误、说错为其典型。例如,想把汽车"200000元"卖掉,但在标价时缺少写了一个零标价为"20000元"。现实的表示为"20000元",但表意人的真实意思为"200000元",因此,与表示相对应的意思是不存在的。

第二,表示内容的错误是表意人对表示的内涵发生错误。例如,表意人想买白糖却从超市货架上拿了一袋咸盐付款即属此类。表意人的意思内容为买白糖,却买了咸盐,同样不存在与表示相对应的内心意思。

第三,表示意识不存在。通说将不存在表示意思而实施了意思表示的也放到表示内容的错误之中。表示意识不存在是当事人没有意识到自己在实施法律行为而作出了具有法律行为外观的行为。例如,想跟对面过来的朋友打招呼举起右手时,出租车司机却以为是打车邀约而停在跟前即属此类。与标示内容的错误一样,双方对"举手行为"的含义发生了错误。

(2) 动机的错误。动机只是效果意思产生的前提理由,动机的错误是表意人实施法律行为的理由与现实不一致的情形。例如,以为是怀胎的良种马而购买了一匹马,却既未受胎也非良种马为其典型。动机的错误原则上应由表意人承担风险,不能转嫁给相对人承担。因此,动机的错误不影响法律行为的效力。因为,在特定物的买卖中,发生动机的错误时,与表示相对应的意思是存在,所以,法律行为有效。例如,内心的意思

---

① [日]内田贵:《民法Ⅰ总则·物权总论》(第4版),东京大学出版会2008年版,第64页。
② 奥田昌道、安永正昭的《法学讲义民法1总则》简单介绍日本通说对错误的基本分类。参见奥田昌道、安永正昭《法学讲义民法1总则》,悠悠社2005年版,第49—50页。

是想"买这一匹马",表示行为也是"买这一匹马"。但是,如果动机作为意思表示的内容被对方所知悉并已经成为法律行为的要素时,将直接影响法律行为的效力。

3. 错误的构成要件

(1) 意思表示与表意人的真意不一致。即表示行为中推断出来的意思和表意人内心的效果意思不一致。如上例中,把"200000元"标价为"20000元",买白糖却买了咸盐等。

(2) 表意人不知道表示与真意不一致。表意人在主观上不知道两者的不一致。这一点上与真意保留和虚伪表示相区别。买了咸盐还以为买了白糖而付款,表意人未意识到已经发生错误。

(3) 表意人对法律行为的要素发生错误。要素是法律行为的重要部分。对法律行为的要素,需要根据每一个具体法律行为相关的诸事项予以判断。从表意人的角度来讲,如果对"那些事项"不发生错误表意人就不会作出那样的意思表示;并且,从通常交易观念看,这一点也被认为是理所当然的。那么,"那些事项"就可认定为法律行为的要素。因此,作为要素的"那些事项",不仅是对于表意人来讲是重要的,而且是从客观的交易观念上考虑也属于重要才可成为要素。一般来讲,要素的错误可以理解为表意人对"行为的性质、对方当事人、标的物的品种、质量、规格和数量等重要内容发生错误认识"①。

(4) 表意人无重大过错。错误是由表示人的重大过错所致时,表意人不能主张错误无效或可撤销。《日本民法典》第95条规定:"意思表示,对法律行为的要素发生错误的为无效。但表意人有重大过错时,自己不能主张无效。"重大过错是指由于极其不注意而陷入错误。重大过错的证明责任在于对方。我国台湾地区"民法"第88条规定:"意思表示之内容有错误,或表意人若知其事情即不为意思表示者,表意人得将其意思表示撤销之。但以其错误或不知事情,非由表意人自己之过失者为限。"撤销错误的意思表示,以不是由于表意人的过错所致为限。反过来讲,如果错误是由表意人的过错所致,那么表意人不能撤销错误的意思表示,法律行为继续有效。

民法典对错误通常规定为无效或可撤销。关于法律行为无效的法律后果,上一节已经讲过;可撤销法律行为的后果也与其相同。在此不赘述。

(二) 重大误解

1. 重大误解的含义

我国《民法总则》未采用错误的概念,仍沿用了《民法通则》和合同规定的重大误解这个概念。那么,误解与错误有什么样的区别呢?"错误指表意人非故意的表示与

---

① 参见最高人民法院《关于贯彻执行〈中华人民共和国民法通则〉若干问题的意见(试行)》第71条。

意思不一致；误解指相对人对意思表示内容了解之错误。"[①] 按这种说法，表意人作为受要约人对对方即要约人意思的了解错误。但这只是个别学者的任意解释。因为，权威解释并认为重大误解"指相对人对意思表示内容了解之错误"。最高人民法院《关于贯彻执行〈中华人民共和国民法通则〉若干问题的意见（试行）》第71条规定："行为人因为对行为的性质、对方当事人、标的物的品种、质量、规格和数量等的错误认识，使行为的后果与自己的意思相悖，并造成较大损失的，可以认定为重大误解。"因此，重大误解不只是对对方所表示意思内容的误解，还应当包括表意人内心意思与表示意思不一致的各种情形。司法解释未规定表意人有过错的不能主张重大误解，在这一点上与错误不同，在其他方面与错误没有什么不同。《民法总则》第147条："基于重大误解实施的民事法律行为，行为人有权请求人民法院或者仲裁机构予以撤销。"

重大误解是指行为人对法律行为的要素发生错误认识而实施意思表示的行为。

2. 重大误解的构成要件

（1）须对法律行为的要素，即行为的性质、对方当事人、标的物的品种、质量、规格和数量等的错误认识，方构成重大误解。例如，把"200000元"的价格错标成"20000元"属于数量的误解，把咸盐误以为是白糖是对标的物性质的误解，等等。

（2）表意人因误解而实施意思表示。表示行为违背其真实意思，表示行为与其内心的效果意思不一致。"内容的错误"的实例把"200000元"标价为"20000元"；买白糖却买了咸盐等，也属于重大误解。

（3）表意人不知自己发生重大误解。表意人的内心意思和表示行为所体现的意思不一致，对此，表意人不知道。反过来讲，如果知道对法律行为的要素产生了错误认识，则表意人不会实施该项意思表示。在这一点上也与错误相同。

3. 重大误解产生的法律效力

《民法总则》规定，基于重大误解实施的民事法律行为，行为人有权请求人民法院或者仲裁机构予以撤销。《民法总则》不考虑表意人在实施意思表示时有无过错，均可以请求撤销法律行为。这一规定过度保护表意人的利益而未考虑相对人利益，不能保证法律行为当事人之间的地位平等和利益平衡，也不利于维护正常的交易秩序。

（三）欺诈

1. 欺诈的含义

行为人就一定事项故意欺骗表意人，使其作出错误判断并依此判断作出意思表示的行为。[②] 欺诈的最大特点在于表意人发生错误而实施意思表示。这种错误是因他人的欺

[①] 梁慧星：《民法总论》（第4版），法律出版社2011年版，第179页。
[②] ［日］河上正二：《民法总则讲义》，日本评论社2007年版，第370页。

罔而发生的,在这一点上与单纯的错误不同。另外,欺诈属于违反公平交易所要求的诚实信用原则的行为。

《民法总则》第148条规定:"一方以欺诈手段,使对方在违背真实意思的情况下实施的民事法律行为,受欺诈方有权请求人民法院或者仲裁机构予以撤销。"最高人民法院《关于贯彻执行〈中华人民共和国民法通则〉若干问题的意见(试行)》第68条规定:"一方当事人故意告知对方虚假情况,或者故意隐瞒真实情况,诱使对方当事人作出错误意思表示的,可以认定为欺诈行为。"欺诈者故意捏造虚假情况、歪曲或掩盖事实真相等,使他人产生错误认识与判断并在此基础上作出意思表示,以达到欺诈者的不正当目的的,即可认定为欺诈。

2. 欺诈的要件

因受欺诈而为的法律行为应同时具备三个法定要件。

(1) 行为人存在欺诈的故意。行为人必须存在让对方发生错误、并基于此错误作出意思表示的故意。公司为招募新股向购买者作夸大其经营状况的虚假宣传的行为就具有这种双重故意;人寿保险的顾客对医生陈述其过往病史时作了不实的叙述,如果其不存在欺骗保险公司以订立保险合同的故意,则不构成欺诈。欺诈须存在让对方发生错误的故意,因此,不可能存在过失欺诈,即使不经意地向对方传递了不真实的信息也不构成欺诈。①

(2) 行为人须存在欺诈行为。欺诈行为是指告诉他人虚假的事实,使他人产生错误的观念或作出判断的行为。②欺诈的内容是对法律行为的要素,即关系到该法律行为的基本属性的事项。首先,积极地作出虚假陈述属于欺诈。例如,开发商为达到房屋促销的目的,欺骗购房者说小区附近将要建一所学校,该小区将来成为学区房,即属于积极欺诈。其次,具有告知义务而不告诉真相的消极行为或单纯的沉默也可能构成欺诈。民通意见所说的"故意隐瞒真实情况"即属此类。行为人根据法律或者诚实信用原则,负有对事实进行说明的义务,但是,行为人违反这种义务故意不作说明后者告知的,即可构成消极欺诈。例如,商品的出售人,明知自己的商品具有瑕疵,但却故意隐瞒这种瑕疵,致使对方以为合格商品而购买。

(3) 须因欺诈而实施意思表示。因行为人的欺诈而发生错误的表意人,不知自己发生错误因而作出意思表示。也就是说,欺诈行为与表意人的意思表示之间存在因果关系。首先,表意人因欺诈而发生错误。"表意人无论发生动机的错误还是要素的错误,均有必要保护表意人",③ 即表意人发生何种错误均不影响欺诈的构成。其次,表意人

---

① [日] 河上正二:《民法总则讲义》,日本评论社2007年版,第371页。
② [日] 河上正二:《民法总则讲义》,日本评论社2007年版,第372页。
③ [日] 内田贵:《民法Ⅰ总则·物权总论》(第4版),东京大学出版会2008年版,第79页。

基于错误而作出意思表示。如果表意人虽然发生错误但未作出意思表示的，法律行为不能成立，不构成欺诈。只有表意人作出了意思表示，使对其不利的法律行为生效，才能构成欺诈。

3. 欺诈的效力

根据民法总则的规定，因欺诈而作出的意思表示，受欺诈方有权请求人民法院或者仲裁机构予以撤销。

4. 第三人的欺诈

《民法总则》第149条规定："第三人实施欺诈行为，使一方在违背真实意思的情况下实施的民事法律行为，对方知道或者应当知道该欺诈行为的，受欺诈方有权请求人民法院或者仲裁机构予以撤销。"根据该规定，第三人实施欺诈行为的，对方知道或者应当知道该欺诈行为的，受欺诈者才有权请求撤销。例如，债务人欺骗其朋友担任保证人的，保证人只有在债权人知道或者应当知道欺诈事实的情况下，才可以撤销保证合同。为什么只有在对方知道或应当知道才可以撤销呢？因为，第三人欺诈表意人时，如果对方当事人是善意的，其对法律行为有效成立的信赖应当受到保护。因此，对方当事人是善意的不能撤销法律行为。那么，为什么对方知情即恶意时，法律行为可撤销呢？在实施欺诈的第三人既不是当事人也不是当事人的代理人的情形之下仍然构成欺诈，这就意味着法律行为因非当事人的原因而被撤销。这样规定的依据在哪里？理论认为"对方知道第三人欺诈行为的情形，实际上，大多数情况下对方也参与了通谋，即使法律行为被撤销对其也不会造成意想不到的损害"①。因此，为保护表意人的利益可以撤销法律行为。另外，通常认为，"对方知道或者应当知道该欺诈行为的"举证责任在于受欺诈方。对此，民法总则未作规定。

（四）胁迫

1. 胁迫的含义

胁迫是指表意人受到违法胁迫而作出的意思表示。

胁迫，虽然存在与表示行为相对应的意思，但是表意人在意思形成过程中受到对方的不正当干扰，意思自由受到了限制。因此，《民法总则》第150条规定："一方或者第三人以胁迫手段，使对方在违背真实意思的情况下实施的民事法律行为，受胁迫方有权请求人民法院或者仲裁机构予以撤销。"

2. 胁迫的构成要件

胁迫有以下三个要件。

（1）对方或者第三人有胁迫的故意。胁迫者必须存在要挟表意人让其产生恐惧的

---

① ［日］河上正二：《民法总则讲义》，日本评论社2007年版，第375页。

故意和因恐惧而作出一定意思表示的故意。

(2) 对方或者第三人有胁迫行为。胁迫行为包括一切足以使相对人发生恐怖压力的行为。最高人民法院《关于贯彻执行〈中华人民共和国民法通则〉若干问题的意见(试行)》第 69 条规定:"以给公民及其亲友的生命健康、荣誉、名誉、财产等造成损害或者以给法人的荣誉、名誉、财产等造成损害为要挟,迫使对方作出违背真实的意思表示的,可以认定为胁迫行为。"

胁迫的程度对胁迫的构成没有影响。"胁迫者所告知的损害在客观上是否重大无关紧要,能够使表意人产生恐惧就足够了。这种恐惧的结果作出了意思表示,这种关系在主观上存在就可以,不要求表意人的意思决定自由被完全剥夺,完全失去抗拒能力(判例认为,意思自由完全被剥夺的属于当然无效)。"[①]

(3) 胁迫行为具有违法性。有无违法性,要从该行为的目的的正当性和手段的正当性两个方面去考虑。胁迫行为的违法性有两种表现形式:其一,胁迫手段的违法性。以给公民及其亲友人身、财产造成损害为要挟等就具有违法性。例如,如果不借给钱,就要打伤。法律允许借钱,但以伤害作为达到目的的手段,因其手段违法而具有违法性。其二,目的行为的违法性。胁迫所使用的手段合法,目的行为违法的也具有违法性。如对表意人声称"如果不给我免费提供电脑程序软件,要告发你贩卖盗版软件的事情"。告发违法行为虽然是合法,但是,当事人利用这种手段想达到的目的却不合法,构成胁迫。

另外,还可以从手段与目的行为之间的关系说明违法性。即"手段与目的的关联之违法",例如,以告发某人的犯罪行为为手段胁迫其为充当债务保证人。告发犯罪属于合法行为;请人作保证人也属于合法。但是,以告发作为胁迫手段而达到获得担保的目的,在目的和手段的关联上就具有违法性。[②]

(4) 表意人因恐惧而作出意思表示。只有胁迫故意和胁迫行为仍不能构成胁迫,还需要发生胁迫的后果。即表意人在受胁迫之后产生恐惧,按照胁迫者的要求作出意思表示,实施法律行为。从另一个方面也可理解,表意人的意思表示和胁迫之间存在因果关系,即胁迫是原因,作出意思表示是结果。

3. 胁迫的法律效果

根据《民法总则》第 150 条的规定,因胁迫作出的意思表示,表意人可以撤销。因为,胁迫行为侵害了表意人的意思表示自由,法律行为虽然在外观上与表意人所表示的效果意思相一致,但所表示的意思不能代表其真实意思,行为的后果不能归属于表意人。

[①] [日] 河上正二:《民法总则讲义》,日本评论社 2007 年版,第 386 页。
[②] 王泽鉴:《民法总论》,北京大学出版社 2009 年版,第 315 页。

（五）暴利行为

1. 暴利行为的概念

暴利行为，是指一方利用对方处于危困状态或缺乏判断能力，迫使对方作不真实的意思表示以获取不正当利益的行为。我国台湾地区"民法"第74条第1项规定："法律行为，系乘他人之急迫、轻率或无经验，使其为财产上之给付或为给付之约定，依当时情形显失公平者，法院得因利害关系人之声请，撤销其法律行为或减轻其给付。"

《民法总则》第151条规定："一方利用对方处于危困状态、缺乏判断能力等情形，致使民事法律行为成立时显失公平的，受损害方有权请求人民法院或者仲裁机构予以撤销。"

这一规定是《民法总则》将《民法通则》和《合同法》的"乘人之危"和"显失公平"两条规则概括而成的条文。民法上将这种情况通常称作暴利行为。

2. 暴利行为的构成要件

暴利行为应具备以下构成要件。

（1）表意人处于危困状态、缺乏判断能力等情形。危困状态，是指某种窘迫境况，可能是因经济、疾病、工作、家庭等各种原因而造成。处于危困状态的表意人明知法律行为对其明显不利而接受对方的意思表示。缺乏判断能力，主要指无知或知识不足、缺乏经验或意志耗弱等情形。在这种情形之下，表意人不知法律行为对其明显不利，类似于受欺诈的状态。

（2）行为人有获取暴利的故意和行为。行为人明知并利用表意人处于危困状态、缺乏判断能力等情形并与其进行显失公平的法律行为。

（3）法律行为在给付与对待给付之间存在明显不相称关系[①]。即表意人不得已或不知而作出意思表示，致使双方的给付与对待给付之间产生明显不相称的结果，即显失公平的结果。[②]

3. 暴利行为的法律后果

《民法总则》规定，暴利行为属于可撤销的法律行为。暴利行为，"行为人是在剥削对方的窘境、无经验、欠缺判断能力或重大的意志耗弱的情况下得到这一过分的约定

[①] 德国学者迪特尔·梅迪库斯指出，暴利行为须有两项构成要件，即给付与对待给付之间存在明显的不相称关系以及另一项附加构成要件。参见［德］迪特尔·梅迪库斯《德国民法总论》，邵建东译，法律出版社2013年版，第538—542页。

[②] 最高人民法院《关于贯彻执行〈中华人民共和国民法通则〉若干问题的意见（试行）》第72条规定："一方当事人利用优势或者利用对方没有经验，致使双方的权利与义务明显违反公平、等价有偿原则的，可以认定为显失公平。"

的。"①暴利行为从其性质上讲属于违反公序良俗的行为。日本判例认为暴利行为无效，"之所以暴力行为为无效，是为了防止经济上的强者剥削弱者。高利率之利息，过高的赔偿额预定，就不相称的高价物品签订流担保契约等，都属此类行为"②。

四、可撤销权

（一）撤销权的概念

当事人通过单方的意思表示使可撤销法律行为归于消灭的权利。撤销权属于形成权，当事人单独行使，但须经法院或仲裁机关作出裁决，方可产生法律效果。

（二）撤销权的行使

1. 撤销权的行使方式

根据我国《民法总则》的规定，权利人行使撤销权，须向法院或仲裁机关提出请求。直接向相对人行使不发生撤销的法律效力，如果相对人同意撤销法律行为，则发生协议解除的效力。

2. 撤销权行使的期限

《民法总则》第152条规定，欺诈、胁迫、暴利行为的撤销权行使期限为一年；重大误解的撤销权行使期限为三个月。除胁迫的撤销权行使期间从其终止之日起算以外，欺诈、暴利行为的撤销权的行使期间自知道或者应当知道撤销事由之日起算。

3. 撤销权的消灭

《民法总则》还规定了撤销权的消灭的三种情形。首先，上述期间是撤销权有效存续的期间，性质上属于除斥期间。因此，行使期间届满撤销权即消灭。其次，自民事法律行为发生之日起五年内，如果当事人始终处于不知道或者不能知道撤销事由的状态，未行使撤销权的，撤销权消灭。最后，当事人知道撤销事由后明确表示或者以自己的行为表明放弃撤销权，也导致其消灭。

五、撤销权行使的效果

《民法总则》规定，法律行为的撤销与法律行为的无效产生完全相同的法律效果。因此，在此只提以下几点，其余不再赘述。首先，被撤销的民事法律行为自始没有法律约束力。根据《民法总则》第155条规定的无效的或者被撤销的民事法律行为自始没有法律约束力。撤销权行使具有溯及力，导致被撤销的法律行为自始没有法律约束力。

---

① ［德］迪特尔·梅迪库斯：《德国民法总论》，邵建东译，法律出版社2013年版，第541—542页。
② ［日］四宫和夫：《民法总则》（第4版），弘文堂1980年版，第202页。

其次，返还财产或折价补偿。根据第157条的规定，民事法律行为无效、被撤销或者确定不发生效力后，行为人因该行为取得的财产，应当予以返还；不能返还或者没有必要返还的，应当折价补偿。最后，有过错者的损害赔偿责任。第157还规定，有过错的一方应当赔偿对方由此所受到的损失；各方都有过错的，应当各自承担相应的责任。

第四节 效力待定的民事法律行为

一、效力待定的民事法律行为的概念与特点

（一）效力待定的民事法律行为的概念

效力待定的民事法律行为，是指法律行为的效力有待于第三人予以确认的法律行为。我国台湾地区的民法理论上将效力待定法律行为称为效力未定的法律行为。"于特定法律行为，法律规定其效力的发生须得他人同意。所谓同意，包括事先同意及事后同意。法律行为应经他人事先同意而未得允许者，其效力未定，处于浮动不确定的状态，是为效力未定的法律行为。"①

效力待定的民事法律行为已经成立，但其是否生效则应由第三人确定，因而其效力处于未决状态。法律行为的效力取决于第三人的行为，第三人同意该法律行为，则有效；反之，则无效。法律行为一旦被第三人所承认，则其效力自始发生；如被第三人所拒绝，则确定地自始无效。

《民法总则》第145条规定："限制民事行为能力人实施的纯获利益的民事法律行为或者与其年龄、智力、精神健康状况相适应的民事法律行为有效；实施的其他民事法律行为经法定代理人同意或者追认后有效。相对人可以催告法定代理人自收到通知之日起一个月内予以追认。法定代理人未作表示的，视为拒绝追认。民事法律行为被追认前，善意相对人有撤销的权利。撤销应当以通知的方式作出。"

（二）效力待定法律行为的特点

（1）效力待定法律行为已经成立，但因主体缺乏处分权或行为能力因而不完全符合法律行为的有效要件，效力不齐备。效力待定法律行为的效力既非完全有效，也非完全无效，处于一种效力不确定的中间状态。效力待定的法律行为是否生效尚不确定，有

---

① 王泽鉴：《民法总论》，北京大学出版社2009年版，第396页。

待于其他行为或事件加以确定。①

(2) 效力待定法律行为,不同于无效法律行为。前者效力处于不确定状态,由第三人追认或者拒绝之予以确定;而后者确定自始无效。

(3) 效力待定法律行为与可撤销法律行为也不同。前者在有同意权的第三人追认或者拒绝之前,其效力处于浮动不确定状态;可撤销法律行为则是已经生效的法律行为。

二、效力待定的民事法律行为的种类

效力待定的民事法律行为,主要有无权处分人对他人财产的处分行为、无权代理人的无权代理行为和限制行为能力人所实施的依法不能独立实施的法律行为。"通说将'民法'所规定的效力未定的法律行为,分为两类:一为须得第三人同意;二为无处分权。"② 这里所说的"须得第三人同意"就是通常所说的无权代理行为和限制行为能力人不能独立实施的法律行为。

(一) 无权处分行为

无权处分行为是无权处分人处分他人之物或权利的行为。即转让他人之物或权利,或者在其上设定负担为的行为。无权处分人所实施的处分行为,不能产生处分的效力,但是,法律为了保护交易安全,维护正常的交易秩序,在一定条件下承认无权处分行为的效力。我国《合同法》第51条规定:"无处分权的人处分他人财产,经权利人追认或者无处分权的人订立合同后取得处分权的,该合同有效。"无权处分人能否获得权利人的追认或取得标的的处分权,在其处分时并未确定;经权利人追认或者无处分权的人订立合同后取得处分权使法律行为的效力才能确定。从这种意义上可将其称为效力待定法律行为。

(二) 无权代理行为

无权代理行为,是指行为人没有代理权、超越代理权或者代理权终止后,仍然实施的代理行为。我国《民法总则》第171条规定:"无权代理未经被代理人追认的,对被代理人不发生效力。相对人可以催告被代理人自收到通知之日起一个月内予以追认。行为人实施的行为被追认前,善意相对人有撤销的权利。"无权代理在被代理人追认或者拒绝追认之前,或者善意相对人撤销之前,并非当然无效,其效力处于浮动的不确定状态。经过被代理人的追认成为有效代理,第三人和被代理人之间发生代理的法律效力。相反,如果被代理人拒绝追认,或者善意相对人予以撤销,不发生代理的法律效力,由

---

① 王利明:《民法总则研究》(第2版),中国人民大学出版社2012年版,第592页。
② 王泽鉴:《民法总论》,北京大学出版社2009年版,第396页。

行为人承担履行责任或损害赔偿责任。因此，无权代理属于一种效力待定的法律行为。这样规定是为了保护善意相对人的利益，同时这也是维护正常的交易秩序，保护交易安全所需的。

行为人实施的无权代理行为未被追认的，善意相对人有权请求行为人履行债务或者就其受到的损害请求行为人赔偿。但是，赔偿的范围不得超过被代理人追认时相对人所能获得的利益。

（三）行为能力受限制的无权代理

行为能力受限制的无权代理是限制行为能力人所实施的依法不能独立实施的法律行为。自然人实施法律行为必须具备相应的行为能力，如果自然人实施法律行为时缺乏相应的行为能力，其法律行为不能产生法律效力。《民法总则》第145条规定："限制民事行为能力人实施的纯获利益的民事法律行为或者与其年龄、智力、精神健康状况相适应的民事法律行为有效；实施的其他民事法律行为经法定代理人同意或者追认后有效。相对人可以催告法定代理人自收到通知之日起一个月内予以追认。法定代理人未作表示的，视为拒绝追认。民事法律行为被追认前，善意相对人有撤销的权利。撤销应当以通知的方式作出。"

限制行为能力人超越其行为能力范围所实施的法律行为在法定代理人追认或者拒绝追认之前，或者善意相对人撤销之前，并非当然无效，其效力处于浮动的不确定状态。经过法定代理人的追认成为有效法律行为；如果法定代理人拒绝追认，或者善意相对人予以撤销，法律行为变为无效。因此，限制行为能力人所实施的法律行为也属于效力待定的法律行为的一种。

三、效力待定的民事法律行为效力的确定

（一）追认权的行使

追认是追认权人通过单方行为使效力待定法律行为生效的行为。追认权的行使是上述三种效力待定的民事法律行为效力确定的共同要件。其中，享有追认权的主体依次为法定代理人、权利人和被代理人。追认权人行使追认权可以使效力待定的民事法律行为的效力确定。

追认权（广义追认权包括拒绝追认）属于形成权，追认权人根据其单方意思表示使效力待定的法律行为生效或成为无效。并且，其追认或拒绝具有溯及力，效力溯及自行为成立之时。

（二）相对人的催告权与撤销权

1. 催告权

为了保护善意相对人的利益，法律赋予善意相对人以催告权和撤销权。限制行为能力人所为的法律行为和无权代理的相对人享有此项权利。相对人请求法定代理人或被代理人在一定期间内作出追认或拒绝追认的意思表示，即为催告权。

催告权的行使也能使效力待定法律行为的效力确定。我国《民法总则》规定，相对人可以催告法定代理人自收到通知之日起一个月内予以追认。法定代理人未作表示的，视为拒绝追认。相对人可以催告被代理人自收到通知之日起一个月内予以追认。被代理人未作表示的，视为拒绝追认。催告能够引起追认权人的追认，可以使效力待定法律行为生效；催告加一个月期间的经过，也可以使效力待定法律行为变为无效。故催告也具有确定效力待定法律行为的效力。

2. 撤销权

为平衡当事人之间的利益关系，与追认权人的追认权相对应，赋予相对人以撤销权，即可以撤销其与限制行为能力人或无权代理人所实施的法律行为。我国《民法总则》针对无权代理行为规定，在无权代理行为被追认前，善意相对人有撤销的权利；针对限制行为能力人规定，在民事法律行为被追认前，善意相对人有撤销的权利。因撤销对象的不同法律规范的表述虽有细微的差别，但规则内容却完全相同。即"行为被追认前，善意相对人有撤销的权利"。

撤销是一种形成权，撤销通知到达追认权人即发生法律效力。即效力待定法律行为将变为自始无效。追认权人对效力待定的法律行为无从追认或拒绝追认。

在这里，应当注意以下几点。首先，善意的相对人才享有该项撤销权，即与对方实施法律行为时不知道或不可能知道对方具有效力待定情形的相对人才享有。其次，撤销应当以通知的方式作出。撤销通知应当适用意思表示到达的有关规定。再次，撤销通知应当在效力待定法律行为被追认前到达。因为一旦追认或拒绝追认，效力待定法律行为就会确定生效或成为自始无效，也就无从撤销。法律并没有明确规定撤销通知向谁发出。但撤销应定向追认权人发出，这一点不难理解。

（三）处分权的取得

这是无权处分行为特有的效力确定事项。无权处分人事后取得标的的处分权，能够使效力待定法律行为生效，并溯及处分行为发生时。

以上就是效力待定法律行为效力确定的三种情形。概括起来讲，因追认使效力待定法律行为自始发生法律效力；因撤销或拒绝追认，使无权代理和限制行为能力人所实施的法律行为自始无效；因处分权的取得使无权处分行为自行为时发生法律效力。

第十四章　附条件的民事法律行为和附期限的民事法律行为

第一节　民事法律行为的附款

一、民事法律行为附款的概念

法律行为的附款,是指当事人对法律行为效力的发生或消灭所附加的限制。法律行为的当事人不仅可以决定行为内容,对法律行为的效力施加限制,也是私法自治的应有之意。

法律行为的附款主要包括法律行为附条件和法律行为附期限。例如,甲与乙约定"下月,若甲结婚,则承租乙的房屋",丙与丁约定"若丁的父亲去世,则丙每月给予丁1000元生活费",等等。

我国1986年的《民法通则》第62条仅仅规定了附停止条件的民事法律行为。最高人民法院在1988年的《民法通则意见》第76条当中补充规定了附期限民事法律行为。1999年的《合同法》第45、46条分别规定了附条件与附期限的合同。2017年的《民法总则》第158条、159条、160条又对附条件、附期限民事法律行为做了进一步补充和完善。

二、民事法律行为附款的功能与限制

（一）民事法律行为附款的功能

民事法律行为附款的制度功能主要有两方面：

（1）当事人能够通过限制法律行为效力的方式,分配交易上的风险。法律行为附款是当事人基于私法自治原则,将本不属于法律行为构成要素的行为动机法律化,体现了法律为减少不确定性的努力,可以使当事人降低未来可能发生,也可能不发生的不确定事实对于当事人的不利影响。[1]

---

[1] 孙宪忠主编：《民法总论》,社会科学文献出版社2010年版,第238页。

(2) 当事人可以通过限制法律行为效力的方式，引导对方实施特定的行为。① 如甲为敦促乙刻苦学习，学有所成，与乙约定："乙今年若通过司法考试，则甲赠与乙电脑一部。"

(二) 民事法律行为附款的限制

一般而言，民事法律行为均可附加附款，但以下情况除外：

(1) 设定民事法律行为附款会减损当事人利益的。如形成权的行使不得附条件、附期限。法律行为附款会使基于该法律行为所形成的法律关系处于一种不确定的状态，人们不能期待行为相对人容忍这种不确定性。② 我国《合同法》第 99 条第 2 款就规定："当事人主张抵销的，应当通知对方。通知自到达对方时生效。抵销不得附条件或者附期限。"

(2) 法律行为的性质不允许附加附款的。如票据的高度流通性使得票据行为不得附加附款。我国《票据法》第 33 条第 1 款规定："背书不得附有条件。背书时附有条件的，所附条件不具有汇票上的效力。"

(3) 违反社会公益或社会公德的。主要包括结婚、离婚、收养、认领、非婚生子女的否认、接受继承或者放弃继承等身份行为。③

第二节　附条件的民事法律行为

一、附条件的民事法律行为的概念

所谓附条件的民事法律行为，是指当事人在法律行为中附设一定条件，把条件的成就作为法律行为效力发生或终止根据的法律行为。如乙与甲约定"若甲今年暑假出国，则乙赠甲西装一套"，该赠与合同以"甲今年暑假出国"作为生效条件。又如，甲与乙订立房屋借用合同，约定"若明年暑假，甲之子返乡工作，则乙返还房屋"，该借用合同以"明年暑假，甲之子返乡工作"作为失效条件。

---

① "为顺应当事人需要，法律乃本乎私法自治原则，创设两种制度，俾供利用，一为条件，二为期限，条件及期限除分配交易上风险外，亦具有引导相对人为特定行为的功能。"王泽鉴：《民法总则》，中国政法大学出版社 2001 年版，第 419—420 页。
② [德] 维尔纳·弗卢梅：《法律行为论》，迟颖译，法律出版社 2013 年版，第 832 页。
③ 魏振瀛：《民法》，北京大学出版社 2013 年版，第 158 页；孙宪忠主编：《民法总论》，社会学文献出版社 2010 年版，第 238 页；崔建远：《民法总论》，清华大学出版社 2010 年版，第 61 页；郑云端：《民法总论》，北京大学出版社 2015 年版，第 335 页。

二、民事法律行为所附条件的构成要件

民事法律行为所附条件，是指当事人以附款的形式约定的，决定法律行为效力的，将来、客观上不确定的事实。

一般而言，民事法律行所附条件应当具备以下要件。

（一）须是合法事实

民事法律行为所附条件不得违反法律的强制性规定与公序良俗，违法事实不能作为法律行为所附之条件。如甲与乙约定："若甲杀害丙，则乙赠与甲房屋一套。"由于该行为附有不法条件，该赠与合同当然无效。

我国《民法通则意见》第75条明确规定："附条件的民事行为，如果所附的条件是违背法律规定或者不可能发生的，应当认定该民事行为无效。"

（二）须是当事人约定的事实

民事法律行为所附条件须是当事人任意选择的事实，而非法律规定的要件。这是因为，当事人若无此约定，法律亦有此要求，当事人以此约束法律行为的效力，无异于画蛇添足。因此，民事法律行为附有法定条件的，视为未附条件。如甲出卖A房于乙，约定："甲与乙办理过户手续后，A房所有权才发生移转。"我们知道，我国《物权法》第9条第1款规定："不动产物权的设立、变更、转让和消灭，经依法登记，发生效力；未经登记，不发生效力，但法律另有规定的除外。"既然法律有明文规定，当事人还以此作为法律行为的生效要件，实无意义，因而视为未附条件。

（三）须是行为时尚未发生的事实

民事法律行为所附条件须是尚未发生的事实，如果事实在民事法律行为成立前已经发生，将无法发挥法律行为附款分担交易风险和引导当事人实施特定行为的功能。

（四）须是客观不确定的事实

民事法律行为所附条件须是可能发生，是否发生不确定的事实。不得以不能事实作为条件。不能事实，是指依客观规律或社会观念不可能发生的事实，例如，以长江西流作为借用条件、以海底捞针作为赠与条件等。以不能事实作为法律行为的生效条件，则视为根本就不希望该行为发生效力，该法律行为无效。相反，如果以不能事实作为法律

行为的失效条件,则视为根本就不希望该行为失去效力,该法律行为未附任何条件。①

(五) 条件内容不得与法律行为内容相抵触

条件内容不得与该法律行为内容相矛盾,否则表意人效果意思不确定,该行为无效。如甲与乙约定:"若甲将 A 房卖给乙,则甲将 A 房赠与丙。"就该房的移转,甲作出了相互矛盾的意思表示,该法律行为因意思表示错乱而无效。

三、民事法律行为所附条件的分类

(一) 停止条件与解除条件

依据条件成就的作用在于决定民事法律行为效力的发生还是终止,可以将民事法律行为所附条件分为停止条件与解除条件。

条件成就,民事法律行为发生效力,该特定条件即为停止条件,又称延缓条件。如甲与乙约定:"若甲今年暑假出国,则乙赠与甲西装一套。"

条件成就,法律行为效力终止,该特定条件即为解除条件,又称消灭条件。甲与乙订立房屋借用合同,并约定:"若明年暑假,甲之子返乡工作,则乙返还房屋。"

区分停止条件与解除条件的法律意义在于:条件成就对于法律行为效力的影响不同。在停止条件,条件成就前,法律行为虽已成立,但并未生效;条件成就后,该法律行为发生效力,条件不成就,该法律行为始终不生效。在解除条件,条件成就前,法律行为不仅成立而且生效;条件成就后,该法律行为失去效力,条件不成就,该法律行为并不失效。

(二) 积极条件与消极条件

依据法律行为以客观事实的发生还是不发生作为条件,可以将民事法律行为所附条件分为积极条件与消极条件。

法律行为以客观事实的发生作为条件,该特定条件即为积极条件,又称肯定条件。如甲与乙约定:"若甲养狗,则乙出借宠物房给甲。"

法律行为以客观事实的不发生作为条件,该特定条件即为消极条件,又称否定条件。如丙与丁约定:"若丁不养宠物,则丙出租房屋给丁。"

区分积极条件与消极条件的法律意义在于:条件成就的形式不同。就积极条件而

---

① 我国《民法通则意见》第 75 条规定:"附条件的民事行为,如果所附的条件是违背法律规定或者不可能发生的,应当认定该民事行为无效。"该条并未区分停止条件与解除条件,一律认定附不能条件的法律行为无效,并不妥当。

言,条件的成就表现为事实的发生,条件的不成就表现为事实的不发生。就消极条件而言,条件的成就表现为事实的不发生;条件的不成就表现为事实的发生。

四、附条件的民事法律行为的效力

条件成就,是指作为条件内容的事实已经实现和发生。所附条件不同,条件成就时,法律行为的效力也就不同。

(一) 条件成就前的民事法律行为的效力

1. 民事法律行为的效力

附停止条件的民事法律行为,条件成就前,该行为虽然成立,但并未生效,其效力处于停止状态。附解除条件的民事法律行为,条件成就前,该行为不仅成立,而且生效,其效力处于存续状态。

2. 期待权

附条件民事法律行为,在条件成就之前,当事人虽然未取得现实权利,但是存在取得权利的可能性,学理上称之为"期待权"。如甲与乙约定:"若乙考上音乐学院,则甲赠与乙一把小提琴。"事后,若甲恶意损毁该小提琴,则侵害了乙的期待权。

综观世界各国,维护这种期待权的措施主要有二:其一,停止侵害和损害赔偿请求权。在条件成就前,一方当事人不得侵害对方的期待利益,否则要承担损害赔偿责任。其二,期待权的处分权。在条件成就前,当事人可以依据民法一般规定对期待权进行处分和继承。①

(二) 条件成就后的民事法律行为的效力

附停止条件的民事法律行为,条件成就时,该法律行为发生效力。附解除条件的民事法律行为,条件成就时,该法律行为失去效力。

我国《合同法》第45条第1款、2款对此作了明确规定:"当事人对合同的效力可以约定附条件。附生效条件的合同,自条件成就时生效。附解除条件的合同,自条件成就时失效。"《民法总则》第158条亦规定:"民事法律行为可以附条件,但是按照其性质不得附条件的除外。附生效条件的民事法律行为,自条件成就时生效。附解除条件的民事法律行为,自条件成就时失效。"

(三) 条件成就与不成就的拟制

在条件成就前,当事人对条件的成就享有期待利益,如果一方当事人恶意阻止条件

---

① 崔建远:《民法总论》,清华大学出版社2010年版,第62—63页;马俊驹、余延满:《民法原论》,法律出版社2010年版,第200—201页。

成就或恶意促成条件成就的,不仅违反了条件的设立目的,而且损害了对方当事人的期待利益。为此,法律特设条件成就与不成就的拟制规则,认为当事人为自己的利益不正当地阻止条件成就的,视为条件已成就;不正当地促成条件成就的,视为条件不成就。

我国《合同法》第 45 条第 3 款就明确规定:"当事人为自己的利益不正当地阻止条件成就的,视为条件已成就;不正当地促成条件成就的,视为条件不成就。"《民法总则》第 159 条也规定:"附条件的民事法律行为,当事人为自己的利益不正当地阻止条件成就的,视为条件已成就;不正当地促成条件成就的,视为条件不成就。"

第三节 附期限的民事法律行为

一、附期限的民事法律行为概述

(一) 附期限民事法律行为的含义

附期限民事法律行为,是指在法律行为中指明一定期限,把期限的到来作为法律行为效力发生或终止根据的法律行为。如甲与乙订立租赁合同,约定:"5 月 1 日合同生效",则该租赁契约因为 5 月 1 日的到来而发生效力。又如,甲与乙订立借用合同,约定:"12 月 31 日合同终止",则该借用合同因 12 月 31 日的到来而失去效力。

(二) 民事法律行为所附条件与所附期限的比较

民事法律行为所附条件与所附期限都是尚未发生的事实,均依当事人的意愿成为法律行为的附款,其作用均在于决定法律行为效力的发生或终止。

但两者存在明显区别:民事法律行为所附条件,事实发生与否并不确定。民事法律行为所附期限,事实发生与否客观确定。如甲与乙约定:"明天若下雨,我将赠与你雨伞一把。"明天是否下雨并不确定,因此,该赠与合同附条件。又如甲与乙约定:"下次下雨时,我将赠与你雨伞一把。"即使天气变化再无常,下雨的事实终不可避免,因此,该赠与合同附期限。

二、民事法律行为所附期限的分类

民事法律行为所附期限,是指当事人约定的,决定法律行为效力的,将来客观确定到来的事实。依据不同的标准,可以将法律行为所附期限做不同的分类。

（一）始期与终期

依据期限的到来决定法律行为效力的发生还是终止，可以将法律行为所附期限分为始期和终期。

期限的到来决定法律行为效力的发生，该特定期限即为始期，又称延缓期限。如甲与乙订立租赁合同，约定"5月1日合同生效"。

期限的到来决定法律行为效力的终止，该特定期限即为终期，又称解除期限。如甲与乙订立借用合同，约定"12月31日合同终止"。

（二）确定期限与不确定期限

依据事实的发生时间是否确定，可以将民事法律行为所附期限分为确定期限与不确定期限。

当事实的发生时间确定时，该特定期限即为确定期限。如甲与乙约定："明年圣诞，甲出借圣诞树给乙。"

当事实的发生虽已确定，但发生时间并不确定时，该特定期限即为不确定期限。如甲与乙约定："下次下雨时，我将赠与你雨伞一把。"

三、附期限的民事法律行为的效力

期限到来，是指作为期限内容的事实已经实现和发生。所附期限不同，期限到来时，法律行为的效力也就不同。

（一）期限到来前的法律效力

1. 法律行为的效力

附始期的民事法律行为，在期限到来前，该行为虽然已经成立，但并未生效，其效力处于停止状态。

附终期的民事法律行为，在期限到来前，该行为不仅成立，而且生效，其效力处于存续状态。

2. 期待权

附期限民事法律行为，在期限到来前，当事人虽然未取得现实权利，但是存在取得权利的可能性，学理上称之为"期待权"。与附条件民事法律行为中的期待权，性质相同。但是法律行为所附条件，事实发生并不确定。法律行为所附期限，事实发生客观确定。因此，附期限民事法律行为中当事人的期待权较附条件民事法律行为中当事人的期待权更为确实、可靠，更有予以保护的必要。①

（二）期限到来后的法律效力

附始期的民事法律行为，期限届至时，该法律行为发生效力。

附终期的民事法律行为，期限届满时，该法律行为失去效力。

我国《合同法》第46条规定："当事人对合同的效力可以约定附期限。附生效期限的合同，自期限届至时生效。附终止期限的合同，自期限届满时失效。"《民法总则》第160条对此做了重申："民事法律行为可以附期限，但是按照其性质不得附期限的除外。附生效期限的民事法律行为，自期限届至时生效。附终止期限的民事法律行为，自期限届满时失效。"

---

① 梁慧星：《民法总论》（第4版），法律出版社2011年版，第190页。

第十五章 民事法律行为的代理

第一节 代理制度概述

一、代理的界定

在民法上，民事主体除了能够亲自实施民事法律行为之外，他们还能够通过其他人来实施民事法律行为。对此，我国《民法总则》第161条规定："民事主体可以通过代理人实施民事法律行为。依照法律规定、当事人约定或者民事法律行为的性质，应当由本人亲自实施的民事法律行为，不得代理。"当他们通过其他人来实施民事法律行为时，其他人为其实施的民事法律行为就是代理行为，简称为代理。

所谓代理，是指一个人为了另外一个人的利益与第三人实施某种民事法律行为并且其所为民事法律行为的法律效果直接归属于另外一个人的法律制度。其中，为了另外一个人的利益而与第三人为民事法律行为的人被称为代理人（le représentant），另外一个人被称为被代理人、本人（le représenté），代理人与其从事民事法律行为的第三人则被称为相对人。因此，代理制度涉及三方当事人，这就是代理人、被代理人和相对人，其中代理人与相对人之间为民事法律行为，他们所为的民事法律行为的法律效果由被代理人与相对人承受。

二、代理制度的历史发展

（一）罗马法时代的代理制度

在历史上，罗马法并不认可代理制度，因为在罗马法当中，债具有专属性的特点，合同或者民事法律行为要遵循严格的形式主义的要求，合同当事人仅对他们亲自签订的合同承担责任，不对代理人签订的合同承担责任。

在罗马法上，如果无行为能力人尤其是未成年人要同其他人签订合同，他们只能通过其监护人来进行，监护人在同相对人签订合同时，不得以被监护人的名义签订合同，只能够以其本人的名义同相对人签订合同，当他们获得了合同利益之后，他们再将所获得的合同利益转移给其被监护人。因此，在罗马法时代，即便存在所谓的法定代理制度，该种法定代理制度也仅仅是一种不完全代理（le représentation imparfaite）。①

(二) 近代民法所规定的代理制度

在 17 世纪的时候，法国旧法最终承认了完全代理（le représentation parfaite）制度，这就是，监护人在为被监护人的利益同相对人为法律行为时，他们不再以自己的名义，而是以其被监护人的名义。② 在 19 世纪初期，法国 1804 年民法典除了规定法定代理制度之外，还规定了委托代理制度，使民事法律行为的代理制度得到极大的发展。③

(三) 现代民法所规定的代理制度

在今天，大陆法系国家的民法均规定了代理制度。例如，在法国，除了《法国民法典》第 450 条对法定监护人享有的代理权作出了明确规定之外，《法国民法典》第 1984 条也对委托代理制度作出了明确规定。除了《法国民法典》对代理制度作出了明确规定之外，法国民法学者也普遍认可民事法律行为的代理。④

再例如，《法国民法典》第 164 条至第 181 条对代理制度作出了详细的规定。再例如，《日本民法典》第 99 条至 118 条也对代理作出了详细的规定。

在我国，除了《民法总则》第七章对民事法律行为的代理作出了详细的规定之外，我国《合同法》也对合同领域的代理制度作出了明确规定，这就是我国《合同法》第 47 条至第 49 条等条款的规定。其中《民法总则》第 161 条明确规定：民事主体可以通过代理人实施民事法律行为。

三、代理的属性

从理论上讲，行为人和承受行为后果的人一般是同一个人，但在代理中两者相互分离，这是代理制度的特点。这种代理制度的发展与财产的所有者和管理者、企业的所有者和经营者相互分离的现象越来越明显的倾向是密不可分的。

在代理关系中，被代理人虽然通过他人的行为而取得权利承担义务，但是，代理是以私法自治的扩张或补充为目的的制度。因此，代理未改变以意思表示为要素的法律行为之属性，仍然属于私法自治的范畴。

代理制度有时让本人承受非依其直接意思的行为所引起的权利义务变动后果，这一点在一定程度上也体现着个人意思绝对自由的一些限制。例如，为保障交易安全而设定

---

① Francois Terré Philippe Simler Yves Lequette, Droit civil, Les obligations, 10e édition, Dalloz, pp. 182—183.
② Francois Terré Philippe Simler Yves Lequette, Droit civil, Les obligations, 10e édition, Dalloz, p. 183.
③ Francois Terré Philippe Simler Yves Lequette, Droit civil, Les obligations, 10e édition, Dalloz, p. 183.
④ Henri et Leon Mazeaud Jean Mazeaud Francois Chabas, Obligations, 9e édition, Montchrestien, pp. 143—147；Francois Terré Philippe Simler Yves Lequette, Droit civil, Les obligations, 10e édition, Dalloz, pp. 182—189.

的表见代理即属此类。

代理是本人直接承受代理人所进行的法律行为——准确地讲是意思表示——后果的制度。所以，代理人所为的意思表示之外的其他行为的后果，即使由本人承担也不属于代理。例如，雇员在完成其业务的过程中给第三人造成损害的，应由雇主承担损害赔偿的责任，但这不属于代理的后果。

另外，所有的意思表示并不一定都可适合代理。代理是代理人在一定范围内有权进行自由裁量，依其个人的想法来决定其意思表示。所以，应当由本人作出意思表示的法律行为就不得适用代理。如婚姻、收养和认领等身份行为就属此类。《民法总则》第161条规定第2款规定："依照法律规定、当事人约定或者民事法律行为的性质，应当由本人亲自实施的民事法律行为，不得代理。"

四、代理的作用

在现代社会代理制度发挥着两项重要的社会作用。

（一）为私法自治（意思自治）的扩张

私法自治原则要求法律关系的形成应当依当事人个人的自由意志。如果据此要求法律关系必须依其本人的意思表示来决定，那么，就会把当事人的活动限制在狭小的范围之内。但是，如果允许当事人选择其信赖的人、授予其意思决定权并让其实施法律行为，那么，当事人的活动范围就会得到无限的扩张，这就是所谓私法自治范围的扩张。

尤其是当事人以其经济信用为背景，利用他人的才智进行活动，私法自治就会极大地发挥其威力。任意代理是顺应这种要求而产生的制度。今天，一个资本家能够参与数十家企业的经营活动，使其交易网络遍及全球，就是仰仗于代理制度的恩赐。

（二）为私法自治的补充

在近代法中，所有的自然人均享有权利能力。然而，无意思能力者或无行为能力者却不能亲自为法律行为。为弥补其行为能力的缺陷，民法设立了法定代理制度。

未成年人或智障人士等无行为能力或限制行为能力人可以通过法定代理制度，作为有效的行为主体实施法律行为，以收取权利能力人应有的实效。同时，代理制度也作为预先指定意思表示代行者，以防备将来意思能力丧失或判断能力减弱所带来的各种风险的制度，也发挥着重要的作用。[①]

---

① [日]远藤浩、川井健等编：《民法总则（1）》（第4版），有斐阁2000年版，第177页。

五、代理及其相类似制度

（一）代理与使者

使者是向对方表示本人决定的意思或传达本人的意思表示，帮助当事人实施法律行为的辅助人。使者与代理人有相似之处，但两者存在如下重要区别：

首先，是否具有意思表示的决定权。这是两者最根本的区别。在代理中，意思表示的决定权在于代理人，其行为主体是代理人；与此相反，使者与本人的关系中，意思表示的决定权在于本人，行为主体为本人。

其次，是否具备意思能力、行为能力。使者不是行为主体，因此，不必具有意思能力，也不需要具有行为能力（根据本人的情形来判断是否具备这些能力）。与此相反，因为代理人是意思表示的主体，所以需具有意思能力。

再次，是否存在意思欠缺或意思瑕疵。与意思相关的事项，如真意保留、虚伪表示、错误和欺诈等的判断，代理中是根据代理人的具体情况来判断；在本人与使者之间的情形，要根据本人的情形进行判断。

最后，是否可以转委托。代理，可以在一定条件进行转委托；但使者原则上不得转委托。①

（二）代理与法人代表

法人代表是法人的机关，其行为被视为法人的行为。通过代理人所进行的法律后果同样也归属于法人。在这一点上二者没有什么区别。

二者的区别在于：代表人为法人本身的机关，而非独立的主体，代理人则为独立的主体，而非法人的机关；法人与代表之间的关系为法人内部组织关系，而法人与代理人之间的关系为两个平等主体之间的关系；代表人的行为就是法人本身的行为，因而当然由法人承受其行为效果，而代理人的行为是非法人本身的行为，乃基于法律关于代理制度的规定而由法人作为被代理人承受其法律效果。②

（三）代理与经销商

所谓经销，系双方当事人以出卖人和买受人的身份，约定在一定的区域和期间就特定商品继续进行交易的协议。经销商是以自己的名义并为自己的利益，从供货商买进商品然后再转卖给第三人。供货商与转卖关系的第三人不发生任何合同关系。这是经销区

---

① ［日］近江幸治：《民法讲义1 民法总则》（第5版），成文堂2005年版，第213页。
② 梁慧星：《民法总论》（第4版），法律出版社2011年版，第218页。

别与代理的主要之点。①

第二节 代理的分类

在民法上，代理应当如何进行分类，不同的民法学者作出的回答并不完全相同。本书根据不同的标准将代理分为：完全代理和不完全代理；法定代理、指定代理和约定代理；一般代理和限定代理；自我代理和双方代理；复代理；积极代理和消极代理。

一、完全代理和不完全代理

根据代理人在与相对人为民事法律行为时是否以被代理人的名义，代理可以分为完全代理（le représentation parfaite）和不完全代理（le représentation imparfaite）。

（一）完全代理的界定

所谓完全代理，在我国也被称为直接代理、狭义代理，是指代理人以被代理人的名义与相对人为民事法律行为并且其法律效果直接归属于被代理人的代理行为。例如，当甲方直接以乙方的名义同丙方签订合同时，甲方为乙方的名义所签订的此种合同就是完全代理。

（二）不完全代理的界定

所谓不完全代理，在我国也被称为间接代理、广义代理，是指代理人以自己的名义与相对人为民事法律行为并且其法律效果仅仅归属于代理人的代理行为。在不完全代理当中，代理人获得了他们与相对人之间的民事法律行为的法律效果之后，会根据他们与被代理人之间的约定将其代理行为所获得的法律效果转移给被代理人。例如，当甲方接受乙方的委托之后同丙方签订手机买卖合同。当丙方将手机出卖给甲方之后，甲方再将该手机转让给乙方。甲方所为的手机买卖合同就是不完全的代理。

在大陆法系国家，除了民法学者认可不完全代理之外，② 立法者也在他们制定的制定法、成文法当中规定了不完全代理。例如，《法国商法典》第132-1条规定了商事领域的不完全代理。在我国，我国《合同法》第402条和第403条对不完全代理作出了明确规定。

---

① 梁慧星：《民法总论》（第4版），法律出版社2011年版，第219页。
② Francois Terré Philippe Simler Yves Lequette, Droit civil, Les obligations, 10e édition, Dalloz, p. 187.

(三) 民法区分完全代理和不完全代理的意义

1. 代理人实施代理行为的名义不同

代理人在与相对人为民事法律行为时的名义不同，其中，完全代理人是以被代理人的名义为此种行为，而不完全代理人则是以自己的名义为此种行为。

2. 法律关系的简单与纷繁不同

在完全代理关系当中，代理人、被代理人与相对人之间的权利、义务或者责任简单明了，代理人的行为直接对被代理人与相对人产生约束力。

而在不完全代理关系当中，代理人、被代理人与相对人之间的权利、义务或者责任则要复杂多了：一方面，被代理人可能拒绝认可代理人与相对人之间所为的民事法律行为，此时，代理人、被代理人或者相对人之间的法律关系就不明确、肯定。另一方面，根据我国《合同法》第402条的规定，代理人所为的代理行为是否直接对被代理人与相对人之间产生约束力，取决于相对人是否知道代理人是为了被代理人的利益实施代理行为：如果相对人知道代理人是为了被代理人的利益同相对人为法律行为，则代理人所为的代理行为直接对被代理人和相对人产生约束力，否则，则不会直接对被代理人与相对人产生约束力，仅会对代理人与相对人产生约束力。

二、法定代理、指定代理和约定代理

(一) 法定代理、指定代理和约定代理的法律根据

根据代理产生的原因不同，代理可以分为法定代理（le représentation légale）、指定代理（le représentation judiciaire）以及约定代理（le représentation conventionnel）。在法国，《法国民法典》分别在不同的条款当中对这三种代理制度作出了规定。例如，《法国民法典》第219条、第815条等条款分别对指定代理作出了规定，《法国民法典》第1984条和其他条款对约定代理作出了规定。而在我国，《民法通则》第64条对这三种代理作出了一般规定，该条规定：代理包括委托代理、法定代理和指定代理。《民法总则》第163条则规定："代理包括委托代理和法定代理。委托代理人按照被代理人的委托行使代理权。法定代理人依照法律的规定行使代理权。"

(二) 法定代理、指定代理和约定代理的界定

1. 法定代理

所谓法定代理，是指制定法、成文法直接规定的代理。在大陆法系国家和我国，民法基于无行为能力人或者限制行为能力人保护的需要会专门为他们规定代理人，让他们通过这些代理人来实施民事法律行为，这就是所谓的法定代理。在我国，《民法通则》

第 12 条、第 13 条和第 64 条对法定代理制度作出了规定。《民法总则》第 23 条规定："无民事行为能力人、限制民事行为能力人的监护人是其法定代理人。"

2. 指定代理

所谓指定代理，有狭义和广义两种理论。所谓狭义的指定代理，是指法官通过其司法判决确定的代理，当法官通过其判决指定某一个为代理人时，该人即基于法官的判决成为其他人的代理人，有权代理其他人实施某种民事法律行为。在法国，指定代理就是指此种狭义的裁判代理。①

在我国，《民法通则》规定了广义的指定代理，因为它规定，指定代理除了包括由法官通过判决确定代理人之外，还包括由法院之外的指定单位来确定代理人，当这些指定单位指定了代理人时，被指定的代理人就有权为被代理人实施代理行为。《民法总则》第 31 条规定："对监护人的确定有争议的，由被监护人住所地的居民委员会、村民委员会或者民政部门指定监护人，有关当事人对指定不服的，可以向人民法院申请指定监护人；有关当事人也可以直接向人民法院申请指定监护人。"根据《民法总则》第 23 条的"无民事行为能力人、限制民事行为能力人的监护人是其法定代理人"的规定，指定监护人具有指定代理人的意义。

3. 约定代理

所谓约定代理，也称为意定代理、委托代理，是指被代理人同代理人通过双方所签订的书面或者口头协议所规定的代理。当被代理人同代理人签订协议，让代理人为其实施某种民事法律行为时，他们之间所产生的此种代理就是所谓的约定代理。在大陆法系国家，民法典往往明确规定了委托代理制度。在我国，《民法通则》第 65 条对委托代理作出了一般性的规定，我国《合同法》第二十一章对委托合同作出了详细的规定。《民法总则》第七章第二节对委托代理作出了专门规定。

（三）区分法定代理、指定代理和约定代理的意义

1. **代理人享有代理权的根据不同**

在法定代理当中，代理人取得代理权的根据是立法者制定的制定法、成文法的直接规定，代理人根据制定法、成文法的直接规定取得代理权。在指定代理当中，代理人取得代理权的根据是法官作出的判决或者指定单位的指定。在约定代理当中，代理人取得代理权的根据是被代理人的明确授权行为。

2. **约定代理一般是限定代理**

代理人仅仅在被代理人授权范围内享有代理权，超出授权范围则不享有代理权，但法定代理或者指定代理原则上是一般代理，代理人享有的代理权并不会受到明确的限

---

① Philippe Malinvaud Dominique Fenouillet, Droit des obligations, 11e édition, Litec, p. 83.

制，凡是为了被代理人利益需要的事项，法定代理人或者指定代理人均有权代理。

三、一般代理和限定代理

根据代理人在实施代理行为时其代理权限是否受到被代理人明确的限制，代理可以分为一般代理与限定代理。

（一）一般代理的界定

所谓一般代理，也称为概括代理，是指代理人在实施代理行为时其代理权没有受到被代理人明确、肯定或者清楚限制的代理。当代理人在代理被代理人行为时，如果代理人享有的代理权并没有受到被代理人的明确、肯定或者清楚的限制，则代理人有权按照具体情况实施其代理行为，代理人在此种情况下所实施的代理就是一般代理。

在民法上，法定代理与指定代理往往属于一般代理，因为法定代理人或者指定代理人在代理被代理人行为时并没有受到被代理人的明确限制。此外，在德国或者英美法系国家，公司董事有时也被看作公司的代理人，他们在代表公司时享有的代理权也是不受限制的代理权，因此，公司董事的代理也属于一般代理。

应当注意的是，一般代理也不是完全不受到任何限制，代理人在实施代理行为的时候仍然应当受到限制，这就是，他们应当为了被代理人的最好利益实施代理行为，不得为了自己的利益或者第三人的利益实施代理行为。例如，父母应当为了其未成年子女的最好利益实施代理行为，董事应当为了公司的最好利益行为，等等。不过，此种限制不属于被代理人施加的限制。

（二）限定代理的界定

所谓限定代理，也称为特别代理，是指代理人在实施代理行为时其代理权受到被代理人明确、肯定或者清楚限制的代理。当代理人在代理被代理人行为时，如果他们的代理权受到了被代理人明确、肯定或者清楚的限制，则他们所实施的代理就是限定代理。例如，甲方明确授权乙方代理其购买价值不超过500元的手表，乙方在此种情况下实施的代理就属于限定代理。

在民法上，约定代理往往属于限定代理，因为当被代理人在将代理权授予代理人时，他们往往对代理人享有的代理权施加了明确、肯定或者清楚的限制，代理人仅仅在被代理人限定范围内才享有代理权。

（三）明确区分一般代理与限定代理的主要原因

1. 代理人的代理权限不同

在一般代理当中，代理人享有的代理权限没有受到被代理人的明确、肯定或者清楚限制，代理人有权根据具体情况来实施代理行为。在限定代理当中，代理人享有的代理权受到了被代理人明确、肯定或者清楚的限制。

2. 越权行为的法律效果

在一般代理当中，代理人无所谓越权行为的问题，即便代理人违反了为被代理人的最好利益而行为的义务，他们的代理行为也是有效的；而在限定代理当中，代理人实施的越权行为除非经过被代理人的追认，否则，对被代理人无效。

四、自我代理和双方代理

（一）自我代理的界定

所谓自我代理，又称为自我契约（le contrat avec soi-meme），是指代理人以被代理人的名义与自己实施的代理行为或者签订的契约。我国《民法总则》第168条规定："代理人不得以被代理人的名义与自己实施民事法律行为，但是被代理人同意或者追认的除外。代理人不得以被代理人的名义与自己同时代理的其他人实施民事法律行为，但是被代理的双方同意或者追认的除外。"

例如，当甲方委托乙方为其购买手机时，乙方以甲方的名义同自己签订手机购买契约，将自己的手机出卖给甲方。乙方代理甲方同其自己签订的此种买卖契约就是所谓的自我代理、自我契约。再例如，当甲方委托乙方代理其承租房屋时，乙方代理甲方同自己签订房屋租赁契约，将自己的房屋出租给甲方。

（二）双方代理的界定

所谓双方代理，也称为同时代理，是指代理人同时代理两个有利益冲突的被代理人并分别以他们的名义与对方为法律行为的代理。我国《民法总则》第168条第2款规定："代理人不得以被代理人的名义与自己同时代理的其他人实施民事法律行为，但是被代理的双方同意或者追认的除外。"例如，当甲方与其妻子乙方离婚时，作为律师的丙方既代理甲方来处理与乙方之间的离婚事务，也代理乙方来处理与甲方之间的离婚事务。丙方在此离婚案件当中同时代理处于利益冲突当中的甲方与乙方，其所为的代理就是双方代理。

（三）自我代理与双方代理的禁止

在民法上，自我代理与双方代理均受到法律的明确禁止，民法原则上禁止代理人实施自我代理或者双方代理。法律之所以禁止自我代理或者双方代理，其主要原因有两方面：

（1）从理论上讲，自我代理或者双方代理均违反了代理的一般理论。按照代理的一般理论，代理关系应当由三方当事人，即代理人、被代理人和相对人。而在自我代理或者双方代理当中，代理关系实质上仅有两方当事人，不符合代理的一般理论。

（2）从实践来讲，禁止自我代理、双方代理制度的宗旨是防止利益相反行为的发生，以保护本人的利益。代理人代理本人与自己为法律行为，或代理人既代理本人又代理相对人而实施代理行为，实际上造成代理人一人订立合同的结果，会损害本人利益或一方当事人的利益，违背公平原则，故受到禁止。

例如，在自我代理当中，如果代理人就其手机出卖给被代理人，他们可能会抬高手机的出卖价格，使被代理人多支付了价款；如果代理人购买被代理人的手机，他们可能会压低手机价格，使被代理人少获得了价款。再例如，在双方代理当中，律师的代理行为可能既会损害丈夫的利益，也会损害妻子的利益。

（四）自我代理与双方代理的例外允许

在民法上，法律禁止自己代理、双方代理所禁止的是利益相反行为，在如下不发生利益冲突的场合不受禁止。例如，债务的履行或者事先得到本人同意的行为不在此限（《日本民法典》第108条但书规定）。债务履行行为不属于利益相反行为，故不被禁止。另外，还有申请登记的行为、公证文书的制作等，亦属此类。再者，存在本人事先同意或者事后追认的，不受禁止。但是，即使本人事先同意或者事后追认，仍明显存在利益相反的，也可适用公序良俗的原则确定其为无效。

在自己代理、双方代理中，代理权授予行为属于无效，故属于无权代理。所以，存在追认的可能性。

五、复代理

（一）复代理的界定

所谓复代理，也称为再代理，是指代理人为被代理人的利益将其所享有的代理权转托其他人并由其他人代理被代理人实施代理行为的代理。基于代理人的转委托而代理被代理人实施代理行为的其他人被称为复代理人、再代理人。

（二）复代理的法律根据

我国《民法总则》第169条规定："代理人需要转委托第三人代理的，应当取得被代理人的同意或者追认。转委托代理经被代理人同意或者追认的，被代理人可以就代理事务直接指示转委托的第三人，代理人仅就第三人的选任以及对第三人的指示承担责任。转委托代理未经被代理人同意或者追认的，代理人应当对转委托的第三人的行为承担责任，但是在紧急情况下代理人为了维护被代理人的利益需要转委托第三人代理的除外。"

对于"紧急情况",可以理解为"由于急病、通讯联络中断等特殊原因,委托代理人自己不能办理代理事项,又不能与被代理人及时取得联系,如不及时转托他人代理会给被代理人的利益造成损失或者扩大损失的"情形,参见最高法院《关于贯彻执行〈中华人民共和国民法通则〉若干问题的意见》第80条关于属于《民法通则》第68条中的"紧急情况的解释"。

(三)代理人、复代理人的义务或者责任

关于代理人对其所委托的复代理的责任,我国《民法总则》第169条规定:"转委托代理经被代理人同意或者追认的,代理人仅就第三人的选任以及对第三人的指示承担责任。转委托代理未经被代理人同意或者追认的,代理人应当对转委托的第三人的行为承担责任,但是在紧急情况下代理人为了维护被代理人的利益需要转委托第三人代理的除外。"

《日本民法典》第105条也有类似的规定:在复代理中,代理人就复代理人的选任、监督对被代理人承担责任。选任、监督的责任,比如选择了没有代理能力的人担任代理人从而不能完成代理事项;或者代理人对复代理人的监督不力,给被代理人造成损害等,代理人应向被代理人承担责任。但是,代理人依照被代理人的指令而选任复代理人的,代理人对复代理人不再负有选任、监督的方面的责任,代理人只有在已知复代理人不胜任、不诚实而怠于向被代理人通知或将其解任时才向被代理人承担责任。

根据我国《民法总则》第169条的规定,转委托代理经被代理人同意或者追认的,被代理人可以就代理事务直接指示转委托的第三人,代理的法律效果直接归属于被代理人;在紧急情况下,为了维护被代理人的利益,代理人可以转托他人代理,此时,复代理的法律效果也直接归属于被代理人。转委托代理未经被代理人同意或者追认的,或者也不属于紧急情况下为了维护被代理人的利益而转委托第三人代理的,代理人应当对转委托的第三人的行为承担责任。

所以,一旦经过被代理人的同意或追认,或者一旦符合《民法总则》第169条规定所规定的"紧急情况"的要求,复代理人就成为被代理人的代理人,他们在其权限范围内有权代理被代理人实施代理行为,即复代理人虽然是由代理人所委托,但其与被代理人之间的关系上居于代理人的位置。复代理人的代理权范围在选任时确定,但不得超越代理人的代理权范围。

复代理人对于被代理人和第三人享有并负担与代理人同等的权利义务。复代理人虽处于代理人的地位,但代理人原有的代理权不因复代理人的选任而消灭。

六、积极代理和消极代理

根据代理人所为的代理行为究竟是代理被代理人向相对人为意思表示还是接受相对人所为的意思表示,我国民法学者将代理分为积极代理和消极代理。

当代理人代理被代理人向相对人为意思表示时,他们所为的代理就被称为积极代理或者主动代理;当代理人代理被代理人接受相对人所为的意思表示时,他们所为的代理被称为消极代理或被动代理。

在我国,此种分类虽然得到了大量民法学者的主张,但是,此种理论并无实质意义,因为,向相对人为意思表示也罢,接受相对人所为的意思表示也罢,代理人所所为的代理均为有效代理,法律并不会因为它们的表现形式而规定不同的规则。

第三节 有权代理

一、有权代理的必要构成要件

所谓有权代理,是相对于无权代理而言的一种代理,是指代理人在享有代理权的情况下所实施的代理。在民法上,有权代理应当具备所要求的条件才能够产生代理的法律效果。至于说有权代理应当具备哪些条件,民法学者作出的说明存在一定的差异。

某些民法学者认为,有权代理仅需具备两个必要构成要件:其一,代理人享有代理权(le pouvoir de représentation);其二,代理人有为被代理人的利益为法律行为的意思表示(l'intention de représenter)。[1]

而某些民法学者认为,有权代理应当具备三个必要构成要件:其一,代理人享有代理权;其二,代理人有为被代理人的利益为代理的意思表示;其三,代理人享有行为能力。[2] 在我国,《民法总则》第 162 条对有权代理的必要构成要件作出了明确规定:代理人在代理权限内,以被代理人名义实施的民事法律行为,对被代理人发生效力。

根据该条的规定和法律行为的一般有效要件,有权代理应当具备四个必要构成要件:其一,代理人享有代理权;其二,代理人具有为被代理人的利益为代理行为的意思表示;其三,代理人至少应当具有限制行为能力;其四,代理人实施的代理行为有效。

---

[1] Philippe Malinvaud Dominique Fenouillet, Droit des obligations, 11e édition, Litec, pp. 83—86.
[2] Henri et Leon Mazeaud Jean Mazeaud Francois Chabas, Obligations, 9e édition, Montchrestien, p. 143; Francois Terré Philippe Simler Yves Lequette, Droit civil, Les obligations, 10e édition, Dalloz, p. 183.

二、代理权

在民法上，有权代理应当具备的第一个必要构成要件是，代理人在实施代理行为的时候享有代理权，仅在他们享有代理权时，他们所为的代理行为才能够对被代理人与相对人产生约束力，否则，他们所为的代理行为不会对被代理人与相对人之间产生约束力。

（一）代理权的本质

关于代理权的性质，学术界存在不同的见解。日本的近江幸治教授介绍如下几种主要的学术观点并作了评述。①

1. **资格或地位说**

此种学说认为，所谓"代理"，本身就是代理人通过自己的行为使本人的权利义务发生变动，在代理关系之中，根本不可能存在代理人应当为本人实施一定行为的义务。因此，"代理权"不是纯粹的权利，是代理人对本人的一种"法律上的地位或资格"。

2. **适于代理的状态说**

此种理论认为，代理的效果之所以得到承认，是因为代理人和本人之间存在代理关系，即代理人享有"代理权"。但是，这样不能解释为何本人要承担表见代理（无权代理）的法律效果的问题。

因此，将本人应当承受代理之效果的一切要件统称为"适于代理的状态"，并且，将本人的代理权授予行为（对代理效果承受的容忍行为）视为这种法律事实。

行为人所实施的行为只要符合"适于代理的状态"即视为代理关系成立，本人应当承担代理行为的后果。以此试图统一解释任意代理、法定代理、表见代理的效果归属问题。

3. **财产管理权说**

一般来讲，权利人可以将其财产管理权让渡给他人。代理权的性质就是本人将其财产管理权让渡给代理人。

近江幸治教授赞同资格或地位说，认为其他两说均为不妥当。因为，财产管理权说的论理颠倒，即授予代理权之后代理人在本人的授权范围内才享有财产管理权，而不是财产管理权为基础而产生代理权。另外，适于代理的状态说试图统一解释各种代理的效力归属问题，但表见代理是基于权利外观保护法理的政策性制度，不必与委托代理等作出统一解释。

---

① ［日］近江幸治：《民法讲义1 民法总则》（第5版），成文堂2005年版，第216—217页。

（二）代理权的产生原因

在民法上，代理人享有的代理权可以因为三种原因而产生：因为制定法、成文法的明确规定而产生，这就是所谓的法定代理权；因为法官或者其他指定单位的指定而发生，这就是所谓的指定代理权；因为被代理人的委托或者授权而发生，这就是所谓的委托代理权。

1. 法定代理权的产生

在民法上，法定代理权是基于制定法、成文法的直接规定而产生的。当立法者通过其制定法、成文法将代理权授予给某些人时，这些人根据立法者的法律规定就当然享有代理权，这就是所谓的法定代理权。例如，《法国民法典》第389-3条明确规定："父母是其未成年子女的法定代理人，享有代理其未成年子女实施代理行为的权利。"同样，我国《民法总则》第23条规定："无民事行为能力人、限制民事行为能力人的监护人是其法定代理人。"

我国《民法总则》第23条对无民事行为能力人、限制民事行为能力人的法定代理制度作出了如下具体规定："无民事行为能力人、限制民事行为能力人的监护人是其法定代理人。"《民法总则》第20条规定："不满八周岁的未成年人，为无民事行为能力人，由其法定代理人代理实施民事法律行为。"《民法总则》第19条规定："八周岁以上的未成年人为限制民事行为能力人，实施民事法律行为由其法定代理人代理或者经其法定代理人同意、追认，但是可以独立实施纯获利益的民事法律行为或者与其年龄、智力相适应的民事法律行为。"《民法总则》第21条规定："不能辨认自己行为的成年人为无民事行为能力人，由其法定代理人代理实施民事法律行为。八周岁以上的未成年人不能辨认自己行为的，适用前款规定。"《民法总则》第22条规定："不能完全辨认自己行为的成年人为限制民事行为能力人，实施民事法律行为由其法定代理人代理或者经其法定代理人同意、追认，但是可以独立实施纯获利益的民事法律行为或者与其智力、精神健康状况相适应的民事法律行为。"

2. 指定代理权的产生

在民法上，指定代理人享有的指定代理权依有权机关或法院的指定而产生。例如，《法国民法典》第219条规定，如果夫妻一方丧失了意思表示能力，基于法官的判决，另外一方有权成为该方的代理人，享有代理其实施某些民事法律行为的权利。同样，我国《民法总则》第31条规定，对监护人的确定有争议的，由被监护人住所地的居民委员会、村民委员会或者民政部门指定监护人，有关当事人对指定不服的，可以向人民法院申请指定监护人；有关当事人也可以直接向人民法院申请指定监护人。居民委员会、村民委员会、民政部门或者人民法院应当尊重被监护人的真实意愿，按照最有利于被监护人的原则在依法具有监护资格的人中指定监护人。监护人被指定后，不得擅自变更；

擅自变更的，不免除被指定的监护人的责任。

3. 委托代理权的产生

在委托代理中被代理人向代理人授予代理权，是代理权发生的原因。被代理人向代理人授予代理权的行为被称为"代理权授予行为"。

（1）代理权授予行为的法律性质。如何界定"代理权授予行为"的法律性质？其核心是代理权授予行为和作为代理权产生原因的内部契约（委托、承揽、合伙等原因契约）之间的关系问题。关于是否把代理权授予行为视为独立的意思表示，学界观点存在重大分歧。

第一，承认授权行为独立性的观点。

认为代理权授权行为是独立于内部契约的法律行为（意思表示），并称其为授权行为（作为代理权授予意思表示的授权行为）。又分为单独行为说和无名契约说两种。

其一，单独行为说。德国民法认为代理权授予行为是本人的单方意思表示。《德国民法典》第167条规定："代理权的授予应向代理人或向代理人对之为代理行为的第三人以意思表示为之。该意思表示无需遵循与该代理权相关的法律行为所要求的方式。"

因此，代理权授予是区别于委托、雇佣、合伙和承揽等内部关系而独立的"授权行为"；并且无需征得代理人同意的一方单独行为。

据此，只要本人作出代理权授予的意思表示，不考虑代理人的意思如何，授予代理权的行为将有效成立。这种授权行为概念的使用，便于在理论上将代理与委托加以区分。

其二，无名契约说。与上述单独行为说相同，也认为代理权授予是独立于内部契约关系的"授权行为"。但是，民法典（日本）并未严格区分代理和委托，因此，授权行为不属于单独行为，而是经代理人的承诺而成立的契约（民法典中不存在的无名契约）。

然而，这种契约和引起债权关系的契约不同，是一种只以代理权的授予为目的的契约，应当类似于"物权契约"。认为委任契约和代理权授予的无名契约有如下区别：依照委任契约在当事人之间产生债权债务关系；但代理权授予契约在当事人之间并不引起这种债权债务关系，而是产生本人对代理人即刻授予代理权的效力。①

第二，否定授权行为独立性的观点。

这种见解与上述观点不同，不把委任契约和代理权授予契约看作相互独立的契约。认为代理权直接产生于作为其产生原因的内部契约，授权行为只不过是对内部契约所定义务的履行。因此，授权行为不是独立的意思表示、不具有独立性。因此，是否将内部契约看作委托契约有争议。

---

① ［日］山本敬三：《民法讲义Ⅰ总则》，有斐阁2001年版，第301页。

否定说又可分为委托契约说和融合契约说两种。

其一，委托契约说。认为代理权的发生是委托契约的效果，"当缔结以代理行为为目的的委托契约时"，代理权是契约本身不可缺少的内容，因此，该委托的内容理所当然地包含着授予代理权的意思表示。另外，雇佣、合伙、承揽等契约也包含着这种委托契约。

其二，融合契约说。认为代理权直接产生于委托、合伙、雇佣、承揽等内部契约，内部契约和代理权授权契约是融合在一起的。具体讲，完成授予代理权的行为是本人的义务，而这种义务正好构成了委托、合伙、雇佣、承揽等内部契约的内容；因此，本人实施代理权授予行为，实际上是在履行内部契约所约定的义务。

第三，本书对上述问题的观点。

考察上述各种观点，其焦点为是否承认授权行为的独立性以及授权行为是单独行为还是契约的问题。

其一，《德国民法典》采用的是代理关系通过本人的单方意思表示即可成立的规则。但是，《日本民法典》不存在那样的规定，故没有必要进行统一解释。实际上，之所以成为代理人，是因为本人和代理人之间存在"代理"的合意是正常情况。因此，应当认为基于合意代理权授予行为才能够成立。

其二，关于授权行为的独立性问题，像委托这种实质上只是以"代理行为"为内容的契约，可以认为从契约内容中自动产生代理关系；但是，雇佣、合伙、承揽等契约不只是以完成代理行为为其内容，依这些契约可能产生代理关系，也可能不产生代理关系，这是不言而喻的。

其三，代理权是通过当事人的意思表示而授予，这种理解理论上也是正确的，而代理权从内部契约中直接产生这种观点，是难以理解和接受的。因此，承认代理行为独立性的观点是正确的。①

在我国，某些民法学者也采取本书此种观点。②

（2）代理权授予行为与内部契约的关系。代理权和内部契约的关系问题，具体讲，指内部契约如果无效或者被撤销，如何保护与代理人进行交易的对方当事人的问题。

内部契约无效或者被撤销，代理权是否受影响？如果持代理权和内部契约相互融合的观点，那么，代理权当然要受到影响，即有因。与此相反，承认"授权行为独立性"，那么大概可认为无因。

但是，一种法律行为是否受其原因的影响，要根据该法律制度的构成予以确定。在日本的代理法中不存在代理行为不受原因行为无效或被撤销的影响的无因性规定。因

---

① ［日］近江幸治：《民法讲义1 民法总则》（第5版），成文堂2005年版，第216—217页。
② 梁慧星：《民法总论》（第4版），法律出版社2011年版，第226—227页。

此，应当根据一般交易观念予以判断。

从一般交易观念来看，如果认为契约即使无效或被撤销代理行为仍然有效，这种观点是违背一般交易观念。因此，应当认为在这种场合代理行为要受影响，有因性的观点才是正确的。①

中国民法学界也存在类似的观点。②

（3）授权行为的形式。授予代理权的意思表示属于一般的意思表示，因此，除法律有特别规定之外，一般不要求任何具体的方式。《民法通则》第65条规定："民事法律行为的委托代理，可以用书面形式，也可以用口头形式。法律规定用书面形式的，应当用书面形式。"我国《民法总则》第165条规定："委托代理授权采用书面形式的，授权委托书应当载明代理人的姓名或者名称、代理事项、权限和期间，并由被代理人签名或者盖章。"

（三）代理权的范围

代理权的范围是指代理行为有效的范围，在代理权范围内属于有权代理，范围外就属于无权代理。代理权的范围根据代理权发生原因的解释予以确定。

1. 根据发生原因的解释而确定

代理权的种类不同，即法定代理和委托代理的权限范围是不同的。

（1）法定代理的范围。法定代理的权限范围取决于各种法定代理的规定和制度宗旨。另外，有时也可依管理行为为标准予以确定。

（2）委托代理的范围。委托代理要根据代理权授予行为及其解释予以确定。

2. 代理权范围不明的场合

出现代理权范围不明的问题怎么处理？对此，我国《民法总则》未作出规定。

日本民法典对此有明确的规定。授权委托书未规定代理权的范围，或如失踪人财产管理人等不能确定其代理权范围的，其范围仅限于管理行为（《日本民法典》第103条）。所谓的管理行为包括如下三个内容：

（1）保存行为，即对代理权标的财产的现存状态的维持与保存。

（2）利用行为，在不改变代理的标的物、权利性质的前提下获取财产利益的行为。

（3）改良行为，在不改变标的物性质的前提下增加标的物价值为目的的改良行为。

上述三种内容被认为是"管理行为"，不包括"处分行为"。这种管理行为，没有代理权、只有财产管理权的人也可以实施。一般来讲，代理权包括处分权，因此，"权限不确定的代理权"是及其特殊的存在。

---

① ［日］近江幸治：《民法讲义1 民法总则》（第5版），成文堂2005年版，第222—223页。
② 梁慧星：《民法总论》（第4版），法律出版社2011年版，第227—228页。

3. 共同代理的情形

我国《民法总则》第 166 条规定："数人为同一代理事项的代理人的,应当共同行使代理权,但是当事人另有约定的除外。"数人共同为本人实施代理行为的,原则上应当共同行使代理权,既包括一般代理,也包括非共同不得行使的代理权,如亲权的行使、股东共同代表权的行使等。但是,法律另有规定或者当事人另有约定的,每个人都享有单独代理的权利。在共同代理中,各代理人单独实施代理行为的属于代理权限外的行为,属于无权代理。要适用无权代理、表见代理的有关规定予以处理。

(四) 代理权的限制与滥用

代理人对本人负有忠实义务,应当考虑被代理人的利益,不能为自己的利益或第三人的利益牺牲被代理人的利益。因此,不得为自己或他人的利益而实施违背被代理人利益的行为。我国《民法总则》第 164 条第 2 款规定："代理人和相对人恶意串通,损害被代理人合法权益的,代理人和相对人应当承担连带责任。"我国《民法总则》第 168 条规定："代理人不得以被代理人的名义与自己实施民事法律行为,但是被代理人同意或者追认的除外。"代理人不能自我代理和双方代理也属于代理权行使的限制。

所谓代理权的滥用,是指代理人在代理权的范围内实施代理行为,并且不存在自己代理、双方代理的情形,但是,实质上让第三人获利或代理人谋取私利,使本人受到损害。在这种情形下,代理人虽然实质上滥用代理权,但其行为在形式上仍属代理权范围。因此,代理人和相对人之间进行的法律行为的效果原则上归属于本人。

这是以保护对方当事人的利益为目的的规则。不能因为代理人为自己的利益或第三人的利益而滥用代理权,本人就不承担代理行为的后果;否则,会损害以为与本人进行民事交易而签订合同的对方当事人的利益。让选任不诚信代理人的本人来承担代理权滥用的风险,这样也符合公平原则。

但是,如果相对人知道或应当知道代理人是为谋取私利而滥用代理权的事实,就不应该让本人承担代理行为的后果。这种结论是正确的,但依据什么样的规则来确定其构成要件,引导出这种结论呢?日本最高法院的判例类推适用日本民法典关于真意保留的规定①,确定滥用代理权的行为不发生代理的效力,只在代理人和相对人之间发生效力,从而否定了对有过错相对人的保护。即代理人所为的代理行为即使不是其真实意思的表示,但在本人与善意且无过错的相对人之间应当有效(本人承担代理行为的后果);但是,相对人明知(恶意)或者应当知道(善意、有过错)代理人滥用代理权的,代理行为无效,对代理人不产生效力,只在代理人和相对人之间产生效力。在这种

---

① 《日本民法典》第 93 条规定:"意思表示不因表意人明知其出于非本意所为而妨碍其效力。但是,相对人明知或可知表意人的真意时,其意思表示无效。"

情形之下，相对人有过错的举证责任由本人承担。①

否定代理权滥用对本人的效力的观点，还存在表见代理说和权利滥用说等其他观点。前者认为，代理权的滥用基本上属代理权范围内的行为，只在相对人恶意或者有过错时，才认定其为无权代理，以否定对本人的效力。后者认为，代理权的滥用原则上属于有效的代理行为，但相对人明知代理权滥用的事实而仍主张其有效，则属违背诚实信用原则的权利滥用行为。②

（五）代理权的消灭

1. 委托代理的消灭

根据我国《民法总则》第173条的规定，有下列情形之一的，委托代理终止：代理期间届满或者代理事务完成；被代理人取消委托或者代理人辞去委托；代理人丧失民事行为能力；代理人或者被代理人死亡；作为代理人或者被代理人的法人、非法人组织终止。

虽然委托代理因被代理人死亡而终止，但是，委托代理人实施的代理行为并非均为无效。《民法总则》第174条规定，被代理人死亡后，有下列情形之一的，委托代理人实施的代理行为有效：代理人不知道并且不应当知道被代理人死亡；被代理人的继承人予以承认；授权中明确代理权在代理事务完成时终止；被代理人死亡前已经实施，为了被代理人的继承人的利益继续代理。

2. 法定代理的消灭

根据我国《民法总则》第175条的规定，有下列情形之一的，法定代理终止：被代理人取得或者恢复完全民事行为能力；代理人丧失民事行为能力；代理人或者被代理人死亡；法律规定的其他情形。

三、代理人有为被代理人为代理的意思表示

有权代理应当具备的第二个必要构成要件是，代理人在与相对人为代理行为时必须具有为被代理人的利益为代理行为的意思表示，如果代理人没有为被代理人的利益为代理的意思表示，则不会产生有权代理的法律效果。

（一）显名主义

我国《民法总则》第162条规定，代理人在代理权限内，以被代理人名义实施的

---

① 参见［日］近江幸治《民法讲义１民法总则》（第5版），成文堂2005年版，第229页；［日］内田贵：《民法Ⅰ总则·物权总论》（第3版），东京大学出版会2006年版，第143—145页。
② 参见［日］近江幸治《民法讲义１民法总则》（第5版），成文堂2005年版，第229页；［日］内田贵：《民法Ⅰ总则·物权总论》（第3版），东京大学出版会2006年版，第143—145页。

民事法律行为，对被代理人发生效力。

代理行为须以本人名义实施，代理人在实施代理行为时应当表示为本人而为的意思。即行为人应当表示代替本人实施法律行为，并使行为的效果直接归属于本人的意思。这就是所谓显名主义。这是由代理的本质所决定的。既然代理行为的法律效果不归属于行为人自己，而是直接归属于其所代理的本人，法律当然要求该法律行为应以本人的名义实施。

显名主义要求代理行为须以本人的名义实施，显名可以明示或默示。虽然代理人有代理本人的意思，但未表示出来的，代理人所为的法律行为作为代理行为原则上无效，其行为应视为为自己而为，效果直接归属于代理人自己。

（二）显名主义的例外

如上所述，代理人未表示代理意思的，行为后果直接归属于代理人自己。但是，代理人未表示代理意思，但在以下两种例外情形下其行为的效果仍归属于本人。

1. 相对人恶意或者有过错的情形

代理人在代理权限内以自己的名义与第三人实施民事法律行为，第三人知道代理人与被代理人之间的代理关系的，该民事法律行为直接约束被代理人和第三人，但是有确切证据证明该民事法律行为只约束代理人和第三人的除外。如果相对人明知或应当知道代理人是代理本人而实施法律行为的，应与显名同等对待，其效果归属于本人。因为，在这种情形之下，相对人不存在误以为代理人是本人的主观信赖，或者即使存在这种信赖也不值得对其予以保护。但是，有确切证据证明该民事法律行为只约束代理人和第三人的，不能对被代理人发生法律效力。

代理人在代理权限内以自己的名义与第三人实施民事法律行为的，善意、无过错的相对人根据显名主义可以要求代理人承担行为后果。同时，也可以向本人主张代理关系。因为，代理的效果是因代理权的存在而发生的，而不是由因显名而发生的。①

2. 制定法上的代理关系明确存在的情形

商事代理和夫妻的家事代理权等，代理关系因法律制度上已经明确，故在其正当、合理的范围内的代理行为不以显名为要件。

（三）不完全代理

代理人不以代理人的身份而直接以被代理人的身份实施法律行为，这就是所谓的不完全代理，在日本也被称为署名代理。下面，分别从相对人和代理人的角度分析不完全代理的效力问题。

---

① ［日］近江幸治：《民法讲义 1 民法总则》（第 5 版），成文堂 2005 年版，第 233 页。

1. 以相对人为中心

第一,相对人如果知道代理关系的存在,那么,相对人与本人实施法律行为的意思存在,并且,作为代理行为之基础的代理权也存在,因此,使代理的效果归属于本人原则上也不违背其意志。

第二,如果相对人不知代理关系的存在,误以为代理人是交易对方的,相对人有可能发生表示的错误。如果对方是谁对于交易至关重要,那么,相对人的意思表示就存在要素之错误,其意思表示为应当无效。①

2. 以代理人为中心

第一,如果代理人存在代理意思,那么,可承认其为有效的代理。因为,本人所授予的代理权存在,这是确定代理效果归属的决定性因素,故本人承担代理效果是理所当然的;并且,相对人也存在与本人实施法律行为的意思,只是误以为行为人(代理人)为本人而已。

第二,代理人不存在代理意思,即代理人希望将其与相对人之间所实施的法律行为之效果归属于自己(如代理人以本人的名义实施法律行为牟取巨大利益等)。这种情形,因代理人不存在代理意思,代理行为无效。但是,如果本人欲承受该法律行为的后果,应认定为本人和相对人之间的法律行为。② 这相当于对无权代理行为的事后追认。

四、代理人的资格

有权代理应当具备的第三个必要构成要件是,代理人至少应当具有限制行为能力。

(一) 一般规则

在民法上,代理人如果具有完全的行为能力,他们当然能够有资格实施代理行为,但是,即便代理人没有完全行为能力,如果他们具有限制行为能力,他们也有资格实施代理行为,他们实施的代理行为并不会因为他们仅仅具有限制行为能力而无效。不过,如果代理人完全没有行为能力,则他们不具有代理的资格,无权为被代理人的利益实施代理行为。

(二) 大陆法系国家的民法对一般原则的规定

《日本民法典》第 102 条明确规定:"代理人无需一定要具备完全民事行为能力。"《法国民法典》第 1990 条明确规定:"委托代理的代理人可以是没有解除监护关系的未成年人。"法国司法判例也认为,代理人没有完全行为能力不会导致他们以代理人应当

---

① [日] 山本敬三:《民法讲义 I 总则》,有斐阁 2001 年版,第 311 页。
② [日] 近江幸治:《民法讲义 1 民法总则》(第 5 版),成文堂 2005 年版,第 233 页。

具有代理的资格，被代理人的名义签订的契约无效。法国民法学者也认为，但是，该种代理资格不等同于代理人的完全行为能力。①

（三）我国民法学关于代理人资格的问题

关于代理人的行为能力，我国法律无明确规定，学界认为代理人应具有与代理行为相应的民事行为能力。② 不过，此种观点未必正确，我国民法应当像大陆法系国家的民法那样根据法定代理与委托代理的不同来决定代理人的行为能力问题。

在委托代理当中，代理人无需一定要具备行为能力，代理人即使是限制行为能力人，也不能以行为能力的缺陷为理由而撤销代理行为。因为，代理人实施订立契约等法律行为，其行为的效果归属于本人，不会产生对代理人（限制行为能力人）不利的后果，故并不违背保护限制行为能力人利益的制度宗旨。可以说，本人在明知代理人为限制行为能力人的前提下，甘愿选择其为代理人，因此，代理行为的可能发生的风险由本人承担就可以了。

在法定代理当中，情况就不同。不能由本人选择的法定代理，往往以个别规定来要求法定代理人必须具有完全行为能力。③《法国民法典》第 442 条对此规则作出了明确规定，它认为，监护人在作为代理人的时候应当具有行为能力，没有行为能力或者限制行为能力的人不能够实施代理行为。

五、代理行为的有效性

有权代理应当具备的第四个必要构成要件是，代理人所实施的民事法律行为应当是有效行为，应当符合一般民事法律行为的构成要件，这就是，要有意思表示，其意思表示要真实、自由，不存在欺诈、胁迫等影响民事法律行为的因素，否则，代理人所为的代理行为将存在瑕疵。如果代理人在为民事法律行为的时候存在这些因素，则他们所为的代理行为将会根据一般的民事法律行为来决定其效力。不过，应当考虑两种特殊情况。

（一）代理行为的瑕疵应根据代理人的情况判断

实际进行意思表示的是代理人，所以，判断意思表示的瑕疵和善意、恶意等影响法律行为效力的要素时，原则上要根据代理人的情况予以判断。《日本民法典》第 101 条

---

① Henri et Leon Mazeaud Jean Mazeaud Francois Chabas, Obligations, 9e édition, Montchrestien, pp. 146—147; Francois Terré Philippe Simler Yves Lequette, Droit civil, Les obligations, 10e édition, Dalloz, p. 186.
② 梁慧星：《民法总论》（第 4 版），法律出版社 2011 年版，第 235 页。
③ ［日］内田贵：《民法Ⅰ总则·物权总论》（第 3 版），东京大学出版会 2006 年版，第 162 页。

规定，意思表示的效力如果受意思不存在、欺诈或胁迫的影响时，或者应当受已知某种事情或因过错而未知某种事情的影响时，该事实的存在与否，应根据代理人的情况予以确定。

(二) 本人指示代理的瑕疵应根据本人的情况判断

代理人接受委托实施特定的法律行为，并依本人的指示完成该行为的，本人就自己已知的事情不能主张代理人不知（善意）；就因本人过错而未知的事情亦同（见《日本民法典》第101条第2款）。具体讲，本人确定特定法律行为的具体内容而委托代理人，并且指示代理人完成该行为的，本人是能够命令代理人采取对自己有利的任何措施的。因此，本人已知或应当知道可能发生对其不利后果的某种具体情况，而未指示代理人采取措施以防止不利后果发生的，不得以代理人的善意、无过错为理由主张代理行为无效或可撤销。

六、有权代理的法律效果

(一) 权利、义务归属于本人

代理人所实施的法律行为的效果，即权利、义务直接归属于本人。我国《民法总则》第162条规定，代理人在代理权限内，以被代理人名义实施的民事法律行为，对被代理人发生效力。即代理所产生的权利、义务归属于被代理人和第三人，被代理人对代理人的代理行为，承担民事责任。

(二) 归属于本人的效果不只是法律行为的效果

如果代理行为存在瑕疵，其效果也归属于本人。例如，代理人存在真意保留、虚伪表示和错误的，本人可主张代理行为无效；对方有欺诈、胁迫的，本人可以请求撤销代理行为；如果代理人买进的标的物有隐蔽的瑕疵，本人也可以追究对方的瑕疵担保责任。另外，代理人的代理行为损害对方当事人利益，而产生的承担损害赔偿责任等消极后果也应当归属于本人。

第四节 无权代理

一、无权代理的意义

(一) 无权代理的界定

无权代理是指无代理权的人以他人的名义实施的代理。这种代理行为称为无权代理行为。无权代理的原因包括代理权根本不存在和超越代理权范围两种情形。前者又可分为代理权自始不存在和一度有代理权而该代理权已经消灭两种情形。

(二) 无权代理的具体类型

我国《合同法》和《民法总则》均对无权代理作出明确规定。

我国《合同法》第48条规定:"行为人没有代理权、超越代理权或者代理权终止后以被代理人名义订立的合同,未经被代理人追认,对被代理人不发生效力,由行为人承担责任。"我国《民法总则》第171条规定:"行为人没有代理权、超越代理权或者代理权终止后,仍然实施代理行为,未经被代理人追认的,对被代理人不发生效力。"

因此,无权代理可以分为以下三种:

(1) 代理人在代理权根本不存在的情况下所实施的代理。在民法上,代理人以他人名义实施代理行为,要么是因为他们获得了他人的授权,要么是因为制定法、成文法明确规定,要么是法官或者其他指定单位明确指定。如果一个人在没有其中任何一个根据的情况下就擅自以他人的名义与相对人实施某种民事法律行为,则他们所实施的此种民事法律行为就是无权代理。

(2) 代理人超越代理权范围所实施的代理行为。在民法上,即便代理人有代理权,如果他们在实施代理行为时超越了被代理人的授权范围,则他们超越授权范围所实施的代理行为也构成无权代理。

(3) 代理人在代理权消灭之后所实施的代理行为。在民法上,即便代理人有代理权,如果他们享有的代理权因为某种原因的存在而消灭,则他们在代理权消灭之后以被代理人的名义实施的代理行为也是无权代理。

(三) 无权代理的性质

无权代理行为,不仅因不存在代理权而对本人不发生效力,而且因代理意思的存在对代理人也不发生效力;从性质上应当属于无效。因此,从根本上讲,相对人只能请求无权代理人对其承担侵权责任。但是，这样不能充分保护不知道代理权的不存在而进行交易的相对人的利益。更为严重的是，相对人在许多场合不能确切知悉代理权是否存在，因此，不能安心地与代理人进行交易，这样会丧失代理制度的社会信用。①

因此，民法未把无权代理行为的效果确定为当然无效，而确立了表见代理、无权代理的追认、催告和撤销制度，规定了无权代理人的履行责任以及损害赔偿责任等特别的规定，以维护交易安全和保护相对人的利益。

二、无权代理的追认权、催告权和撤销权

在民法上，基于相对人利益的保护，民法规定了三种重要的制度，这就是本人对无权代理的追认权、相对人的催告权和相对人的撤销权。

（一）无权代理的追认权

无权代理人所实施的行为未经追认对本人不发生效力（见《日本民法典》第113条）。我国《民法总则》第171条第2款规定，相对人可以催告被代理人自收到通知之日起一个月内予以追认。被代理人未作表示的，视为拒绝追认。行为人实施的行为被追认前，善意相对人有撤销的权利。撤销应当以通知的方式作出。行为人实施的行为未被追认的，善意相对人有权请求行为人履行债务或者就其受到的损害请求行为人赔偿，但是赔偿的范围不得超过被代理人追认时相对人所能获得的利益。相对人知道或者应当知道行为人无权代理的，相对人和行为人按照各自的过错承担责任。我国《合同法》第48条也规定，无权代理行为未经被代理人追认，对被代理人不发生效力，由行为人承担责任。可以说，无权代理的效果原则上不归属于本人。

但是，这只是说无权代理的效果并不必然地归属于本人，如果本人希望承受其效果是另外的问题。如果本人希望无权代理的效果归属于自己，那么，向相对人作出追认的意思表示就可以了。根据我国《民法总则》第171条和我国《合同法》第48条的规定，没有代理权、超越代理权或者代理权终止后的行为，如果本人予以追认，则无权代理将变为有权代理，对本人产生法律效力。因为这样的原因，我国民法学者普遍认为，无权代理行为在性质上既不属于无效行为，也不属于有效行为，而属于效力待定的行为，已如前述。

所谓本人的追认，是指本人在相对人作出撤销的决定之前向相对人表示，承认代理人所为的代理行为是为了自己的利益实施的，自己意愿受到代理人与相对人所为的民事法律行为的约束。一旦本人作出此种意思表示，则无权代理将转为有权代理，发生上述有权代理所产生的法律效果。

---

① ［日］远藤浩、川井健等编：《民法（1）总则》（第4版），有斐阁2000年版，第197页。

原则上，被代理人对代理人无权代理的追认应当是明示的，不得是默示的，这就是，本人对相对人明确、肯定和清楚地表示，他意愿受到本人与相对人之间所为的民事法律行为的约束。因此，我国《民法通则》第66条"本人知道他人以本人的名义实施民事行为而不作否认表示的，视为同意"的规定违反了此种原则。因此，新制定的民法总则未采纳这种默认同意的规定。在民法上，本人的追认实际上是事后授予代理权以弥补代理行为的缺陷。一旦本人追认，则被追认的契约（无权代理行为）溯及契约成立时发生效力（《日本民法典》第113条）。

应当注意的是，无权代理的追认与可撤销法律行为的追认虽然均为追认，并且其追认均会产生法律效力，但是，它们之间仍然存在差异，表现在两个方面：①可撤销契约一经追认就成为有效契约，该种有效契约仅仅对契约当事人产生法律效力，但无权代理行为得到追认之后其法律效果归属于本人；②可撤销法律行为在撤销之前即属有效，追认只有确定其效力的功效；无权代理经过追认其效果才归属于本人，未经追认仍然是无权代理。[①]

（二）相对人的催告权

为了保护相对人的利益，大陆法系国家和我国的民法规定了相对人享有的催告权。

所为催告权，是指相对人在与代理人实施了无权代理行为之后所享有的要求被代理人在一定期限内就是否追认无权代理行为的权利。

相对人可以设定相当期间，向本人发出催告，要求其在此期间内明确答复是否追认。如果本人在此期间内不作明确答复的，视为拒绝追认（见《日本民法典》第114条）。我国《民法总则》第171条和我国《合同法》第48条规定均规定，相对人可以催告被代理人在一个月内予以追认。被代理人未作表示的，视为拒绝追认。因为，未经追认，无权代理的责任不归属于本人，这是确定无权代理责任的原则。但是，《民法通则》第66条规定，本人知道他人以本人名义实施民事行为而不作否认表示的，视为同意。这一规定把本人的不作为视为追认，既不符合民法所推崇的意思自治的原则，也不利于保护本人的利益。拒绝追认一经确定，相对人即刻可进入追究无权代理人责任的阶段。

（三）相对人的撤销权

在民法上，相对人除了享有催告权之外，还享有撤销权。

所谓撤销权，是指相对人在与代理人实施了无权代理行为之后，在本人没有追认之前，所享有的向代理人表示将不再受代理行为约束的意思表示。

[①] ［日］大村敦志：《基本民法 I 总则·物权总论》（第2版），有斐阁2005年版，第145页。

在我国,《民法总则》第 171 条规定:"无权代理人实施的行为被追认前,善意相对人有撤销的权利。"《合同法》第 48 条也规定:"无权代理人所签订的合同在被追认之前,善意相对人有撤销的权利。"在民法上,撤销权为一种形成权,在本人对无权代理行为未予追认前,相对人可以行使撤销权来消灭无权代理行为,使相对人与本人之间的法律行为归于无效。但是,如果相对人明知行为人无代理权而与之实施法律行为的,不得撤销。

三、无权代理人的责任

未经追认,无权代理的效果不能归属于本人。作为他人的代理人,签订契约的人,既不能证明代理权的存在,也未得到本人追认的,依照相对人的选择,对其承担履行或损害赔偿的责任。我国《民法总则》第 171 条第 3 款、第 4 款规定,行为人实施的行为未被追认的,善意相对人有权请求行为人履行债务或者就其受到的损害请求行为人赔偿,但是赔偿的范围不得超过被代理人追认时相对人所能获得的利益。相对人知道或者应当知道行为人无权代理的,相对人和行为人按照各自的过错承担责任。

(一) 无权代理人对相对人承担的民事责任

所谓履行责任,是指原本应当在本人和相对人之间发生的法律关系,原封不动地在相对人和无权代理之间发生。因此,无权代理人履行当事人在该法律行为中对相对人的义务。实际上,在本人不追认的情形之下,很难期待无权代理人完成原来的履行,因此,其履行责任通常都会转换为损害赔偿责任。而且,损害赔偿是用以代替履行责任的,所以,赔偿的不是信赖利益而是履行利益,即契约得到履行时应当获得的利益。

民法之所以规定这样的规则,其主要原因在于:民法规定无权代理人的责任,是为了保护相对人的信赖而设定的特殊责任。因此,只要相对人符合善意、无过错要件的,其权利就能得到保护。但是,相对人无须证明自己是善意、无过错,只举证自称为本人的代理人的人,代理本人与其实施了法律行为即可。而对于相对人的恶意、有过错或无权代理人的行为能力的限制等事项都应当由无权代理人举证。

应当注意的是,从根本上讲,这样处理相当于使无权代理行为的效果归属于无权代理人,但这不是由当事人的意思所决定的,而是因法律的规定而产生的结果①,是法定的特殊责任。

(二) 无权代理人对相对人民事责任的减免

不过,无权代理人并非在任何情况下均要对相对人承担上述责任,如果他们具备下

---

① [日] 大村敦志:《基本民法 I 总则·物权总论》(第 2 版),有斐阁 2005 年版,第 145 页。

列三种正当理由,他们可以免责:

(1) 在民法上,如果相对人自己行使撤销权,消灭了因无权代理而发生的契约,则无权代理人无须对相对人承担上述民事责任。

(2) 如果相对人非善意或有过错的,减轻无权代理人的损害赔偿责任。依据我国民法总则的规定,相对人知道或者应当知道代理人无权代理的,相对人和代理人按照各自的过错承担责任。我国民法总则的规定,相对人明知代理人无代理权而与其进行民事法律行为的,也不免除无权代理人的损害赔偿责任,而只予以减轻。在这一点上,和大陆法系国家的民法规则不一致。相对人已知或者因过错未能知道无权代理人无代理权的,不能追究无权代理人的责任;无权代理人行为能力受限制的也相同(见《德国民法典》第179条第3款、《日本民法典》第117条第2款)。如果代理人已经向第三人充分说明其代理权限的,对其超越代理权的行为,向该第三人不承担任何责任(见《法国民法典》第1997条)。

(3) 无权代理人不能以表见代理的成立作为抗辩理由,来免除自己的责任。其原因有以下几种①:其一,表见代理不是为免除无权代理人的责任而设置的制度,其终究目的是为了保护相对人的利益。因此,无权代理人不能把表见代理的后果强加给相对人。其二,允许相对人选择是否主张表见代理,无论对于无权代理人还是对本人都不会产生过于苛刻的结果。其三,未经审判无法预知表见代理的成立与否,让相对人承担表见代理成立与否的风险是不妥当的。其四,允许无权代理人主张表见代理,可能被其用来拖延诉讼过程的手段。

(三) 无权代理人与相对人对所谓的被代理人承担的连带责任

如果相对人知道无权代理人没有代理权而仍然与其实施无权代理行为并因此损害了所谓的被代理人的利益,则相对人应当与无权代理人一起对所谓的被代理人承担连带责任,该种责任在性质上属于侵权责任。对此问题,我国《民法通则》第66条作出了明确规定。对于此问题《民法总则》没有作出具体规定。

第五节 表见代理

一、表见代理概述

表见代理制度是在一定条件下让本人承担无权代理行为的后果,以保护与无权代理

---

① [日] 河上正二:《民法总则讲义》,日本评论社2007年版,第461页。

人实施法律行为的相对人利益的手段。表见代理制度对于维护正常的交易秩序和交易安全均发挥着重要的作用。但是，中国民法关于表见代理的立法较晚，《民法通则》不存在表见代理制度①，直到1999年制定的《合同法》才第一次对其作出规定。我国《合同法》第49条规定："行为人没有代理权、超越代理权或者代理权终止后以被代理人名义订立合同，相对人有理由相信行为人有代理权的，该代理行为有效。"关于表见代理，我国《合同法》未作进一步详细规定。我国《民法总则》第171条规定："行为人没有代理权、超越代理权或者代理权终止后，仍然实施代理行为，相对人有理由相信行为人有代理权的，代理行为有效。"这部分规定基本上是对合同上述内容的重复。

另外，《民法总则（草案）》三审稿第176条是关于表见代理的规定。该条文在"行为人没有代理权、超越代理权或者代理权终止后，仍然实施代理行为，相对人有理由相信行为人有代理权的，代理行为有效"。之后还有一个但书规定，明确了表见代理的例外情形，即"但是，有下列情形之一的除外：行为人伪造他人的公章、合同书或者授权委托书等，假冒他人的名义实施民事法律行为的；被代理人的公章、合同书或者授权委托书等遗失、被盗，或者与行为人特定的职务关系已经终止，并且已经以合理方式公告或者通知，相对人应当知悉的；法律规定的其他情形"。非常遗憾的是，该但书规定在正式通过时被删除了。表见代理之所以能够成立就是因为本人的可归责性。排除因本人的可归责性以外的表见代理的成立，以保护过错本人是非常合理的。

（一）表见代理的界定

表见代理，是指本属于无权代理，但因本人与无权代理人之间存在的特殊关系造成无权代理人具有真正代理人的外观，致使第三人相信其有代理权而与之实施法律行为的，将产生与有权代理同等的法律效果的制度。

表见代理归根结底是无权代理的例外制度，但在维护交易安全方面起着重要的作用。另外，如果表见代理成立，其结果将无权代理视为正当的代理行为，因此，有可能对本人带来意想不到的损害。

（二）表见代理的本质

表见代理是没有代理权而实施的代理行为，其本质应当属于无权代理。然而，在这一点上存在有权代理说和无权代理说两种观点的分歧。②

1. 有权代理说

该说认为，代理权是通过独立于委托等内部契约的、外在的、客观定型的方式予以

---

① 梁慧星：《民法总论》（第4版），法律出版社2011年版，第240页。
② ［日］近江幸治：《民法讲义1民法总则》（第5版），成文堂2005年版，第258—259页。

授权而发生的（代理权的无因性）；代理权的范围要根据相对人对代理行为的定型化解释而确定。因此，越权代理等所谓表见代理虽然构成内部契约上的违约，但外在的授权行为本身是客观存在的，其仍然属于基于代理权的有效代理。

2. 无权代理说

表见代理是没有代理权而实施代的理行为，其本质应当属于无权代理。

（三）表见责任的根据

表见代理是让本人承担与代理权真正存在的情形同样的责任。这种责任的根据在哪里？表见责任是本人对代理权存在这种外观的产生有一定的参与、致使相对人相信代理权存在并与表见代理人实施法律行为时，本人应当承担的责任。是依据权利外观法理而发生的一种责任。因此，相对人对"外观的信赖"和"本人的可归责性"应当是确定该责任的前提。① 换句话说，表见代理的成立与否取决于对"本人的可归责性"和"保护相对人正当信赖"这两个要素的综合判断。② 本人方面须存在即使承担了责任也无理由可讲的情况；相对人方面也应有相信代理权的存在也不无道理的具体情况时③，表见代理方可成立。上述《民法总则（草案）》三审稿所谓"行为人伪造他人的公章、合同书或者授权委托书等，假冒他人的名义实施民事法律行为的"情形，属于本人无过错、本人不存在可归责性的情形，因此，表见代理不能成立。另外，"被代理人的公章、合同书或者授权委托书等遗失、被盗，或者与行为人特定的职务关系已经终止，并且已经以合理方式公告或者通知，相对人应当知悉的"情形，则属于相对人不存在予以保护的正当信赖，本人也不存在可归责性的情形，表见代理也不能成立。但是，正式通过的《民法总则》中的表见代理则过分保护相对人的利益，只要其有理由相信代理权存在的，不考虑被代理人有无可规则性表见代理就要成立，本人就要对无权代理承担责任。

（四）表见代理的类型

在我国，民法并没有对表见代理的类型作出规定。本书认为，表见代理可以分为代理权授予表示的表见代理、越权的表见代理以及代理权消灭后的表见代理三种。民法之所以区分这三种表见代理，是因为它们的构成要件存在差异。

二、代理权授予表示的表见代理

本人对第三人表示已授予他人代理权的，就该他人在其代理权范围内与第三人所为

---

① ［日］近江幸治：《民法讲义1 民法总则》（第5版），成文堂2005年版，第251页。
② ［日］河上正二：《民法总则讲义》，日本评论社2007年版，第471页。
③ ［日］大村敦志：《基本民法 I 总则·物权总论》（第2版），有斐阁2005年版，第151页。

的行为负责（见《日本民法典》第109条）。即本人虽然对第三人表示已经授予他人代理权，而实际上并未授予，但他人在其表示的代理权范围内与第三人实施法律行为，可构成表见代理，其效果归属于本人。

代理权授予表示的表见代理应当具备以下要件：

1. 授权表示的对方为特定人或不特定人均可，且表示方法书面、口头也均可

这里所指的表示不是代理权授予的意思表示，而是对授权事实存在的观念通知。但考虑表示行为给表意人带来的后果之重大，应当类推适用行为能力、错误无效等意思表示的相关规定。① 例如，乙把甲所交付的委任状向丙出示，或甲发布委任乙为其代理人的新闻公告等均可成为授予代理权的表示。

本人可以撤回授权表示，但撤回的表示不被对方知悉，不发生效力。

2. 须表示为代理人（表见代理人）的人在其授权范围内实施了代理行为

行为人所实施的无权代理行为，正好是本人所表示的代理权范围内的行为。代理权的范围是授权表示中客观地推测出来的范围，而不是表见代理人实施代理行为的实际范围。② 如果超越授权表示的范围而实施了法律行为，与越权的表见代理相竞合。

3. 对方当事人不知行为人（表见代理人）无代理权，且无过错（善意、无过错）

本人通过证明对方恶意或有过错而免除其责任。这种表见代理的着眼点在于保护相对人对本人的授权表示的正当信赖，所以，相对人知道或者因过错未能知道未授予代理权时，本人不应当承担责任。③

4. 受保护的第三人的范围应当局限于直接接受授权通知的对方

授权通知为空白委任状的，不只是直接接受委任状的表见代理人所出示的对方，也包括间接得到委任状的表见代理人所出示的对方。

授权表示的表见代理只适用于委托代理，不适用于法定代理。

三、越权的表见代理

越权的表见代理，是指行为人有某种代理权而超越其代理权范围实施代理行为，从而构成的表见代理。代理人实施权限外的行为，但第三人有正当理由相信代理人有此项权限的，本人对代理人的行为负责（《日本民法典》第110条）。

越权的表见代理应当具备以下要件：

（1）须某种基本代理权存在。作为基础的代理权称为基本代理权。基本权限既包括代理权，也包括类似于代理权的权限。类似于代理权的权限，比如使者的意思完成

---

① ［日］河上正二：《民法总则讲义》，日本评论社2007年版，第474页。
② ［日］河上正二：《民法总则讲义》，日本评论社2007年版，第476页。
③ ［日］河上正二：《民法总则讲义》，日本评论社2007年版，第473页。

权、有关事实行为、公法上的行为的权限也都属于这种基本权限。越权的表见代理,其目的在于维护代理制度的信誉,同时,也是构成权利外观法理的一个重要环节,因此,把基本权限解释得比较宽泛也是适当的。

(2) 所实施的权限外的行为不必与代理人所享有的权限属同种类。例如,享有房屋租赁权的代理权人,将其房屋出卖,也可构成表见代理。

(3) 对方有正当理由信赖代理人有代理权限。即对方当事人"信赖代理人有代理权限",善意且无过错。存在正当理由的举证责任在于相对人。相对人存在正当理由,不需要本人对此有过错或参与等因素(如相对人因本人的隐瞒、欺诈或未告知等原因才导致未知行为人无代理权)。因为,本人对代理人授予基本代理权的行为已经为其实施越权代理创造了条件,从这里可以找出本人的可归责性。①

(4) 越权的表见代理也适用于代理权消灭后所实施的超越其代理权范围的行为。这样会发生越权的表见代理和代理权消灭后的表见代理的重叠适用的问题。越权的表见代理不仅适用于委托代理,也适用于法定代理。

四、代理权消灭后的表见代理

代理权消灭后的表见代理,是代理权消灭后代理人仍然以代理人的身份实施法律行为而产生的代理。委托契约的解除、委托事务的完成以及本人的死亡等原因导致代理权的终止或消灭,这种内部关系第三人并不一定了解。因此,代理权授予的外观仍然存在时,有必要保护相信代理权继续存在且对此无过错的第三人。

代理权终止之后,本人应当及时收回授权委托书或印章等,否则会造成代理权仍然存在的虚假外观,就要符合所谓本人的"可归责性"要件。因为,这时可认为"由于过去授予了代理权的缘故,现在的无权代理才成为有可能"。②因此,代理权的消灭不能对抗善意第三人,但第三人因过错而未知事实的,不在此限(《日本民法典》第112条)。

代理权消灭后的表见代理应当具备以下要件:

(1) 代理行为的实施者必须是过去曾享有代理权的人。代理权消灭之后,本人没有及时消除代理权存在的外观,这是本人的可归责性。因此,自始无任何代理权的人所实施的代理行为,不适用该规定。

(2) 须是已消灭代理权的范围之内的行为。如果不属原代理权范围内的行为,其与代理权的消灭无关,均为无权代理(构成越权的表见代理的除外)。

(3) 代理人须对代理权的消灭善意且无过错。通说认为,综合考量代理权的消灭

---

① [日] 河上正二:《民法总则讲义》,日本评论社 2007 年版,第 473 页。
② [日] 河上正二:《民法总则讲义》,日本评论社 2007 年版,第 487 页。

属于本人一方的内部情况以及与第109条之间的平衡这两个要素,相对人的恶意和过错均应由本人举证。①

代理权消灭后的表见代理不仅适用于委托代理,还适用于法定代理。

五、表见代理的效力

本人不能拒绝表见代理的后果归属于其自身。本人向相对人负有履行债务的义务,同时,也取得债权和其他权利。

表见代理本身是一种无权代理,如果因表见代理的成立给本人造成损害的,本人可以向表见代理人请求损害赔偿。

---

① [日]内田贵:《民法Ⅰ总则·物权总论》(第3版),东京大学出版会2006年版,第203页。

第六编　时效、期间与民法的适用

第十六章　时效与期间

第一节　时效概述

一、时效的构成要件

所谓时效，是指一定的事实状态持续存在并因此到达了法律所规定的期间，从而产生与该事实状态相应的法律效力的法律制度。

在民法上，时效的成立应当具备四个必要构成要件：①一定的事实状态的存在；②该种事实状态的持续存在；③该种事实状态持续到法律所规定的法定期间；④产生与该种事实状态相适应的法律效果。

（一）一定事实状态的存在

时效的第一个必要构成要件是，一定的事实状态的存在。所谓一定事实状态的存在，是指两种事实状态的存在：其一，非权利人占有权利人的某种财产的事实状态，这就是，一个没有物权的人在事实上占有了物权人享有物权的某种财产，例如，不是房屋所有人的人在事实上占有了房屋所有人的房屋。其二，享有某种权利的人在事实上没有积极有效地行使其权利的事实状态，这就是，当一个权利主体享有某种民事权利时，他在事实上没有积极有效地行使其享有的权利。

（二）一定的事实状态持续存在

时效的第二个必要构成要件是，一定的事实状态持续存在，也就是，上述两种事实状态一直在持续进行当中。如果上述两种事实状态在事实上已经结束，则无所谓时效制度。

具体来说，在上述第一种事实状态当中，非权利人占有权利人财产的事实状态一直存在，没有出现非权利人不再继续占有权利人财产的情况，或者没有出现非权利人时而占有权利人财产的状态，或者时而不占有权利人财产的状态。

在上述第二种情况下，享有权利的人不积极有效地行使其权利的事实一直存在，没有出现权利人积极有效地行使其权利的情况。

（三）一定的事实状态持续达到法律规定的期限

时效的第三个必要构成要件是，一定的事实状态一直持续到法律所规定的期间。在民法上，时效制度会引起严重的法律后果，因此，即便上述两种事实状态一直在持续进行当中，如果此种持续进行没有达到法律所规定的时间，仍然无所谓时效，只有上述两种事实状态一直持续到法律所规定的时间，才能够产生法律所规定的法律效果。至于说上述两种事实状态应当持续多长时间才能够达到法律所规定的时间，取决于不同国家的法律对它们作出的规定，因为不同国家的法律对上述两种事实状态所持续的法定时间作出的规定是不同的。

（四）与事实状态相适应的法律效果的发生

时效的第四个必要构成要件是，当法律规定的一定事实状态持续存在并且达到法律规定的期间后，它们就会分别产生法律所规定的法律效果。其中，上述第一种事实状态所产生的法律效果是，原本不享有物权的人开始获得所占有的财产的物权，原本有物权的人则丧失其物权；而上述第二种事实状态所产生的法律效果是，不积极有效行使其权利的人不能够再行使其权利，或者虽然能够积极行使其权利，但是，法律不会再保护其权利。

二、时效的类型

在民法上，时效有两种：①当没有权利的人持续占有他人财产并因此到达法律所规定的时间时，占有人将取得他人的财产，而他人则丧失其财产。②当事人不行使权利之事实状态持续到法律所规定的时间时，其享有的权利将消灭。其中，第一种时效被称为取得时效，而第二种时效则被称为消灭时效。

在取得时效中，一方取得权利是因时效制度而取得权利，而不是因对方的权利消灭而取得的。因此，取得时效与消灭时效两者的着眼点是不同的。在近现代民法当中，学说认为，两种时效制度各自的目的或功能有区别，因此，各自的存在理由也不同。应当根据各种时效制度本身的特点去探究其存在理由。

根据这种理论，时效制度包括如下三种：

（1）请求权的期间限制。例如，债权人10年以上未行使其债权，从而导致债权消灭。

（2）财产权本身的消灭。例如，地上权人未行使地上权达20年以上的，其地上权消灭。

(3) 物权、特别是所有权的取得。例如，以所有为目的善意占有他人之物达 10 年以上的，取得该物的所有权。

在上述三种类型中，第（3）种类型为取得时效；而第（1）种类型和第（2）种类型则为消灭时效。

在上述第（1）种情形，消灭时效期间届满，消灭的不是实体法上的权利本身，而是不再允许权利人通过法院来行使请求权。其宗旨是为债务人提供抗辩手段。即债权请求权长期销声匿迹之后又突然被主张，会使对方难以防备和招架。因此，为对方提供援用时效进行防御（抗辩）的手段。

在上述第（2）种情形，其宗旨是消灭他物权。即消灭限制所有权的他物权本身，以恢复所有权的完整性或圆满状态。因此，消灭的不是请求权而是他物权本身。

在上述第（3）种情形，使物权，特别是所有权的归属便于举证，以稳定交易秩序是时效制度的宗旨。

关于取得时效和消灭时效的问题，本书将在下面的内容当中作出讨论，此处从略。

三、时效的性质

（一）时效属于法律事件

在民法上，时效属于一种民事法律事实，因为时效能够引起民事法律关系变动，包括能够引起民事法律关系的产生，也能够引起民事法律关系的消灭。不过，在民法上，时效仅属于民事法律事实当中的法律事件，不属于民事法律行为，因为时效并不是根据民事主体之间的意思表示来产生法律效力，而是根据法律的直接规定来产生法律效力，已如前述。

（二）时效的法定性

在民法上，时效制度是一种制定法、成文法上的制度，因为时效制度完全是立法者通过制定法、成文法所规定的一种制度，这就是时效的法定性。在民法上，时效的法定性体现在三个方面：

（1）一定事实状态的法定性。在民法上，哪些事实状态能够成为时效的构成要件，完全由立法者通过制定法、成文法予以规定，在制定法、成文法之外无所谓一定事实状态的存在。

（2）事实状态的持续时间的法定性。在民法上，法律所规定的事实状态究竟持续多长时间，完全由立法者通过制定法、成文法作出规定，在制定法、成文法之外，无所谓法定期间的存在。

（3）法律效果的法定性。在民法上，事实状态在持续到法律规定的时间时究竟发生什么样的法律效果，完全由立法者通过制定法、成文法作出规定，在制定法、成文法的规定之外，无所谓法律效果的存在。

（三）时效的强制性

在民法上，时效制度属于公共秩序的范畴，不属于意思自治原则和合同自由原则的范畴，因为，民法关于时效制度的规定属于强制性的规定，既不属于任意性的规定，也不属于补充性的规定，民事主体既不得通过合同或者其他民事法律行为排除、限制或者放弃其适用，也不得通过合同或者其他民事法律行为缩短或者延长法律所规定的时效期间。一定当事人就时效问题作出规定，他们所作出的任何规定均会因为违反了公共秩序原则而无效。

四、时效存在的理由

时效存在的理由一般从如下三个方面予以解释。

（一）维护交易安全的需要

法律有必要认可长期持续存在的事实状态，以维持法律关系整体的稳定。一定的事实状态如果长期持续存在，必然以此事实为基础产生种种法律关系，成立各种生活关系。若允许原权利人主张权利，将会破坏长期以来基于事实状态而形成的法律关系，造成法律秩序的紊乱。因此，通过时效制度维持和尊重长期持续的事实状态，不仅有利于稳定社会秩序，也有利于保障交易安全。

（二）法律不保护懒惰者的权利

"枕着权利睡觉者的权利不值得保护。"这是罗马时期的法谚。权利人无论何时都能够行使权利来保护其权利，但权利人长期怠于行使权利，因而丧失该项权利也无可厚非。就是说，法律没有必要保护当事人享有而不行使的权利。

（三）避免举证困难的需要

长期不行使权利将导致权利关系的证明困难，因此，通过时效制度确定新的法律关系，并以此新的法律关系为证据进行审判。

另外，长期持续的事实状态往往以法律上的正当权限之存在为基础的概率比较高，这也是时效制度存在的一种理由。

概括起来讲，为保证交易安全、清除举证方面的困难，使法律关系和长期形成的事实状态相一致。即使出现有人因此而丧失权利的结果，但这种结果是因其长期未行使权利所导致的，故属于不得已的情况。时效制度存在的主旨就在于此。

五、时效与除斥期间

在民法上,时效与除斥期间既存在共同点,也存在差异。

(一) 除斥期间的界定

所谓除斥期间,也称为权利预定存续期间,是指法律或者当事人所规定的权利的存续期间,因该期间的经过而发生权利消灭的法律效果。在民法上,除斥期间仅仅适用于形成权,诸如追认权、解除权、撤销权等,这就是,当权利人享有某种形成权时,他们必须在法律规定或者当事人所约定的期限内行使其权利,当他们在法律规定或者当事人约定的期限内不行使其权利时,他们所享有的权利消灭。其中,法律规定的除斥期间为法定除斥期间,而当事人约定的除斥期间则为约定除斥期间。

(二) 除斥期间的法律根据

在我国,立法者所制定的民事单行法规定了各种各样的除斥期间。

例如,我国《继承法》第25条规定了法定除斥期间,该条规定,受遗赠人应在知道受遗赠后两个月内作出接受遗赠的表示,否则视为放弃。在这里,两个月即为受遗赠权的除斥期间。

再例如,我国《合同法》第75条也规定了除斥期间,该条规定:撤销权自债权人知道或者应当知道撤销事由之日起1年内行使。自债务人的行为发生之日起5年内没有行使撤销权的,该撤销权消灭。在这里,1年或者5年即为行使撤销权的法定除斥期间。

同样,我国《合同法》第95条也规定了除斥期间,该条规定,法律规定或者当事人约定解除权行使期限,期限届满当事人不行使的,该权利消灭。

(三) 时效与除斥期间的共同点

在民法上,时效与除斥期间存在诸多的共同点,主要包括以下方面:

(1) 构成要件相同。在民法上,时效与除斥期间都是以一定的事实状态的持续存在并且达到法律所规定的期间作为其产生法律效果的必要构成要件。

(2) 性质相同。在民法上,时效与法定除斥期间都属于民事法律事实当中的法律事件,均不属于民事法律行为,因为它们均不能构成民事法律关系的。

(3) 目的相同。在民法上,时效与除斥期间的目的均是为了督促权利人及时行使权利,以便维护社会经济秩序的稳定。

(四) 时效与除斥期间的区别

在民法上，时效与除斥期间存在重大的差异，属于两种不同的民法制度，主要表现在五个方面：

(1) 是否可以约定不同。在民法上，时效仅为制定法、成文法所规定，属于公共秩序方面的规定，不允许当事人通过合同作出任何约定。《民法总则》第197条规定，诉讼时效的期间、计算方法以及中止、中断的事由由法律规定，当事人约定无效。当事人对诉讼时效利益的预先放弃无效。但是，除斥期间当中的约定除斥期间则允许当事人通过合同作出明确的约定，当事人可以通过合同自由原则来对其约定的除斥期间作出修改、变更、缩短或者延长。当然，法定除斥期间同时效一样，不允许当事人通过合同作出规定，因为法定除斥期间也像时效一样属于公共秩序的范畴，属于法律的强制性规定。

(2) 适用对象不尽相同。在民法上，时效主要适用于请求权，而除斥期间则适用于形成权。

(3) 法律效力不同。在民法上，消灭时效主要消灭诉权，尤其是，在我国，诉讼时效仅消灭胜诉权，不消灭实体权利，而除斥期间仅仅消灭实体权利。

(4) 法定期间是否可变。在民法上，诉讼时效可以中断、中止或者延长，属于可变期间；而除斥期间当中的法定除斥期间则为绝对不变期间，不得中断、终止或者延长。当然，约定除斥期间是可以延长甚至缩短的。

(5) 起算点不同。在民法上，时效起算点为权利可行使之时；除斥期间则权利发生之时。

在民法上，时效需经当事人主动援引，法官才能够予以适用，法官不得依照职权主动适用。而除斥期间则不同，因为，即便当事人没有主动援用，法院也可以适用除斥期间，而且不产生溯及效力。

第二节　取得时效

一、取得时效的界定

所谓取得时效，是指财产的占有人以所有为目的、平稳且公然占有他人之物甚至其他财产权并达到法定期间的，可取得他人所有权或财产权的制度。取得时效以"占有人长期以所有为目的、平稳且公然占有"为其构成要件，因此，"尊重长期形成之事实状态"是其理论根据。若取得时效成立，占有人取得权利，真正权利人因此而丧失其财产权。

二、取得时效在民法上的地位

（一）罗马法上的取得时效制度

在民法上，取得时效制度最早始于古罗马法的《十二铜表法》，当时被称为 usucapio。根据该法的规定，动产和不动产的取得时效分别为 1 年和 2 年。到优帝时期，罗马法建立起统一适用的取得时效制度。此后，罗马法不断完善其取得时效制度，使罗马法形成了较为完善的取得时效制度。①

（二）近现代民法上的取得时效制度

在中世纪后期，法国民法在实行罗马法上的取得时效制度时也受到了当时流行的寺院法的影响。不过，法国 1804 年民法典的立法者规定取得时效时清除了寺院法对取得时效的影响，而将纯正的罗马法上的取得时效规定在法国民法典当中，这就是 1804 年《法国民法典》第 2269 条。②

在今天，大陆法系国家的民法普遍规定了取得时效制度。例如，《法国民法典》第 2219 条对取得时效作出了明确规定。再例如，《德国民法典》第 937 条至第 945 条对取得时效制度作出了全面规定。同样，在日本，《日本民法典》第 162 条至第 165 条对取得时效作出了明确规定。

（三）取得时效在我国民法上的地位

在我国，《民法通则》《民法总则》或者《物权法》均没有对取得时效作出任何规定。我国立法机关之所以不规定取得时效制度，其原因多种多样，诸如历史原因、现实原因、理论原因等。

所谓历史原因，是指我国在 1986 年制定《民法通则》的时候受到了苏俄民法理论的影响，没有在《民法通则》当中规定取得时效。

所谓现实原因，是指我国立法者没有将取得时效问题看作一个单纯的民事法律制度问题，而是更多地将其看作一个政治问题，因为立法者担心，规定了取得时效制度之后，大量的私人民事主体会因为取得时效的存在而获得国家财产的所有权，导致国有财产的流失。

所有理论原因，是指我国民法学者对民法是否应当规定取得时效存在较大的争议，

---

① Jean Carbonnier, Droit Civil, Volume II, Les biens Les obligations, Presses Universitaires De France, p. 1823.
② Jean Carbonnier, Droit Civil, Volume II, Les biens Les obligations, Presses Universitaires De France, p. 1823.

一些民法学者认定我国无需规定取得时效制定,而另外一些民法学者则认为,我国民法应当规定取得时效制度。当然,我国大多数民法学者都认为,我国民法应当规定取得时效制度。

值得注意的是,1995年国家土地管理局颁布的《确定土地所有权和使用权的若干规定》规定了取得时效,其第21条规定:农民集体连续使用其他农民集体所有的土地已满20年的,可视为现使用者所有。

基于上述原因,本书作者仅仅对日本民法当中的取得时效制度作出说明,包括取得时效的适用对象,取得时效的要件以及取得时效的法律效果。

三、取得时效的适用对象

(一) 取得时效适用的范围

所谓取得时效的适用对象,是指取得时效适用于哪些权利。对此问题,不同国家的民法或者学者作出的回答并不完全相同,甚至存在天壤之别。

在法国,虽然《法国民法典》第2219条明确规定,取得时效仅仅适用于财产所有权,但是,法国民法学者认为,取得时效除了适用于所有权之外,还适用于其他的主要物权,如用益权、地役权等。① 法国民法学者认为,无论是从物权、债权还是知识产权均不能够适用取得时效。②

而在日本,《日本民法典》除了在第162条规定取得时效适用于所有权之外,还在第163条当中规定,取得时效适用于所有权之外的其他财产权。在日本,所有权是取得时效的主要适用对象,其他财产权也可成为取得实效的适用对象。因此,取得时效制度可分为所有权的取得时效和其他财产权的取得时效。本书仅对日本民法当中的取得时效的适用对象问题作出说明。

(二) 所有权

在日本,不动产物权变动采用意思主义模式,取得时效较容易得到认可。所以,援用取得时效的案件大部分均为所有权争议案。所有权的时效取得之标的应当是物。对此有几个问题需要说明。③

(1) 民法上的物一般指有体物,无论动产还是不动产均可时效取得。

---

① Patrice Jourdain, Les Biens, Dalloz, p. 245;Francois Terré Philippe Simler, Droit civil, les biens, 4e édition, Dalloz, p. 279.
② Francois Terré Philippe Simler, Droit civil, les biens, 4e édition, Dalloz, p. 281.
③ [日] 河上正二:《民法总则讲义》,日本评论社2007年版,第552页。[日] 近江幸治:《民法讲义1民法总则》(第5版),成文堂2005年版,第337页。

(2) 自己的物。自己的物可否时效取得，理论上是不可能的。但是，在实践中，争议财产的所有权归属不确定，或者所有人无法证明其所有物的所有权时，不问所有权的归属，所有权人对自己的物也可主张取得时效。日本的最高裁判所判例也认为：可以时效取得所有权的占有人"包括除无权占有人之外，还包括基于所有权而占有的人"。

(3) 物的一部分。要根据物的一部分是否具有独立的经济价值加以确定。就无权人擅自在他人的土地上种植的树木，判例认可了时效取得。

(4) 公物。公共财产是公法管理的对象，不能作为私权的标的。因此，私人原则上不能时效取得公物的所有权。但是，被国家机关放弃，或完全失去其外形和功能的公物，可以成为私人时效取得的标的。

(三) 其他财产权

所有权以外的其他财产权的问题较多，诸如以下问题，值得探讨。

(1) 地役权。仅限于连续行使且可以从外观上认识者，可通过时效取得（见《日本民法典》第283条）。

(2) 地上权、永佃权等用益物权可因时效而取得；质权，是转移占有的担保物权，可以时效取得。

(3) 抵押权，是不占有抵押物的约定担保物权，其权利的行使在于获得优先清偿的一次性行为之中，所以，也难以成立取得时效。

(4) 渔业权、采矿权等准物权可时效取得。

(5) 专利权、实用新型、著作权等无体财产权，可比照所有权成为时效取得的标的。

(6) 留置权或优先权等，必须根据法律的直接规定，具备法定要件才可成立的物权，不可能成为"事实上行使的标的"，即不能时效取得。

(7) 身份权或一定身份为前提的权利，如扶养请求权等不能时效取得。

(8) 撤销权、解除权等形成权，依权利人单方的意思表示就可以发生法律关系的变动，因此，不具有时效取得所需的"持续占有"或"持续行使权利"的要件，不能时效取得。

(9) 租赁权。学术界大多学者承认债权的取得时效，但也有反对意见。是否承认债权的一般取得时效，还处在争论阶段。但是，租赁权的时效取得已经得到公认。并且，判例也积极认可不动产租赁权的时效取得。另外，学术界一致认为，像定期金债权这种持续给付债权，只要持续不断地受领给付，就应当承认"准占有的"事实，肯定定期金债权的时效取得。①

---

① ［日］远藤浩、川井健等编：《民法（1）总则》（第4版），有斐阁2000年版，第269页。

四、取得时效的构成要件

所有权的取得时效的构成要件，是以所有的意思一定期间持续平稳、公然占有。所有权以外的财产权之取得时效的要件不是"以所有的意思"，而是"以自己而为的意思"；不是"平稳、公然占有"而是"平稳、公然行使"他人财产权。因此，两者除标的和事实状态，即"占有或行使"的区别之外，方式和期间等方面均相同。因此，下面以日本民法当中的所有权为例阐述取得时效的构成要件。

（一）须有占有的事实

1. 占有应当以所有为目的

（1）日本民法规定的占有，是"以自己而为的意思"而支配占有物（见《日本民法典》第180条）。但是，作为所有权取得时效要件的占有应当是"以所有的意思"而占有。占有人"具有所有的意思"之占有称为自主占有。自主占有不仅包括占有人亲自实施的直接占有，也包括通过使用人、代理人、承租人而实施的间接占有。①

占有人承认他人的所有权而支配物的占有，称为他主占有。他主占有因缺乏"所有的意思"，无论持续多长时间均不能成立取得时效。

（2）"所有的意思"之判断。所有的意思之存在与否，要根据发生占有的原因事实予以客观的判断。因此，不能根据未缴纳固定资产税等不承担物之负担的事实，就断定不存在占有的意思。

（3）自主占有的推定。在一般情形下，应当推定占有人以所有的意思、善意、平稳且公然占有（见《日本民法典》第186条），即推定自主占有。他主占有人有时可以从一定时间开始变为自主占有人。他主占有人变为自主占有人，主张成立取得时效的，占有人应当举证。

（4）像继承这种概括承继的情形，即使被继承人的占有为他主占有，但继承人以所有的意思承继占有的，可认定继承人的占有为自主占有。现今的判例也予以承认。②

2. 平稳、公然占有

占有人应当平稳、公然占有，取得时效才能成立。日本判例认为，平稳是指"不是通过法律不允许的强暴行为"或"未使用暴力强迫等违法强暴行为的占有"。因此，占有人即使受到原所有人的抗议、返还请求等，仍然不失为平稳占有。公然是隐秘的反义词，在动产的占有中不好判断是否公然占有。另外，法律推定占有人平稳、公然占有（见《日本民法典》第186条），因此，争议对方只要证明暴力占有或隐秘占有，取得

---

① ［日］河上正二：《民法总则讲义》，日本评论社2007年版，第555页。
② ［日］远藤浩、川井健等编：《民法（1）总则》（第4版），有斐阁2000年版，第270页。

时效将会受到阻碍，就不能成立。①

3. 占有的客体并非一定是"他人之物"

在民法上，占有人占有的财产往往是他人财产。但是，在例外情况下，占有人占有的财产也可能是其本人所有的财产。

在民法上，通过取得实效而取得自己物的所有权，看起来似乎有矛盾。但是，占有人对自己所有的物也可主张时效取得。对此，学说和判例也予以认可。取得时效制度存在的意义在于使权限的证明变得容易，所以，当然可以援用时效取得来证明自己物的所有权。这一点上文已经阐述，不再赘述。

（二）须持续占有

1. 一定期间连续占有

占有在时效期间内必须处于持续状态。时效是否持续，虽属事实问题，但民法规定了一系列的判断标准。

（1）持续占有的推定。若有证据证明在前后两个时间点上都占有的，推定在此期间为连续占有（见《日本民法典》第186条第2款）。因此，只要无证据证明丧失占有的，即认为连续占有。

（2）占有的恢复。取得时效因占有人失去对标的物的占有，即占有人任意中止其占有或其占有之标的物被他人侵夺而自然中断（见《日本民法典》第164条）。占有的丧失为一种客观事实，对所有的人都产生中断的效力。如果丧失占有是由于侵夺行为引起的，占有人可以通过占有回复之诉恢复占有（见《日本民法典》第200条）。若恢复了就认为连续占有（见《日本民法典》第203条但书规定）。

2. 占有的承继

占有因继承、买卖、赠与等法律行为而承继。占有的承继人既可以主张自己的占有，也可以将前占有人的占有与自己的占有一并主张（见《日本民法典》第187条）。占有人将自己的占有期间和前占有人的占有期间合并主张时效期间才届满的情形，这个规定就有意义。但是，占有人将前占有人的主张合并主张时，其瑕疵也一并承继。这里所谓的瑕疵是影响取得时效成立或完成的因素，如原占有人的非平稳、非公然占有或恶意、过错等。

（三）须时效期间届满

1. 不同的时效期间

时效期间因其起始情形的不同，分为两类。区分的标准为开始占有时占有人善意且

---

① ［日］河上正二：《民法总则讲义》，日本评论社2007年版，第555页。

无过错还是恶意或有过错。日本的判例认为，善意是指占有人不知其自主占有无正当的权原；无过错是指不是由于占有人方面的过错而不知。占有人即使知道或由于过错未能知道在占有标的物上存在抵押权等与所有权不直接抵触的权利，也应认为善意、无过错。[①] 善意、无过错的，时效期间为 10 年；恶意或为有过错的为 20 年（见《日本民法典》第 162 条）。期间从取得时效成立所需要的事实状态开始发生时起算。

所有权以外的财产权的时效期间也要按照相同的标准：10 年或者 20 年（见《日本民法典》第 163 条）。

2. 10 年的时效期间

（1）善意的推定。法律推定占有人为善意占有，但不推定其无过错。因此，占有人须举证证明占有开始时自己属于无过错。

一般来讲，要根据是否查看登记簿、土地权属登记簿、户口簿（交易对象的能力等）等公共记录来认定占有人有无过错。

（2）占有人是否善意、无过错只在占有开始时有意义。之后即使成为恶意但对时效期间没有影响，仍然适用 10 年的时效期间。与此相反，占有人在占有开始时为恶意的，即使事后出现可信为基于正当权原而占有的情形，时效期间也不发生变化。但是，从恶意占有人那里基于新的权原而承继占有的人，如果在承继时善意的，从承继时起成为善意占有人。

正因为这样，民法认可了占有承继人有选择权。现今的判例也认可在继承人善意的可以与被继承人的恶意相分开单独主张 10 年的时效。

3. 20 年的时效期间

占有人占有开始时为恶意或有过错的，适用 20 年的时效期间，不分动产还是不动产均要适用。

五、取得时效的效果

（一）权利的取得与权利的消灭

时效期间届满，并被当事人援用的，占有人（或准占有人）溯及时效期间开始时取得占有物的所有权（或其他财产权）；原来的权利人因此而丧失其权利。占有人的权利不是从权利人那里移转过来的。原则上讲，时效取得从其性质来说属于一种原始取得。

[①] ［日］河上正二：《民法总则讲义》，日本评论社 2007 年版，第 559 页。

(二) 承担物上的负担

时效取得与一般的原始取得不同，有时取得人需承担物上的负担。例如，甲擅自把乙的土地租给丙，后因时效取得土地所有权；或甲时效取得乙的设有抵押权的土地的，应当认为甲取得的是有承租权或抵押权负担的土地。[①]

(三) 对抗要件

取得时效而发生的物权变动，未经登记在当事人（占有人和原权利人）之间发生效力。但是，时效取得的不动产物权，为对抗第三人，有必要进行登记。这一点是判例和学说均同意的观点。

第三节 消灭时效

一、消灭时效与我国民法当中的诉讼时效

(一) 消灭时效的界定

在民法上，消灭时效属于大陆法系国家的民法，根据大陆法系国家的民法，所谓消灭时效，是指当权利人长期不行使其权利并达到法律所规定的时间时，其享有的权利因此丧失的一种法律制度。

(二) 民法规定消灭时效的原因

在民法上，消灭时效制度也像取得时效制度一样产生于罗马法，经过近代民法的发展，迄今为止已经成为大陆法系国家民法上的重要制度。例如，《法国民法典》第2219条对消灭时效作出了规定。再例如，《德国民法典》第194条至第218条对消灭时效作出了详细规定。同样，《日本民法典》第166条至第174条对消灭时效作出了详细的规定。

大陆法系国家的民法之所以规定消灭时效制度，其原因多种多样，除了上述的一般理由之外，还有其他的理由，诸如"枕着权利睡觉的人的权利不值得保护"（vigilantibus et non dormientibus jura subveniunt）或者"排除过去事实的证明困难"等。

[①] [日] 近江幸治：《民法讲义1民法总则》（第5版），成文堂2005年版，第324页。

（三）我国民法当中的诉讼时效

1. 诉讼时效的界定

在我国，《民法通则》和《民法总则》没有使用"消灭时效"的概念，而是使用了"诉讼时效"的概念。《民法通则》第七章规定了"诉讼时效"，该章包括的条款是第135条至第141条。《民法总则》第九章规定了诉讼时效，该章包括的条款是第188条到第199条。

虽然《民法通则》和《民法总则》没有界定"诉讼时效"，但是，我国民法学者普遍认为，所谓诉讼时效，是指享有诉讼提起权的人如果不在法律所规定的期限内向法院起诉即丧失胜诉权的一种时效制度。

2. 诉讼时效的构成要件

根据我国《民法通则》和《民法总则》的相关规定，诉讼时效应当具备三个必要构成要件：

（1）权利人享有向法院提起诉讼的权利。如果权利人没有向法院起诉的权利，则无所谓诉讼时效的问题。

（2）权利人没有在法律规定的期间内向法院起诉。如果权利人在法律规定的期限内向法院起诉，也无法适用诉讼时效。

（3）权利人丧失胜诉权。在我国，诉讼时效期间经过之后，权利人不提起诉讼权，其丧失的权利是胜诉权，也就是，他们不能够再要求法官采取强制执行措施，责令义务人或者责任人对其承担民事责任。

3. 诉讼时效的特征

（1）诉讼时效具有消灭时效的性质。

（2）诉讼时效只发生胜诉权消灭的后果，并不发生消灭实体权利的后果。诉讼时效届满后，权利人仍然能够向法院起诉，法院仍然能够受理权利人的起诉，但是，法官不能够作出判决，责令义务人或者责任人对权利人承担民事责任。不过，即便诉讼时效经过，权利人与义务人或者责任人之间的民事法律关系仍然有效，他们之间的债仍然属于法律上的债，仍然具有法律上的效力，义务人或者责任人仍然应当承担责任，只不过，他们之间的此种民事法律关系丧失了强制执行力，这就是债法上的所谓自然债。

（3）诉讼时效在性质上属于公共秩序方面的内容，因为有关诉讼时效方面的法律规定属于强制性的规定，当事人不得通过合同排除、限制其适用。

二、消灭时效的适用对象

所谓消灭时效的适用对象，是指能够适用于消灭时效的民事权利。对此问题，大陆法系国家的民法作出的回答基本相同，它们均认为，消灭时效适用于除了所有权之外的所有财产权,但是,不适用于人格权或者身份权。在我国,《民法通则》《民法总则》并没有明确规定消灭时效的适用对象,我国民法学者对这样的问题争论不休。

(一) 债权、所有权以外的财产权可因时效而消灭

在大陆法系国家,民法均认为,债权和除了所有权之外的财产权因消灭时效而消灭。在法国,《法国民法典》第 2262 条明确规定,消灭时效适用于所有的权利。不过,法国民法学者普遍认为,消灭时效仅仅适用于财产权,其中除了适用于债权之外,也包括除了所有权之外的其他物权。① 在日本,《日本民法典》第 167 条也规定,消灭时效适用于债权和所有权之外的财产权。因此,在大陆法系国家,除了债权之外,所有权之外的主物权,包括地上权、永佃权和地役权等,也因时效而消灭。

(二) 所有权以及建立在所有权基础上的物权请求权不适用于消灭时效

在大陆法系国家,民法均认为,所有权不适用于消灭时效,因为所有权具有恒久性,不会因为所有人不行使其权利而导致其所有权消灭,已如前述。那么,基于所有权的物权请求权是否因时效而消灭?日本的判例和学说均认为基于所有权的物权请求权不因时效而消灭②。因为,从所有权妨害请求权的视角考虑,只要所有权妨害的事实状态存在,无论何时均可以行使排除妨害请求权。

我国《民法总则》196 条也规定,下列请求权不适用诉讼时效的规定:请求停止侵害、排除妨碍、消除危险;不动产物权和登记的动产物权的权利人请求返还财产;请求支付抚养费、赡养费或者扶养费;依法不适用诉讼时效的其他请求权。

(三) 占有权、留置权只有占有标的物的事实状态存在,才可持续存在

若失去标的物的占有,占有权、留置权也随之消灭。因此,不能单独成为消灭时效的对象。

(四) 质权、抵押权是从属于被担保债权的物权,故因被担保债权的时效消灭而消灭,不单独成为消灭时效的对象

《日本民法典》第 396 条规定,在债务人和抵押权人之间的关系上,抵押权非与其担保的债权同时,不因时效而消灭。

---

① Patrice Jourdain, Les Biens, Dalloz, p. 244; Francois Terré Philippe Simler, Droit civil, les biens, 4e édition, Dalloz, p. 279.
② [日] 远藤浩、川井健等编:《民法(1) 总则》(第 4 版),有斐阁 2000 年版,第 276 页。

（五）人格权或者身份权不适用于消灭时效，它们不会因为权利人不行使其权利而导致其人格权或者身份权消灭

当人格权或者身份权受到侵害时，权利人因为此种侵害而享有的债权则适用于消灭时效。

三、消灭时效的期间

（一）消灭时效的类型

在大陆法系国家，民法设立的消灭时效制度，因作为时效对象之权利的不同，存在多种时效期间。民法学者根据不同的标准将消灭时效分为普通消灭时效与特殊消灭时效两种，其中的特殊消灭时效也可以分为长期消灭时效和短期消灭时效两种。在我国，《民法通则》《民法总则》除了规定了普通诉讼时效和特殊诉讼时效之外，还规定了最长诉讼时效。

在民法上，特殊消灭时效具有优先适用的效力，而普遍消灭时效仅在没有特殊消灭时效予以适用的情况下才能够适用。

（二）普通消灭时效

所谓普通消灭时效（prescriptions générales），也称一般消灭时效，是指民法典或者民事单行法所规定的能够在特殊消灭时效之外予以普遍适用的消灭时效。至于说各国民法所规定的普通消灭时效期间是多少，不同国家的民法作出的规定并不完全相同。

例如，在2008年6月17日的制定法没有对《法国民法典》所规定的消灭时效作出修改之前，《法国民法典》第2262条所规定的普通消灭时效期间是30年，但是，在2008年6月17日的制定法通过之后，该法将30年的普通消灭时效期间改为5年。[①] 在日本，《日本民法典》第167条规定，普通消灭时效期间或者是10年，或者是20年。

在我国，《民法总则》第188条规定的普通诉讼时效期间为3年。该条规定："向人民法院请求保护民事权利的诉讼时效期间为三年。法律另有规定的，依照其规定。"

1. **特殊消灭时效的界定**

所谓特别消灭时效（prescriptions spéciales），是指由民法典、民事单行法或特别法规定的仅仅适用于某种特定权利的消灭时效。例如，法国的许多特别法明确规定了10年的消灭时效，《法国民法典》第215条和第957条等还规定了1年的消灭时效。再例如，在日本，《日本民法典》第169条规定了5年的特别消灭时效。

[①] Francois Terré Philippe Simler Yves Lequette, Droit civil, Les obligations, 10e édition, Dalloz, p. 1452.

2. 长期消灭时效与短期消灭时效

在民法上，特别消灭时效的期间或者短于或者长于普通消灭时效，如果特别消灭时效的期间短于普通消灭时效，则该种消灭时效就是所谓的短期消灭时效。如果特别消灭时效长于普通消灭时效，则该种消灭时效就是所谓的长期消灭时效。无论是短期消灭时效还是长期消灭时效，在适用上均不具有普遍适用的效力，仅仅针对制定法、成文法特别规定的事项予以适用。

在民法上，特别消灭时效期间究竟多长或者多短，完全取决于不同国家制定法、成文法的规定，不同国家的法律作出的具体规定可能完全不同。例如，《法国民法典》第2227条和《法国环境法》第152-1条就侵害物权的诉讼和环境侵权诉讼规定了30年的长期消灭时效期间。[1] 再例如，《日本民法典》第170条规定，与医师、助产士、药剂师的诊疗、助产或调剂相关债权因3年不行使而消灭。

3. 我国《民法通则》第136条规定的短期诉讼时效

在我国，《民法通则》第136条规定了1年的特别诉讼时效，该条规定，下列四种请求权适用1年的特别诉讼时效期间：其一，身体受到伤害要求赔偿的；其二，出售质量不合格的商品未声明的损害赔偿；其三，延付或者拒付租金的；其四，寄存财物被丢失或者损毁的损害赔偿。我国《民法总则》没有规定短期诉讼时效。

4. 我国《民法总则》第188条规定的最长诉讼时效

除此之外，我国根据《民法总则》还规定了20年的最长诉讼时效期间，这就是第188条。该条规定：诉讼时效期间自权利人知道或者应当知道权利受到损害以及义务人之日起计算。法律另有规定的，依照其规定。但是自权利受到损害之日起超过20年的，人民法院不予保护；有特殊情况的，人民法院可以根据权利人的申请决定延长。

四、消灭时效的起算

消灭时效自权利可以行使时起算（见《日本民法典》第166条）。一般来讲，权利可以行使时，就是法律上的障碍消失的时候。

下面，分为有明确行使期限和无明确行使期限两种情形，先介绍消灭时效起算的一般问题，然后再介绍我国的诉讼时效起算的规定。

（一）有明确行使期限的情形

（1）有履行期限的债权，从履行期到来时起算。
（2）地上权等物权从其成立时起算。

---

[1] Francois Terré Philippe Simler Yves Lequette, Droit civil, Les obligations, 10e édition, Dalloz, p. 1458.

(二) 无明确行使期限的情形

消灭时效的起算，因债权种类及其形态的不同也有差异。

(1) 附期限、附条件的债权，从期限到来、条件成就时起算。附有这种附款的债权，债权人在期限到来或条件成就时才可以行使权利，但是，该债权的标的物有可能被其他第三人先行占有，从而被时效取得所有权。因此，债权人为中断该时效，有权随时要求第三人承认。

(2) 附不确定期限的债权，自知道期限届至时起，债务人负履行迟延责任；但消灭时效从期限届至时起算。

(3) 未规定履行期限的债权，债权人随时都可以请求履行，也就是说，从债权成立时起债权人就可以行使请求权。故消灭时效从债权成立时起算。①

(4) 附丧失期限利益约款的分期付款债权，如果约定债务人怠于偿还一期款项时，债权人随时都有权请求全部残存债权的，消灭时效从债务不履行发生之时起算。

(5) 不作为债权，从义务人违反行为之时起算。②

(三) 我国法律对诉讼时效起算的规定

如上所述，民法通则和民法总则未规定一般的消灭时效，只规定了权利被侵害时提起诉讼之权利，即诉讼权消灭的时效。《民法通则》第137条规定："诉讼时效期间从知道或者应当知道权利被侵害时起计算。"

对此，最高人民法院《关于审理民事案件适用诉讼时效制度若干问题的规定》作了如下补充解释：

(1) 当事人约定同一债务分期履行的，诉讼时效期间从最后一期履行期限届满之日起计算（第5条）。

(2) 侵权行为之债，受害人从知道或者应当知道权利被侵害时起算。

(3) 返还不当得利请求权的诉讼时效期间，从当事人一方知道或者应当知道不当得利事实及对方当事人之日起计算（第8条）。

---

① 梁慧星教授认为："未约定履行期限或履行期限不明确的请求权，2年的普通诉讼时效期间应当从债权人要求履行之次日起算。"参见梁慧星《民法总论》（第4版），法律出版社2011年版，第256页。笔者认为这种观点不正确。因为，一般合同从其成立时即生效（《合同法》第44条规定，依法成立的合同，自成立时生效）。因此，合同未约定履行期限或履行期限不明确的，债权人从合同成立时就处于可行使权利的状态，即合同成立时就是消灭时效的起算日。未约定履行期限或履行期限不明确的债权，债权人要求履行之次日是债务人负迟延责任的起算点。

② 以上五点为近江幸治教授所总结。参见［日］近江幸治《民法讲义1 民法总则》（第5版），成文堂2005年版，第356页。

(4) 管理人因无因管理行为产生的给付必要管理费用、赔偿损失请求权的诉讼时效期间,从无因管理行为结束并且管理人知道或者应当知道本人之日起计算(第9条)。

《民法总则》188 条规定:"诉讼时效期间自权利人知道或者应当知道权利受到损害以及义务人之日起计算。"《民法总则》第 189 条把最高人民法院的司法解释的内容予以确认。"当事人约定同一债务分期履行的,诉讼时效期间自最后一期履行期限届满之日起计算。"

另外,《民法总则》第 190 条规定,无民事行为能力人或者限制民事行为能力人对其法定代理人的请求权的诉讼时效期间,自该法定代理终止之日起计算;《民法总则》第 191 条规定,未成年人遭受性侵害的损害赔偿请求权的诉讼时效期间,自受害人年满 18 周岁之日起计算。

五、消灭时效的效力

(一) 权利人未行使权利达到法定消灭时效期间的,其权利消灭

在大陆法系国家,"其权利消灭"当中的"权利"究竟是指实体权还是诉讼权,不同国家的法律作出的规定并不完全相同。在某些国家,"其权利消灭"当中的"权利"有时仅指权利人享有的实体权,例如,债权人享有的债权,地役权人享有的地役权,等等。而在某些国家,"其权利消灭"当中的"权利"有时仅指权利人享有的诉讼权,不包括实体权,例如,法国民法认为,当债权人没有在法定期间提起诉讼时,他们仅仅丧失其债权的强制执行权,也就是诉讼权,其债权仍然有效,这就是所谓的自然债。

在我国,"其权利消灭"当中的"权利"既不是指权利人享有的"实体权",也不是指权利人享有的"诉讼权",而仅仅指权利人享有的"胜诉权。"

(二) 当事人自愿履行行为的有效

在我国,《民法通则》第 138 条规定:"超过诉讼时效期间,当事人自愿履行的,不受诉讼时效限制。"《民法总则》第 192 条规定:"诉讼时效期间届满的,义务人可以提出不履行义务的抗辩;诉讼时效期间届满后,义务人同意履行的,不得以诉讼时效期间届满为由抗辩;义务人已自愿履行的,不得请求返还。"

第四节　时效的共同问题

一、时效的溯及效力

具体来说，时效发生如下效力，即时效届满且被当事人援用，如果是消灭时效，权利人的权利将消灭；如果是取得时效，援用者将获得新的权利而与其相矛盾的其他权利就会消灭。这种权利之取得或丧失从什么时候成立？《日本民法典》第144条规定："时效的效力从其起算之日开始计算。时效的援用虽在时效期间中止之后，但其所引起的法律关系变动的效果，溯及到时效期间的起算时发生效力。"

（一）消灭时效的溯及力

消灭时效一旦被援用，其效力就溯及消灭时效的起算点。《日本民法典》第166条有明确的规定："消灭时效，自权利可行使时起计算。"

权利处于可行使状态但权利人在法定期间内未行使其权利，并且对方当事人援用时效的，该权利从其可行使时消灭。

（二）取得时效的溯及力

取得时效的效力溯及占有的开始。即取得时效成立的，占有人并不是从时效届满时才取得标的物的所有权，而是溯及开始占有时取得标的物的所有权。因此，确定占有从何时开始，对取得时效来说是非常重要的。一般来讲，占有人作为时效利益的获得者应当证明占有事实的存在与占有的开始时间。另外，《日本民法典》第166条规定，即使占有人占有的是附始期的权利或附条件的权利的标的物，取得时效也从占有时起算。

二、时效的援用

（一）援用

无论消灭时效还是取得时效，法律均为其规定一定的期间，作为时效发生效力的必要条件。这种法定期间的届满，称为时效的完成。应当注意的是，时效完成不等于时效发生效力，并不必然引起权利的取得或丧失的权利变动。即使时效完成，是否享受取得权利或义务消灭这种利益，仍然取决于当事人的意志。[①] 当事人要享受时效的效力，即

---

① ［日］山本敬三：《民法讲义Ⅰ总则》，有斐阁2001年版，第483页。

依据时效完成的事实而取得权利或免除其义务，必须主张时效已经完成。民法将这种主张称为时效的援用。民法规定，未经当事人的援用，法院不得依时效进行裁判（见《日本民法典》第145条）。日本最高裁判所判例认为，时效只有经过当事人的援用才确定地发生效力，而不因其完成而自动发生效力。① 具体地讲，法院不得依职权根据时效作出裁判，以确定权利的取得和丧失。我国最高人民法院《关于审理民事案件适用诉讼时效制度若干问题的规定》第3条也规定："当事人未提出诉讼时效抗辩，人民法院不应对诉讼时效问题进行释明及主动适用诉讼时效的规定进行裁判。"《民法总则》第193条规定："人民法院不得主动适用诉讼时效的规定。"

（二）援用的性质

关于援用的性质，学界存在不同的观点。大体上可分为效果确定说和效果不确定说。下面介绍效果确定说的两种主要观点：

1. 实体法说

实体法说认为，从稳定社会法律关系的角度看，如果一定事实状态在规定的期间内持续存在，就会产生与其相应的权利关系。② 占有他人之物或不行使权利的事实状态之持续达到法定期间的，就会发生权利之取得或丧失这种后果。但是，因时效期间的经过而发生的权利之取得或丧失，未经当事人的援用不发生效力；只有通过援用才能够发生确定性的效力。这种观点，将援用视为权利之取得和丧失的停止条件。认为，因时效的完成，权利之取得或丧失在实体法上业已发生，但在当事人援用之前其效力处于停滞状态；当事人一旦援用即从时效届满时起发生效力。该说认为，因时效的完成，权利之取得或丧失在实体法上业已发生，因此从广义上可以称之为实体法说。

2. 诉讼法说

诉讼法说认为，时效制度是对不能举证之真正权利人予以保护的制度。即将一定事实之持续，认定为证明真正权利关系存在的法定证据的制度。③ 因此，时效的援用就是将因时效期间届满而发生的权利之取得或丧失的事实，作为法定证据向法院提出。这种观点认为，时效是诉讼法上的制度，与实体法上的权利的取得和丧失是无关的。因此，可称为诉讼法说。

日本大审院的判例认为，时效的援用只不过是攻击、防卫的手段，故可以说判例的观点接近于诉讼法说。④

---

① ［日］大村敦志著：《基本民法Ⅰ总则·物权总论》（第2版），有斐阁2005年版，第121页。
② ［日］山本敬三：《民法讲义Ⅰ总则》，有斐阁2001年版，第484页。另外，著者将实体法说解释为：认为，"时效完成在实体法上发生权利之取得或丧失的效果，但未经当事人的援用裁判上不认可这种效果。"
③ ［日］山本敬三：《民法讲义Ⅰ总则》，有斐阁2001年版，第484页。
④ ［日］远藤浩、川井健等编：《民法（1）总则》（第4版），有斐阁2000年版，第236页。

（三）援用方式

1. 援用者

一般认为当事人是援用者，即因时效而获得利益的当事人。包括直接或间接受到利益的当事人。以债权的消灭时效为例，债务人、连带保证人、保证人、物上保证人以及抵押不动产的第三取得人等均可援用时效。但是，同一债务人之一般债权人，不得援用消灭时效主张其他债权人的债权消灭；后顺位抵押权人不得援用消灭时效主张前顺位抵押权人的债权消灭。

2. 援用的场所

时效的援用应在诉讼中，还是诉讼外也可以援用？认为援用时效当然引起权利之取得或丧失的实体法说看来，诉讼外的援用也应有效；但是，将时效的援用视为提出法定证据的诉讼法说认为，只能在法院援用。但是，只有当事人援用时效的，法院才可以依时效作出裁判，因此，无论采用何种观点，均不会产生实质性差别。① 对此，有不同观点认为，如果允许诉讼外的援用，法定援用人以外的人也有可能享受时效的利益。②

3. 援用的时期

审判过程中哪个阶段可以援用时效？最高人民法院《关于审理民事案件适用诉讼时效制度若干问题的规定》第4条规定："当事人在一审期间未提出诉讼时效抗辩，在二审期间提出的，人民法院不予支持，但其基于新的证据能够证明对方当事人的请求权已过诉讼时效期间的情形除外。当事人未按照前款规定提出诉讼时效抗辩，以诉讼时效期间届满为由申请再审或者提出再审抗辩的，人民法院不予支持。"根据此规定，一审阶段可援用时效；二审阶段基于新的证据能够证明对方当事人的请求权已过诉讼时效期间的才可以援用；再审阶段不得援用。

4. 援用的相对效力

时效的援用是当事人希望享受时效利益的积极行为。因此，时效只对希望享受其利益的当事人才发生效力，而对不希望享受的人不发生效力。所以，援用只发生相对效力，即援用权人存在两个以上的，其中一人援用时效，其效力不及于其他援用权人。但是，连带债务中，连带债务人的一人援用时效的，就该债务人的负担部分其他债务人也免除其义务（见《日本民法典》第439条）。

---

① ［日］远藤浩、川井健等编：《民法（1）总则》（第4版），有斐阁2000年版，第238页。
② ［日］山本敬三：《民法讲义Ⅰ总则》，有斐阁2001年版，第493页。

三、时效的中断

(一) 时效的中断

时效的中断,是指在时效期间进行中,因发生一定的法定事由,致使已经经过的时效期间统归无效,待时效中断的事由消灭后重新起算诉讼时效期间的制度。发生时效中断,时效期间从初始状态重新计算,这是调整当事人之间利益的需要。

发生一定的事由为什么能够引起时效的中断,这是有关时效中断制度的根据问题。对此,存在"权利行使说"和"权利确定说"两种不同的观点。[①]

前者认为,时效是一定事实状态的持续而导致权利消灭或取得新权利的制度。因此,事实状态的持续因当事人的行使权利或承认债务等行为而中断、作为时效基础的事实状态被推翻的,已经经过的期间也随之失去意义。

与此相反,权利确定说则认为,时效发生中断是提起诉讼的结果,即权利的存在得到裁判等的确认,从而导致时效的中断。因为,通过裁判他人之物的占有人被确认为无权利人,或债务人的履行义务被确认的,已经经过的时效期间应当归于消灭。

(二) 中断的事由

中断的事由,可分为取得时效中断的事由和取得时效、消灭时效共同的中断事由。

取得时效因占有人失去对标的物的占有,即占有人任意中止其占有或其占有之标的物被他人侵夺而自然中断(见《日本民法典》第164条)。

取得时效和消灭时效共同的中断事由,一般包括请求、扣押、诉讼保全(包括金钱债权的保全和其他债权的保全,《日本民法典》将前者称为假扣押,后者称为假处分)、债务承认(见《日本民法典》第147条)等。

我国民法不存在取得时效制度。在此,根据《民法总则》《民法通则》及其相关司法解释有关诉讼时效中断的规定,介绍时效中断的相关事由。

《民法通则》第140条规定:"诉讼时效因提起诉讼、当事人一方提出要求或者同意履行义务而中断。"根据该规定,时效因当事人起诉或其他方式主张权利,或义务人同意履行义务等事由而发生中断。

1. 起诉

起诉,是指当事人就民事纠纷向人民法院提起诉讼,请求人民法院依照法定程序进行审判的行为。起诉是中断时效期间的主要原因。根据最高人民法院《关于审理民事案件适用诉讼时效制度若干问题的规定》(以下简称《规定》),起诉或与起诉产生同等

[①] [日]近江幸治:《民法讲义1 民法总则》(第5版),成文堂2005年版,第325页

中断效力的事由包括以下三个方面：

（1）起诉。当事人一方向人民法院提交起诉状或者口头起诉的，诉讼时效从提交起诉状或者口头起诉之日起中断（《规定》第12条）；债权人提起代位权诉讼的，应当认定对债权人的债权和债务人的债权均发生诉讼时效中断的效力（《规定》第18条）。

（2）与提起诉讼具有同等诉讼时效中断的效力的事由（《规定》第13条）："（一）申请仲裁；（二）申请支付令；（三）申请破产、申报破产债权；（四）为主张权利而申请宣告义务人失踪或死亡；（五）申请诉前财产保全、诉前临时禁令等诉前措施；（六）申请强制执行；（七）申请追加当事人或者被通知参加诉讼；（八）在诉讼中主张抵销；（九）其他与提起诉讼具有同等诉讼时效中断效力的事项。"

（3）向司法机关或其他机关提出民事权利保护请求。权利人向人民调解委员会以及其他依法有权解决相关民事纠纷的国家机关、事业单位、社会团体等社会组织提出保护相应民事权利的请求，诉讼时效从提出请求之日起中断（《规定》第14条）；权利人向公安机关、人民检察院、人民法院报案或者控告，请求保护其民事权利的，诉讼时效从其报案或者控告之日起中断（《规定》第15条）。

2. 当事人向对方主张权利

当事人的主张须经公共确认程序证实其权利的存在，才能成为时效中断的事由。对此，最高人民法院《关于审理民事案件适用诉讼时效制度若干问题的规定》规定，具有下列情形之一的，产生诉讼时效中断的效力："（一）当事人一方直接向对方当事人送交主张权利文书，对方当事人在文书上签字、盖章或者虽未签字、盖章但能够以其他方式证明该文书到达对方当事人的；（二）当事人一方以发送信件或者数据电文方式主张权利，信件或者数据电文到达或者应当到达对方当事人的；（三）当事人一方为金融机构，依照法律规定或者当事人约定从对方当事人账户中扣收欠款本息的；（四）当事人一方下落不明，对方当事人在国家级或者下落不明的当事人一方住所地的省级有影响的媒体上刊登具有主张权利内容的公告的，但法律和司法解释另有特别规定的，适用其规定。"

另外，债权转让的，应当认定诉讼时效从债权转让通知到达债务人之日起中断（《规定》第19条第1款）。

3. 承认债务

承认债务，是获得时效利益的一方当事人，向因时效而丧失权利的一方当事人主动承认其权利存在的行为。最高人民法院《关于审理民事案件适用诉讼时效制度若干问题的规定》规定，义务人作出分期履行、部分履行、提供担保、请求延期履行、制定清偿债务计划等承诺或者行为的，应当认定债务承认（第16条）；债务承担情形下，构成原债务人对债务承认的，应当认定诉讼时效从债务承担意思表示到达债权人之日起中断（第19条第2款）。

《民法总则》第195条规定,有下列情形之一的,诉讼时效中断,从中断、有关程序终结时起,诉讼时效期间重新计算:权利人向义务人提出履行请求;义务人同意履行义务;权利人提起诉讼或者申请仲裁;与提起诉讼或者申请仲裁具有同等效力的其他情形。

另外,债务人向债权人支付(债权)利息的,也属于债务承认。但物上保证人对债权人承认债务存在的,不产生债务承认的效力。[①]

四、时效的中止

(一) 概念

时效的中止,是指在时效期间行将完成之际,发生法定事由使权利人无法行使其请求权的,时效期间暂停计算,待中止事由消灭后继续计算的制度。

权利人发生不可能行使权利或者行使权利极其困难的具体情况时,该期间不计入时效期间。

(二) 时效中止的条件

《民法通则》第139条规定,在诉讼时效期间的最后六个月内,因不可抗力或者其他障碍不能行使请求权的,诉讼时效中止。从中止时效的原因消除之日起,诉讼时效期间继续计算。依此规定,发生时效中止的条件是:

1. **存在权利人不能行使权利的障碍,包括不可抗力或者其他障碍**

(1) 一般障碍。根据最高人民法院《关于审理民事案件适用诉讼时效制度若干问题的规定》的解释,一般其他障碍包括:"(一)权利被侵害的无民事行为能力人、限制民事行为能力人没有法定代理人,或者法定代理人死亡、丧失代理权、丧失行为能力;(二)继承开始后未确定继承人或者遗产管理人;(三)权利人被义务人或者其他人控制无法主张权利;(四)其他导致权利人不能主张权利的客观情形(第20条)。"

(2) 人身关系障碍。夫妻、父母子女等人身关系也导致时效中止。我国台湾地区"民法"第142条规定,无行为能力人或限制行为能力人,对于其法定代理人之权利,于代理关系消灭后一年内,其时效不完成;我国台湾地区"民法"第143条规定,夫对于妻或妻对于夫之权利,于婚姻关系消灭后一年内,其时效不完成。

2. **不可抗力或者其他障碍须在诉讼时效期间的最后6个月内发生**

发生在6个月之前,不构成中止时效的事由。

[①] [日] 远藤浩、川井健等编:《民法(1)总则》(第4版),有斐阁2000年版,第265页。

（三）时效中止的效力

时效中止在于使时效期间暂停计算，待中止的原因消灭后，即权利人能够行使权利时，再继续计算时效期间。

《民法总则》第 194 条规定，在诉讼时效期间的最后六个月内，因下列障碍，不能行使请求权的，诉讼时效中止：不可抗力；无民事行为能力人或者限制民事行为能力人没有法定代理人，或者法定代理人死亡、丧失民事行为能力、丧失代理权；继承开始后未确定继承人或者遗产管理人；权利人被义务人或者其他人控制；其他导致权利人不能行使请求权的障碍。

《民法总则》的上述规定基本上是对民法通则及司法解释相关规定的概括和总结。所增加的内容只是"权利人被义务人或者其他人控制"而无法行使权利的情形。

五、时效中止和时效中断的区别[①]

（1）发生时效中止的原因与当事人无关的客观情况，而发生时效中断的原因系当事人的行为，亦即取决于当事人的意思。

（2）在时效中止，中止以前已经进行的时效期间为有效，应当与中止原因消灭后继续计算的时效期间合并计算；在时效中断，中断以前已经进行的时效期间为无效，中断原因消灭后重新计算时效期间。

（3）在时效中止，中止原因应当发生在时效期间的最后 6 个月内，才能发生中止的效力；在时效中断，中断原因无论发生在时效期间的哪一阶段，均应发生中断的效力。

第五节 期 间

一、期间的含义

期间，是指某一个时间点到另一时间点之间的限定时间。

在民法上，确定期间的时间点被称为期日。所谓期日，是指确定的、不允许分割的具体时间，包括某时、某日、每月或者某年。例如，2013 年、2013 年 10 月、2013 年 10 月 1 日 22 点等均为期日。

从某一个期日到另外一个期日之间的时间就是所谓的期间，也就是从一个时间点到

[①] 梁慧星：《民法总论》（第 4 版），法律出版社 2011 年版，第 258 页。

另外一个时间点之间的时间就是期间。例如，从 2013 年到 2014 年这一年之间的时间就是期间。同样，从 2013 年 10 月 1 日到 2014 年 1 月 15 日之间的时间也是期间。

期间的法律意义，在于一定的法律效果的发生一般都和期间的经过有关。期间一般依当事人的约定，或法律的规定，或法院的判决而确定。例如，租赁期间、贷款偿还期间一般有当事人约定；而宣告失踪的期间、时效期间则是法律规定的。在一般情形下，法律规定了法律行为的期间或期间计算方法的应当依其规定。

二、期间的法律根据

在我国，《民法总则》第 200 条到第 205 条对期间作出了较为详尽的规定。《民法总则》第 200 条规定，民法所称的期间按照公历年、月、日、小时计算。《民法总则》第 201 条规定，按照年、月、日计算期间的，开始的当日不计入，自下一日开始计算。按照小时计算期间的，自法律规定或者当事人约定的时间开始计算。《民法总则》第 202 条规定，按照年、月计算期间的，到期月的对应日为期间的最后一日；没有对应日的，月末日为期间的最后一日。《民法总则》第 203 条规定，期间的最后一日是法定休假日的，以法定休假日结束的次日为期间的最后一日。期间的最后一日的截止时间为 24 时；有业务时间的，停止业务活动的时间为截止时间。《民法总则》第 204 条规定，期间的计算方法依照本法的规定，但是法律另有规定或者当事人另有约定的除外。

三、期间的计算方法

民法对年、月、日为单位制定的期间，一般采用历法计算法；较短的时间为单位的期间采用自然计算法。

（一）以时间为单位的期间的计算方法

根据《民法总则》的规定按照小时计算期间的，自法律规定或者当事人约定的时间开始计算；期间的届满点为按照自然计算法计算出来的届满时间点。

（二）年、月、日为单位制定的期间的计算方法

1. 起算点

《民法总则》第 201 条规定，按照年、月、日计算期间的，开始的当日不计入，自下一日开始计算。即开始的当天不算入，从下一天开始计算。例如，约定 5 月 1 日借书的，应从 5 月 2 日起算。因为 5 月 1 日当天已经不是一整天了。但如果起始日为一整天的时候，应从起始日起算。例如，从 7 月 1 日休息 10 天的，应从 7 月 1 日起算。在这一点上，《民法总则》的规定与实际有出入。

2. 期间届满日

期间因最后一日的结束而届满,即期间届满日为期间最后一日。期间以年、月确定的,不换算成具体的日数,而按照历法计算。

《民法总则》第 202 条规定,按照年、月计算期间的,到期月的对应日为期间的最后一日;没有对应日的,月末日为期间的最后一日。如 15 日为起算日的,15 日为相应日。如果 5 月 15 日确定一个月期间的,因起算日为 5 月 16 日,与其相应的 6 月 16 日的前一日即 6 月 15 日为期间届满日。《民法总则》第 203 条规定,期间的最后一日是法定休假日的,以法定休假日结束的次日为期间的最后一日。期间的最后一日的截止时间为 24 时;有业务时间的,停止业务活动的时间为截止时间。

第十七章　民法的适用

第一节　民法的适用范围

一、民法在时间上的适用范围

民法在时间上的适用范围，即民法在时间上的效力，是指民法生效的时间和失效的时间，以及生效后的民法对其生效前发生的民事行为是否具有溯及既往的法律效力。

民法生效的时间，根据具体情况确定，从我国目前的民事立法实践来看，有的法律本身就规定具体的生效时间，例如我国《民法总则》第206条明确规定："本法自2017年10月1日起施行。"也有的民事法律自公布之日起生效，例如，我国《外资企业法》第24条规定："本法自公布之日起施行"；为了在法律生效前，人们有充分的时间了解法律的内容，有的法律规定自法律公布后经过一定期限后才开始生效，例如，我国《企业破产法（试行）》第43条规定："本法自全民所有制工业企业法实施满三个月之日起试行……"

民法的失效时间，即民法终止其效力的时间。民法失效的时间，有的是由法律明令废除，一般是在新法中明文规定废止旧法，例如我国《合同法》在规定1999年10月1日起生效的同时，明文规定《中华人民共和国合同法》《中华人民共和国经济合同法》和《中华人民共和国涉外经济合同法》同时废止。也有的新法在公布和施行中并不明确规定对旧法明令废止，但根据新法优于旧法的原则，旧法与新法相抵触时当然应当适用新法，旧法实际上已经被废止。

在民法的时间效力上，还有一个溯及既往的问题。一般而言，法律只适用于生效后所发生的事项，但是，在实际生活中，也会发生新的民事法律规范对其生效以前产生的事项是否适用的问题，例如，甲和乙在订立合同时新合同法尚为施行，但双方在履行中发生纠纷，起诉到法院时，新合同法已经施行，这就存在一个法律是否有溯及力的问题。如果适用新法，说明这一民事法律规范具有溯及力；如果不适用新法，说明没有溯及力。"不能要求人们遵守未来的法律"，法律不溯及既往，为罗马法以来所公认。从我国目前实施的民事法律规范来看，一般没有溯及力。不溯及既往原则，一方面是为了维护社会关系的相对稳定性。已受旧法支配的法律关系已经发生法律上的效果，如果因新法的适用而否定原已合法形成的社会关系，势必会导致社会秩序的动摇不定。另一方面也体现了对市民的尊重。法律只有在公布施行以后才能成为人们的行为规范,如果要求人们把现在的法律作为过去必须遵守的行为规则,无异于要求人们遵守当时尚不存在的法律规范,既不合情理,也不合法理。

法律以不溯及既往为原则,但这并不排除国家根据客观的需要在特殊的情况下作出某些例外之规定。由于我国过去长期以来法治建设落后,法院在审理案件时往往要面对无法可依的局面。因此,我国一些民事法律规范在坚持不溯及既往原则的同时,又作了一些例外规定,例如最高人民法院在《关于贯彻执行〈民法通则〉若干问题的意见》第196条规定:"1987年1月1日以后受理的案件,如果民事行为发生在1987年以前,适用民事行为发生时的法律、政策;当时的法律、政策没有具体规定的,可以比照民法通则处理。"

二、民法在空间上的适用范围

民法在空间上的适用范围,又称民法对地的效力,是指民法在什么领域内适用的问题。民法作为国家的基本法律,原则上应适用于一国的全部领域。我国《民法总则》第12条明确规定:"中华人民共和国领域内的民事活动,适用中华人民共和国法律。法律另有规定的,依照其规定。"这就是说,原则上我国民法普遍适用于中华人民共和国的全部领域。

我国幅员广阔,民族众多,各地区、各民族的经济文化等方面发展很不平衡,风俗习惯也千差万别,因此,在统一适用民法的时候,必须考虑其具体情况而作一些例外之规定,例如我国《民法通则》第151条规定,民族自治地方的人民代表大会可以根据本法定的原则,结合当地民族的特点,制定变通的或者补充的单行条例或规定。自治区人民代表大会制定的,依照法律规定报全国人民代表大会常务委员会批准或备案;自治州、自治县人民代表大会制定的,报省、自治区人民代表大会常务会委员会批准。这类单行条例或规定,就只适用于该民族自治地方。

民事法律法规因制定的机关不同,其空间适用范围也有所不同。一般而言,民事法律、法规在空间上的适用范围与其制定颁布机关的管辖范围相一致。全国人民代表大会及其常务委员会等制定的民事法律、条例等,除有特别规定的以外,适用于我国的一切领域;凡属于地方各级人民代表大会或地方各级人民政府、民族自治地方的自治机关制定或颁布的民事法规只适用于该行政区域,在其行政区域之外没有法律约束力。

三、民法对人的适用范围

民法对人的适用范围,就是指民法对哪些人发生效力的问题。从世界范围来看,民法对人的适用范围主要有如下几种立法体例:

(1) 属人主义。按照属人主义,凡是具有本国国籍的自然人和法人,不论在国内还是在国外,原则均应适用本国法,而对在本国领域内的外国人,法律则不适用。

(2) 属地主义。按照属地主义,凡在本国领域内从事民事活动的自然人和法人,不论是否具有本国国籍,都应适用本国法。本国人如果不在本国,则不受本国法律的约束。

(3) 保护主义。按照保护主义,不论损害者的国籍如何,只要损害了本国的利益,都要适用本国法律予以追究。

(4) 以属地主义为主,与属人主义、保护主义相结合。

我国民法对人的适用范围主要采用属地主义。我国《民法总则》第12条明确规定:"中华人民共和国领域内的民事活动,适用中华人民共和国法律。法律另有规定的,依照其规定。"由此可见,无论是中国自然人、法人或非法人组织,还是外国自然人、法人、非法人组织或无国籍人,只要在中华人民共和国领域内进行的民事活动,除法律另有规定的以外,都应适用我国民法。可见我国民法以属地主义为主。

第二节 民法适用的基本原则

法律的适用有广义和狭义之分,广义的法律适用是指运用法律规范调整社会关系。因此,人们自觉按照法律规范从事各类活动也可以包括在法律适用的范围之内。但通常我们所说的法律的适用仅指狭义的法律适用,即仅指法院或仲裁机构依据法律规范解决各类案件的活动,人们自觉按照法律规范从事各类活动则被称为法律的遵守,而不属于法律适用。我们在此所说的民法的适用就是在狭义上使用的这一概念。它是指在查清案件事实的基础上,正确适用法律规范,采用逻辑方法,作出裁决。即以法律规范为大前提,以案件事实为小前提,以求得正确的判决——结论。[①]在民法的适用中,法律规范是整个案件逻辑思维的大前提,大前提是否得当将对整个案件的判决结果产生直接的影响。民法适用的基本原则有如下几点。

一、优位法优于劣位法原则

优位法优于劣位法的原则是指效力较高的规范性文件与效力较低的规范性文件相抵触时,则应当适用效力较高的规范性文件。

民法之法源,有法律、行政法规、地方性法规、有权解释、习惯法、法理等。从法律规范的效力来看,法律的效力高于行政法规,行政法规的效力高于地方性法规。据此,当效力较低的规范性文件与效力较高的规范性文件对同一问题的规定相抵触时,应

---

① 梁慧星:《民法总论》,法律出版社2001年版,第310页。

当适用效力较高的规范性文件。优位法优于劣位的原则，只是在级别不同的法律规范就对同一问题的规定有冲突时才能适用。如果劣位法不与优位法的规定相冲突，且劣位法是为了贯彻执行优位法而就同一个问题或就优位法尚未涉及的领域作出了更具体、更详细的规定时，就应当同时适用优位法和劣位法。

二、特别法优于普通法原则

根据民法适用范围的不同，可把民法法律规范划分为民事普通法与民事特别法。细言之，以适用的地域划分，适用于本国一切地域的法律为普通法，适用于特定地域的法律为特别法；以适用的对象划分，适用于一切民事主体的规定为普通法，而适用于特殊主体的规定为特别法；以法律所规定的事项为标准，关于一般民事关系的规定为普通法，而关于特别民事关系的规定则为特别法。当然，普通法与特别法的划分是相对的，例如相对于民法而言，公司法是民法的特别法，但相对于证券法而言，公司法则是证券法的普通法。在民法适用上，以特别法优于普通法为原则，对于某一事项有特别法时应适用特别法，而对于特别法没有作出规定的，仍然适用普通法，也就是说，特别法优先适用，普通法补充适用。

三、新法优于旧法原则

新法优于旧法原则，是指对于同一事项，先后有两部以上的法律予以调整时，原则上应适用后颁布的法律。新法优于旧法原则只是对于同一级的法律规范而言的。如果是不同级别的法律规范发生冲突，就应适用优位法优于劣位法原则，而不适用新法优于旧法原则。

四、强行法优于任意法原则

法律规范均有强制性，但根据其强制性的强弱不同，可分为强行法与任意法。

强行法是指排除当事人的意思自由而必须加以适用的法律规范。例如，我国《民法总则》中关于民事权利能力、民事行为能力、诉讼时效的规定就为强行性规定，民事主体不得排除其适用；再例如，根据《物权法》第5条的规定："物权的种类和内容，由法律规定。"我国对物权之种类及内容采取的是物权法定主义，此为强行性规定，当事人不得随意创设或变更。

任意法则是指在法律许可的范围内可由当事人自由选择其是否适用的法律规范。合同以自由为原则，关于合同的规定则多为任意法规范。在民法适用上，以强行法优于任意法为原则，凡对该事项有强行法规范，即应适用强行法规范。例如，我国《劳动法》第17条规定："订立劳动合同应当遵循平等自愿、协商一致的原则，即当事人在缔约中享有充分的自由。"但同时，《劳动法》第48条规定："国家实行最低工资保障制度，用人单位支付劳动者的工资不得低于当地最低工资标准。"前者为任意性规范,后者为强行性规范,由于强行法优于任意法,用人单位就不得利用合同自由与劳动者订立低于当地最低工资标准的劳动合同。

五、例外规定排除一般规定原则

无论是普通法还是特别法,往往既有一般性规定,也有例外性规定。一般规定是指在一般情况下适用的法律规范;例外规定是指在特别情况下例外适用的法律规范。例外规定在立法中多体现为但书或除外之规定。例如《民法总则》第19条规定:"八周岁以上的未成年人为限制民事行为能力人,实施民事法律行为由其法定代理人代理或者经其法定代理人同意、追认,但是可以独立实施纯获利益的民事法律行为或者与其年龄、智力相适应的民事法律行为。"该条款的前段就是一般规定,后段的但书就是例外规定。在民法适用上,例外规定应优于一般规定,即民法有例外规定的情形,应适用例外规定,不适用一般规定。只有不属于例外规定的情形,才能适用一般规定。

第三节 民法的适用方法

一、民法的直接适用与民法的解释适用

法律的适用离不开逻辑推理,任何一个逻辑推理都是由某一个或几个命题作为前提和某一命题作为结论所构成的,它是由一个命题或几个命题推出另一个命题的过程。以三段论的逻辑推理为例:大前提:所有的侵权行为都应当承担民事责任;小前提:张三的行为属于侵权行为;结论:因此张三应当承担民事责任。

这个演绎推理过程是三段论的典型格。"以事实为依据,以法律为准绳","由法官独立审判案件"正是将待决案件事实置于法律规范构成要件之下,以获得特定判决的一种逻辑思维过程。由于在审判工作中大量使用三段论推理的典型格,因此这种格式就被称为审判格。在具体的审判实践中,法官必须在确认事实以后找到适当的法律条文,而找寻的结果无非是三种情形,其一,法律条文明确具体,对案件完全可以直接适用;其二,法律中有所规定,但不够明确具体,需要借助民法解释加以明确化和具体化;其三,根本就没有可以适用的法律规范,需要法官对法律进行漏洞补充。在第一种情况下,最为简单方便,法官可以直接适用法律。其法律适用的过程就是直接以法律的明确规定作大前提、案件的确定事实为小前提、最后得出判决的推理过程。

在多数情况下,法官并不能找到可以直接适用的法律,如果法律虽有规定,但其过于抽象,这就需要借助法律解释,在明确其内涵和外延后才可以适用。为达到解释的目

的，都须采用一定的解释方法。民法的解释方法主要多种多样。

二、文义解释方法

文义解释，又称语义解释，是指按照法律条文用语的文义及通常使用方式，以阐述法律的意义内容。也就是探寻一个用语或句子，依照一般语言习惯或立法者之用语习惯，应该有何种含义。法律以法条的形式出现，表达法条的工具就是语言，而语言文字本身就具有不确定性。法律条文是由文字词句所构成的。解释法律必须先从文义解释入手，了解其所用词句，确定其词句的意义。例如，我国《中华人民共和国继承法》第2条规定："继承从被继承人死亡时开始。"但法律对死亡一词的外延并未作出明确规定，1985年9月11日最高人民法院《关于贯彻执行〈中华人民共和国继承法〉若干问题的意见》第1条规定："继承从被继承人生理死亡或宣告死亡时开始"，显然通过司法解释的方式将"死亡"解释为"生理死亡或宣告死亡"，此处就是文义解释。文义解释要尊重法律条文，不能超过可能的文义，以维护法律的尊严及其安全性价值。

三、体系解释方法

体系解释，是指根据法律条文在法律体系上的地位，即依其编、章、节、条、款、项的前后关联位置，或相关的法律条文，阐明其法律规范意旨的解释方法。法律条文是由词句所组成，法律规范是由法律条文所构成，然而这些词句或法律条文并不是孤立的。只有以法律条文在法律体系上的关联，才能探求其规范的意义。具有疑义的法律条文，在法律体系上的地位及前后条文的关联位置，可资阐明法律规范的意旨。例如，个人合伙有自己相对独立的财产，有自己的负责人，可以起字号，个人合伙有自己独特的财产责任方式，那么在我国个人合伙是不是一种独立的民事主体呢？经查，《民法通则》关于个人合伙的规定安排在第二章第五节，第二章为关于自然人的规定，根据其结构布局可以知道，立法者并没有把个人合伙视为是自然人以外的独立民事主体，而是将其视为是自然人的一种特殊形态。另须注意的是，2017年3月15日《民法总则》颁布以后，关于个人合伙又将如何定位？经考察发现，《民法总则》第二章在有关自然人的规定中删除了《民法通则》中关于合伙的规定，同时增设了第四章"非法人组织"，综合考量第二章和第四章的安排，在解释上将个人合伙认定为非法人组织更为妥当。由于体系解释主要是依据法律体系的外在形式，因而也有其局限性。在为体系解释时，就同时参加酌其他解释因素以决定解释结论，不可过分拘泥于形式而忽视法律的实质目的。

四、法意解释方法

法意解释，也称为历史解释或者立法解释或沿革解释，是指探求立法者或准立法者在制定法律时所作的价值判断及其所欲实现的目的,以推知立法者的意思。法律草案、立法理由书等往往是法意解释的主要依据。例如,我国1950年《婚姻法》是中央人民政府成立后公布的国家大法之一,其中规定结婚应当办理登记,但对于应当办理登记却没有登记,而以夫妻名义共同生活的事实婚姻,在司法审判中要不要对其予以保护?对此婚姻法没有明文规定。经查,《关于中华人民共和国婚姻法起草经过和起草理由的报告》中特别强调婚姻登记机关的作用,认为婚姻登记机关是新婚姻制度的宣传者和保护者,要依靠婚姻登记机关引导人民群众进行反对旧婚姻制度的合法斗争。由此可以推知,我国立法机关在立法时十分注重登记,对事实婚姻已有否定的价值判断。

五、扩张解释方法

扩张解释,是指法律条文的文义失之过于狭窄,不足以表示立法真意,于是扩张法律条文的文义,以求正确阐释法律意义内容的一种解释方法。

扩张解释虽扩张文义范围但仍在条文可能文义的范围之内,其重点在于将法律条文与立法真意相比较,而文义失于过狭,无法表示立法真意,故对法律条文的含义加以扩张,以表明立法者的真实意志。例如,我国《民法通则》第63条规定:"公民、法人可以通过代理人实施民事法律行为",显然,其该条失于过窄,应予以扩张为:"公民、法人或非法人组织可以通过代理人实施民事法律行为"。《民法总则》第161条规定:"民事主体可以通过代理人实施民事法律行为",由于在《民法总则》中民事主体包括自然人、法人和非法人组织,这显然是对这种扩张解释在立法上的肯定。

六、限缩解释方法

限缩解释,又称缩小解释,是指法律条文的文义过于广泛,不符合立法真意,乃限缩法律条文的文义,以正确阐释法律意义内容的解释方法。例如《民法总则》第27条规定:"未成年人的父母已经死亡或者没有监护能力的,由下列有监护能力的人按顺序担任监护人:……兄、姐……"这里的兄姐显然过于宽泛,应当缩小解释为"成年兄姐"。

七、当然解释方法

当然解释,是指法律虽无明文规定,但依规范目的衡量,其事实较之法律所规定的情形更有适用的理由,而径行适用该法律规定的一种解释方法。当然解释之法理依据,即所谓的"举重以明轻,举轻以明重"。例如,公民下落不明,符合宣告死亡的条件,但利害关系人只申请宣告失踪,可否宣告失踪?经比较发现,就宣告失踪和宣告死亡二者相比,法律对宣告死亡的条件要求更为严格。利害关系人连较为严格的宣告死亡都已有权提出申请,更何况宣告失踪?!最高人民法院在1988年4月2日的关于贯彻执行民法通则若干问题的意见中规定:"公民下落不明,符合宣告死亡的条件,但利害关系人只申请宣告失踪，应当宣告失踪。"此既为采纳当然解释之例证。

八、目的解释方法

目的解释，是指以法律规范的目的为根据，阐释法律疑义的一种解释方法。任何立法均有其立法目的，解释法律应当以贯彻、实践立法趣旨为其基本任务，因此，无论采用何种解释方法，都必须考虑立法目的，否则将无法实现立法者的立法目的。例如，《民法总则》第145条规定："限制民事行为能力人实施的纯获利益的民事法律行为或者与其年龄、智力、精神健康状况相适应的民事法律行为有效；实施的其他民事法律行为经法定代理人同意或者追认后有效。"这是保护限制民事行为能力人的规定。问题是，如果限制民事行为能力人以欺骗手段使对方相信自己为完全民事行为能力人，而在完成民事法律行为以后再主动宣称自己为限制民事行为能力人而主张民事法律行为无效呢？我们知道，法律之所以设置民事行为能力制度，目的在于保护无民事行为能力人和限制民事行为能力人的合法权益，防止其因为涉世不深、年幼无知而遭受不利，但如果限制民事行为能力人竟然采用欺诈手段，利用法律之偏爱戏弄相对人，显然已不符法律的立法目的，因此，依目的解释，限制民事行为能力人以欺诈手段实施民事法律行为，不得主张其无效。

九、合宪性解释方法

合宪性解释，是指依宪法及阶位较高的法律规范解释阶位较低的法律规范的法律解释方法。

为了维护一个国家法治的统一，法律规范之效力必然因其阶位高低而有不同，宪法作为国家阶位最高的法律规范，法律不得抵触宪法，法规不得抵触法律。因此在阶位高低不同的法律规范之间，可以利用阶位较高的法律规范解释阶位较低的法律规范，使上下阶位法律规范价值判断和立法目的保持基本一致。例如，公司为了避免女职工在孕期、产期、哺乳期影响工作，往往在劳动合同规定："女职员在怀孕以后必须马上主动辞职。"在法律适用中，一方面，根据《合同法》的规定，当事人应当按照约定履行自己的义务，不得擅自变更或者解除合同；另一方面，根据我国宪法的规定，妇女在政治的、经济的、文化的、社会的和家庭的生活等各方面享有同男子同等的权利，可见男女平等为我国宪法的基本精神，该条款显然是对女职工的歧视性条款。对于该条款之效力，就可以依据合宪性作出解释，鉴于其有悖于宪法关于男女平等的规定，解释上应为无效条款。

十、比较法解释方法

比较法解释，是指引用外国立法例及判例学说作为一项解释因素，用以阐释本国法律意义内容的一种解释方法。

"他山之石，可以攻玉。"一个国家的法律，不断地吸收外国立法、判例和学说的成果，有助于本国法律之适用。例如，事实婚姻的法律效力问题长期困扰着中国司法界，最高人民法院所作的司法解释多年来一直摇摆不定。事实上，事实婚姻问题在国外同样大量存在，且外国立法和判例已经有较为完善的调整规范，日本的内缘夫妻关系制度、美国的普通法婚姻（common law marriage）、法国的身份占有制度、韩国的事实婚姻确认制度，都具有较高的参考价值。

综上所述，文义解释、体系解释、法意解释、扩张解释、限缩解释、当然解释、目的解释、合宪性解释以及比较解释方法等，每一种解释方法，各具功能，但亦有限制，不可绝对化。每一种解释方法的份量有所不同，但均须相互补充，共同协力，始能获得合理的解释结果，于个案中妥当地维护当事人利益，贯彻公平、正义的理念。

第四节　民法的漏洞补充与适用

任何法律，无论其于制定时，体例如何完备，规定如何周密，缺漏终属难免，而在私法领域，法官又不得借口法无明文规定而拒绝裁判。这样，在审理民事案件时，如果发现根本就没有可以适用的法律规范，这就需要对法律漏洞进行补充。补充的方法大致有三种：一是依习惯补充；二是依判例补充；三是依法理补充。

一、依习惯补充

人们日常在与他人的交往中，其行为主要是由成文法等正规制约因素，以及习惯、宗教信仰、道德等非正规因素来确定的。非正规因素是正规因素的补充。从心理学的角度考虑，人类有重复在过去被认为令人满意的经验或安排的先入为主的心理倾向。习惯在个人生活和社会生活中的作用还是十分强大的，按照先例行事总会给予社会生活一定程度的确定性、连续性和安全感，因此尊重习惯便成为立法者尊重民商法律的稳定性、继承性所立足的文化心态。

各国民法常常以明文规定习惯对法律的补充作用。例如，我国台湾地区"民法"第1条就规定，民事，法律所未规定者依习惯；无习惯者，依法理。《瑞士民法典》第1条规定，本法未规定者，审判官依习惯法；无习惯法者，依自居于立法者地位时，所应行制定之法规，裁判之。我国《民法通则》中没有明确规定习惯对法律的补充适用。《民法总则》第10条规定："处理民事纠纷，应当依照法律；法律没有规定的，可以适用习惯，但是不得违背公序良俗。"由此可见我国已经确立了习惯对法律的补充适用。

二、依判例补充

在英美国家，成文法较少，判例法居于重要地位，成为民法的主要法源。而在大陆法系的国家，民法典和其他成文法为其主要法律渊源，判例的地位远不如英美法国家，原则上法院在审理案件中不受以往判例之约束，但实际上，法院的判决不可能变化无常，一旦对某类案件作出判决以后，以后遇到同类案件，如果没有特别反对之理由，必然作出同样之判决，在法院的长期运作中，遂起到补充法源的作用。因此在我国司法实践中，最高人民法院针对个别案件所作出的批复、解答或判决，对法院审理案件具有事实上的影响力。法院在没有明确的法律可以适用时，判例便成为重要的补充法源。

三、依法理补充

法律条文有限，而其所规范的社会关系变化无穷，因此成文法不可能面面俱到，如果再无习惯和判例可循，那么法官应该如何适用法律？这就不得不求助于法理。所谓法理，指法律之原理，即由法律的根本精神演绎而获得的法律一般原则。唯应注意的是，在实务操作中，必须把法理具体化，从法理中获得具体的规范才能作为判案的依据。而法理的具体化工作，必须依赖学说和法官的努力。如果法官在办理具体案件中遇到现存实在法毫无依据之情形，根本不知援用学说探知法理，仅凭一己之见，肆意判决，或虽援用学说，但在学说见解不一时没有能力分辨选用，都会影响判决的妥当性。[①]《瑞士民法典》第 1 条第 2 项、《意大利民法典》第 3 条第 2 项等均承认法理为法律的补充法源。

第五节　民法适用中的不确定性与价值缺失

法律的适用绝对不是简单的形式逻辑推理，毕竟形式逻辑只研究推理的形式和规则，而不研究任何特定推理的内容。一旦我们将形式逻辑运用于法律的适用并关注其推理的内容时，我们就会发现法律适用的过程中存在种种不确定性因素和可能发生的价值缺失。

一、对法律适用中法律规范之检讨

以法律为准绳，就是指在一切审判活动中，都要以法律的规定作为判决的唯一依据。在三段论的演绎推理过程中，其无疑处于大前提的地位。换句话说，如果我们希望

[①] 杨仁寿：《法学方法论》，中国政法大学出版社 1999 年版，第 143 页。

得到一个正确的判决,那么就判决的法律依据而言,这就要求立法者制定的法律不仅包罗万象、明确具体而且是能够代表绝对正义的行为规范。很显然,这是对立法者的能力提出了不切实际的要求。

立法者在制定民事法律的时候,从广度上讲,力求具有普遍性,从深度上讲,应力求具有确定性,以便尽可能地涵盖社会生活的方方面面并针对各种不同的情况制定出各种具体、实际的解决方案,这不仅有利于普通市民准确地把握立法者的立法意图,从而实现法律的预测和警戒功能,而且有利于法官在审判民事案件的时候能够得心应手地引律据典,准确地适用法律,找到其审判推理的大前提。

然而,即使立法者对这个问题有充分的认识并努力地为之而奋斗,其结果也必然是难以令人满意的,因为法律的制定和适用必然要受到立法者的认识能力的诸多限制。从认识论的角度来看,由于物质世界运动的绝对性和人类认识的有限性,人对世界的认识只能是一定广度和一定深度的认识,他不可能穷尽一切而掌握绝对真理。再高明的立法者也摆脱不了人的认识的局限性,立法者在制定法律的时候,往往只能够关注社会的普遍情况,这就使法律一方面成为高度抽象思维的产物,另一方面也就使它远离了活生生的具体的生活现实,那么在普遍情况下能够实现正义的法律,如果适用于某一特别情况的结果可能就是出现牺牲个别正义的情形。

而立法者对于其根本毫无认识或无法明确界定的事物,也就只能依靠法律的空白地带或民法基本原则的弹性(如公平合理、诚实信用、公序良俗)疲于应付,从这个意义上说,立法者的任何一部作品都是残缺不全和千疮百孔的。从操作层面来看,任何一部法律的制定,都是立法者根据过去的经验制定的、适用于未来的行为规范,因此可以毫不含糊地说,法律在被制定出来的那一刻就已经过时了。超前立法的现象每每是立法者自鸣得意的杰作,但不可否认,法律仍然主要体现为对现实既存利益关系的肯定和维护,在更多的情况下它仍然体现为经验主义的产物,那它自然就不可能摆脱因经验不足所留下来的缺陷和遗憾。从法律实施的角度来看,一旦法律制度已经设计了一种权利和义务的方案;那么为了保持法律的稳定性和预见性,立法者就会尽可能地避免对业已存在的制度进行不断的修改、废除和重新制定。

这就意味着,在不断发展变化的社会现实面前会出现僵化和滞后的一面,既定的法律往往会成为社会进步的羁绊。即使立法者可以通过废、立、改来克服法律的保守性,我们且不说法律修改程序的漫长和复杂,其实修改法律和制定法律一样,何尝不同样受到人们认识能力和经验主义的限制?从普遍的情况看,现实生活的变化要比法律变化快速得多。社会的需要和社会的意见常常是或多或少地走在法律的前面的。我们可能非常接近地达到它们之间缺口的接口处,但永远存在的趋向是要把缺口重新打开来。①

---

① [英]梅因:《古代法》,商务印书馆 1959 年版,第 15 页。

正是由于对立法者立法能力的不信任,因此柏拉图认为,"人类个性的差异、人们行为的多样性、所有人类事务无休止的变化,使得无论什么艺术在任何时候都不可能制定出可以绝对适用于所有问题的规则"①;"否则的话,他们将永无止境地制定这类繁琐的法律,并为使它们达到完善而把自己的一生都用来修改这些法律"②。

尽管立法者为了给人们制定一个完善的法律而殚心竭虑,但其结果却注定令人失望。之所以立法者制定的法律在很大程度上曾经是、现在是、而且将永远是不够全面、不够明确和变动不居的,主要是因为法律所应付的是人类关系中最为复杂的方面。社会生活的千姿百态、人的个性和需求的多样性以及变化莫测的人生都呈现在法律的面前,而在我们这个万花筒式的工商业社会,这种情况比以往任何时候都更加明显。即使在一个比较静态的农业社会中,人们也从来没有创造出能预料到一切可能的纠纷并预先加以解决的、包罗万象的、永恒不移的法律规则。在现代,新的生产和交换形式、新的交通和居住方式、新的社会风俗、目标和理想——所有这些革新因素,使得制定出以后可以用来解决一切法律问题的固定规则这种希望,只能成为泡影。③

以上的分析清楚地表明,立法者绝对不可能给法官和市民提供一个完美的可以适用的法律。

二、对法律适用中事实认定之检讨

就法律规范和事实之间,只有在认定事实的基础上,法官才可以寻找可以适用于具体案件的法律规范。"以事实为依据",就是指司法机关审理一切案件,都只能以客观事实作为唯一根据。换句话说,法官在审理案件时,为了保证判决的正确性,其对事实的认定必须"事实清楚,证据确凿充分"。

任何一个案件,都是一种客观存在,都是由特定的事实所构成的;而任何案件的发生都可能留下相关的证据,例如,书面合同、函件传真、在场的证人等,这些诸如此类的证据为证明案件的事实创造了条件,固属无疑。然而,如果自信地以为所有的事实都能够用证据证实,或者认为证据所证实的事实就是案件发生的全部客观事实,其假定的前提无疑是:案件发生后所留下的证据可以恢复案件发生的全貌,即证据可以证明的事实完全等同于案件发生的事实。无疑这是一种自欺欺人的盲目乐观。

事实上,司法判决中认定的事实与真正的事实并不完全吻合甚至完全错误的情形并不鲜见。假如原告借款 1 万元给被告(案件实际发生的事实),因为彼此信任,原告没有要求出具借条,当时也没有证人在场,但事后被告拒不还款且矢口否认有借贷关系,

---

① [美] E. 博登海默:《法理学—法哲学及其方法》,邓正来、姬敬武译,华夏出版社 1987 年版,第 8 页。
② [古希腊] 柏拉图:《理想国》,郭斌和、张竹明译,商务印书馆 1986 年版,第 141 页。
③ 沈宗灵:《现代西方法理学》,北京大学出版社 1992 年版,第 330 页。

法官"以事实为依据"判决认定的只能是原告与被告之间从未发生借贷关系（证据可以证明的事实），而这正是民事诉讼"谁主张谁举证"的基本举证原则所可以预见的审判结果。

不可否认，在法院认定事实的过程中可能存在许许多多的错误来源，而其中尤其以言辞证据为甚。就当事人陈述而言，由于当事人是争议法律关系的主体，案件如何处理与他们有直接的利害关系，当事人的陈述就不可避免地带有严重的趋利避害的色彩。

一方面，他们亲身经历了案件的发生过程，对案件的事实了解的最为清楚和全面；另一方面，他们又不可能不考虑自己的陈述对判决结果的影响，从自己的利害得失出发，对自己有利的就陈述，对自己不利的就不陈述；对于有理的事实就强调，对于无理的事实就加以掩饰。在陈述中会有意无意地夹杂着夸大或缩小的成分，甚至可能出现歪曲事实真相、故意作虚伪陈述。这样当事人的陈述就会形成真中有假、假中有真、虚实难辨的复杂局面。

就证人证言而言，由于证人是凭借自己的听觉、视觉、嗅觉、触觉等个人体验感知案件情况的，他要经过信息的接受和记忆，然后以言辞表达的方式向司法机关完成提供证据，这样证人就具有身份的不可替代性和言辞表达的主观性。证人在提供证言的时候，就不能排除有作伪证的证人、有偏见的证人、发生误解的证人等。①由于受证人的客观和主观因素的影响，对证人证言的采信往往也会使法官陷入"不可不信，也不可全信"的尴尬境地。民间有句俗语："好人往往死在证人手里"，也许可以体现对证人证言一种无奈心情。

与当事人陈述和证人证言这些难以捉摸的言辞证据相比，视听资料、书证、物证、鉴定结论、勘验笔录具有较强的客观性和较高的可靠性，但也并非没有缺陷，视听资料比较容易伪造、模仿、涂改和剪辑，只要对磁带进行消磁和剪辑，就可能改变其内容，同时因为雷电、浓雾等天气的变化或因为树木、农作物或其他物体的遮蔽而造成视听资料判断上的错误或误差也在所难免。此外，书证可能会被伪造、篡改，物证可能会随着自然的变化而毁灭、腐烂、灭失，鉴定人可能缺少必需的专门性知识，勘验现场可能因为自然力量（如暴雨、狂风或日晒等）或人为因素（如伪造现场）而遭到破坏，等等，不一而足。

通过以上的分析，我们不难发现案件的真正事实和证据能够证明的事实毕竟不是总是保持同一性。案件的真正事实可能无法证实，而证据能证明的事实也未必就是案件的真正事实。尽管法院制定了专门的证据的举证、收集、保全、质证、审核等规则，力图恢复案件的原貌，但在司法实践中，永远会有大量非理性的、偶然的、推测性的因素，

---

① ［美］E. 博登海默：《法理学—法哲学及其方法》，邓正来、姬敬武译，华夏出版社1987年版，第151—152页。

法院判决中认定的案件事实，有些是真正的事实，有些接近于真正的事实，有些则是与真正的事实截然相反的错误事实。从逻辑推理的角度来看，法院在判决书中认定的事实并不必然案件的客观事实，那么即使法律规范规定再完美无缺，也不能保证得到一个正确的判决。

三、对法官在适用法律过程中的能动性之检讨

即使法律的规定全面、明确而具体，确凿的证据足以恢复案件发生时的全貌，但法官并不是机械的自动售货机，在寻找适用的法律规范、如何采信相互冲突的证据以及判决的制作过程中无不需要借助法官的主观能动性，这就不可避免地使判决的过程中充斥着法官的主观因素。我们将案件的独立审判权交付给法官，并期盼实现正义，实际上我们的内心有一个乐观的假设：法官是熟悉法律规则和证据规则、铁面无私的、有良知的理性人。

首先，就寻找确定适用的法律规范而言。即使立法者制定了一个完美无缺的法律，但法官在解决具体的案件的时候，法官必须寻找其需要适用的法律规范，这个过程就是"找法"的过程。如前所述，找法的结果有三种可能：其一，有可直接适用的法律规范；其二，虽然有相应的法律规定，但过于抽象，无法直接适用；其三，根本就没有可适用的法律规范，即存在法律漏洞。

但无论寻找的结果为何种情形，无不依赖于法官的解释和主观价值判断。按道理讲，如果法官都是熟悉法律规则和证据规则、铁面无私的、有良知的理性人，那么同一案件由不同的法官根据同一个法律进行审理应作相同的判决。但实际生活中，同一案件由不同的法官审理，其结果却往往千差万别，甚至截然相反。这在很大程度上是由于法官对法律的理解和领悟能力上的差异。知识和观念是相互联系的，知识愈是复杂，观点的差距也就愈大。面对同一个事物，每个人都有自己的观点，即使是同一个人，在不同的时间里，其持有的观点也会因时而异。

在现实生活中，案件的胜诉或败诉经常因法庭的更换而变动不居的情形并不鲜见。根据1914—1916年对纽约市治安法院几千个轻微刑事案件处理的调查，结果表明治安法官在其处理同类案件中的差别达到惊人的程度。在送交一个法官处理的546个被控酗酒的人中，他只释放了一人，约99%的人均被判有罪；而在由另一法官审理的673个被控酗酒的人中，79%的人被宣告无罪。①面对同样一个法律，不同的法官可能会适用不同的法律规范；面对同一个法律漏洞，不同的法官可能会作出不同的解释或采用不同的漏洞补充方法，这就难免法官会把从自己头脑中一系列混杂概念中得出的谬误结论奉为合法的解释。

---

① 沈宗灵：《现代西方法理学》，北京大学出版社1992年版，第341页。

其次，就事实的认定而言。法官在判决时，除了找法以外，法官还必须对案件的事实进行认定。就实际意义而言，成文法不过是防范人性弱点的工具，它的产生本身就是对权利行使者不信任的物化形式，它将法官的种种私欲、情绪冲动等非理性因素限制在不得溢出的范围以内。然而，法律试图在现实生活中实现正义，不可能仅仅凭借严密周全的法律规范，还必须凭借理性法官对事实的认定。面对诉讼双方的正反两方面的证据，法官那种不可预测的独特个性会使案件事实的认定带有很大的主观性。也就是说，尽管立法者纸面上的法规是精确和固定的，但法官判决所依据的事实却是捉摸不定的，这同样会使法官的判决可能变动不居。根据弗兰克的观点，法官或陪审团具有一种实质上不受控制的和实质上无法控制的事实裁决权或最高权力，即确定哪个证人的证言被认为是正确的而加以接受的权力。①在许多情况下，法官在确定事实的过程中所适用的隐秘的、无意识的、个性化的规范，会使客观上严密周延的法律规范变得无效。尽管法律规范精确而固定，但事实的认定却变化不一，这就使案件的结果同样呈现不确定的状态。

最后，就判决的制作而言。法官最终制作的判决书是逻辑思维过程的体现，给人的印象似乎判决也是按照严密的逻辑推理出来的。但事实上并非如此，法官的逻辑思维过程只存在于公之于众的判决理由中，普通人的正常思维过程都不是通过三段论的推理作出的，尽管法官经过专门的职业训练，但他同样是人。

在法官的思维过程中，大前提、小前提和结论并不是按部就班地逐步完成，在法官判决的过程无法避免要夹杂着许多非理性的因素。前法官哈奇森（Joseph E. Hutcheson）在《直觉的判断：司法中预感的作用》一文中具体描述了自己作出判决的过程："在我看过手边所有材料并经过适当考虑之后，我就让我的想象力发挥作用。我陷入沉思，等待着感觉和预感的到来。这个预感就是了解问题的直觉的闪光，它是能把问题和决定连结起来的火花。"

在法律规定不够明确和对证据的采纳将信将疑的情况下，对于若干个可选择的结论，在法官举棋不定时，结论往往会随着法官的价值判断和对证据的采纳而不断改变。而在法官进行选择和价值判断时，法官的同情心、性格、脾气、情绪、偏见，他在生活中某种痛苦或幸福的经历，他在潜意识中对当事人的反感或喜爱，他的宗教信仰、种族观念、权利意识，他对被害人在法庭上痛哭流涕的表情或对被告人一个冷酷的眼神的回忆，等等，都可能增加或减少法官作出某一价值判断的决心和对证据的取舍，从而使犹豫不定的法官作出坚定的抉择并附上充分的理由。其实，在理性的逻辑推理后面，已经潜移默化地融入了法官个人的主观因素和个性色彩。

"以事实为依据，以法律为准绳""由法官独立审判案件"作为法治国家的重要原

---

① ［美］E. 博登海默：《法理学—法哲学及其方法》，邓正来、姬敬武译，华夏出版社1987年版，第152页。

则实际上都是建立在不切实际的假设基础之上的。"以法律为准绳",那是因为我们假设法律规范是包罗万象的、明确具体的、代表绝对正义的行为规范。"以事实为依据",那是因为我们假设案件发生后当事人举出的证据可以恢复案件发生的全貌。"由法官独立审判案件",那是因为我们相信法官是熟悉法律规则和证据规则、铁面无私的、有良知的理性人。但事实上,立法者不是万能的上帝,司法官也不是自动售货机,而证据和事实却长着一副变化多端的脸,这就难免邪恶会披着正义的外衣堂而皇之地从法庭走向人世间。

法律适用中的弊端无疑增加了法律的不确定性因素,使法律的价值目标发生不同程度的缺失,但这并不意味着我们就力主放弃法治的理想。离开了"以事实为依据,以法律为准绳"和"由法官独立审判案件",无异于接受强权漫无约束的恣睢放纵和胡作非为,市民的生活将丧失最起码的安全感。任何最优的方案都只能获得廉价的、理论意义上的喝彩而为现实所排斥,第二等好的、现实可行的方案才具有真正的价值。尽管法律适用的过程中存在着种种弊端,它并不完美,但建设法治国家仍是我们明智的选择,只是我们必须清醒地认识到,法律与人类创制的大多数制度一样都存在着某些程度的价值缺失,它只是现实可行的第二等好的理性选择。